W0378859

DIETER BERG
RICHARD LÖWENHERZ

GESTALTEN DES MITTELALTERS UND DER RENAISSANCE

Herausgegeben von
PETER HERDE

DIETER BERG

RICHARD LÖWENHERZ

Abbildungen: S. 10, 191, 193, 256, 295, 297, 300 Archiv Luise Berg-Ehlers;
S. 141, 189 akg-images.
Karten: Stephan Meyer, Dresden.

Die Deutsche Nationalbibliothek verzeichnet diese Publikation
in der Deutschen Nationalbibliografie;
detaillierte bibliografische Daten sind im Internet über
http://dnb.d-nb.de abrufbar.

Das Werk ist in allen seinen Teilen urheberrechtlich geschützt.
Jede Verwertung ist ohne Zustimmung des Verlages unzulässig.
Das gilt insbesondere für Vervielfältigungen,
Übersetzungen, Mikroverfilmungen und die Einspeicherung in
und Verarbeitung durch elektronische Systeme.

© 2007 by WBG (Wissenschaftliche Buchgesellschaft), Darmstadt
Die Herausgabe des Werkes wurde durch
die Vereinsmitglieder der WBG ermöglicht.
Redaktion: Daphne Schadewaldt, Wiesbaden
Satz: Setzerei Gutowski, Weiterstadt
Gedruckt auf säurefreiem und alterungsbeständigem Papier
Printed in Germany

Besuchen Sie uns im Internet: www.wbg-darmstadt.de

ISBN 978-3-534-14511-9

Inhalt

Vorwort des Reihenherausgebers

Es war von Anfang an vorgesehen, auch nichtdeutsche Herrscherpersönlichkeiten in die Reihe der Gestalten des Mittelalters und der Renaissance aufzunehmen. Kaum ein andrer Herrscher eignete sich dafür besser als Richard Löwenherz, ist er doch sicher der außerhalb seines Herrschaftsgebietes bekannteste englische König des Mittelalters. Dafür sorgte einmal sein großer Aktionsradius: Neben seiner Tätigkeit in England und im angevinischen Reich, das sich von der Normandie über ganz Westfrankreich bis zur Grenze der spanischen Königreiche erstreckte und ihn eng mit der französischen und spanischen Politik dieser Jahre verflochten hat, führte ihn sein Kreuzzug in das von den Normannen beherrschte Süditalien, nach Zypern, das er den Byzantinern entriß, ins Heilige Land, wo er in Saladin einen später ebenfalls mythisch überhöhten Gegner fand, und bei seiner Rückkehr in deutsche Gefangenschaft, was ihn auch hierzulande bekannt machte. In seiner Person spiegeln sich somit internationale Beziehungen im gesamteuropäischen Rahmen, wie sie in der mittelalterlichen Geschichte nur zeitlich begrenzt aufgetreten sind. Zum anderen wurde er jedoch, nicht ohne eigenes Zutun, zu einer bekannten Gestalt der volkssprachlichen Literatur, zum Idealtyp von Ritterlichkeit und Freigebigkeit, und in dieser Rolle lebt er bis heute weiter und ist auch einem größeren Publikum aus Trivialliteratur und Filmen bekannt. Zu danken ist Dieter Berg dafür, daß er als einer der besten deutschen Kenner der englischen Geschichte des Mittelalters den vorliegenden Band verfaßt hat, beherrscht er doch, nicht zuletzt durch persönliche Beziehungen zur englischen Mediävistik, die gesamte umfangreiche englische und amerikanische Forschung über diesen Zeitraum, daneben aber auch die französische und spanische über das angevinische Reich. In der kontroversen Diskussion über die Bewertung von Richard Löwenherz, die nach längere Zeit andauernden vorwiegend negativen Beurteilungen in den letzten Jahrzehnten nicht zuletzt dank der Arbeiten von John Gillingham eine Wendung zum Positiven, gelegentlich sogar zum Panegyrischen genommen hat, bezieht der Verfasser sowohl bezüglich von Richards Politik in seinem Herrschaftsgebiet im englisch-französischen Raum als auch hinsichtlich seines Kreuzzugs eine vermittelnden Position und löst sich vor allem von einer allzu starken anglozentrischen Deutung. Das vorliegende Werk steht damit in der Tradition der gewichtigen Beiträge, die die deutsche Mediävistik vor allem durch die große Monographie von Alexander Cartellieri über Richards Zeitgenossen Philipp II. von Frankreich zu dieser Periode gesamteuropäischer Vernetzungen aufzuweisen hat.

Alzenau, im Dezember 2006 Peter Herde

I. Einleitung

[King Richard] „died in the forty-second year of his age on April 6, 1199, worthy, by the consent of all men, to sit with King Arthur and Roland and other heroes of martial romance at some Eternal Round Table, which we trust the Creator of the Universe in His comprehension will not have forgotten to provide“[1].

Diese Beurteilung von Richard Löwenherz durch *Sir Winston S. Churchill (den Jüngeren)* aus dem Jahre 1956 entspricht einer weit verbreiteten Wertschätzung, die gerade dieser Monarch vor allem in der englisch-sprachigen Welt bis heute erfährt. Bei einer kurzen Rückschau auf die Entwicklung des Bildes von König Richard sowohl in der breiten Öffentlichkeit als auch in der historischen Forschung läßt sich dagegen diesbezüglich ein kontinuierlicher Wandel, wenn nicht sogar ein Schwanken der Bewertungen des Herrschers zwischen Extremen konstatieren: Während das Bild des Angevinen in der breiten Öffentlichkeit seit dem Mittelalter weitgehend legendarische Züge bewahrte und den Mythos von Löwenherz als vorbildlichem Ritter und Kreuzfahrer pflegte, wandelte sich dessen Image in der „Fachliteratur“ seit dem 17. Jahrhundert grundlegend. Wurde der Plantagenêt in der Geschichtsschreibung seit dem 12. Jahrhundert jahrhundertelang als Idealtyp des englischen Monarchen verherrlicht, so veränderte sich dessen Bild in der zunehmend „wissenschaftlichen“ Historiographie nach der Restaurationszeit tiefgreifend. Nun erschien Richard I. immer häufiger als „*bad king*“, dessen Herrschaft einen negativen Höhepunkt in der Geschichte des englischen Königtums darstellte. Insofern bestanden in der breiten Öffentlichkeit und in der „historischen Fachwelt“ zwei völlig unterschiedliche Bilder des Angevinen, die wenig miteinander zu tun hatten und zunehmend gravierend auseinanderstrebten.

Die Trennung dieser beiden Ebenen begann ebenfalls im 17. Jahrhundert, als kritische Bewertungen des Plantagenêts einsetzten und neue Elemente für eine negative Beurteilung des herrscherlichen Wirkens Richards auftauchten, die traditionsbildend für das spätere Löwenherz-Bild wirkten.[2] Zumeist in allgemeinen Darstellungen der englischen Geschichte und weniger in biographischen Studien wurden Stimmen wie etwa von *S. Daniel* laut, der 1621 die großen finanziellen Belastungen des englischen Reiches und dessen Vernachlässigung durch Richard monierte. Schon bald folgten kritische Bemerkungen über den angeblichen Egozentrismus des Angevinen, der – wie *W. Churchill (der Ältere)* 1675 betonte – vorrangig eigene Interessen verfolgte und Anliegen des englischen *regnum* sträflich vernachlässigte. Hinzu kamen später negative Stellungnahmen über die generelle Fragwür-

Abb. 1: Statue König Richards I. in der Kathedrale von York.

digkeit der mittelalterlichen Kreuzzüge, deren Verurteilung in protestantischen Kreisen Englands sich seit dem 18. Jahrhundert mit scharfer Kritik an der mittelalterlichen wie an der zeitgenössischen Katholischen Kirche verband. Paradigmatisch für diese Haltung sei *D. Hume* genannt, der 1786 fundamentale Kritik an den Kreuzzugsunternehmungen im allgemeinen und an den militärischen Greueln im besonderen übte, die ein solch berühmter Kreuzfahrer wie Richard I. zu verantworten hatte.[3]

Diese kritische Beurteilung des Wirkens von Löwenherz blieb für Jahrzehnte in der Geschichtsschreibung wirksam und wurde vor allem von dem einflußreichen Historiker und Bischof von Oxford, *W. Stubbs*, intensiviert. Ähnlich wie die erwähnten Geschichtsschreiber des 18. und frühen 19. Jahrhunderts betrachtete der Viktorianer den Plantagenêt als „*an ill son, an ill father, an ill brother and a worse king*". Dessen einziges Interesse hätte im Kriegführen um des Krieges willen bestanden und seine Ruhmsucht nur der Verherrlichung der eigenen Person gedient. Zudem hätte die Regierung Richards unmittelbar zur „Tyrannei" seines Bruders Johann geführt, unter dessen Herrschaft das angevinische Reich untergegangen wäre.[4] Diese fundamentale Kritik an dem Angevinen setzte sich in der gesamten wissenschaftlichen Geschichtsschreibung des 19. Jahrhunderts fort, wobei besonders englischen Autoren – wie etwa *J. H. Ramsay* (1903) – streng mit dem „*simple Frenchman*" und der Mißachtung Englands in seinem politischen Handeln ins Gericht gingen. Nach Meinung des Viktorianers war der Plantagenêt „*a bad king and a vicious man*"; „*to the end of his days he remained a boy, a high-spirited, reckless, overbearing schoolboy, without sense of responsibility or duty, but fully satisfied in his own mind that might made right*".[5] Auch spätere bedeutende Historiker im Inselreich teilten die negative Einschätzung der Herrschaft Richards, wobei die bereits bekannten Kritikpunkte – wie rücksichtslose Ausbeutung des englischen *regnum*, Egozentrismus des Monarchen und Vernachlässigung des Inselreiches – auch von wichtigen Autoren wie *K. Norgate* wiederholt wurden.[6] Gemeinsam war den Kritikern in ihrem Urteil über Richard ein deutlicher „Anglo-Zentrismus", indem sie den Plantagenêt ausschließlich hinsichtlich seiner Leistungen als englischer König und für das Inselreich beurteilten;[7] weitgehend unberücksichtigt blieb hierbei die Tatsache, daß sich Richard wie sein Bruder Johann als Herrscher über das angevinische Reich verstanden, in dem das englische *regnum* nur ein Teilreich darstellte. Diese Sichtweise mit den hiermit verbundenen Verdikten über das „Fehlverhalten" des Angevinen dominierte sein Bild in der britischen historischen Forschung bis in die 60er Jahre des 20. Jahrhunderts.[8] Hinzu trat schließlich der Vorwurf der angeblichen Homosexualität des Plantagenêts[9] – später durch Hinweise auf sein homoerotisches Verhältnis zum Sänger Blondel erweitert und spätestens seit den 70er Jahren desselben Jahrhunderts in populärwissenschaftlicher Literatur und in Spielfilmen etc. verbreitet.[10]

Seit den 60er Jahren trat hingegen in der historischen Forschung zur Regierung König Richards – insbesondere nach den biographischen Studien von *J. Gillingham*[11] – ein gravierender Wandel ein, der sich auch in den einschlägigen, zumeist englischsprachigen Handbuchbeiträgen manifestierte. So zeichneten zusammenfassende Darstellungen zur Geschichte der Plantagenêts etwa von *J. Le Patourel*, *R. Mortimer*, *R. Bartlett* oder *J. Favier* von Löwenherz ein deutlich positiveres Bild, während *D. Berg* den „Übergangscharakter" der Regierung Richards im Prozeß des Niedergangs des angevinischen Reiches betonte.[12] Eine stärkere Lösung von der lange Zeit dominierenden „anglo-zentrierten" Betrachtungsweise der Herrschaft des Angevinen erfolgte schließlich in den zahlreichen Studien von *M. Aurell* und den Publikationen des *C.E.S.C.M.* bzw. der *Société Historique des Plantagenêts*, die wertvolle Beiträge zur Geschichte der Plantagenêts bzw. König Richards mit intensiver Berücksichtigung der „Kernlande" dieser Dynastie in Südwestfrankreich erstellten.[13]

Deutlich kritischer ist hingegen die Darstellung der Aktivitäten des Plantagenêts im Heiligen Land in den jüngeren Arbeiten zur Geschichte der Kreuzzugsbewegung. Von dem grundlegenden Werk von *S. Runciman* (1960) über das Handbuch zur Kreuzzugsgeschichte von *H.-E. Mayer* (1965, [10]2005), über die eher kursorische Beschreibung der wichtigsten Heerzüge ins Heilige Land von *F. Oldenbourg* (1967), über die knappen Skizzen zur Historie des Dritten Kreuzzuges von *S. Painter* und *N. Johnson* (1969) bis hin zu der eher problemorientierten Studie über die Kreuzzugsbewegung von *J. Richard* (1999) und die kursorischen Abhandlungen von *J. Riley-Smith* (1999), *N. Jaspert* (2003) und *P. Thorau* (2004) wurden in keinem Fall die militärischen Unternehmungen des englischen Monarchen als uneingeschränkter Erfolg dargestellt.[14] Vor allem in militärgeschichtlichen Arbeiten – wie etwa von *D. Miller*[15] – wurden der persönliche Mut und die Kampfkraft von Löwenherz zumeist auf der Grundlage zeitgenössischer englischer Chroniken gewürdigt und die strategischen und taktischen Leistungen des Monarchen als Truppenführer und militärischer Leiter des Kreuzzuges gerühmt. Dennoch kam keiner der Autoren umhin festzustellen, daß das Hauptziel des Kreuzzuges – die Befreiung Jerusalems – von Richard nicht erreicht wurde. Statt dessen verwies man auf Teilerfolge des Angevinen, wie die Eroberung Zyperns und die temporäre Sicherung der Existenz des Königreiches Jerusalem sowie des Besitzes wichtiger Küstenstädte zur Wahrung der Kommunikationswege der Christen nach Europa. Keine größere Beachtung fanden hingegen die bedenklichen taktischen Entscheidungen Richards, zweimal mit dem Kreuzzugsheer unter hohen Verlusten an Menschen und Material in unmittelbare Nähe der heiligen Stadt vorzurücken, um dort das Unternehmen mit jeweils derselben Begründung (logistische Schwierigkeiten) abzubrechen und hierdurch die verbliebenen Kreuzfahrer weiter zu demoralisieren. Hinzu kamen in der Forschung kontroverse Beurteilungen der Pläne Richards, aus strategischen Gründen auf die Einnahme der heiligen Stadt zugunsten eines Angriffes auf die islamischen Machtzentren in Ägypten zu verzichten.[16]

Vielfach erfuhren die Aktivitäten des Plantagenêts im Heiligen Land auch in Studien zur Geschichte seines bedeutendsten muslimischen Gegners – Saladin – eine ausführliche Darstellung. So behandelten vor allem westliche Autoren von *S. Lane-Poole* (1898, new ed. 2002) über *S. Runciman* (1960), *A. S. Ehrenkreutz* (1972), *P. H. Newby* (1981), *M. Lyons – D. E. P. Jackson* (1982) und *G. Regan* (1988 und 1998) bis hin zu *J. Richard* (1999), *J. Reston* (2001) und *H. Möhring* (2005) die Bedeutung des Sultans für die Geschichte des Heiligen Landes bzw. Jerusalems.[17] Hierbei schilderte man in der älteren Literatur vor allem die Rolle Saladins sowohl in den militärischen Auseinandersetzungen mit den Kreuzfahrern bzw. König Richard als auch seine Bedeutung für die zumindest temporäre politische Einigung der konkurrierenden muslimischen Kräfte bei gleichzeitiger Repression der Schiiten mit der Schaffung eines muslimischen Großreiches. Insbesondere die direkten militärischen Auseinandersetzungen König Richards mit Saladin während des Dritten Kreuzzuges trugen zu einer Mythisierung beider Konfliktpartner bei. In dem Maße, wie die militärischen Qualitäten des Sultans in der Literatur gewürdigt wurden, erfolgte in gleichem Maße eine Verherrlichung des Angevinen als vorbildlicher Ritter und Kreuzfahrer in seinem Kampf gegen den bedeutendsten muslimischen Kontrahenten. In der neuesten Literatur erfolgte hingegen eine Änderung der Betrachtungsschwerpunkte, indem man unter dem Eindruck der zeitgenössischen politischen Entwicklungen einerseits intensiver als bisher die Bedeutung von Religion bzw. Glaube für die Auseinandersetzungen zwischen Moslems und Christen untersuchte („*Soldiers of the Faith*“)[18]; andererseits erweiterte man die Betrachtungsperspektive und widmete sich stärker der Frage nach einer möglichen „Konfrontation der Kulturen“ sowie der Möglichkeit des Dialoges zwischen Christen und Moslems im Zusammenhang mit den Kreuzzügen.[19] König Richard und seinen zumeist militärischen Aktivitäten kam in diesem Zusammenhang nur noch eine Randbedeutung zu.

Eine ähnliche Feststellung gilt grundsätzlich für die übrigen wichtigsten Protagonisten, mit denen sich Richard während seines Lebens auseinandersetzen mußte. Dies war – außer seiner Mutter Eleonore von Aquitanien, die wahrscheinlich beträchtlichen Einfluß auf ihren Sohn ausübte[20] – vor allem König Philipp II. August von Frankreich. Auch in den zahlreichen Studien zum Wirken dieses bedeutenden französischen Monarchen spielt der englische Herrscher eher eine untergeordnete Rolle – abgesehen von dem monumentalen Werk von *A. Cartellieri*.[21] Er widmete im Rahmen seiner vierbändigen biographischen Studie zu Philipp dessen Auseinandersetzungen mit dem englischen Rivalen zwei große Bände, deren Materialreichtum unübertroffen ist und die wertvolle Grundlagen für weiterführende Studien über Löwenherz bieten. Jüngere Darstellungen behandeln hingegen entweder Einzelaspekte der Regierung des Kapetingers, wie die Studie von *J. W. Baldwin* über die Herrschaftsorganisation im französischen *regnum*, oder sie bieten eine neue Gesamtinterpretation der Biographie des Monarchen, wie z.B. *J. Bradbury* oder *G. Sivéry*.[22] Dennoch enthält keine der genannten Studien auch nur ansatzweise die Materialfülle des Standardwerkes von *Cartellieri*.

Am deutlichsten sichtbar wird der extreme Wandel des Bildes von König Richard in der historischen Forschung seit dem 19. Jahrhundert in den biographischen Werken über den Herrscher. Wie in den bereits erwähnten Handbuchbeiträgen und Darstellungen über die Dynastie der Plantagenêts, so blieb das Bild des Angevinen in der biographischen Richard-Forschung bis in die 60er Jahre des 20. Jahrhunderts weitgehend von den Verdikten der Viktorianer im 19. Jahrhundert bestimmt. Geradezu stereotyp wurden – wie z.B. bei *K. Norgate* (1924)[23] – die hinreichend bekannten Negativurteile über Richard als englischem Herrscher wiederholt bzw. reproduziert. Gleichbleibend war ebenfalls die anglo-zentrierte Sichtweise zahlreicher Forscher, nach denen eine ständige Vernachlässigung des englischen *regnum* und dessen unverantwortliche finanzielle Ausbeutung durch den Angevinen erfolgten. Einen Höhepunkt dieser Kritik an dem Plantagenêt stellte das Werk von *J. T. Appleby* (1965) dar, der umfassend die angeblichen Fehlentwicklungen in England infolge der ständigen Abwesenheit des Monarchen von der Insel zu dokumentieren suchte.[24] Die kritische Grundtendenz blieb in einigen Richard-Biographien bis in die 80er Jahre erhalten – so in den Studien *P. Hendersons* (1958), in der Biographie des Angevinen von *J. A. Brundage* (1974) und in der populärwissenschaftlichen, jedoch viel gelesenen Arbeit von *R. Pernoud* (1988) über Richard, den „Abenteurer auf dem Thron".[25]

Ein tiefgreifender Wandel erfolgte hingegen in der englischsprachigen Richard-Forschung seit den 60er Jahren des 20. Jahrhunderts. Ähnlich wie entsprechende Überlegungen von *J. O. Prestwich* und *J. C. Holt*[26] bewirkten vor allem die zahlreichen einschlägigen Arbeiten von *J. Gillingham* eine allmähliche, jedoch entscheidende Veränderung des Richard-Bildes. Für den englischen Forscher erfüllte der Angevine alle Ansprüche an einen – auch nach mittelalterlichen Maßstäben – idealen Monarchen, der in geradezu vollkommener Weise seine königliche Herrschaft ausübte. So zögerte *Gillingham* nicht, den Plantagenêt zu einem der besten Monarchen zu erklären, den England je besessen hätte:

> „[…] he was a highly competent ruler, unusually effective across the whole range of a king's business, administrative, diplomatic and political as well as military." „[…] prowess, valour and the sense of honour […] were the qualities which made him a legend".[27]

Die Tendenzen für eine positive Umwertung der Beurteilung Richards („*lionizing Lionheart*“) setzten sich sowohl in der kaum mehr überschaubaren Zahl an Detailstudien zur Herrschaft Richards[28] als auch in weiteren Biographien des Monarchen in der Folgezeit verstärkt fort: So entwarf *U. Kessler* (1995) in ihrer Biographie des Angevinen von diesem ein sehr freundliches Bild, wobei sie sich aber auf die Untersuchung einzelner Problembereiche konzentrierte und die Tätigkeit des Plantagenêts bis zur Thronbesteigung in England nur sehr kursorisch behandelte.[29] Thematisch noch enger angelegt wurde die Darstellung des Lebens Richards von *J. Flori* (1999), der im Kontext seiner zahlreichen Studien zur Geschichte des abendländischen Rittertums Richard vor allem unter dem Gesichtspunkt der Realisierung eines chevaleresken Lebensentwurfes als „*roi-chevalier*“ würdigte. Seine Untersuchung betonte stärker die ideologischen Komponenten des Königtums Richards, insbesondere die Wirksamkeit des Arthur-Ideengutes und seiner politischen Funktionalisierung durch den angevinischen Königshof.[30] Einen deutlichen Erkenntnisgewinn brachte schließlich die Studie von *R. V. Turner* und *R. R. Heiser* (2000), die erstmalig einen „territorialgeschichtlichen“ Zugang zur Biographie Richards wählten und ausführlich seine Aktivitäten als Fürst bzw. später als Monarch in den kontinentalen Teilen des angevinischen Reiches dokumentierten.[31] Noch jüngere deutschsprachige Darstellungen zum Leben des Plantagenêts hingegen – etwa von *W. Westphal* und *R.-T. Fischer* – sind zumeist populärwissenschaftlich orientiert und bieten keinen wesentlichen Fortschritt in der Forschung zu Leben und Wirken des Monarchen.[32]

Versucht man, in Anbetracht dieser Forschungslage die Problemstellungen für die folgende Analyse der Regierung König Richards zu verdeutlichen, so ist zuerst die Frage von *J. A. Brundage* zu klären, „*what standards one should apply to his history*“.[33] Diese „*standards*“ sollten nicht nach Bewertungsmaßstäben und Vorstellungen der heutigen Gegenwart, sondern so weit wie möglich nach den Normen und Konzeptionen der Zeit des Monarchen – etwa bezüglich der Kategorien hinsichtlich der Herrschaft eines „guten Fürsten“ – entwickelt und angewendet werden. Hiernach ist im Folgenden u. a. zu klären, welche Ziele der Plantagenêt seit der Thronbesteigung als englischer Monarch verfolgte bzw. später realisieren konnte; welche Bedeutung der Heerzug Richards ins Heilige Land für die weitere Entwicklung sowohl der Kreuzzugsbewegung als auch für die dortigen Beziehungen zwischen Christen und Moslems besaß; welche Rolle seine Herrschaft in der Geschichte Englands im Hohen Mittelalter und insbesondere beim Niedergang des angevinischen Reiches spielte. Für die folgende Darstellung wird bewußt kein ausschließlich biographischer Zugang gewählt; vielmehr ist eine umfassende Würdigung der Persönlichkeit Richards im gesamteuropäischen Kontext intendiert. Hierbei erfolgt keine Konzentration der Analyse auf das Wirken des Plantagenêts als englischem König.

Daher werden die Aktivitäten Richards bis zur Thronbesteigung im Jahre 1189, d.h. seine vorherige Rolle als Herrscher im Poitou und in Aquitanien, eine ausführliche Berücksichtigung erfahren – auch im Hinblick auf das spätere Handeln des Angevinen als englischer König.

Schließlich ist angestrebt, die wichtigsten Aspekte des innen- wie außenpolitischen Handelns[34] Richards zu berücksichtigen: So werden die wichtigsten innenpolitischen Entwicklungen im englischen bzw. angevinischen Reich unter Berücksichtigung des Spannungsverhältnisses von Adel und Königtum ebenso skizziert wie Veränderungen im Verwaltungs- und Rechtswesen sowie in der Wirtschaft in ihrer Bedeutung für die Herrschaftsausübung des Monarchen beschrieben. Hinzu kommen Hinweise zum Verhältnis der englischen Krone zum Papsttum und zu Grundproblemen der auswärtigen Politik[35] Richards. Insofern wird sein Handeln als König nicht isoliert betrachtet, sondern einerseits im Rahmen der angevinischen Herrschaftstradition analysiert, die bereits sein Vater Heinrich II. konstituiert hatte; andererseits soll eine stärker „europa-zentrierte“ Betrachtungsweise gewählt werden, die das englische bzw. das angevinische Reich vorrangig in seiner Bedeutung als Teil der Gemeinschaft der christlichen Reiche im Abendland würdigt. Schließlich sollen Aspekte der „Wirkungsgeschichte“ der Herrschaft Richards und seines „Nachlebens“ berücksichtigt und geklärt werden, wie es zur Entwicklung des „Mythos“ Löwenherz und der neuzeitlichen Idealisierung des Angevinen als Inbegriff des vorbildlichen mittelalterlichen Ritters und verwegenen Kreuzfahrers kam.

Abschließend ist vom Verfasser zahlreichen Institutionen und Personen zu danken, die maßgeblich zum Entstehen des vorliegenden Werkes beigetragen haben: So ist den Mitarbeiterinnen und Mitarbeitern von *The National Archives (Kew)* und des *Instituts für Zeitungsforschung (Dortmund)* für die Bereitstellung einschlägigen archivalischen Materials ebenso zu danken wie ihren Kolleginnen und Kollegen in der *British Library (London)* und in der *Gottfried Wilhelm Leibniz Bibliothek – Niedersächsischen Landesbibliothek (Hannover)* bzw. in der *Technischen Informationsbibliothek Universitätsbibliothek (TIB/UB) (Hannover)* für die Beschaffung großer Mengen an Spezialliteratur. Auch den Mitarbeiterinnen und Mitarbeitern am Lehrstuhl des Autors an der Universität Hannover gebührt Dank für ihre Hilfe bei der Besorgung einer großen Zahl an Quellen und Literatur – insbesondere *Frau Merle Schütte*, *Herrn Beniamino Rebeggiani* und *Herrn Arne Borstelmann*; dieser half auch bei der Erstellung des Literaturverzeichnisses. Zudem dankt der Verfasser *Frau Prof. Dr. Raphaela Averkorn* (früher Hannover, nunmehr Siegen) für Hilfe bei der Durchsicht des Manuskriptes. Schließlich ist der Autor dem Herausgeber der Publikationsreihe, *Herrn Prof. Dr. Peter Herde*, und der *Wissenschaftlichen Buchgesellschaft* für ihre große Geduld und die verständnisvolle Betreuung zu Dank verpflichtet.

II. Das angevinische Reich in Europa bis zur Geburt Richards (1157)

Die Thronbesteigung des künftigen Vaters Richards, Heinrich II., in London am 19. Dezember 1154[1] stieß auf große Zustimmung bei den Bürgern Londons, die nach jahrelangem Bürgerkrieg im Inselreich die Hoffnung auf eine Zeit des inneren Friedens und der Prosperität hegten. Das Auftreten des Königspaares schien diesbezüglich vielversprechend zu sein: Der 21jährige Monarch war nach Angaben von Zeitzeugen mittelgroß, besaß einen wohlproportionierten Körperbau mit breiter Brust und kräftigen Armen, rotblondes Haar, rundes Gesicht, graue, ausdrucksvolle Augen und verfügte über große Körperkräfte.[2] Um – wie Gerald von Wales behauptete – „*die Ungerechtigkeit, die ihm die Natur angetan hatte, und seine physischen Defizite zu mildern*", behandelte Heinrich in der Folgezeit seinen Körper mit solch großer Strenge, als ob er „*Krieg im eigenen Leibe*" führen würde.[3] Abgesehen von festlichen Anlässen wie in London, wo er wie immer große Mäßigkeit im Essen und Trinken zeigte, legte der Angevine keinen Wert auf prunkvolle Repräsentation. Während der gesamten Regierungszeit zog der Plantagenêt[4] einfache Kleidung vor, die oftmals ungepflegt wirkte, und führte ständig Waffen, Jagdspeere etc. bei sich, so daß die äußere Erscheinung seine königliche Würde in keiner Weise zum Ausdruck brachte.[5] Im Kontrast zu seinem Äußeren konnte der Herrscher – sofern er es für angebracht hielt – höfische Umgangsformen und persönlichen Charme zeigen, zumal er überaus gebildet war, vorzüglich Französisch und Latein sprach, zur Entspannung Bücher las und das intensive Gespräch mit gelehrten Männern und Beratern pflegte.[6]

Von dem Bild des Angevinen hob sich die Erscheinung der Königin ab, die mit 32 Lebensjahren für die Zeitgenossen eine reife Schönheit und zudem elf Jahre älter als ihr Gatte war – eine auffällige Parallele zur Ehe ihrer Schwiegereltern, da Kaiserin Mathilde auch neun Jahre älter als ihr Gemahl Gottfried V. von Anjou war. Obwohl keine zeitgenössischen Beschreibungen der äußeren Erscheinung der Fürstin überliefert sind und die Chronisten nur allgemein von ihrer bemerkenswerten Schönheit schwärmten, wird man annehmen dürfen, daß sie den zeitgenössischen Schönheitsidealen entsprach – also einen schlanken Körper, blonde Haare, helle Augen, ebenmäßige Stirn und ein freundliches Wesen besaß.[7] Die Bedeutung der Monarchin wurde durch die Tatsache verstärkt, daß sie als Erbtochter Herzog Wilhelms X. Herrin über das Herzogtum Aquitanien war. Dieses reichte von der Loire im Norden bis zu den Pyrenäen im Süden sowie von der Küste im Westen bis zum Zentralmassiv im Osten. Das Herrschaftsgebiet der Fürstin umfaßte mehr als ein Dutzend Grafschaften, u. a. im Norden Poitou und Berry, weiter südlich La Marche, Limousin, Angoumois, Saintonge, Aunis, Bordelais, Périgord und Uzerches, sowie Agenais, Quercy, Rouergue und Auvergne.[8] Insofern zählte Eleonore zu einer der mächtigsten Herrscherinnen auf dem Kontinent.

Mit der Thronbesteigung des ungleichen Paares traten beträchtliche Veränderungen im politischen Leben des Inselreiches ein: Zum einen übernahm mit dem Plantagenêt eine neue Dynastie die Macht in England, deren älteren Mitglieder – wie Graf Gottfried V. von Anjou – mit den anglonormannischen Herrschern sowie zahlreichen englischen Baronen in jahrelangen Konflikten gestanden hatten und bei diesen nicht uneingeschränkt Sympathien genossen.[9] Zum anderen entstand das sog. *Angevin Empire*,[10] das sich aus mindestens drei territorialen Elementen zusammensetzte: Außer dem englischen *regnum* konnte Heinrich neben der Normandie über *Le Grand Anjou*[11] mit Anjou, Maine und Touraine verfügen, ergänzt durch den dritten Herrschaftskomplex – das Herzogtum Aquitanien. Dieses war durch die Heirat mit Eleonore hinzu gekommen, befand sich jedoch weitgehend in der Herrschaftsgewalt der Fürstin. Das neue Reichsgebilde, das keinen eigenständigen Namen führte,[12] war eher ein „Konglomerat" von Besitzungen und feudalen Rechten in einer „*artificial union*", die weitgehend zufällig entstanden zu sein schien. Die „*odd conglomeration*" aus unterschiedlichen Territorien und Rechten[13] besaß keine gemeinsamen herrschaftsorganisatorischen Institutionen bzw. Strukturen und wurde allein durch die Person des Monarchen zusammengehalten. Zudem verstand sich Heinrich primär als angevinischer Herrscher, für den das englische *regnum* zwar einen wichtigen Teil seiner Herrschaftsgebiete, aber eben nur einen Machtbereich unter anderen darstellte – eine Tatsache, die für die Stellung des Inselreiches im Verband des *Angevin Empire* und für dessen Bedeutung im politischen Handeln des Monarchen eine entscheidende Rolle spielen sollte.

Da das englische Reich unverändert von den Auswirkungen der Thronkämpfe zwischen Kaiserin Mathilde und Stephan von Blois in der sog. Anarchie betroffen war, begann der Plantagenêt unmittelbar nach der Krönung sowie nach dem Erlaß der *carta libertatum* im Dezember 1154[14] mit der Realisierung eines umfassenden Herrschaftsprogramms. Dieses wies sowohl restaurative als auch expansive Züge auf und wurde zuerst auf das Inselreich konzentriert, während die übrigen Teile des *Angevin Empire* vorerst sich selbst überlassen blieben. Restaurativ war das Streben Heinrichs nach innerer Befriedung des englischen *regnum* und nach Wiedererlangung entfremdeter Herrschaftsrechte zur Wiederherstellung der königlichen Macht, wie sie zu Zeiten Heinrichs I. bestanden hatte; dessen Regierung wurde für den Angevinen zunehmend zum idealtypischen Vorbild königlichen Handelns und zum „Goldenen Zeitalter" des englischen *regnum*.[15] In realistischer Einschätzung der politischen Prioritäten konzentrierte sich der Plantagenêt vorrangig auf die Herrschaftsstabilisierung im Inselreich, die nur in Kooperation mit den mächtigsten Magnaten des *regnum* erfolgen konnte. In bewußtem Streben nach innenpolitischem Ausgleich entschloß sich der König, sowohl auf den Einsatz seiner alten Berater aus den angevinischen Territorien im Inselreich zu verzichten als auch frühere Gegner aus dem Bürgerkrieg in seine Dienste aufzunehmen. Dieses Ausgleichsstreben des Monarchen zeigte sich u.a. in der Ernennung der einflußreichen Gefolgsleute Stephans, Richards de Lucy und Roberts (II.) de Beaumont, Earl von Leicester, zu *justiciars*, Humfrieds de Bohun zum *steward of the household* sowie in der Übertragung des *treasurer*-Amtes an Nigel, Bischof von Ely, und in der Erhebung des Archidiakons Thomas Becket zum *chancellor*.[16] Mit diesen Personalentscheidungen, die sich in der Folgezeit zumeist als geglückt erweisen sollten, hatte Heinrich nicht nur im Bereich der Zentralverwaltung für Kontinuität gesorgt, sondern auch die wichtigsten baronialen Opponenten durch Ämterverleihung in sein Herrschaftssystem einbezogen und hierdurch die Voraussetzungen für die Ausbildung dauerhafter Loyalität geschaffen.

Einen weiteren Bereich königlicher Restaurationsbemühungen stellten das Finanzwesen des Reiches und die Kronbesitzungen dar, die während der sog. Anarchie durch Schenkungen der Kontrahenten Stephan und Mathilde an ihre Anhänger partiell entfremdet worden waren. Bezüglich der Dotationen begann bald nach der Thronbesteigung Heinrichs ein mühsamer, jahrelang dauernder Prozeß des Interessenausgleichs zwischen den Anhängern der Bürgerkriegsparteien, um den inneren Frieden im Reich möglichst rasch wieder herzustellen – seit den 60er Jahren des 12. Jahrhunderts verbunden mit umfassenden Reformen im Rechtswesen. Auch das königliche Finanzwesen, das in den Wirren des Bürgerkrieges zuerst regional, später landesweit zusammengebrochen war, bedurfte intensiver Veränderungen.[17] Um das Herrschaftssystem des neuen Monarchen überhaupt funktionsfähig zu machen, mußten vorrangig dessen Einkünfte dauerhaft gesichert werden, die aus der Krondomäne sowie den Feudal- und Gerichtsrechten des Königs bezogen wurden. Voraussetzung hierfür war eine systematische Verschriftlichung der Verwaltungsprozesse, die Heinrich konsequent betrieb und für die er zunehmend speziell geschultes Fachpersonal verwendete, verbunden mit Maßnahmen zu einer Registrierung des Schriftverkehrs, der von der *chancery* betrieben und verstärkt mit Abschriften der wichtigsten ausgehenden Schreiben archiviert wurde.[18]

Ausgebaut wurden zudem zentrale Finanzinstitutionen, zu denen einmal die *treasury* gehörte, in der das königliche Vermögen in Form von Geldmünzen, Juwelen etc. verwahrt wurde. Hinzu kam zum anderen der aus der *curia regis* entstandene und wahrscheinlich nach dem sizilischen Vorbild der *duana de secretis* entwickelte *Exchequer* (*scaccarium*), in welchem die von den *sheriffs* erhobenen königlichen Einkünfte eingezogen und abrechnungstechnisch überprüft wurden. Im *Unteren Exchequer* hatten die *sheriffs* jährlich zu Ostern und zu St. Michaelis ihre Einnahmen abzuliefern, worüber man ihnen jeweils *tallies* (Kerbhölzer) als Belege aushändigte. Im *Oberen Exchequer* schloß sich hieran eine Prüfung der Zahlungen in Relation zu den von den *sheriffs* zu erbringenden Abgabensummen sowie eine Überprüfung der Richtigkeit der Rechnungslegung durch *barones* an, die u. a. durch königliche Spitzenbeamte wie *chancellor*, *treasurer* und *chamberlain* unterstützt wurden. Die geprüfte Abrechnung wurde danach in einem Buchungssystem verarbeitet und in den sog. *Pipe Rolls* verzeichnet, deren älteste aus dem Jahre 1156 stammt und die man unter den Nachfolgern Heinrichs bis ins Jahr 1832 kontinuierlich fortführte. Eine ausführliche Beschreibung von Struktur und Wirkungsweise dieser wichtigen Finanzeinrichtung schuf ca. 1178 Richard von Ely in seinem bekannten „*Dialogus de Scaccario*".[19] Infolge des wachsenden Archivalienbestands und der Notwendigkeit einer kontinuierlichen Zusammenarbeit der beteiligten *barones de scaccario* entwickelte sich während der Herrschaft Heinrichs II. die Tendenz, den *exchequer* dauerhaft in Westminster anzusiedeln, womit die Grundlagen für die Entstehung eines festen Verwaltungszentrums des Reiches in London gelegt waren.

Als zusätzliche Einrichtungen der königlichen Finanzverwaltung, die nicht Teil des *exchequer* waren, fungierten die *chamber* als Zentrum der Hofhaltung des Monarchen, die das persönliche Vermögen des Herrschers betreute und seine Ausgaben regelte, und später die *wardrobe*. Diese war anfangs lediglich verantwortlich für Lebensmittel, Kleidung, Geschirr etc. des Königs, zunehmend regelte sie aber schon während der Regierung Heinrichs II. zusätzlich finanzielle Sonderausgaben, die vor allem die Anwerbung und Finanzierung von Söldnerkontingenten im königlichen Auftrage betrafen. Damit hatte der Angevine in England die Grundlagen für ein funktionsfähiges Finanzwesen gelegt, das dem Herrscher nicht nur kontinuierliche Einkünfte sicherte, sondern auch eine rationale Planung königlicher Aktionen unter Einsatz beträchtlicher Geldmittel ermöglichte – ein Finanzsystem, wie es etwa die Herrscher im Deutschen Reich lediglich in Ansätzen erst zu Beginn der Frühen Neuzeit zu entwickeln versuchten.

Außer diesen mittel- und langfristigen Reformmaßnahmen ergriff Heinrich bald nach der Thronbesteigung auch Initiativen, die die drängendsten Probleme innerer Sicherung und Herrschaftsstabilisierung auf der Insel betrafen.[20] So begann er nach einem *consilium* mit Baronen in Bermondsey nicht nur mit der öffentlichkeitswirksamen Ausweisung ausländischer Söldnertrupps, sondern seit Januar 1155 auch mit der sofortigen Durchsetzung seiner herrscherlichen Gewalt durch die Zerstörung baronialer Burgen, die ohne königliche Genehmigung in der Zeit des Bürgerkriegs gebaut worden waren.[21] In diesem Zusammenhang initiierte er eine rastlose Reisetätigkeit, die er bis ans Ende seiner Regierung beharrlich fortsetzte und die ihn in die entlegensten Teile des Reiches führte. Hierdurch dokumentierte der Monarch zumindest temporär gegenüber den Baronen und einfachen Einwohnern gleichermaßen seine Präsenz auch in den entferntesten Gebieten des Großreiches, während sein Hofstaat durch die häufigen Gewaltritte des ständig ruhelosen Heinrichs mitunter an die Grenzen der Leistungsfähigkeit geriet. Insbesondere die logistischen Probleme, den königlichen Haushalt einschließlich zahlreicher Jäger, Knechte, Bogenschützen etc. sowie die wichtigsten Verwaltungsbeamten auf den langen Reisen mitzuführen und angemessen zu versorgen, bereiteten dem Hofstaat des Königs – wie Peter von Blois wortreich klagte – nicht selten erhebliche Schwierigkeiten, die den Monarchen aber keinesfalls an der Realisierung seiner hektischen Reisetätigkeit hinderten.[22]

Bei der Durchführung dieser Befriedungsmaßnahmen stieß der König bei den Großen des Landes nur auf partiellen Widerstand, etwa durch Wilhelm le Gros, Graf von Aumale, Roger Fitz Miles, Earl von Hereford, und Hugo Mortimer, Lord von Cleobury und Wigmore.[23] Die Härte und Schnelligkeit, mit der Heinrich gegen die Opponenten vorging, verdeutlichte seine Entschlossenheit zur Wiederherstellung der königlichen Macht und ließ weitere Widerstände von baronialer Seite als aussichtslos erscheinen, so daß sich der Angevine durch die konsequenten Repressionsmaßnahmen binnen kürzester Zeit innenpolitische Stabilität verschafft hatte. Zudem erwies sich für den König die Tatsache als günstig, daß zahlreiche seiner früheren baronialen Opponenten zwischenzeitlich gestorben waren und sich hierdurch die Zahl potentieller Gegner weiter verkleinert hatte.[24] Insofern konnte der Monarch gegen Ende des Jahres 1155 seine Bemühungen um Pazifizierung des Reiches und königliche Herrschaftsstabilisierung als im wesentlichen erfolgreich betrachten. Wenig glaubwürdig erscheinen in diesem Zusammenhang Nachrichten, wonach Heinrich bereits zu St. Michaelis 1155 auf einem *concilium* in Winchester mit den Baronen den Plan besprochen habe, das *regnum Hiberniae* zu erobern und dieses seinem Bruder Wilhelm zu geben; angeblich sei das Unternehmen aber am Widerspruch der anwesenden Königinmutter Mathilde gescheitert.[25] Vielmehr ist anzunehmen, daß nicht der König und die Barone, sondern der Erzbischof von Canterbury mit Unterstützung des aus England stammenden Papstes Hadrian IV. (Nikolaus Breakspear) – ungeachtet des Erlasses der berühmten Urkunde „*Laudabiliter*"[26] – 1155 den Plan einer Invasion in Irland entwickelt haben dürfte.[27] Der Angevine wird jedoch aufgrund anderer innen- und außenpolitischer Prioritäten eine Realisierung dieser Planungen verschoben haben, die er erst 1171/72 verwirklichte.[28]

Ende des Jahres 1155 waren somit eher Pläne für die weitere Herrschaftsstabilisierung im politischen Handeln Heinrichs II. dominant. Hierbei konzentrierte sich der Monarch sowohl auf die normannisch-angevinischen Kernbesitzungen als auch auf die Territorien im Südwesten Frankreichs, die er durch die Eheschließung hinzu gewonnen hatte. Charakteristisch für das weitere Vorgehen des Angevinen ist sein vorrangiges Bemühen um diplomatischen Ausgleich und nur im Notfall die Durchführung kriegerischer Maßnahmen. So unternahm Heinrich, nachdem die Reichsverwaltung auf die *justiciars* Robert von Leicester und Richard de Lucy sowie auf die Königin übertragen worden war,[29] bald nach der Landung in Wissant (Mitte Januar 1156)[30] Verhandlungsinitiativen mit potentiellen kontinentalen Bündnispartnern. Hierbei mußte dem französischen Monarchen eine Schlüsselrolle zukommen, zumal sich der Angevine zur selben Zeit einer Rebellion seines jüngeren Bruders Gottfried ausgesetzt sah. Da sich dieser um die gewaltsame Durchsetzung strittiger Erbansprüche gegenüber Heinrich bemühte,[31] mußte der Kapetinger geradezu als natürlicher Verbündeter Gottfrieds im erneuten Kampf gegen den englischen König erscheinen.

Dieser suchte daher möglichst schnell das Gespräch mit Ludwig, den er am 5. Februar im normannisch-französischen Grenzraum traf und ihm das *homagium* für alle seine kontinentalen Besitzungen leistete, d.h. außer für die Normandie und Groß-Anjou auch für Aquitanien.[32] Zwar konnte der Angevine den Kapetinger hierdurch zur Anerkennung seiner Herrschaft über Aquitanien veranlassen und diesen Gottfried als potentiellen Bündnispartner abspenstig machen. Langfristig bedeutsamer waren hingegen die lehnsrechtlichen Implikationen des kaptingisch-angevinischen Treffens: Zum einen leistete 1156 ein englischer König dem französischen Oberlehnsherrn ein *homagium* – wahrscheinlich ein *hommage en marche*[33] – für sämtliche Festlandsbesitzungen und geriet hierdurch in noch größere, vor allem lehnsrechtlich interpretierbare Abhängigkeit zum französischen Monarchen. Die anglonormannischen Vorgänger des Angevinen hatten konsequent eine derartige Bindung vermieden, indem Heinrich I. und Stephan jeweils nur ihre Söhne für die Normandie huldigen ließen.[34] Gerade Heinrich II., der in der Folgezeit klare Vorstellungen über die rechtlichen Implikationen und Verpflichtungen im Zusammenhang mit einer Lehnseid-Leistung im angevinischen Reich an den Tag legte, mußten die möglicherweise negativen Konsequenzen eines solchen Rechtsaktes für die Dignität seines Königtums deutlich sein. Während Heinrich eine *homagium*-Leistung gegenüber dem Kapetinger durch seinen Sohn und Mitkönig Heinrich noch 1174 mit dieser Begründung verhinderte,[35] war er offensichtlich 1156 in einer Krisensituation bereit, derartige mögliche Konsequenzen zur Herrschaftssicherung, d.h. aus machtpolitischen Gründen, zu akzeptieren.

Zum anderen hatte die *homagium*-Leistung Heinrichs 1156 gravierende Konsequenzen für die Beziehungen des aquitanischen Herzogtums zur französischen Krone, da die Großen sowie die Herzöge Aquitaniens seit langer Zeit um die Wahrung ihrer Unabhängigkeit bemüht gewesen waren und sich bislang die lehnsrechtlichen Beziehungen dieser Region zum französischen Königtum wenig präzise gestaltet hatten.[36] Auch dem Angevinen als neuem Herzog müssen diese Traditionen bewußt gewesen sein, zumal die Großen des Landes die Tatsache nicht vergessen hatten, daß Aquitanien im 8. Jahrhundert ein eigenes *regnum* gewesen war und auch nach dessen Ende im 9. Jahrhundert in der Folgezeit weitgehende Unabhängigkeit gegenüber den westfränkischen Königen wahren konnte. Gleiches hatte nach Übernahme der Herrschaft im Herzogtum Gascogne durch die Grafen von Poitou gegolten, die unter Wilhelm VIII. beide Herzogtümer vereinigt und unverändert ihre Machtfülle gegenüber den französischen Königen betont hatten. Daher blieben die lehnsrechtlichen Beziehungen der aquitanischen Herzöge aus dem Hause Poitou unter Wilhelm IX. († 1126) und Wilhelm X. († 1137) zur Krone weitgehend unklar. Obwohl die Herzöge grundsätzlich eine Oberherrschaft des französischen Monarchen anerkannten, blieben sie konsequent bemüht, jeglichen hieraus ableitbaren Anspruch auf Unterwerfung gegenüber den Kapetingern zu vermeiden.[37] So hatte etwa Wilhelm IX. zumindest zeitweise Ludwig VI. den Lehnseid verweigert und sich ausschließlich als dessen politischen Verbündeten und gleichberechtigten Partner betrachtet.[38]

Diese Situation hatte sich erst am Lebensende Wilhelms X. geändert, als dieser wegen Fehlens männlicher Erben einen gravierenden Wandel in der jahrzehntelangen Unabhängigkeitspolitik der aquitanischen Herzöge gegenüber der französischen Krone vornahm. In realistischer Einschätzung der schwierigen innenpolitischen Lage und des Eigenständigkeitsbestrebens der Großen im Herzogtum beschloß Wilhelm den Verzicht auf weitere Unabhängigkeitsbemühungen, indem er vor Antritt einer Pilgerfahrt nach Santiago de Compostela das Herzogtum Aquitanien und seine Erbtochter Eleonore dem Schutz des französischen Königs anvertraute.[39] Da Wilhelm am Bestimmungsort seiner Reise starb († 9. April 1137),[40] eröffnete sich für Ludwig VI. die einmalige Gelegenheit, den Schutzauftrag für eigene Zwecke zu nutzen und die Erbtochter des Verstorbenen mit seinem Sohn Ludwig (VII.) zu vermählen, der nach dem Tode des Vaters († 1. August 1137) binnen weniger Wochen die Nachfolge auf dem französischen Thron antreten konnte.[41] Damit erhielt der neue Monarch zugleich die Möglichkeit, erstmalig nach Jahrzehnten das Herzogtum Aquitanien dem Zugriff der französischen Zentralgewalt zu öffnen und den Herrschaftsbereich der Krone deutlich zu vergrößern.

Infolge wachsender Entfremdung der Eheleute kaum es nach langen Krisen zu einem Scheitern der Beziehung, zumal Eleonore dem Kapetinger in 15jähriger Ehe lediglich zwei Töchter – Maria und Alice – und keinen Thronfolger geboren hatte. Zudem wird sich im Laufe der Zeit ein immer krasserer Gegensatz zweier Kulturen, repräsentiert durch die beiden Partner, entwickelt haben – auf der einen Seite die lebensfrohe und kapriziöse

Herzogin, die im okzitanischen Kulturkreis erzogen worden war und den Umgang mit leichtlebigen Troubadouren pflegte, auf der anderen Seite der zunehmend asketische, weltabgewandte Kapetinger, der ursprünglich für das geistliche Leben bestimmt bzw. erzogen worden war und dem die sinnenfrohe Lebensweise seiner Gattin immer fremd blieb – getreu dem Motto: „*Frivole Aquitaine, austère Ile-de-France*".[42] Insofern ist es nicht verwunderlich, daß Eleonore Vertrauten gegenüber angeblich geklagt haben soll, sie habe keinen Herrscher, sondern einen Mönch geheiratet.[43] Ungewöhnlich war auch die Entscheidung der Monarchin, von sich aus nicht nur die Auflösung der Verbindung mit Ludwig zu betreiben, sondern zudem unmittelbar nach der Trennung Heinrich von Anjou durch Boten mitzuteilen, daß sie wieder frei und zur Ehe mit ihm bereit wäre.[44] Diese Pläne setzte Eleonore konsequent um – ungeachtet der mißlungenen Versuche durch Graf Tedbald (V.) von Blois-Chartres und später durch Gottfried von Anjou, sich gewaltsam ihrer Person und damit – offensichtlich rechtens – auch ihrer Besitzungen zu bemächtigen. So kam es im März 1152 zu einer Auflösung der Ehe mit Ludwig wegen zu naher Blutsverwandtschaft; dieses Hinderungsargument spielte bei der neuen Verbindung Eleonores keine Rolle mehr, obwohl die Herzogin und Heinrich gemeinsam von König Robert II. *(le Pieux)* abstammten und Verwandte fünften Grades waren.[45] Der Kapetinger mußte infolge der Trennung nicht nur beträchtliche Gebietsverluste, sondern auch eine potentielle Schädigung seines Ansehens in der Öffentlichkeit hinnehmen – Gründe genug, um die Ex-Ehefrau durch kontinuierliche Propaganda, u. a. wegen angeblicher Untreue, zu diffamieren.[46]

Die Scheidung Ludwigs von Eleonore führte zwar zu einem vorläufigen Ende der Bestrebungen, Aquitanien stärker dem Zugriff der französischen Zentralgewalt zu öffnen. Dennoch versuchte Heinrich II., seinerseits derartige Tendenzen fortzusetzen – nunmehr bezüglich des angevinischen Großreiches. Doch konterkarierte die *homagium*-Leistung des neuen aquitanischen Herzogs im Jahre 1156 die erwähnten, jahrzehntelangen Bestrebungen seiner Vorgänger um eine Sicherung der Independenz des Herzogtums. Möglicherweise erhoffte sich der englische Monarch, daß der Dukat hierdurch besser beherrschbarer und leichter in das *Angevin Empire* integrierbarer sein würde.[47] Weniger bewußt dürften Heinrich andere rechtliche Konsequenzen seiner engeren Bindung an die französische Krone gewesen sein, da nun die Barone Aquitaniens bessere Möglichkeiten für eine Appellation an das königliche Hofgericht und hierdurch die Gelegenheit zu einem rechtlichen Vorgehen gegen den eigenen Lehnsherrn erhielten.[48] Dessen Stellung konnte langfristig zugunsten der Zentralgewalt geschwächt werden – rechtliche baroniale Aktionsmöglichkeiten, deren negative Auswirkungen der Plantagenêt schon bald kennenlernen sollte.

Nach dem erfolgreichen Ausgleich mit Ludwig VII. setzte Heinrich seine diplomatische Kampagne auf dem Kontinent noch im Februar 1156 durch

Gespräche – möglicherweise verbunden mit Bündnisverhandlungen – in Rouen mit Graf Dietrich von Flandern fort, dessen Grafschaft sowohl wirtschaftlich für den englischen Wollexport als auch geostrategisch für das Inselreich von großer Bedeutung war.[49] Anschließend widmete sich Heinrich nach erfolglosen Verhandlungen mit seinem Bruder Gottfried dessen machtpolitischer Ausschaltung, indem er ihn in den wenigen, ihm verbliebenen Burgen belagerte und im Sommer 1156 zur Unterwerfung zwang. Wie üblich, zeigte sich der Angevine als Sieger großzügig, indem er dem Bruder wahrscheinlich Loudun überließ und eine beachtliche Jahresrente gewährte.[50] Bezeichnend für die Entschlußkraft Heinrichs und seine weitreichende politische Handlungsperspektive ist sein Verhalten unmittelbar nach Beendigung des Machtkampfes mit Gottfried, indem er gleichzeitige innenpolitische Wirren in der weitgehend unabhängigen Bretagne nutzte, um dort jahrzehntealte Oberherrschaftsansprüche der Normannenherzöge durchzusetzen. Als Anlaß für sein Eingreifen dienten dem Angevinen Machtkämpfe, die nach dem Tode Conans III., dem Schwiegersohn König Heinrichs I. von England, im Jahre 1148 ausgebrochen waren, da Bertha, die Tochter des Herzogs und – in zweiter Ehe – Gattin von Odo, Vizegraf von Porhoët, mit ihrem Bruder Hoël, Graf von Nantes, um die Herrschaft rang. Im September 1156 wurde die Situation durch das Eingreifen Conans (IV.), des Sohns Berthas aus der ersten Ehe mit Alan II. (dem Schwarzen), Graf von Penthièvre und Earl von Richmond,[51] weiter kompliziert, der seinen Stiefvater Odo absetzte und sich zum Herzog der Bretagne erklärte. Da die Bürger von Nantes weder mit dem neuen Herzog noch mit dem Grafen Hoël einverstanden waren und zumindest diesen vertreiben konnten, nutzte Heinrich die Gelegenheit, indem er die Grafschaft Nantes seinem gerade entmachteten Bruder Gottfried übertrug.[52] Hierdurch hatte der König-Herzog sowohl den Frieden im angevinischen Hause gesichert als auch die langjährigen normannischen Oberherrschaftsansprüche auf die Bretagne durchgesetzt. Infolge des frühen Todes Gottfrieds († 26. Juli 1158)[53] sah sich der Angevine zwar im September desselben Jahres zu einer militärischen Intervention in der Bretagne veranlaßt, die den Verlust von Nantes für Conan zur Folge hatte, dennoch blieb dieser unangefochten im Besitz des restlichen Herzogtums bis 1170.[54]

Nach der Befriedung des angevinischen Kernlandes begann Heinrich, seinen Herrschaftsanspruch auch auf die Besitzungen seiner Gattin Eleonore zu dokumentieren, die nach dem Tode des Thronfolgers Wilhelm und der Geburt der Tochter Mathilde im Juni 1156 in Windsor Castle[55] wahrscheinlich im Juli desselben Jahres auf den Kontinent gereist war, um den Ehemann aufzusuchen und ihn in ihre Stammlande zu begleiten.[56] Dort war das Erscheinen des neuen Herzogs dringend erforderlich, da zwar dessen Vorgänger – Ludwig VII. – bald nach der Hochzeit mit Eleonore eine intensivere Herrschaftswahrnehmung zugunsten der königlichen Zentralgewalt begonnen, jedoch schnell auf ein weiteres persönliches Engagement in dem politisch unruhigen Herzogtum verzichtet und zumeist mit Hilfe von Seneschallen agiert hatte. Dieses Verhalten hatte den Großen des Landes ihre Bemühungen erleichtert, die eigenen Herrschaften und ihre Unabhängigkeit gegenüber der herzoglichen Gewalt weiter auszubauen. Da Versuche früherer Herzöge – etwa Wilhelms IX. – zur Herrschaftszentralisierung und zum Aufbau einheitlicher Verwaltungsstrukturen am Widerstand selbstbewußter Großer – wie etwa Hugo VII. von Lusignan – gescheitert waren, entwickelten sich die verschiedenen Regionen des Dukats politisch und kulturell immer weiter auseinander. Unverändert blieb das Herzogtum ein Konglomerat aus über einem Dutzend Grafschaften ohne effiziente zentrale Herrschaftseinrichtungen, zumal Poitou und Gascogne auch unter den aquitanischen Herzögen ihre Selbständigkeit im Bereich von Verwaltung, Finanz- und Gerichtswesen mit den Zentren Poitiers und Bordeaux behielten.[57]

Bedeutsamer für das künftige außenpolitische Handeln des neuen aquitanischen Herrschers Heinrich war hingegen die Tatsache, daß herzogliche Vorgänger sowie führende Große seit der Mitte des 11. Jahrhunderts zunehmend eine politische Hinwendung zum südfranzösischen und iberischen Raum vorgenommen hatten. So erhoben die Herzöge seit Wilhelm IX. – zeitweise sogar erfolgreich – nicht nur Anspruch auf die Oberherrschaft über die Grafschaft Toulouse, sondern beteiligten sich auch an militärischen Unternehmungen im Rahmen der Reconquista, wie etwa Wilhelm VIII. bei der Eroberung von Barbastro (1064) und Wilhelm IX. im Kampf gegen die Mauren bei Cutanda (1120).[58] Hinzu kamen verwandtschaftliche Verbindungen zu den Herrscherhäusern der iberischen christlichen Reiche, da z.B. zwei Töchter Wilhelms VIII. iberische Monarchen heirateten – Agnes wurde Alfons VI. von Kastilien zur Ehe gegeben, eine zweite Tochter verband sich mit Peter I. von Aragón. 1135 ehelichte eine Tochter Wilhelms IX., Agnes von Poitou, in zweiter Ehe König Ramiro II. (*el Monje*) von Aragón.[59] Zudem begannen zahlreiche gascognische Ritter, ebenfalls an der Reconquista mitzuwirken und sich in den durch König Alfons I. (*el Batallador*) von Aragón und Navarra den Mauren entrissenen Gebieten, insbesondere im Ebro-Tal, anzusiedeln. Im Gegenzug griffen iberische Herrscher auf Territorien nördlich der Pyrenäen zu, indem etwa Alfons I. von Aragón 1131 militärisch bis in die Gegend von Bayonne vordrang und auch Einfluß auf die Vizegrafschaften von Béarn und Bigorre zu nehmen versuchte.[60]

Die schwierigen Machtverhältnisse in Aquitanien engten den politischen Handlungsspielraum des neuen Herzogs zwangsläufig gravierend ein, so daß sich Heinrich II. bei der kurzen Rundreise durch das Herzogtum im Herbst 1156 darauf beschränken mußte, seine herrscherliche Präsenz zu manifestieren, *homagia* von den wichtigsten Großen des Landes entgegen zu nehmen und sich zur Sicherheit Geiseln stellen zu lassen.[61] In realistischer Einschätzung seiner Möglichkeiten verzichtete der Plantagenêt auf spektakuläre Aktionen und beschränkte sich darauf, im Oktober 1156 die Ländereien des jugendlichen Vizegrafen von Limoges, Aimar V., zeitweise eigenen Vertrauten zur Verwaltung zu übertragen.[62] Anschließend ließ der König den Vizegrafen Gottfried von Thouars aus seinen poitevinischen Ländereien vertreiben – angeblich auf Betreiben der Königin, die einen widerspenstigen Vasallen zu bestrafen wünschte.[63] Bewußt verzichtete der Angevine vorläufig auf ein Eingreifen in das komplexe außenpolitische Beziehungsgefüge in Südfrankreich, um sich zu Beginn des Jahres 1157 in die Normandie zu begeben und im April der Königin zu folgen, die bereits im Februar mit den Kindern nach London zurückgekehrt war.[64]

Da Heinrich auch die Beziehungen zu den universalen Gewalten – Papsttum und Kaisertum – weiterhin dilatorisch behandelte und jegliche Konfrontation vermied, konnte er sich in der Folgezeit auf das Inselreich und die Ausschaltung der letzten verbliebenen baronialen Opponenten wie Wilhelm von Boulogne, Earl von Surrey (*iure uxoris*), und Hugo Bigod, Earl von Norfolk, konzentrieren.[65] Anschließend widmete sich der Plantagenêt der weiteren Realisierung seines Rekuperationsprogramms, das nun Schottland und Wales betraf. Hierfür erwies sich die Lage in Schottland, wo David I. am 24. Mai 1153 gestorben war,[66] als besonders günstig: Der neue König, Malcolm IV., war erst zwölf Jahre alt (*The Maiden*)[67] und zu keinem ernsthaften Konflikt mit dem Plantagenêt in der Lage, zumal der Schotte selbst Widerstand bei einigen Clanführern im Norden und Westen des Landes fand.[68] Charakteristisch für den Herrschaftswillen Heinrichs ist sein weiteres Verhalten gegenüber dem schottischen Monarchen, da er dessen temporäre Schwäche konsequent für eigene Interessen ausnutzte und von den Konzessionen, die er als junger Graf 1149 während des Bürgerkriegs David I. von Schottland in Carlisle gemacht hatte, nun nichts mehr wissen wollte. So zwang er Malcolm bei dessen Besuch am königlichen Hof in Chester im Sommer 1157 nicht nur zum Verzicht auf alle, von König David gewonnenen Territorien südlich von Tweed und Esk, sondern auch zur Leistung des *homagium*.[69] Wie in der Vergangenheit blieb hierbei unklar, ob sich dieses auf das schottische *regnum* oder nur auf das *earldom* von Huntingdon bezog, das Heinrich dem jungen Schotten überließ. Während Malcolm durch den engen Anschluß an den englischen Monarchen und durch die kontinuierliche Ansiedlung von Rittern aus dem angevinischen Reich in Schottland sowie deren Einsatz in der königlichen Verwaltung in der Folgezeit seine eigene Stellung innenpolitisch zu stärken suchte,[70] war Heinrich bestrebt, die lehnsrechtliche Bindung des schottischen Monarchen an den englischen König zu intensivieren und dieser verstärkt vasallitische Formen zu verleihen – eine Entwicklung, die der englische Herrscher später selbst im Verhältnis zu seinem Oberlehnsherrn Philipp II. August von Frankreich erfahren sollte.

Ähnliche Ziele verfolgte Heinrich im Sommer 1157 bei seinen Aktionen in Wales, wo er den Herrschaftsstatus, wie er gegen Ende der Regierung seines Großvaters Heinrich I. bestanden hatte, wiederherzustellen gedachte.[71] Hierbei suchte er vor allem Owain Gwynedd (ap Gruffydd ap Cynan) in Gwynedd zu unterwerfen, wobei er auf die Unterstützung walisischer Fürsten – u.a. Cadwaladr (ap Gruffydd ap Cynan) in Gwynedd, Madog (ap Maredudd) und Iorwerth Goch (ap Maredudd) in Powys – zählen konnte. Während der König mit starken Heereskontingenten von Chester auf der Küstenstraße Richtung Rhuddlan vorrückte, lief gleichzeitig eine Flotte aus, die sich später mit den Landtruppen in Nordwales vereinigen sollte. Owain hingegen verschanzte sich mit Gefolgsleuten sowie den Söhnen Dafydd und Cynan in Wäldern bei Basingwerk. Bei den folgenden Kämpfen mußte der Angevine wie seine königlichen Vorgänger bittere Erfahrungen mit der spezifischen Strategie der walisischen Gegner machen, die offene Schlachten mit den schwer gepanzerten englischen Rittern vermieden und vielmehr den Kampf in unzugänglichem Gelände in überfallähnlichen Attacken suchten. Da Heinrich bei dem Versuch, getrennt vom Hauptheer nur mit schwachen militärischen Kräften in den Wäldern bei Hawarden seine Gegner zu vernichten, unter schweren Verlusten gescheitert und zwischenzeitlich auch die Flottenaktion in Anglesey mißglückt war, sah sich der Monarch zur raschen Beendigung des Unternehmens veranlaßt. Owain seinerseits war militärisch stark geschwächt und daher bereit, Heinrich das *homagium* zu leisten, Geiseln zu stellen und Gebietsrestituierungen vorzunehmen.[72] Somit vermochte Heinrich bei dem Versuch, den walisischen Fürsten auf Dauer zu unterwerfen, nur einen Teilerfolg zu erringen; dennoch hatte er Owain mit seinem Heerzug, dem in erster Linie die Bedeutung einer königlichen Machtdemonstration zukam, zur Anerkennung einer nominellen englischen Oberlehnsherrschaft gezwungen, ohne jedoch eine dauerhafte Befriedung zumindest von Nordwales erreichen zu können.

In der Folgezeit widmete sich Heinrich verstärkt der Verwaltung des Inselreiches, indem er sich vor allem in Oxfordshire, Hampshire und Wiltshire aufhielt und mit großer Freude die Geburt seines Sohnes Richard zur Kenntnis nahm, dem Eleonore am 8. September 1157 in Oxford das Leben schenkte[73] – ein Ereignis, das bis heute durch einen Gedenkstein in der Beaumont Street in Oxford gewürdigt wird.[74] Obwohl die Königin in der Folgezeit besonders diesem Sohn nahestand, wird sie ihn – den Vorstellungen der Zeit gemäß – nicht selbst gestillt, sondern einer Amme übergeben haben. Diese wird in den Quellen als Hodierna bezeichnet, der Richard sein Leben lang eng verbunden blieb und als König mit einer großzügigen Dotation versah.[75] Weitergehende Nachrichten über das Schicksal des nachgeborenen Sohnes fehlen, so daß auch keine Angaben über die Erzieher des Knaben vorliegen. Wahrscheinlich wird er die traditionelle Ausbildung eines Angehörigen der adligen Oberschicht erhalten haben, um standesgemäß vor allem seine künftigen Aufgaben als Ritter erfüllen zu können. Anzunehmen ist, daß Richard eine höfische Ausbildung bekam, in der einerseits die Schulung im Reiten, Fechten, Bogenschießen und Jagen erfolgte. Andererseits wird der Prinz Fertigkeiten erworben haben, eigene Lieder und Verse zu verfassen, das Saitenspiel zu beherrschen und Kenntnisse der sich entwickelnden höfischen Literatur zu erwerben.[76] Zusätzlich dürfte Richard beachtliche Eloquenz und Intellektualität entwickelt haben, verbunden mit guten Sprachkenntnissen in Französisch, Okzitanisch und Latein, die ihm das Streitgespräch mit gebildeten Klerikern an seinem Hof ermöglichten.[77]

Welche Mentalität und Einstellung zu Gewalt sowie Kampf der junge Prinz unter dem Einfluß junger Ritter und Troubadoure in der Folgezeit entwickelt haben dürfte, verdeutlicht ein bekanntes Lied des französischen Troubadours Bertran de Born, der in der 2. Hälfte des 12. Jahrhunderts schrieb. Der Text in Prosaübersetzung lautet:

„1. Die frohe Zeit des Frühlings gefällt mir sehr, wenn die Blätter und Blumen sprießen; es gefällt mir, wenn ich die Fröhlichkeit der Vögel höre, die ihre Lieder durch das Unterholz erklingen lassen; es gefällt mir, wenn ich die Zelte und Pavillons sehe, die auf den Wiesen errichtet sind; und ich fühle großes Glück, wenn ich die Ritter und Pferde sehe, die auf den Feldern in Waffen aufgereiht sind.
[...]
3. Und es gefällt mir ebenfalls, wenn ein Herr der Erste ist, um auf seinem Pferd anzugreifen, gewappnet, ohne Furcht; nämlich hierdurch inspiriert er seine Männer mit heldenhaftem Mut. Wenn die Schlacht beginnt muß jeder Mann bereit sein, ihm mit Freude zu folgen, da niemand respektiert wird, sofern er nicht viele Schläge erteilt und empfangen hat.
4. Zu Beginn der Schlacht werden wir Keulen und Schwerter sehen, farbenfrohe Helme, durchbohrte und zerschmetterte Schilde, und viele Vasallen, die miteinander kämpfen, so daß die Pferde der Toten und Verwundeten ziellos umherlaufen. Und wenn er sich in den Kampf begibt, soll jeder Mann von Rang nur an das Abhacken von Köpfen und Armen denken, denn ein toter Mann ist mehr wert als ein lebendiger Verlierer.
5. Ich sage Euch, essen oder trinken oder schlafen haben nicht solch einen Reiz für mich wie der Moment, wenn ich beide Seiten rufen höre „Greift sie!", wenn ich reiterlose Pferde durch die Schatten brechen höre, wenn ich Männer „Hilfe! Hilfe" schreien höre, wenn ich kleine und große Männer in die begrünten Gräben stürzen sehe und wenn ich die Toten mit zersplitterten Lanzen, geschmückt mit Wimpeln, in ihren Seiten sehe."[78]

Weitergehende Informationen über die Jugend des Prinzen fehlen ebenso wie Angaben über seine Aufenthaltsorte in den ersten Lebensjahren, so daß nur die Vermutung möglich ist, Richard habe sich zumeist in Begleitung seiner Mutter und vor allem an ihrem Hof in Poitiers aufgehalten. Obwohl dem König ein grundsätzliches Interesse am Schicksal seiner Kinder nicht abzusprechen ist, kümmerte sich Heinrich in der Folgezeit nur selten um seinen drittgeborenen Sohn. Statt dessen wandte er sich der weiteren Realisierung seiner Rekuperations- und Expansionspläne auf dem Kontinent zu, die ihn über vier Jahre daran hinderten, auf die Insel zurückzukehren.

III. Die Jugend Richards und das angevinische Reich bis zum Frieden von Montmirail (1169)

In Vorbereitung seines Festlandsaufenthaltes, der über vier Jahre dauern sollte, setzte Heinrich seine begleitenden diplomatischen Aktivitäten fort, wobei dem römischen Kaiser Friedrich I. notwendigerweise besondere Bedeutung zukommen mußte.[1] Bereits im Juni 1156 hatte der Angevine Kontakte zum Kaiserhof aufgenommen, indem er Barbarossa anläßlich der Heirat mit Beatrix von Burgund reiche Geschenke durch Gesandte überbringen ließ.[2] Seinerseits setzte der Staufer die diplomatischen Beziehungen zu Heinrich fort, da er diesen in einem Schreiben im Mai 1157 aufforderte, seiner Schutzverpflichtung gegenüber dem Abt Gerald von Solignac nachzukommen.[3] Die Mahnung Friedrichs ist um so erstaunlicher, da lediglich der Berater des Kaisers, Wibald von Stablo, Kontakte zur Abtei Solignac besaß und sich diese außerhalb des kaiserlichen Herrschaftsbereichs befand. Zudem erfolgte die Aufforderung gegenüber Heinrich, seiner herzoglichen Schutzverpflichtung nachzukommen, in sehr herablassender Form und unter nachdrücklicher Betonung der kaiserlichen Würde, so daß eine gewisse Irritation infolge des staufischen Schreibens auf seiten des Angevinen nicht ausgeschlossen werden kann.

Noch gravierender beeinflußte wahrscheinlich im Sommer 1157 eine weitere Initiative des Staufers, die kaiserliche *auctoritas* zur Geltung zu bringen, die Beziehungen zum englischen Herrscherhaus. Obwohl der entsprechende Brief Barbarossas verloren gegangen ist, vermag man aus dem chronikalisch bei Otto von Freising überlieferten Antwortschreiben Heinrichs zu erschließen, daß der Kaiser nachdrücklich die Rückgabe einer Reliquie des hl. Jakobus aus dem Reichsschatz gefordert hatte. Ob der Staufer sein Postulat durch das Angebot eines Bündnisses mit dem englischen Herrscher zu mildern versuchte, muß nach dem Textbefund unklar bleiben. Die genannte Reliquie, die Kaiserin Mathilde 1126 bei ihrer Rückkehr nach England mitgenommen hatte, war von Heinrich ca. 1155 nach den Wirren der sog. Anarchie der Abtei Reading restituiert worden und wirkte als Zentrum eines bedeutenden lokalen Kultes. Wie diplomatisch der Angevine dem Ansinnen Barbarossas begegnete, verdeutlicht die berühmte Replik des Kanzlers Thomas Becket gegenüber dem Staufer. Hierin würdigten er und sein König Friedrich I. als *„beste[n] unter allen Herrschern“* und betonten:

„Unser Reich und alles, was immer unserer Herrschaft untersteht, stellen wir euch zur Verfügung und vertrauen es eurer Macht an, damit alles nach eurem Winke geordnet werde und in allem der Wille eurer Herrschaft geschehe. Es möge also zwischen uns und unseren Völkern eine unlösbare Gemeinschaft der Liebe und Freundschaft bestehen, sicherer Handelsverkehr, so jedoch, daß euch, dem an Würde Höherstehenden, die Befehlsgewalt zufällt; uns wird es nicht an dem Willen zu gehorchen fehlen".[4]

Ein Teil der älteren deutschen Forschung hat diesen Brief Heinrichs II. als wichtigen Beleg für die Existenz eines „Weltherrschaftsanspruchs" der mittelalterlichen römisch-deutschen Kaiser herangezogen, dem zwar angeblich keine machtpolitische *potestas*, jedoch eine besondere *auctoritas* zukäme, die im gesamten Abendland akzeptiert würde. Eine Prüfung des Wortlautes des gesamten Briefes macht jedoch rasch deutlich, wie es im konkreten politischen Geschehen um die Akzeptanz der angeblichen besonderen *auctoritas* des Kaisers durch den englischen König bestellt war. Zwar versprach der Angevine dem Staufer in geschliffenen Formulierungen, daß angeblich „*in allem*" der kaiserliche Wille geschehen solle; bezüglich der konkreten Forderung Friedrichs nach Rückgabe der Reliquie verwies Heinrich jedoch kühl auf die bevorstehenden Mitteilungen seiner Gesandten, des Magisters Herbert von Bosham und des Klerikers Wilhelm,[5] die das kaiserliche Ansinnen zurückgewiesen haben dürften. Um die klare Absage, die in keiner Weise mit den vorhergehenden diplomatischen Floskeln in Einklang zu bringen ist, für den Kaiser akzeptabler zu machen, übersandte ihm der Plantagenêt wertvolle Geschenke, u. a. ein Prachtzelt.

Wie üblich zeigte sich somit Heinrich II. in der Form seiner Reaktion überaus konziliant und schmeichlerisch, wobei möglicherweise in der Verwendung der Termini *auctoritas imperandi* und *voluntas obsequendi* im Antwortschreiben Beckets sogar ein ironisierender Bezug zu dem erwähnten herrischen Schreiben Friedrichs I. vom Mai 1157 gegeben war.[6] Politisch wichtiger war hingegen, daß der Angevine in der Substanz der Verhandlungen – ungeachtet einer angeblichen kaiserlichen *auctoritas* – kompromißlos hart und unnachgiebig blieb. Zugleich versuchte er, die Ablehnung der Forderung des Staufers für diesen akzeptabler zu gestalten, indem er großzügig seine Geldmittel als diplomatisches Instrument einsetzte und den Handlungspartner reich beschenkte. Letztlich kam es im Zusammenhang mit der staufischen Rückgabeforderung zur Konfrontation zweier ähnlicher Herrschaftskonzeptionen bei Heinrich und Friedrich, die beide – aus unterschiedlichen Gründen – eine Politik der *renovatio imperii* bzw. *renovatio regni* betrieben.[7] So hatte der Staufer seit der Thronbesteigung im März 1152 in Anbetracht der schmalen Herrschaftsgrundlagen des deutschen Königtums, seiner geringen Hausmacht und der übermächtigen Stellung der Fürsten im Reich mit dem Programm einer *renovatio imperii* begonnen. Infolge des Fehlens eines effizienten Verwaltungs- und Finanzwesens sowie dürftiger Einnahmen des deutschen Monarchen bemühte sich der Staufer, die kaiserliche Macht in Hinwendung zum italienischen *regnum* durch die

Rückgewinnung entfremdeter Reichsrechte und die Nutzung der ökonomischen Potenz der dortigen prosperierenden Städte zu stärken. Da Friedrich aufgrund seines imperialen Selbstverständnisses auch Herrschaftsrechte gegenüber der Kirche, insbesondere während des Schismas von 1159, auszuüben versuchte, kam es in der Folgezeit zwangsläufig zu Konflikten mit den Städten und dem Papsttum.

Die Rückforderung einer Reliquie aus dem Reichsschatz, wie gegenüber Heinrich II. geschehen, war somit lediglich eine Teilaktion des komplexen Restaurationsprogramms des Staufers, das auch einer imperialen Prestigesteigerung diente. Der Angevine verfolgte seinerseits ein ähnliches, jedoch bei weitem nicht so komplexes Programm der *renovatio regni*. In Anbetracht der innenpolitischen Lage im Inselreich, die erst langsam und mühsam nach der sog. Anarchie durch Heinrich stabilisiert worden war, konnte der Plantagenêt eine derartige Forderung Barbarossas nach Reliquienrückgabe weder aus machtpolitischen Gründen noch im Blick auf seine Dignität als englischer König akzeptieren. Zudem mußte der Angevine bemüht sein, jeden Anschein der Akzeptanz eines imperialen Oberherrschaftsanspruches zu vermeiden, der auch von keinem seiner königlichen Vorgänger im englischen *regnum* anerkannt worden war. Dennoch scheint die diplomatische Ablehnung der staufischen Restituierungsforderung durch Heinrich das Verhältnis zu Barbarossa in der Folgezeit nicht gravierend belastet zu haben, zumal dieser schon bald die Unterstützung des englischen Monarchen in den Auseinandersetzungen mit dem Papsttum benötigen sollte.

So konnte sich der englische König im Sommer 1158 der letzten Phase seines Rekuperationsprogramms widmen, das zusätzlich eine expansive Komponente erhielt, indem sich Heinrich nicht nur um die Durchsetzung von Herrschaftsansprüchen anglonormannischer Provenienz bezüglich der Bretagne und des Vexin, sondern auch – unter Rekurs auf Forderungen der aquitanischen Herzöge – hinsichtlich der Grafschaft Toulouse bemühte. Charakteristisch für das weitere Vorgehen Heinrichs ist eine Kombination aus kriegerischen Aktionen und bündnisstrategischen Maßnahmen, durch die eine möglichst große Zahl an Verbündeten im gesamten Abendland für den Angevinen gewonnen werden sollte. Vordringlich blieb für ihn eine Stabilisierung der Beziehungen zu seinem Oberlehnsherrn, wobei Restitutionsforderungen bezüglich des normannischen Vexin im Vordergrund der Aktionen standen. Die geostrategisch wichtige Region war 1144 bzw. 1151 von dem angevinischen Grafen Gottfried V. bzw. von seinem Sohn Heinrich (II.) als Preis für ihre Anerkennung als Herzöge der Normandie an Ludwig VII. abgetreten worden. Ähnlich wie in den Beziehungen zum schottischen Monarchen versuchte Heinrich nun aus einer Position gewachsener Stärke heraus, diese Konzession rückgängig zu machen. Da militärische Gewaltanwendung gegenüber dem Suzerän für den Angevinen aufgrund lehnsrechtlicher Bedenken nicht in Frage kam, versuchte er nun, auf diplomatischem Wege sein Ziel zu erreichen. Hierzu plante er eine dynastische Verbindung, indem er seinen ältesten, 1155 geborenen Sohn Heinrich mit der 1157 geborenen Tochter des Kapetingers, Margarete, zu verheiraten beabsichtigte.

Entsprechende Vereinbarungen, die auch einer Sicherung des Friedens zwischen beiden Herrschern dienen sollten, wurden im Sommer 1158 durch den englischen Kanzler Becket am Pariser Hof vorbereitet, der sich von der Persönlichkeit des Gesandten und seinem prunkvollen Auftreten gebührend beeindruckt zeigte. Im August 1158 landete Heinrich selbst in der Normandie, um den französischen König zuerst in Gisors, danach in Paris zu treffen und die vorbereiteten Vereinbarungen rechtsgültig abzuschließen. Hiernach sollte Margarete das Vexin mit den wichtigen Burgen Gisors, Vaudreuil und Neaufles als Mitgift zum Zeitpunkt ihrer Eheschließung erhalten,[8] d.h. in Anbetracht des Säuglingsalters der Königstochter, wie Ludwig meinte, erst in ferner Zukunft; bis zur Heirat wurden die Territorien drei Templern zur Verwaltung übergeben. Während der Kapetinger in einer gewissen Naivität im Blick auf biologische Gegebenheiten glaubte, die Eheschließung seiner kleinen Tochter und damit den Verlust des Vexin noch geraume Zeit hinauszögern zu können, hatte der englische König andere Pläne.[9] Er war entschlossen, das strategisch wichtige Prestigeobjekt Vexin so schnell wie möglich in seine Verfügungsgewalt zu bekommen, wobei Heinrich vor allem auf die Dispensmöglichkeiten der Kirche gehofft haben dürfte. Befremdlicherweise scheint Ludwig VII. derartige Planungen nicht geahnt zu haben, als er den Säugling im Sommer 1158 dem künftigen Schwiegervater übergab; dieser vertraute seinerseits die Prinzessin dem Seneschall der Normandie, Robert de Neubourg, zur Erziehung an.[10]

Das Einvernehmen mit dem Kapetinger ermöglichte es Heinrich in der Folgezeit, seine weiteren Rekuperations- und Expansionspläne zügig zu realisieren. Hierfür bot der überraschende Tod des Grafen von Nantes, seines Bruders Gottfried († 26. oder 28. Juli 1158),[11] willkommenen Anlaß, da der Graf von Rennes, Conan IV., nunmehr auch die übrigen Territorien der Bretagne für sich beanspruchte. Mit Unterstützung König Ludwigs, der dem Angevinen hierfür die Funktionen eines Seneschalls von Frankreich übertragen hatte, konnte Heinrich seine Ansprüche auf den Besitz seines verstorbenen Bruders geltend machen und Truppen in Avranches zusammenziehen. Die angevinische Machtdemonstration war ausreichend, um Conan auf eine militärische Auseinandersetzung verzichten zu lassen, da er sich umgehend nach Avranches begab und Heinrich als Grafen von Nantes sowie als Oberlehnsherrn der Bretagne anerkannte.[12] Dennoch sah sich der Plantagenêt auch in der Folgezeit veranlaßt, in der unruhigen Region seinen Einfluß zu sichern und eine bessere Integration in das angevinische Reich zu betreiben.

Nach dem schnellen Erfolg in der Bretagne konnte sich der englische

König der Realisierung seiner weiteren Expansionspläne widmen, die nun Toulouse betrafen. Wie schon der erste Gatte Eleonores von Aquitanien, der 1141 vergeblich einen gewaltsamen Versuch einer Eroberung der Grafschaft gewagt hatte, so griff auch Heinrich II. die Ansprüche seiner herzoglichen Gattin auf und reklamierte den Besitz von Toulouse gegen den Nachkommen Raimunds IV. († 28. Februar 1105).[13] Hierdurch intervenierte der englische Monarch in einem geopolitischen Raum, der mit der Provence schon bald zu einem Aktionszentrum aller wichtigen europäischen Mächte werden und auch große Bedeutung für das spätere Schicksal des noch kleinen Prinzen Richard erlangen sollte. Eine Schlüsselrolle kam in dem weiteren diplomatischen Geschehen der Rivalität der Herrscherhäuser Toulouse und Barcelona zu, die seit Jahrzehnten um eine Vorrangstellung rangen.[14] Einen ersten Höhepunkt hatten die Konflikte im Jahre 1113 gefunden, als die Grafen von Barcelona nach der Heirat Raimund Berengars III. (*el Gran*) mit der Gräfin Dulcia die Herrschaft über die Provence erlangten. Die weiteren Expansionsbemühungen Raimunds u.a. nach Carcassonne, Razès und Ampurias stießen nur auf schwachen Widerstand der Grafen von Toulouse, die sich – wie Alfons Jordan – lange Zeit im Heiligen Land aufhielten. In verschiedenen Vereinbarungen seit 1125 kam es schließlich zur Aufteilung der Herrschaft über die Provence, wobei dem Hause Toulouse der Raum nördlich der Durance sowie die Terre d'Argence, die südlichen Gebiete zwischen Rhône, Durance, Meer und Alpen dem Hause Barcelona zugesprochen wurden. Trotz weiterer vertraglicher Regelungen (1176, 1184) blieb die Region aber umstritten und war Gegenstand zahlreicher Kriege zwischen den rivalisierenden Herrscherhäusern.[15]

Zusätzlich kompliziert wurde die Situation durch die Tatsache, daß der Sohn und Nachfolger Raimund Berengars III. 1137 die Erbtochter König Ramiros II. (*el Monje*) von Aragón, Petronilla, geheiratet und hierdurch als *princeps* faktisch die Herrschaft über das Königreich Aragón übernommen hatte. Da Raimund Berengar IV. (*el Sant*) im Jahre 1144 auch die Vormundschaft seines Neffen Raimund Berengar III. in der Provence erlangen konnte, entstand in der Mitte des 12. Jahrhunderts in der *Corona de Aragón* ein Herrschaftsraum, der nicht nur auf der Iberischen Halbinsel, sondern auch in Südfrankreich von entscheidender machtpolitischer Bedeutung war.[16] Unangefochten blieb hingegen die Hegemonialstellung des Königs von Kastilien-León, Alfons VII., der nicht nur eine nominelle Oberherrschaft über den Grafen von Barcelona und Toulouse sowie zahlreiche Fürsten im Languedoc beanspruchte, sondern sogar den Titel eines *imperator Hispaniarum* führte.[17] Im Vertrag von Tudején (1151) einigte sich der Kaiser mit dem Grafen von Barcelona über die künftige Machtverteilung auf der Iberischen Halbinsel, insbesondere bezüglich der Abgrenzung der Eroberungsräume im Zuge der Reconquista, wobei Barcelona die *regna* von Murcia und Valencia zugesprochen wurden.[18]

Die Hegemonialstellung Kastiliens in Kooperation mit Aragón und Barcelona gefährdete nachhaltig die Existenz des Königreiches Navarra, dessen Herrscher García Ramírez IV. (*el Restaurador*) um den Fortbestand des *regnum* – auch zum Preis einer Lehnsabhängigkeit von Kastilien-León – bemüht war.[19] Durch eine wendige Außenpolitik gelang es dem Monarchen, trotz verschiedener kastilisch-aragonesischer Verträge zur Aufteilung seines Reiches deren Realisierung zu verhindern und wichtige Ehebündnisse zur Herrschaftsstabilisierung zu schließen – etwa durch seine Heirat mit der illegitimen Tochter Alfonsos, Urraca (*la Asturiana*), als auch durch die Ehen seiner Tochter Blanka von Navarra mit dem Sohn des Kaisers, Sancho (III.), sowie des eigenen Thronfolgers Sancho VI. (*el Sabio*) von Navarra mit Sancha, einer weiteren illegitimen Tochter des kastilischen Herrschers. Die Lage entspannte sich erst nach dem Tode von Alfons VII., der eine Teilung des Reiches unter seine Söhne vorgesehen hatte, wobei Sancho III. (*el Deseado*) nach dem Vertrag von Sahagún (1158) Kastilien und Ferdinand II. (*el Baboso*) León erhielten.[20] Da Sancho bereits binnen Jahresfrist starb († 23. Mai 1158) und einen unmündigen Sohn, Alfons VIII., hinterließ, dessen Reich Adelskämpfen um die Regentschaft ausgesetzt war und zeitweise unter die Vormundschaft seines Onkels Ferdinand geriet, kam dem leonesischen *rex Hispanorum* in der Folgezeit zweifellos eine Hegemonialstellung auf der Iberischen Halbinsel zu. Hiervon unberührt blieben die weiteren Expansionsbemühungen der Herren von Barcelona nach Südfrankreich, da es dem Mündel Raimund Berengar III. von Provence 1150 gelang, u. a. die Herren von Les Baux zur Huldigung zu zwingen.[21]

Die Herrscher der führenden abendländischen Reiche verfolgten die skizzierten machtpolitischen Auseinandersetzungen in diesen geopolitisch wichtigen Räumen mit großer Aufmerksamkeit und versuchten, ihrerseits durch Heiratsbündnisse diesbezüglich Einfluß zu nehmen. Insbesondere König Ludwig VII. von Frankreich gelang es frühzeitig, Beziehungen zum kastilischen *imperator* Alfons VII. aufzunehmen, indem er 1153 dessen Tochter Konstanze heiratete. Um ein machtpolitisches Gegengewicht zum Herrscher von Barcelona und Aragón sowie zu den Herrschaftsansprüchen Heinrichs II. als Herzog von Aquitanien zu schaffen, veranlaßte der Kapetinger zudem seine Schwester Konstanze, im folgenden Jahr (1154) den Grafen Raimund V. von Toulouse zu heiraten.[22] Im Bemühen, seinerseits Druck auf das Haus Barcelona auszuüben und seiner Expansion im südfranzösischen Raum entgegen zu treten, war auch Kaiser Friedrich I. durch die Hochzeit mit Beatrix von Burgund 1156 bestrebt, die enge Bindung des burgundisch-provenzalischen Raumes an das *imperium* zu betonen. Später veranlaßte der Staufer sogar die Heirat seiner Cousine Richeza mit Raimund Berengar III. von Provence.[23] Schließlich engagierten sich noch die italienischen Seestädte Pisa und Genua im Ringen um Einflußnahme im südfranzösisch-iberischen Raum, indem Pisa bereits 1114/15 auf seiten Raimund Berengars III. von Barcelona einen – später mißglückten – Eroberungszug gegen Mallorca und Ibiza unterstützte und die Katalanen auch in der Folgezeit förderte, während sich Genua zur Durchsetzung monopolistischer Handelsinteressen seit 1127 mit den Grafen von Toulouse vertraglich verband. Wahrscheinlich versuchte sogar das byzantinische Kaiserhaus, durch ein Eheprojekt – das jedoch fehlschlug – auf Aragón und Alfons II. (*el Casto*) Einfluß zu nehmen.[24]

Angesichts dieser komplizierten bündnisstrategischen Entwicklungen im südfranzösisch-iberischen Raum entschloß sich Heinrich II. vergleichsweise spät zu einem diplomatischen Engagement, wobei er vorrangig seine geplante Intervention gegen Toulouse abzusichern suchte. Da sich sein kapetingischer Hauptkontrahent sowohl mit dem Grafen von Toulouse als auch mit dem kastilischen Herrscherhaus verbunden hatte, ergab sich für den Angevinen zwangsläufig die Notwendigkeit zu einem Bündnis mit dem wichtigsten Gegner des toulousanischen Herrschers, dem Grafen Raimund Berengar IV. von Barcelona. Diesen Fürsten, dessen Expansionsbemühungen im südfranzösischen Raum für das aquitanische Herzogtum gefährlich werden konnten, suchte der englische König noch vor Beginn seiner Kriegsvorbereitungen nach einer Reise durch das Poitou und die Saintonge wahrscheinlich im Frühjahr 1159 in Blaye an der Gironde auf.[25] Hier gewann er den geostrategisch wichtigen Fürsten, der sich selbst mit Raimund V. von Toulouse im Krieg befand, in einem *amiciciae foedus* für die Verlobung einer Tochter Raimund Berengars mit dem zweitgeborenen Sohn Heinrichs, Richard. Das junge Paar sollte im Falle der Heirat das Herzogtum Aquitanien erhalten, während sich der Graf zur sofortigen Unterstützung Heinrichs in den bevorstehenden Auseinandersetzungen mit dem Herren von Toulouse verpflichtete.[26] Obwohl noch ein Kleinkind, wurde Richard somit erstmals zum Objekt von diplomatischen Vereinbarungen seines Vaters mit iberischen Herrschern, die auch in der Folgezeit für den Angevinen von Bedeutung sein sollten.

Gleichzeitig forcierte der Monarch die militärischen Vorbereitungen, indem er nicht nur die weltlichen Barone zur Dienstleistung veranlaßte, sondern auch beträchtliche Geldabgaben in Form von Schildgeld (*scutagium*) sowie reicher *dona* vom Klerus und von den Juden seines Reiches einziehen ließ. Das Heer, in dem sich auch Malcolm IV. von Schottland sowie ein walisischer Fürst befanden, sollte sich – verstärkt durch Söldnerkontingente – am 24. Juni 1158 in Poitiers einfinden, während der König selbst bemüht war, die Zustimmung seines Suzeräns zu diesem Unternehmen zu gewinnen.[27] Im Verlauf der Verhandlungen, die die beiden Herrscher im Mai in Héricourt-en-Caux und im Juli bei Toulouse führten, wurde auch Ludwig VII. die geostrategische Bedeutung der von Heinrich geplanten Unternehmungen deutlich, die sowohl eine Ausschaltung des toulousanischen Grafenhauses als auch einen beträchtlichen Territorialzuwachs für das angevinische Reich mit zunehmender Umklammerung der kapetingischen Besitzungen durch Herrschaftsgebiete Heinrichs II. zur Folge gehabt hätten. In Anbetracht dieser Bedrohung entschloß sich der französische König zur persönlichen Intervention, indem er dem Hilferuf des Gatten seiner Schwester Konstanze folgte und sich selbst zur Verteidigung in die Stadt Toulouse begab.[28]

Der Plantagenêt, der mit Truppen vor der Festung lag, sah sich vor die Entscheidung gestellt, entweder gegen den Suzerän in der Stadt vorzugehen oder auf weitere Aktionen gegen Toulouse zu verzichten. Im Gegensatz zu seinem stürmischen Kanzler Becket, der trotz der lehnsrechtlichen Problematik ein sofortiges Vorgehen verlangte, entschied sich Heinrich aus prinzipiellen Überlegungen, d.h. um einen Präzedenzfall für Revolten seiner eigenen Lehnsleute gegen sich zu vermeiden, zuerst für ein dilatorisches Verhalten und später im September 1159 für den Abbruch der Belagerung. Anschließende Plünderungszüge durch Territorien Graf Raimunds V. und die Eroberung von Cahors konnten ebensowenig wie kleinere Erfolge bei Angriffen auf Territorien Ludwigs – u.a. mit der Einnahme von Gerberoy – am Scheitern des gesamten Unternehmens etwas ändern. So war der Angevine im Dezember 1159 gezwungen, einen bis Pfingsten 1160 dauernden Waffenstillstand und anschließend einen Frieden zu vereinbaren, in dem er gegen Konzessionen im Vexin die Sicherung der neu gewonnenen Besitzungen im Süden erreichen konnte. Dennoch führten die Auseinandersetzungen um Toulouse zumindest auf seiten Ludwigs zu einer gravierenden Verschlechterung in den Beziehungen beider Monarchen, die in der Folgezeit ihren Machtkampf bevorzugt mit diplomatischen Mitteln führten.[29]

Der kleine Prinz Richard, der durch die Verlobung mit der Tochter des Grafen von Barcelona erstmals in Beziehung zum südfranzösischen Raum und insbesondere zu Aquitanien gebracht wurde, besaß für seinen Vater in den folgenden Jahren keine größere politische Bedeutung mehr. Auch das geplante Ehebündnis mit dem barcelonensischen Grafenhaus wurde nicht realisiert, zumal Raimund Berengar IV. im Sommer 1162 auf der Rückreise von Verhandlungen mit Barbarossa über Fragen einer Lehnsabhängigkeit der Provence vom Reich überraschend starb. Sogar über die weitere Ausbildung Richards und selbst über seine Aufenthaltsorte bis ca. 1170 sind keinerlei Angaben überliefert, so daß man lediglich vermuten kann, der Prinz habe sich in der Umgebung der Mutter aufgehalten. Doch auch deren Tätigkeit und Wirkungskreis liegt bis zum Ende der 60er Jahre weitgehend im Dunkeln, da nur einige wenige Quellenzeugnisse Aufschluß über ihre Aufenthaltsorte geben.[30] Nachweisbar ist lediglich, daß Eleonore nach der Geburt eines weiteren Sohnes, Gottfried, im September 1158[31] Ende des Jahres auf den Kontinent reiste, um in Cherbourg mit dem Gatten das Weihnachtsfest zu feiern. Die folgenden Monate bis zum Beginn des Jahres 1160 blieb sie in Frankreich, wahrscheinlich zumeist in der Normandie.

Gemäß den Wünschen Heinrichs blieb die Königin nach einem kurzen Aufenthalt im Inselreich seit dem Herbst 1160 in der Normandie, ohne jedoch in der gesamten Zeit maßgeblichen Einfluß auf das zeitgenössische politische Geschehen ausüben zu können.[32]

Während das Schicksal Richards und seine Aufenthaltsorte in diesem Zeitraum unbekannt sind, spielte der englische Thronfolger Heinrich im weiteren diplomatischen Handeln seines Vaters eine wichtigere Rolle. Nach der Niederlage bei Toulouse, die wahrscheinlich einen ersten Wendepunkt in der Politik des Angevinen darstellte, zeigte er sich um so entschlossener, auf andere Weise seine Rekuperations- und Expansionspläne auf dem Kontinent zu realisieren. Hierbei erkannte der Plantagenêt sehr schnell, welche Bedeutung in diesem Zusammenhang dem Papstschisma zukam, das nach dem Tode Hadrians IV. († 1. September 1159) ausgebrochen war.[33] Konkurrierende Gruppierungen innerhalb des Kardinalkollegiums konnten sich nicht auf einen gemeinsamen Kandidaten einigen, so daß jeweils am 7. September eine kaiserfeindliche Mehrheit von Kardinälen Roland (Bandinelli?) als Alexander III. und eine kaiserfreundliche Minderheit Oktavian von Monticelli als Viktor IV. zum Nachfolger Petri wählte. Wie schon im Papstschisma des Jahres 1130 betrachtete die abendländische Kirche die erforderliche Klärung des Konfliktes als Angelegenheit der gesamten *christianitas*, so daß sich die konkurrierenden päpstlichen Lager in der Folgezeit um Anerkennung ihrer Obödienz bei der geistlichen und weltlichen Führung der wichtigsten abendländischen *regna* bemühten.

Der Angevine erkannte schnell die Chance, die kirchenpolitischen Auseinandersetzungen und insbesondere seine Stellungnahme im Schisma für eine neue Handlungsstrategie zu nutzen und seine Entscheidung für oder gegen einen der konkurrierenden Päpste für machtpolitische Interessen zu funktionalisieren.[34] Dies geschah in der Folgezeit auf zwei Handlungsfeldern – zum einen in den Beziehungen zum französischen Königshaus, zum anderen später im Konflikt mit dem widerspenstigen Erzbischof von Canterbury, Thomas Becket. Vorrangig für Heinrich waren 1160 seine dynastisch-territorialen Interessen, die er mit Hilfe des Thronfolgers Heinrich zu realisieren suchte, um einerseits in den Besitz des Vexin zu gelangen und um andererseits im Falle des Ausbleibens eines kapetingischen Thronfolgers möglicherweise doch noch Zugriff auf den französischen Thron zu erhalten. Gelegenheit für entsprechende Aktivitäten des Angevinen bot die Anwesenheit alexandrinischer Legaten in Frankreich, die am 22. Juli 1160 gemeinsam mit victorinischen und kaiserlichen Gesandten in Beauvais zu Verhandlungen mit dem englischen und französischen Monarchen zusammentrafen.[35] Obwohl sich der Plantagenêt intern bereits für Alexander entschieden hatte, machte er seine öffentliche Stellungnahme gegenüber dessen Legaten von deren „Kooperationsbereitschaft“ abhängig. Gemeint war hiermit die Erteilung eines Dispenses, mit dessen Hilfe die sofortige Heirat des knapp fünf Jahre alten Prinzen Heinrich mit der etwa dreijährigen kapetingischen Königstochter Margarete ermöglicht werden sollte.[36]

Um des höheren kirchenpolitischen Zieles willen beugten sich die Legaten dem Druck Heinrichs und veranlaßten die Gewährung des geforderten Dispenses. Es ist unklar, ob der Kapetinger von den Verhandlungen seines Lehnsmannes rechtzeitig Kenntnis erlangte; dennoch erscheint eine Zustimmung Ludwigs zur Heirat der Königskinder in Anbetracht der hiermit verbundenen geostrategischen Konsequenzen als wenig wahrscheinlich. Heinrich seinerseits handelte umgehend, indem er im September 1160 die Königin mit den Kindern Heinrich und Mathilde in die Normandie reisen und den ältesten Sohn im Oktober das *homagium* für die Normandie leisten ließ. Nachdem am 2. November die Kleinkinder in Neubourg geheiratet hatten, waren auch die Voraussetzungen für die Übergabe der Mitgift der Braut gegeben, nämlich die Übereignung des normannischen Vexin mit wichtigen Burgen aus der Verwaltung durch die Templer an den Plantagenêt.[37] Ausschließlich mit diplomatischen Mitteln war es Heinrich somit gelungen, einen weiteren, wichtigen Teil seines Rekuperationsprogramms zu realisieren.

König Ludwig reagierte seinerseits auf den geopolitisch wichtigen Erfolg des Angevinen noch im Herbst 1160 mit einer grundlegenden Änderung seiner bisherigen Bündnisstrategie. Er entschloß sich nämlich unmittelbar nach dem Tode seiner Gattin Konstanze, die am 4. Oktober im Kindbett gestorben war, zu einem engeren Anschluß an das Herrscherhaus Champagne-Blois. Während Tedbald V. in den Vorjahren in gutem Einvernehmen mit dem englischen Monarchen gestanden hatte, gab der Graf nun dem Drängen des Kapetingers nach, dessen Heirat mit seiner Schwester Adela zuzustimmen. So ehelichte Ludwig bereits wenige Wochen nach dem Tode seiner zweiten Ehefrau die Tochter Tedbalds IV., des Grafen von Champagne-Blois und Sohnes der Tochter Wilhelms I. von England, Adela.[38] Damit entstand nicht nur eine gravierende Verschiebung im politischen Kräftegefüge des französischen Reiches, sondern für König Heinrich auch eine wachsende Bedrohung der Grenzen des normannischen Herzogtums. Zudem wurden die dynastischen Perspektiven der Ehe von Prinz Heinrich durch die erneute Heirat Ludwigs gefährdet, der hierdurch die Möglichkeit zur Erlangung des ersehnten Thronfolgers erhielt – eine Hoffnung, die sich 1165 durch die Geburt des Sohnes Philipp erfüllen sollte. Zusätzlich stärkte der Kapetinger in der Folgezeit die Bindungen an das Grafenhaus von Champagne-Blois, indem er 1164 seine Töchter aus der Ehe mit Eleonore, Maria und Alice, mit den Grafen Heinrich I. (*le Libéral*) von Champagne-Brie und Tedbald V. (*le Bon*) von Blois-Chartres verheiratete.[39]

Die geschilderten Verschiebungen im politischen Kräfteverhältnis in Westeuropa veranlaßten den Plantagenêt, sich auch weiterhin auf dem

Kontinent aufzuhalten – wahrscheinlich zumindest zeitweise in Begleitung der Königin, die am 13. Oktober 1161 in Domfront eine weitere Tochter, Eleonore, gebar.[40] Auch der Versuch Ludwigs, die Territorialgewinne seines Lehnsmannes mit Hilfe des Grafen Tedbald durch militärische Gewalt rückgängig zu machen, scheiterten bald und führten im Juni bzw. Oktober 1161 lediglich zu einem Waffenstillstand bzw. zu erneutem Friedensschluß.[41] Viel wichtiger für den Plantagenêt waren hingegen die kirchenpolitischen Entwicklungen im Zusammenhang mit dem anhaltenden Papstschisma, da Friedrich I. im Rahmen seines Programms einer *restauratio imperii* in einer solch radikalen Weise imperiale Kirchenherrschaft ausübte, die mit dem gewandelten Selbstverständnis der Nachfolger Petri seit dem sog. Investiturstreit und der Akzeptanz der päpstlichen Universalität im gesamten Abendland nicht vereinbar war. Spätestens seit dem Konzil von Pisa, auf dem Barbarossa die Akzeptanz „seines" Papstes in der gesamten *christianitas* zu erzwingen versuchte, mußte die unzeitgemäße Wahrnehmung kirchenherrschaftlicher Rechte durch den Kaiser von den übrigen abendländischen Herrschern als dessen Versuch aufgefaßt werden, Macht über das universale Papsttum auszuüben, dieses dem kaiserlichen Willen zu unterwerfen und hierdurch – zumindest indirekt – in die kirchlichen Angelegenheiten der übrigen abendländischen *regna* einzugreifen. Zugleich konnte ein solches kaiserliches Vorgehen von den christlichen Monarchen als potentielles Bemühen Barbarossas betrachtet werden, die politische Unabhängigkeit ihrer Reiche und die sich langsam entwickelnde „Souveränität" ihrer *regna* zu beeinträchtigen – ein Verhalten, das sie keinesfalls hinnehmen wollten.[42]

Gestärkt wurden die Vorbehalte westeuropäischer Monarchen gegenüber der Politik Barbarossas, der in zahlreichen Heerzügen in Italien gegen den kaiserfeindlichen Papst und später auch gegen papsttreue Kommunen gewaltsam vorging, noch durch angebliche Äußerungen aus Kreisen der staufischen Kanzlei, wonach sowohl der ungarische König als auch die westeuropäischen Monarchen als „Kleinkönige" (*reguli*) tituliert worden waren. Insbesondere die Entwicklungen im Papstschisma boten nach den Angaben der Kölner Königschronik und vor allem des Sekretärs des Erzbischofs von Canterbury, Johannes von Salisbury, dem römisch-deutschen Kaiser und seinem Kanzler Rainald von Dassel Gelegenheit, die westeuropäischen Könige und insbesondere den französischen Monarchen als *provinciarum reguli* zu bezeichnen, die angeblich aus Haß gegenüber dem *imperator* eine Stellungnahme für den kaiserfeindlichen Papst abgegeben hätten.[43]

Völlig unabhängig von der Frage, ob mit diesen Äußerungen imperialen Denkens von staufischer Seite faktisch Weltherrschaftsansprüche erhoben wurden oder ob es sich nur um propagandistische Äußerungen handelte,[44] wird man dennoch hierbei gravierende Fehleinschätzungen des staufischen Hofes konstatieren müssen. So begingen Barbarossa und seine Berater den schweren Fehler, durch zumindest ungeschickte Formulierungen das Selbstbewußtsein der westeuropäischen politischen Handlungspartner zu verletzen und durch potentiell expansive Herrschaftsansprüche des Kaiserhofes – gepaart mit dem Verhalten Barbarossas im Schisma – die Sorgen vor sich hieraus möglicherweise entwickelnden politisch-militärischen Aktionen Friedrichs I. im gesamten Abendland zu stärken. Vor diesem Hintergrund wird daher auch die Empörung des Johannes von Salisbury verständlicher, der angesichts des Verhaltens Barbarossas im Schisma klagte:

„Wer hat die Deutschen zu Richtern über die Völker bestellt, wer diesen rohen und gewalttätigen Menschen die Befugnis verliehen, nach ihrem Belieben einen Fürsten zu setzen zu Häupten der Menschenkinder?"[45]

Nach den salischen Kaisern und ihrer repressiven Politik gegenüber den Reformpäpsten, nach dem fehlgeschlagenen Invasionsversuch Heinrichs V. gegenüber Frankreich und hiermit verbundenen propagandistischen Äußerungen über eine schismatische und aggressive Politik der römisch-deutschen Kaiser im französischen *regnum*, trug das Verhalten Barbarossas im Schisma sicherlich nicht dazu bei, bestehende Vorbehalte gegenüber dem römisch-deutschen Kaisertum vor allem in den westeuropäischen *regna* abzubauen.

Zweifellos erlangte das Schisma in den 60er Jahren zunehmende Bedeutung für die Beziehungen der westeuropäischen Monarchen zum Kaiser, dessen gesamtes politisches Handeln bis zum Frieden von Venedig 1183 weitgehend vom Kampf gegen das universale Papsttum und seine Verbündeten bestimmt blieb. Die Könige Frankreichs und Englands wiederum nutzten ihre Parteinahme und Unterstützung für einen der konkurrierenden Päpste ihrerseits zur Durchsetzung eigener machtpolitischer Ziele, wobei vor allem Heinrich II. seine Stellungnahme im Schisma konsequent politisch funktionalisierte. Obwohl der Plantagenêt seine Gesandten zur Synode von Pavia im Februar 1160 aufgefordert hatte, eine verbindliche Parteinahme für den kaiserlichen Papst zu vermeiden,[46] und der Angevine im Juni/Juli desselben Jahres in Absprache mit Ludwig VII. eine Entscheidung gegen Viktor IV. vornahm,[47] gelang es dem englischen König dennoch in der Folgezeit, Alexander III. durch häufige Androhung eines Parteiwechsels kontinuierlich unter Druck zu setzen. Insofern verband sich in den 60er Jahren der Kampf zwischen Friedrich I. und Alexander III. zunehmend mit den eskalierenden Auseinandersetzungen zwischen Heinrich II. und Ludwig VII. Da die Unterstützung durch die mächtigen westeuropäischen Monarchen für den kaiserfeindlichen Papst, der zu Beginn des Jahres 1162 nach der Eroberung Mailands durch Barbarossa ins französische *regnum* geflohen war, existentielle Bedeutung erlangte, geriet Alexander in immer größere Abhängigkeit von seinen westeuropäischen Förderern.[48]

Deren Unterstützung wurde für den Nachfolger Petri immer wichtiger, zumal der Kaiser seine Bemühungen forcierte, die Anerkennung „seines"

Papstes bei den führenden abendländischen Monarchen durchzusetzen. Auch nach dem mißlungenen Treffen des Staufers mit dem Kapetinger im August 1162 in St Jean-de-Losne, das für Friedrich einen schweren Rückschlag bedeutete,[49] konnte sich Alexander der endgültigen Stellungnahme der westeuropäischen Herrscher zu seinen Gunsten nicht sicher sein. Als zusätzliche Belastung erwies sich für den Papst in der Folgezeit hingegen die fortbestehende Rivalität zwischen Ludwig VII. und Heinrich II., deren Versöhnung für den Nachfolger Petri von vitaler Bedeutung sein mußte. So unternahm Alexander wahrscheinlich im September Versuche, zuerst bei einem Treffen der konkurrierenden Monarchen in Chouzy an der Loire zu vermitteln und später bei Verhandlungen mit Heinrich II. in Déols diesen zu einer verbindlichen öffentlichen Stellungnahme im Schisma zu veranlassen; beide Unternehmungen des Papstes hatten jedoch nicht den gewünschten Erfolg.[50]

Noch gravierender für Alexander III. war hingegen der eskalierende Konflikt Heinrichs II. mit dem Erzbischof von Canterbury, da der Angevine seine Parteinahme im Schisma auch für diese Auseinandersetzungen als Repressionsinstrument gegen den Papst zu funktionalisieren versuchte. Der neue Kirchenfürst, der sich als Kanzler immer loyal gegenüber dem König verhalten hatte und vehement für die Rechte der Krone – gegebenenfalls gegen die Kirche – eingetreten war, erschien dem Angevinen als geeignete Persönlichkeit, das königliche Restaurationsprogramm auch im kirchlichen Bereich zu realisieren. Mit dem Ziel, die während der sog. Anarchie von Bistümern und Abteien erlangten Rechte zurückzugewinnen und die königliche Kirchenherrschaft in dem Umfange wiederherzustellen, in welchem sie zur Zeit Heinrichs I. bzw. Wilhelms I. bestanden hatte, betrieb der Plantagenêt im Juni 1162 die Wahl Beckets zum Erzbischof von Canterbury.[51]

Doch schon bald mußte der König erkennen, daß er sich in der Person seines früheren Beraters und Freundes Becket schwer getäuscht hatte, da dieser offensichtlich nach der Weihe eine tiefe spirituelle Wandlung im Sinne einer *conversio* erfuhr.[52] Mit derselben Entschlossenheit, mit welcher Thomas als Kanzler die Rechte der Krone durchgesetzt hatte, kämpfte der Primas nun aufgrund seines veränderten Selbstverständnisses, das völlig von seinem neuen Amt und geistlichem Auftrag geprägt wurde, mit großer Härte für die Rechte der Kirche. Dies betraf einerseits die materiellen Rechte des Erzbistums Canterbury, andererseits die *libertas ecclesiae* allgemein, wobei sich zunehmend ein Konflikt um die Geltung des kanonischen Rechtes in Konkurrenz zu weltlich-rechtlichen Ansprüchen von seiten des Monarchen entwickelte.[53] Unter dem Gesichtspunkt der von Heinrich betriebenen „königlichen Machtpolitik" ist die Ernennung Beckets daher nicht nur als Ergebnis einer fundamentalen Fehleinschätzung der Persönlichkeit seines Vertrauten, sondern auch als einer der schwersten politischen Fehler des Plantagenêts mit gravierenden Auswirkungen auf seine weitere Regierungszeit zu betrachten.

Die Spannungen zwischen Erzbischof und König verschärften sich seit dem Frühjahr 1163, nachdem Heinrich im Anschluß an ein Treffen mit Dietrich von Flandern und nach der Vereinbarung einer *conventio* mit Beistandsverpflichtungen des Grafen für seinen englischen Lehnsherrn zur königlichen Machtdemonstration einen Heerzug gegen Rhys ap Gruffydd nach Südwales durchgeführt hatte, womit keinerlei substantielle Veränderungen in den Machtverhältnissen in Wales verbunden waren. Vielmehr begnügte sich der Angevine damit, im Juli 1163 die wichtigsten walisischen Fürsten Rhys ap Gruffydd und Owain Gwynedd mit dem herbei zitierten schottischen König Malcolm in Woodstock das *homagium* leisten zu lassen.[54] Zur offenen Konfrontation zwischen Becket und Heinrich kam es schließlich auf dem Hoftag in Clarendon (vom 25. bis 30. Januar 1164), als der König seine Bemühungen zur Restituierung angeblich entfremdeter Herrschaftsrechte fortsetzte und dem englischen Klerus 16 Konstitutionen – vor allem zum rechtlichen Verhältnis von geistlicher und weltlicher Gewalt im Inselreich – aufzuzwingen versuchte.[55] Abgesehen vom bekannten Verbot für Geistliche, ohne königliche Erlaubnis das Land zu verlassen oder Appellationen an den päpstlichen Gerichtshof zu richten, war besonders die dritte Konstitution zur Frage der Existenz eines *privilegium fori* in England umstritten. Während bei einigen Konstitutionen fraglich blieb, ob sie alten Rechtstraditionen des Landes entsprachen und nicht doch Neuerungen aufwiesen, implizierte die erwähnte dritte Konstitution sicherlich eine Neuregelung, durch die Heinrich den Ausbau der königlichen Gerichtsbarkeit und die Weiterbildung des Rechtes in seinem Reich fördern wollte.

Infolge des beharrlichen Widerstandes Beckets, der nach langen Auseinandersetzungen den Konstitutionen nur mündlich zustimmte und eine schriftliche Approbation verweigerte, wurde auch Heinrich deutlich, daß ein Grundsatzkonflikt um das Verhältnis der weltlichen und geistlichen Gewalt im englischen *regnum* ausgebrochen war – ähnlich wie zur Zeit Anselms von Canterbury und Heinrichs I. Während der Plantagenêt bewußt am „Landeskirchentum“ in England festhielt, unterstützte der Primas die Modernisierungsmaßnahmen und Zentralisierungsbestrebungen der Päpste als Haupt der universalen Kirche. Da der König sich nicht in der Lage sah, den Widerstand Beckets zu brechen, entschloß er sich zu einer vollständigen Ausschaltung des Primas. Obwohl Heinrich II. das Schicksal seiner königlichen Vorgänger Wilhelm II. und Heinrich I. im Kampf gegen Erzbischof Anselm bewußt sein mußte, ließ er Becket wegen Veruntreuung und Felonie anklagen, um ihn dann faktisch ins Exil nach Frankreich zu treiben.[56] Kurzfristig glaubte der Angevine, einen Erfolg über den widerspenstigen Kirchenfürsten errungen zu haben; langfristig erhielt der bislang innerenglische Konflikt durch die Flucht von Thomas, der sich später in den

Schutz des Kapetingers begab, eine völlig neue, „internationale" Bedeutung. Nun wurden sowohl der französische König als auch Papst Alexander III. in die englischen Auseinandersetzungen involviert, die hierdurch zugleich Bezug zu den Kämpfen im Papstschisma erhielten. Insofern verbanden sich künftig die Rivalitäten zwischen dem englischen und französischen Monarchen sowohl mit den Kämpfen zwischen Heinrich II. und Becket als auch mit dem Ringen Friedrichs I. und Alexanders III. im Papstschisma.[57]

In der Folgezeit blieb der Angevine bemüht, einerseits die Absetzung des exilierten Primas zu forcieren, andererseits seine Herrschaft machtpolitisch zu stabilisieren, da zunehmend Unruhen in verschiedenen Regionen des riesigen angevinischen Reiches auftraten. Beim Kampf gegen Becket schien ein engerer Anschluß Heinrichs an das staufische Lager nahe zu liegen, obwohl unklar bleiben muß, welche Seite die Initiative für die Verhandlungen ergriff.[58] Gesichert ist zumindest, daß der Kaiser nach Beendigung des wenig erfolgreichen dritten Italienzuges und nach dem Tode Viktors IV. sowie der Wahl eines neuen Gegenpapstes, Paschalis III., im April 1165 den wichtigsten Berater, Rainald von Dassel, als Gesandten an den englischen Hof schickte. Wahrscheinlich hatte der Kölner Erzbischof die Aufgabe, sowohl Heinrich II. als auch Ludwig VII. in einer neuen Verhandlungsinitiative für den staufischen Papst zu gewinnen, zumal die beiden Herrscher – sicherlich im Zusammenhang mit dem Becket-Streit – am 11. April in Gisors zu Gesprächen zusammentrafen. Möglicherweise wird Rainald auch eine politische Annäherung seines kaiserlichen Herrn an die westeuropäischen Monarchen angestrebt haben, verbunden mit der Planung eines neuen Kreuzzuges. Während die Verhandlungen Ludwigs und Heinrichs ergebnislos verliefen, führte der staufische Gesandte Mitte April in Rouen mit dem Angevinen Gespräche, dem er vor allem zwei Ehebündnisse offerierte. Binnen drei Tagen wurde eine Einigung herbeigeführt, die ein Doppelverlöbnis vorsah: Hiernach sollte eine Tochter Heinrichs, Eleonore, den neun Monate alten, potentiellen Thronfolger, Friedrich, heiraten, während eine weitere englische Königstochter, Mathilde, den mächtigen Reichsfürsten Heinrich den Löwen zu ehelichen hatte.[59] Ob und in welchem Umfange weitergehende Vereinbarungen – etwa bezüglich des Schismas – getroffen wurden, ist nicht feststellbar. Mit einer gewissen Wahrscheinlichkeit ist hingegen anzunehmen, daß Heinrich dem Staufer auch eine kirchenpolitische Annäherung – mit der Anerkennung des kaiserlichen Papstes – in Aussicht stellte.

Tatsache ist, daß der Kölner Erzbischof, ohne Kontakt zum kapetingischen Hof aufgenommen zu haben, mit finanzieller Förderung des Plantagenêts nach England reiste und auf einem *concilium* in Westminster versuchte, die führenden englischen Großen sowohl für die projektierten Ehebündnisse als auch für eine Stellungnahme gegen Alexander III. zu gewinnen – nach späterer kaiserlicher Darstellung angeblich mit großem Erfolg. Mußte diese Annäherung Heinrichs an das staufische Lager sowohl für Ludwig VII. als auch für Alexander III. und dessen Schützling Becket potentiell gefährlich sein, so spitzte sich die Lage in den folgenden Wochen weiter zu. Barbarossa eröffnete nämlich am 22. Mai 1165 einen Reichstag in Würzburg, auf dem am 24. Mai gemeinsam mit Erzbischof Rainald auch zwei englische Gesandte – Johannes von Oxford und Richard von Ilchester – auftraten.[60] Hierbei erklärte der Kanzler, König Heinrich und etwa fünfzig englische Bischöfe für Paschalis gewonnen zu haben, so daß die anwesenden Großen auf weitere Verständigungsbemühungen mit dem kaiserfeindlichen Papst verzichteten. Vielmehr verpflichteten sich auf Betreiben Dassels zuerst der Kaiser persönlich und nach ihm die Fürsten eidlich, niemals Alexander oder einen von dessen Gruppierung gewählten Nachfolger als Papst anzuerkennen; daraufhin leisteten auch die englischen Gesandten im Namen ihres Königs einen entsprechenden Eid. Im Anschluß an das *concilium* sollten sogar die übrigen Reichsangehörigen eine entsprechende eidliche Verpflichtung abgeben.[61]

In der Folgezeit gab es rasch Auseinandersetzungen um die Rolle, die vor allem dem englischen König im Zusammenhang mit den Würzburger Eiden zukam. Aufgrund widersprüchlicher Quellenaussagen bleibt unklar, in welchem Maße der Angevine möglicherweise auf den Verlauf des *concilium* und die Parteinahme des Staufers sowie der deutschen Fürsten Einfluß genommen hat. Zumindest bestritten bald darauf sowohl Heinrich als auch Johannes von Oxford, eidliche Festlegungen zugunsten von Paschalis III. vorgenommen zu haben.[62] Unabhängig von der Frage, ob der Plantagenêt den Staufer im Zusammenhang mit den Würzburger Verhandlungen täuschte oder gar ein „Doppelspiel“ führte, hatten die Würzburger Eide vor allem für Friedrich I. gravierende politische Konsequenzen: Zum einen schloß der Staufer auf absehbare Zeit jegliche Möglichkeit eines Ausgleichs mit Papst Alexander und damit einer raschen Beendigung des Schismas aus; zum anderen erfolgte im Deutschen Reich eine weitere Verhärtung der gegnerischen kirchenpolitischen Positionen und damit ein Fortbestand der hiermit verbundenen politischen Spannungen. Zugleich schränkte der Kaiser durch den Eid seine politischen Handlungsspielräume in einer Weise ein, die zweifellos zu einer schweren Belastung für Friedrich werden mußte und in ihrer Radikalität wenig verständlich erscheint.

Der englische Handlungspartner hingegen entzog sich in der Folgezeit jeglichen Konsequenzen aus den Würzburger Entscheidungen, indem er unverändert auf einen Obödienzwechsel verzichtete. Bei realistischer Einschätzung seiner innenpolitischen Lage wäre es Heinrich II. auch gar nicht möglich gewesen, durch einsame Entscheidung und ohne Einverständnis der Großen seines Reiches eine solch schwerwiegende Maßnahme wie die Abkehr von Papst Alexander zu realisieren, zumal der englische Klerus in der überwiegenden Mehrzahl dem kaiserlichen Papst ablehnend gegenüber stand. Durch die Festlegung des Staufers auf „seinen" Papst wurde hingegen das Schisma weiter gefestigt und damit dem Angevinen das Repressionsinstrument erhalten, weiterhin Alexander mit einem angedrohten Parteiwechsel unter Druck zu setzen. In seinen Konflikten mit Becket und mit dem französischen König konnte der Plantagenêt von einem Fortbestand des Schismas nur profitieren. Zudem blieben die Beziehungen zum Kaiserhof – trotz der Enttäuschung Barbarossas über Heinrich[63] – infolge der geplanten Eheverbindung unverändert freundlich, obwohl sich der Angevine weiterhin dilatorisch verhielt und eine Realisierung des konzipierten Ehebündnisses mit dem staufischen Hause nicht forcierte.[64]

Gleichzeitig war Friedrich I. offensichtlich geneigt, sich von politischen Entwicklungen im englischen *regnum* beeinflussen zu lassen. Diese Tatsache manifestierte sich einmal in der Entscheidung, im Anschluß an den Würzburger Reichstag die Angehörigen des Deutschen Reiches eidlich auf die Parteinahme gegen Papst Alexander festlegen zu lassen – eine Maßnahme, die in Deutschland bislang in dieser Form nicht praktiziert worden war und sich wahrscheinlich am Beispiel des englischen Untertaneneides orientierte.[65] Zum anderen wirkte die Heiligsprechung Eduard des Bekenners in England offensichtlich als Vorbild für die Kanonisierung Karls des Großen im Deutschen Reich. Der Plantagenêt – Sohn einer verwitweten Kaiserin und eines angevinischen Grafen – hatte wie schon seine normannischen königlichen Vorgänger versucht, gentile Bezüge zum letzten angelsächsischen Monarchen herzustellen und durch dessen Heiligsprechung im Februar 1161 sowohl eine Erhöhung der Dignität seines eigenen Königtums zu erlangen als auch einen „Reichsheiligen" für das englische *regnum* zu gewinnen. Barbarossa scheint im Rahmen seiner Politik einer *restauratio imperii* vergleichbare herrschaftsideologische Überlegungen angestellt zu haben, indem er in der „Heiligsprechungsurkunde" für den Karolinger einleitend verkünden ließ, dessen Kanonisierung um die Jahreswende 1165/1166 sei auf Anregung Heinrichs II., „*karissimi amici nostri*", erfolgt.[66] Ähnlich wie der englische Monarch wollte der Staufer im deutschen *regnum* einen „Reichsheiligen" erlangen, wobei er mit der Privilegierung Aachens, dem „*caput et sedes regni Theutonici*" mit der Grablege Karls, ein ähnliches spirituell-politisches Zentrum des Reiches zu konstituieren suchte, wie dies bereits in England in Westminster und in Frankreich in Saint-Denis bestand.[67] Zugleich war der Staufer mit der Kanonisierung bestrebt, sowohl Anschluß an die – besonders in Westeuropa starke – Karlstradition zu wahren, als auch sich selbst als einzig legitimen Nachfolger des Karolingers zu präsentieren und durch die Einbeziehung „seines" Papstes in das Heiligsprechungsverfahren Paschalis III. propagandistisch aufzuwerten.

Ungeachtet der Verwirrung am kaiserlichen Hof über das Verhalten König Heinrichs wird man den angevinisch-staufischen Beziehungen auch nach den Würzburger Eiden für das politische Handeln des Plantagenêts keine zentrale Bedeutung beimessen dürfen. Unverändert blieb Friedrich I. ein – wenn auch wichtiger – Handlungspartner neben zahlreichen anderen Verbündeten in einem außenpolitischen Beziehungsnetz, das der Angevine kontinuierlich pflegte und ausbaute. Vorrangig blieben für den englischen König seit Mitte der 60er Jahre hingegen zwei andere politische Probleme, um deren Bewältigung er sich in dieser Zeit intensiv bemühte – neben der Beendigung des Becket-Konflikts die Stabilisierung seiner Herrschaft gegen Unruhen, die immer häufiger in verschiedenen geopolitischen Räumen des riesigen angevinischen Reiches ausbrachen. Diese Revolten, deren Niederschlagung den Monarchen über Jahre in Atem hielten, fanden vielfache Unterstützung durch den französischen König, der in Anbetracht seiner militärischen Schwäche gegenüber seinem überlegenen englischen Lehnsmann versuchte, zumindest auf diese Weise die Herrschaft Heinrichs innenpolitisch zu destabilisieren.

Die Konzentration des Angevinen auf die beiden erwähnten Problemfelder zeigte sich u.a. in der Tatsache, daß der englische König bald nach den Würzburger Eiden den Druck auf Alexander III. erhöhte und die umgehende Absetzung des Erzbischofs von Canterbury forderte.[68] Gleichzeitig sah sich der Papst intensiven Pressionen sowohl von seiten des exilierten Primas als auch von Ludwig VII. ausgesetzt, dessen Schutz sich Thomas anvertraut hatte. Wollte der Nachfolger Petri nicht seine Glaubwürdigkeit verlieren, mußte er zwar gegenüber König Heinrich weiterhin vorsichtig taktieren, gleichzeitig aber an dem vertriebenen Erzbischof festhalten. Dieser konnte nach der Ernennung zum Legaten für England seinerseits den Konflikt verschärfen, indem er am Pfingstsonntag (12. Juni) 1166 in Vézelay gegen seine wichtigsten Gegner den Bann verkünden und diese Kirchenstrafe sogar dem Monarchen androhen konnte. Diesem blieb nichts anderes übrig, als wutentbrannt über die ihn angeblich umgebenden Verräter und die Bestrebungen Beckets zu klagen, ihm „*Leib und Seele rauben*“ zu wollen.[69] Da der Angevine unverändert keine Möglichkeit zur Anwendung konkreter Repressionen besaß und als Drohgeste lediglich wenig erfolgreiche gesandtschaftliche Kontakte zum Kaiserhof aufnehmen konnte, mußte Heinrich weiterhin auf eine Verhandlungslösung setzen und später sogar persönliche Gespräche mit Becket in Kauf nehmen.

Weit bedrohlicher als der Becket-Konflikt war für den Plantagenêt hingegen die wachsende Zahl an Unruhen, die seit Mitte der 60er Jahre in verschiedenen Teilen des Reiches ausbrachen und deren Bekämpfung den Monarchen vorrangig beschäftigte. So sah sich Heinrich zuerst mit „Revolten“ in Wales konfrontiert,[70] die ihn im Juni 1165 zur Rückkehr auf die Insel und zur Konstituierung eines riesigen Heeresaufgebotes aus allen Reichsteilen mit Verstärkung durch flämische Söldnerkontingente veranlaßten. Auslöser für die Aufstände werden weniger die innenpolitische

Schwächung Heinrichs durch den Kampf mit Becket als die königlichen Bemühungen gewesen sein, die walisischen Großen nunmehr in ein vasallitisches Abhängigkeitsverhältnis zu zwingen. Insofern ist der Chronistenhinweis verständlich, wonach sich die Waliser aus Gwynedd, Deheubarth und Powys erhoben, um das „*normannische Joch*“ abzuschütteln[71] – Vorgänge, die noch heute in der walisischen Geschichtsforschung als „*Great Revolt*“ und „*National Revival*“ betrachtet werden.[72] Die strategischen Konzepte der ungleichen Gegner waren die traditionellen, wobei der Plantagenêt denselben Fehler seiner früheren Kampagne wiederholte und mit seinem schweren Ritterheer eine entscheidende Schlacht gegen die Waliser in unwegsamem Wald- und Sumpfgelände anstrebte. Während Heinrich unter schlechtesten Wetterbedingungen von Shrewsbury über Oswestry in das dicht bewaldete Tal von Ceiriog und danach zu den Bergen von Berwyn vordrang, konnten ihn die walisischen Großen unter Führung von Owain Gwynedd dank ihrer spezifischen Kampfestechnik und unter Nutzung des Geländevorteils zurückdrängen. Wie so oft blieben die englischen Truppen schnell im Sumpf und Morast stecken, so daß sich der König zum Rückzug nach Shrewsbury entschließen mußte, wobei er seinen Zorn über den militärischen Fehlschlag in einem skrupellosen Massaker an wehrlosen walisischen Geiseln ausließ.[73] Der Plantagenêt konnte auch nicht verhindern, daß die walisischen Fürsten in der Folgezeit wichtige Burgen erobern sowie Geländegewinne verzeichnen und hierdurch ihren territorialen Besitzstatus etwa des Jahres 1155 wiederherstellen konnten. Owain betonte seine Unabhängigkeit in der Folgezeit noch durch eigenständige außenpolitische Aktivitäten, indem er im Jahre 1168 Ludwig VII. von Frankreich ein militärisches Hilfsangebot im Kampf gegen den englischen König unterbreitete.[74] Der Angevine selbst unternahm bis zum Ende seiner Herrschaft keinen weiteren Versuch, mit militärischer Gewalt die walisischen Großen in ein vasallitisches Abhängigkeitsverhältnis zum englischen König zu zwingen.

Obwohl Heinrich nach der Beendigung des Wales-Zuges bestrebt war, zumindest ansatzweise seine Reformen des Verwaltungs- und Rechtswesens im Inselreich auf der Reichsversammlung von Clarendon im Frühjahr 1166 u.a. mit einer Durchsetzung der königlichen Hochgerichtsbarkeit gegen die Ansprüche der weltlichen und geistlichen Großen fortzuführen,[75] zwangen ihn dennoch ständige Unruhen in den kontinentalen Besitzungen, insbesondere in der Bretagne und in Aquitanien, sich dem Problem einer Stabilisierung seiner Herrschaft in diesen Räumen vorrangig zu widmen. Zwar hatte der Monarch bislang gehofft, mit Hilfe des von ihm etablierten Grafen Conan IV. die Bretagne befrieden zu können, doch veranlaßten anhaltende Revolten u.a. auf Betreiben von Ralph de Fougères den Angevinen im Juli 1166 zu radikaleren Maßnahmen.[76] So setzte er Conan nicht nur ab, sondern veranlaßte die Verlobung dessen fünfjähriger Erbtochter Konstanze mit seinem siebenjährigen Sohn Gottfried, um für das minderjährige

Paar die Schutzherrschaft auszuüben und hierdurch eine dauerhafte Kontrolle über die Unruheregion zu erlangen. Zwar mußte der Plantagenêt erneut im August 1167 und Frühjahr 1168 gegen bretonische Opponenten militärisch vorgehen, doch konnte Gottfried im Mai 1169 das *homagium* der bretonischen Großen entgegen nehmen und seine Herrschaft weitgehend als gesichert betrachten.[77]

Als wesentlich langwieriger erwiesen sich die anschließenden Versuche Heinrichs, die anhaltenden Unruhen sowohl in Maine bzw. Anjou als auch in Aquitanien zu unterdrücken. Hierbei erhielten die Barone – wie die Großen in der Bretagne – die wohlwollende Unterstützung durch den französischen König, der unverändert um eine innenpolitische Destabilisierung der Herrschaft Heinrichs bemüht blieb. Dieser reagierte wie so oft im Kampf gegen den Suzerän mit der Anwendung einer Doppelstrategie, nämlich mit diplomatischen Bündnisinitiativen und mit militärischer Gewalt. So intensivierte Heinrich die Verhandlungen mit dem päpstlichen Hof, um doch noch die Ausschaltung Beckets zu erreichen, wobei er nur Teilerfolge bei dem bedrängten Papst erreichen konnte. Zudem verstärkte der Angevine die Beziehungen zu seinem künftigen Schwiegersohn, Herzog Heinrich dem Löwen, und zum Kaiser, wobei er unverändert einen Obödienzwechsel im Schisma nicht ausschloß und hierdurch zugleich Alexander III. unter Druck hielt.[78] Zusätzlich band der Plantagenêt die Herren der geostrategisch wichtigen Grafschaften Boulogne, Flandern und Blois an sich, indem er den Grafen Matthaeus von Boulogne, Philipp von Flandern und Tedbald V. von Blois-Chartres hochdotierte Geldlehen offerierte und hierdurch zumindest deren Neutralität in dem Konflikt mit Ludwig VII. zu erkaufen suchte. Hinzu kamen Bemühungen Heinrichs um den Abschluß eines Heiratsbündnisses mit dem Grafen von Montferrat sowie später Gespräche mit Raimund V. von Toulouse, den Heinrich nach dessen Trennung von der Schwester des Kapetingers wahrscheinlich auf diplomatischem Wege zur Anerkennung der aquitanischen Oberlehnsherrschaft veranlassen wollte.[79]

Bislang zu wenig beachtet wurden die anschließenden Bemühungen des Angevinen um eine stärkere strategische Einflußnahme in den wichtigsten christlichen Reichen auf der Iberischen Halbinsel, die auch wachsende Bedeutung für die Entwicklungen in Süd- bzw. Südwest-Frankreich erhielten. Gleichzeitig war der Plantagenêt bei diesen Unternehmungen bestrebt, sowohl seine Herrschaftsexpansion in Südfrankreich als auch die Defension des aquitanischen Herzogtums zu befördern. Bereits in den Jahren 1162 und 1164 hatten die Bürger von Toulouse bei dem französischen König die Bedrohung ihrer Region durch die Aktivitäten des Angevinen vergeblich beklagt.[80] Zudem hatten die Wirren sowohl nach dem Tode von Alfons VII. von Kastilien-León († 21. August 1157) als auch Raimund Berengars IV. (*el Sant*) von Barcelona († 6. August 1162) die Einflußmöglichkeiten des englischen Königs nachhaltig gefördert, zumal der sterbende Graf seine

Territorien sowie den achtjährigen Sohn Alfons II. (*el Casto*) dem Schutz des Angevinen anvertraut hatte.[81] In welchem Umfang der Plantagenêt konkret auf die Entwicklungen in Aragón bzw. Katalonien in der Folgezeit einwirken konnte, ist jedoch unklar, zumal Alfons schon im Juli 1163 zusätzlich den Schutz Papst Alexanders III. erlangte und hierdurch eine klare Position gegen den Kaiser im Schisma bezog. Beide Schutzherren konnten weder schwere Machtkämpfe in Aragón um die Regentschaft zwischen den Adelshäusern Lara und Castro noch die temporäre Vorherrschaft Ferdinands II. von León bis zur Volljährigkeit des Monarchen 1169 verhindern.[82]

Die Situation wurde nach dem Tode Raimund Berengars III. von Provence 1166 noch komplizierter, da der Graf von Toulouse und der junge König von Aragón gleichermaßen Ansprüche auf die Grafschaft erhoben. Alfons II., der seit dem Vertrag von Ágreda (Juli 1162) auch den Schutz über den König von León beanspruchte, setzte sich überraschend gegen Raimund V. von Toulouse bzw. Dulcia II. von der Provence durch, fungierte seit 1167 als Markgraf der Provence und machte im folgenden Jahr seinen jüngeren Bruder, Raimund Berengar IV., zum Grafen der Provence. Zusätzlich gestärkt wurde die Position von Alfons durch seine Oberlehnsherrschaft über Navarra, dessen König Sancho VI. (*el Sabio*) beharrlich die Existenz seines *regnum* verteidigen mußte, das sich von den Expansionsbemühungen Aquitaniens wie Aragóns bzw. Kastiliens gleichermaßen bedroht sah.[83] Der englische Monarch konnte von diesen Entwicklungen in Südfrankreich und auf der Iberischen Halbinsel nur profitieren, zumal der Druck auf die Grafschaft Toulouse von seiten seines Schützlings, Alfons II., zunahm. Zugleich wurde der Einfluß des französischen Königs in dieser Region geschwächt, da sich Raimund V. von Toulouse wegen seiner Herrschaftsinteressen in der Provence von der Schwester Ludwigs VII., Konstanze, 1165/66 getrennt und Richilde (Richeza), die Witwe Raimund Berengars III. von Provence, geheiratet hatte.[84] Die guten Beziehungen des Plantagenêts zu den iberischen Monarchen sollten schließlich (1170) zu einem wichtigen angevinisch-kastilischen Heiratsbündnis führen, das auch große Bedeutung für den künftigen König Richard Löwenherz besaß.

Korrespondierend zu den genannten diplomatischen Aktionen begann Heinrich mit der gewaltsamen Durchsetzung seiner Machtansprüche in Südwestfrankreich; diese Gebiete hatte er selbst längere Zeit nicht aufgesucht und dessen Verwaltung vorrangig Vertrauten überlassen. Besonders verworren war die Lage in den verschiedenen Regionen des aquitanischen Herzogtums, die sich in Konkurrenz zueinander entwickelten und deren Barone um die Wahrung ihrer Eigenständigkeit gegenüber der herzoglichen Zentralgewalt bemüht blieben.[85] Zwar hatte der Plantagenêt die Königin, die im Oktober 1165 in Angers die Tochter Johanna gebar,[86] zumindest in Maine bzw. Anjou in dieser Zeit während seines Aufenthaltes im

Inselreich als Regentin eingesetzt; doch mußte die machtbewußte Eleonore zu ihrem Mißvergnügen feststellen, daß ihren Anordnungen von den Baronen nicht Folge geleistet wurde und diese die Machtkämpfe unbehelligt fortsetzten. Ähnlich war die Lage in Aquitanien, wo sich die Herzogin zumindest seit Frühjahr 1165 längere Zeit aufhielt, ohne daß bis Ende des Jahres 1167 eigenständige Herrschaftsmaßnahmen Eleonores in größerer Zahl urkundlich nachweisbar sind.[87] Indem Heinrich bis ca. 1168 die Fürstin von aktiver Herrschaftsausübung ausschloß und sie im Herbst 1167 zur Rückreise auf die Insel veranlaßte, wo sie zu Weihnachten 1167 in Oxford ihrem jüngsten Sohn Johann das Leben schenkte[88], versuchte der König gleichzeitig seinen eigenen Machtanspruch im aquitanischen Herzogtum zur Geltung zu bringen.[89] Dennoch ist fraglich, ob der Angevine seit der Thronbesteigung bemüht gewesen war, „*local particularism*" zu zerstören und nach anglonormannischem Vorbild zentralistische Herrschaftsstrukturen in Aquitanien zu schaffen.[90] Da entsprechende Quellenzeugnisse fehlen und Heinrich trotz seines großen Machtpotentials zu solch tiefgreifenden Strukturänderungen schon infolge fehlender personeller Ressourcen gar nicht in der Lage war, ist eher anzunehmen, daß der Angevine lediglich bestrebt blieb, mit Hilfe landesfremder Beauftragter kontinuierlich die Herrschaftsansprüche der herzoglichen Zentralgewalt unter Einschränkung der *libertates* der Großen der Region durchzusetzen, wobei er zwangsläufig auf deren Widerstand stoßen mußte.[91] Insofern konnte es in den ersten Regierungsjahren Heinrichs lediglich um eine Intensivierung von Herrschaft und nicht um die Etablierung völlig neuer Herrschaftsstrukturen gehen. Hierbei spielte loyales, konfliktfreudiges Personal für den Angevinen sicherlich eine große Rolle – wie etwa der Onkel Eleonores, Ralph de Faye, der zeitweise als Seneschall Aquitaniens fungierte, später jedoch in königliche Ungnade fiel.[92]

Nach erfolgreicher Beendigung des Bretagnefeldzuges, an dessen Ende Heinrich Herzog Conan absetzte und die Herrschaft dessen minderjähriger Tochter Konstanze übertragen hatte,[93] scheint der König seit Ende des Jahres 1166 die Bestrebungen zur Intensivierung der Herrschaftsausübung im Südwesten seines Reiches durch persönliches Eingreifen verstärkt zu haben.[94] Der Monarch begann seine Kampagne im November 1166 in Chinon mit einem Hoftag, zu dem er die Großen des Poitou berief, die sich den Machtansprüchen des englischen Königs gegenüber unverändert reserviert zeigten. Möglicherweise präsentierte er in diesem Zusammenhang den poitevinischen Baronen auf dem Weihnachtshoftag 1166 den Prinzen Heinrich als Thronfolger und künftigen Herren des Reiches.[95] In den folgenden Monaten konzentrierte der Angevine seine Aktivitäten zuerst auf die Guyenne und die Gascogne, um danach im April 1167 einen Feldzug in der Auvergne zu führen. Hier sah er seinen herzoglichen Oberlehnsherrschaftsanspruch seit längerem durch Eingriffe des Kapetingers beeinträchtigt, so daß Heinrich aktuelle Thronstreitigkeiten im Grafenhaus zum Anlaß für militärisches Eingreifen nahm, womit in den folgenden Monaten eine ständig sich verschärfende Konfrontation mit dem französischen König und eine Vielzahl an militärischen Auseinandersetzungen mit diesem verbunden war.[96] Es folgte eine Kette an kriegerischen Schlägen und Gegenschlägen auf kapetingischer und angevinischer Seite, die über Monate anhielten und vor allem das Vexin und die Normandie betrafen. Erschwert wurde die Lage Heinrichs seit dem Frühjahr 1167 durch den Ausbruch von Revolten im Poitou, wo sich mächtige Grafen wie Wilhelm IV. Taillefer von Angoulême und Adalbert IV. von La Marche sowie Gottfried von Lusignan gegen ihren Herzog verschworen hatten. Da auch Revolten in der Bretagne drohten, mußte sich Heinrich im August 1167 zum Abschluß eines Waffenstillstands bereit finden, der bis Ostern des folgenden Jahres dauern sollte.[97]

Seit Anfang des Jahres 1168 sah sich der Monarch erneut mit Revolten in verschiedenen Teilen seiner Festlandsbesitzungen konfrontiert. Schwerpunkte der Unruhen waren wieder Poitou und die Bretagne, wobei sich unverändert die Familien der Taillefer und Lusignan als gefährliche Gegner erwiesen, die mit ihren militärischen Aktivitäten die Kommunikation zwischen den verschiedenen Machtzentren des aquitanischen Herzogs empfindlich zu stören vermochten. Der Angevine reagierte auf diese Bedrohung in zweifacher Weise, indem er zum einen Veränderungen in der Herrschaftsorganisation in seinen südwestlichen Territorien vornahm und Eleonore die direkte Herrschaft über ihre eigenen aquitanischen Besitzungen überließ. Möglicherweise resultierte diese Entscheidung Heinrichs aus der Tatsache, daß er hoffte, mit Hilfe der Herzogin von Aquitanien die Region besser befrieden zu können und daher auf die „*idea of patrimony*“ zurückgriff.[98] Bis zum offenen Konflikt zwischen den Ehepartnern im Jahre 1173 zog sich Heinrich aus der Verwaltung des Herzogtums zurück, wo Eleonore nunmehr alleine urkundete und sich nach Ausweis der erhaltenen *cartae* bemühte, ihren Sohn Richard zunehmend an der Regierungstätigkeit zu beteiligen.[99] Zum anderen bewahrte sich Heinrich die militärischen Kompetenzen in Aquitanien, indem er zwar der Herzogin einen erfahrenen Heerführer, Earl Patrick de Salisbury, als „*princeps militiae regis Anglorum*“[100] an die Seite stellte, jedoch weiterhin selbst gegen rebellische Barone der Region kriegerisch vorging. Zeitweise hatte der Earl die Hauptlast der Kämpfe mit den poitevinischen Baronen, insbesondere mit den Lusignans, zu tragen, die im April 1168 nicht zögerten, Eleonore persönlich auf einer Reise nach Poitiers anzugreifen.[101] Während Patrick im Verlauf der Kämpfe fiel, zeichnete sich sein junger Neffe, Wilhelm Marshal, durch besondere Tapferkeit aus; er erwarb in der Folgezeit das besondere Vertrauen der Herzogin sowie des Thronfolgers und sollte auch für die weitere Erziehung des Prinzen Heinrich große Bedeutung erlangen.[102]

Obwohl dem Angevinen Teilerfolge durch Verheerungszüge durch Aquitanien sowie die Eroberung des Stammsitzes der Lusignans gelungen waren, wuchs der politische Druck auf Heinrich weiter, da er nicht nur seit Mai 1168 erneute Unruhen in der Bretagne niederschlagen, sondern auch eine „internationale" Ausweitung der Konflikte mit dem Kapetinger sowie eine Eskalation der Auseinandersetzungen mit dem Erzbischof von Canterbury hinnehmen mußte. Mit Befriedigung konnte Ludwig nämlich bei einem Treffen mit Heinrich im Juli 1168 in La Ferté-Bernard die Anwesenheit von Gesandten des schottischen Königs Wilhelm sowie des Prinzen Owain Gwynedd verzeichnen, die mit ihren Beistandsangeboten potentiell die Stabilität der angevinischen Herrschaft im Inselreich bedrohten.[103] Dem englischen König mußte die Schwierigkeit seiner Lage bewußt gewesen sein, da er seine Bemühungen um Ausgleich mit dem Kapetinger fortsetzte und eine Neustrukturierung der Herrschaftsorganisation in seinem Reich unter maßgeblicher Beteiligung der Söhne sowie ein Heiratsbündnis für den Prinzen Richard mit einer Tochter Ludwigs in Aussicht stellte.[104] Da die Verhandlungen fehlschlugen und die Offerte einer Herrschaftsumstrukturierung des angevinischen Reiches erst im Januar 1169 in Montmirail realisiert wurde, griff der englische Monarch auf seine bewährte doppelte Handlungsstrategie mit gleichzeitigem Einsatz kriegerischer Gewalt und Diplomatie zurück. So erhöhte Heinrich seit dem Sommer 1168 den militärischen Druck auf Ludwig durch immer intensivere Verwüstungszüge in den Grenzräumen von Normandie und Ponthieu.[105] Gleichzeitig intensivierte der Angevine seine Beziehungen zum Deutschen Reich, indem er nicht nur mit großem Pomp die Eheschließung seiner Tochter Mathilde mit Herzog Heinrich dem Löwen feiern ließ, sondern auch die Kontakte zum staufischen Kaiserhof neu belebte. So diente im Herbst 1168 im normannischen Grenzbereich der Empfang einer kaiserlichen Gesandtschaft, an der u. a. Heinrich der Löwe teilnahm, für den englischen Monarchen erneut dem Ziel, durch die potentielle Androhung eines Obödienzwechsels im Schisma Alexander III. wie Ludwig VII. gleichermaßen unter Druck zu setzen.[106]

Trotz fehlender Angaben über den Verlauf der Gespräche wird man dennoch einen Hinweis des Chronisten Stephan von Rouen beachten müssen, wonach der Staufer dem Plantagenêt für die Anerkennung des kaiserlichen Papstes ein militärisches Bündnis gegen Ludwig VII. anbot mit dem Ziel, diesem die Herrschaft zu entreißen und die französische Krone – unter Hinweis auf Thronansprüche des Staufers als Nachfolger Karls des Großen – an den ältesten Sohn Heinrichs II. von England als kaiserliches Lehen zu übergeben.[107] Sicherlich ist nicht anzunehmen, daß diese literarische Notiz volle historische Glaubwürdigkeit beanspruchen kann, zumal der Staufer aufgrund seiner geschwächten militärischen Potenz nach dem mißlungenen vierten Italienzug gar nicht zu einem Krieg gegen den Kapetinger in der Lage war und eine Lehensvergabe des gesamten französischen *regnum* an die Plantagenêts die politischen Kräfteverhältnisse in Europa zu Lasten des

Kaisers verschieben mußte. Interessanter ist vielmehr die Tatsache, daß man in Westeuropa – möglicherweise in Form eines Gerüchtes – dem Staufer vor dem Hintergrund seiner Reichsideologie derartig weitreichende Aggressionspläne gegen den Kapetinger überhaupt zutraute, dem aus staufischer Sicht vor allem seine Protektion Alexanders III. anzulasten war – wodurch sich auffällige Parallelen zu Kaiser Heinrich V. und seinem Angriffsversuch auf Ludwig VI. und den von ihm unterstützten Papst Calixt II. im Jahre 1124 ergeben.[108]

Spätestens gegen Ende des Jahres 1168 mußten der englische wie der französische König erkennen, daß eine kriegerische Lösung der anstehenden Probleme nicht möglich und daher ernsthafte Friedensverhandlungen unabdingbar waren, die auch den Konflikt mit dem englischen Primas zum Gegenstand haben sollten. So kam es – nach vergeblichen Vermittlungsversuchen der Grafen Philipp von Flandern und Heinrich I. von Champagne-Brie – am 6. Januar 1169 in Montmirail an der Grenze von Maine zu einem Treffen der königlichen Kontrahenten sowie Beckets. Während eine Einigung mit Erzbischof Becket zur Verärgerung aller beteiligter weltlicher Großer scheiterte, kamen die beiden Monarchen überein, sowohl die Feindseligkeiten unter Einbeziehung der jeweiligen Verbündeten, d.h. vor allem der Bretonen und Poitevinen, zu beenden als auch die gegenseitigen lehnsrechtlichen Beziehungen zu stärken und eine neue strukturelle Herrschaftsorganisation innerhalb des angevinischen Reiches zu schaffen.[109]

Nachdem der englische Monarch die kapetingischen Verbündeten wieder in seine Gnade aufgenommen hatte, erklärte er sich – ungeachtet einer möglichen Beeinträchtigung seiner königlichen Dignität – bereit, dem Kapetinger erneut den Lehnseid zu leisten. Hinsichtlich einer Neustrukturierung des Herrschaftssystems im angevinischen Reich griff der Plantagenêt ältere Pläne für eine zumindest nominelle Beteiligung der Söhne an der königlichen Herrschaft in seinem Reich auf, womit zugleich eine mögliche Nachfolgeregelung für den Fall des Todes Heinrichs verbunden sein konnte. Hiernach sollte der Thronfolger außer England die angevinischen Kernbesitzungen Normandie und Anjou, Richard aus dem Besitz der Mutter Aquitanien und Gottfried die Bretagne erhalten; der jüngste Prinz Johann blieb bei dieser Festlegung territorial unversorgt (daher der spätere Name „*Johann Ohne Land*“). Bereits in Montmirail huldigte der jüngere Heinrich dem französischen König für die Bretagne, während Richard das *homagium* für Aquitanien leistete; erneut kam es somit in Montmirail zu einer engen lehnsrechtlichen Bindung dieses Herzogtums an die französische Krone und zu einer weiteren Abkehr von den jahrzehntelangen Unabhängigkeitsbemühungen der früheren aquitanischen Herzöge. Schließlich wurde vorgesehen, daß im folgenden Jahr Gottfried dem älteren Bruder Heinrich für die Bretagne zu huldigen hatte, während Richard eine neue Rolle in der Bündnispolitik des Vaters zugewiesen bekam. Der Prinz sollte nun nach der fehlgeschlagenen Verbindung mit einer Tochter des Grafen Raimund Berengar IV. von Barcelona mit Alice, der Tochter Ludwigs VII., verlobt werden.[110] Wie üblich, war die kleine Prinzessin ihrem künftigen Schwiegervater zu übergeben, der an seinem Hofe wie schon für die Schwester Alices, Margarete, für deren Erziehung Sorge zu tragen hatte – eine folgenschwere Entscheidung, die vor allem für das Leben des Prinzen Richard gravierende Konsequenzen haben sollte.

Obwohl beide Monarchen mit der Übereinkunft zufrieden zu sein schienen, bleibt unklar, welche Zielsetzungen die Verhandlungspartner verfolgten und ob sich alle Beteiligten über die politischen und rechtlichen Konsequenzen der Vereinbarungen von Montmirail in vollem Umfange im Klaren waren. Vorteilhaft für den Kapetinger war, daß durch die Regelungen sowohl der englische König als auch dessen Söhne enger lehnsrechtlich an die französische Krone gebunden wurden. Zugleich eröffneten sich – auch über den Tod Heinrichs des Älteren hinaus – rechtliche Eingriffsmöglichkeiten des Suzeräns in Teile des angevinischen Reiches, dessen integraler territorialer Fortbestand nicht gesichert zu sein schien. Für den Angevinen bedeutete Montmirail sowohl eine Reform der Herrschaftsorganisation in seinem Großreich als auch die Vorwegnahme einer Erbfolgeregelung. Hierbei wurde den Söhnen weitgehend die Herrschaftsausübung übertragen, womit günstigstenfalls in den verschiedenen Regionen des Reiches eine Intensivierung königlicher Machtausübung verbunden sein konnte. Bei vollständiger Realisierung der Vereinbarungen von Montmirail wäre jedoch nicht nur in der politischen Praxis eine sofortige Schwächung der königlichen Zentralgewalt im angevinischen Reich erfolgt, sondern Heinrich vollständig entmachtet worden. Der „alte" König, der gerade 35 Lebensjahre zählte und sich auf dem Höhepunkt seiner Herrschaft befand, hätte einen vollständigen Machtverzicht zugunsten von dreien seiner Söhne geleistet, die zwischen 13 und 10 Jahre alt und daher nicht regierungsfähig waren. Heinrich wäre künftig – ohne zwingende politische Notwendigkeit – bestenfalls die Rolle eines *pater familias* zugekommen, der als „*chairman of a family consortium*"[111] die Geschicke seiner Nachkommen überwachte, selbst jedoch nicht mehr über hinreichende Machtgrundlagen verfügte, um gegebenenfalls gewaltsam intervenieren zu können.

Ob der Angevine wirklich zu einem solch weitreichenden Machtverzicht – angeblich, um bei dem kapetingischen Suzerän dessen Furcht vor einer „*emasculation of the French monarchy*" zu beseitigen[112] – bereit war, muß mehr als fraglich erscheinen. Wenn Heinrich aber derartige Konsequenzen nicht zu ziehen beabsichtigte, wie sich bald zeigen sollte, dann stellte die Vereinbarung von Montmirail nicht nur eine Scheinlösung der anstehenden Probleme dar, sondern schuf noch zusätzliche Schwierigkeiten. So wurden durch die zumindest nominelle Übertragung eigener Herrschaftsräume an drei Königssöhne für diese erst die Voraussetzungen geschaffen, um ihr eigenes Machtstreben und den notorischen Herrschaftswillen in der angevinischen Dynastie binnen kürzester Zeit zu realisieren. Es war naheliegend, daß die Söhne rasch einen nominellen Herrschaftstitel mit Macht verbinden wollten, so daß Konflikte mit dem Vater, aber auch unter den Brüdern absehbar waren. Zudem implizierte der Ausschluß des jüngsten Prinzen Johann von der Nachfolgeregelung zwangsläufig künftige Auseinandersetzungen, da der Königssohn in absehbarer Zeit – spätestens bei seiner Verlobung bzw. Heirat – eine territoriale Dotierung verlangen würde, die aus dem vorhandenen Bestand an angevinischen Ländereien, die vollständig an die älteren Brüder vergeben worden waren, nicht erfolgen konnte und notwendigerweise zu Konflikten führen mußte. Daher gab Heinrich II. in Montmirail völlig unnötig selbst den Anstoß zu einer Entwicklung, die mittelfristig den Bestand der eigenen Herrschaft sowie des gesamten angevinischen Reiches bedrohen mußte und von der außer den Prinzen vor allem der französische König profitierte, ohne irgendeine Gegenleistung zu erbringen – eine Entscheidung Heinrichs, die ein Rätsel bleibt.

IV. Richard als Graf von Poitou unter der Führung Eleonores von Aquitanien

Die Vereinbarungen von Montmirail sollten in den nächsten Monaten das politische Geschehen in Westeuropa und insbesondere das Schicksal der englischen Prinzen nachhaltig beeinflussen. Angestrebt wurde nach dem Willen der Beteiligten sowohl eine umfassende Friedensregelung und eine Neuordnung der Herrschaftsorganisation im angevinischen Reich als auch ein Ausgleich mit dem Erzbischof von Canterbury, mit dem begleitende Gespräche geführt worden waren. Schon bald zeigte sich aber, daß keines dieser Ziele auch nur ansatzweise erreicht wurde; vielmehr eskalierte der Konflikt König Heinrichs mit Thomas Becket aufgrund der kompromißlosen Haltung des Erzbischofs weiter, der hierdurch zumindest zeitweise sogar die Unterstützung König Ludwigs verlor. So kam es in den folgenden Monaten zu immer neuen gesandtschaftlichen Verhandlungen zwischen dem englischen bzw. französischen Königshof und der Kurie, wobei trotz des Todes von Paschalis III. († 20. September 1168) infolge der Wahl des neuen Gegenpapstes Calixt III. das Problem des Schismas unverändert ungelöst war.[1] Vor allem Heinrich II. nutzte die hiermit verbundene schwierige Lage Alexanders III., um diesen durch intensive Gespräche mit dem staufischen Lager für eigene politische Interessen, die vor allem die Ablösung des Erzbischofs von Canterbury betrafen, unter Druck zu setzen. Angeblich drohte er nach den Verhandlungen mit der kaiserlichen Delegation in Rouen im Oktober 1168, die Angehörigen des englischen *regnum* auf den kaiserlichen Papst vereidigen zu lassen, woran Heinrich nach Angaben des Gervasius von Canterbury nur durch die Intervention von führenden Vertretern der Geistlichkeit gehindert wurde.[2] Hinzu kamen diplomatische Initiativen des Angevinen, der seine Kontakte zu König Wilhelm II. von Sizilien u.a. durch Verhandlungen über ein Ehebündnis und zu den lombardischen Städten intensivierte, die er wie üblich durch den Einsatz seiner reichen Geldmittel zur Intervention am päpstlichen Hof zu veranlassen suchte.[3] Die ständigen Pressionen Heinrichs zeigten Wirkung bei Papst Alexander III., der sich auch von seiten Barbarossas weiterem Druck ausgesetzt sah und daher überaus vorsichtig in der Becket-Frage taktieren mußte. Sein dilatorisches Verhalten, aber auch die Härte des Erzbischofs von Canterbury führten vor allem bei Ludwig VII. zu Verstimmungen, der zunehmend die Rolle eines Vermittlers bzw. sogar die eines Schiedsrichters in den Auseinandersetzungen um Becket erhielt. Die Unnachgiebigkeit der Konfliktparteien machte jedoch eine baldige Beendigung der Auseinandersetzungen unmöglich, obwohl sich der Kapetinger seit Januar 1169 – wie etwa bei den Verhandlungen der Kombattanten im November 1169 in Saint-Denis – unablässig als Schlichter betätigte und vergeblich zahlreiche Kompromißvorschläge unterbreitete.[4]

Ungeachtet der Ankündigungen des Angevinen in Montmirail, der den Söhnen eine Partizipation an der königlichen Machtausübung und hierdurch zugleich eine hoffnungsvolle Lebensperspektive eröffnet hatte, kam es zum Erstaunen der Beteiligten in den folgenden Monaten zu keinerlei Veränderungen im politischen Verhalten des englischen Königs bezüglich einer Herrschaftsbeteiligung der Prinzen. Der Monarch beschränkte sich lediglich darauf, seine diesbezüglichen Versprechungen zu wiederholen, wie dies etwa während einer schweren Erkrankung Heinrichs in Todeserwartung im August/September 1170 in Domfront gegenüber den Söhnen geschah.[5] Nominell bestärkte der König sie weiterhin in derartigen Erwartungen, indem er u.a. im Mai 1169 die bretonischen Großen Gottfried das *homagium* leisten ließ und hierdurch zugleich seine Herrschaft über diese unruhige Region zu festigen suchte.[6] Auch gegenüber Richard scheint der Monarch Hoffnungen auf Herrschaftspartizipation zumindest nicht beeinträchtigt zu haben. Erneut sind die Aufenthaltsorte des Königssohnes nach Montmirail unbekannt; lediglich zu vermuten ist, daß sich der Prinz zumindest seit Ende 1168 in der Umgebung seiner Mutter, d.h. wahrscheinlich in Aquitanien, aufhielt.

Der Herzogin und ihrem Hof wird oftmals in der Literatur eine entscheidende Bedeutung für die geistige Prägung Richards beigemessen. Angeblich stellte ihre Hofhaltung – besonders in Poitiers – in der Nachfolge ihres Großvaters Wilhelms IX. ein Zentrum höfischen Lebens dar, das von zahlreichen Troubadouren geprägt wurde. Eleonore übte hiernach eine intensive Patronagetätigkeit aus und veranlaßte angeblich durch ihr Wirken die Rezeption höfischer Literatur in Nordfrankreich sowie am königlichen Hof in England. Schließlich schrieb man der Herzogin die Einrichtung sog. *Cours d'amour* (Minnehöfe) zu, an denen nach Aussage des Andreas Capellanus adlige Damen – unter ihnen Eleonore – strittige Fragen „*normgerechten Minneverhaltens*" prozessual entschieden haben sollen.[7] Neuere Forschungen haben hingegen ein völlig anderes, realistischeres Bild von der Bedeutung des Hofes der Herzogin und damit zugleich von ihrem möglichen Einfluß auf den Sohn Richard entworfen. Hiernach kam der Hofhaltung Eleonores keinesfalls eine Schlüsselrolle für die Verbreitung der Troubadour-Dichtungen zu, die nicht nur in Okzitanien, sondern auch an den Höfen in Oberitalien, Katalonien und sogar in Portugal vorgetragen und rezipiert wurden. Die Wichtigkeit der Mäzenatenrolle der Herzogin wurde ebenfalls in Frage gestellt, zumal die Patronage-Tätigkeit[8] ihres Gatten Heinrich II. zweifellos bedeutender war. Im Gegensatz zu Eleonore förderte der Angevine außer zahlreichen Architekturvorhaben[9] nachweislich und in großem Umfange die Produktion von Literatur auf unterschiedlichsten Feldern – von handbuchartigen Schriften zum Verwaltungs- und Rechtswesen Englands über historiographische Werke der bedeutendsten Geschichtsschreiber der Zeit bis hin zu Texten mit höchst unterschiedlicher Thematik wie erbaulich-religiöse Schriften, hofkritische Arbeiten oder volkssprachliche Romane (etwa von Wace).[10] Ob und inwieweit die Königin die Patronage-Tätigkeit ihres Gatten beeinflußte oder förderte, ist infolge Quellenmangels nicht feststellbar. Schließlich wurde auch die Schaffung der sog. *Cours d'amour* in Frage gestellt, deren Darstellung bei Capellanus man eher satirischen Charakter und keine Realexistenz beimaß.[11]

Der beschriebenen Relativierung der Bedeutung des Hofes von Eleonore für das literarische Leben in Frankreich und England wird man auch hinsichtlich einer potentiellen Einflußnahme der Herzogin auf ihren Sohn Richard Rechnung zu tragen haben. Infolge des erwähnten Quellenmangels ist bezüglich der Präzisierung einer potentiellen kulturellen Prägung des Prinzen durch seine Mutter Zurückhaltung angebracht. Anzunehmen ist sicherlich eine gewisse Einflußnahme höfischer Lebens- und Denkweisen, wie sie wahrscheinlich am Hof der Königin gepflegt wurden. Dennoch wird man konkrete Beeinflussungen durch einzelne Troubadoure als nur partiell wirksam betrachten dürfen, wie kürzlich am Beispiel des Bertran de Born und seiner stark begrenzten erzieherischen Wirkung auf die angevinischen Prinzen nachgewiesen wurde.[12] Weit größere Bedeutung für Richard und seine Brüder wird hingegen anderen Einflußfaktoren am aquitanischen Hof zuzuschreiben sein, die bislang weitgehend vernachlässigt wurden. Gemeint sind die engen Beziehungen, die zwischen Aquitanien und den iberischen Königshöfen durch okzitanische Troubadoure seit dem frühen 12. Jahrhundert gepflegt wurden. So verherrlichte der provenzalische Dichter Marcabrú in seinen Werken (ca. 1130–1149) die Lebensweise von Kastiliern, Leonesen und Portugiesen, gefolgt von dem Troubadour Cercamon, der die Beteiligung zahlreicher Gascogner an der Reconquista in Aragón würdigte, und von Alegret und Peire d'Alvernha, die den Tod König Alfons' VII. von Kastilien-León betrauerten. Enge Kontakte zu den iberischen Höfen scheint auch Bertran de Born besessen zu haben, der in seinen Werken mehrfach die politischen Konflikte auf der Iberischen Halbinsel behandelt. Gleiches gilt für Peire Vidal und Guillem de Bergueda̍, die persönlich die iberischen Reiche bereisten und in ihren Liedern politisch Stellung nahmen.[13] Insgesamt wird man die Bedeutung dieser Troubadoure für einen politischen und kulturellen Transfer zwischen Aquitanien und den iberischen Reichen nicht unterschätzen dürfen, zumal die Dichter oftmals konkret in politische Konflikte involviert waren, selbst an Heerzügen teilnahmen, zwischen den Herrscherhöfen hin und her reisten und in ihren Liedern Botschaften unterschiedlicher Art an die Höfe überbrachten. Wahrscheinlich werden die angevinischen Prinzen und insbesondere Richard mit diesem Personenkreis Kontakt gehabt und hierdurch Kenntnis von kulturellen sowie politischen Entwicklungen auf der Iberischen Halbinsel erhalten haben – Beziehungen, die für den künftigen Herzog von Aquitanien und seine Ehegattenwahl von Bedeutung gewesen sein können.

Möglicherweise versuchte König Heinrich nach den Vereinbarungen von Montmirail, stärkeren Einfluß auf Richard zu nehmen, indem er die wachsende politische Bedeutung seines Sohnes bei den Verhandlungen mit Ludwig VII. in Saint-Denis im November 1169 betonte. Hierbei verpflichtete sich der Angevine nicht nur zu freundlichen Beziehungen zu Raimund V. von Toulouse, sondern verwies auch auf die Tatsache, daß dessen Grafschaft ein Lehen des Herzogs von Aquitanien, Richard, sei. Zur Verbesserung der Kontakte zum kapetingischen Hof erklärte sich Heinrich zudem bereit, Richard zur weiteren Erziehung an den französischen Hof zu schicken – Pläne, die jedoch nicht verwirklicht wurden.[14]

Ebenfalls unklar ist das Schicksal des Prinzen in der Folgezeit, insbesondere die Datierung der Herrschaftsübernahme im aquitanischen Herzogtum. Eine Schlüsselrolle spielte hierbei seine königliche Mutter, die ihn wahrscheinlich zu Ostern 1170 auf einer Versammlung in Niort den Vasallen als künftigen Graf von Poitou und Herzog von Aquitanien vorstellte. Möglicherweise im selben Jahr 1170, wahrscheinlicher hingegen erst im Mai 1172[15] setzte Eleonore die Rundreise durch ihre Stammlande mit dem Sohn fort; dieser war nunmehr 14 Jahre alt und somit mündig geworden. Hierbei ließ sie Richard vermutlich im Mai in Poitiers traditionsgemäß sowohl die Würde eines Abtes von St. Hilaire verleihen als auch die Insignien der herzoglichen Würde – Lanze und Banner – durch Erzbischof Bertram von Bordeaux sowie Bischof Johannes von Poitiers übergeben, so daß Richard nunmehr zum Herrscher von Aquitanien erhoben war. Abgeschlossen wurde die Proklamation des neuen Herzogs wahrscheinlich im Juni in Limoges, indem dem Prinzen in der Kathedrale Saint-Etienne in feierlicher Form der Ring der hl. Valerie angesteckt und hierdurch die enge Verbindung des Herzogs mit der Stadt Limoges und dem ganzen Herzogtum symbolisiert wurde. Da die Inthronisationsakte ohne Beteiligung des französischen und englischen Königs vonstatten gingen, sollte zugleich die Unabhängigkeit Aquitaniens und seines Fürsten von den genannten Lehnsherrn betont werden.[16]

Diese Maßnahmen zur Demonstration der aquitanischen Independenz, die sicherlich vor allem Eleonore betrieb, fanden sehr rasch ihr Ende in der politischen Wirklichkeit im Herzogtum, die weiterhin von den Aktivitäten des englischen Monarchen bestimmt blieb. Dieser dachte gar nicht daran, den Versprechungen von Montmirail entsprechende Taten folgen zu lassen und konzentrierte seine herrscherlichen Unternehmungen in den folgenden Monaten auf den Südwesten seines Reiches. Obwohl Prinz Richard sicherlich erwartete, daß ihn der Vater kontinuierlich mit den Regierungsgeschäften in Aquitanien vertraut machen würde, verhielt sich Heinrich, als ob nichts geschehen wäre. So setzte er seit dem Frühjahr 1169 die Heerzüge gegen poitevinische Rebellen fort, deren Burgen und Ländereien er systematisch verwüstete; zudem zwang er die Grafen Wilhelm IV. von Angoulême und Adalbert IV. von La Marche zur Unterwerfung. Anschließend wandte sich der Angevine der Gascogne zu, wo er ebenfalls pazifizierend wirkte, ohne in irgendeiner Weise die Existenz des designierten Herzogs Richard zur Kenntnis zu nehmen.[17] Insgesamt wurde das Vorgehen des Königs von Zeitgenossen als klarer Bruch von *conventiones* verstanden, die der Herrscher mit den Poitevinen und Bretonen in Montmirail unter Vermittlung des französischen Monarchen geschlossen hatte.[18]

Welche Bedeutung Heinrich der Stabilisierung der angevinischen Herrschaft in Aquitanien beimaß, verdeutlichen auch die zahlreichen flankierenden diplomatischen Aktivitäten des Monarchen, die sich bevorzugt auf die christlichen Reiche der Iberischen Halbinsel bezogen. Hier hatten sich seit dem Jahre 1167 erhebliche Veränderungen vollzogen, da Sancho VI. von Navarra die innenpolitischen Wirren in Kastilien infolge der Minderjährigkeit von Alfons VIII. zur Herrschaftsexpansion u.a. in die Rioja nutzte und zudem im Dezember 1168 einen Friedensvertrag auf zwanzig Jahre mit Alfons II. von Aragón geschlossen hatte.[19] Nachdem Alfons VIII. im November 1169 volljährig geworden war, änderten sich die politischen Kräfteverhältnisse zwischen den *cinco reinos* erneut, da der König nun mit Unterstützung durch die Familie Lara eine eigenständige Politik initiierte. Diese diente zuerst der Abwehr eines weiteren Vordringens von Navarra und manifestierte sich im Juli 1170 in einem Beistandspakt mit Alfons II. gegen jedermann „*preter regem Anglie*".[20]

Die besondere Wertschätzung, die Heinrich II. bei den iberischen Monarchen besaß, zeigte sich auch im Abschluß eines Heiratsbündnisses mit Alfons VIII. von Kastilien, das wahrscheinlich durch Vermittlung des aragonesischen Königs zustande kam und die Eheschließung der englischen Prinzessin Eleonore (Leonor) mit dem Kastilier betraf.[21] Während dieser seiner künftigen Gattin außer Renteneinkünften in Nájera, Burgos und Castrojeriz vor allem in der Verfügung von Navarra befindliche Territorien übereignete, die noch zurückerobert werden mußten,[22] erhielt die Braut als Mitgift u.a. die Gascogne, deren Besitzübertragung jedoch erst nach dem Tode der gegenwärtigen Herrin, der Herzogin Eleonore von Aquitanien, erfolgen sollte und daher für den Plantagenêt keinen unmittelbaren substantiellen Territorialverlust zur Folge hatte. Diese Verbindung stärkte die Position des Angevinen auf der Iberischen Halbinsel weiter, da auch Kastilien in das englische Bündnissystem einbezogen wurde, während die freundlichen Beziehungen zu Alfons II. von Aragón bewahrt blieben, der wie Heinrich II. unverändert im Gegensatz zum Grafen von Toulouse stand. Diese Entwicklung setzte sich im Jahre 1174 durch die Ehe des aragonesischen Königs mit der Infantin von Kastilien, Sancha, fort,[23] da nunmehr ein Bündnissystem mit England, Aragón und Kastilien entstand, das einerseits gegen die Hegemonialbestrebungen Leóns, andererseits gegen Navarra und seine Expansionsbemühungen nördlich der Pyrenäen gerichtet war. Insgesamt wird auch der Angevine auf der Iberischen Halbinsel ein „Gleichgewicht der Kräfte“ angestrebt haben,[24] wobei er seinen Einfluß auf alle beteiligten Monarchen der christlichen Reiche zu bewahren versuchte. Schließlich wurde durch das Ehebündnis Heinrichs II. mit Kastilien für diesen eine temporäre Verlagerung der außenpolitischen Handlungsschwerpunkte von Mitteleuropa zur Iberischen Halbinsel deutlich, da der Angevine die geplante Heirat seiner Tochter Eleonore mit dem staufischen Kaisersohn zugunsten einer Verbindung mit dem kastilischen Königshof aufhob.[25] Dennoch sollte diese Ehe mit dem Mitgiftversprechen für Eleonore, das von seiten Heinrichs II. auch der weiteren bündnisstrategischen Einkreisung der Grafschaft Toulouse diente, spätestens seit dem Herrschaftsantritt Richards I. die englisch-kastilischen Beziehungen kontinuierlich belasten.

Im Gegensatz zu den erwähnten außenpolitischen Erfolgen gelang dem Plantagenêt nach Montmirail kein Ausgleich mit dem exilierten Erzbischof von Canterbury, obwohl sich Heinrich seit der Mitte des Jahres 1169 intensiv um eine Verständigung bemühte. Becket ging hingegen seit Palmsonntag 1169 mit einer Welle an Exkommunikationen gegen wichtige königstreue Laien und Geistliche in England vor, unter ihnen die einflußreichen Bischöfe von London und Salisbury, Gilbert Foliot und Jocelin de Bohun.[26] Der König sorgte seinerseits für eine weitere Eskalation des Konfliktes, indem er einerseits Repressionsmaßnahmen zur Isolierung Beckets in England verfügte,[27] andererseits auf der raschen Krönung des Thronfolgers beharrte, die unter Verletzung der Rechte des englischen Primas und gegen das Verbot des Papstes am 14. Juni 1170 in Westminster durch den Erzbischof von York, Roger de Pont L' Évêque, durchgeführt wurde. Möglicherweise orientierte sich der ältere Heinrich mit der Krönung des Nachfolgers, der schon bald den Titel „*rex Anglorum et dux Normannorum et comes Andegavorum*“ führte,[28] an Verfahrensweisen des kapetingischen Herrscherhauses. Am folgenden Tage huldigten alle wichtigen Fürsten des Reiches sowie König Wilhelm von Schottland und sein Bruder David dem neuen Monarchen. Da dieser zu jung zum eigenständigen Regieren war, wurden ihm erfahrene Berater zur Seite gestellt, u. a. Wilhelm Marshal, Wilhelm de Saint-John und Wilhelm Fitz Aldelin.[29]

Die Vorgehensweise des Angevinen, der der kapetingischen Schwiegertochter die Krönung verweigert hatte und sie in der Obhut Eleonores in Caen beließ, mußte zwangsläufig zu Konflikten mit Ludwig VII. und mit Erzbischof Thomas führen, der mit einer neuen Welle an Exkommunikationen bzw. Suspensionen der Teilnehmer an der Krönungszeremonie reagierte.[30] König Ludwig antwortete auf die Demütigung seiner Tochter Margarete mit kriegerischen Sanktionen, d.h. Angriffen auf normannische Grenzregionen. Erst unter Vermittlung des Grafen Tedbald von Blois kam es am 6. Juli 1170 in La Ferté-Bernard zu einem Treffen der Könige, woraufhin Heinrich versprach, auch Margarete krönen zu lassen. Am 22. Juli 1170 erfolgte schließlich bei Fretéval eine Begegnung mit dem exilierten Primas, der nach langen Verhandlungen zur Rückkehr ins Inselreich bereit schien, während Heinrich zwar seine Bereitschaft zur Wiederaufnahme Beckets in England, zur Besitzrestitution etc. erklärte, jedoch Thomas unverändert den Friedenskuß verweigerte.[31]

Erst nach weiteren Gesprächen entschloß sich der Primas im November zur Überfahrt nach England, wo er am 1. Dezember 1170 in Sandwich landete und mit großem Pomp nach Canterbury geleitet wurde.[32] Becket zögerte nicht, seine konsequente Haltung gegenüber den Opponenten im Inselreich zu wahren und die Suspension des Erzbischofs von York sowie der Bischöfe von London und Salisbury aufrecht zu halten. Nach Verhängung zahlreicher Disziplinarstrafen etc. verkündete der Primas zum Weihnachtsfest 1170 eine weitere Serie an Exkommunikationen, nunmehr seiner Feinde im englischen *regnum*. Nachdem der Plantagenêt in der Normandie zahlreiche Beschwerden über das Verhalten des Primas u.a. von den suspendierten englischen Bischöfen erhalten hatte, klagte Heinrich offenbar in einem Wutanfall unbedacht, warum ihn niemand von seinen zahlreichen Gefolgsleuten an diesem Priester, der seine königliche Würde beeinträchtigte, rächen würde.[33] Daraufhin begaben sich vier Ritter des königlichen Haushalts, die diese Äußerung des Monarchen offenbar als Auftrag zur Tötung des Widersachers verstanden hatten, umgehend nach England. Sofortige Versuche des Königs, der das Verschwinden der *familiares* bemerkt hatte und sie aufhalten wollte, schlugen hingegen fehl. Bereits am 28. Dezember landeten Reginald Fitz Urse, Wilhelm de Tracy, Hugo de Morville und Richard Brito[34] bei Saltwood Castle, um anschließend nach Canterbury zu reiten, wo sie am folgenden Tag in die Gemächer des Primas eindrangen. Da es Becket ablehnte, sich den Forderungen der Ritter gemäß dem Willen des Königs zu unterwerfen und das Land zu verlassen, kam es in der Kathedrale zu einem Kampf zwischen den Begleitern des Erzbischofs und den Rittern, in dessen Verlauf Becket erschlagen wurde. Anschließend plünderten die Mörder den erzbischöflichen Palast, um danach zu fliehen.[35]

Der unsinnige „Ehrenmord" veränderte die politische und gesellschaftliche Lage des Königs radikal, der von der Nachricht vom Tode Beckets auch menschlich zutiefst erschüttert war und im Bewußtsein einer zumindest indirekten Mitschuld tagelang freiwillig Buße leistete. Hatten die Ritter geglaubt, durch ihre Bluttat den König von einem gefährlichen Gegner befreit zu haben, so erreichten sie durch den Mord das genaue Gegenteil, da der getötete Becket zweifellos eine viel größere Gefährdung der Herrschaft Heinrichs darstellte als zu Lebzeiten des Primas. Der König wurde durch den Gewaltakt in die schwerste Krise der gesamten Regierungszeit gestürzt, da man den Tod Beckets sehr schnell im gesamten Abendland als Martyrium für die Freiheit der Kirche verstand. Obwohl sicherlich von einer unbedachten Zornesäußerung Heinrichs auszugehen ist, der schon aus elementarer politischer Klugheit keinesfalls einen derartigen Befehl an seine *familiares* erteilt haben dürfte, entstand in den folgenden Wochen in ganz Europa der Eindruck, der Plantagenêt habe persönlich den Mord in Auftrag gegeben. Hierdurch wurde der König nicht nur moralisch zutiefst diskreditiert, sondern auch mit der Gefahr schwerwiegender kirchenrechtlicher Sanktionen konfrontiert. Zudem verschlechterte sich die kirchenpolitische Lage des Königs radikal, der nunmehr vorrangig um den Nachweis seiner Unschuld gegenüber dem Nachfolger Petri bemüht sein mußte und nicht länger einen möglichen Obödienzwechsel als Druckmittel gegenüber Alexander III. einsetzen konnte. Bezeichnenderweise stellte sich für den Angevinen in den Monaten nach dem Becket-Mord keinesfalls die Frage nach einem Anschluß an den kaiserlichen Papst; vielmehr bemühte sich Heinrich ausschließlich darum, Papst Alexander sowohl von seiner Unschuld an dem Verbrechen in Canterbury zu überzeugen als auch den Nachfolger Petri von sofortigen kirchenrechtlichen Sanktionen gegen das angevinische Reich abzuhalten.[36]

Papst Alexander legte nach Empfang der Nachrichten aus England eine bemerkenswerte Klugheit an den Tag und verzichtete auf übereilte Reaktionen. Während in ganz Europa der Mord größte Empörung hervorrief, Heinrich II. als angeblicher Auftraggeber für die Bluttat moralisch diskreditiert war und der Ruf nach seiner Bestrafung erscholl, veranlaßte der Papst lediglich eine Untersuchung der Vorgänge durch seine Legaten. Hiervon unberührt blieb das Interdikt, das der Erzbischof Wilhelm von Sens auf einer Synode am 25. Januar 1171 für die kontinentalen Besitzungen des Plantagenêts verkündet hatte.[37] Um weitergehende päpstliche Sanktionen zu verhindern, zeigte sich der Angevine überaus kooperationsbereit und erklärte durch Gesandte an Alexander, sich vorbehaltlos dem Urteil des Nachfolgers Petri unterwerfen und eine Prüfung der Angelegenheit durch zwei Legaten akzeptieren zu wollen, die schon bald den König aufsuchen sollten. Die Mörder Beckets wurden zwar exkommuniziert, blieben jedoch in der Folgezeit von strafrechtlichen Verfolgungen weitgehend unbehelligt, so daß z.B. Wilhelm de Tracy bereits im Jahre 1174 als *justiciar* in der Normandie wirken konnte (bis 1176).[38]

Über die Haltung des Prinzen Richard und seiner Mutter zum Becket-Mord ist nichts bekannt; sicherlich werden sie trotz aller Vorbehalte gegenüber der Person des Erzbischofs die Bluttat als verabscheuungswürdig betrachtet haben. Andererseits dürfte zumindest die Königin die hiermit verbundenen Schwierigkeiten für Heinrich mit einer gewissen Befriedigung zur Kenntnis genommen haben, da sie mit einer politischen Schwächung des Angevinen verbunden schienen. Seit dem Ende der 60er Jahre war es nämlich zu einer tiefgreifenden Entfremdung zwischen den königlichen Ehepartnern gekommen, wobei möglicherweise die berühmte Liebesaffäre Heinrichs mit Rosamund Clifford eine Rolle gespielt haben könnte.[39] Angeblich führte der Angevine eine Beziehung zu der jungen Tochter des Ritters Walter Clifford, für deren Aufenthalt er in Woodstock ein aufwendiges Gebäude errichtet haben soll. Nach legendarischer Überlieferung war der Zugang durch ein Labyrinth geschützt und nur Heinrich sowie einem Diener bekannt. Dennoch soll sich nach Angaben zahlreicher Legenden über *Fair Rosamond* die betrogene Monarchin angeblich später Zugang zu der Liebeslaube verschafft und Rosamund zum Selbstmord durch Gift gezwungen haben. Nach ihrem Tode 1176/1177 wurde die Geliebte des Königs im Chor von Godstow Abbey beigesetzt, aus der man ihre Gebeine jedoch 1191 auf Veranlassung des Bischofs Hugo von Lincoln entfernte. Obwohl der Wahrheitsgehalt der immer zahlreicher werdenden Legenden, die zumeist auf den Angaben von Ranulf Higden in seinem 1327 begonnenen *Polychronicon* beruhten,[40] nicht überprüfbar ist, vermögen diese jedoch Aufschluß über das immer einseitiger und tendenziöser werdende Bild Eleonores in der Nachwelt zu geben. Zweifellos sind die Interpretationen der Konflikte zwischen Heinrich II. und der Königin, die nur auf die Vorstellung von der Rache einer betrogenen Gattin zurückgreifen, zu einfach und zudem von Bildern einer Ehe geprägt, wie sie im Bürgertum des 19. Jahrhunderts entwickelt wurden. Vielmehr wird man bei einer solch machtbewußten Fürstin wie Eleonore viel tiefergehende und vor allem politische Motive annehmen können, die schließlich 1173 zum offenen Bruch mit Heinrich führten und die später ausführlicher behandelt werden sollen.

Hier ist lediglich zu konstatieren, daß Eleonore mit Richard – wie erwähnt – seit Montmirail ausschließlich die Herrschaftsübernahme des Prinzen in Aquitanien betrieb und in keiner Weise in die Wirren um den Becket-Mord involviert war. Obwohl die Quellen nur unzureichenden Aufschluß über den Wirkungskreis der Monarchin sowie ihres Lieblingssohnes in den Jahren bis zur Rebellion der königlichen Söhne gegen Heinrich bieten, ist davon auszugehen, daß Eleonore bestrebt blieb, den ihr vom König überlassenen Aktionsraum in Aquitanien nach Kräften zu nutzen. Die wenigen erhaltenen urkundlichen Zeugnisse verdeutlichen die üblichen Dotierungsmaßnahmen der Königin vor allem für geistliche Institutionen ihres Herrschaftsbereiches mit deutlicher Konzentration auf die poitevinischen Kernlande.[41] Eigenständige Schenkungen u.ä. Richards aus dieser Zeit sind nicht bekannt, vielmehr agierte der junge Fürst nur gemeinsam mit der Mutter,[42] die ihn hierdurch mit der Regierungspraxis in seinem Herzogtum vertraut gemacht haben dürfte. Gleichzeitig blieb der politische Handlungsspielraum Eleonores trotz all ihrer Eigenständigkeitsbemühungen deutlich begrenzt, da sich der König die Kontrolle sowohl über die materiellen Ressourcen Aquitaniens als auch über den Einsatz von Truppen in der Region uneingeschränkt vorbehielt.

Weder Richard und seine Brüder noch die Königin spielten im politischen Handeln Heinrichs II. in den ersten Jahren nach der Ermordung Beckets eine entscheidende Rolle. Vielmehr geriet der englische König nach der Bluttat zunehmend unter politischen Druck, zumal sich schnell nicht nur in England, sondern im gesamten Abendland und sogar auf der Iberischen Halbinsel ein Heiligenkult um den ermordeten Erzbischof entwickelte, der als Märtyrer für die Freiheit der Kirche verehrt wurde und an dessen Grab sich angeblich Wunder in wachsender Zahl ereigneten. Insofern war es nicht überraschend, daß Becket bereits im März 1173 kanonisiert wurde.[43] Heinrich hingegen spielte auf Zeit, indem er sich gegenüber dem Papst ergeben zeigte und zugleich um eine Stabilisierung seiner Herrschaft auf dem Kontinent bemüht war. So intervenierte er im Frühjahr 1171 zuerst in der Normandie und nach dem Tode Conans IV. († 20. Februar 1171) in der Bretagne, um nach Unterwerfung des Vizegrafen Guiomar von Léhon die nominelle Herrschaft des Prinzen Gottfried zu stärken, für den er aber selbst faktisch die Herrschaft ausübte bzw. ausüben ließ.[44]

Auch in der Folgezeit hatte die königliche Familie und insbesondere Prinz Richard keinerlei Einfluß auf das politische Handeln des Monarchen, dessen Lage auf dem Kontinent immer bedrohlicher wurde. Dies wurde im Sommer 1171 deutlich, als Heinrich Informationen über das Nahen päpstlicher Legaten erhielt, die seine Rolle bei dem Becket-Mord klären und gegebenenfalls kirchenrechtlich gegen den Herrscher vorgehen sollten.[45] Um die mißliche Untersuchung, die sicherlich auch mit einer persönlichen Befragung des Königs verbunden war, so weit wie möglich hinauszuzögern, entschloß sich Heinrich zu einer langen Abwesenheit vom Kontinent. Hierzu griff er nun auf Pläne zur Eroberung des *regnum Hiberniae* zurück, die bereits 1155 wahrscheinlich auf Betreibung des damaligen Erzbischofs von Canterbury, Theobald von Bec, entwickelt und Papst Hadrian IV. vorgetragen worden waren. Der Nachfolger Petri approbierte daraufhin in der berühmten Urkunde *Laudabiliter* mit Bezugnahme auf die Konstantinische Schenkung das Unternehmen und beauftragte den König mit der Eroberung der Insel im päpstlichen Namen, deren Besitz er ihm als Lehen in Aussicht stellte.[46]

Da die geplante Invasion 1155 aus innen- wie außenpolitischen Gründen nicht zustande gekommen war, bot sich die Wiederaufnahme dieses Projektes im Jahre 1171 für Heinrichs Zwecke an.[47] Hierdurch konnte er sowohl seine Ergebenheit gegenüber dem Nachfolger Petri durch die Ausführung eines päpstlichen Eroberungsauftrages – angeblich zur Reform der irischen Kirche – beweisen, als auch sich soweit wie möglich vom Wirkungsfeld der päpstlichen Legaten auf dem Kontinent entfernen und deren potentielle

Sanktionen wegen des Becket-Mordes hinauszögern. Auch auf der „Grünen Insel“ erwies sich die politische Lage infolge gravierender Veränderungen seit den 50er Jahren des 12. Jahrhunderts als günstig für eine Intervention des Angevinen. Machtkämpfe zwischen den Herrschern von Connacht – dem Hochkönig Turlough O'Connor bzw. seinem Sohn Rory O'Connor – und Leinster, Dermot McMurrough, hatten zu einem Hilfeersuchen des Königs von Leinster an den englischen Monarchen und damit zu einer „Internationalisierung“ der Machtkämpfe in Irland geführt. Heinrich II. hatte sich lediglich zu einer nominellen Unterstützung McMurroughs und zu der Erlaubnis bereit gefunden, daß dieser gegen Leistung des *homagium* Ritter im angevinischen Reich für die Rückgewinnung seiner Besitzungen anwerben dürfte.[48] Hierbei war der Ire nur teilweise erfolgreich, da er anfangs lediglich die Unterstützung einiger weniger englischer bzw. walisischer Ritter unter Führung der Halbbrüder Robert Fitz Stephen und Maurice Fitz Gerald erlangen konnte. Obwohl er mit ihrer Hilfe seine früheren Besitzungen zeitweise zurückgewinnen konnte, kam es dennoch in der Folgezeit zu anhaltenden Machtkämpfen mit dem König von Connacht, der McMurrough empfindliche Niederlagen beibrachte. Erst die Intervention von Richard Fitz Gilbert de Clare, Earl von Pembroke (genannt „Strongbow“), brachte im August 1170 die Wende. Dieser hatte sich zuvor nicht nur die Hand der ältesten Tochter McMurroughs, Aífe (Eva), sondern auch die Nachfolge im Reich von Leinster versprechen lassen, die er im Frühsommer 1171 nach dem Tode des Schwiegervaters gegen den Widerstand der einheimischen Bevölkerung antreten konnte. Nachdem Strongbow im Sommer 1171 sogar Angriffe des Königs von Connacht erfolgreich abgewehrt hatte, schien die Herrschaft Richards in Leinster zumindest zeitweise gesichert.[49]

Dem englischen König waren diese Entwicklungen auf der „Grünen Insel“ nicht verborgen geblieben; sie lösten bei ihm die berechtigte Sorge aus, daß sich in Irland unter Führung englischer Barone ein neues, weitgehend unabhängiges Herrschaftsgebilde konstituieren würde, das sich der angevinischen Kontrolle entziehen könnte. So verkündete der Plantagenêt im Juli 1171 auf einem *concilium* in Argentan seinen Entschluß, eine Intervention in Irland vorzunehmen[50] und den Eroberungsauftrag des Papstes zu erfüllen. Gleichzeitig versuchte sich Heinrich gegen mögliche kirchenrechtliche Sanktionen in seiner Abwesenheit zu schützen: Daher verbot er allen Geistlichen die Einreise ins Inselreich, sofern sie nicht ausdrücklich den Verzicht äußerten, dem König bzw. dem Reich zu schaden. Zuwiderhandelnde, die dennoch päpstliche Schreiben nach England brächten, sollten als Reichsfeinde behandelt werden.[51] Der König selbst verließ bereits am 1. August 1171 den Kontinent und landete zwei Tage später in Portsmouth, um anschließend in Gloucestershire Truppen für den Heerzug nach Irland zu sammeln.[52] Hierbei kam es zu zwei bedeutsamen Begegnungen – einmal mit dem Fürsten von Deheubarth, Rhys ap Gruffydd, der ein Friedensangebot sowie seine Mitwirkung an dem bevorstehenden Irlandfeldzug in Aussicht stellte, wodurch eine neue Phase in den englisch-walisischen Beziehungen begann. Zum anderen war Earl Richard aus Irland herbeigeeilt, um sich Heinrich zu unterwerfen und ihn durch das Angebot, ihm dort wichtige Städte zu überlassen, von dem Unternehmen abzubringen. Diesem erschienen die Entwicklungen auf der „Grünen Insel“ aber als so bedeutend, daß er sich dennoch in Begleitung von Richard und Rhys mit großer Truppenmacht nach Milford Haven begab, um trotz widriger Winde am 16. Oktober 1171 nach Croch zu segeln.[53]

Allein die Nachricht von der Landung der beachtlichen angevinischen Armee führte bei den irischen Großen zu einem jähen Stimmungsumschwung und zur Entscheidung, sich der Übermacht des englischen Königs widerstandslos zu unterwerfen. So konnte Heinrich ohne Schwierigkeiten nach Dublin reisen und die Anerkennung seiner Lehnsoberherrschaft durch alle wichtigen irischen Fürsten erlangen; lediglich Rory beharrte auf der Existenz seines Hochkönigtums, ohne jedoch eine militärische Auseinandersetzung mit Heinrich zu wagen.[54] Dieser blieb den gesamten Winter auf der Insel, um seine Herrschaft weiter zu festigen und sich erfolgreich die Unterstützung des irischen Episkopates – unter Zurückweisung des Suprematsanspruches von Canterbury – zu sichern, so daß sich schließlich große Teile Ost- und Südirlands unter anglonormannisch-angevinischer Herrschaft befanden. Nachrichten über eskalierende Konflikte mit den päpstlichen Legaten, die nach monatelangem Warten in der Normandie auf persönliche Gespräche mit dem Monarchen drängten und nunmehr mit Sanktionen drohten, veranlaßten den Plantagenêt im Frühjahr 1172, seine Rückkehr auf den Kontinent vorzubereiten.

Am Ende des Irland-Unternehmens konnte Heinrich konstatieren, daß er ohne größere militärische Auseinandersetzungen die Anerkennung seiner Oberlehnsherrschaft und damit die Einbeziehung Irlands in das angevinische Reich erreicht hatte. Zudem war es ihm gelungen, eine Neuordnung der Machtverhältnisse unter den anglonormannischen Großen der Insel u. a. durch die Herrschaftsbegrenzung für Strongbow und die Einsetzung von Hugo de Lacy als *justiciar* zu erreichen.[55] Ferner hatte der König seinen Gefolgsleuten die Möglichkeit eröffnet, auch weiterhin ihre Herrschaftsbereiche in Auseinandersetzung mit den irischen Fürsten zu vergrößern und hierdurch die Durchsetzung des anglonormannischen Feudalsystems auf der „Grünen Insel“ zu befördern. Insofern wird man das Eingreifen des Plantagenêts in Irland sicherlich nicht nur als „Hilfsmaßnahme“ eines „Verbündeten“ für einen irischen König,[56] sondern vorrangig als Aktion zur Herrschaftsexpansion des angevinischen Monarchen betrachten dürfen. Hierbei wurde von Heinrich langfristig eine feudale Durchdringung des Inselreiches bei gleichzeitiger Verdrängung der irischen Fürsten sowie ihrer Herrschaftssysteme angestrebt, wobei der päpstlicherseits erteilte Eroberungsauftrag lediglich legitimatorische Funktion für den Angevinen und keinerlei Bedeutung für eine möglicherweise angestrebte Oberherrschaft des Nachfolgers Petri in Irland besaß.

Nach der Beendigung des Aufenthaltes in Irland reiste der König von Wexford über Pembrokeshire nach kurzer Rast in England Anfang Mai 1172 nach Barfleur weiter, wobei er sich unverändert mit zwei drängenden Problemen konfrontiert sah – mit der Klärung seiner Rolle bei dem Becket-Mord und mit der Stabilisierung seiner Herrschaft auf dem Kontinent, insbesondere angesichts der wachsenden innerfamiliären Spannungen. Vorrangig waren Verhandlungen mit den päpstlichen Gesandten Theoduinus von San Vitale und Albert von San Lorenzo, mit denen am 21. Mai in Avranches eine Einigung erzielt wurde.[57] Hierbei erklärte Heinrich eidlich, den Tod Beckets weder befohlen noch veranlaßt zu haben. Zudem gewährte der Angevine wichtige kirchenpolitische Konzessionen, indem er u.a. versprach, Appellationen an den Papst zuzulassen, „schlechte Gebräuche" zum Wohle der Kirche abzuschaffen, entfremdete Besitzungen dem Erzbistum Canterbury sowie geschädigten Anhängern Beckets zu restituieren und Geld für die Anwerbung von 200 Rittern zur Verteidigung Jerusalems zur Verfügung zu stellen. Während fraglich ist, ob sich der König auch zur Durchführung eines Kreuzzuges im Sommer 1173 bereit erklären mußte, bleibt seine Verpflichtung unstrittig, Alexander III. und seine päpstlichen Nachfolger uneingeschränkt zu unterstützen. Daraufhin wurde der Konflikt von allen Beteiligten für beendet erklärt und die Rekonziliation Heinrichs in einer eindrucksvollen Feier in der Kathedrale von Avranches gewürdigt.[58]

Bereits eine kursorische Prüfung der Vereinbarungen macht deutlich, daß weder der Nachfolger Petri noch posthum der ermordete Primas einen uneingeschränkten Triumph über den Angevinen erringen konnten. So mußte dieser zwar finanzielle Opfer erbringen und das Appellationsrecht konzedieren, doch unterblieb eine vollständige Rücknahme der Konstitutionen von Clarendon. Zudem konnte Heinrich auf Dauer wichtige königliche Gewohnheitsrechte – wie etwa die Nominierung von Bischöfen – bewahren. Politisch gravierender war hingegen die Verpflichtung Heinrichs zur Unterstützung Papst Alexanders, wodurch dem Plantagenêt auf Dauer sein wichtigstes Repressionsinstrument im Papstschisma genommen wurde – nämlich sowohl die Kurie als auch den französischen König durch die ständige Androhung eines Obödienzwechsels unter Druck setzen zu können. Da auch der Thronfolger eine entsprechende Verpflichtung eingehen mußte,[59] kam es zu einer dauerhaften Festlegung des englischen Hofes auf das alexandrinische Lager mit gravierenden außenpolitischen Konsequenzen, insbesondere für das künftige Bündnisgefüge im Abendland.

Nach dem erfolgreichen Ausgleich mit dem Papsttum – bestätigt auf einer prunkvollen Versammlung mit den Bischöfen und Großen des Reiches am 30. Mai 1172 in Caen[60] – konnte sich der Angevine dem zweiten, aktuellen Problembereich widmen, der Herrschaftsstabilisierung bzw. -expansion im Südwesten des angevinischen Reiches und der Klärung seiner gespannten Beziehungen zu den Söhnen, insbesondere zum Thronfolger. Hauptkonfliktpunkt war unverändert die fehlende Herrschaftspartizipation der Prinzen, denen wiederholt von ihrem Vater diesbezügliche Versprechungen gemacht worden waren, ohne daß entsprechende Maßnahmen des Königs folgten. Die Situation hatte sich zwischenzeitlich weiter verschärft, da sich die Prinzen durch herrschaftssymbolisch bedeutsame Akte wie Krönung bzw. Inthronisation in ihren Ansprüchen bestärkt sahen – so etwa Richard nach der herzoglichen Erhebung im Mai 1172 in Aquitanien und Heinrich der Jüngere nach seiner erneuten Königskrönung. Diese fand wahrscheinlich auf Drängen des kapetingischen Herrschers statt, der endlich seine Tochter Margarete als künftige englische Königin gekrönt sehen wollte. Doch auch der neuerliche Krönungsakt hatte nicht die von Heinrich gewünschte herrschaftsstabilisierende Wirkung im Inselreich, da die Zeremonie am 27. August 1172 in Winchester von Erzbischof Rotrou von Rouen durchgeführt wurde[61] und sich der englische Klerus hierdurch übergangen fühlte bzw. seine Vorbehalte gegenüber dem Monarchen bestätigt sah. Zudem drängten der junge Heinrich und sein Bruder Richard nunmehr verstärkt auf eine Beteiligung an der Herrschaft ihres Vaters, der erst 39 Jahre alt war und keinesfalls zu einem auch nur partiellen Machtverzicht bereit zu sein schien. Unverändert fungierte er sowohl als englischer König als auch u. a. als Herzog von Aquitanien, so daß Richard nur ein nomineller Titel ohne eigene Macht in seinem Herrschaftsgebiet blieb.

Als noch gravierender für das weitere politische Schicksal des Angevinen erwies sich seine beständige Fehleinschätzung der Situation im Herrscherhaus, da Heinrich trotz des wachsenden Unmuts der Söhne keinerlei Konzessionsbereitschaft zeigte und sich auf eine intensive Kontrolle vor allem des Thronfolgers durch verstärkte Präsenz am Hof beschränkte. Dennoch ließ es der Monarch zu, daß sich der älteste Sohn mit Gattin im November 1172 nach Gisors zu König Ludwig begab, der geschickt die Situation ausnutzte und den jungen Heinrich nachdrücklich zur Einforderung seiner Herrschaftsrechte gegenüber dem Vater veranlaßte.[62] Wahrscheinlich bestärkten diese Äußerungen Ludwigs, der dem Thronfolger im Fall der Ablehnung seiner Forderungen durch Heinrich II. gastliche Aufnahme im kapetingischen Herrschaftsbereich in Aussicht gestellt hatte, den jungen Heinrich in seinen Plänen für einen offenen Widerstand gegen den Vater.[63]

Noch unverständlicher angesichts der wachsenden Unzufriedenheit der Prinzen wegen fehlender Herrschaftspartizipation erscheint die Entscheidung Heinrichs, persönlich in die politischen Entwicklungen im Südwesten des angevinischen Reiches einzugreifen. Obwohl Königin Eleonore im Juni 1172 versucht hatte, eigenständige politische Handlungsinitiativen zu entwickeln, indem sie u. a. im Juni 1172 die geopolitisch wichtigen Könige Alfons II. von Aragón und Sancho VI. von Navarra empfing[64], intervenierte Heinrich II. nach dem gemeinsamen Weihnachtsfest 1172 in Chinon persönlich in ihrem Herrschaftsbereich. So billigte er zuerst ein Ehebündnis mit Humbert III. von Maurienne, Graf von Savoyen, auf dessen Veranlassung seit 1171 Verhandlungen über die Heirat der Grafentochter Alice mit dem jüngsten Königssohn Johann (Ohneland) geführt worden waren. Nach Abschluß eines Vorvertrages kam es unter Vermittlung des Markgrafen Wilhelm von Montferrat am 12. Februar 1173 in Clermont-Ferrand zur Unterzeichnung des Heiratsvertrages.[65] Hiernach hatte Humbert, sofern er söhnelos blieb, seine Besitzungen vollständig an den Königssohn abzutreten; im anderen Falle sollte Johann zahlreiche Territorien von Grenoble bis ins Aostatal erhalten, deren Besitz jedoch teilweise auch von Graf Raimund V. von Toulouse beansprucht wurde.[66] Abgesehen von großzügigen Geldzahlungen an Humbert wurde für den Fall des Todes Alices die Eheschließung des englischen Prinzen mit einer weiteren Grafentochter vorgesehen.

Zweifellos besaß die Verbindung mit dem Grafenhaus von Savoyen vor allem geostrategische Bedeutung für Heinrich II., der hierbei sicherlich keine imperialen Ambitionen in Konkurrenz zu den Staufern verfolgte, wie mitunter in der älteren deutschen Forschung behauptet wurde.[67] Gleiches gilt für den möglicherweise von Heinrich angestrebten Zugang zu einigen Alpenpässen, die durch die Vereinbarungen mit Humbert zwar besser für den Angevinen erreichbar wurden, jedoch eher geringe militärstrategische Bedeutung besaßen. Auch bei seinen außenpolitischen Initiativen 1172/73 war der Plantagenêt viel zu sehr „Realpolitiker", als daß er – etwa durch vorangegangene Geldzahlungen an oberitalienische Städte – nebulöse imperiale Ziele gegen Barbarossa u. a. in Italien verfolgte. Viel wichtiger waren für Heinrich bei dem Heiratsvertrag mit Humbert hingegen seine Interessen im französischen Südwesten, insbesondere seine Herrschaftsansprüche gegenüber Toulouse. Dies zeigte sich binnen weniger Wochen, als der Angevine Ende Februar 1173 in Limoges einen Hoftag abhielt, zu dem sowohl der Graf von Savoyen als auch der König von Aragón und der Graf von Toulouse erschienen.[68]

In Limoges bekräftigte Heinrich nicht nur das Heiratsbündnis für seinen Sohn Johann, sondern traf auch weitreichende außenpolitische Entscheidungen, die sowohl die Grafschaft Toulouse als auch iberische Reiche betrafen. So versuchte er zuerst, Alfons II. von Aragón enger an sich zu binden, der seit Jahren eine kontinuierliche Expansionspolitik betrieben und u. a. die Lehnsherrschaft über die Vizegrafschaft Béarn sowie die Grafschaften Roussillon und Melgueil erlangt hatte.[69] Diese Aktionen von Alfons dienten einer Herrschaftsausdehnung von Aragón bzw. Barcelona sowohl in den südfranzösischen Raum bzw. gegen Toulouse als auch der geopolitischen Einkreisung von Navarra, dessen Herrscher sich wachsenden Spannungen und seit Sommer 1173 zusätzlichen kriegerischen Konflikten mit Kastilien ausgesetzt sah. Zudem kam es im Ringen um den Besitz von Cerdagne, Foix und Carcassonne zu Konflikten mit Graf Raimund V. von Toulouse, den der Angevine auf seinem Hoftag erfolgreich mit dem aragonesischen Monarchen zu versöhnen suchte. Durch diese Friedensinitiative vermehrte König Heinrich nicht nur seinen Ruhm und sein Ansehen als Schiedsrichter im Abendland, sondern sicherte auch weiterhin seinen Einfluß im Süden Frankreichs wie in den iberischen Reichen, zumal er schon 1170 eine Heiratsallianz mit Alfons von Kastilien geschlossen hatte.[70]

Politisch folgenschwerer war hingegen die Entscheidung des Grafen von St-Gilles, sich dem Druck des englischen Königs zu beugen und dem angevinischen Oberherrschaftsanspruch zu genügen. So leistete Raimund V. in Limoges nicht nur Heinrich II., sondern auch dem jungen König Heinrich und Richard als Graf von Poitou das *homagium*. Zusätzlich versprach Raimund die Überlassung wertvoller Pferde als Jahrestribut sowie im Konfliktfall die Stellung von Rittern.[71] Damit hatte der Angevine nicht nur den jahrzehntelang von den aquitanischen Herzögen erfolglos erhobenen Oberlehnsherrschaftsanspruch gegenüber Toulouse durchgesetzt, sondern auch den angevinischen Einflußbereich geopolitisch entscheidend erweitert. Zugleich war durch die *homagium*-Leistung in Limoges von König Heinrich ein wichtiges politisches Signal über die künftige Entwicklung des angevinischen Reiches und die Bedeutung der Angehörigen der königlichen Familie gegeben worden. Zuerst hatte der Monarch seinen Willen verdeutlicht, völlig unabhängig von der Herzogin von Aquitanien und vom Grafen von Poitou weitreichende Entscheidungen zu treffen, die zweifellos deren Kompetenz- und Herrschaftsbereich tangieren mußten.[72] Hierdurch zeigte der König zugleich seine Entschlossenheit, den Forderungen etwa von Prinz Richard nach Beteiligung an der Herrschaftsausübung in seiner Grafschaft bzw. im Herzogtum eine klare Absage zu erteilen.

Zudem anerkannte Heinrich durch die Belehnung Raimunds die Legitimität der Herrschaft des Grafen von St-Gilles, wodurch die erbrechtlich begründeten Ansprüche, die von Herzogin Eleonore und ihren Vorfahren jahrzehntelang erhoben worden waren, mißachtet wurden. Eine weitere Beeinträchtigung der Interessen der aquitanischen Fürstin ergab sich aus der neuen lehnsrechtlichen Bindung Raimunds V. an den englischen Herrscher sowie an den Thronfolger bzw. an Prinz Richard, zumal die amtierende Herzogin nicht in den Belehnungsakt des Grafen einbezogen wurde. Nunmehr bestand kein ausschließlicher Oberherrschaftsanspruch der Herzogin von Aquitanien mehr, sondern vorrangig eine Zuordnung der Grafschaft zur englischen Krone. Zugleich waren potentiell mit dem Zugriffsrecht des gegenwärtigen und künftigen englischen Monarchen auf Toulouse Implikationen für das aquitanische Herzogtum verbunden, das bislang als französisches Kronlehen betrachtet wurde und dessen Herrscher konsequent um die Wahrung der Autonomie ihres Herzogtums bemüht gewesen waren. Seit Limoges drohte langfristig – zumindest nach dem Tode Heinrichs II. – die verstärkte Integration Aquitaniens in den Herrschaftsverband des angevinischen Großreiches und der weitgehende Verlust der bisherigen aquitanischen Unabhängigkeit.[73] Derartige Veränderungen mußten zwangsläufig den politischen Handlungsspielraum sowohl der gegenwärtigen Herzogin als auch ihres designierten Erben und Nachfolgers Richard gravierend beeinträchtigen und ihre künftige Haltung gegenüber dem Verursacher dieser potentiellen Entwicklung, König Heinrich, nachhaltig beeinflussen.

Die bislang unterschwellige Unzufriedenheit der angevinischen Familienangehörigen mit den Maßnahmen des Königs sollte schon bald nach dem Hoftag in Limoges in offene Gegnerschaft zum Herrscher umschlagen. Anlaß hierfür war eine Anfrage des Grafen von Maurienne nach Abschluß der Ehevereinbarung bezüglich der Dotierung von Johann durch seinen Vater, der hierauf die Übergabe der Burgen von Chinon, Loudon und Mirebeau im Anjou in Aussicht stellte.[74] Dieses Versprechen führte zum sofortigen Konflikt mit dem anwesenden angevinischen Grafen, dem jungen Heinrich, der eine derartige Beeinträchtigung seiner Rechte zugunsten des jüngeren Bruders ablehnte und hierdurch den endgültigen Bündnisschluß verhinderte. Obwohl die geplante Vereinbarung mit dem Grafen bald gegenstandslos werden sollte, da Alice rasch starb und auf die vorgesehene subsidiäre Heirat Johanns mit einer jüngeren Tochter Humberts verzichtet wurde, eskalierte der Konflikt des Thronfolgers mit dem Vater infolge der intendierten Erbregelung und der erneuten Verweigerung einer Herrschaftspartizipation für den jungen Heinrich kontinuierlich.

Heinrich II. beging nach dem Hoftag von Limoges einen weiteren, gravierenden Fehler im Umgang mit seiner Familie, indem er die wachsende Unzufriedenheit vor allem der Prinzen nicht ernst nahm, obwohl der Monarch von dem Grafen von Toulouse in Limoges vertraulich über eine drohende Verschwörung informiert worden war, in die auch Angehörige der Herrscherfamilie verwickelt wären.[75] So ließ der König einerseits die Söhne Gottfried und Richard in der Obhut der Mutter, die hierdurch die Möglichkeit zur uneingeschränkten Einflußnahme auf ihre Söhne behielt – eine schmerzliche Erfahrung, die der Vater schon bald machen sollte. Zudem beschränkte sich der König darauf, den Thronfolger durch ständige Präsenz am Hof zu kontrollieren; dieses Verfahren zur Konfliktprophylaxe sollte sich jedoch schnell als uneffektiv erweisen. Der jüngere Heinrich, der nunmehr zum offenen Konflikt mit dem Vater entschlossen schien, verließ auf der gemeinsamen Rückreise mit dem Vater in die Normandie heimlich das Lager des englischen Königs in Chinon in der Nacht vom 5. zum 6. März, um zu Ludwig VII. zu fliehen. Dies konnte der ältere Heinrich trotz einer wilden Verfolgung des Sohnes nicht mehr verhindern, der von seinem königlichen Schwiegervater am 8. März an dessen Hof in Chartres freudig aufgenommen wurde.[76] Damit war der Bruch im angevinischen Herrscherhaus offenkundig geworden, zumal der englische König diese Geschehnisse zu Recht als Kampfansage seines Sohnes betrachtete, der sich weitere Familienmitglieder anschlossen.

Keiner der angevinischen Prinzen wird – schon wegen des jugendlichen Alters – in der Lage gewesen sein, weitreichende Bündnisaktivitäten oder umfassende militärische Aktionen gegen den königlichen Vater aus eigener Kraft zu entwickeln. Insofern wird man annehmen können, daß die Leitfiguren in den folgenden Kämpfen die Herzogin von Aquitanien und der französische König waren. Die Prinzen Richard und Gottfried werden hierbei nicht aufgrund eigener Initiative, sondern sicherlich auf Betreiben ihrer Mutter agiert haben. Eleonore war es auch, die nach der Flucht des jungen Heinrich die beiden genannten Söhne veranlaßte, sich ebenfalls aus dem Machtbereich Heinrichs II. zu entfernen und an den französischen Königshof zu begeben. Die Herzogin ihrerseits begann zum Erstaunen der Zeitgenossen, in der Folgezeit offenen Widerstand gegen ihren Gatten zu zeigen und aktiv eine Revolte gegen den König vor allem im Poitou zu organisieren.

Über ihre Handlungsmotive sind nur Spekulationen möglich, wobei die in der älteren Forschung genannte Eifersucht Eleonores wegen der Affäre Heinrichs mit *Fair Rosamond* als alleinige Ursache für die Auflehnung der Königin gerade zu diesem Zeitpunkt nicht ausreicht. Sicherlich wird man dem ausgeprägten Machtwillen Eleonores und ihrer Bedeutung als selbstbewußter Herrscherpersönlichkeit nicht gerecht, wenn man sie nur auf die Ebene ehelicher Auseinandersetzungen reduziert, indem sich eine gekränkte Ehefrau an ihrem ungetreuen Gatten zu rächen versucht. Vielmehr sind weitergehende Handlungsmotive und Zielsetzungen anzunehmen, zumal die Königin offensichtlich die Forderungen ihrer Söhne nach Herrschaftspartizipation unterstützte – möglicherweise zur dauerhaften politischen Schwächung des englischen Monarchen. Naheliegender ist hingegen die Annahme, daß Eleonore gerade nach dem Hoftag von Limoges opponierte, auf dem eine gravierende Einschränkung ihrer Rechte als aquitanische Fürstin und eine Beeinträchtigung der Autonomie ihres Herzogtums durch Heinrich II. erfolgt war. So wird Eleonore nach Limoges bestrebt gewesen sein, zur Sicherung der Autonomie Aquitaniens ihre Herrschaftsrechte als Herzogin wieder herzustellen und diese uneingeschränkt an ihren Lieblingssohn und designierten Erben, Richard, zu übergeben.

Das beträchtliche Ausmaß, das die Rebellion gegen Heinrich II. seit dem Frühjahr 1173 binnen weniger Wochen erhielt, legt die Vermutung nahe, daß diesbezügliche Planungen schon längerfristig und von einflußreichen Persönlichkeiten im angevinischen Reich vorbereitet worden waren. Hierbei wird man – abgesehen von dem jungen Heinrich – erneut Eleonore eine zentrale Bedeutung beimessen dürfen, da sie über die erforderlichen Beziehungen zu führenden Großen der angevinischen Festlandsbesitzungen und zum französischen Hof verfügte. Die Monarchin war es auch, die in Kerngebieten ihres Herzogtums unzufriedene Barone zum Widerstand gegen ihren Gatten aufrief, während ihr Sohn Richard zumindest zu Beginn der Unruhen eine eher nachgeordnete Rolle gespielt haben dürfte. Zudem begab sich der Prinz schon bald nach der Flucht des jungen Heinrichs – möglicherweise auf dessen Veranlassung[77] – zusammen mit dem Bruder Gottfried ebenfalls an den kapetingischen Hof, während Eleonore zwischenzeitlich in Aquitanien den Widerstand gegen Heinrich anzufachen versuchte. Dieser scheint rasch von den Aktionen seiner Gattin Kenntnis bekommen haben, da er sich bald, wenn auch vergeblich um einen Ausgleich mit ihr bemühte und sie durch den Erzbischof von Rouen brieflich unter Androhung der Exkommunikation an ihre Treue- und Gehorsamspflicht als christliche Ehefrau erinnern ließ.[78] Eleonore zeigte sich aber von derartigen Appellen wenig beeindruckt und zum Machtkampf mit ihrem Gatten entschlossen.

Außer der englischen Königin, deren Bedeutung für den weiteren Verlauf der Rebellion unklar bleibt, mußte dem französischen König hierbei zwangsläufig eine Führungsrolle zukommen, die dem Angevinen bekannt war. So bat er Ludwig mehrfach um Vermittlungsinitiativen, während er seine exilierten Söhne – ebenfalls vergeblich – durch wertvolle Geschenke zu gewinnen versuchte.[79] Daraufhin berief der Kapetinger im Frühjahr 1173 einen Hoftag nach Paris ein, wo nicht nur die Söhne des Angevinen, sondern vor allem die französischen Fürsten anwesend waren, die in Konflikt mit Heinrich II. standen oder gestanden hatten. Dies waren u.a. Graf Philipp von Flandern, Matthaeus von Boulogne, Tedbald von Blois, Stephan von Sancerre und Robert von Dreux, denen sich zahlreiche geistliche und weltliche Große des französischen *regnum* anschlossen. Gemeinsam mit König Ludwig schworen die Opponenten, nicht nur Heinrich und seine Brüder in ihrem Kampf gegen den Vater zu unterstützen, sondern für den jungen Monarchen auch den Anspruch auf den englischen Thron durchzusetzen.[80] Dem Kapetinger und den angevinischen Prinzen ging es somit nicht mehr nur um Herrschaftspartizipation im angevinischen Reich, sondern nun um den Sturz König Heinrichs II.

Diese weitreichenden politischen Ziele wurden bereits in Paris deutlich, als der jüngere Heinrich dort mit dem Aufbau eines komplexen Beziehungsgeflechtes zu einflußreichen oppositionellen Fürsten begann. So versprach er den anwesenden Grafen von Flandern, Blois, Sancerre usw. für die Gewährung militärischer Hilfe außer finanziellen Zusagen territoriale Gewinne, die sogar Grafschaften in England betrafen und für die diese das *homagium* leisteten. Ähnlich konzessionsbereit zeigte sich Heinrich gegenüber dem schottischen König, dem er die verlorenen Territorien bis zum Tyne sowie die Grafschaft Westmorland und dessen Bruder David die

Grafschaften Cambridge und Huntingdon in Aussicht stellte. All diese Versprechungen wurden schriftlich dokumentiert und mit einem neu geschaffenen Siegel von Heinrich bestätigt, wobei allen Beteiligten bewußt war, daß die großzügig verteilten Territorien erst noch für ihre künftigen Besitzer erobert werden mußten.[81]

In Paris begann auch für den Grafen von Poitou, Richard, erstmals ein großes militärisches Unternehmen, das sich bezeichnenderweise gegen den königlichen Vater richtete. Der Prinz entschloß sich nicht nur, aktiv gegen den älteren Heinrich zu kämpfen, sondern versprach – gemeinsam mit den Brüdern – zudem, keinen Frieden mit Heinrich II. ohne Zustimmung des kapetingischen Beschützers zu schließen.[82] Zugleich erlangte der familieninterne Zwist zunehmend eine europäische Dimension, da Ludwig VII. bestrebt war, sich für die bevorstehenden Kämpfe mit dem Angevinen auch außenpolitisch abzusichern. So führte er Verhandlungen mit dem Kaiser zum Ziel des Abschlusses eines Ehebündnisses fort und versuchte, Barbarossa trotz des Schismas als außenpolitischen Partner gegen Heinrich II. zu gewinnen.[83] Zwar hatten diese Kontakte zu dem Staufer, der seinen fünften Italienzug vorbereitete und gar nicht zu einer Intervention in Westeuropa in der Lage war, keine direkten Auswirkungen auf die weiteren politischen Entwicklungen in Frankreich, dennoch neigte der Kaiser bündnisstrategisch eher Ludwig VII. als Heinrich II. zu, dessen außenpolitischer Handlungsspielraum nach dem Becket-Mord deutlich eingeschränkt blieb.

In der Folgezeit – wie Roger von Howden behauptete – entstand bei einigen Zeitgenossen der Eindruck, daß sich binnen weniger Wochen „nahezu alle Grafen und Barone in England und in der Normandie, in Aquitanien, Anjou und in der Bretagne gegen den englischen König-Vater erhoben und dessen Besitzungen von allen Seiten mit Feuer, Schwert und Raub verwüsteten".[84] In Wahrheit unterblieben nach dem Hoftag in Paris im Frühjahr 1173 bis zum Juli desselben Jahres größere Kampfhandlungen, und in der Folgezeit wurden nicht sämtliche Teile des angevinischen Reiches von den Revolten in gleichem Maße betroffen. Hauptzentren der Rebellion waren die Normandie, Poitou, Angoumois und Saintonge, wo sich notorische Opponenten wie Graf Wilhelm IV. von Angoulême, die Brüder Gottfried und Guido von Lusignan, der Seneschall von Poitou, Ralph de Faye, und Gottfried de Rancon hervortaten.[85] Ob der junge Herzog von Aquitanien als Ersatz für seine Mutter hierbei eine Führungsrolle spielte, bleibt fraglich, ist jedoch unwahrscheinlich. Bezeichnenderweise schlossen sich führende Große in anderen Teilen Aquitaniens, d.h. im Limousin, in der Gascogne und in La Marche, der Revolte nicht an. Gleiches galt für Anjou und Maine, während zahlreiche Barone in der Bretagne – sicherlich auf Veranlassung des Herzogs Gottfried – unter Führung des Ralph de Fougères rebellierten. Auch im Inselreich wandten sich viele Barone gegen den älteren Heinrich, u.a. die Grafen von Chester, Derby und Leicester sowie verschiedene Angehörige der Familie Mowbray. Hinzu kamen Invasionsdrohungen von seiten der Herrscher Schottlands und Flanderns, die in das Inselreich einzudringen planten.[86] Wesentliches Handlungsmotiv zahlreicher baronialer Rebellen war oftmals Unzufriedenheit mit den schweren finanziellen Lasten und mit der harten angevinischen Herrschaftspraxis, verbunden mit fortschreitender Einschränkung von angeblich überkommenen Rechten der Großen zugunsten der immer weiter vordringenden Rechtsprechung und Verwaltung des Königs.

Die Vielzahl der Rebellionszentren, die in unterschiedlicher Dichte über das gesamte angevinische Reich verteilt waren, stellte wegen ihrer Komplexität einerseits eine hohe Gefahr für Heinrich II. dar, andererseits erforderte die Disparität der Aktionsbereiche insbesondere von den Leitern der Aufständischen beachtliche Führungsqualitäten. Gelang es den Rebellenanführern, dem Angevinen einen gleichzeitigen Mehrfrontenkrieg im Inselreich und auf dem Kontinent aufzuzwingen, so hatte dieser kaum eine Chance, der gewaltigen Übermacht an so vielen Konfliktzentren mit vergleichbaren militärischen Kräften entgegenzutreten. Wollten die Barone diese strategischen Vorteile nutzen, so waren Schnelligkeit im militärischen Handeln sowie ein hohes Maß an Kommunikations- und Kooperationsfähigkeit erforderlich.

Der englische König reagierte auf diese Herausforderung mit einer bemerkenswerten Besonnenheit und Ruhe, wobei er zuerst nicht nur eine Verstärkung von Festungsanlagen auf dem Festland veranlaßte, sondern – ähnlich wie sein kapetingischer Gegenspieler – durch diplomatische Initiativen die wichtigsten abendländischen Königshöfe zumindest für eine wohlwollende Neutralität zu gewinnen und zudem die Unterstützung der Kurie bzw. des englischen Klerus zu erlangen suchte.[87] Nach der Vereinbarung von Avranches blieb der Monarch bestrebt, seine Kooperationsbereitschaft gegenüber der englischen Kirche u. a. durch das Angebot zu dokumentieren, sowohl den Erzstuhl von Canterbury als auch sechs vakante Bistümer im Inselreich neu zu besetzen und in diesem Zusammenhang gravierende Einnahmeverluste für die Krone zu akzeptieren. So kam es schon im April 1173 zur Wiederbesetzung der Bistümer in Bath, Chichester, Ely, Hereford, Lincoln und Winchester und im Juli desselben Jahres, trotz Einspruchs des jungen Königs Heinrich, zur Wahl Richards von Dover zum neuen Erzbischof von Canterbury. Diese wichtigen kirchenpolitischen Maßnahmen werden sicherlich dazu beigetragen haben, daß sich nahezu der gesamte englisch-normannische Episkopat – abgesehen von den Bischöfen von Durham, Hugo du Puiset, und Lisieux, Arnulf – in den folgenden bürgerkriegsähnlichen Konflikten im angevinischen Reich loyal gegenüber dem König verhielt.

Die militärischen Auseinandersetzungen, die im Mai 1173 mit Angriffen auf Pacy und Gournay begonnen hatten, stagnierten in der Folgezeit, zumal sich alle Beteiligten um eine Stärkung der jeweiligen Anhängerschaft bemühten.[88] Dies wird auch für den Grafen von Poitou und seine Mutter gegolten haben, deren weiteres Schicksal in den folgenden Kämpfen unklar bleibt. Erst im Juni 1173 begann gegen den Angevinen auf dem Festland eine große Offensive, die aus drei Einzelunternehmungen bestand und auf die rasche Eroberung der Normandie mit der Hauptstadt Rouen zielte. So marschierten der flämische Graf und Richard mit dem jungen Heinrich auf Aumale sowie Driencourt, während Ludwig auf Verneuil vorrückte und ein dritter Angriff von Bretonen auf Avranches vorgetragen wurde. Obwohl der ältere Heinrich nicht persönlich in die Kämpfe eingriff und die Verteidigung zuverlässigen Vertrauten wie Hugo de Lacy und Hugo de Beauchamp überließ, blieb der geplante Zangenangriff auf Rouen bald stecken. Noch verheerender wirkte sich die Tatsache aus, daß der Bruder Philipps, Graf Matthaeus von Boulogne, nach der Eroberung von Driencourt eine tödliche Verletzung erlitt, woraufhin sich der Graf von Flandern aus dem Kriegsgeschehen zurückzog und die Hauptkampflast zunehmend auf König Ludwig, dem jungen Heinrich und seinem Bruder Richard lag.[89]

Heinrich II. zeigte sich in Anbetracht der vielfältigen Bedrohungen bemerkenswert gelassen und reiste im Vertrauen auf die Defensionskraft des von ihm geschaffenen Burgensystems kurzfristig nach England, um dort die Verteidigungsmaßnahmen gegen seine Widersacher zu intensivieren.[90] Noch wichtiger war für den Angevinen hingegen die Beschaffung beträchtlicher Geldmittel, die er für die Anwerbung von Söldnern zu verwenden gedachte. So ließ Heinrich binnen kürzester Zeit ca. 10000 Brabanzonen anwerben, die dem König im Gegensatz zu zahlreichen seiner eigenen Barone als zuverlässig erschienen. Diese Soldtruppen erwiesen sich erwartungsgemäß als loyal für den Angevinen und hatten in der Folgezeit die Hauptlast der Kämpfe auf dem Kontinent zu tragen, zuerst in den Auseinandersetzungen um Verneuil und Damville, danach um Rouen. Von dort aus schickte Heinrich II. Brabanzonen in die Bretagne, um Revolten unter Führung Ralphs de Fougères, Wilhelms de Tinténiac u.a. zu unterdrücken. Dies gelang auch durch das anschließende persönlichen Eingreifen des Monarchen, so daß die Anführer der Rebellen mit zahlreichen Rittern am 26. August 1173 in Dol gefangen genommen und hierdurch der Aufstand in der Bretagne zumindest temporär niedergeschlagen werden konnte.[91]

Schwieriger für den Angevinen entwickelten sich hingegen die Kämpfe im Inselreich, die ausschließlich von treuen Gefolgsleuten des Monarchen geführt wurden. Hierzu zählten u.a. Reginald, Earl von Cornwall, Hamelin, Earl von Surrey, Wilhelm de Mandeville, Earl von Essex, Wilhelm Fitz Patrick, Earl von Salisbury, Wilhelm de Beaumont, Earl von Warwick, und Simon III. de St. Liz, Earl von Northampton; hinzu kamen alle wichtigen königlichen Funktionsträger im Bereich von Verwaltung und Rechtswesen sowie nahezu der gesamte englische Episkopat.[92] Zu den Gegnern Heinrichs II. zählten u.a. die Earls von Chester, Hugo von Cyveiliog, von Derby, Wilhelm de Ferrières, von Leicester, Robert ès Blanchemains, und von Norfolk, Hugo Bigod, sowie König Wilhelm von Schottland mit seinem Bruder David.[93] Gefährlich mußte die geostrategische Verteilung der Festungen dieser Königsgegner sein, die einen breiten territorialen Riegel von der Ostküste und den Festungen Bungay bzw. Framlingham über Huntingdon und Leicester bis zur Westküste nach Chester beherrschten und hierdurch die königstreuen Territorien nördlich dieser Räume von der Verbindung zu Königsanhängern im Süden der Insel abschneiden konnten.[94]

Verschärft wurden die Schwierigkeiten der führenden Königstreuen Richard de Lucy und Rainald von Cornwall, die im Juli 1173 erfolglos die Festung des Grafen Robert von Leicester angegriffen hatten, durch die Invasion des schottischen Königs, der verwüstend bis nach Yorkshire vordrang. Zwar konnten Lucy und Humfried de Bohun, der *constable* von England, König Wilhelm zum temporären Rückzug zwingen, dennoch waren sie infolge anderweitiger Bedrohungen zur Vereinbarung eines Waffenstillstandes gezwungen. Zwischenzeitlich war Leicester von Wissant aus am 29. September 1173 in Walton mit Truppen gelandet und hatte, unterstützt durch Earl Hugo von Norfolk, mit der Verwüstung von East-Anglia begonnen. Nach kleineren Gefechten gelang es Humphrey de Bohun, Earl Robert am 17. Oktober in Fornham zur Schlacht zu stellen, vernichtend zu schlagen und diesen mit Gattin sowie zahlreichen Rittern gefangen zu nehmen. Da sich später auch der Earl von Norfolk zu einem Waffenstillstand bereit erklären mußte, schienen die stärksten Rebellen auf der Insel gegen Ende des Jahres 1173 zumindest zeitweise ausgeschaltet.[95]

Aufgrund der Erfolge des Angevinen im Inselreich und auf dem Festland wird man konstatieren dürfen, daß die Rebellen ihr Hauptziel – die Vernichtung Heinrichs durch eine Vielzahl an Einzelangriffen an zahlreichen kontinentalen und insularen Fronten – nicht erreicht hatten. Ihnen war es nicht gelungen, eine einheitliche Strategie sowie eine konzise Taktik zu entwickeln, die zahlreichen militärischen Einzelaktionen effizient zu koordinieren und ihre geostrategischen Vorteile auszunutzen. Vielmehr zeigten die Unternehmungen Heinrichs beachtliche politische und psychologische Wirkungen bei der gegnerischen Koalition, so daß der französische König den Plantagenêt um Friedensverhandlungen ersuchte, die am 25. September 1173 in Gisors in Anwesenheit der englischen Königssöhne begannen.[96] Hierbei schien Heinrich von der Revolte seiner Nachkommen in besonderem Maße beeindruckt gewesen zu sein, so daß er – nach seinen Begriffen – überaus großzügige Friedensangebote unterbreitete, nämlich für den jungen Heinrich den Besitz von vier Burgen in England sowie die Hälfte der Einkünfte aus England oder alternativ entsprechende Regelungen für Anjou, Maine und Touraine; Richard sollte ebenfalls vier Burgen sowie die Hälfte der Einkünfte aus Aquitanien und Gottfried die Bretagne und nach der Heirat den Besitz seiner Braut Konstanze erhalten. Zudem unterstellte sich der Plantagenêt in der strittigen Angelegenheit dem Urteil des Erzbischofs Peter von Tarantaise bzw. der päpstlichen Legaten.

Zwar kam eine Einigung zwischen den verfeindeten Mitgliedern des angevinischen Herrscherhauses vor allem auf Betreiben König Ludwigs nicht zustande, doch bestand die politische Hauptschwierigkeit unverändert in der Weigerung des englischen Monarchen, wie versprochen eigene Macht- und Herrschaftsrechte an seine Söhne zu übertragen. Der Angevine konnte oder wollte die Kernproblematik – nämlich die versprochene Herrschaftspartizipation – nicht einsehen, die notwendigerweise mit einer partiellen Selbstentmachtung des Königs verbunden sein mußte. Erneut rächte sich die leichtfertige Entscheidung des Plantagenêts, ohne zwingende Notwendigkeit zu Lebzeiten eine Erbteilung im Reich vorzunehmen und seine Söhne als Herrscher in den ihnen zugesprochenen Territorien inthronisieren zu lassen. Da sich die machtbewußten Prinzen mit bloßen materiellen Konzessionen des Vaters nicht zufrieden geben wollten, mußte eine Fortsetzung des Machtkampfes die notwendige Folge sein. Unverändert förderte der Kapetinger die weiteren Konflikte nur zu gerne und blieb bemüht, die jungen Fürsten enger an sich zu binden, indem er u.a. Richard 1173 zum Ritter schlug.[97]

Möglicherweise im Zusammenhang mit den intensivierten Bemühungen des Kapetingers um eine weitere Destabilisierung der angevinischen Herrschaft sind Kontakte Ludwigs zu seiner ersten Ehefrau Eleonore wahrscheinlich, die sich immer radikaler gegen König Heinrich wandte und sicherlich auch dessen Sturz intendierte. Obwohl die folgenden Geschehnisse von den Chronisten nur selten und andeutungsweise behandelt wurden, so ist dennoch anzunehmen, daß Kontakte Eleonores zum Hof König Ludwigs bestanden, den sie früher als Mönch-Gatten verhöhnt hatte. Wahrscheinlich infolge der wachsenden Erfolge des Plantagenêts, der im November 1173 in der angevinischen Grafschaft einmarschiert war und zahlreiche Burgen eingenommen hatte,[98] wird Eleonore entschieden haben, wie ihre Söhne den Schutz des kapetingischen Hofes zu suchen. Auf dem Wege dorthin wurde die Monarchin – möglicherweise infolge von Verrat – trotz ihrer Verkleidung in Männergewändern zu einem unbekanntem Zeitpunkt verhaftet und später in Gewahrsam durch Heinrich II. genommen.[99] Damit begann für die Königin eine Haft, die bis zum Lebensende ihres Gatten andauern und erst nach dem Herrschaftsantritt König Richards ihr Ende finden sollte. Zugleich hatten die Rebellen eine zentrale Führungspersönlichkeit verloren, die die zahlreichen Einzelaktionen zumindest in den verschiedenen Teilen der angevinischen Festlandsbesitzungen hätte koordinieren können und die nur schwer durch den jungen Herzog von Aquitanien zu ersetzen war.

Dennoch bemühte sich Richard seit Beginn des Jahres 1174, seine Eigenständigkeit als Herzog von Aquitanien zu dokumentieren und seinerseits den Widerstand gegen den Vater zu forcieren. So versuchte er, königstreue Städte wie La Rochelle in seine Gewalt zu bekommen und gleichzeitig königsfeindliche Kommunen wie Saintes in ihrem Widerstand zu stärken. Trotz aller Bemühungen war Richard aber dem militärischen Geschick und der Schnelligkeit des Königs nicht gewachsen, so daß er den Attacken Heinrichs auf Poitiers bzw. auf Saintes im Mai 1174 weichen und sich nach Taillebourg zurückziehen mußte. Der Monarch vermied eine entscheidende Auseinandersetzung mit dem rebellischen Sohn und beschränkte sich darauf, zuverlässige Gefolgsleute in Anjou und Aquitanien einzusetzen, während Richard seinen Widerstand auch in den folgenden Monaten – wenig erfolgreich – fortsetzte.[100] Wichtiger als die Kämpfe gegen den Grafen von Poitou erschienen für Heinrich hingegen die Entwicklungen in England, wo einerseits eine Invasion des Thronfolgers bzw. des flämischen Grafen drohte und im Mai eine Vorhut mit Söldnern gelandet war, andererseits der schottische König Verbindung zu den englischen Rebellen aufgenommen und verschiedene Verwüstungszüge bis nach Westmorland durchgeführt hatte. Noch unübersichtlicher wurde die Lage in England seit Mitte des Jahres 1174, da die Rebellen nicht nur marodierend durch die Midlands zogen, in London Unruhen anzettelten und wichtige Burgen von Oppositionellen nicht genommen werden konnten, sondern im Mai sogar die erwähnte Voraustruppe flämischer Kämpfer in Orwell gelandet war und Unterstützung durch Hugo Bigod, Graf von Norfolk, erhalten hatte. In Anbetracht der dringenden Hilfegesuche, die der Plantagenêt von der Insel erhielt, trat Heinrich nach Rücksprache mit seinen Großen auf einem *concilium* am 24. Juni in Bonneville-sur-Touques am 7. Juli von Barfleur aus mit seinem Haushalt sowie den wichtigsten Gefangenen – unter ihnen Königin Eleonore – die Reise nach England an, wo er am folgenden Tag in Southampton landete.[101]

Die Nachricht von der Ankunft des englischen Königs zeigte umgehend auch auf dem Kontinent Wirkung, da der flämische Graf auf Veranlassung Ludwigs die geplante England-Invasion verschob und statt dessen einen gemeinsamen Angriff mit dem Kapetinger auf Rouen vorbereitete. Nach einem Besuch am Schrein Beckets und intensiven Bußübungen begann Heinrich mit der Einnahme von London und Huntingdon, woraufhin er die Nachricht von der Gefangennahme König Wilhelms von Schottland bei Kämpfen um Alnwick sowie der Flucht der verbliebenen Truppen um Roger de Mowbray erhielt – Vorgänge, die der Angevine und viele Zeitgenossen dem Wirken des offenbar versöhnten Heiligen von Canterbury zuschrieben. Mit der Inhaftierung König Wilhelms brach zugleich der Widerstand in Nordengland zusammen, so daß nur noch einige Oppositionelle in East-Anglia auszuschalten blieben. Da auch Graf Hugo die Sinnlosigkeit weiteren Widerstandes erkannte und sich am 25. Juli ergab, konnte Heinrich Ende des Monats in Northampton die Unterwerfung aller wichtiger

Gegner auf der Insel entgegen nehmen. Der Monarch war klug genug, Milde gegenüber wichtigen Großen zu zeigen, die zumeist nur einige Burgen zu übergeben und Geldbußen zu zahlen hatten; lediglich der König von Schottland erfuhr keine Gnade und wurde als Gefangener des Plantagenêts mitgeführt, der nach der Niederwerfung des Aufstandes in England am 8. August die Insel verließ und nach Barfleur übersetzte.[102]

In der Normandie hatten sich während der Abwesenheit Heinrichs II. die militärischen Kräfteverhältnisse kaum verschoben, da es Ludwig VII. nicht gelungen war, das heftig umkämpfte Rouen einzunehmen. Nachdem der Plantagenêt Mitte August selbst eingegriffen hatte, bat der Kapetinger für den 8. September den englischen Monarchen um ein Gespräch in Gisors, in dessen Verlauf ein erneuter Waffenstillstand vereinbart wurde. Der Königssohn Richard fühlte sich jedoch nicht an diese Vereinbarung gebunden und griff nunmehr selbständig im Poitou Burgen seines Vaters an, der umgehend mit einem Söldnerheer in die Grafschaft vorrückte. Während der Prinz konsequent eine größere militärische Auseinandersetzung vermied und fluchtartig im gesamten Poitou umherzog, wurde ihm allmählich seine aussichtslose Lage bewußt, da er jetzt allein und ohne jegliche Unterstützung durch die übrigen Rebellen kämpfte. Seine widerspenstige Haltung verhinderte zudem die schnelle Beendigung der Kampfhandlungen, da Richard ausdrücklich von den Vereinbarungen des Waffenstillstandes vom 8. September ausgeschlossen worden war. Resignativ zog Richard schließlich die Konsequenzen und unterwarf sich tränenreich dem Vater, um sich danach zu Ludwig und dem jungen Heinrich zu begeben.[103]

Nachdem jeglicher militärischer Widerstand gegen Heinrich auch auf dem Kontinent zusammengebrochen war, traf der König am 29. September in Montlouis mit seinen Söhnen zu Friedensverhandlungen zusammen, bei denen sich der Angevine erneut gnädig zeigte und vorrangig mit der Wiederherstellung des Status vor Kriegsausbruch zufrieden zu sein schien. Abgesehen vom König von Schottland sowie einigen notorischen Gegnern des Monarchen – wie den Grafen von Chester und Leicester sowie Ralph de Fougères – wurde gegenseitig den Feinden verziehen, jedoch gerichtliche Strafverfahren für Vergehen gegen den König vorgesehen, während die Prinzen wieder in das alte Treueverhältnis zu ihrem königlichen Herrn aufgenommen wurden. Zudem regelte Heinrich die Stellung seiner Söhne neu, indem dem jungen Heinrich außer zwei Burgen in der Normandie jährlich ein Einkommen von 15000 angevinischen Pfund zugesprochen wurde, während Richard zwei Burgen im Poitou sowie die Hälfte der Einkünfte aus der Grafschaft und Gottfried vor der Hochzeit mit Konstanze die Hälfte der Mitgifteinkünfte und nach der Eheschließung den vollen Betrag erhalten sollten. Neu waren die Regelungen für Johann, der Burgen in England, in Anjou, Maine, Touraine und in der Normandie sowie reiche Einkünfte aus den genannten Ländern beziehen sollte. Darüber hinaus mußten sich die

Söhne verpflichten, niemals weitergehende Forderungen an den König zu stellen und immer für dessen Dienst zur Verfügung zu stehen.[104]

Damit hatte Heinrich zwar einen vollkommenen Sieg über die Prinzen errungen, die in noch größere Abhängigkeit von ihrem Vater als vor der Revolte gerieten. Alle Königssöhne – bis auf Johann – hatten Machteinbußen zu verzeichnen, wobei besonders Richard eine Schwächung seiner Position in Aquitanien hinnehmen mußte. Zwar hatte er eine partielle Verbesserung seiner finanziellen Einkünfte erreichen und wertvolle militärische Erfahrungen im Kampf gegen den Vater erwerben können; dennoch war der Prestigeverlust des Fürsten gegenüber den Baronen seines Herzogtums unübersehbar, denen König Heinrich durch sein militärisches Eingreifen die wahren Machtverhältnisse in Aquitanien und die Begrenztheit der Herrschaft seines Sohnes augenfällig vorgeführt hatte. So blieb der Friede innerhalb des Königshauses auch nach der Vereinbarung von Montlouis nachhaltig gestört, zumal die Königin von dem Friedensschluß bewußt ausgeschlossen wurde und der Gnade ihres Gatten überlassen blieb. Zudem war das Hauptproblem, das zum Aufstand der Prinzen geführt hatte, weiter ungelöst, da der Angevine nur bereit war, materielle bzw. finanzielle Konzessionen zu gewähren, die für ihn keinen substantiellen Verlust bedeuteten. Unverändert weigerte sich Heinrich hingegen, einen freiwilligen Machtverzicht vorzunehmen und den Prinzen nicht nur Titularwürden, sondern wirklichen Anteil an der königlichen Herrschaft zu gewähren. Offensichtlich glaubte der Angevine, die Prinzen durch bloße Gewaltanwendung von ihren Forderungen abbringen und die bestehende Herrschaftsstruktur trotz der zwischenzeitlich erfolgten Inthronisationen der jungen Fürsten in den verschiedenen Teilen des angevinischen Reiches unbeschadet bewahren zu können – eine Vorstellung, die nicht nur illusionär war, sondern auch nicht der spezifischen Mentalität der jüngeren Mitglieder des angevinischen Herrscherhauses und ihres ausgeprägten Herrschaftswillens gerecht wurde. Letztlich war es nur eine Frage der Zeit, wann die Söhne aufgrund der eklatanten Fehleinschätzungen Heinrichs einen neuen Versuch unternehmen würden, wieder gewaltsam den alten König zur Gewährung ihrer – wie sie meinten – legitimen Herrschaftsrechte zu zwingen, wobei sie auf die stete und wohlwollende Unterstützung ihrer rebellischen Aktivitäten durch den französischen König zählen konnten.

Bei der Frage nach den Gründen für das Scheitern einer derartig großen Koalition von Königsgegnern wird man vor allem auf die Tatsache verweisen müssen, daß die gesamten Aktionen der Rebellen keinerlei strategisches Konzept aufwiesen und ohne jegliche gemeinsame Planung sowie Koordinierung vorgenommen wurden. Sicherlich kam Ludwig VII. die Rolle einer Integrationsfigur in dem Geschehen zu; dennoch war auch er nicht in der Lage, klare strategische Planungen zu entwickeln, die dann konsequent und in gegenseitiger Absprache von den verschiedenen Beteiligten durchgeführt wurden. Hinzu kam, daß weder die Königssöhne noch die zahlreichen baronialen Rebellen bereit und in der Lage waren, konzertierte Militäraktionen zu planen und zu realisieren, da jeder Beteiligte offensichtlich nur seine eigenen Herrschaftsinteressen in Einzelunternehmungen zu verfolgen suchte. Infolge dieser Konzeptionslosigkeit, gepaart mit Führungslosigkeit, konnten die Rebellen ihren entscheidenden strategischen Vorteil – die gleichzeitige Kriegführung auf zahlreichen und weit voneinander entfernt liegenden Schauplätzen – gegenüber Heinrich II. nicht nutzen, der mit bemerkenswerter Kaltblütigkeit und klarem strategischem Konzept seine Verteidigungsmaßnahmen treffen konnte, bei deren Durchführung er jedoch maßgeblich von der Loyalität der ihm verbliebenen baronialen Gefolgsleute und Militärführer in England abhing.

V. Die selbständige Herrschaft Richards als Graf von Poitou bis zum Tode Herzog Gottfrieds von der Bretagne (1186)

Der Frieden von Montlouis bot dem älteren Heinrich die Möglichkeit, einerseits eine Neustrukturierung der Herrschaftsorganisation im angevinischen Reich unter zumindest nominell stärkerer Einbeziehung der Söhne, andererseits umfassende Maßnahmen zu einer dauerhaften Stabilisierung der königlichen Macht in seinem *regnum* vorzunehmen. Nach Begegnungen mit dem französischen König und dem flämischen Grafen im April 1175 landete der englische Monarch Anfang Mai in Portsmouth[1] und begann umgehend mit einem Restaurationsprogramm, das sowohl mit intensiven Repressionen gegen ehemalige Rebellen als auch mit innenpolitischen Reformen im Inselreich verbunden war. Hierbei erweckte der König den Eindruck, seine Söhne stärker an der Herrschaftsausübung zu beteiligen, wie seine – später zu behandelnden – Unternehmungen auf dem Kontinent zu verdeutlichen schienen. Zuerst konzentrierte sich Heinrich aber auf das Inselreich, wo er – ständig begleitet von dem widerspenstigen Thronfolger sowie der Königin Margarete, die Heinrich unter permanenter Kontrolle halten wollte[2] – zahllose Reisen in alle wichtigen Teile der Insel durchführte.[3] Diese dienten einerseits der Durchsetzung seiner königlichen Verfügungen – insbesondere der Waldgesetze, andererseits ging der Angevine in einer Vielzahl an Prozessen gegen ehemals rebellische Barone vor. Erneut bewies der Monarch politisches Augenmaß, indem er bewußt milde Sanktionen – zumeist hohe Geldbußen – gegen die Großen verhängen ließ und ihnen hierdurch die Möglichkeit zu einer künftigen friedlichen Kooperation mit dem Herrscherhof eröffnete. Während Heinrich auf diese Weise zugleich seine Geldreserven aufstocken konnte, die er dringend für die weitere Anwerbung von Söldnertruppen benötigte, zeigte er sich hingegen bei der strafweisen Beseitigung von Burgen ehemals rebellischer Barone unnachgiebig. Ziel der Aktionen war die Zerstörung sowohl von potentiellen Instrumenten für künftige baroniale Revolten als auch die Vernichtung eindrucksvoller Herrschaftssymbole englischer Großer. Diese Bemühungen schloß Heinrich im Jahre 1176 ab, indem er verfügte, daß alle Burgen im Inselreich in die Verfügungsgewalt des Monarchen übergehen und von königlichen Beauftragten übernommen werden sollten.[4]

Eine Ergänzung erfuhren diese Maßnahmen des Monarchen gegen die Barone, aber auch gegen einfache Grundherren durch Reformen im Bereich des Rechts- und Verwaltungswesens. So ließ der Plantagenêt 1176 in den Assisen von Northampton die entsprechenden Verordnungen von Clarendon (1166) bestätigen, in denen die Strafgerichtsbarkeit ausschließlich königlichen Richtern vorbehalten wurde, die besonders Brandstiftung, Fälschung und Verrat verfolgen sollten.[5] Zudem mußten alle rechtsfähigen Bewohner des Reiches – von den Bauern über *freeholder* bis zu den Baronen bzw. Earls – einen Treueid ablegen, den die königlichen Reiserichter (*justices in eyre*) abzunehmen hatten. Hinzu kam eine grundlegende Neuordnung der gerichtlichen Verfahren, wobei das gesamte Land in sechs Bezirke eingeteilt wurde, die kontinuierlich von den *justices in eyre* mit Kontrollfunktionen besucht werden sollten. Heinrich II. versuchte also mit seinen Reformen weiterhin, konsequent baroniale bzw. grundherrliche Rechte zugunsten der monarchischen Zentralgewalt einzuschränken und das königliche Verwaltungs- und Rechtssystem auszubauen, dessen Träger zumeist niederer Herkunft waren und die infolge ihrer existentiellen Abhängigkeit vom Monarchen diesem in besonderer Loyalität ergeben blieben.[6]

Die erwähnten „innenpolitischen“ Maßnahmen Heinrichs zu einer dauerhaften Herrschaftsstabilisierung wurden durch flankierende „außenpolitische“ Aktionen des Plantagenêts ergänzt, der das englische *regnum* besonders vor Pressionen von seiten der Reiche des *celtic fringe* zu schützen suchte. Zuerst wandte sich der Angevine dem schottischen König Wilhelm zu, der am 10. August 1175 den Vertrag von Falaise bestätigen und danach zusammen mit weltlichen und geistlichen Großen seines Landes in der Kathedrale zu York erneut Heinrich II. sowie dem Thronfolger öffentlich huldigen mußte.[7] Hierdurch sicherte der Angevine die vasallitische Bindung des schottischen Monarchen an die englische Krone, so daß Wilhelm erst nach dem Tode Heinrichs II. dessen Nachfolger Richard I. um Entlassung aus der Vasallität ersuchen konnte. Umstritten blieb hingegen das Verhältnis des englischen Episkopats bzw. des Primas zur schottischen Kirche, deren Vertreter sich erfolgreich gegen eine Durchsetzung des Suprematsanspruches von Canterbury zur Wehr setzten.[8]

Der Angevine führte seine außenpolitischen Stabilisierungsmaßnahmen auf dem Hoftag von Windsor im Oktober 1175 fort, indem er einen Ausgleich mit dem irischen Hochkönig Rory O'Connor anstrebte, der bei den anhaltenden Machtkämpfen mit konkurrierenden irischen Großen sowie anglonormannischen Siedlern die Unterstützung des Plantagenêts suchte. So kam es in Windsor zu einer Vereinbarung, in der Rory dem englischen König als Oberlehnsherrn huldigte und Tributzahlungen versprach, während der Angevine Rory dessen *regnum* als Lehen übereignete und ihn als Hochkönig anerkannte.[9] Hierdurch wurde dieser als *ligius homo* einerseits in das angevinische Herrschaftssystem integriert, während er andererseits das Recht zugesprochen erhielt, über alle anderen Territorien der Insel – abgesehen von den anglonormannisch-angevinischen Besitzungen – zu herrschen und Tribute einzutreiben.[10] Insofern begann sich eine Teilung der „Grünen Insel“ in zwei große Herrschaftsbereiche unter Iren und anglonormannisch-angevinischen Zuwanderern abzuzeichnen, die von der englischen Krone auch weiterhin in ihrem Expansionsstreben gefördert wurden.

Diese Tendenzen wurden nach dem Tode Strongbows von dem englischen König und von seinem *procurator* Hugo de Lacy seit Sommer 1176 kontinuierlich verstärkt, indem Heinrich II. auf einem *concilium* in Oxford im Mai 1177 seinen ca. neunjährigen Sohn Johann mit päpstlicher Billigung zum *dominus Hiberniae* bestimmte.[11] Damit wurde einerseits die königliche Präsenz auf der „Grünen Insel“ intensiviert und diese stärker in das Herrschaftssystem des angevinischen Reiches einbezogen, andererseits versuchte Heinrich II. die Ausgleichsversuche mit seinen renitenten Söhnen zu intensivieren, die unverändert nach größerer Machtbeteiligung strebten. Während der bislang landlose Johann, der 1176 mit der reichen Erbin von Gloucester verlobt wurde,[12] erst im Jahre 1185 persönlich Irland besuchte, blieb der englische König bemüht, ein Kräftegleichgewicht auf der Insel herzustellen und dort – wie in England – die Konstituierung großer, baronialer Herrschaftsräume zu verhindern. Hieraus erklärt sich u. a. die Übertragung des Königreiches von Cork an Robert Fitz Stephen und Miles de Cogan sowie die Aufteilung von Leinster in drei Kustodien unter der Herrschaft Hugos de Lacy, Wilhelms Fitz Aldelin und Roberts le Poer; de Lacy wurde zudem im Besitz von Meath bestätigt.[13]

Eine ähnlich pragmatische Haltung nahm Heinrich II. seit Mitte der 70er Jahre auch gegenüber den walisischen Fürsten ein, wobei er die Handlungsstrategie fortsetzte, die er bislang gegenüber Rhys ap Gruffydd, Fürst von Deheubarth, verfolgt hatte. Dieser war genötigt worden, die Oberlehnsherrschaft des englischen Monarchen in einer Art *client status*[14] anzuerkennen sowie Tribut zu leisten, während der Angevine den Waliser in seinem Besitz bestätigt und ihm die Oberherrschaft über die übrigen walisischen Fürsten übertragen hatte. Das sich hieraus entwickelnde Vertrauensverhältnis wurde in einer loyalen Haltung von Rhys während der Revolten 1173–74 deutlich, als der Waliser zuerst auf königlicher Seite in die Kämpfe um Tutbury eingriff und später Heinrich Hilfstruppen in Frankreich zur Verfügung stellte.[15] Nach dem Ende der Rebellion traf sich der Plantagenêt auf einer Versammlung in Gloucester im Juni 1175 mit allen wichtigen walisischen Fürsten und *marcher lords*, wobei die Beteiligten eine gegenseitige Vereinbarung zur Bewahrung des Friedens in Wales trafen. Eine endgültige Regelung fand schließlich im August 1177 in Oxford statt, wo nunmehr auch Dafydd ap Owain von Gwynedd in das Herrschaftssystem Heinrichs II. integriert wurde und von dem Angevinen eine ähnliche Führungsrolle gegenüber den übrigen walisischen Fürsten zugewiesen erhielt, wie sie Rhys erfolgreich für Südwales ausübte.[16] Damit hatte sich Heinrich einerseits auf die Anerkennung seiner Oberlehnsherrschaft durch die walisischen Fürsten beschränkt, andererseits auf weitere Expansionsbestrebungen der Krone verzichtet und den Territorialbesitz der walisischen „Könige" von seinen Gnaden sowie die herrschaftlichen Binnenstrukturen in den walisischen Fürstentümern anerkannt. Zugleich hatte sich der Plantagenêt durch die enge Bindung von Rhys und Dafydd an seine Person, die „*fidelitatem* [...] *et ligantiam*" schwören mußten,[17] eine gewisse Kontrolle dieser Fürsten bezüglich ihrer weiteren politischen Aktivitäten, insbesondere gegenüber den *marcher lords* sowie den aufstrebenden anglonormannischen Großen in Irland, gesichert, deren Möglichkeiten zur Konstituierung von königsfeindlichen Revolten in Kooperation mit walisischen Fürsten nunmehr deutlich eingeschränkt wurden.

Bei den erwähnten innen- und außenpolitischen Maßnahmen Heinrichs zur Herrschaftsstabilisierung seit dem Ende der Rebellion spielten die Söhne keinerlei Rolle. Insbesondere Richard und Gottfried wies der Angevine 1175 andere Tätigkeitsfelder zu, nämlich Pazifizierungsaufgaben in Aquitanien bzw. Poitou und in der Bretagne. Speziell sollten die Prinzen in den genannten Provinzen gegen die Barone vorgehen, die sich an der Revolte gegen den König beteiligt hatten und deren Burgen von den Königssöhnen in den Stand zu versetzen waren, in dem sie sich fünfzehn Tage vor Ausbruch der Konflikte befunden hatten; einige Festungen waren sogar zu zerstören.[18] Konkret hieß dies, daß besonders Richard gewaltsam gegen seine Verbündeten in der vorangegangen Revolte und damit zugleich gegen mögliche Förderer einer eigenständigen herzoglichen Politik in Aquitanien vorgehen mußte. Dies betraf u.a. auch die Familie von Bertran de Born, der daher Richard in der Folgezeit in seinen Werken polemisch angriff.[19] Unterstützung fand der Angevine hingegen bei seinem Vater, der ihn demonstrativ förderte und den *baillis* im Poitou befahl, dem Sohn finanzielle und militärische Hilfe zu leisten.

Durch diese Maßnahmen des Königs konnte zumindest bei den Söhnen und in der Öffentlichkeit der Eindruck entstehen, Heinrich entspräche den Wünschen der Prinzen nach größerer politischer Selbständigkeit und plane eine Neuorganisation der Herrschaftsstruktur seines Reiches unter aktiver Einbeziehung der Söhne in einem „*État hiérarchisé et décentralisé, sous l'autorité suprême du roi*".[20] In Wahrheit war der ältere Heinrich keinesfalls zu einem Machtverzicht bereit, sondern er setzte die beiden Söhne nur intensiver als Instrumente zur Durchsetzung seines königlichen Willens ein. Diese Funktionalisierungsmaßnahme war keinesfalls mit der Schaffung größerer Freiräume für eigenständiges politisches Handeln der Prinzen verbunden. Diese wurden nunmehr in ein differenziertes Herrschaftssystem einbezogen, das Ansätze einer Dezentralisierung mit einer Abstufung der Machtintensität zwischen Zentrum, Halbperipherie und Peripherie aufwies. Im Zentrum standen die *terres patrimoniales*[21] mit England, der Normandie und Anjou, verwaltet vom älteren König unter nomineller Beteiligung des jungen Heinrich. Hieran gliederten sich in der Halbperipherie die *principautés vassales* an, die nominell der Herrschaft der Söhne Richard und Gottfried unterstanden. Angegliedert war schließlich die Peripherie mit Schottland, Irland und Toulouse, die später (1177) durch die Übertragung Irlands an Prinz Johann als *dominus Hiberniae* enger an die Halbperipherie gerückt wurde.[22] Besonders negativ wirkte sich die Neuordnung der Machtstrukturen im angevinischen Reich auf den jüngeren Heinrich aus, dem der Vater – im Gegensatz zu den jüngeren Brüdern – unverändert keinen eigenen Handlungsbereich konzedierte und den Zugriff auf die Normandie bzw. das englische *regnum* beharrlich verweigerte. Wachsende Frustration über Benachteiligung und der sich hieraus ableitende Aufbau eines großen Aggressionspotentials gegen den älteren Heinrich waren bei dem Thronfolger naheliegende Konsequenzen aus den Anordnungen des Vaters, wie sich dies im weiteren Verhalten des jüngeren Heinrichs bald manifestieren sollte.[23]

Der Graf von Poitou zeigte sich mit den beschriebenen Maßnahmen Heinrichs zu einer nominell stärkeren Herrschaftspartizipation der Söhne zufrieden und begab sich nach der Rückreise auf den Kontinent im Juni 1175 nach Agen, wo er den väterlichen Restaurations- und Repressionsauftrag mit der Eroberung von Castillon an der Dordogne zu erfüllen begann.[24] Doch bald sah sich der Prinz wachsendem Widerstand von Adligen seines Herzogtums gegenüber, die seiner Zeit den Fürsten in der Rebellion gegen den Vater ausschließlich zur Wahrung ihrer Rechte und weitgehenden Unabhängigkeit von königlicher bzw. herzoglicher Gewalt unterstützt hatten. Das Bestreben nach regionaler Eigenständigkeit der Großen wurde von Troubadouren der Region gestärkt, die in ihren Liedern zum Kampf gegen Heinrich und den jungen Herzog aufriefen.[25] Diese Grundhaltung wurde angesichts der Repressionsmaßnahmen Richards noch verstärkt, der sich plötzlich mit einer Koalition oppositioneller Adliger im Limousin und Angoumois konfrontiert sah. Hauptgegner Richards waren hierbei u. a. Angehörige des Grafenhauses von Angoulême sowie die Vizegrafen Aimar von Limoges und Raimund II. von Turenne, die den Herzog so intensiv bedrängten, daß dieser im April 1176 nach England reisen und den Vater um Hilfe bitten mußte.[26]

König Heinrich erkannte wahrscheinlich die Schwierigkeiten, die der aquitanische Herzog in Anbetracht der anhaltenden Renitenz der Barone zu bewältigen hatte und stellte ihm großzügig Geldmittel zur Anwerbung von Söldnern zur Verfügung. Diese finanzielle Unterstützung ermöglichte es Richard, nach der Rückkehr auf den Kontinent und der Rekrutierung einer schlagkräftigen Söldnertruppe bis zum Ende des Jahres 1177 eine Vielzahl an militärischen Einzelaktionen in den rebellischen Regionen durchzuführen[27] – Vorgänge, die in ihrer Eintönigkeit auf den heutigen Betrachter stark ermüdend wirken. Richard konzentrierte sich – abgesehen von einer Feldschlacht gegen die Brabanzonen Vulgrin Taillefers Ende Mai 1176 bei Maigrin – auf die Belagerung und Zerstörung einer Vielzahl von Burgen gegnerischer Barone, wobei sich der Herzog im Laufe der Zeit zweifellos gewisse militärische Fertigkeiten und Erfahrungen aneignete. Auf immer neuen Heerzügen nahm der Angevine bis zum Ende des Jahres 1176 nach Aixe auch Limoges, Châteauneuf, Moulineuf und Angoulême ein – zeitweise auf Geheiß des Vaters von seinem älteren Bruder Heinrich unterstützt. Zum Beweis seiner militärischen Erfolge sandte Richard seine prominenten Gefangenen nach England an den Hof des Vaters.[28] Bereits im Januar 1177 setzte der Herzog seinen Vernichtungszug mit der Eroberung von Dax, Bayonne und Cize fort, so daß er im Februar glaubte, dem Vater die vollständige „Befriedung" Aquitaniens mitteilen zu können.[29] Welche gravierende Fehleinschätzung der Lage im Herzogtum dieser Nachricht Richards zugrunde lag, sollte sich im Jahre 1178 zeigen, als der Herzog mit neuen Revolten konfrontiert wurde.

Während Nachrichten über das Wirken Richards – abgesehen von seiner Teilnahme an der Einweihung der Abtei von Le Bec-Hellouin – bis zum Herbst 1178 fehlen,[30] agierte König Heinrich zur selben Zeit auf einer völlig anderen, europäischen Ebene. Dies betraf einerseits intensive außenpolitische Aktivitäten im gesamten Abendland, andererseits sah sich der Angevine neuen Konflikten mit dem alternden französischen König ausgesetzt. Bezüglich der außenpolitischen Beziehungen des älteren Heinrich ist seit Mitte der 70er Jahre zu konstatieren, daß zahlreiche europäische Monarchen seinen Rat und seine Unterstützung suchten – wie etwa Kaiser Manuel I. Komnenos von Byzanz, der nach der schweren Niederlage bei Myriokephalon im November 1176 durch Gesandte vergeblich englische Hilfeleistung erbat.[31] Der Angevine selbst intensivierte seine auswärtigen Beziehungen durch eine aktive Heirats- und Bündnispolitik, in der die Kinder wie üblich lediglich Objekte im politischen Handeln des königlichen Vaters darstellten. So pflegte Heinrich seine guten Beziehungen zu Wilhelm II. von Sizilien, der sich seit längerer Zeit um ein Heiratsbündnis mit dem englischen Königshaus bemühte. Nachdem Wilhelm erneut auf einer Reichsversammlung am 20. Mai 1176 in London um die Heirat mit der jüngsten englischen Königstochter, Johanna, gebeten hatte, stimmte der Angevine nach längeren Beratungen mit den englischen Großen der Verbindung im August zu.[32] Daraufhin wurde die elfjährige Prinzessin auf ihrer Reise an den sizilischen Hof zuerst vom Erzbischof von Canterbury, danach von ihren Brüdern Heinrich und Richard geleitet und später Beauftragten Wilhelms nahe der Rhônemündung übergeben; am 13. Februar 1177 wurde Johanna in der Kathedrale von Palermo gekrönt.[33]

Ein weiteres außenpolitisches Aktionsfeld des Angevinen befand sich in den christlichen Reichen der Iberischen Halbinsel, die an das Herzogtum

Aquitanien angrenzten und daher große geostrategische Bedeutung für den Plantagenêt haben mußten. Hieraus ist auch die große Aufmerksamkeit erklärbar, die Heinrich II. den Entwicklungen auf der Iberischen Halbinsel schenkte, wo die Herren der *cinco reinos* – ungeachtet der Reconquista – in anhaltende gegenseitige Machtkämpfe verwickelt waren. Nach der Heirat von Alfons II. von Aragón mit Sancha von Kastilien (1174) kam es infolge erfolgreicher Vermittlungsbemühungen Heinrichs II. 1176 zum Frieden von Tarascon unter Beteiligung des angevinischen Lehnsmanns, Graf Raimund V. von Toulouse, und des Grafen von Provence und Bruders von Alfons II. von Aragón, Raimund Berengar IV.[34] Der Angevine intensivierte seinen Einfluß südlich der Pyrenäen weiter, indem er im selben Jahr (1176) der Heirat seiner Tochter Eleonore (Leonor) mit Alfons VIII. von Kastilien zustimmte, der sich seit Erlangung der Mündigkeit (1177) in langjährigen Kriegen mit León und Navarra befand.[35] Welches Ansehen der englische König durch seine Politik gegenüber den iberischen Herrschern erlangt hatte, verdeutlicht die Tatsache, daß Alfons VIII. von Kastilien und Sancho VI. von Navarra im März 1177 Heinrich um einen Schiedsspruch wegen strittiger Territorialansprüche ersuchten. Seine Entscheidung, in der er u. a. seinen Schwiegersohn zur Zahlung von jährlich 3000 Maravedis an Sancho veranlaßte,[36] bewirkte zwar keine dauerhafte Beilegung der Konflikte, sicherte jedoch auch weiterhin seinen Einfluß in den iberischen *regna*.

Diese außenpolitischen Aktivitäten König Heinrichs II. waren um so nötiger, als besonders Alfons II. von Aragón seit Jahren eine erfolgreiche Expansionspolitik im Pyrenäenraum und in Südfrankreich betrieb. Der König von Aragón hatte seit 1170 erreicht, daß zuerst Maria von Béarn und später (1175) Graf Centullus II. von Bigorre in lehnsrechtliche Beziehungen zu ihm traten.[37] Nach dem Eintritt der Vizegräfin Maria in ein Kloster übernahm der Aragonese die vormundschaftliche Herrschaft über Béarn für den unmündigen Sohn der Fürstin.[38] In der Folgezeit dehnte Alfons seinen Einflußbereich von Béarn über Foix, Carcassonne, Roussillon, Nîmes bis nach Gévaudan und Carlat aus, so daß der Aragonese – zudem Herr über die Grafschaften Barcelona und Provence – mit seinen Besitzungen die Grafschaft Toulouse geopolitisch umklammerte und auch in Herrschaftsräume des Herzogs von Aquitanien vordrang.[39] So blieb der König von Aragón, der nach den Verträgen mit Alfons von Kastilien 1177 in Cuenca bzw. 1179 (20. März) in Cazorla (richtig: Cazola) seine Position noch stärken konnte, ein wichtiger Machtfaktor nördlich der Pyrenäen und eine latente Bedrohung des Herrschaftsbereiches Herzog Richards.[40]

Ein dritter Aktionsraum angevinischer Heiratspolitik[41] befand sich im französischen *regnum*, wo zusätzlich konkurrierende Herrschaftsansprüche zwischen Heinrich II. und Ludwig VII. bestanden. Beide Problembereiche standen in enger Beziehung zueinander, zumal die genannten Monarchen nach dem Ende der Rebellion von 1173/74 keine offizielle Friedensvereinbarung getroffen hatten. Offensichtlich war es der Kapetinger, der in Anbetracht seines schlechten Gesundheitszustandes noch zu Lebzeiten die Vermählung der Tochter erleben wollte. Welch konkreter Anlaß hierfür bestand, ist nicht feststellbar; sicherlich stellten die Aktionen Ludwigs – wie oftmals behauptet[42] – keine Reaktion auf territoriale Besitzansprüche Heinrichs dar, die von diesem erst seit dem Frühjahr 1177 erhoben wurden. Wahrscheinlich unternahm Ludwig Ende 1175 oder Anfang 1176 einen Vorstoß am angevinischen Hof, um nunmehr die Heirat seiner Tochter durchführen zu lassen. Da der Kapetinger sicherlich bei Heinrich und Richard auf Ablehnung stieß, die beide unverändert die Eheschließung hinauszögern wollten, griff der französische König zu diplomatischen Mitteln und bat Papst Alexander III. um Hilfe. Dieser reagierte im Mai 1176, indem er massiven Druck auf den Angevinen ausübte und durch den Kardinallegaten Peter von San Crisogono die Verhängung des Interdiktes über die Ländereien des Monarchen androhen ließ, sofern dieser Alice nicht binnen vierzig Tagen ihrem Vater zurückgeben oder die Heirat veranlassen würde.[43]

Da die gesetzte Frist verstrich und der Legat offensichtlich bis zum Sommer 1177 nichts unternahm, wird man annehmen dürfen, daß sich Heinrich auf eine einvernehmliche Lösung der Ehefrage in Verhandlungen mit Ludwig konzentrierte. Die Lage verschärfte sich hingegen seit dem Frühjahr 1177, nachdem der *seigneur* von Châteauroux, Ralph VI. von Déols, im November 1176 gestorben war, seine dreijährige Erbin Denise hingegen der Vormundschaft ihres Suzeräns, des Herzogs von Aquitanien, entzogen wurde.[44] Bezeichnenderweise reklamierte Heinrich selbst die Vormundschaft und nicht für Richard, der vom Vater ebenfalls nicht mit der Durchsetzung der aquitanischen Ansprüche beauftragt wurde. Vielmehr befahl der Monarch dem Thronfolger eine militärische Intervention im Berry, die nur partiell erfolgreich war, da der junge Heinrich der Erbin nicht habhaft wurde und sich zudem König Ludwig zu engagieren begann.[45] Eine ähnliche Problematik entwickelte sich in der Folgezeit in der *seigneurie* Issoudun, wo Odo II. schon 1167 verstorben und seine Witwe Mathilde nach mehreren weiteren Ehen 1177 ins Kloster gegangen war.[46] Die Vormundschaft über den unmündigen Odo III. trugen die Großen des Landes daraufhin Heinrich II. als angevinischem Grafen an, der aber nicht verhindern konnte, daß sich der Verwandte Herzog Hugo III. von Burgund des Knaben bemächtigte.[47] Beide *seigneuries* – Châteauroux und Issoudun – waren wie das gesamte Berry von großer strategischer und wirtschaftlicher Bedeutung für den Angevinen, deren Verlust Heinrich nicht widerstandslos hinnehmen konnte.

Insbesondere die Beeinträchtigung der Herrschaftsrechte des aquitanischen Herzogs nahm der Angevine sehr ernst, wobei der direkte Konflikt mit dem französischen Monarchen wegen der Heirat der Königstochter ungelöst und auch das drohende Interdikt nur temporär abgewendet war. Heinrich entschloß sich wie üblich zu einer kombinierten Strategie von Diplomatie und Gewaltandrohung, indem er im Februar 1177 die Kronvasallen für den kommenden Mai zur Leistung ihres militärischen *servitium* in der Normandie aufrief.[48] Die Kriegsvorbereitungen, die zweifellos gegen den französischen König gerichtet waren, ergänzte der Angevine in der Folgezeit durch eine diplomatische Initiative, indem er Ludwigs Forderung nach Durchführung der Heirat seiner Tochter mit umfangreichen Territorialforderungen begegnete. Unter Rückgriff auf angebliche Zusagen des Kapetingers verlangte Heinrich nun für die Königstöchter Margarete als Mitgift das Vexin und für Alice die Stadt Bourges einschließlich deren Besitzungen im Berry.[49] Obwohl die Rechtsgrundlagen für die Forderungen Heinrichs unklar sind, so wird man diese dennoch als exorbitant und für Ludwig kaum akzeptabel betrachten müssen. Da es unwahrscheinlich ist, daß der Angevine selbst eine vollständige Erfüllung seiner angeblichen Ansprüche erwartete, ist eher davon auszugehen, daß Heinrich eine Kompromißlösung unter gleichzeitiger Funktionalisierung des Heiratsproblems anstrebte.

Auch im Sommer 1177 setzte der Plantagenêt seine Doppelstrategie fort, indem er einerseits die Rekrutierung des Feudalheeres abschließen, andererseits durch Gesandte Verhandlungen mit dem kapetingischen Königshof führen ließ. Im August beschloß Heinrich, selbst einzugreifen und auf den Kontinent zu reisen.[50] Nach Vorgesprächen mit dem Legaten in Rouen traf der Angevine am 21. September bei Ivry in Anwesenheit des Legaten sowie zahlreicher geistlicher und weltlicher Großer mit Ludwig zusammen. Bei den anschließenden Verhandlungen änderte der Plantagenêt seine Taktik: Nun konzentrierte er sich einerseits auf die Durchsetzung der erwähnten Herrschaftsansprüche des Herzogs von Aquitanien über Berry und zusätzlich die Auvergne, andererseits forcierte er das Projekt eines gemeinsamen Kreuzzuges mit Ludwig, während er bewußt das Heiratsproblem in den Hintergrund treten ließ. Hiermit hatte Heinrich zweifellos Erfolg, da im Vertrag von Ivry, den die Monarchen am 25. September 1177 schlossen, eine Klärung der Ehefrage unterblieb. Vielmehr wurde vorrangig das gemeinsame Kreuzzugsunternehmen mit begleitenden Beistandszusagen vereinbart, während strittige Herrschaftsansprüche im Berry und in der Auvergne durch eine paritätisch besetzte Schiedskommission zu klären waren.[51] Erneut hatte der Angevine einen diplomatischen Erfolg errungen, indem er nicht nur die – ihm offenbar unangenehme – Heirat Richards weiter hinauszögerte, sondern auch die Bemühungen um die östliche Erweiterung des Herrschaftsbereiches seines herzoglichen Sohnes förderte. Bei all diesen Aktivitäten Heinrichs wurde der Graf von Poitou nicht unmittelbar einbezogen, vielmehr dokumentierte der ältere König hierdurch seinen Anspruch auf uneingeschränkte eigene Herrschaftsausübung auch im Herzogtum Aquitanien.

Diese Politik setzte Heinrich nach den Verhandlungen in Ivry im Oktober 1177 fort, indem er zwar Richard Hilfe im Kampf gegen Rebellionen im Poitou in Aussicht stellte; er selbst übernahm hingegen die Durchsetzung der Herrschaftsansprüche im Berry, wo Heinrich mit Truppenmacht einmarschierte. Nach der Einnahme von Châteauroux rückte der Angevine nach La Châtre vor, um dort die Herausgabe der Erbin Ralphs von Déols zu erzwingen und sich hierdurch die Verfügung über die strittigen Besitzungen zu sichern. Der alternde französische König sah keine Möglichkeit, diese Aktivitäten des Plantagenêts zu verhindern; vielmehr erklärte er sich zu einem neuerlichen Treffen mit Heinrich am 11. November 1177 bei Graçay bereit, wo nach Anhörung der erwähnten Schiedskommission bezüglich der aquitanischen Herrschaftsrechte in der Auvergne und ihres positiven Votums für den Herzog die Einsetzung eines weiteren Schiedsgremiums vorgesehen wurde, dessen Entscheidung jedoch nicht bekannt ist. Unmittelbar nach dem Gespräch mit Ludwig gelang Heinrich bei einem Besuch in Grandmont ein weiterer Erfolg, indem er den kinderlosen Adalbert von La Marche veranlassen konnte, seine Grafschaft gegen eine beträchtliche Geldsumme an den englischen König zu verkaufen.[52] Zwar unterblieb in der Folgezeit die Übergabe der Territorien, dennoch schien dem Plantagenêt 1177 der Zugriff auf eine geopolitisch wichtige Grafschaft gelungen zu sein, die eine Schlüsselrolle für den Kampf gegen rebellische Große in den angrenzenden Territorien des Poitou, des Angoumois und der Auvergne besitzen konnte.

Diese Aktivitäten des älteren Heinrichs, der im Frühjahr 1178 in die Normandie und anschließend nach England reiste,[53] stärkten die Position des Grafen von Poitou, über dessen Wirken erst wieder für den Herbst 1178 ein Chronistenzeugnis vorliegt. Hiernach soll Richard – u. a. zur Sicherung der Pilgerwege nach Santiago de Compostela – einen Heerzug nach Dax durchgeführt haben, wo die Bürger Graf Centullus nach einem Konflikt gefangengenommen und in ihrer Stadt inhaftiert hatten. Da der Angevine offenbar beabsichtigte, gegen den renitenten Grafen vorzugehen, intervenierte dessen zweiter Lehnsherr, der König von Aragón. Dieser begab sich persönlich zu Verhandlungen mit dem Herzog, den er als *fidejussor* gegen das Versprechen, Centullus werde künftig nichts gegen den Willen von Heinrich II. und Richard unternehmen, um die Freilassung des Fürsten bat; zudem konzedierte er die Übergabe von Clermont und Montbron an den Herzog.[54] Richard entsprach der Bitte des Monarchen und konnte aufgrund eines regionalen Konfliktes ohne eigenes Zutun einen Erfolg gegen Centullus verzeichnen; dennoch wurde durch die Intervention Alfonsos deutlich, daß dieser seine Schutzpflichten als Lehnsherr gegenüber dem Vasallen in Bigorre ernst nahm und diese Region als wichtiges eigenes Einflußgebiet betrachtete. In der Folgezeit kam es zu keiner weiteren Konfrontation des Herzogs mit Alfons, der sich u. a. wegen der wachsenden Präsenz von Kaiser Friedrich I. im südfranzösischen Raum und nach dessen Krönung in Arles am 30. Juli 1178[55] stärker im Rahmen der Reconquista auf eine südliche Herrschaftsexpansion auf der Iberischen Halbinsel bis nach Teruel konzentrierte. Hinzu kamen intensive „Emanzipationsbestrebungen" von Alfons, der seit 1177 die kastilische Lehnsoberherrschaft nicht mehr akzeptierte und 1180 in der katalonischen Herrscherkanzlei die Datierung nach Regierungsjahren der französischen Könige beenden ließ.[56]

Richard sah sich hingegen erneut mit den bekannten Problemen ständiger Rebellionen von Großen seines kaum beherrschbaren Herzogtums konfrontiert, nun mit Aufständen von Vulgrin Taillefer sowie dessen Lehnsmann Gottfried de Rancon. Insbesondere die Festungen Gottfrieds in Pons und Taillebourg besaßen große geostrategische Bedeutung, da sie wichtige Handels- und Verkehrswege nach Bordeaux kontrollieren konnten. In einem aufwendigen Heerzug gelang es dem Angevinen, beide Festungsanlagen einzunehmen und zu schleifen.[57] Damit hatte sich der Herzog – wie oftmals in der Forschung betont wird – einen Ruf als „*an acknowledged expert in the vital art of siege warfare*" bei den Zeitgenossen erworben.[58] Zugleich erreichte der Plantagenêt, daß sich die wichtigsten Opponenten in Aquitanien seinem militärischen Druck beugten und zumindest zeitweise auf weitere Revolten verzichteten.

Dennoch hatte Richard keinesfalls – wie bereits Anfang 1177 von ihm behauptet – eine „Befriedung" des Herzogtums erreicht. Vielmehr beschränkte sich der Angevine lediglich auf militärische Aktionen gegen einzelne widerspenstige Große seines Herrschaftsbereiches. Hierbei konnte er zwar dank seiner militärischen Befähigung einige temporäre Teilerfolge erringen, dennoch kam es zu keiner tiefgreifenden Lösung der anstehenden Probleme. Wollte der Plantagenêt eine wirkliche „Befriedung" seines Herzogtums, waren bloße militärische Repressionsmaßnahmen völlig unzureichend. Erforderlich war vielmehr eine politische Lösung der Probleme, da eine Vielzahl von Baronen in Aquitanien keinesfalls bereit war, eine dauerhafte Stärkung der herzoglichen Gewalt zu Lasten eigener Rechte hinzunehmen. Diese Haltung der Großen hatte jahrzehntelange Tradition und wurde daher auch bezüglich des jungen Grafen von Poitou konsequent bewahrt. Und dieser zeigte in seinem Vorgehen gegen die Barone ein für ihn charakteristisches Verhalten: Richard beschränkte sich darauf, ausschließlich militärisch gegen Opponenten vorzugehen und in einer Vielzahl an Einzelaktionen gewaltsam jeden baronialen Widerstand zu unterdrücken. Der Herzog verzichtete hingegen seit den 70er Jahren darauf, auch eine politische Lösung in dem Machtkampf zu suchen und hierdurch eine dauerhafte, strukturelle Stärkung der herzoglichen Position anzustreben.

Richard unternahm – soweit in den zeitgenössischen Quellen erkennbar – keine Versuche, eine Klientel von herzogstreuen Gefolgsleuten unter den Großen seiner Territorien aufzubauen. So werden von den Historiographen zwar immer wieder oppositionelle baroniale Gruppierungen mit zum Teil wechselnder Mitgliederschaft erwähnt; hingegen fehlen Angaben zu Gruppierungen baronialer Getreuer des Herzogs, die diesen ihrerseits aktiv unterstützt und zur Stabilisierung der herzoglichen Macht beigetragen hätten. Auch in den wenigen Urkunden, die aus der Herzogszeit Richards erhalten sind, tauchen nur selten Große der Region häufiger auf. So ist u. a. für *chancellor* Wilhelm Longchamp, Andreas de Chauvigny, Herr von Déols, und Ralph de Faye aufgrund ihrer Zeugenschaft eine größere Nähe zum herzoglichen Hof anzunehmen.[59] Auffällig ist zudem, daß verschiedene Große Richard wie Heinrich II. gleichermaßen verbunden waren und für diese als Zeugen fungierten – wie etwa *connétable* Saldebreuil, Bischof Johannes de Belmeis von Poitiers, Richard de Canville, *connétable* Richard de Hommet und Wilhelm de Mandeville, Graf von Aumale.[60] Insofern war der Versuch Richards, ausschließlich durch militärische Repression den baronialen Widerstand im Herzogtum zu brechen, angesichts seiner begrenzten finanziellen bzw. militärischen Möglichkeiten und der Größe seines Herrschaftsbereiches von vornherein wenig erfolgversprechend. Weder Heinrich II. noch Richard sahen sich auf Dauer in der Lage, durch bloße militärische Aktionen die Vielzahl von potentiell oppositionellen Großen in Aquitanien zum Wohlverhalten zu zwingen. Die Opponenten konnten zu jeder Zeit an jedem Ort des riesigen Herzogtums nach Belieben rebellieren und den Angevinen zu einer Vielzahl aufreibender, temporärer Einzelaktionen zwingen, ohne daß dieser mit einer solchen Strategie eine wirklich dauerhafte Befriedung des Landes erreichen konnte.

Hinzu kam, daß Richard keinen Versuch unternahm, zumindest ansatzweise die Intensität der Machtausübung durch eine Verbesserung seines herzoglichen Herrschaftsinstrumentariums herbeizuführen – etwa durch vorsichtige Reformen im Bereich des Verwaltungs- und Rechtswesens mit dem Ziel einer Zentralisierung nach anglonormannisch-angevinischem Vorbild. Obwohl zweifellos mit erheblichem baronialem Widerstand gegenüber derartigen Maßnahmen zu rechnen gewesen wäre, finden sich keine Quellenzeugnisse, daß der Herzog überhaupt irgendwelche Versuche zu derartigen Reformen unternahm, die mittelfristig zu einer strukturellen Verbesserung seiner Machtposition in Aquitanien geführt hätten. Insofern scheint sich Richard auf die Herrschaftseinrichtungen beschränkt zu haben, die er bei seiner Thronbesteigung vorfand – erwähnt sind in den Quellen seit ca. 1170, abgesehen vom *chancellor*, vor allem *sénéchaux* im Poitou wie Ralph de Faye, Fulko de Matha, Hugo de Faye, Portcelie de Mauzé, Wilhelm Maingot, Wilhelm Chapon und Robert de Montmirail.[61] Vereinzelt nachweisbar ist ferner ein *connétable* mit zumeist militärischen Aufgaben, wie sie etwa Tedbald Chabot während der Heerzüge im Jahre 1176 als *princeps militiae* wahrnahm.[62] Hinzu kamen bei den *officiers locaux* die traditionellen Ämter wie *prévôts* usw.[63] Die Existenz stärker zentralistischer Verwaltungseinrichtungen – wie etwa eines *exchequer* für Poitou oder sogar ganz Aquitanien – wird man für die Zeit der Herzogsherrschaft Richards als nicht realisierbar annehmen können.

Zusammenfassend wird man zu den Unternehmungen Richards als Graf von Poitou bis zum Frühjahr 1179 feststellen dürfen, daß der Angevine zwar einige temporäre Erfolge gegen renitente Barone seines Herzogtums vor allem im Poitou errungen und sich einen Namen als Spezialist für erfolgreiche Burgenbelagerung und -zerstörung gemacht hatte. Obwohl einige notorisch oppositionelle Große – wie Graf Wilhelm von Angoulême, Vizegraf Aimar V. von Limoges, Graf Adalbert von La Marche – das Herzogtum verlassen hatten und ins Heilige Land gereist waren, konnte von einer dauerhaften Befriedung Aquitaniens nicht die Rede sein, zumal der Angevine keine Perspektiven zu einer strukturellen Stärkung seiner herzoglichen Gewalt entwickelt hatte. Möglicherweise konnte sich Richard eine Zeitlang einer gewissen Ruhe in seinem Herrschaftsgebiet erfreuen, obwohl genauere Informationen über sein Wirken vom Sommer 1179 bis zum Sommer 1181 fehlen.[64]

Auch in diesem Zeitraum wird sich der Herzog um weitere Herrschaftsstabilisierung in Aquitanien bemüht haben. Sicherlich stellte er keine der politischen Führungsfiguren während der Krise im französischen Königshaus dar, die gegen Ende des Lebens Ludwigs VII. ausbrach. Vielmehr war es erneut Heinrich II., der die Entwicklung maßgeblich beeinflußte und nach eigenem Gutdünken die Söhne an der Durchsetzung seiner Entscheidungen beteiligte. Die erwähnte Krise im französischen *regnum* bzw. im kapetingischen Herrscherhaus begann infolge der rapiden Verschlechterung des Gesundheitszustandes König Ludwigs, der daher den vierzehnjährigen Sohn Philipp am 1. November 1179 in der Kathedrale zu Reims zum König krönen ließ; bei diesem Festakt waren Richard und seine Brüder wahrscheinlich anwesend.[65] Bald darauf und noch vor dem Tode des alten Monarchen am 18. September 1180 begann am kapetingischen Hof ein Machtkampf, in den der englische König und seine Söhne schon bald involviert wurden.[66] So beanspruchte die Königswitwe Adela – unterstützt durch einflußreiche Mitglieder des Hauses Blois-Champagne – die Regentschaft für den unmündigen Monarchen, während sich dieser der mütterlichen Einflußnahme durch den engen Anschluß an Philipp von Flandern zu entziehen suchte. Dem Grafen gelang es sogar, Philipp zur Heirat mit Elisabeth von Hennegau, der Nichte des Grafen, zu veranlassen, deren Krönung in Saint-Denis zu einem offenen Konflikt mit dem Erzbischof von Reims, Wilhelm von Champagne, und der Partei der Königsmutter führte.

Da sich ein militärischer Machtkampf abzeichnete, warb man um Verbündete, wobei sich Königin Adela und Graf Tedbald von Blois-Chartres nicht scheuten, Hilfe bei dem englischen Monarchen zu suchen. Obwohl der verstorbene Kapetinger jahrzehntelang versucht hatte, die angevinische

Herrschaft zu destabilisieren und Zwietracht im englischen Königshaus zu säen, war Heinrich dennoch bereit, in Anbetracht der sich ihm eröffnenden, günstigen politischen Perspektiven im französischen *regnum* zu intervenieren. Da der Angevine nach Ostern 1180 ein großes Heeresaufgebot zusammenzog[67] und Philipp seinerseits Truppen mobilisierte, drohte ein militärischer Konflikt zwischen dem jungen Kapetinger und seinem Lehnsmann. Erneut war es der Plantagenêt, der diplomatische Aktivitäten einem Krieg vorzog, indem er Ende Juni 1180 ein Treffen mit Philipp bei Gisors veranlaßte. Hierbei wurden nicht nur ein friedlicher Ausgleich und eine temporäre Versöhnung des Kapetingers mit seiner Mutter bzw. dem Grafen von Blois-Chartres erreicht, sondern in einem *foedus* eine Bestätigung des Vertrages von Ivry (1177) vorgenommen, wobei die strittigen Besitzfragen um die Auvergne bzw. das Berry weiterhin ungeklärt blieben.[68]

Hinsichtlich der Handlungsmotive Heinrichs wird man vermuten dürfen, daß er zum einen aufgrund lehnsrechtlicher Bedenken einen Krieg gegen seinen noch minderjährigen Lehnsherrn vermied, zumal er kein Negativvorbild für ähnliche Entwicklungen im angevinischen Reich geben wollte. Zum anderen wird der Plantagenêt bereits zu dieser Zeit die Grundsatzentscheidung getroffen haben, den Erhalt der kapetingischen Dynastie in Frankreich zu sichern und daher auf eine Unterstützung oppositioneller Kräfte im französischen *regnum* zu verzichten. Er wird vielmehr die Rolle eines „*elder statesman*"[69] akzeptiert haben, der sich um Friedenssicherung bemühte und an einer Herrschaftsstabilisierung im französischen Reich interessiert war. Schließlich werden außenpolitische Überlegungen Heinrichs eine Rolle gespielt haben, der im Blick auf die gleichzeitigen Konflikte seines Schwiegersohnes Heinrichs des Löwen mit Barbarossa eine mögliche Annäherung des Kapetingers an den Staufer als Bündnispartner zu verhindern suchte. Vereinzelte chronikalische Hinweise, wonach Heinrich sowohl den Welfen zu „landesverräterischen" Kontakten zu angeblichen Reichsfeinden in ganz Europa veranlaßt als auch die Schaffung einer Koalition zumindest von Frankreich und Flandern gegen den Staufer zu dessen Sturz betrieben habe, entbehren hingegen jeder Glaubwürdigkeit.[70]

Trotz der Vereinbarung von Gisors blieb die Stellung des französischen Königs auch weiterhin instabil, obwohl er sich um Herrschaftskontinuität bemühte und wichtige Funktionsträger seines Vaters in ihren Ämtern beließ. Das gleiche Ziel, die Unterstützung einflußreicher Großer zu erhalten, verfolgte Philipp, indem er die Struktur der königlichen Administration längere Zeit unverändert ließ. So setzte er erst seit ca. 1190 *baillis* ein und strebte – möglicherweise orientiert an angevinischen bzw. flämischen Vorbildern – verstärkt nach einer Zentralisierung seines Verwaltungs- und Herrschaftssystems.[71] All diese Maßnahmen konnten den wachsenden Widerstand Oppositioneller um den flämischen Grafen nicht verhindern, die vor allem die enge Bindung Philipps an den englischen Monarchen mißbilligten. Dieser wurde in der Folgezeit erneut in die Machtkämpfe im französischen *regnum* involviert, da Heinrich nicht nur im Juli 1181 den Angriff einer mächtigen Fürstenkoalition um Graf Philipp von Flandern nach einem Hilferuf des Kapetingers durch ein Fürstentreffen in Gisors abwendete,[72] sondern danach sogar seine eigenen Söhne zur Unterstützung König Philipps veranlaßte. Wieder agierte der Herzog von Aquitanien nicht aus eigener Initiative oder zur Realisierung eigener politischer Zielvorstellungen, sondern ausschließlich auf Weisung seines königlichen Vaters gemäß dessen Interessen. Nachdem Heinrich ins Inselreich zurückgekehrt war und sich innenpolitischen Reformen (u. a. durch die Verkündung der *Assize of Arms*)[73] widmete, folgten Herzog Richard und seine Brüder den Anordnungen ihres Vaters und griffen mit ihren Brabanzonen in Sancerre ein. Diese Intervention verhinderte einen Erfolg der gemeinsamen Angriffe, die die Grafen Stephan von Sancerre und Philipp von Flandern u. a. auf die Picardie seit Sommer 1181 ausführten. Erneut kam die Wende erst durch das persönliche Eingreifen König Heinrichs, der im März 1182 auf den Kontinent zurückgekehrt war und dessen diplomatischen Aktivitäten am 11. April in La Grange Saint-Arnoul zu einer Friedensvereinbarung sowie zur dauerhaften Stabilisierung der Herrschaft König Philipps führten.[74]

Die Pazifizierung im französischen *regnum* ermöglichte es Herzog Richard, sich in der Folgezeit stärker auf seinen eigenen Herrschaftsbereich zu konzentrieren, wo es bereits seit Juni 1181 nach dem Tode von Graf Vulgrin Taillefer III. von Angoulême infolge einer Intervention des Angevinen zu Unruhen gekommen war.[75] Richard hatte es für angemessen gefunden, die Vormundschaft für die unmündige Erbin des Grafen, Mathilde, und damit auch die Verfügungsgewalt über die Grafschaft zu fordern, obwohl die Onkel der Grafentochter, Wilhelm und Aimar, gemäß den Erbrechtstraditionen des Landes ihrerseits die Vormundschaft beanspruchten. Ohne Rücksprache mit den Großen des Angoumois zu nehmen, berief sich Richard auf die angevinische Erbrechtstradition mit einem Primogeniturrecht, das er gewaltsam durchzusetzen beabsichtigte; so war er umgehend in Angoulême einmarschiert. Dieses Vorgehen des Angevinen, der die beiden Fürsten zur Flucht zu Aimar von Limoges veranlaßte, stieß bei den Großen auf wachsenden Widerstand in der gesamten Region, da sie Rechtstraditionen und damit auch ihre Herrschaftsgrundlagen radikal in Frage gestellt sahen.[76]

Insofern war es nicht verwunderlich, daß sich rasch eine große Koalition von Opponenten formierte, zu denen neben den erwähnten Brüdern Vulgrins der Graf Elias von Périgord sowie die Vizegrafen von Comborn, Turenne und Ventadour zählten, so daß sich bald große Teile von Limousin, Périgord und Quercy in Aufruhr befanden. Richard reagierte in bewährter Manier mit großer Härte, indem er verwüstend zuerst ins Périgord, danach ins Limousin eindrang und zahlreiche gegnerische Burgen zerstörte.

Dennoch sah sich der Herzog der neuerlichen Bedrohung offensichtlich nicht gewachsen, da er seinen Vater um Hilfe ersuchte, der umgehend mit Truppen nach Grandmont in La Marche marschierte.[77] Welche Bedenken Heinrich gegen die Aktivitäten Richards als Herzog hegte, verdeutlicht die Tatsache, daß der alte König nicht sofort – wie gewünscht – den Sohn militärisch unterstützte, sondern zuerst die wichtigsten Opponenten zu einer Anhörung vorlud. Hierbei wurde wahrscheinlich die ganze Verbitterung der Barone über Form und Stil der Herrschaftsausübung des Herzogs in einer solchen Intensität deutlich, daß sogar englische Chronisten später über baroniale Klagen berichteten. Deren Hauptkritik betraf die Bedrückung des Landes durch Brutalität und unbegründete Forderungen in jeglicher Form, so daß die gesamte Führungsschicht Aquitaniens den Herzog haßte und diesen zu vertreiben suchte.[78] Zur Forderung nach Rückgabe unrechterweise eingezogener Burgen und Städte kamen einerseits Klagen über das Versagen Richards als Herrscher, da er ständige Rechtsverstöße beging, brutale Repression im Land ausübte und auftretende Schwierigkeiten ausschließlich mit dem Schwert zu lösen versuchte.[79] Andererseits erhob man schwere Anklagen wegen persönlicher Verfehlungen Richards, der angeblich die Frauen und weiblichen Verwandten seiner Lehnsleute gefangen nehmen und sexuell mißbrauchen würde, um sie später seinen Gefolgsleuten zur Befriedigung ihrer Gelüste zu überlassen[80] – ein Vorwurf, der im Blick auf die angebliche Homosexualität Richards von großer Bedeutung ist.

Obwohl diese chronikalischen Nachrichten sicherlich nicht uneingeschränkte Glaubwürdigkeit besitzen und auch propagandistische Züge tragen, so wird dennoch deutlich, welch große Widerstände die Aktivitäten Richards als Herzog bei den Baronen seines Landes hervorriefen, wobei Form und Stil der Herrschaftsausübung Richards offensichtlich besonders kritikwürdig erschienen. König Heinrich wird nicht nur die Gefährlichkeit der Situation, sondern auch deren politische Relevanz offensichtlich besser verstanden haben als Richard, der unverändert ausschließlich mit militärischer Repression vorging und keine politische Perspektive zur Beilegung der Krise entwickelte. Während der Herzog offensichtlich die politische Dimension des Konfliktes nicht hinreichend erkannte, bemühte sich sein Vater um einen politischen Ausgleich mit den Baronen, um eine dauerhafte Befriedung des Herzogtums zu erreichen. Dies gelang dem Angevinen wahrscheinlich nur unzureichend, da die militärischen Auseinandersetzungen in der Folgezeit fortgesetzt wurden und nach einer Intervention des jungen Königs Heinrich, der auf Befehl des Vaters diesem und Richard mit Truppen zu Hilfe geeilt war, mit der Unterwerfung des Elias von Périgord und Aimar von Limoges ihr vorläufiges Ende fanden.[81] Ungeachtet des temporären Erfolges war deutlich geworden, daß Richard einerseits nicht in der Lage war, größere Revolten in Aquitanien selbständig zu unterdrücken, andererseits nicht das politische Augenmaß und Verständnis besaß, einen Herrschaftsstil zu entwickeln, der hinreichende Flexibilität aufwies und nicht ausschließlich auf der Anwendung militärischer Gewalt beruhte.

Die Revolten des Jahres 1182 stellten jedoch nur den Beginn weit schwererer Konflikte dar, die schon bald nicht nur die Macht Herzog Richards, sondern auch das gesamte Herrschaftssystem Heinrichs II. erschüttern sollten. Seit dem Herbst 1182 kam es zu einer Verbindung von Auseinandersetzungen im angevinischen Königshaus um die Herrschaftsorganisation mit erneuten Revolten im Angoumois, wo der Graf von Périgord, vier Vizegrafen und andere Große ein neues Bündnis gegen den Herzog geschlossen und mit Söldnerheeren die Kampfhandlungen begonnen hatten.[82] Hierbei wurden sie erneut propagandistisch durch Bertran de Born unterstützt, der hierfür sein berühmtes Sirventes „Pois Ventedorns" verfaßte.[83] So rief der Troubadour nicht nur zum Widerstand gegen Richard auf, sondern rechtfertigte den Kampf der Barone als legitimes Streben nach Wiedergewinnung widerrechtlich entzogenen Landes und nach Wiederherstellung des Rechtes.[84]

Zusätzliche Probleme entstanden für Richard in der Folgezeit aufgrund seiner schwer nachvollziehbaren Entscheidung, im Anjou bei Clairvaux eine Burg zu erneuern, wodurch Rechte seines älteren Bruders beeinträchtigt wurden und zwangsläufig Auseinandersetzungen mit diesem resultieren mußten.[85] Da sich Heinrich als Thronfolger unverändert hinsichtlich einer aktuellen Herrschaftsbeteiligung im Vergleich zu seinen jüngeren Brüdern benachteiligt sah und im Herbst 1182 eine erneute Bitte des jungen Heinrichs, die Normandie oder einen anderen Herrschaftsbereich zur Verwaltung zugeteilt zu bekommen, vom älteren König wieder abgelehnt worden war,[86] suchte der junge Monarch in seiner Verbitterung andere Wege zur Erlangung eines eigenen Machtbereiches. Hierbei wurde er wahrscheinlich vom französischen König unterstützt,[87] der nach der Stabilisierung seiner Herrschaft – ungeachtet der Hilfe, die er von Heinrich II. erhalten hatte – eine neue Phase in den Beziehungen zu dem englischen Lehnsmann eröffnete. Philipp entschloß sich zur Abkehr vom bisherigen engen Anschluß an den Plantagenêt und zu „emanzipatorischen Maßnahmen", um verstärkt seine Oberlehnsherrschaft gegenüber dem Angevinen zur Geltung zu bringen. Eher unwahrscheinlich ist die Annahme, daß der Kapetinger bereits zu diesem Zeitpunkt ein klares, differenziertes Konzept zur Bekämpfung bzw. Vernichtung des angevinischen Reiches entwickelt und in den folgenden Jahrzehnten konsequent realisiert hätte.

Herzog Richard und Heinrich II. waren die ersten, die den Kurswechsel in der kapetingischen Politik erfahren sollten, da Philipp zumindest indirekt in die folgenden Auseinandersetzungen im angevinischen Herrscherhaus eingriff. Zwar gelang es dem älteren König, den Streit um Clairvaux zu schlichten und die Söhne kurzfristig zu versöhnen; doch kam es nach dem Weihnachtshoftag in Caen 1182 zum offenen Konflikt zwischen den Brüdern, nachdem der jüngere Heinrich erklärt hatte, zur Wahrung seiner Rechte ein Bündnis mit den rebellischen Baronen Aquitaniens gegen ihren Herzog geschlossen zu haben.[88] Während Richard die Intervention des Bruders in seinem Herrschaftsbereich erstaunlicherweise hinnahm, verursachte der ältere Heinrich bald darauf in Le Mans eine Eskalation der Streitigkeiten durch die Forderung, Richard und Gottfried sollten dem älteren Bruder für ihre Besitzungen huldigen. Möglicherweise im Streben nach einer dauerhaften Sicherung des Friedens unter den Söhnen, aber auch zur Wahrung der Einheit des angevinischen Reiches nach seinem Tode strebte der Monarch eine Neuordnung der Herrschaftsorganisation mit einer Stärkung der Position des jüngeren Heinrichs an. Das gesamte Reich erhielt eine zentralistische Struktur, in der die jüngeren Brüder dem ältesten als Vasallen untergeordnet wurden und rangmäßig einen niedrigeren Status als der jüngere Heinrich erhielten. Zudem sollte Aquitanien nur Teil des *Angevin Empire* sein und der Herzog nicht mehr in direkter Lehnsabhängigkeit zum französischen König stehen. Während Gottfried der Leistung des *homagium* zustimmte, verwies Richard auf seinen erbrechtlichen Anspruch auf Aquitanien und bot eine Huldigung nur gegen die Zusicherung an, daß er und seine Nachkommen dauerhaft im Besitz des Herzogtums blieben. Da der Thronfolger derartigen Kautelen nicht zustimmen wollte, folgten langwierige Verhandlungen, die jedoch an der Forderung des jungen Königs nach einem weiteren Treuegelöbnis Richards im Zusammenhang mit der gewünschten Huldigung scheiterten. Unter Hinweis auf eine grundsätzliche Gleichberechtigung sowie auf seinen Anspruch auf die Besitzungen der Mutter verließ Richard daraufhin zornentbrannt und ohne Erlaubnis den Hof des Vaters, um sich ins Poitou zu begeben. Hier begann er mit der Befestigung zahlreicher Städte und Burgen, da eine militärische Auseinandersetzung mit den übrigen Familienmitgliedern unvermeidbar schien.[89]

Erneut hatte der ältere Heinrich eine schwere Krise im Reich durch Veränderungen in der künftigen Herrschaftsorganisation geschaffen, die wieder auf Betreiben des jüngeren Monarchen verursacht worden waren. Zudem scheint der ältere König Anfang des Jahres 1183 die Handlungsstrategie des Thronfolgers sowie Gottfrieds nicht durchschaut zu haben, die einen raschen Sturz Richards anstrebten. Der Angevine glaubte immer noch an die Möglichkeit einer Verhandlungslösung, da er zuerst Gottfried und später Heinrich mit der Vorbereitung von Friedensverhandlungen mit den rebellischen Großen in Mirebeau beauftragte. Darüber hinaus wollte Heinrich den widerspenstigen Herzog mit Pressionen durch die Brüder zum Einlenken zwingen, die – wie Radulf von Diceto behauptete – den Hochmut Richards brechen sollten.[90] Die Brüder erfüllten den Auftrag auf ihre Weise, indem zuerst Gottfried und danach Heinrich nicht nur Verhandlungen mit den mächtigsten Opponenten führten, sondern auch ein Bündnis gegen den aquitanischen Herzog billigten. Die Barone betrachteten den Thronfolger aufgrund seiner Vorliebe für Turniere und für ritterliche Lebensformen, wie sie von den Troubadouren der Region propagiert wurden, als den geeigneteren Herrscher Aquitaniens im Vergleich zu seinem Bruder Richard.[91] Gleichzeitig werden die Prinzen Kontakt zu potentiellen auswärtigen Bündnispartnern – insbesondere zum französischen König – aufgenommen haben, so daß sich der anfangs innerfamiliäre Konflikt rasch zu einem schweren Machtkampf um die Herrschaft Heinrichs II. und Richards unter Einbeziehung einflußreicher Fürsten aus ganz Frankreich sowie der Iberischen Halbinsel wandelte.

Nachdem sich der Thronfolger und Gottfried Anfang Februar 1183 in Limoges getroffen und ein Bündnis mit Vizegraf Aimar eingegangen waren, der über eine starke Brabanzonentruppe verfügte, eröffneten die Opponenten die Kampfhandlungen in Limoges.[92] Der ältere Heinrich hoffte hingegen unverändert auf eine friedliche Beilegung des Bruderzwistes, so daß er sich mit Truppen ebenfalls ins Limousin begab und dort Anfang März mit Richard zusammentraf. Welche Zielsetzungen der jüngere Heinrich und seine Verbündeten wirklich verfolgten, mußte dem König spätestens bei dem Anmarsch auf Limoges deutlich geworden sein, als er angegriffen und in schwere Kämpfe verwickelt wurde. Nunmehr eskalierte der Konflikt weiter, in dem Richard in verschiedenen Teilen des Herzogtums mit großer Brutalität gegen die zumeist söldnerischen Truppen der Gegner vorging, die sich ihrerseits um Zuzug von Heeren aus Anjou und Maine bemühten. Während sich der König auf die Belagerung von Limoges konzentrierte und die weiteren militärischen Aktionen Richards unbekannt sind,[93] bemühte sich der Thronfolger um eine Ausweitung der Rebellion u. a. im Angoumois, wo er Festungen Richards angreifen ließ. Nunmehr wurde auch dem König die Gefährlichkeit der Konflikte bewußt, der eine Wiederholung des Mehrfrontenkrieges von 1173 befürchtete und daher nicht nur Verstärkungen durch sein Feudalheer anforderte, sondern in England alle verdächtigen Großen inhaftieren ließ, die seiner Zeit an der Revolte beteiligt gewesen waren[94] – letztlich eine übervorsichtige Maßnahme, da sich keine rebellischen Kräfte auf der Insel zugunsten des Thronfolgers regten.

Dennoch breitete sich der Konflikt weiter aus, da der junge König nicht nur vom französischen Monarchen, sondern im Mai 1183 auch vom Grafen Raimund von Toulouse sowie vom Herzog Hugo III. von Burgund Verstärkung erhielt.[95] Zwangsläufig engagierte sich auch der Gegner Raimunds, König Alfons II. von Aragón, der sich für Richard entschied und später mit Truppen einmarschierte.[96] Bertran de Born feierte diese Ausweitung der Kämpfe ausdrücklich, indem er zur Intervention von Franzosen, Normannen und Flamen gegen Richard und seinen Vater aufrief.[97] Während der ältere König und der Herzog allmählich in die Defensive zu geraten drohten, führte der junge Heinrich zum Schein verschiedene Friedensgespräche mit dem Vater, während er gleichzeitig große Bereiche im Angoumois sowie im Limousin verwüstete und zur Bezahlung seiner Soldtruppen sogar vor Kirchenschändungen nicht zurückschreckte. Eine überraschende Wende trat im Juni 1183 ein, als der junge Heinrich an Ruhr erkrankte und am 11. Juni nach einem Versöhnungsversuch mit seinem Vater in Martel starb.[98] Welch großes Ansehen der junge König im Lande trotz seiner Raubzüge immer noch besaß, verdeutlicht besonders das berühmte Klagelied Bertrans de Born auf den unvergleichlichen Monarchen. Heinrich wird hierin verherrlicht als bester König, der jemals geboren wurde, und als Kämpfer, dessen Ruhm sich in der ganzen Welt vom Nil bis zur untergehenden Sonne verbreitete und vorbildlich für die zeitgenössische Jugend wirkte.[99]

Die besondere Popularität des Monarchen manifestierte sich zudem in der Tatsache, daß sich unmittelbar nach dem Tode ein Konflikt zwischen Le Mans und Rouen um den Begräbnisort des Königs entwickelte, den die normannische Metropole schließlich für sich gewinnen konnte. Mit dem Hinscheiden Heinrichs verloren die Rebellen zugleich ihren Führer, so daß die Revolte danach schnell zusammenbrach. Der alte König, der nur mühsam seine tiefe Trauer über den Verlust des Sohnes überwinden konnte, nahm am 24. Juni 1183 Limoges ein, während sich der Graf von Toulouse und der Herzog von Burgund rasch in ihre Besitzungen zurückzogen. Der Plantagenêt überließ es Richard, die Revolte endgültig niederzuschlagen, wobei dieser die Unterstützung durch den aragonesischen König erhielt. Am 3. Juli 1183 unterwarf sich in Angers auch Gottfried seinem Vater, der ihn mit dem Einzug aller Burgen in der Bretagne bestrafte und zum Frieden mit Richard zwang, so daß der Aufstand im Sommer als beendet betrachtet werden konnte.[100]

Der Tod des englischen Thronfolgers mußte die Kräfteverhältnisse im angevinischen Herrscherhaus gravierend verändern, wobei Richard als der älteste überlebende Sohn König Heinrichs nun berechtigte Hoffnungen auf eine Sukzession auf den englischen Thron hegen konnte. Auch der alte Monarch scheint die Brisanz der anstehenden Nachfolgeregelung erkannt zu haben, die er offensichtlich rasch zu klären versuchte, indem er Richard an den königlichen Hof zitieren und den Sohn Johann durch dessen *magister* Ranulf de Glanville in die Normandie bringen ließ. Hier verlangte Heinrich vor Michaelis 1183 von Richard, seinem Bruder Johann Aquitanien zu übergeben und von diesem hierfür das *homagium* zu erhalten.[101] Verständlicherweise war der Herzog von dieser neuen Forderung des Vaters überrascht, zumal in diesem Zusammenhang keine Regelungen für die übrigen Territorien des angevinischen Reiches getroffen wurden. Nur zu vermuten ist, daß Heinrich nach dem Tode des Thronfolgers beabsichtigte, Richard als dessen Nachfolger bezüglich der übrigen Besitzungen vorzusehen und zur Ausstattung des jüngsten Sohnes, der seit 1177 nur den Titel eines *dominus Hiberniae* führte und über keinerlei Landbesitz verfügte (*Johann Ohneland*), diesem die bisherige Position Richards zuzuweisen.

Derartige Planungen konnten von den Beteiligten aber lediglich vermutet werden, da der alte König diesbezüglich weder mit den betroffenen Prinzen konferiert noch entsprechende öffentliche Verlautbarungen abgegeben hatte. Insofern sah sich Richard nur mit der Forderung nach dem Entzug Aquitaniens ohne entsprechende Kompensation konfrontiert, so daß bei ihm zu Recht der Eindruck einer bevorstehenden ungerechtfertigten Enterbung entstehen mußte. Wiederum ohne zwingende Notwendigkeit zerstörte Heinrich somit den erst kürzlich gesicherten Familienfrieden, indem er durch seine schwer verständlichen Planungen der Erbfolgeregelung einen neuerlichen und strukturell ähnlichen Konflikt zwischen Richard und Johann provozierte, wie er bereits vorher durch seine Nachfolgeregelungen zwischen Richard und dem jungen Heinrich bestanden hatte. Der aquitanische Herzog war klug genug, einen offenen Streit mit dem Vater am Königshof zu vermeiden, weshalb er sich Bedenkzeit erbat und umgehend heimlich in sein Herzogtum floh. Durch Boten ließ er schließlich Heinrich die Ablehnung der neuen Erbfolgeregelung sowie seine Entschlossenheit verdeutlichen, unter keinen Umständen auf das ihm zustehende und von der Mutter geschenkte Herzogtum zu verzichten. Erneut betonte Richard die zentrale Bedeutung, die Aquitanien für ihn besaß, auf das er keinesfalls zu verzichten beabsichtigte.[102] Zudem mußte dem Herzog bewußt sein, daß er bei einem Verlust Aquitaniens in eine ähnlich schwache Position gegenüber dem Vater geraten würde wie sein verstorbener Bruder; wie Heinrich hätte Richard lediglich die Hoffnung auf die Thronfolge und keine eigenen Machtgrundlagen besessen, zumal eine Erhebung zum Mitkönig wie bei dem jungen Heinrich vom Vater aus guten Gründen nicht vorgesehen war.

Zusätzliche Schwierigkeiten bei der Realisierung der Erbfolgeplanungen hatte Heinrich schon bald von seiten des französischen Königs zu gewärtigen, der die günstige Lage nutzte und seine Forderungen nach Restituierung der Mitgift Margaretes sowie nach der Heirat Alices mit Richard zu einem Pressionsinstrument gegen den Angevinen entwickelte. Um dem wachsenden Druck von seiten des französischen Hofes zu begegnen, traf Heinrich am 6. Dezember 1183 bei Gisors mit dem Kapetinger zusammen und huldigte diesem überraschend für alle seine Festlandsbesitzungen einschließlich Aquitanien.[103] Bezüglich der strittigen Territorialfragen vereinbarte man, daß das normannische Vexin in angevinischem Besitz bleiben und kompensatorisch Margarete lebenslange Zahlungen in Höhe von 2700 livres erhalten sollte.[104] Unklar sind hingegen die Pläne, die Heinrich bezüglich Alice und Richard verfolgte, da widersprüchliche Quellenaussagen vorliegen: Gesichert ist lediglich, daß einer der Söhne Heinrichs Alice heiraten sollte; nicht überliefert sind hingegen die Regelungen bezüglich der Ausstattung des Brautpaares und einer möglichen Nachfolge des Bräutigams im englischen *regnum*.[105] Gemeinsam ist den Quellenaussagen, daß Richard nicht mehr zwingend als Gatte der kapetingischen Prinzessin sowie als Thronfolger vorgesehen war und möglicherweise ein anderer Sohn – wahrscheinlich Johann – diese Aufgabe übernehmen konnte. Entscheidend für Richard war bei diesen Plänen des Vaters, daß dessen politischen Zielsetzungen für den Herzog als nicht hinreichend einsichtig erschienen und er den berechtigten Verdacht hegen mußte, schon bald seiner aquitanischen Machtgrundlagen beraubt und möglicherweise sogar enterbt zu werden. In diesen Befürchtungen wurde Richard seit dem Weihnachtsfest 1183 bestärkt, als der alte König angesichts der Weigerung des Herzogs, auf Aquitanien zu verzichten, im Zorn den Sohn Johann beauftragte, sich mit militärischer Gewalt in den Besitz des Herzogtums zu setzen. Da der König auf eine Ausstattung des Prinzen mit Truppen verzichtete, unterblieben jedoch Kampfhandlungen in den folgenden Wochen.[106]

Beide Konfliktparteien waren so klug, in der Folgezeit ihre Machtkämpfe nur innerhalb der Familie bzw. im angevinischen Reich auszutragen und nicht wie der jüngere Heinrich durch die Einbeziehung auswärtiger Verbündeter europaweite Auseinandersetzungen herauf zu beschwören. Da vorerst die Angriffe Johanns ausblieben, konzentrierte sich Richard wie üblich auf die Repression widerspenstiger Adliger, insbesondere auf Aimar von Limoges, der gemeinsam mit vagierenden Söldnertruppen verwüstend in Limousin und La Marche herumzog. Ihn bekämpfte der Herzog in bewährter Weise durch Plünderungen in dessen Besitzungen u.a. in Excideuil, wobei erstmals der Söldnerführer Mercadier hervortrat, der in der Folgezeit eine Schlüsselrolle als Truppenführer Richards spielen sollte.[107] König Heinrich sah sich hingegen seit dem Frühjahr 1184 mit auswärtigen Konflikten konfrontiert, vor allem mit Auseinandersetzungen des französischen Königs und des flämischen Grafen sowie einer wachsenden Liga feindlicher Fürsten u.a. um Besitzrechte in Vermandois. Dem Angevinen gelang es durch intensive Vermittlungsbemühungen, zuerst im Mai 1184 in Compiègne einen Waffenstillstand und nach Ausbruch neuer Kämpfe im Juli 1185 einen vorläufigen Friedensschluß in Boves herbeizuführen, im März 1186 bestätigt durch die endgültige Friedensvereinbarung von Amiens.[108]

Auffällig bei diesen Aktionen Heinrichs ist das Bestreben, keinen Zweifel an seiner Loyalität gegenüber dem kapetingischen Lehnsherrn entstehen zu lassen. Obwohl Philipps Verhalten im jüngsten Konflikt der beiden englischen Könige zumindest zweifelhaft war, unterdrückte der Angevine jegliche Regung einer Verstimmung und trug maßgeblich zum Machterhalt des kapetingischen Monarchen bei. In Anbetracht dieses Vorgehens Heinrichs erscheint die mitunter in der Forschung geäußerte Anschauung wenig überzeugend, der englische Herrscher habe im Zusammenhang mit den erwähnten Vermittlungsbemühungen ein Bündnis mit dem Kaiser angestrebt, um gemeinsam mit Barbarossa bzw. Heinrich VI. militärisch gegen Philipp vorzugehen.[109] Zwar kam es im September 1184 nach einem Besuch des Kölner Erzbischofs Philipp von Heinsberg anläßlich einer Wallfahrt nach Canterbury in Westminster zu Verhandlungen über ein Ehebündnis für Richard und eine Kaisertochter, wahrscheinlich Agnes, womit gleichzeitig die Auflösung der Richard lästigen Verlobung mit Alice verbunden gewesen wäre[110] – Vereinbarungen, die infolge des baldigen Todes der Prinzessin nicht realisiert wurden. Dennoch erscheinen diese Bündnisbestrebungen angesichts der monatelangen Ausgleichspolitik Heinrichs sowie seiner Bemühungen um Herrschaftsstabilisierung in Frankreich nicht zwingend als Maßnahmen zur Vorbereitung eines angevinisch-staufischen Angriffskrieges gegen Philipp. Vielmehr wird man das intendierte Bündnis eher als Teil der Bestrebungen des Angevinen nach einem Ausgleich Heinrichs des Löwen mit dem Kaiser sowie mit den übrigen Gegnern des Welfen sehen können, der später – sicherlich Dank angevinischer Aktivitäten – die Restitution erlangte und im September 1185 nach Braunschweig zurückkehren konnte.[111] Herzog Richard war in diesem Zusammenhang erneut lediglich nur Objekt diplomatischer Verhandlungen Heinrichs, ohne hierbei selbständig eigene Zielvorstellungen artikulieren oder gar realisieren zu können.

Ungeachtet der erwähnten kontinentalen Bündnisaktivitäten des alten Königs blieb dieser entschlossen, seine Pläne einer Neustrukturierung der Herrschaftsordnung im angevinischen Reich trotz der Widerstände Richards zu verwirklichen. Hieran änderte auch das temporäre Eingreifen Heinrichs im Inselreich nichts, wo er im Juni 1184 gelandet war[112] und seine innenpolitischen Reformen fortzuführen suchte. Hierzu zählte u.a. der Erlaß des Forstgesetzes (*Assize of the Forest*) im August 1184, das Jagdfrevel in königlichen Forsten unter verschärfte Strafe stellte.[113] Wichtig blieben hingegen dem König die Entwicklungen auf dem Kontinent, insbesondere in Aquitanien, wo seit dem Sommer 1184 Prinz Johann gemäß der Weisung des Vaters gewaltsam interveniert und hierbei überraschend Unterstützung von seinem Bruder Gottfried erhalten hatte. Wieder verschärften persönliche Animositäten und Machtstreben der angevinischen Prinzen die familieninternen Konflikte, da sich Gottfried durch die potentielle Thronfolge Richards und dessen aktuelle herzogliche Machtfülle offensichtlich benachteiligt fühlte und daher gegen den älteren Bruder gewaltsam vorging. So unterstützte der bretonische Herrscher mit Söldnertruppen Johann bei dessen Angriff auf das Poitou, der jedoch wenig Erfolg hatte, da die Invasoren entgegen ihren Erwartungen keine Förderung durch die Großen des Landes erhielten und Richard den Brüdern militärisch überlegen war. So mußten die Prinzen bald den Rückzug antreten – verfolgt vom aquitanischen Herzog, der nun seinerseits in die bretonischen Besitzungen Gottfrieds einfiel.[114]

Letztlich hatte der alte König durch sein Interventionsgebot an Johann selbst die Wirren in Aquitanien verursacht, die nur eine Verwüstung des Landes und damit eine Beeinträchtigung der politischen und wirtschaftlichen Herrschaftsgrundlagen des Herzogs zur Folge hatten, ohne hingegen Heinrich seinem Ziel einer Neuordnung der Erbschaftsregelung näher zu bringen. Spätestens im November 1184 erkannte der König seine Fehlentscheidung, indem er die Söhne nach Westminster zitierte und zur Beendigung ihrer Feindseligkeiten zwang[115] – zweifellos ein Zeichen für die unbestrittene Machtfülle und Autorität, die der königliche Vater den Söhnen gegenüber besaß. Dennoch schien der ältere Heinrich auch in der Folgezeit unverändert eine Schwächung der Macht des ältesten überlebenden Sohnes anzustreben. Diesen Eindruck konnte Richard gewinnen, der nach dem Weihnachtsfest in sein Herzogtum zurückgekehrt war und erfahren mußte, daß der Vater Gottfried als *custos* in der Normandie eingesetzt hatte und beabsichtigte, selbst von dort militärisch gegen Richard vorzugehen.[116] Ebenfalls einer Stärkung der Position der jüngeren Brüder gegenüber Richard schien die Entscheidung Heinrichs zu dienen, Johann nicht nur am 31. März 1185 in Windsor zum Ritter zu schlagen, sondern den Prinzen auch mit der Übernahme der Herrschaft in Irland zu beauftragen. Obwohl Johann von erfahrenen Beratern begleitet wurde, entwickelte sich das Unternehmen bald zu einem völligen Fehlschlag, da der *dominus Hiberniae* durch sein ungeschicktes Verhalten nicht nur die bislang verfeindeten irischen Könige zum gemeinsamen Kampf gegen den Prinzen veranlaßte, sondern auch die anglonormannischen Großen im Land durch Beleidigungen und Plünderungen verärgerte. Nachdem Johann am 24. Juni in Nord Munster eine empfindliche Niederlage im Kampf gegen irische Truppen unter König Domnall O'Brien hinnehmen mußte und die angeworbenen Söldner den Prinzen zu verlassen begannen, mußte dieser auf Befehl des Vaters den Rückzug nach England antreten, während Johann de Courcy mit der Wahrung der königlichen Interessen auf der „Grünen Insel" beauftragt wurde.[117] Begleitende Versuche Heinrichs, vom Papst eine Zustimmung zur Schaffung eines irischen *regnum* bzw. zur Krönung Johanns zu erlangen, waren ebenfalls nicht erfolgreich.

Herzog Richard reagierte auf diese befremdlichen Entwicklungen im Herrscherhaus in einer für ihn charakteristischen Weise, nämlich durch Anwendung militärischer Gewalt. Gegen den zu erwartenden Angriff des Vaters hatte er die Burgen im Poitou gestärkt und zudem – gegen den ausdrücklichen Befehl Heinrichs – Besitzungen Gottfrieds angegriffen. In der Folgezeit verzichtete der König jedoch auf ein gewaltsames Vorgehen gegen den renitenten Sohn und wählte statt dessen eine diplomatische Lösung. Er ließ Königin Eleonore, die zeitweise aus der Haft befreit worden war, in Begleitung Heinrichs des Löwen in die Normandie bringen und gleichzeitig Richard an den königlichen Hof vorladen. Erneut gehorchte der Herzog dem König, der von Richard nunmehr die sofortige Übergabe des Poitou mit allen Besitzrechten an die rechtmäßige Herzogin von Aquitanien verlangte. Da der Prinz die Grafschaft zumindest nominell für die Herrscherin verwaltet hatte und zudem in einer besonders vertrauensvollen Beziehung zu seiner Mutter stand, legte der Herzog die Waffen nieder und erfüllte den Befehl des Vaters.[118] Dieser dachte selbstverständlich nicht daran, seine Gattin nach all den Jahren der Inhaftierung wieder in ihre alten Rechte einzusetzen.

Mit dieser Maßnahme, die die Herrschaftsorganisation in Aquitanien in Anbetracht der nunmehr drei Herzöge (Heinrich, Eleonore und Richard) nicht gerade vereinfachte, hatte der König sicherlich eine machtpolitische Schwächung des widerspenstigen Sohnes erreicht; zudem blieb dieser monatelang im Ungewissen, ob Heinrich das Lehen anderweitig zu vergeben beabsichtigte. Faktisch änderte sich hingegen wenig an der bisherigen Situation, da der König unverändert bei seinen Aufenthalten im Herzogtum die uneingeschränkte Macht wahrnahm, Richard jedoch unter väterlicher Kontrolle gewähren ließ. Wie wenig konsequent die Haltung Heinrichs gegenüber seinem ältesten Sohn war, verdeutlicht das Verhalten des Königs hinsichtlich des Konfliktes mit dem Grafen von Toulouse.[119] Raimund V. hatte bereits 1183 die Revolte des jüngeren Heinrichs genutzt, um zu dessen Unterstützung seinen Sohn Raimund VI. mit Söldnertruppen in das Limousin zu schicken. Auch in der Folgezeit setzte der Graf die Verwüstungs- und Eroberungszüge – insbesondere im Quercy – fort, um verloren gegangene Territorien zurückzugewinnen. Hierbei konnte Raimund rasche Erfolge verzeichnen, zumal ihm im Februar 1185 ein Ausgleich mit dem früheren Verbündeten Heinrichs II., Alfons II. von Aragón, und der Abschluß eines Beistandspaktes gelungen war.[120]

Den Expansionsbemühungen Raimunds konnte der englische König über Monate selbst nicht Herr werden, so daß er sich gezwungen sah, den zuvor partiell entmachteten Herzog von Aquitanien mit dem Kampf gegen den Grafen von Toulouse zu beauftragen. Die erneute Wendung Heinrichs im Verhalten gegenüber Richard ermöglichte es diesem, seit langer Zeit erstmalig nicht nur militärisch, sondern auch politisch eigene Wege zu gehen. Dank der reichen Geldmittel, die er vom Vater erhielt, konnte der Herzog nicht nur ein großes Söldnerheer rekrutieren, sondern ihm gelang sogar, eigene diplomatische Verhandlungen mit auswärtigen Handlungspartnern zu führen. Hierbei konzentrierte er sich bezeichnenderweise auf den südfranzösischen Raum und die angrenzenden iberischen Reiche, wo sich bedeutende machtpolitische Veränderungen abzeichneten, nachdem Alfons II. die langjährigen Kämpfe mit Graf Raimund von Toulouse im Februar 1185 durch einen Friedensschluß beendet hatte. Dies hinderte den Aragonesen jedoch nicht, im April 1185 ein Bündnis, verbunden mit Territorialrestitutionen, mit Richard gegen Graf Raimund zu vereinbaren.[121]

Hierdurch hatte der Herzog zwar den wichtigsten Herrscher im Pyrenäenraum für sich gewonnen, dennoch mußte ihm die Bedeutung der konsequenten Expansionspolitik von Alfons bewußt gewesen sein, die vor allem gegen Navarra gerichtet blieb. Dies verdeutlichten u. a. die beiden Bündnisverträge, die Alfons II. mit Alfons VIII. von Kastilien im Januar bzw. September 1186 abschloß,[122] die nominell Defensivverträge darstellten, politisch hingegen gegen Navarra gerichtet waren, das der Aragonese bald darauf angriff. Da Alfons unverändert über die Pyrenäen ausgriff und den Vizegrafen von Béarn das *homagium* für seinen Herrschaftsbereich – ausgenommen die Besitzungen des aquitanischen Herzogs – leisten ließ,[123] sah sich Richard sicherlich zu Gegenmaßnahmen veranlaßt. Hieraus erklären sich möglicherweise Nachrichten über eigenständige Verhandlungen des Angevinen mit Sancho von Navarra, die in Plänen für eine Heirat Richards mit der Königstochter Berengaria gipfelten.[124] Zwar folgten den Gesprächen – möglicherweise in Rücksicht auf den französischen König und die bestehende Verlobung mit Alice – keine nachweisbaren vertraglichen Vereinbarungen, dennoch sind schon jetzt eigenständige geostrategische Überlegungen des Angevinen zur Sicherung des aquitanischen Herzogtums und selbständige Heiratspläne Richards erkennbar.

Im Frühjahr 1186 eröffnete Richard die Offensive gegen Raimund, der weder die Rückgewinnung des Quercy noch die Eroberung weiterer, bislang nicht von den Angevinen besessener Gebiete durch den Herzog zu verhindern vermochte. Der Plantagenêt konnte seinen Einfluß sogar bis weit ins Albigeois ausdehnen, da er u. a. die Abtei von Candeil unter seinen Schutz stellte.[125] Gleichzeitig griff der Verbündete Richards, Alfons II., Raimund in der Grafschaft Toulouse selbst an und entsetzte das belagerte Carcassonne. So blieb dem Grafen nur noch ein Hilfeersuchen an den kapetingischen Oberlehnsherrn, der militärisch gar nicht zu einer Intervention in der Lage war und sich daher auf einen Appell an Heinrich beschränkte, er möge den Aktivitäten Richards Einhalt gebieten, was dieser selbstverständlich nicht tat. Während die Angriffe des Herzogs auf den Grafen von Toulouse anhielten, versuchte Philipp auf andere Weise, den englischen Lehnsmann unter Druck zu setzen. Hierzu griff der Kapetinger auf die ungelösten Probleme der Mitgift der englischen Königswitwe Margarete sowie die ausstehende Heirat Richards mit Alice zurück und veranlaßte Heinrich zu einem Treffen bei Gisors im März 1186.[126] Die Herrscher vereinbarten, daß Margarete auf ihre Ansprüche hinsichtlich des Vexins sowie Gisors gegen eine Zahlung von jährlich 2750 livre verzichten und Richard Alice heiraten sollte, auf die das Vexin als Ausstattung übertragen wurde. Philipp verpflichtete sich zudem im Falle der Heirat seiner Schwester, niemals wieder gegenüber Heinrich und dessen Nachfahren Ansprüche auf das Vexin zu erheben.[127] Damit hatte der Angevine eine erneute, unerwartete Änderung in seinem Verhalten gegenüber Richard vorgenommen, der stillschweigend sowohl zum Gatten Alices als auch zum potentiellen Nachfolger Heinrichs designiert zu sein schien. Unverändert verzichtete der Plantagenêt aber darauf, seine Söhne über den aktuellen Stand der Nachfolgefrage in Kenntnis zu setzen.

Das ständige Lavieren des Königs sollte unmittelbare Konsequenzen haben, da Gottfried – wie sicherlich auch Richard – seine Schlüsse aus der Vereinbarung von Gisors zog und sich erneut in seinen Hoffnungen auf eine Thronfolge getäuscht sah. Und wie sein verstorbener Bruder Heinrich zog der bretonische Herrscher den Schluß, seine Interessen mit Hilfe des französischen Königs gegen die eigene Familie durchzusetzen. Unter dem Vorwand, der alte Heinrich würde ihn nicht hinreichend vor den Angriffen Richards schützen bzw. diese ahnden, begab sich Gottfried zu Philipp, mit dem ihn ein besonderes Vertrauensverhältnis verband. Am Hof begann der Angevine, nicht nur eine ritterliche Gefolgschaft um sich zu sammeln, sondern auch die besondere Förderung Philipps zu erlangen, dem er angeblich sogar die Huldigung für die Bretagne leistete. Falls der Bretone dies wirklich getan haben sollte, stellte der Vorgang eine klare Verletzung der Rechte König Heinrichs dar, dem Gottfried als normannischen Lehnsherrn gehuldigt hatte. Gleichzeitig konnte der Kapetinger die Möglichkeit erhalten, seine lehnsherrschaftlichen Ansprüche gegenüber Heinrich weiter auszubauen. Diese gefährliche Entwicklung wurde jedoch abrupt durch den Tod Gottfrieds unterbrochen, der in Paris bei einem Turnier schwere Verletzungen erlitt und unter lebhafter Anteilnahme des Kapetingers am 19. April 1186 starb; sein Grab fand der Graf auf Weisung Philipps vor dem Hochaltar von Nôtre-Dame in Paris.[128] Während Bertran de Born das angeblich unvergleichliche Ansehen des Grafen im gesamten Abendland pries, dessen Tod besonders von Turnierkämpfern, Minnesängern, Söldnern und schönen Damen beklagt würde,[129] hielt sich die Trauer über das Hinscheiden Gottfrieds ansonsten in Grenzen, der nicht selten als „*filius proditionis*" bezeichnet wurde.[130]

VI. Richards Kampf um die Thronfolge in England bis zum Tode König Heinrichs II. (1189)

Wieder hatte der frühzeitige Tod eines angevinischen Prinzen die Zahl der potentiellen Nachfolgekandidaten für König Heinrich erheblich reduziert und gleichzeitig die Position Richards als potentieller Thronfolger gestärkt, da nur der jüngste Prinz Johann in Konkurrenz zu ihm treten konnte. Hinzu kam, daß der französische König offenbar seit dem Ableben Gottfrieds entschlossen war, die Frage der Heirat seiner Schwester Alice sowie des Besitzes des Vexin bzw. von Gisors endgültig in seinem Sinne zu klären. Bis zum Ende der Regierung Heinrichs verfolgte Philipp die Angevinen mit der ständigen Forderung nach Durchführung der Heirat Alices bzw. der Restituierung des Vexin, so daß für diese ein regelrechtes „Alice-Vexin-Syndrom"[1] entstand. Zudem erhob der Kapetinger die Forderung nach Vormundschaft für die unmündigen Kinder der Witwe Gottfrieds – Eleonore und später Arthur – sowie nach der Verwaltung der Bretagne. Zusätzlich postulierte Philipp die Mannschaftsleistung Richards für Aquitanien und die Einstellung aller Kampfhandlungen gegen den Grafen von Toulouse, wobei der König im Weigerungsfalle Angriffe auf die Normandie androhte. Durch Verhandlungen konnten die Angevinen zwar im Oktober 1186 einen Waffenstillstand bis Januar 1187 vereinbaren, dennoch schien ein Krieg unvermeidbar, da Richard unverändert keinerlei Anstalten machte, Alice zu heiraten.[2] Offenbar war nicht nur der Widerwillen des Herzogs zu groß, die Konkubine seines Vaters, die ihm angeblich einen Sohn geboren hatte, zu ehelichen,[3] sondern Richard scheint zunehmend eigene politische Pläne für die Thronfolge gehegt zu haben, in denen ein Ehebündnis mit dem kapetingischen Herrscherhaus politisch inopportun zu sein schien. Dagegen ist die Behauptung, der Herzog habe sich wegen seiner angeblichen Homosexualität der Heirat so konsequent widersetzt, im Blick auf seine Eheschließung mit Berengaria bald nach dem Tode Heinrichs II. wenig realistisch.[4]

Nachdem Philipp im Mai 1187 durch das Bündnis mit Kaiser Friedrich I. seine Position nachhaltig gestärkt hatte,[5] entschloß er sich im Juni zum Angriff auf das Berry, wo er rasch Issoudon sowie Fréteval einnehmen konnte und danach mit der Belagerung von Châteauroux begann.[6] Erneut erwies sich Richard als wichtiger Helfer seines Vaters, der mit vier Armeen unter Mitwirkung Wilhelms de Mandeville, des Kanzlers Gottfried sowie der Söhne Johann und Richard die Invasion des Kapetingers aufzuhalten versuchte. Der aquitanische Herzog war es, der mit Johann die Verteidigung von Châteauroux erfolgreich betrieb und bei den folgenden Konfrontationen mit Philipp eine Schlüsselrolle gespielt haben dürfte. Nur intensive Verhandlungen unter Beteiligung päpstlicher Legaten sowie der Kampfesunwille zahlreicher Barone auf beiden Seiten konnten eine offene Feldschlacht verhindern, so daß am 23. Juni 1187 – unter dem beißenden Spott Bertran de Borns[7] – ein zweijähriger Waffenstillstand bei Châteauroux vereinbart werden konnte.[8] Bei den vorangegangenen Gesprächen scheint Heinrich jedoch erneut eine fragwürdige Rolle gespielt zu haben, da er Philipp angeblich ein Schreiben aushändigen ließ, in dem er die Heirat Alices mit Johann anbot, der als Ausstattung alle angevinischen Kronlehen mit Anjou, Poitou etc. – ausgenommen die Normandie – erhalten sollte, während für Richard lediglich das englische *regnum* mit der Normandie vorgesehen waren. Nach Chronistenangaben zeigte Philipp den Brief Heinrichs dem Herzog, worauf sich dieser in der Sorge vor einer möglichen Enterbung zugunsten des Bruders Johann bestätigt sah.[9]

Vielleicht stellte die Aktion Heinrichs einen erneuten Versuch dar, das Alice-Vexin-Problem gegen den widerspenstigen Richard zu lösen[10] und den besonders geliebten Sohn Johann gegen den älteren Bruder zu stärken. Zugleich verdeutlichte der Plantagenêt mit der Offerte an Philipp, daß er nunmehr bereit war, die Einheit des angevinischen Reiches zu zerschlagen, um die er so lange gekämpft hatte.[11] Nach Heinrichs Tod wäre einerseits ein anglonormannisches Reich konstituiert worden, wie es zur Zeit Wilhelms I. existiert hatte und dessen Machtbereich auf dem Kontinent sich auf die Normandie beschränkt hätte. Andererseits wäre ein neues, verkleinertes angevinisches Reich unter Johann entstanden, das ausschließlich Teil des französischen *regnum* gewesen und dem massiven Integrationsdruck von seiten der französischen Krone ausgesetzt worden wäre. Wahrscheinlich hätte dieser disparate Herrschaftsbereich, der weder durch gemeinsame Verwaltungsinstitutionen noch durch eine „Reichsideologie" zusammengehalten wurde, dem kapetingischen Expansionsdruck nur kurze Zeit stand halten können, um schließlich im französischen *regnum* völlig aufzugehen. Offenbar schien Heinrich zur Zerstörung des von ihm selbst geschaffenen Reiches bereit, um vor allem den Lieblingssohn Johann zu fördern und den renitenten Richard seiner Botmäßigkeit zu unterwerfen.

Die intensivierte Entfremdung zwischen Heinrich und Richard zeigte sich unmittelbar nach Abschluß des Waffenstillstandes, als sich der Herzog dem kapetingischen Lehnsherrn anschloß und zu ihm bald eine solch innige Freundschaft entwickelte, daß insbesondere König Heinrich völlig irritiert war und deshalb sogar die Rückreise auf die Insel verschob.[12] Nach Aussagen Rogers von Howden überhäufte der Kapetinger den Angevinen mit Ehrungen, mit dem er nicht nur gemeinsam speiste, sondern auch das Bett teilte – nach den Sitten der Zeit eine bedeutsame Geste für die besondere gegenseitige Wertschätzung[13] und nicht – wie vielfach angenommen – ein weiteres Zeichen für die angebliche Homosexualität Richards.[14] Dem Herzog war offensichtlich bewußt geworden, daß er seine Hoffnungen auf das angevinische Erbe weniger mit seinem Vater, sondern vor allem mit Hilfe des Kapetingers erfüllen konnte. Nicht mehr bei Heinrich, sondern bei Philipp lag seine Zukunft, wie ihm dies schon der Graf von Flandern bei den Verhandlungen von Châteauroux verdeutlicht hatte. Insofern distanzierte sich Richard stärker vom Vater, der durch zahlreiche Gesandte den Sohn vergeblich zur Rückkehr an den englischen Hof aufforderte. Im Sommer scheint der Herzog schließlich den Bitten des Vaters entsprochen und sich mit diesem unter neuerlichem Treueschwur versöhnt zu haben, nicht ohne bei der Anreise in Chinon den dort befindlichen „Staatsschatz" zu plündern und die Gelder für Festungsanlagen in seinem Herzogtum zu verwenden.[15]

Die Spannungen innerhalb des angevinischen Herrscherhauses wurden spätestens seit dem Herbst 1187 durch Nachrichten über verheerende Entwicklungen im Heiligen Land zumindest zeitweise relativiert, wo gravierende Veränderungen im politischen Kräfteverhältnis eingetreten waren. Eine Schlüsselrolle besaß hierbei Ṣalāḥ al-Dīn Yūsuf al-Ayyūbī, auch Saladin genannt, der im März 1138 in Tikrit geboren wurde und kurdischer Herkunft war.[16] Im Gefolge seines Vaters Nağm al-Dīn b. Shādhī Ayyūb, der zeitweise in Diensten des Imād al-Dīn Zangi mit Sitz in Aleppo stand, kam der junge Saladin zuerst nach Baalbeck, um bereits mit 18 Jahren Präfekt in Damaskus und dort später auch Vertrauter des Nūr al-Dīn Maḥmūd b. Zangī zu werden. Hierbei erfolgte zunehmend eine Verwicklung Saladins in die Konflikte der schiitischen Fatimiden in Ägypten mit offensiven christlichen Fürsten der Kreuzfahrerstaaten, die – wie König Amalrich I. von Jerusalem – in den 60er Jahren des 12. Jahrhunderts eine militante Expansionspolitik mit dem Ziel einer Eroberung Ägyptens betrieben. Der junge Kurde beteiligte sich selbst seit 1167 an den Abwehrkämpfen der Fatimiden, die mehrfach Nūr al-Dīn um militärische Hilfe gebeten hatten, gegen Angriffe Amalrichs und die byzantinische Flotte, woraufhin Saladin 1169 zum fatimidischen Wesir und zugleich zum Kommandeur der Zangiden-Truppen in Ägypten ernannt wurde. In dieser Funktion vollzog der Wesir 1171 auf Veranlassung seines zangidischen Herren den Sturz der fatimidischen Dynastie und konstituierte statt dessen in Kairo das sunnitische Kalifat mit der neuen Dynastie der Ayyubiden.

Nach dem Tode seines nunmehrigen Konkurrenten Nūr al-Dīn 1174 konnte der neue Herrscher dessen politisches Erbe antreten und im selben Jahr in Damaskus einziehen. Wie sein Vorgänger war Saladin bestrebt, eine dauerhafte Vereinigung Ägyptens mit Großsyrien und damit die Schaffung eines islamischen Großreiches herbeizuführen. Insofern trat der Sultan – wie bereits sein Vorgänger Nūr al-Dīn – als Vorkämpfer des Islam und als Verkünder des Djihad auf, doch richteten sich die kriegerischen Hauptaktivitäten Saladins bis in die Mitte der 80er Jahre hauptsächlich gegen islamische Rivalen und Opponenten. Zwar unternahm der Sultan zwischen 1177 und 1183 vier Heerzüge gegen die Franken, doch waren hiermit für ihn keine dauerhaften Erfolge verbunden. Da Saladin jedoch auch nach dem Tode König Amalrichs I. († 1174) mit Fürsten der Kreuzfahrerstaaten Bündnisse schloß bzw. deren militärischen Offensiven tolerierte, wirkte die von ihm beanspruchte Führungsrolle im Glaubenskampf gegen die Zangiden und andere muslimische Gegner auf die Zeitgenossen wenig überzeugend.[17] Dennoch gelang es dem Sultan, zuerst die seldschukischen Fürsten in Aleppo (1183) und Mosul (1184), danach kleinere muslimische Herrscher in Ostanatolien zu unterwerfen. Nachdem sich auch Mesopotamien Saladin unterstellt hatte, konnte er alle wichtigen muslimischen Territorien von Ägypten bis nach Mosul unter seiner Herrschaft vereinen und hierdurch die Kreuzfahrerstaaten geopolitisch umklammern. Dennoch blieb die Legitimität des Sultanats Saladins umstritten, der wegen der Verdrängung der Erben Nūr al-Dīns und der Machtübernahme in Syrien von muslimischen Zeitgenossen vielfach als Usurpator betrachtet wurde.

Die beschriebene Machtkonzentration in der Hand des Ayyubiden ermöglichte es ihm, den christlichen Fürsten der Kreuzfahrerstaaten mit überlegenen militärischen Kräften entgegen zu treten und eine Unterwerfung des Königreiches Jerusalem anzustreben. Auch dieses Unternehmen diente wie die erneute Ausrufung des Djihad vorrangig einer Legitimation der Herrschaft Saladins gegenüber innenpolitischen Gegnern. Dennoch gelang es – nach flankierenden Bündnisaktivitäten u.a. mit dem byzantinischen Kaiser[18] – dem Sultan, zahlreiche muslimische Fürsten zum gemeinsamen Kampf gegen die Kreuzritter in einem großen Koalitionsheer zu veranlassen. Dieses errang unter Führung Saladins am 4. Juli 1187 bei Ḥiṭṭīn einen glänzenden Sieg über ein etwa gleich großes Christenheer unter Führung König Guidos von Lusignan, der mit zahlreichen Großen gefangen genommen wurde.[19] Zudem konnten sich die Muslime in den Besitz der Kreuzes-Reliquie und damit eines der wichtigsten Zeichen des Christentums setzen. Da Saladin nach der Schlacht nicht nur Rainald von Châtillon wegen Vertragsbruchs eigenhändig tötete, sondern auch unter den Templern und Johannitern ein Blutbad anrichten ließ, verbreitete sich die Kunde von dem angeblich blutrünstigen und barbarischen Moslemfürsten rasch im gesamten Abendland.[20] Der Schrecken unter den Christen wurde durch weitere Siege des Sultans vergrößert, der in der Folgezeit zahlreiche andere christliche Herrschaftsgebiete und schließlich sogar Jerusalem erobern konnte (2. Oktober 1187).[21] Da der Siegeszug Saladins anhielt, der weitere christliche Territorien zu unterwerfen vermochte, blieben im Königreich Jerusalem lediglich Tyrus und Beaufort sowie in Nordsyrien – außer den Festungen Krak des Chevaliers und Chastel Blanc – nur Tripolis, Arima, Tortosa, Margat und Antiochia in christlichen Händen.[22]

Die Nachrichten von verheerenden Niederlagen der Christen im Heiligen Land und von der Eroberung Jerusalems durch die Muslime verbreiteten sich seit Oktober in ganz Europa – auch am englischen Hof – und riefen heftige Gegenreaktionen hervor. Der Angevine war bereits im Januar 1185 mit Problemen des Königreiches Jerusalem konfrontiert worden, als er vom Patriarchen von Jerusalem, Heraclius, das ehrenvolle Angebot erhielt, die Krone des *regnum* von Jerusalem zu empfangen. Da die hiermit verbundene Aufgabe einer Verteidigung des Heiligen Landes mit einer beträchtlichen Erweiterung der Aktionsbereiche des Angevinen verbunden gewesen wäre und Heinrich zu dieser Zeit besonders mit Konflikten innerhalb der eigenen Familie sowie mit Philipp II. befaßt war, verzichtete der Angevine im März 1185 nach Konsultation der englischen Großen sowohl für sich als auch für seine Söhne bei einem Hoftag in Clerkenwell auf die angebotene Krone. Statt dessen bot er dem Patriarchen Geld zur Verteidigung des Heiligen Landes an, worauf dieser unter Beschimpfungen den englischen Monarchen verließ, der trotz der Absage sicherlich einen weiteren Prestigegewinn im Abendland verzeichnen konnte.[23]

Im Spätherbst 1187 konnte sich Heinrich einer Unterstützung des gemeinsamen Anliegens der Christenheit, nämlich die besonders vom Papst geforderte Befreiung der Heiligen Stätten, nicht mehr so leicht entziehen. Zudem dokumentierte Richard erneut seine Entschlossenheit zu eigenbestimmtem Handeln, indem er sich zur Erfüllung seiner Pflichten als christlicher Ritter entschloß und im November 1187 als erster christlicher Fürst nördlich der Alpen das Kreuz aus den Händen des Erzbischofs Bartholomaeus von Tours nahm.[24] Mit dieser Entscheidung, die der Herzog ohne Konsultation des Vaters traf, hatte sich Richard nicht nur erneut ungehorsam gegenüber Heinrich gezeigt, sondern zudem den französischen Monarchen schwer gekränkt, der die Alice-Heirat infolge der Kreuzzugspläne des künftigen Schwiegersohnes erneut in weite Ferne gerückt sah. Philipp reagierte entsprechend, indem er Heinrich ultimativ zwang, entweder umgehend die Eheschließung Richards durchführen zu lassen oder zumindest Gisors zu restituieren; im Weigerungsfall drohte er mit Krieg, den er bereits zu Weihnachten durch Truppenrekrutierungen vorzubereiten begann.[25] Der englische König scheint sich der Gefährlichkeit der Lage bewußt gewesen zu sein, da er um baldige Gespräche mit Philipp bat, die am 21. Januar 1188 bei Gisors auch stattfanden.[26] Doch die Monarchen kamen gar nicht dazu, ihre politischen Streitfragen zu klären, da überraschend der Erzbischof von Tyrus auftrat und durch seine Predigt über die Not im Heiligen Land die Anwesenden in solchem Maße beeindruckte, daß beide Herrscher sowie zahlreiche anwesende Fürsten das Kreuz nahmen. Die Könige vereinbarten, zu Ostern 1189 gemeinsam den Kreuzzug anzutreten, den sie mit einer Sondersteuer ihrer Untertanen (Saladin-Steuer) zu finanzieren gedachten.[27]

Im Gegensatz zu den beiden Königen schien Richard entschlossen zu sein, möglichst rasch den Zug ins Heilige Land anzutreten, da er schon bei einem Hoftag Heinrichs am 23. Januar 1188 in Le Mans,[28] wo dieser Edikte bezüglich der Erhebung der Kreuzzugssteuer erließ,[29] um Unterstützung des eigenen Kreuzzugsvorhabens ersuchte. So bat Richard nicht nur um finanzielle Förderung durch Heinrich, sondern auch um dessen Anweisung, daß der Herzog vor der Abreise die Treueidleistung der Großen in England sowie in den Kontinentalbesitzungen erhalten sollte. Damit hätte Richard endlich Klarheit über seine gesicherte Thronfolge im englischen Reich und für die Herrschaft über die kontinentalen Besitzungen erhalten – eine Bitte, die in Anbetracht der großen Gefahren einer solchen Heerfahrt nur verständlich scheint. Wieder war es Heinrich, der sich einer klaren Stellungnahme entzog und lediglich anbot, gemeinsam mit dem Sohn ins Heilige Land zu fahren, ohne hingegen die Erbfolgefrage eindeutig zu klären.[30] Erneut ließ der Vater Richard bewußt hinsichtlich seiner herrscherlichen Zukunft im Unklaren und verstärkte weiter den Eindruck, der König wolle konsequent den ältesten Sohn zugunsten Johanns entmachten. Insofern ist die – von Gerald von Wales berichtete – Reaktion Richards verständlich, der sich daraufhin vom Vater „*im Herzen wie mit dem Körper*" trennte.[31] Das unerklärliche Verhalten Heinrichs trieb den Sohn geradezu in die Arme Philipps, der nur zu bereitwillig die familieninternen Konflikte im englischen Herrscherhaus für seine Interessen nutzte.

Während der Plantagenêt Ende Januar 1188 auf die Insel reiste und dort bis zum 10. Juli blieb,[32] begann Richard mit ernsthaften Vorbereitung des Kreuzzuges, woran er jedoch durch den Ausbruch erneuter Revolten in seinem Herzogtum gehindert wurde.[33] Wieder begann der ermüdende Kreislauf von Rebellion und Repression mit den üblichen Beteiligten – diesmal Gottfried von Lusignan im Bündnis mit Aimar von Angoulême und Gottfried de Rancon, die Besitzungen des Grafen von Poitou verwüsteten. Und wie immer reagierte Richard in spezifischer – nämlich ausschließlich militärischer – Weise, indem er die Ländereien der Opponenten verwüstete, also erneut einen Krieg zur Vernichtung der ökonomischen Ressourcen des Gegners weitgehend zu Lasten der ländlichen Bevölkerung und letztlich zum Schaden des eigenen Herzogtums führte. Richard konnte die Barone nach der Eroberung von Taillebourg rasch zur Unterwerfung veranlassen, insbesondere infolge seines Angebotes, bei Teilnahme am Kreuzzug von Strafverfolgung abzusehen[34] – eine geschickte Offerte, durch die Richard sowohl sein Kreuzfahrerheer vergrößerte als auch mögliche Opponenten während der Heerfahrt außer Landes schaffte und unter eigene Kontrolle stellte.

Schwieriger wurde die Lage des Herzogs in der Folgezeit, zumal sich eine Verschiebung der politischen Kräfteverhältnisse an der Südgrenze seines Machtbereiches abzuzeichnen begann. Unverändert bestand einerseits eine

Konkurrenz zwischen Kastilien und Aragón, andererseits forcierte Alfons II. seine Expansionspolitik u.a. gegen Navarra durch militärische Unternehmungen. Ein Gegengewicht hierzu stellte das Ehebündnis des Staufers Konrad von Rothenburg mit der Königstochter Berengaria von Kastilien vom 23. April 1188 dar,[35] wodurch zumindest indirekt Druck auf den aragonesischen König und Hauptfeind des Grafen von Toulouse ausgeübt wurde. Dieser scheint unerwartete Unterstützung durch Heinrich II. erhalten zu haben, der angeblich – wie zuvor die aquitanischen Großen – Raimund für Attacken auf Richard finanzierte, um den Sohn an der Durchführung des Kreuzzugsunternehmens zu hindern.[36] Um ein weiteres Konfliktfeld für den Angevinen zu eröffnen, unternahm Raimund daher Übergriffe auf aquitanische Kaufleute, worauf Richard wie üblich militärisch reagierte. Im Gegensatz zu den Erwartungen Raimunds führte er aber nicht nur eine begrenzte Strafaktion in den Nordteil der Grafschaft durch, sondern begann vielmehr einen großen Feldzug zur Wiedereroberung verlorener Besitzungen im Quercy. Hierbei war der Herzog so erfolgreich, daß der Graf erneut den kapetingischen Oberlehnsherrn um Hilfe ersuchen mußte, zumal Richard nach der Eroberung zahlreicher Burgen bis vor die Tore von Toulouse vorgerückt war. Philipp sah sich daher veranlaßt, da seine Appelle an Heinrich, den Sohn zu mäßigen, wie üblich erfolglos blieben, angesichts der Gefährlichkeit der Lage selbst einzugreifen. Zur Entlastung Raimunds fiel Philipp erneut im Berry ein, wo er rasche Erfolge, u.a. durch die Eroberung von Châteauroux, verzeichnen und Richard wie geplant zum Abbruch des Feldzuges im Quercy sowie zur Rückkehr ins Berry veranlassen konnte.[37]

Trotz großen Einsatzes gelang es Richard nicht, den Kapetinger zurückzudrängen, so daß die Lage immer bedrohlicher wurde und sich Heinrich genötigt sah, umgehend ein Heer in England zusammen zu ziehen und bereits am 11. Juli in der Normandie zu landen.[38] Um die eigenen Territorien zu schützen und die angevinischen Truppen in der Normandie zu binden, zog sich Philipp aus dem Berry zurück, wo der baroniale Widerstand anhielt. In den folgenden Monaten kam es zu einer Vielzahl von kleineren militärischen Aktionen im Berry und im Loire-Tal, bis die beiden Monarchen am 16. August 1188 bei Gisors zu Friedensgesprächen zusammentrafen, die jedoch ergebnislos verliefen.[39] Selbst das Angebot, durch ritterlichen Zweikampf, zu dem sich auch Löwenherz freiwillig meldete, den Konflikt zu entscheiden, wurde von den Kombattanten nicht angenommen.[40] So gingen die Kampfhandlungen weiter, indem Heinrich auf Mantes marschierte, während sich Richard ins Berry begab, ohne daß genauere Informationen über seine dortigen Aktivitäten bekannt sind. Über Wochen zogen sich die üblichen Verwüstungszüge hin, die keinerlei Wende im Kriegsgeschehen bewirkten, zumal sich zahlreiche Barone unter Hinweis auf den Kreuzfahrerstatus der Monarchen wenig kampfesbereit zeigten.[41]

Daher kam es am 7. Oktober in Châtillon-sur-Indre zu einem erneuten Treffen der Monarchen, das jedoch infolge unvereinbarer Territorialforderungen der Konkurrenten wieder scheiterte.[42] Gravierender war hingegen der Konflikt, der nach den Verhandlungen zwischen Heinrich und Richard ausbrach, da sich der Herzog nunmehr für direkte Gespräche mit Philipp entschied und mit dessen Hilfe versuchte, seine Interessen gegebenenfalls auch gegen den Vater durchzusetzen. So bot Richard an, die Streitigkeiten mit dem Grafen von Toulouse vom Gericht des französischen Königs entscheiden zu lassen. Die Realisierung des Vorschlags, der auf heftige Ablehnung des alten Königs stieß,[43] hätte die uneingeschränkte Anerkennung der Lehnsherrschaft des französischen Monarchen über Aquitanien und Toulouse bedeutet – ein Vorgang, den der englische Herrscher keinesfalls zu akzeptieren bereit war. Trotz folgender neuerlicher Angriffe Philipps auf das Berry, wo er bis nach Châteauroux vordrang, sich jedoch bald wieder zurückzog, trat Richard in engeren Kontakt zum Kapetinger. Dieser wird die Chancen erkannt haben, die ihm der Vater-Sohn-Konflikt im englischen Königshaus eröffnete, indem er Richard sicherlich kontinuierlich gegen Heinrich aufstachelte und ihm ständig die umlaufenden Gerüchte über die geplante Enterbung des Herzogs zugunsten Johanns mitteilte.[44]

Die Konsequenzen dieser Beeinflussung von Richard, der aufgrund zahlreicher Enttäuschungen ein immer größeres Mißtrauen gegen den Vater hegte, waren wie erwartet, da er sich immer stärker an Philipp anschloß, zugleich aber eine endgültige Klärung seiner Beziehungen zum Vater angestrebt haben dürfte. Hierzu kam es bei weiteren Friedensgesprächen, die zwischen den Fürsten am 18. November 1188 in Bonsmoulins geführt wurden und bezüglich der strittigen Territorialfragen zu keiner Einigung führten.[45] Entscheidend war jedoch, daß der Kapetinger die Frage der Besitzrestituierung im Berry mit der Forderung an Heinrich verknüpfte, dieser solle endlich die Heirat des Herzogs mit Alice durchführen[46] und die Barone im Inselreich sowie in den kontinentalen Besitzungen einen Treueid auf Richard als Thronerben schwören lassen. Da der Angevine Ausflüchte machte, forderte der Herzog den Vater seinerseits auf, ihn öffentlich als Erben anzuerkennen, worauf Heinrich schwieg. Dieses Verhalten führte zum sofortigen Bruch zwischen dem englischen König und Richard, der erschüttert erklärte, nunmehr habe er die Bestätigung dessen, was er immer für unmöglich gehalten habe.[47] Aufgrund dieser Erkenntnis trennte sich der Herzog von Heinrich und huldigte Philipp unmittelbar darauf für seine sämtlichen Besitzungen einschließlich der toulousanischen Eroberungen, d. h. u. a. für Aquitanien, Berry, Anjou, Maine und Normandie. Der Kapetinger war nur zu gerne bereit, die Huldigung des Angevinen einschließlich Treueidleistung in Empfang zu nehmen, während er gleichzeitig Richard in seinem Besitz bestätigte bzw. sogar Rückerstattung eigener Eroberungen angevinischer Territorien in Aussicht stellte. Der englische Herrscher schien von dieser Entwicklung völlig überrascht und konsterniert, so daß er sich lediglich zur Vereinbarung eines Waffenstillstandes bis Mitte Januar 1189 in der Lage sah und sich in die Guyenne zurückzog.[48]

Infolge der Weigerung des englischen Königs, Richard endgültig als Erben seines Reiches anzuerkennen und damit den Frieden im angevinischen Herrscherhaus wiederherzustellen, erschien der Bruch des Herzogs mit dem Vater als endgültig. Wichtigster Verbündeter, mit dessen Hilfe der junge Fürst seine Thronansprüche durchzusetzen hoffte, mußte der französische König sein, in dessen Begleitung sich Richard in der Folgezeit aufhielt. Beide Koalitionäre zeigten sich entschlossen, notfalls mit Gewalt die Ansprüche gegen Heinrich durchzusetzen, der das Weihnachtsfest in Saumur verbrachte.[49] Bei der Realisierung der genannten Pläne wurden die Verbündeten sowohl von den Bretonen unterstützt, die sich nunmehr gegen den englischen König erhoben, als auch von einer wachsenden Zahl an Großen, die die Zeichen der Zeit erkannten und sich im angevinisch-kapetingischen Endkampf rechtzeitig auf die Seite der zu erwartenden Sieger, nämlich Philipp und Richard, stellten. Zusätzlich geschwächt wurde Heinrich seit Beginn des Jahres 1189 durch schwere Krankheiten, die zwar zu einer nominellen Verlängerung des Waffenstillstandes führten, den Philipp jedoch bald brach und zusammen mit Richard verwüstend in die Besitzungen des englischen Monarchen einfiel.[50] An der Verschärfung der Konfrontation konnten auch zahlreiche Gesandtschaften wenig ändern, die Heinrich vor allem an Richard schickte, ohne eine positive Reaktion zu erhalten, zumal der Herzog durch Berater wie Wilhelm Longchamp in seiner harten Haltung bestärkt wurde.[51]

Eine Wende trat erst nach Ostern 1189 mit der Ankunft des Kardinallegaten Johannes von Anagni ein, der zur Förderung des Kreuzzugsunternehmens um eine Beilegung des Konfliktes bemüht war und die Kontrahenten bewegen konnte, ein Schiedsverfahren von Geistlichen beider Parteien zu akzeptieren. So kam es zu Pfingsten in La Ferté-Bernard bei Le Mans zu einem Treffen der verfeindeten Fürsten,[52] wobei sich Philipp erneut zum Fürsprecher Richards machte. Der Kapetinger wiederholte die alte Forderung, daß Heinrich die Heirat Alices mit dem Herzog veranlassen und diesen rechtsverbindlich als Thronerben anerkennen sollte. Zusätzlich verlangte Richard, daß ihn Johann auf dem geplanten Kreuzzug begleiten müßte, um eine zwischenzeitliche Herrschaftsübernahme im angevinischen Reich unmöglich zu machen. In offensichtlicher Fehleinschätzung seiner Lage wies Heinrich die Forderungen Philipps und Richards zurück und beharrte auf seinem Plan einer Heirat Alices mit Johann, so daß bei der gegnerischen Partei der Eindruck entstehen mußte, der englische König wolle unverändert den jüngsten Sohn zum Erben machen. Nachdem auch die anwesenden Geistlichen keine Einigung herbeiführen konnten und sich die gegnerischen Parteien im Unfrieden getrennt hatten, zog sich Heinrich nach Le Mans zurück,[53] und der angevinisch-kapetingische Endkampf trat in seine letzte Phase.

Dank der überlegenen Kräfte, über die die Koalitionäre verfügten, und infolge der wachsenden Zahl an Großen, die sich – wie z. B. der flämische Graf – Philipp und Richard anschlossen, geriet Heinrich zunehmend in die Defensive. Bereits im Juni rückten die Verbündeten in Maine ein und auf Le Mans vor, wo sich der englische König verschanzt hatte, jedoch nach kurzer Belagerung fliehen mußte. Bezeichnenderweise setzte sich Richard persönlich an die Spitze der Verfolger Heinrichs, der – entgegen dem Rat seiner wenigen Getreuen – nicht Richtung Normandie, sondern in den Süden flüchtete, wo er sich nach Chinon begab. Zuvor war es zu einer denkwürdigen Konfrontation Wilhelm Marshals mit dem Königssohn gekommen, der nur dank der Ritterlichkeit des Gegners dem Tode entrann.[54]

Unerbittlich verfolgten die Koalitionäre nach der Eroberung von Le Mans und Tours den Fliehenden, der sich weiter in Chinon aufhielt, jedoch allmählich selbst die Ausweglosigkeit seiner Lage erkannt hatte und – gedrängt von den wenigen Getreuen – Verhandlungen zustimmte. Diese erfolgten am 4. Juli 1189 in Ballan mit Richard und Philipp, der Heinrich die Bedingungen für einen Friedensschluß verkünden ließ. Hiernach mußte sich der Plantagenêt nicht nur Philipps Urteil „*ad misericordiam*“ unterwerfen, das *homagium* für seine gesamten Festlandsbesitzungen leisten und Alice fünf Vertrauenspersonen überstellen, die deren Heirat mit Richard nach dessen Rückkehr vom Kreuzzug sichern sollten, sondern auch alle Untertanen im gesamten angevinischen Reich zur Eidesleistung für Richard als Gesamterben veranlassen. Hinzu kamen Entschädigungszahlungen in Höhe von 20000 Mark an Philipp für Kriegsunkosten sowie die Übertragung diverser Städte und Burgen wie Le Mans und Tours an den Kapetinger. Beide Monarchen und Richard sollten in der Fastenzeit den vereinbarten Kreuzzug von Vézelay aus antreten, um endlich ihr Kreuzzugsversprechen zu erfüllen. Dem englischen König blieb keine andere Wahl, als seine bedingungslose Unterwerfung zu akzeptieren und sämtliche Forderungen des Kapetingers zu erfüllen.[55] Nachdem Heinrich als letzte Demütigung sogar Richard den Friedenskuß geben mußte, ließ sich der schwerkranke Monarch nach Chinon zurückbringen. Dort erfuhr der Plantagenêt schließlich zu seiner Erschütterung, daß sich sogar sein Lieblingssohn Johann, um dessen willen er Richard in seinen Rechten beeinträchtigen wollte, dem Lager Philipps und Richards angeschlossen und somit den englischen König verraten hatte.[56] Gedemütigt und verzweifelt starb Heinrich am 6. Juli 1189 in Chinon, wo er angeblich im Todeskampf gerufen haben soll: „*Schande, Schande über einen besiegten König*“.[57] Der natürliche Sohn Heinrichs, Gottfried, sorgte schließlich dafür, daß der tote Monarch, dessen Leiche von den Bediensteten ausgeraubt worden war, nach Fontevraud überführt und – lediglich von einigen Nonnen der dortigen Abtei sowie von

Gottfried und wenigen Gefährten begleitet – aufgebahrt wurde.[58] Richard, der durch Boten vom Tode des Vaters Nachricht erhalten hatte, begab sich umgehend nach Fontevraud zur Leiche Heinrichs, die angeblich beim Eintritt des Sohnes in die Kirche – als Zeichen der Verantwortlichkeit Richards für den Tod Heinrichs – zu bluten begann.[59] Ohne irgendeine Gefühlsregung zu zeigen, verließ der Königssohn nach kurzer Zeit den Toten und widmete sich lieber vor der Kirche politischen Gesprächen mit mächtigen Getreuen Heinrichs wie Maurice von Craon und Wilhelm Marshal, während der Monarch anschließend beigesetzt wurde.[60]

Versucht man, am Ende der Kämpfe Richards um die Durchsetzung seiner Machtansprüche im angevinischen Reich eine Zwischenbilanz zu ziehen, so sind zumindest Teilerfolge für den Herzog zu konstatieren. So war es ihm gelungen, sich trotz aller Attacken der Brüder und der Machinationen des Vaters den Besitz des aquitanischen Herzogtums bzw. der Grafschaft Poitou zu sichern. Es ist keineswegs sicher, daß König Heinrich ernsthaft entschlossen war, nach dem Tode des Thronfolgers Richard zu enterben und statt dessen Johann zu seinem Nachfolger zu machen. Wahrscheinlicher ist, daß der König nach den negativen Erfahrungen mit Heinrich dem Jüngeren und mit einer frühzeitigen Regelung der Nachfolge bemüht war, nicht denselben Fehler zu wiederholen und Richard offiziell als Thronfolger zu bezeichnen. Zu dem entsprechenden Lavieren und Taktieren kam Heinrichs Unfähigkeit, mit den Söhnen – insbesondere mit Richard – in angemessener Weise zu kommunizieren und ihnen die Motive sowie Zielsetzungen seines Handelns zu verdeutlichen. Dieses Kommunikationsdefizit Heinrichs hatte gravierende Konsequenzen, da keiner der Prinzen das Handeln des Vaters richtig verstehen und auch sein eigenes Verhältnis zu Heinrich angemessen definieren konnte. Insofern wird man die Kommunikationsmängel nicht – wie mitunter geschehen – den Söhnen anlasten und Richards Widerstand gegen die befürchtete Enterbung als Konsequenz seiner Einfältigkeit und Naivität bezeichnen dürfen.[61] Aus seiner Sicht der Dinge fühlte sich Richard vielfach ungerecht behandelt und in seinen legitimen Rechten beeinträchtigt, wogegen er mit den ihm zur Verfügung stehenden Mitteln vorging.

Zentrum seines politischen Handelns blieb für Richard Aquitanien, das die unverzichtbare Grundlage seiner Macht bildete und um deren Sicherung er jahrelang auch mit den Großen der Region gerungen hatte. Um die Erfolge Richards als Herzog angemessen beurteilen zu können, ist jedoch die Tatsache zu berücksichtigen, daß König Heinrich bis an das Lebensende keinen Zweifel daran ließ, daß er alleine der eigentliche Herrscher in Aquitanien war und der Sohn in erster Linie als sein Funktionsträger zu agieren hatte. Nur Heinrich verfügte über die Ressourcen sowie über die Truppenkontingente des Landes, so daß der Herzog nur eingeschränkte Aktionsmöglichkeiten besaß. Alleine der englische König als Gatte der Herzogin

Eleonore wäre in der Lage gewesen, institutionelle bzw. strukturelle Veränderung im Herrschaftssystem des Landes vorzunehmen – etwa durch die Zentralisierung des Finanz- und Abgabewesens nach anglonormannischem Vorbild. Entsprechende Reformmaßnahmen unterließ Heinrich, möglicherweise aufgrund der Einsicht, daß derartige Strukturveränderungen kurz- oder mittelfristig in Aquitanien nicht durchsetzbar schienen. Insgesamt ist ein mangelndes Engagement des Königs für die Südwest-Region zumindest nach dem Konflikt mit Eleonore feststellbar, der auch mit einer wenig effektiven Patronatspolitik des Angevinen verbunden schien. Zudem unternahm der König keinerlei Versuch, Aquitanien intensiver in den Gesamtverband des angevinischen Reiches zu integrieren, so daß auch von königlicher Seite lange Zeit eine gewisse Sonderstellung des Herzogtums im Reichsverbund hingenommen wurde.

Herzog Richard war der Hauptleidtragende dieses „Desinteresses" des Vaters an Aquitanien, da er aus eigenen Kräften gar nicht in der Lage war, eine Intensivierung der herzoglichen Machtausübung durch strukturelle Veränderungen im Herrschaftssystem vorzunehmen. Aufgrund der uneingeschränkten Oberherrschaft, die Heinrich über das Herzogtum ausübte, blieb der Sohn vor allem in Krisensituationen weitgehend abhängig von der Unterstützung durch den Vater, die dieser in finanzieller oder militärischer Form zumeist auch leistete. Ansonsten beschränkte sich Richard darauf, die Durchsetzung des herzoglichen Machtanspruchs gegen oppositionelle Barone des Landes ausschließlich mit militärischen Mitteln vorzunehmen – aufgrund der Größe der Region und der Vielzahl an weitgehend unabhängigen Baronen im Herzogtum ein nahezu aussichtsloses Unterfangen. Insofern ist es nicht verwunderlich, daß Richard während der gesamten Herrschaftszeit als Herzog in einen sich immer wiederholenden, ermüdenden Kreislauf von baronialer Rebellion und herzoglicher militärischer Repression involviert war, ohne eine dauerhafte Änderung der Kräfteverhältnisse im Lande herbeiführen zu können. Dies wäre wahrscheinlich eher möglich gewesen, hätte er nicht versucht, seine Ziele ausschließlich mit militärischen Mitteln zu erreichen. Ein gravierendes Versäumnis des Herzogs bestand also darin, daß es ihm nicht gelang, die wenig homogene Gruppe der baronialen Opponenten durch den Aufbau einer eigenen Klientel aufzubrechen. Sicherlich ist es kein Zufall, daß – ungeachtet der ungünstigen Quellensituation – kaum Informationen über baroniale Gefolgsleute Richards vorliegen, die ihn auf Dauer im Kampf gegen Rebellen und für eine Stärkung der herzoglichen Macht in Aquitanien unterstützten. Dies ist um so unverständlicher, als der Angevine aufgrund seines ausgeprägten ritterlichen Selbstverständnisses um die Gewinnung einer ergebenen Gefolgschaft hätte bemüht sein müssen. Dieser Mangel an treuen Klientelangehörigen sollte sich auch als nachteilig für Richard nach der Herrschaftsübernahme im englischen *regnum* erweisen, so daß der Angevine darauf angewiesen blieb, die ehemaligen Gefolgsleute seines Vaters für die eigenen Dienste zu gewinnen.

Obwohl es Richard gelungen war, mit kriegerischer Macht den Vater zu überwinden und die eigene Thronfolge zu erzwingen, mußte der Angevine dennoch bald erkennen, daß einige wichtige politische Probleme, mit denen König Heinrich konfrontiert war, auch nach dessen Tod ungelöst blieben. Dies war einmal das schwierige Verhältnis zum französischen Monarchen, mit dem Richard ein Zweckbündnis zur Durchsetzung seiner Thronansprüche gegen den Vater geschlossen hatte. Dennoch blieben die prinzipiellen Streitfragen, etwa die Eingliederung des englischen Lehnsmanns in das kapetingische Herrschaftssystem, weiterhin ungeklärt. Zum anderen war die Frage der seit Jahren projektierten Heirat Alices mit Richard ungelöst, der sich konsequent weigerte, die Prinzessin zu ehelichen und deshalb schwerste Konflikte mit König Heinrich in Kauf nahm. Erste Ansätze zu einer eigenständigen Heiratspolitik hatte der Herzog bereits vor einiger Zeit gezeigt, als er selbständig Eheverhandlungen mit König Sancho VI. von Navarra führte. Sicherlich war dieses Heiratsprojekt nicht nur Zeichen für die anhaltende Opposition Richards gegen den Vater, der angeblich das ihm anvertraute Mündel Alice verführt hatte, sondern diese Unternehmung dokumentierte auch den Willen des Sohnes zu einem eigenständigen außenpolitischen Handeln. Der Herzog dürfte sehr früh die Bedeutung der iberischen Monarchen für die Stabilität der angevinischen Herrschaft in Aquitanien erkannt und versucht haben, u. a. Alfons II. von Aragón sowie Sancho VI. von Navarra durch bilaterale Vereinbarungen in ein entstehendes eigenes außenpolitisches Bündnissystem einzubeziehen. Die Konsequenz aus diesen Planungen zog Richard schon bald nach der Thronbesteigung, indem er die erneut geforderte Heirat mit Alice verweigerte und seine eigenen Ehepläne mit Berengaria von Navarra realisierte.

VII. König Richard als Erbe Heinrichs II. und die Vorbereitung des Dritten Kreuzzuges

Unmittelbar nach dem Besuch Richards in Fontevraud[1] begann er mit der Herrschaftsübernahme, die etwa im Vergleich zu seinem Nachfolger völlig unstrittig war, da keiner der potentiellen Konkurrenten – etwa der Bruder Johann und Arthur, der zweijährige Sohn Herzog Gottfrieds – Machtansprüche erhob. Zudem trat der Plantagenêt uneingeschränkt die Nachfolge Heinrichs im gesamten angevinischen Reich an, obwohl einige Territorien im Verlauf der letzten Machtkämpfe mit dem alten König an den kapetingischen Herrscher verloren gegangen waren. So konnte sich der künftige englische Monarch vor allem der Lösung dreier Probleme widmen – der Thronbesteigung in England, der innen- und außenpolitischen Sicherung der Herrschaft im gesamten Reich während der bevorstehenden Abwesenheit infolge des Kreuzzuges und die Vorbereitung bzw. Durchführung dieses Unternehmens.

Zuerst versicherte sich Richard der Loyalität wichtiger Barone, die bislang im gegnerischen Lager gestanden hatten, jedoch nach dem Tode ihres königlichen Herrn kooperationsbereit schienen. Hierzu zählten bedeutende Ritter wie Maurice von Craon und Wilhelm Marshal, der in Fontevraud anwesend war und mit umfassenden Vollmachten nach England geschickt wurde.[2] Der Gesandte hatte die Aufträge, die inhaftierte Königin Eleonore freizulassen – was zwischenzeitlich bereits faktisch geschehen war – und die Krönung des Angevinen in angemessener Weise vorzubereiten.[3] Spätestens Ende Juli langte Wilhelm bei der nunmehr 67jährigen Königinmutter an, die umgehend den Wünschen ihres Lieblingssohnes entsprach und zügig einen würdigen Empfang des künftigen Königs auf der Insel vorbereitete. Überaus geschickt versuchte Eleonore, sofort die Kontrolle über den Herrschafts- und Verwaltungsapparat auf der Insel zu gewinnen und als Repräsentantin ihres Sohnes eine quasi königliche Hofhaltung in allen wichtigen Teilen des Reiches zu praktizieren.[4] Gleichzeitig wird Ranulf de Glanville, der letzte Regent und *justiciar* Heinrichs II., seine Tätigkeit bis zur Ankunft des neuen Monarchen fortgeführt haben.[5]

Zudem war Eleonore bestrebt, nicht nur potentielle Feinde Richards für diesen zu gewinnen, sondern die Stimmung in der Öffentlichkeit positiv zu beeinflussen. Hierzu ließ die Monarchin, die gleichsam als Regentin des Sohnes agierte, eine weitgehende Amnestie verkünden, die u. a. diejenigen betraf, die ungerechtfertigt und nur aufgrund der Entscheidung Heinrichs II. inhaftiert worden waren. Zudem nutzte die Witwe die weit verbreitete

Unzufriedenheit mit dem verstorbenen Gatten, da dieser die Bevölkerung u.a. durch die Saladin-Steuer und andere Abgabeforderungen finanziell schwer belastet hatte; hinzu kam ein beharrlicher Groll gegen Heinrich, der das Reich durch die ständigen innerfamiliären Konflikte in anhaltende Wirren gestürzt, seine Gattin lange Jahre inhaftiert und zudem angeblich den Mord an Thomas Becket zu verantworten hatte – eine lange Liste an Fehlern und Versäumnissen des Königs, dessen Tod daher nur von wenigen beklagt wurde.[6] Sicherlich ebenfalls auf Betreiben Eleonores entwickelte sich somit in den Wochen nach dem Ableben Heinrichs im Inselreich eine intensive Stimmung der Hoffnung auf einen Neuanfang bzw. auf einen Aufbruch des Landes, den man sehnsüchtig mit der Person des neuen Monarchen erwartete. Gleichzeitig festigte sich in der Öffentlichkeit der Eindruck einer besonders intensiven Beziehung der geliebten Mutter zu Richard, dessen Gehorsam gegenüber Eleonore weit über die traditionell geschuldete Ehrerbietung für die Königinwitwe hinauszugehen schien („*mother-fixation*“) und später möglicherweise sogar die Beziehungen zur Gattin Berengaria beeinflußte.[7]

Noch vor der Reise auf die Insel initiierte der künftige König eine intensive Patronage-Politik, durch die er ehemalige Gefolgsleute seines Vaters sowie mögliche Gegner für sich zu gewinnen suchte. So begann Richard damit, daß er Sanktionen gegen ehemalige Anhänger Heinrichs verhängte, die diesen in der Endphase des Machtkampfes mit dem Sohn zugunsten Richards verlassen hatten. Offensichtlich aufgrund seines ritterlichen Selbstverständnisses sowie der Verbindlichkeit der persönlichen Bindungen des Lehnsmanns an den Herrn gerade in Krisensituationen bestrafte der Angevine u.a. Guido de Laval, Ralph de Fougères und Juhel de Mayenne wegen deren Felonie.[8] Zudem zog der Plantagenêt pflichtvergessene Beamte seines Vaters wie etwa den angevinischen Seneschall Stephan von Tours zur Rechenschaft, den er in Ketten legen und demonstrativ als Gefangenen der Öffentlichkeit in England vorführen ließ.[9] Gleichzeitig versuchte Richard, wichtige Magnaten durch von ihm veranlaßte Heiraten mit reichen Erbinnen für sich zu gewinnen: So etwa Wilhelm Marshal, den er mit Isabella de Clare, der Erbin u.a. des *earldom* Pembroke sowie der Baronien Stringuil und Leinster in Irland, verheiraten ließ und diesen hierdurch zu einem der reichsten Männer des Landes machte.[10] Ähnlich verhielt sich der Angevine gegenüber Balduin de Béthune, Andreas de Chauvigny, Gottfried Fitz Peter u.a., die ebenfalls auf Veranlassung Richards durch Heirat mit reichen Erbinnen zu Wohlstand gelangten.[11]

Die gleiche Strategie verfolgte der künftige König gegenüber potentiellen Rivalen aus der eigenen Familie, insbesondere hinsichtlich Johann und dem illegitimen Bruder Gottfried. Letztgenannter konnte ohne größere Schwierigkeiten als möglicher Konkurrent ausgeschaltet werden, indem er zu einer Karriere im kirchlichen Bereich gedrängt und trotz intensiven

Widerstandes zum Erzbischof von York gewählt wurde.[12] Schwieriger gestaltete sich der Ausgleich mit Johann, den Richard nicht – wie mitunter angenommen – nach vermeintlichen angevinischen Rechtstraditionen mit der Verwaltung einer eigenen Grafschaft beauftragen oder gar als potentiellen Thronfolger designieren mußte. Der künftige Monarch wird sich vielmehr der schweren Probleme bewußt gewesen sein, die der Vater sowohl durch die verfrühte Designation des jüngeren Heinrich als Nachfolger als auch durch die Weigerung, ihn mit eigenem Herrschaftsterritorium und Einkünften auszustatten, selbst hervorgerufen hatte. So tat Richard das einzig Vernünftige, indem er Johann sowohl zum Grafen von Mortain ernannte als auch – dem Wunsch Heinrichs II. entsprechend und gegen den Einspruch Erzbischof Balduins von Canterbury – mit Isabella, einer Miterbin des verstorbenen Earls Wilhelm von Gloucester, verheiratete und ihm die Grafschaften Cornwall, Devon, Dorset und Somerset sowie Nottingham und Derby übertragen ließ.[13]

Damit verfügte der Königsbruder über beträchtlichen, zusammenhängenden Territorialbesitz im Südwesten und in den Midlands, der ihm zwar beachtliche materielle Einkünfte sicherte, jedoch keine militärisch übermächtige Stellung im Inselreich verschaffte, da sich Richard die Verfügung über die wichtigsten Burgen in den übertragenen Besitzungen vorbehielt.[14] Nicht zufällig wird Richard zur selben Zeit die großzügige Dotierung Wilhelm Marshals vorgenommen haben, dessen Burgen sowohl in Wales als auch in Irland ein strategisches Gegengewicht zu den Territorien Johanns bilden konnten. Da Johann in seinen Besitzungen ein eigenes Herrschafts- und Verwaltungssystem mit *justiciar*, *chancellor*, *exchequer* etc. aufbauen und beträchtliche Einkünfte erzielen konnte,[15] hoffte Richard wahrscheinlich, den Bruder durch die reiche Dotierung in seinem herrscherlichen Ehrgeiz zumindest zeitweise zufrieden zu stellen und ihn temporär als Konkurrenten um die englische Krone auszuschalten. Obwohl die Notwendigkeit einer materiellen Versorgung Johanns unstrittig ist, erscheint hingegen das Ausmaß der Dotierung als befremdlich – ein Bedenken, das bereits von mittelalterlichen Chronisten geäußert wurde.[16] Insbesondere der großzügige Umgang Richards mit den *terrae datae* gegenüber Johann, aber auch anderen Gefolgsleuten hatte gravierende Verluste für die königlichen Einkünfte im Bereich von *county farm* etc. zur Folge.[17] Insofern ist das mitunter in der Forschung geäußerte Verdikt über die wirtschaftliche Unklugheit des Angevinen sowie seine Freigebigkeit „*to the extent of folly*“ nicht ganz ungerechtfertigt.[18]

Da die Regentschaft im Inselreich geregelt war und dank des Einsatzes der Königinmutter überaus effizient wahrgenommen wurde, konnte Richard weiterhin auf eine rasche Reise nach England verzichten und vorrangig die Beziehungen zu dem kapetingischen Lehnsherrn neu gestalten. Zwar hatte Richard am Ende der Herrschaft König Heinrichs mit Philipp ein Zweckbündnis zur Durchsetzung eigener Machtansprüche getroffen, dennoch herrschte bei beiden Herrschern – ungeachtet der früheren symbolhaften Freundschaftsgesten – ein tiefes gegenseitiges Mißtrauen. Zudem existierten auch nach dem Tode Heinrichs dieselben ungeklärten Streitpunkte zwischen dem englischen Lehnsmann und dem kapetingischen Suzerän weiter, so daß keiner der Monarchen bereit war, ohne den Rivalen sein jeweiliges Reich zu verlassen und den Kreuzzug anzutreten. So trafen die beiden Fürsten zwei Tage nach der Einsetzung Richards als Herzog der Normandie am 22. Juli 1189 bei Chaumont-en-Vexin zu Gesprächen zusammen,[19] in denen Philipp in geradezu stereotyp-formelhafter Weise den bisherigen Verbündeten mit der Forderung nach Rückgabe von Gisors sowie des normannischen Vexin konfrontierte. Richard nahm seinerseits die bekannte Verhandlungsposition des Vaters auf, indem er die Gebietsrestitutionen ablehnte, jedoch – wie schon Heinrich II. – durch den massiven Einsatz von Geldmitteln einen Ausgleich mit Philipp anstrebte. Daher erklärte er sich bereit, nicht nur den Friedensvertrag von Colombières (vom 4. Juli 1189) auch für sich zu akzeptieren, sondern Philipp als Kriegsentschädigung zu den von Heinrich II. versprochenen 20000 Mark noch weitere 4000 Mark zu zahlen.

Außenpolitisch wichtiger war hingegen Richards Entschluß, erneut seine baldige Heirat mit der Schwester Philipps, Alice, in Aussicht zu stellen, um hierdurch eine Rückgabe der Mitgift der Braut, des Vexin, zu vermeiden;[20] ob und in wie weit die früheren, konkurrierenden Verhandlungen Richards mit König Sancho von Navarra wegen einer möglichen Heirat mit dessen Tochter Berengaria bereits bekannt waren und vielleicht eine Rolle spielten, ist nicht feststellbar. Der Kapetinger akzeptierte das Angebot des Angevinen umgehend und offerierte seinerseits – abgesehen von Graçay und Issoudon – die Rückgabe aller im Krieg gegen Heinrich II. eroberten Territorien, worauf Richard dem französischen Monarchen das *homagium* für die französischen Lehen leistete; zudem vereinbarten die beiden Fürsten den gemeinsamen Beginn des Kreuzzuges für die nächste Fastenzeit.[21] Damit hatten beide Vertragspartner zumindest in ihren gegenseitigen Beziehungen eine gesicherte Ausgangsbasis für die Durchführung des Kreuzzuges geschaffen, dessen Vorbereitung für Richard nun oberste Priorität erhielt.

Somit begab sich der Angevine auf die Reise nach England, wo er am 13. August in Portsmouth landete.[22] Wichtiger als eine sofortige Krönung erschien Richard hingegen ein großer Triumphzug durch England, durch den das Ansehen des jungen Fürsten in der Öffentlichkeit verbessert und durch begleitende Gespräche mit den wichtigsten Baronen deren Unterstützung gewonnen werden konnte – erneut ein Hinweis darauf, welche Bedeutung der Angevine seinem „Image“ in der Öffentlichkeit beimaß, um dessen Pflege er sich intensiv bemühte. Erst am 3. September begannen die

Krönungsfeierlichkeiten, die von bemerkenswertem Pomp begleitet waren: So zog der designierte Monarch in Westminster mit großer Prozession ein,[23] an deren Spitze die Niedere und Hohe Geistlichkeit mit Weihwasser, Kerzen etc. marschierten, gefolgt von Gottfried de Lucy und Johann Marshal mit der Haube bzw. den Sporen des Königs, hinter denen auf der einen Seite Wilhelm Longespée, Earl von Salisbury, und Robert de Beaumont III., Earl von Leicester, mit Stab (*virga*) bzw. einem der Staatsschwerter, in der Mitte der Königsbruder Johann mit einem zweiten Staatsschwert, und auf der anderen Seite Wilhelm Marshal, Earl von Pembroke, sowie David, Earl von Huntingdon, mit dem Szepter und dem dritten Staatsschwert schritten. Danach kamen sechs Barone mit den Gewändern und *regalia*, gefolgt von Wilhelm de Mandeville mit der Reichskrone, denen sich Richard anschloß, flankiert von den Bischöfen Reginald Fitz Jocelin von Bath und Hugo du Puiset von Durham. In einer aufwendigen Zeremonie nahm anschließend Erzbischof Balduin von Canterbury die Krönung Richards nach dem Anselm-Ordo vor, gefolgt von einem überaus kostspieligen und prunkvollen Festbankett.[24] An diesem durften nur die Großen des Reiches gemäß ihrem Rang und ihrer Dignität in der Welt, d.h. gemäß dem *ordo*, teilnehmen und Grafen wie Barone Tafeldienste verrichten.[25] Verboten war hingegen die Anwesenheit von Juden und Frauen – erneut kein Zeichen für die angebliche Homosexualität Richards, sondern ein Ausweis für sein herrscherliches Traditionsbewußtsein, da ein derartiger Brauch nach Chronistenangaben seit Jahrhunderten von den englischen Königen gepflegt wurde.[26] Gravierender waren hingegen die Judenverfolgungen, die im Zusammenhang mit der Krönung des Angevinen ausbrachen und infolge der wenig konsequenten Strafmaßnahmen des Königs nach dessen Abreise ins Heilige Land in einer Serie an Pogromen eskalierten. Nur mit Mühe gelang es den königlichen Beauftragten, das Morden u.a. in Bury St. Edmunds, Lynn, Norwich, Stamford und York zu beenden.[27]

Unverändert besaß nach der Krönung der Kreuzzug absolute Priorität für Richard, der mit bemerkenswerter Umsichtigkeit die innen- und außenpolitische Sicherung der Herrschaft für die Zeit seiner Abwesenheit betrieb. Drängend war hierbei die Defension der Grenzen des englischen *regnum* gegenüber möglichen Angriffen von seiten der Fürsten des „*celtic fringe*“, d.h. besonders von den Herrschern in Schottland und Wales. So hatte Rhys ap Gruffydd im Bewußtsein seiner hegemonialen Stellung unmittelbar nach dem Tode König Heinrichs mit Angriffen auf anglonormannische Burgen begonnen, da sich der Fürst von Südwales zur Friedenswahrung offensichtlich nur gegenüber dem verstorbenen Lehnsherrn und nicht gegenüber der englischen Krone verpflichtet sah.[28] Richard reagierte in bekannter Weise, indem er einen der mächtigsten anglonormannischen Fürsten in Wales, seinen Bruder Johann, mit der Durchführung militärischer Gegenmaßnahmen beauftragte. Diese hatten insofern Erfolg, als sich Rhys in Anbetracht der englischen Übermacht rasch zu einer Übereinkunft mit dem Angevinen und zu einem Treffen mit dem neuen englischen König bereit erklärte. Dieser entschied sich jedoch, weder den Fürsten in Oxford zu empfangen noch die Leistung des *homagium* zu akzeptieren – möglicherweise im Bestreben, die Vereinbarung Johanns nur als „privat“ zu betrachten und sich seine Handlungsfreiheit zu bewahren. Die Wirkung dieser Entscheidung des Monarchen war hingegen fatal, da sich Rhys zu Recht gedemütigt fühlte und in der Folgezeit bis zum Tode im Jahre 1197 eine Vielzahl an Angriffen auf anglonormannische Besitzungen, aber auch auf walisische Rivalen durchführte.[29] Die ständigen Attacken von Rhys ließen das gesamte Land über Jahre nicht zur Ruhe kommen und stellten auf der Insel einen Faktor politischer Instabilität dar, der oftmals in der Forschung als Ausdruck walisischen Unabhängigkeitsstrebens betrachtet wurde.[30]

Der Wunsch nach Friedens- und Grenzsicherung wird Richard ebenfalls veranlaßt haben, rasch Kontakt zum schottischen König Wilhelm aufzunehmen, der ihn im Dezember 1189 in Begleitung Gottfrieds in Canterbury aufsuchte.[31] Hier leistete der Schotte in Anwesenheit zahlreicher Großer das *homagium* für seine englischen Ländereien, woraufhin ihn der Angevine nach Zahlung von 10000 Mark von allen Verpflichtungen löste, die Wilhelm der Löwe als Gefangener Heinrichs II. im Vertrage von Falaise gezwungenermaßen hatte eingehen müssen. Insbesondere wurde dem Schotten konzediert, künftig nur solche Leistungen dem englischen Monarchen erbringen zu müssen, wie dies König Malcolm IV. den englischen Herrschern gegenüber getan hatte. Gleiches galt im Gegenzug für Leistungen des Königs von England für den schottischen Monarchen, wobei Streitfragen von einem paritätisch besetzten Schiedsgremium schottischer und englischer Barone entschieden werden sollten.[32] Obwohl Wilhelm König Richard ligischer Lehnsmann nur für die Ländereien sein sollte, für die frühere schottische Könige in ligischer Bindung zu den Monarchen Englands gestanden hatten und somit die Frage der englischen Oberlehnsherrschaft nicht abschließend geregelt wurde, entstand zumindest bei englischen zeitgenössischen Chronisten der negative Eindruck, daß der Angevine in Canterbury auf die Lehnsoberherrschaft über Schottland leichtfertig verzichtet hätte[33] – eine Annahme, die weder in Anbetracht der vagen lehnsrechtlichen Formulierungen des Vertragstextes gerechtfertigt erscheint noch der hiermit verbundenen mittelfristigen Stabilisierung der englisch-schottischen Beziehungen in dem „*statesmanlike move*“ Richards Rechnung trägt.[34]

Ein weiterer außenpolitischer Handlungsbereich des englischen Königs betraf die Beziehungen zum Deutschen Reich, insbesondere zu den Welfen und Staufern.[35] Heinrich der Löwe befand sich noch vor dem Tode Heinrichs II. am englischen Hof im erneuten Exil, zu dem er zu Ostern 1189 von Barbarossa vor dessen Abreise zum Kreuzzug gezwungen worden war.

Nach der Thronbesteigung Richards wird der Herzog weiter Kontakt zu diesem gepflegt haben, obwohl genauere Angaben in der Folgezeit über die Aufenthaltsorte des Löwen fehlen. Anzunehmen ist lediglich, daß er nach Erhalt der Nachricht vom Tode seiner Gattin Mathilde († 28. Juni 1189) zuerst den Sohn Heinrich von Braunschweig nach Sachsen schickte, um schließlich im Oktober selbst absprachewidrig in sein Herzogtum zurückzukehren.[36] Drei seiner Kinder ließ der Löwe erneut am englischen Hof zurück – den späteren Otto IV. und Wilhelm von Lüneburg, die beide auf Veranlassung Richards eine ritterliche Erziehung erhielten. Besonders an seinem Neffen Otto schien der Angevine Gefallen gefunden zu haben, da er ihm nicht nur durch *magister* Marbot eine standesgemäße Ausbildung gewährte,[37] sondern ihn in der Folgezeit reich zu dotieren pflegte. Doch bereits die Übertragung der Grafschaft York an Otto im Jahre 1190 bereitete erhebliche Schwierigkeiten und mußte später revidiert werden.[38] Auch für die Welfentochter Richenza (umbenannt in Mathilde) fühlte sich Richard offensichtlich verantwortlich, da er sie schon im Juli 1189 mit dem Grafen Gottfried III. von Perche verheiratete und sich hierdurch selbst eine Einflußnahme auf die geopolitisch wichtige Region südlich der Normandie sicherte.[39] Trotz der besonderen Affinität, die Richard zu dem Welfenhaus besaß, ist aber nicht anzunehmen, daß sich der Angevine vor Beginn des Kreuzzuges intensiv mit den staufisch-welfischen Auseinandersetzungen befaßte oder gar zugunsten des Löwen am kaiserlichen Hof intervenierte;[40] wahrscheinlich spielten die Welfen in den außenpolitischen Planungen des Angevinen eine eher untergeordnete Rolle.[41]

Wichtiger für das geplante Kreuzzugsunternehmen war für Richard der römische Kaiser, der auf dem „*Hoftage Christi*" am 27. März 1188 in Mainz mit zahlreichen Großen des Deutschen Reiches das Kreuz genommen und umgehend mit den Vorbereitungen zum Aufbruch begonnen hatte.[42] Doch gab es weder zu diesem Zeitpunkt noch später irgendwelche Absprachen für eine Koordinierung der Aktivitäten des kaiserlichen Heeres mit den Kontingenten des englischen und französischen Monarchen. Möglicherweise wurde eine Kooperation der künftigen Kreuzfahrer bei den Verhandlungen besprochen, die der Staufer mit König Philipp über ein *foedus amicitiae* im Jahre 1187 führte;[43] doch hatten die Gespräche – vielleicht wegen eines von Barbarossa beanspruchten Oberbefehls – kein positives Ergebnis. Zudem blieben die Kreuzzugsvorbereitungen der beiden anderen Herrscher auf Dauer von ihrer Rivalität und einem tiefen gegenseitigen Mißtrauen geprägt, so daß sich die Könige beharrlich belauerten und ständig mit kriegerischen Attacken des Gegners während der eigenen Abwesenheit auf dem Kreuzzug rechneten, die man zumindest vertraglich weitgehend zu verhindern suchte.

Der Staufer war von den erwähnten Spannungen unbelastet und konnte mit den Vorbereitungen zum Kreuzzug beginnen. Ähnlich wie die beiden anderen Könige legte der Kaiser großen Wert auf die Zusammenstellung eines schlagfähigen und disziplinierten Heeres, indem er – abgesehen von den erforderlichen Handwerkern und Knechten – nur Kämpfer zuließ, die beritten waren und über Mittel zur Verpflegung für zwei Jahre verfügten; Zuwiderhandelnde wurden mit Strafe bedroht.[44] Trotz der straffen Organisation des Unternehmens konnte das gesamte deutsche Kreuzfahrerheer nicht geschlossen den Zug ins Heilige Land beginnen, da zahlreiche Kölner und Niederrheiner schon im Frühjahr 1189 zu Schiff abreisten, während sich Barbarossa für den Landweg entschied und am 11. Mai 1189 von Regensburg aufbrach.[45] Das Heer war von beachtlicher Größe (ca. 12000–15000 Mann), das in drei bzw. vier Gruppen unter Leitung des Kaisers, Herzog Friedrichs von Schwaben sowie der Bischöfe von Münster und Würzburg – Hermann II. Graf von Katzenelnbogen und Gottfried I. Graf von Spitzenberg – stand. Zwar beanspruchte Friedrich I. den Oberbefehl, doch waren führende Adlige in einem *consilium principum* beratend tätig und an wichtigen politischen bzw. militärischen Entscheidungen während des Heerzuges beteiligt.[46]

Da der Staufer den freien Durchmarsch durch Ungarn, byzantinische Gebiete etc. mit Gesandten diplomatisch vorbereitet hatte, kam es zumindest bei der Reise durch Territorien Belas III. von Ungarn zu keinen größeren Schwierigkeiten.[47] Unterstützung erhielten die Kreuzfahrer auch bei der Weiterreise u.a. durch Bündnisangebote bulgarischer und serbischer Fürsten, deren Offerten der Staufer hingegen nicht annahm.[48] Die Situation änderte sich hingegen rasch, sobald das Heer byzantinisches Gebiet betrat, da Kaiser Isaak II. Angelos die Truppen Barbarossas zunehmend als Bedrohung seiner Herrschaft betrachtete. So entschied sich der Byzantiner – entgegen seinen früheren Zusagen bezüglich einer Förderung des Kreuzzuges (freies Geleit und Versorgungsregelungen) – für einen Frontwechsel. Daher traf er wahrscheinlich im Juni 1189 eine Vereinbarung mit Saladin, in der er diesem u.a. die Verhinderung des Kreuzzugsunternehmens sowie die Vertreibung aller „Lateiner" aus seinem Reich versprach.[49] Der Sultan war gerne zu einer derartigen Übereinkunft bereit, da hiermit die Erfüllung seiner Pläne gefördert werden konnte, das Kreuzzugsunternehmen so früh wie möglich, d.h. lange vor dem Betreten muslimischer Territorien, unmöglich zu machen.

Kaiser Isaak sah sich schon bald in seiner ablehnenden Haltung gegenüber dem Staufer bestätigt, als er von dem (unzutreffenden) Gerücht Kenntnis erhielt, Barbarossa wolle ihn absetzen und seinen Sohn Friedrich zum Kaiser erheben lassen.[50] Das hieraus resultierende tiefe Mißtrauen der Byzantiner erklärt auch deren Widerstand gegen die Kreuzfahrer, die sich bei ihrem Vormarsch auf Philippopel immer häufiger Überfällen und kleineren Kämpfen ausgesetzt sahen. Da die Versorgungsprobleme für das große Heer täglich wuchsen und die erwartete byzantinische Unterstützung ausblieb, begannen die Kreuzfahrer mit der Plünderung und Verwüstung immer größerer Regionen in Ostmakedonien und Thrakien. Die anhaltend feindliche Haltung Isaaks zwang Kaiser Friedrich, das Übersetzen nach Kleinasien aufzuschieben und zur Überwinterung mit großen Heeresteilen im November 1189 Adrianopel einzunehmen. Gleichzeitig zeigte sich der Staufer entschlossen, im kommenden Frühjahr – entgegen seinen ursprünglichen Plänen – Konstantinopel anzugreifen, da Friedrich seinen Sohn Heinrich VI. mit der Ausrüstung einer Flotte mit Hilfe italienischer Städte beauftragte.[51] Der anhaltende Druck von seiten der Kreuzfahrer veranlaßte Isaak schließlich zum Einlenken und zum Abschluß des Vertrages von Adrianopel, worin dem Kreuzzugsheer u. a. die ungehinderte Überfahrt bei den Dardanellen zugesagt wurde.[52] So gelang es dem Kreuzfahrerheer erst in der Osterwoche 1190, nach Kleinasien überzusetzen, wo nach dem Einmarsch ins anatolische Hochland neue Torturen – nunmehr durch klimatische Belastungen und Wassermangel – von den Kreuzfahrern zu erdulden waren.

Während sich das deutsche Heer unter hohen Verlusten in Kleinasien vorwärts quälte, hatten zur selben Zeit die westeuropäischen Könige immer noch nicht den Kreuzzug angetreten, obwohl sich Richard unverändert um eine rasche Regelung der Herrschaft in England während seiner Abwesenheit bemühte. Die angestrebte Machtstabilisierung erfolgte in innen- und kirchenpolitischer Hinsicht, indem der Angevine aus den Fehlern seines Vaters lernte und einen Ausgleich mit den wichtigsten Repräsentanten der englischen Kirche anstrebte. So verzichtete er auf die Fortführung bischöflicher Vakanzen trotz der hiermit verbundenen finanziellen Nachteile und ließ in einer groß angelegten Patronagemaßnahme am 15. September 1189 auf einem Hoftag in Pipewell Abbey bei Geddington zahlreiche seiner Vertrauten auf englischen Bischofsstühlen plazieren – so etwa seinen alten Kanzler Wilhelm Longchamp in Ely, Richard Fitz Neal in London, Hubert Walter in Salisbury und Gottfried de Lucy in Winchester[53]; Gottfried wurde trotz des Widerstandes von Hubert Walter als Erzbischof-Elekt von York bestätigt[54]; folgende temporäre Konflikte mit dem königlichen Stiefbruder wurden bald gegen Zahlung einer Entschädigungssumme an Richard beigelegt.[55] Zudem sicherte sich der König weitere Einflußnahme durch die Ernennung neuer Amtsinhaber im Kapitel von York, so daß er hoffen konnte, hierdurch die Macht des Stiefbruders einzugrenzen. Schließlich ernannte der König in Geddington noch einige wichtige Äbte, etwa in Glastonbury und Selby.[56] Lediglich die anhaltenden Konflikte des Bischofs von Coventry, Hugo de Nonant, mit den Mönchen der dortigen Priorei[57] und der Streit zwischen Erzbischof Balduin und dem Mönchskollegium in Canterbury wegen der Ernennung Roger Norreys zum Prior konnten erst nach dem Eingreifen des Kardinallegaten Johannes von Anagni Ende November beigelegt werden.[58]

Gleichfalls auf demselben Hoftag begann Richard, das Problem der Regentschaft während seiner Abwesenheit zu regeln. Hierzu griff er erneut auf erfahrene und loyale Mitarbeiter seines Vaters zurück, die für Herrschafts- und Verwaltungskontinuität sorgen konnten. So ernannte der Angevine nach der Entlassung Ranulfs de Glanville den langjährigen Bischof von Durham, Hugo du Puiset, sowie den Earl von Essex, Wilhelm de Mandeville, zu *chief justiciars*, nach dessen frühen Tode gefolgt vom mächtigen *chancellor* Longchamp. Diesen stand ein fünfköpfiges Beratungsgremium zur Seite, dem der einflußreiche Wilhelm Marshal, Gottfried Fitz Peter, Wilhelm Brewer, Robert de Whitefield und Roger Fitz Reinfrid angehörten.[59] Abgesehen von Marshal handelte es sich bei allen Beratern um erfahrene Verwaltungs- und Justizbeamte Heinrichs II., die zumeist als Richter ihrem König gedient hatten und nun loyal für Richard arbeiten sollten. Für zusätzliche innenpolitische Stabilität hatte schließlich auch die Königinmutter zu sorgen, deren Loyalität Richard vorbehaltlos vertrauen konnte und die er finanziell reich ausstattete, indem er ihr nicht nur die *dos* von Heinrich II. bestätigte, sondern Eleonore zusätzlich noch die Besitzungen übertrug, die Stephan und Heinrich I. ihren königlichen Gattinnen übereignet hatten.[60] Erneut manifestierte sich in diesen Maßnahmen die besondere Bindung des Königs an seine Mutter, die spätestens nach der Abreise ihres Sohnes gleichsam als seine Regentin in einem solch großen Umfang Einfluß und Herrschaft im Inselreich ausübte, wie sie diese niemals zuvor als Königin Heinrichs II. wahrzunehmen vermochte.[61]

Noch wichtiger als die Sicherung der Herrschaft während seiner Abwesenheit war Richard hingegen im Herbst 1189 das Problem der Finanzierung des Kreuzzugsunternehmens, dem er sich unmittelbar nach der Thronbesteigung zuwandte. Für die Beschaffung der gewaltigen Geldsummen bestanden zumindest zwei mögliche Verfahren für den Angevinen, der sich entschieden hatte, die Kosten für Transportmittel und Personal aus der königlichen Kasse zu bestreiten: Zum einen hätte der König wie sein Vater eine Art zweiten Saladin-Zehnten erheben lassen können, der sicherlich auf größte Ablehnung bei der Bevölkerung gestoßen wäre,[62] die noch schwer unter der Steuerlast aus der Zeit Heinrichs II. litt. Zum anderen konnte Richard die gesellschaftliche Oberschicht für ihre Teilhabe an der Herrschaft im Reich in besonderem Maße zur Finanzierung des Unternehmens heranziehen, wofür die Gelegenheit bei dem erfolgten Thronwechsel überaus günstig war. Daher führte der Monarch in der gesamten Verwaltung des Landes ein Revirement in einem derartigen Umfange durch, wie dies in solcher Intensität noch kein Herrscher in England bislang hatte realisieren lassen. So klagten zeitgenössische Chronisten resignierend: Für den König „war alles verkäuflich – Ämter, Baronien, Grafschaften, Sheriffbezirke, Burgen, Städte, Ländereien – das Ganze".[63] Diese Maßnahmen Richards stießen nicht nur bei Zeitgenossen, sondern auch in der Nachwelt auf scharfe Kritik, die ihn der Geldgier und der Zerstörung des funktionstüchtigen Verwaltungs- und Herrschaftssystems seines Vaters zieh.[64]

Eine genauere Betrachtung der Personalentscheidungen, die Richard seit dem Herbst 1189 traf, ergibt hingegen ein deutlich anderes Bild. Grundsätzlich ist festzustellen, daß ein Revirement bei den Funktionsträgern des Reiches und die Erhebung von Gebühren für die Übertragung von Ämtern bei Antritt eines neuen Herrschers oder auch während seiner Regierungszeit üblich und nicht ungewöhnlich waren. Derartige finanzielle Forderungen der Krone schienen zudem völlig berechtigt, da die gegen Gebühr überlassenen Ämter – wie etwa ein *sheriffdom* – dem Inhaber zur finanziellen Nutzung dienten und seinen Lebensunterhalt sicherten. Der Verkauf solcher Ämter konnte von Richard als Teil königlicher Prärogativen betrachtet werden, zumal der Monarch – trotz der gewaltigen Geldsummen, die er im Staatsschatz des Vaters vorgefunden hatte[65] – in großer Geldnot bei der Finanzierung des Kreuzzuges war und sich die traditionellen königlichen Einkommensquellen wie *shire farm* etc. als nur bedingt ergiebig erwiesen.[66] Insofern sah sich der Angevine gezwungen, auf außerordentliche Einkunftsquellen wie Gebühren aus Justiz, Feudalabgaben, Strafmaßnahmen und anschließender Wiedergewährung königlicher Gunst etc. zurückzugreifen.

Entgegen der Chronistenbehauptung, Richard habe die Ämter etc. meistbietend verschleudert, ist bei der Ämtervergabe des Königs eine klare Strategie erkennbar, die vor allem auf Kontinuität und auf den Einsatz erfahrener Funktionsträger seines Vaters in der eigenen Verwaltung abzielte. Dies wird etwa bei der Besetzung der Spitzenämter im englischen *regnum* deutlich, indem als *chief justiciar* ein erfahrener Gefolgsmann Heinrichs, Hugo du Puiset, neben dem Vertrauten Richards, Wilhelm Longchamp, eingesetzt wurde. Zu *stewards of the household* wurden Stephan Longchamp und Roger de Préaux ernannt, die das Amt bis zum April 1191 innehatten und das danach bis 1197 vakant blieb. *Chancellor* nunmehr für England wurde der Vertraute des Königs, Wilhelm Longchamp, während der *treasurer* König Heinrichs, Richard Fitz Neal, auch unter Richard diese Funktion weiter ausübte.[67] Somit wird deutlich, daß der neue Monarch – abgesehen von wenigen Ausnahmen – vorrangig um Wahrung der Herrschaftskontinuität bemüht war und hierfür zumeist auf Mitarbeiter seines Vaters zurückgriff, von denen er Loyalität erhoffte.

Ein ähnliches Bild ergibt sich bei einer Betrachtung der personellen Veränderungen im Bereich der *earldoms*, die oftmals in den Händen der Vorbesitzer aus der Zeit Heinrichs II. blieben. So sicherten sich u.a. Ranulf de Blundeville den Besitz von Chester und Richmond, Wilhelm de Ferrières von Derby, Richard de Reviers von Devon, Richard de Clare von Hertford, Robert ès Blanchemains von Leicester, Wilhelm Fitz Patrick von Salisbury, Hamelin von Surrey und Waleran von Warwick.[68] Neu ernannt wurden lediglich der Königsbruder Johann für Gloucester, Roger Bigod für Norfolk, Hugo du Puiset für Northumberland und König Wilhelm von Schottland für Huntingdon.[69] Selbstverständlich waren mit der Übernahme dieser Ämter erhebliche Kosten verbunden, so daß u. a. der Bischof von Durham, Hugo du Puiset, sein *earldom* für 2000 Mark bzw. die *justiciarship* für 1000 Mark erwarb, während Longchamp für das Amt des *chancellor* 3000 Pfund bezahlte.[70]

Gravierender war hingegen das Revirement auf der Ebene der *shrievalties*, wo angeblich von 31 Personen nur sechs im Amte blieben.[71] Doch auch hier ist nicht von der Wirksamkeit planloser königlicher Geldgier auszugehen, die sicherlich im Blick auf die Finanzierung des Kreuzzuges nahe lag; vielmehr war Richard auch bei der Vergabe dieser Ämter daran interessiert, durchsetzungsfähige und erfahrene Fachleute zu gewinnen, die zudem möglichst sein Vertrauen besitzen sollten.[72] So kauften etwa Magnaten zu ihren Besitzungen weitere *shrievalties* hinzu – wie der Bischof von Winchester, Gottfried de Lucy, der die *shrievalty* Hampshire hinzu erwarb, oder Bischof Hugo von Coventry, der die *shrievalties* von Leicestershire, Staffordshire und Warwickshire kaufte, oder Heinrich de Cornhill, der die *shrievalty* in Surrey besaß und sich zusätzlich Kent verschaffte, oder Robert de la Mare, der über Oxfordshire verfügte und zudem Berkshire übernahm.[73] Ferner kam es zu Versetzungen von *sheriffs* in andere Amtsbezirke, indem etwa Oger Fitz Oger von Buckinghamshire nach Hampshire transferiert wurde. Schließlich ließ der Monarch eigene Gefolgsleute mit *shrievalties* ausstatten, die anderen entzogen wurden – indem etwa der Bruder des Kanzlers, Heinrich Longchamp, Herefordshire von Ralph von Arden erhielt oder Johann Marshal Yorkshire von Ranulf de Glanville bekam.[74] Bestimmte Machtkonzentrationen bei einzelnen Großen sind hingegen nicht zu übersehen, da etwa die Bischöfe Gottfried de Lucy, Hugo du Puiset und Hugo de Nonant gleich mehrere *shrievalties* erwarben. Ihre Position wurde zusätzlich durch den Kauf wichtiger königlicher Burgen gestärkt, so daß es mitunter zu einer gemeinsamen Verwaltung von *shrievalties* und *castellanies* durch dieselbe Person kam. Dennoch scheint Richard darauf geachtet zu haben, daß auf den lokalen Verwaltungsebenen weniger Kuriale aus der Herrschaftszentrale seines Vaters, sondern vielmehr angesehene und einflußreiche Persönlichkeiten aus der jeweiligen Region die genannten Funktionen übernahmen.[75]

Insgesamt wird man konstatieren dürfen, daß die Mehrzahl der personellen Veränderungen bei den königlichen Funktionsträgern klaren Handlungsprinzipien entsprach und sowohl Herrschaftskontinuität als auch rasche Steigerung der königlichen Einkünfte herbeiführen sollte. Dies gelang dem Monarchen, der offensichtlich persönlich an den Personalentscheidungen interessiert und engagiert schien, auch weitgehend, wie jüngste Untersuchungen der *Exchequer*-Einkünfte aus der Regierungszeit Richards zeigen.[76] Hiernach ist eine gewaltige Steigerung der *Exchequer*-Einkünfte im Abrechnungsjahr 1190, d.h. in der Vorbereitungszeit des Kreuzzuges, zu konstatieren, indem die Gesamteinnahmen vom letzten Regierungsjahr Heinrichs II. 1188 von 13613 £ nach einem Einbruch im Jahre 1189 auf 10083 £. 1190 auf 23775 £ gesteigert werden konnten. Aufschlußreich ist die Zusammensetzung der verschiedenen Einnahmeposten: Hiernach kam es zwar im Bereich von *farm* (*firma burgi*) von 1189 mit 50,1 % Anteil am Gesamteinkommen auf 13,5 % im Jahr 1190 bzw. bei *demesne* (*dominium*) von 31,7 % in 1189 auf 4,0 % in 1190 zu beträchtlichen Verlusten. Gewaltige Einkünftesteigerungen konnte der *Exchequer* hingegen im Bereich *judicial* von 3,5 % in 1189 auf 34,7 % in 1190, *feudal* von 4,9 % in 1189 auf 28,6 % in 1190, *Jewish* von 0 % in 1189 auf 3,1 % in 1190 und *Misc.* von 0,7 % in 1189 auf 8,7 % in 1190 verzeichnen.[77]

Somit standen beachtlichen mittel- und längerfristigen Einnahmeverlusten der Krone in eher „traditionellen" Bereichen wie *farm* und *demesne* beträchtliche kurzfristige Einkünftesteigerungen in Sektoren wie *judicial* und *feudal* gegenüber, die sich aus hohen Gebühren bei der Neueinweisung in Ämter bzw. beim Kauf etwa von *shrievalties* oder für die Bestätigung von Privilegien bzw. Urkunden im Zusammenhang mit der Thronbesteigung des neuen Monarchen ergaben. Hinzu kamen für den Angevinen zahlreiche Einnahmen aus der nur langsam einzutreibenden Saladin-Steuer aus der Regierungszeit seines Vaters, einmalige Abgaben von Baronen bei Heirat oder Erbschaft und Sonderzahlungen der englischen Judenschaft zur Sicherung des königlichen Judenschutzes.[78] Da sich Richard auch die päpstliche Genehmigung verschaffte, wichtige Barone, die für die Aufrechterhaltung der Herrschaft im Inselreich unverzichtbar waren, gegen Gebühren von ihrem Kreuzzugsgelübde zu lösen,[79] wird man nicht bestreiten können, daß Richard innerhalb kürzester Zeit enorme Geldsummen beschaffte. So konnten Chronisten wie Radulf von Coggeshall klagen, es habe noch niemals ein englischer König vor Löwenherz existiert, der solche Mengen an Geld eingenommen habe.[80] Befremdlich für die Zeitgenossen und die Nachwelt waren hierbei vor allem die Intensität, mit der Richard die Gelder unter Nutzung der königlichen Prärogativen eintrieb, und die Kürze der Zeit, in der diese Einnahmen eingezogen wurden.

Die Beschaffung der Geldmittel für den Kreuzzug vor allem durch die Wahrnehmung seiner königlichen Feudalrechte hatte zugleich den Nebeneffekt, daß in besonderem Maße die baroniale Schicht zumindest ökonomisch geschwächt und hierdurch an der Durchführung von Privatfehden während seiner Abwesenheit gehindert wurde. Eine ähnliche Wirkung strebte der Angevine durch sein Bemühen an, eine möglichst große Zahl von englischen Großen zur Teilnahme am Kreuzzug zu verpflichten und hierdurch ein wichtiges Unruhepotential unter persönlicher Kontrolle zu halten. Ob und inwieweit die Teilnahme vieler Barone an der Fahrt ins Heilige Land eine effektive Fortführung des Verwaltungs- und Finanzwesens im Inselreich beeinträchtigte, wie dies mitunter vermutet wurde,[81] läßt sich nicht genau feststellen, doch erscheint dies aufgrund der oben erwähnten Veränderungen im Kreise der königlichen Funktionsträger nach 1189 eher als unwahrscheinlich.

Ähnliche Tendenzen lassen sich in den ersten Monaten nach der Krönung Richards bezüglich der königsnahen Großen im englischen *regnum* feststellen, die besonders häufig als Zeugen in königlichen Urkunden erscheinen und wahrscheinlich auch als Berater des Monarchen fungierten.[82] Erstaunlicherweise tauchen mächtige Barone wie Wilhelm de Mandeville, Roger Bigod u. a. in den ersten Zeugenlisten des neuen Herrschers vergleichsweise selten auf. Dennoch pflegte der König auf andere Weise den Kontakt zu dieser Gesellschaftsgruppe, indem er ihnen – wie erwähnt – wichtige *earldoms* u.ä. übertrug, ohne diese Barone ständig am Hof zu halten. Dominant sind hingegen zwei andere Personengruppen – wichtige Kirchenfürsten und einflußreiche Kuriale. So erscheinen unter den Zeugen in königlichen Dokumenten bis zum Ende des Jahres 1189 besonders häufig Bischöfe, die gleichzeitig wichtige Verwaltungsämter innehatten – so etwa Hugo du Puiset, Bischof von Durham, Gottfried de Lucy, Bischof von Winchester, Hubert Walter, Bischof von Salisbury, Balduin, Erzbischof von Canterbury, Hugo de Nonant, Bischof von Coventry, und Walter von Coutances, Erzbischof von Rouen.[83] Dieser Personengruppe standen nur wenige weltliche Große als häufige Zeugen gegenüber – nämlich Wilhelm Marshal, Earl von Pembroke und *justiciar*-Berater, Wilhelm de Mandeville, Earl von Essex und *co-justiciar*, Gottfried Fitz Peter, Earl von Essex und *chief justiciar*, sowie Johann Marshal.[84]

Auffällig an dieser Personenliste ist die Tatsache, daß es sich hierbei oftmals um erfahrene Vertraute König Heinrichs II. handelt, die zumeist aus dem Inselreich und nicht aus dem Beraterkreis Richards als Herzog von Aquitanien stammten. Nur ganz vereinzelt sind Personen des Verwaltungsstabes Richards aus dem Herzogtum nachweisbar – wie etwa die *chamberlains* Ralph Fitz Godfrey und Gottfried de Chauvegny sowie der *marshall* Guy de Dive.[85] Ein etwas modifiziertes Bild ergibt sich bei der Betrachtung der Zeugenlisten königlicher Dokumente bis zum Aufbruch des Monarchen zu seiner bewaffneten Wallfahrt Ende Juni 1190. Hier treten die Geistlichen als Zeugen deutlich zurück, indem nur noch Walter von Coutances, Erzbischof von Rouen und *chief justiciar*, Hugo du Puiset, Bischof von Durham und *co-justiciar*, Hugo de Nonant, Bischof von Coventry, und Gottfried de Lucy, Bischof von Winchester, häufiger genannt werden. Demgegenüber nimmt der Anteil der weltlichen Großen in Königsnähe deutlich zu, indem etwa Wilhelm Fitz Ralph, Seneschall der Normandie, über 42% der Urkunden bezeugt, gefolgt von Wilhelm du Hommet, *constable* der Normandie, Wilhelm Marshal, Earl von Pembroke und *justiciar*-Berater, Robert de Harcourt,

Roger de Préaux, königlicher *steward*, Wilhelm III. d'Aubigny, Earl von Arundel, Ralph Fitz Godfrey, königlicher *chamberlain*, und Johann Marshal.[86]

Zwar stammten bei dem kurzen Festlandsaufenthalt Richards vor der Abreise mehr königsnahe Begleiter aus den kontinentalen Besitzungen des angevinischen Reiches, doch handelte es sich weiterhin um etablierte Funktionsträger, die – wie etwa der Seneschall der Normandie – schon seit längerer Zeit und oftmals bereits unter Heinrich II. ähnliche Aufgaben erfüllt hatten. Im weiteren Verlauf des Kreuzzuges sollte sich der Personenkreis der königsnahen Gefolgsleute Richards erneut verändern, wobei sowohl einige wenige Vertraute aus den herzoglichen Diensten Richards – wie Wilhelm Longchamp, Philipp von Poitiers, Wilhelm de Forz u. a. – stärker in den Vordergrund traten, als auch ein Kern von Beratern erkennbar wurde, die – wie Wilhelm Longchamp, Hubert Walter und Wilhelm Marshal – in der gesamten Zeit des Kreuzzuges und sogar während der anschließenden Gefangenschaft in besonders engem Kontakt zu dem Angevinen standen.[87] Dennoch ist erneut zu konstatieren, daß Richard infolge seiner Herrschaftsausübung als aquitanischer Herzog weder eine ergebene Klientel aufbauen noch einen Kreis von Vertrauten um sich scharen konnte, die ihm auch als König von England dienten und auf die er sich verlassen konnte. So blieb der Angevine nahezu vollständig auf den personellen Apparat seines Vaters im englischen Reich angewiesen, ohne hinreichend Erfahrungen mit der Funktionsweise des komplizierten Verwaltungsapparates des Inselreiches zu besitzen und auch keine Bereitschaft an den Tag zu legen, diese Kenntnisdefizite überhaupt beseitigen zu wollen.

Ungeachtet der Kritik an den Maßnahmen Richards nach der Thronbesteigung konnte der König zweifellos – wenn auch nur zeitweise – einen beachtlichen Erfolg verzeichnen, da es ihm gelang, enorme Geldsummen innerhalb kürzester Zeit zusammenzuraffen, im großen Stil Transportfahrzeuge im eigenen Reich für den Kreuzzug zu verschaffen und erfahrene Seeleute anzuheuern. Nach entsprechenden Aktivitäten bei den Cinque Ports, Shoreham und Southampton verfügte Richard bald über eine Flotte von ca. 45 Schiffen, die er in der Folgezeit durch Kauf bzw. Miete auf über 200 Fahrzeuge erweiterte.[88] Großzügig zeigte sich der König auch bei der materiellen Ausstattung der Kreuzzugsteilnehmer, indem er große Mengen an Verpflegung sowie Tausende Hufeisen ankaufen und 1000 Seeleuten für ein Jahr im voraus den Lohn auszahlen ließ.[89] Schon in dieser Phase der Kreuzzugsvorbereitung zeigte sich, daß der Monarch offenbar eine besondere Strategie bei dem Heerzug im Heiligen Land anzuwenden gedachte – nämlich eine Kombination von Landtruppen und Flotte, die zumindest logistisch das Heer begleitete und gegebenenfalls unterstützte. In realistischer Einschätzung der Situation im Königreich Jerusalem ging Richard davon aus, daß eine kontinuierliche Beschaffung von Material und Lebensmitteln für die kämpfende Truppe auf dem Seeweg gewährleistet sein sollte, um die

Einsatzfähigkeit des Heeres für einen längeren Zeitraum ungeachtet muslimischer Pressionen zu sichern. Diese Kombinationsstrategie eines Landheeres mit einer begleitenden Flotte war bislang im Heiligen Land noch nicht konsequent angewendet worden und sollte sich als erfolgversprechend erweisen. Voraussetzung hierfür war der kompromißlose Einsatz von riesigen Geldsummen, die die monatelange Präsenz einer eigenen Flotte vor der Küste des Königreiches Jerusalems ermöglichten, während andere Führer von Kreuzfahrerheeren – wie etwa König Philipp – auf eine Flotte lediglich als Transportmittel ins Heilige Land zurückgriffen und nach der Landung der Truppenkontingente die Schiffe sicherlich aus Kostengründen so schnell wie möglich zurückschickten. Zwar hatte auch Saladin schon frühzeitig die Bedeutung einer großen Flotte erkannt, die er erfolgreich im Kampf gegen christliche und muslimische Widersacher eingesetzt hatte.[90] Auf christlicher Seite erwies sich dagegen Löwenherz bereits in der Frühphase des Unternehmens hinsichtlich des Flotteneinsatzes als überaus weitschauend und strategisch innovativ.

In der berechtigten Hoffnung auf eine effiziente Vorbereitung des Kreuzzuges konnte der König am 12. Dezember die Überfahrt von Dover nach Calais antreten, um am 30. Dezember 1189 sowie am 16. März 1190 zu Gesprächen mit Philipp II. in Nonancourt bzw. Dreux zusammenzutreffen.[91] Hierbei kamen die Monarchen überein, sich gegenseitig Frieden zuzusichern und jeweils dem anderen bei der Verteidigung seines Landes behilflich zu sein; zudem schworen die Herrscher mit den anwesenden englischen und französischen Baronen, keinen Krieg zu beginnen, solange die Könige nicht von dem Unternehmen zurückgekehrt wären und sich 40 Tage in ihrem Reich friedvoll aufgehalten hätten. Im Falle des Todes eines der beiden Könige sollte der Überlebende die Verfügung über die Kriegskasse sowie die Truppen des Verstorbenen erhalten. Zur Durchsetzung der Vereinbarung verpflichteten sich die Angehörigen der Hohen Geistlichkeit, Zuwiderhandelnde zu exkommunizieren.[92] Die gemeinsame Abreise sollte von Vézelay aus Anfang Juli 1190 erfolgen, obwohl bald darauf die Nachricht vom Tode der im Kindbett verstorbenen französischen Königin Isabella (von Hennegau) eintraf und der königliche Witwer daher kurzfristig unabkömmlich war.[93]

Die eingetretene Verzögerung der Abreise nutzte Richard zum Besuch seiner kontinentalen Besitzungen, die er in den folgenden sechs Monaten intensiv bereiste. Wie in England bemühte sich der König um die Stabilisierung der Herrschaft für die Zeit seiner Abwesenheit im Heiligen Land, indem er ein umfassendes Revirement in der Verwaltung durchführte. Hierbei strebte der Angevine wie in England nach Sicherung der Herrschaftskontinuität, indem er etwa Wilhelm Fitz Ralph, der seit 1180 Seneschall der Normandie war, in dem Amt bestätigte.[94] Zudem setzte der König in Anjou wahrscheinlich Payn de Rochefort bzw. Stephan von Tours als Seneschalle

Abb. 2: Philipp II. von Frankreich nimmt mit Richard I. das Kreuz.
Aus: Grandes Chroniques de France, 1335/1340.

ein[95] und trug in Aquitanien der traditionellen Zweiteilung des Verwaltungssystems Rechnung, indem er seinen langjährigen Vertrauten Peter Bertin im Poitou und Elias de la Celle in der Gascogne zu Seneschallen ernannte.[96] Die herzoglichen Beauftragten werden sich in der Folgezeit in realistischer Einschätzung der bestehenden Machtverhältnisse im Herzogtum darauf beschränkt haben, den Status Quo zu wahren und lediglich den Ausbruch größerer Feindseligkeiten unter den renitenten Großen des Landes zu verhindern.

Der Plantagenêt selbst führte im März 1190 im Rahmen der Rundreise durch seine Festlandsbesitzungen in Bonsmoulins ein Treffen mit wichtigen

Funktionsträgern durch, u.a. mit der Königin, Prinz Johann, der Prinzessin Alice sowie zahlreichen geistlichen Würdenträgern des englischen Reiches.[97] Auf der Versammlung traf Richard wichtige Entscheidungen bezüglich der weiteren Herrschaftssicherung während seiner Abwesenheit im englischen Reich. Nachdem mit Wilhelm de Mandeville († wahrscheinlich 12. Dezember 1189) einer der *chief justiciars* gestorben war, ergab sich für Richard die Notwendigkeit, möglichst bald Ersatz zu suchen. Hierzu griff er auf seinen bewährten *chancellor* und neuen Bischof von Ely, Wilhelm Longchamp, zurück, den er zuerst zum *justiciar*-Berater und im März 1190 zum *chief justiciar* ernannte.[98] Gleichzeitig schränkte er die Kompetenzen des bisherigen alleinigen *justiciars*, Hugo du Puiset, nachhaltig ein, indem er eine Aufteilung der Handlungsbezirke vornahm und Hugo die Region nördlich des Humber bis zur schottischen Grenze, Longchamp hingegen die Bereiche südlich des Humber einschließlich des Zugriffs auf die Verwaltungszentren sowie des Towers in London zusprach. Das neue Beratungsgremium für die *chief justiciars* bildeten neben Wilhelm Marshal Gottfried Fitz Peter, Wilhelm Brewer und Hugo Bardolf.[99] Damit hatte der Angevine eine gravierende Veränderung der Kräfteverhältnisse im englischen *regnum* veranlaßt, da nunmehr einer der wichtigsten englischen Barone mit großem Einfluß unter den Großen der Insel zugunsten des Vertrauten Richards, Wilhelm Longchamp, weitgehend entmachtet wurde. Der nunmehrige *chief justiciar*, dessen Position im Juni 1190 durch die Ernennung zum päpstlichen Legaten für England, Wales und die englischen Besitzungen in Irland gestärkt wurde,[100] war völlig neu in England, hatte keinerlei Erfahrungen mit dem komplexen Herrschafts- und Verwaltungssystem des Inselreiches und wurde daher mit großem Mißtrauen von der politischen Führungsschicht Englands betrachtet.[101] Es mußte sich zeigen, ob Longchamp die ihm übertragenen Aufgaben und insbesondere die Sicherung der Herrschaftsstabilität im Inselreich auf Dauer gewährleisten konnte.

Der englische König wird sich wahrscheinlich der möglichen Gefahren politischer Unruhen in England während seiner Abwesenheit bewußt gewesen sein, da er – ebenfalls in Bonsmoulins – eine weitere, wichtige Entscheidung traf, die gleichen Zielen diente. So zwang er sowohl den Erzbischof-Elekt Gottfried als auch Graf Johann zum Eid, in den folgenden drei Jahren England nicht mehr zu betreten[102] – sicherlich in dem realistischen Bemühen, durch das Anwesenheitsverbot für die angevinischen Familienangehörigen eine mögliche Rebellion gegen den König während des Kreuzzuges zumindest zu erschweren. Obwohl sich die beiden Angevinen, wenn auch widerstrebend, zu der geforderten Eidesleistung bereit erklärten, beging Richard hingegen in der Folgezeit einen gravierenden politischen Fehler. Angeblich auf Intervention der Königinmutter Eleonore entband der Herrscher Johann von dem genannten eidlichen Versprechen[103] und ermöglichte hierdurch – neben der extrem großzügigen materiellen Dotierung des Bruders – erst dem Grafen, schon bald eigene Machtansprüche im englischen Reich zu verfolgen, gegebenenfalls auch gegen den königlichen Bruder.

Weitschauender verhielt sich Richard hingegen bezüglich eines anderen, wichtigen Problembereiches, der unverändert seine Existenz belastete und auch zentrale Bedeutung für den Erhalt der Dynastie besaß – die ständig verschobene Eheschließung des Monarchen. Offensichtlich im Blick auf die genannte Problematik scheint Richard seine langjährige Verlobte Alice mit der Königinmutter sowie wichtigen Beratern ebenfalls nach Bonsmoulins zitiert zu haben.[104] Zu vermuten ist mit einer gewissen Wahrscheinlichkeit, daß bei der Zusammenkunft Fragen der bevorstehenden Hochzeit Richards mit der Prinzessin besprochen wurden; Gleiches wird von dem kurz darauf folgenden Treffen Richards mit König Philipp in Dreux anzunehmen sein.[105] Aus dem Schweigen der zeitgenössischen Quellen ist zumindest abzuleiten, daß bei den beiden erwähnten Gesprächen offensichtlich noch nicht die Auflösung der Verbindung Richards mit der kapetingischen Königstochter vereinbart wurde, da dies zweifellos von den Chronisten berichtet worden wäre.

Diese Feststellung ist um so wichtiger, als Richard in den folgenden Monaten offensichtlich andere, eigene Ehepläne weiter verfolgte, deren Vorbereitung er bereits als Graf von Poitou betrieben hatte. Es handelte sich um die bereits erwähnte Verbindung zum Königshaus von Navarra, die der Angevine offenbar seit Frühjahr 1190 weiter pflegte. Dies zeigte sich in einer überraschenden Reise des Monarchen in die Grafschaft Bigorre, wo er gegen Wilhelm de Chisi wegen Wegelagerei vorging und sich um den Schutz der Santiago-Pilger bemühte.[106] Zweifellos war die Hinrichtung des räuberischen Barons zur Sicherung der Pilgerwege sinnvoll, doch erklärt sich hieraus nicht zwingend, warum Richard gerade zu diesem Zeitpunkt kurz vor der eigenen Abreise ins Heilige Land an die Südgrenze seiner Besitzungen reiste. Wahrscheinlich ist, daß der König andere, weitreichendere Ziele verfolgte, als einen renitenten Adligen zu züchtigen. Vielmehr wird man annehmen dürfen, daß der Angevine außenpolitische Kontakte sowohl zu dem mächtigen Herrscher von Aragón und Lehnsherrn der benachbarten Vizegrafschaft Béarn, als auch zum König von Navarra pflegte.

Die außenpolitischen Aktivitäten Richards waren um so nötiger, als sich die politischen Kräfteverhältnisse zwischen den christlichen Reichen auf der Iberischen Halbinsel in den letzten Jahren nachhaltig verändert hatten.[107] Zwar strebte der kastilische Monarch unverändert eine Hegemonie über die übrigen christlichen *regna* an, doch erwies sich eine Durchsetzung imperialer Ideen, wie sie noch Alfons VII. mit einer Unterordnung der übrigen Monarchen unter seine Oberherrschaft in einer Art „lehnsrechtlicher Pyramide“ zu verwirklichen versuchte, als politisch nicht mehr realisierbar. Insbesondere nach dem Tode Alfons' I. von Portugal († 6. Dezember 1185) und Ferdinands II. von León († 22. Januar 1188) strebten deren

Nachfolger, der 31jährige Sancho I. von Portugal[108] und der 17jährige Alfons IX. von León,[109] seit ihrem Regierungsantritt nach größerer Unabhängigkeit von der kastilischen Hegemonialmacht.

Während sich die Herrschaftsübernahme in Portugal problemlos gestaltete und Sancho erfolgreich die Reconquista mit Eroberungen bis nach Silves (1189) betreiben konnte,[110] war der leonesische König einem Machtkampf mit der Stiefmutter Urraca López um die Ansprüche deren Sohnes Sancho sowie kastilischen Angriffen auf die Tierra de Campos ausgesetzt. Durch geschicktes Taktieren konnte Alfons einerseits die kastilischen Pressionen nach Anerkennung der Lehnsoberherrschaft Alfonsos VIII. in Carrión abwenden und einen Friedensschluß in Soto Hermoso erreichen[111]; andererseits gelang ihm innenpolitisch die Stabilisierung seiner Macht durch eine konsequente Reformpolitik, u. a. durch die berühmte *curia* von León im April 1188 mit einer stärkeren Herrschaftsbeteiligung sowohl von Adel und Geistlichkeit als auch – und dies erstmalig – der *caballería villana* in einer Frühform der *cortes*. Hauptziel des Leonesen blieb in der Folgezeit der Kampf gegen die beiden dominierenden Mächte Kastilien und Aragón, die zumindest zeitweilig kooperierten und sich im Oktober 1186 in Berdejo zu einem Beistandspakt u. a. gegen Navarra verbunden hatten.[112] Zusätzlich kompliziert wurde die Situation seit 1188 infolge des Eingreifens der Staufer auf der Iberischen Halbinsel durch das erwähnte Heiratsbündnis für die kastilische Erbtochter bzw. Konrad von Rothenburg.

Spätestens diese Vereinbarung führte zu einer Veränderung in den Bündnisbeziehungen der iberischen Monarchen, da sich vor allem Alfons II. von Aragón durch das Engagement der Staufer in seinen südfranzösischen Herrschaftsansprüchen beeinträchtigt sah. Hinzu kamen kontinuierliche kastilische Expansionsbestrebungen, u. a. durch das Vordringen sowohl bis tief nach Andalusien als auch in die Mancha sowie mit der Gründung von Plasencia.[113] Nachdem sich der Kastilier im Frühjahr 1190 durch einen fünfjährigen Waffenstillstand mit dem Almohadenherrscher Abū Yūsuf Ya'qūb al-Manṣūr an den Südgrenzen des Reiches Ruhe verschafft hatte,[114] begann sich eine Gegenkoalition unter den christlichen Monarchen zu formieren. So vereinbarten Alfons II. von Aragón und Sancho VI. von Navarra in Borja im September 1190 einen Vertrag gegen den König von Kastilien, im August 1191 bestätigt durch Eide mächtiger Barone beider Reiche.[115] Hieran schloß sich im Februar 1191 ein Bündnis Sanchos I. von Portugal mit Alfons IX. von León ebenfalls gegen Kastilien an, im Mai 1191 gefolgt von einem Dreibund der Herrscher von Aragón, León und Portugal in Huesca mit der gleichen Zielsetzung.[116] Nachdem die Könige von Aragón und Navarra im Juni zu weiteren Verhandlungen zusammengetroffen waren, erfolgte im Juli ihr gemeinsamer Angriff auf kastilische Territorien mit Verwüstungszügen bis nach Soria.[117] Die Folge waren monatelange Gegenangriffe des Kastiliers und Attacken auf leonesische Territorien, obwohl zur selben Zeit die Almohaden in Portugal erfolgreich die Rückeroberung von Territorien bis zum Tajo betrieben[118] und sich Kreuzfahrerheere im Kampf um die Befreiung der Heiligen Stätten in Outremer befanden.

Vor dem Hintergrund dieser komplexen politischen Entwicklungen auf der Iberischen Halbinsel sind die folgenden Aktivitäten Richards im Pyrenäenraum im Sommer 1190 zu sehen, als sich der englische König sehr wahrscheinlich mit Sancho von Navarra zu Gesprächen traf. Obwohl keine konkreten Quellennachrichten überliefert sind,[119] wird man dennoch annehmen dürfen, daß der Angevine Verhandlungen wegen seiner Pläne eines Eheschlusses mit der navarresischen Königstochter Berengaria geführt haben dürfte.[120] Irgendeine Beteiligung der Königsmutter Eleonore an den Unterredungen ist hingegen weder nachweisbar noch realistisch. Von welchem der beiden Herrscher die Initiative zu den Gesprächen ausging, ist unklar; dennoch wird man diese eher Richard zusprechen können, der sich unter Zeitdruck wegen des bevorstehenden Kreuzzuges befand und in besonderem Maße daran interessiert sein mußte, das Problem eines Heiratsbündnisses mit Navarra zu klären.

Wahrscheinlich wird Richard die Kontakte, die er möglicherweise schon 1188 zum Königshof von Navarra geknüpft hatte, intensiviert und mit konkreten Vereinbarungen bezüglich der geplanten Ehe abgeschlossen haben. Das vorgesehene Heiratsbündnis hatte zweifellos vor allem für den Angevinen deutliche Vorteile: Zum einen ermöglichte es ihm, das leidige Problem der Verbindung mit der kapetingischen Prinzessin Alice zu lösen[121] und eine Ehe einzugehen, die eher seinen außenpolitischen Vorstellungen entsprach als denen seines verstorbenen Vaters. Zum anderen konnte der englische König durch die geplante Heirat vielleicht ein weiteres Problem klären, das seine Regierung seit Herrschaftsantritt nachhaltig belastete – nämlich die mögliche Gewinnung eines Erben und damit auch die Regelung der Nachfolgefrage, die angesichts der Gefährlichkeit des Kreuzzugsunternehmens höchste Priorität für das englische Reich und seine Barone besaß. Schließlich war die Heirat für Richard geopolitisch von großer Bedeutung, da nunmehr auch der letzte iberische Monarch, dessen Territorien an die angevinisch-englischen Besitzungen angrenzten, durch ein Bündnis an den Plantagenêt gebunden wurde; zu Alfons II. von Aragón pflegte Richard schon lange vertrauensvolle Beziehungen, während zum kastilischen Königshof durch die Heirat der Schwester Richards, Eleonore, mit Alfons VIII. verwandtschaftliche Kontakte bestanden.[122] Durch das erwähnte System bilateraler Beziehungen zu den iberischen Herrschern versuchte Richard offensichtlich, bei seiner bevorstehenden Abwesenheit infolge des Kreuzzuges sowohl mögliche Angriffe von seiten dieser Verbündeter auf das aquitanische Herzogtum zu verhindern, als auch für den Fall potentieller Unruhen durch renitente gascognische oder poitevinische Barone

Unterstützung durch seine Bündnispartner zu erhalten – eine Hoffnung, die sich bezüglich König Sanchos in der Tat erfüllen sollte.

Schwerer nachzuvollziehen ist hingegen die Entscheidung des navarresischen Herrschers für eine Verbindung seiner Tochter mit dem englischen Monarchen. Nachteilig mußte für Sancho die Tatsache sein, daß der Heiratsaspirant seit Jahren mit der Tochter des französischen Königs verlobt war und sich konsequent weigerte, Alice zu heiraten. Daher bestand dieses Verlöbnis auch im Sommer 1190 fort, so daß eine gleichzeitige Verbindung Richards mit Berengaria eine Provokation König Philipps sein mußte und zu möglichen feindlichen Reaktionen des Kapetingers führen konnte. Zudem war nicht zwingend anzunehmen, daß sich der Angevine anders gegenüber der Tochter Sanchos verhielt als gegenüber Alice, d. h. entsprechende Sicherheiten Richards für dessen tatsächliche Eheschließung waren für Sancho angebracht. Schließlich stellte die bevorstehende Fahrt ins Heilige Land eine nicht unbeträchtliche Gefahr für den potentiellen Bräutigam dar, der zudem bekanntlich eine bedenkliche Neigung für riskante Kampfeinsätze besaß, so daß eine große Bedrohung der physischen Existenz Richards bei dem Kreuzzug bestand.

Dem gegenüber besaß die Verbindung zum Herzog von Aquitanien für den Navarresen erhebliche außenpolitische Vorteile, da Sancho in Anbetracht des anhaltenden kastilischen Expansionsdrucks auf Unterstützung des künftigen Schwiegersohnes und damit auf Existenzsicherung des gefährdeten Königreiches Navarra hoffen konnte. An dieser latent fortbestehenden Gefahr kastilischer Offensiven änderte auch die zwischenzeitliche Annäherung des aragonesischen Monarchen an Sancho wenig, dessen Herrschaft über große baskische Territorien nur eingeschränkt war.[123] Zudem wird der reiche englische Monarch sicherlich beachtliche finanzielle Leistungen angeboten haben, deren Existenz jedoch nicht nachweisbar ist; die konkreten materiellen Zuwendungen, die Richard schließlich bei der Verlobung mit Berengaria in Sizilien in Aussicht stellte, waren hingegen nicht allzu üppig.[124] Insgesamt ging Sancho mit dem Einverständnis zu der Eheschließung seiner Tochter mit dem Angevinen zweifellos ein höheres Risiko als Richard ein.

Diesem wird es offensichtlich aufgrund von Versprechungen und Zusagen, deren Inhalt nicht mehr feststellbar ist, gelungen sein, Sancho von der Ernsthaftigkeit und Vorteilhaftigkeit der Ehepläne zu überzeugen. Daneben blieb das weitere Problem vorrangig, die Eheabsprache möglichst lange geheim zu halten und Philipp erst zu einem Zeitpunkt mit der Auflösung der Verbindung zu Alice zu konfrontieren, an dem der Kapetinger die geringste Chance zu einer gewaltsamen Reaktion besaß. Daher ist anzunehmen, daß Richard bereits im Sommer 1190 vereinbarte, die Verlobung zu Beginn des Kreuzzuges zu realisieren und seine künftige Frau mit auf die Fahrt ins Heilige Land zu nehmen.[125] Da die Königinmutter Eleonore mit der Begleitung der Braut zu Richard beauftragt wurde und die Reise mit der künftigen Schwiegertochter im November/Dezember 1190 angetreten haben dürfte, ist wahrscheinlich, daß in der Zwischenzeit Messina als gemeinsamer Treffpunkt mit Richard vereinbart wurde. Derartige Planungen erklären auch die befremdlich langsame Reise des englischen Königs von Marseille im August 1190 bis zum März 1191 nach Messina, als er mit König Philipp und seiner künftigen Braut in Sizilien zusammentraf. Kurz vor der Weiterreise des Kapetingers ins Heilige Land ließ es Richard schließlich zum Eklat kommen, indem er die Verlobung mit Alice löste und seine Verbindung mit der navarresischen Königstochter proklamierte.

All diese Planungen des Angevinen für die Schaffung eines neuen Heiratsbündnisses, das in den auf die Vereinbarung im Sommer 1190 folgenden Monaten sehr vorsichtig realisiert wurde, mußten vor allem gegenüber dem französischen König geheim gehalten werden. Dies scheint auch gelungen zu sein, da die gemeinsamen Kreuzzugsvorbereitungen Richards mit Philipp in der Folgezeit konfliktlos durchgeführt wurden. Der Kapetinger hatte im Juni 1190 eine Art „Politisches Testament" aufsetzen lassen, in dem er Anordnungen für die Wahrnehmung der Reichsgeschäfte während seiner Abwesenheit sowie für den Fall seines Todes getroffen hatte.[126] Zum Johannisfest (24. Juni) begab sich der Monarch nach Saint-Denis, wo er traditionsgemäß die Oriflamme dem *connétable* Ranulf von Clermont überreichte und anschließend Pilgerstab und Tasche in Empfang nahm, um sich in Begleitung Graf Philipps von Flandern und Herzog Hugos von Burgund zu dem vereinbarten Treffen mit Löwenherz in Vézelay zu begeben.[127] Der englische Monarch reiste seinerseits von der Gascogne in die Grafschaft Anjou, wo er im Juni 1190 in Chinon strenge disziplinarische Regelungen für die Besatzungen seiner Kreuzzugsflotte erließ.[128] Anschließend begab sich der Angevine nach Tours, wo er am 24. Juni ankam[129] und von Erzbischof Bartholomaeus die traditionellen Pilgerzeichen erhielt. Damit konnte der Plantagenêt das Kreuzzugsgelübde, das er bereits im November 1187 abgelegt hatte und an dessen Realisierung er so lange gehindert worden war, endlich erfüllen. Die Tatsache, daß der Pilgerstab, auf den sich der kräftige König stützte, sofort nach Empfang zerbrach,[130] konnte den Angevinen im Gegensatz zu abergläubischen Zeitgenossen, die dies als böses Omen deuteten, nicht an der Weiterreise nach Vézelay hindern, wo er gemeinsam mit König Philipp die bewaffnete Wallfahrt möglichst bald beginnen wollte.

Resümierend wird man nach den ersten Monaten des königlichen Wirkens Richards konstatieren dürfen, daß der Angevine beachtliche Anfangserfolge bei der Erreichung seines Hauptzieles – die Durchführung des Kreuzzuges – erreicht hatte und hierzu mit einer bemerkenswerten Konsequenz und Zielstrebigkeit vorgegangen war. Entgegen den Behauptungen mittelalterlicher Chronisten, aber auch neuerer historischer Forschung ist festzustellen, daß der Angevine nicht wahllos und konzeptlos alle wichtigen Ämter und Herrschaftsfunktionen an inkompetente, aber reiche Bewerber verschleuderte und hierdurch angeblich das von seinem Vater übernommene, effiziente Verwaltungs- und Herrschaftssystem binnen weniger Wochen ruinierte. Tatsache ist hingegen, daß Richard sehr planvoll und überlegt von den königlichen Prärogativen Gebrauch machte; diese betrafen u.a. das bei Herrschaftsantritt eines neuen Monarchen übliche Revirement im Bereich der Führungspositionen im Finanz- und Verwaltungswesen. Ungewöhnlich war lediglich die Intensität der Neubesetzungsmaßnahmen und die Kürze der Zeit, in der diese durchgeführt wurden. Einen Erfolg stellten zweifellos die ungeheuren Geldmittel dar, die Richard innerhalb weniger Monate vor allem im englischen *regnum* einzog. Dennoch mußte sich erst in der Folgezeit erweisen, in welchem Maße der Monarch u.a. durch die großzügige Vergabe von *terrae datae* etc. sowie durch die enormen feudalen Sonderabgaben der Barone die englische Wirtschaft auf Dauer belastet und hierdurch ihre Prosperität behindert hatte.

Ebenfalls auffällig ist die Umsicht, die Richard bezüglich der Sicherung der Herrschaftsstabilität für die Zeit seiner Abwesenheit vom angevinischen Reich an den Tag legte. So sicherte er zum einen durch Verträge – etwa mit dem schottischen Monarchen – oder durch kluge Patronagemaßnahmen u.a. durch Heiratspolitik auf dem Kontinent die Grenzen des Reiches gegenüber möglichen auswärtigen Bedrohungen. Zum anderen traf er wichtige Regelungen für die Regentschaft – etwa durch die umsichtige Vergabe der *earldoms* und der wichtigsten Führungsämter im Verwaltungsbereich. Hierbei bemühte sich der Angevine konsequent, vor allem erfahrene Fachleute seines königlichen Vaters für eine Fortführung ihrer Tätigkeit unter seiner Herrschaft zu gewinnen. Dies gelang Richard weitgehend, da auf allen Ebenen Vertraute Heinrichs II. ihre alten Aufgaben fortführten bzw. bei Versetzungen vergleichbare Tätigkeiten in anderen Regionen des Reiches durchführten. Auch der Kreis der besonders königsnahen Barone, die sicherlich beratende Funktionen gegenüber dem Monarchen ausübten, war in ähnlicher Weise zusammengesetzt, da hier ebenfalls zumeist alte und erfahrene Funktionsträger bzw. Barone aus der Regierungszeit Heinrichs II. weiter Verwendung fanden. Diese Tatsache verdeutlichte einerseits die Bemühungen Richards um Herrschaftskontinuität, andererseits wurde klar, daß der Angevine über keine eigene Klientel aus seiner Zeit als Herzog von Aquitanien verfügte. Nun rächte es sich, daß der Plantagenêt vor allem militärisch repressiv gegen den Adel seines Herrschaftsbereiches vorgegangen war und es versäumt hatte, dort eine loyale und zuverlässige Gefolgschaft aufzubauen, die ihm auch als König von England dienlich sein konnte. So blieb Richard fast vollständig von der Kooperationsbereitschaft und Treue der früheren Mitarbeiter König Heinrichs abhängig; abgesehen von der Ernennung seines früheren *chancellor* Longchamp war Richard erst viel später bemüht, einige Angehörige seines Haushaltes in Poitou sowie ihm ergebene Ritter aus dieser Region stärker an Herrschaftsfunktionen auf der Zentralebene des Reiches zu beteiligen. Dennoch mußte sich erst in den folgenden Monaten zeigen, ob die Personalentscheidungen Richards und sein Verhalten gegenüber den Brüdern Gottfried und Johann richtig waren und die gewünschte Herrschaftsstabilität im Reich während der Abwesenheit des Königs sichern konnten.

VIII. König Richards Reise ins Heilige Land

Während Philipp und Richard in Vézelay ihren gemeinsamen Kreuzzug vorbereiteten, traten in den Kreuzfahrerreichen politische Entwicklungen ein, die das Handeln der genannten Kreuzfahrer nach der Ankunft im Heiligen Land nachhaltig beeinflussen sollten.[1] Die politische Schlüsselfigur war hierbei Sultan Saladin, der nicht nur im Juli 1187 ein großes Christenheer unter Führung König Guidos von Lusignan vernichtend geschlagen, sondern anschließend die Stadt Jerusalem sowie große Teile des Königreiches Jerusalem erobert hatte. So blieben lediglich Tyrus und Belfort sowie in Nordsyrien einige wenige Städte in christlichem Besitz. Obwohl propagandistisch oftmals betont, bestand Saladins Hauptziel wahrscheinlich nicht in der Eroberung Jerusalems und in der Vernichtung der Kreuzfahrerstaaten oder gar der dort befindlichen Christen, sondern in der Wiedererrichtung eines muslimischen Großreiches.[2]

Dennoch führten die Erfolge Saladins zu einer politischen Destabilisierung in den verbliebenen christlichen Herrschaftsräumen und im Königreich Jerusalem durch die Gefangennahme König Guidos sowie zahlreicher Großer und zur Entstehung eines Machtvakuums, das Königin Sibylle nur unzureichend zu schließen vermochte. Die Schwäche der christlichen Fürsten ermöglichte es Konrad von Montferrat, der zuvor in byzantinischen Diensten gestanden und im Frühjahr 1187 Theodora, die Schwester des byzantinischen Kaisers Isaak II. Angelos geheiratet hatte, bald nach seiner Ankunft in Tyrus die Herrschaft über die Stadt zu übernehmen und zwei Eroberungsversuche Saladins abzuwehren.[3] Dies führte dazu, daß große Teile des einheimischen Adels sowie einflußreicher Familien – wie der Ibelins – dem Herren von Montferrat die Königswürde zusprechen wollten. Daher kam es seit dem Juni 1188 nach der Freilassung Guidos, dem Saladin auf Betreiben der Königin und nach Leistung eines Eides, das Land zu verlassen und niemals wieder gegen Muslime zu kämpfen, die Freiheit geschenkt hatte,[4] umgehend zum Konflikt mit Konrad und seinen Anhängern.

Montferrat verweigerte nämlich Guido, der sich von dem Eid gegenüber Saladin durch einen willfährigen Kleriker hatte entbinden lassen, die Wiedererlangung der königlichen Herrschaft und den Zutritt zu Tyrus. Aufschlußreich ist hierbei die Begründung, die Konrad dem Lusignan angeblich gab, indem er nicht nur auf seine intensiven Werbemaßnahmen zur Förderung des Kreuzzuges im Abendland verwies. Vielmehr bezeichnete er sich unter Verweis auf das Testament Balduins IV. als Stellvertreter der abendländischen Könige, die im Anmarsch wären und ihn nicht zur Übergabe der Stadt berechtigt hätten.[5] Sicherlich ist diese Chronistenaussage wenig glaubwürdig, da zum Zeitpunkt der Konfrontation der Konkurrenten in Tyrus noch keiner der abendländischen Monarchen den Kreuzzug angetreten hatte bzw. Konrad mit der Wahrnehmung der Interessen beauftragt haben konnte. Wahrscheinlicher ist hingegen, daß der geschilderte Konflikt vom Chronisten später und in Kenntnis des Machtkampfes zwischen Konrad und Guido um die Königswürde von Jerusalem 1192 dargestellt wurde, wobei beide westeuropäische Monarchen gleichermaßen Machtansprüche aufgrund des Eroberungsrechtes erhoben und Löwenherz zudem dynastische Interessen verfolgte.

Tatsache ist ferner, daß die Königsherrschaft Guidos nach den Geschehnissen in Ḥiṭṭīn von einer großen Zahl von Baronen in Frage gestellt und statt dessen Konrad als Prätendent betrachtet wurde, der Guido wochenlang die Öffnung der Tore von Tyrus verweigerte. Der hieraus resultierende Machtkampf zwischen dem Monarchen und seinem Rivalen hatte in den folgenden Monaten eine Verschleuderung des verbliebenen Krongutes zur Gewinnung von Anhängern zur Folge, womit eine kontinuierliche Schmälerung der Machtgrundlagen des Königs von Jerusalem verbunden war.[6] Nach längerer vergeblicher Belagerung von Tyrus mußte Guido die Schwäche seiner Position erkennen, worauf er den einsamen Entschluß faßte, sich eine eigene Territorialbasis zur Rückgewinnung der königlichen Herrschaft zu schaffen. Entgegen allen Erwartungen marschierte der Monarch mit den ihm verbliebenen schwachen militärischen Kräften, jedoch mit Unterstützung einer gerade gelandeten sizilischen Flotte im August 1189 vor Akkon, das er ungeachtet der mächtigen Befestigungswerke und der starken muslimischen Garnison zu belagern begann. Obwohl diese Aktion anfangs aussichtslos zu sein erschien und sogar Saladin den Unternehmungen des Königs – u. a. infolge anderweitigen Engagements[7] – nur mit geringer Truppenzahl begegnete, gelang es Guido dennoch, eigene Stellungen vor Akkon zu halten und spätere Entlastungsangriffe des Sultans abzuweisen.[8] Als hilfreich erwiesen sich zudem christliche Truppenverstärkungen, da seit dem Herbst 1189 kontinuierlich Gruppen von Kreuzfahrern aus dem Deutschen Reich, Dänemark und Frankreich landeten und erfolgreich in die Kämpfe eingriffen.[9] Ein Hauptproblem, das auch nach der Ankunft der westeuropäischen Monarchen weitgehend ungelöst blieb, war die Anerkennung einer Oberbefehlhaberschaft eines Fürsten durch alle christlichen Truppenteile, da sich unverändert individuelle Rivalitäten und Spannungen zwischen den Truppenkontingenten unterschiedlicher regionaler Herkunft nur schwer beilegen ließen. Dessen ungeachtet gelang es Guido, die Eroberung Akkons zu einer Prestigeangelegenheit für die weiteren Kämpfe der Kreuzfahrer zu machen und hierdurch schon bald das Vorgehen der anrückenden Herrscher aus Westeuropa maßgeblich zu bestimmen.

Während sich die militärischen Auseinandersetzungen im Königreich

Jerusalem seit dem Sommer 1189 auf Akkon konzentrierten, blieb die lange erwünschte Verstärkung durch die Heere der abendländischen Monarchen weiter aus. Insbesondere die Könige Richard und Philipp befanden sich im Sommer 1190 noch in der Vorbereitung ihres gemeinsamen Unternehmens. Barbarossa hingegen kämpfte sich mühsam seit Frühjahr 1190 zuerst in Anatolien durch seldschukische Besitzungen und später durch Gebiete der Turkmenen, die beharrlich die Kreuzritter attackierten und zermürbten.[10] Als wenig wirksam erwiesen sich hierbei die Hilfszusagen des Sultans Kilidsch Arslan II., dessen Sohn Quṭb al-Dīn Malik-Shāh – zugleich Schwiegersohn Saladins – eigene Interessen verfolgte und das Kreuzfahrerheer nicht kampflos passieren lassen wollte. Zwar konnten die Kreuzfahrer im Mai einen Sieg gegen Quṭb erringen und nach Pfingsten 1190 die Metropole Ikonium (Konya) erobern, doch hielten die Angriffe ihrer Gegner weiter an.[11] Erst nach dem Überschreiten der Grenze zum christlichen Armenien fanden die kriegerischen Attacken ein Ende, während gleichzeitig die klimatischen Belastungen für die geschwächten Truppen ständig zunahmen; zudem wurde das Gelände immer schwieriger. Schließlich kam es am Sonntag, dem 10. Juni 1190, beim Marsch auf Seleucia (Silifke) zur Katastrophe: Der Kaiser ertrank im Fluß Saleph (heute Göksu), in dem er – nach einem Essen erhitzt – durch Schwimmen Abkühlung suchte und wahrscheinlich hierbei einen Herzinfarkt bzw. einen Schlaganfall erlitt.[12] Seine Leiche wurde geborgen und von den Kreuzfahrern weiter mitgeführt in der Hoffnung, die Gebeine des Staufers nach der Einnahme Jerusalems dort bestatten zu können.

Der Tod Barbarossas führte umgehend zu einem weitgehenden Zusammenbruch des deutschen Kreuzzugsunternehmens. Zahlreiche Teilnehmer nahmen das Ableben ihres Heerführers zum Anlaß, möglichst rasch zu Schiff in die Heimat zurückzureisen.[13] Die verbliebenen führenden Adligen wählten den Sohn des Kaisers, Herzog Friedrich von Schwaben, zum neuen Anführer, der sich mit den restlichen Truppen nach Seleucia (Silifke) begab. Dort teilte sich das Heer Mitte Juni 1190, indem eine Gruppe zu Schiff ins Heilige Land reiste, während der Herzog unter großen Strapazen auf dem Landweg nach Antiochia marschierte. Nach schweren Verlusten durch Seuchen sowie Hunger und nach der Abreise weiterer enttäuschter Kreuzfahrer in Richtung Heimat segelte der Staufer mit den ihm verbliebenen Resten des Heeres Ende August nach Tyrus und später weiter nach Akkon. Hier langten die wenigen deutschen Kreuzfahrer Anfang Oktober unter Führung Friedrichs an und vereinigten sich mit den anderen, über See angereisten deutschen Heereskontingenten, ohne hingegen in den folgenden Kämpfen eine größere Bedeutung zu erlangen. Nachdem auch Herzog Friedrich am 20. Januar 1191 einer Krankheit erlegen war, hatte der Kreuzzug der Deutschen ein vorzeitiges und betrübliches Ende gefunden. Selbst der verstorbene Kaiser fand nicht, wie von seinen Begleitern gewünscht, die letzte Ruhestätte in Jerusalem, da eine Eroberung der Stadt durch die übrigen Kreuzfahrer in der Folgezeit nicht realisiert wurde. So wurden die verschiedenen Leichenteile der Sitte der Zeit gemäß an unterschiedlichen Orten beigesetzt, so daß das Fleisch des Staufers in Antiochia beerdigt wurde, während das Schicksal seiner Gebeine, die Herzog Friedrich bis Tyrus mitgeführt hatte, unklar ist.[14] Ranghöchster Adliger unter den verbliebenen deutschen Kreuzfahrern war nunmehr Herzog Leopold V. von Österreich, der sich mit den übrigen Rittern aus dem Reich lange vor dem Eintreffen der westeuropäischen Monarchen an der Belagerung Akkons beteiligte – eine Tatsache, die für das spätere Schicksal König Richards von großer Bedeutung sein sollte.

Während der Heerzug der Deutschen infolge des Todes Barbarossas faktisch bereits im Juni 1190 sein vorläufiges Ende gefunden hatte, waren zur selben Zeit die beiden westeuropäischen Kreuzfahrer-Könige unverändert mit den Vorbereitungen des gemeinsamen Unternehmens beschäftigt. Nachdem beide Herrscher traditionsgemäß die Pilgerzeichen erhalten hatten, trafen sie am 2. Juli in Vézelay zusammen, um wichtige Vereinbarungen über künftigen gegenseitigen Beistand auf dem Heerzug sowie die gleichmäßige Verteilung der zu erwartenden Beute vorzunehmen.[15] Gemeinsam machten sich anschließend die Heere zur Mittelmeerküste auf, wobei der englische König mit seinen Truppen das Rhônetal hinunter Richtung Marseille marschierte, während sich Philipp mit seinem Heereskontingent nach Genua begab. Beide Monarchen hatten eine Seereise vorgesehen, die jedoch in unterschiedlicher Weise durchgeführt werden sollte. Der Kapetinger hatte eine Art „Charter-Modell“ gewählt, wonach er die Anmietung einer Flotte in Genua vorgesehen hatte. Nach dem ersten „Charter-Vertrag“, der für den Transport eines Kreuzfahrerheers ins Heilige Land erhalten geblieben ist, hatte Philipp in Genua für 5850 Mark ein Schiffskontingent unbekannter Größe gemietet, das ca. 650 Ritter und 1300 Knappen sowie Pferde und Proviant für acht Monate ins Heilige Land transportieren und danach wieder nach Italien zurückkehren sollte.[16]

Der englische König hatte es hingegen vorgezogen, eine eigene Flotte anzumieten bzw. anzukaufen, die mit dem Landheer Richards in Marseille zusammentreffen und gemeinsam ins Heilige Land reisen sollte.[17] Die Führung des Schiffsverbandes hatte der Monarch Gerhard de la Barthe, Erzbischof von Auch, Bernhard de la Carra, Bischof von Bayonne, sowie den weltlichen Großen Robert de Sablé, Richard de Canvill und Wilhelm de Fors von Oléron anvertraut. Zur Wahrung der Disziplin unter der Besatzung erließ der König drastische Strafandrohungen.[18] Doch das Unternehmen verlief nicht plangemäß, da ein Teil der Flotte auf der Fahrt ins Mittelmeer in Lissabon Station gemacht hatte und die Besatzungen dort in die Kämpfe mit den Mauren involviert wurden.[19] Bereits im Vorjahr hatte eine Flotte mit deutschen, flämischen und englischen Kreuzfahrern in die Reconquista-Kämpfe König Sanchos I. eingegriffen, wobei die englischen Kontingente wahrscheinlich im Juni Alvor und die Niederdeutschen im September 1189 Silves eroberten.[20] Infolge des militärischen Gegenschlages, den Emir Abū Yūsuf al-Manṣūr im Jahre 1190 gegen die Portugiesen führte und hierbei bis über den Tajo vordrang, geriet König Sancho unter erheblichen militärischen Druck.[21] So kam es offenbar zu einem Hilfeersuchen an die Führer eines Teils der englischen Kreuzfahrerflotte, die den portugiesischen Monarchen umgehend unterstützte und ihm erfolgreich bei der Verteidigung von Santarem Hilfe leistete. Nach der Rückkehr der englischen Kreuzfahrer nach Lissabon und nach dem Eintreffen des restlichen englischen Flottenverbandes mit 63 Schiffen ließen sich deren Besatzungen jedoch im Juli 1190 zu Ausschreitungen gegenüber der jüdischen sowie muslimischen Bewohnerschaft hinreißen, die König Sancho durch Strafmaßnahmen und Inhaftierung der Übeltäter zu schützen versuchte. Nach Beendigung der Auseinandersetzungen konnte die gesamte Flotte erst am 26. Juli Lissabon verlassen und nach Marseille auslaufen, wo sie am 22. August landete.[22]

Die wahrscheinlich unplanmäßigen Aktivitäten der englischen Flottenbesatzungen auf der Iberischen Halbinsel hatten gravierende Konsequenzen für den weiteren Verlauf des Kreuzzuges Richards, der in Marseille ungeduldig auf das Eintreffen seiner Schiffe wartete. Nach wenigen Tagen entschloß sich der Angevine, einen Teil der ihn begleitenden Truppen unter Führung des Erzbischofs Balduin von Canterbury auf gemieteten Schiffen direkt ins Heilige Land zu schicken. Während diese Vorhut am 16. September 1190 in Tyrus landete,[23] stach Löwenherz mit den restlichen Heeresteilen auf 20 gemieteten Galeeren und 10 Großtransportschiffen (*bucciae*) in See. Der weitere Verlauf der Reise Richards, die von August 1190 bis Juni 1191 dauerte und von Marseille über Sizilien, Kreta, Rhodos, Zypern nach Akkon führte, scheint – vordergründig betrachtet – von kaum verständlicher Gemächlichkeit und Zufälligkeit bestimmt zu sein.[24] Bei genauerer Analyse wird hingegen deutlich, daß der langsame Reiseablauf von einem klaren Kalkül des Monarchen bestimmt war, der hierbei mindestens vier konkrete Ziele zu erreichen suchte: Zum einen ging es Richard um die endgültige Bereinigung der Probleme wegen der Heirat mit Alice, zum anderen um die Beschaffung möglichst großer, zusätzlicher Geldsummen zur Finanzierung des Heerzuges, ferner wahrscheinlich um die Realisierung geostrategischer Ziele und schließlich um die Durchsetzung dynastischer Interessen insbesondere im Königreich Jerusalem.

Die beiden ersten Ziele begann der Angevine umgehend anzustreben, indem er systematisch die Landung im Heiligen Land verzögerte und bereits auf der Anreise nach Sizilien, wo sich die französischen und englischen Kreuzfahrer treffen wollten, gleichsam ein touristisches Besichtigungsprogramm absolvierte. Von Genua aus reiste Richard – je nach Bedarf zu Lande oder zu Wasser – über Portofino, Pisa und Porto Ercole zur Tibermündung, wo er mit Kardinalbischof Oktavian von Ostia Gespräche führte, jedoch ein Treffen mit dem Papst in Rom vermied. Nach ausführlichen weiteren Besichtigungstouren kam Richard am 28. August 1190 nach Neapel, um bald nach Salerno weiter zu reisen, wo er die Ärzte der dortigen Universität konsultierte.[25] Vordergründig schien der König nur auf das Eintreffen seiner Flotte zu warten, die sich Mitte September 1190 Sizilien näherte; letztlich ging es Richard aber darum, den Termin der Weiterreise so lange wie möglich hinauszuzögern, um zwischenzeitlich wichtige dynastische Angelegenheiten zu klären.

Diese dilatorische Verhaltensweise des Angevinen zeigte sich deutlich in den folgenden Wochen, als er aktiv in das politische Geschehen im sizilischen *regnum* eingriff. Hier bestanden seit Monaten innenpolitische Wirren, die nach dem Tode des kinderlosen Wilhelm II. († 18. November 1189) um dessen Nachfolge ausgebrochen waren.[26] Zwar hatten die Großen des Reiches bereits 1185 eine Thronfolge der Tochter Rogers II., Konstanze, akzeptiert; doch war diese seit 1186 mit dem deutschen Thronfolger Heinrich VI. verheiratet, so daß dieser faktisch einen Herrschaftsanspruch auf das sizilische *regnum* erheben und unter Hinweis auf alte Reichsrechte eine *unio regni ad imperium* anstreben konnte. Während die apulischen Barone eine Thronfolge Konstanzes bzw. Heinrichs auf einem Reichstag zu Troia akzeptierten, stießen derartige Ansprüche bei zahlreichen sizilischen Großen auf erheblichen Widerstand, die den Grafen von Lecce, Tankred, zum König wählten. Dieser fand auch die Unterstützung durch Papst Clemens III., der aus Furcht vor der drohenden Reichsunion die Wahl begrüßte und die sizilischen Großen von ihrem Treueid entband, so daß Tankred am 18. Januar 1190 vom Erzbischof von Palermo zum König gekrönt werden konnte.[27]

Die fortbestehende Rivalität Heinrichs zu Tankred führte schon bald auf dem Festland zu Machtkämpfen, wobei Richard von Caleno, Graf von Conza und Carinola, und Graf Roger von Andria mit späterer Unterstützung durch Reichsmarschall Heinrich Testa den Krieg für die staufische Partei führten. Nach Anfangserfolgen und infolge der Ermordung Graf Rogers im November 1190 brach die Offensive der Stauferanhänger in Unteritalien jedoch rasch zusammen.[28] So sah sich der Thronfolger gezwungen, zur Durchsetzung seiner Herrschaftsansprüche selbst im sizilischen *regnum* zu intervenieren. Zwar verzögerten der Tod Barbarossas und die Thronbesteigung Heinrichs die Vorbereitungen des Italienzuges, doch gelang es ihm nach dem kurzfristigen Friedensschluß mit den Welfen in Fulda (Juli 1190),[29] gegen Jahresende in Begleitung Heinrichs von Braunschweig mit seinem Heer den Brenner zu überschreiten. Insofern schien ein staufischer Angriff auf das sizilische Reich und auf Tankred nur eine Frage der Zeit zu sein.[30]

Die beschriebenen politischen Entwicklungen im sizilischen *regnum* waren insofern für König Richard von großer Bedeutung, als die Witwe Wilhelms II., Johanna, seine Schwester war und sich Repressionen von seiten Tankreds ausgesetzt sah. Hinzu kamen beachtliche materielle Interessen des Angevinen, da König Wilhelm im Testament seiner Gattin ein beachtliches Wittum – u.a. mit der Grafschaft Monte Sant'Angelo sowie mit zahlreichen Städten und Lehen – zugesagt hatte. Zudem war dem englischen Schwiegervater von Wilhelm testamentarisch ein beträchtliches Legat mit zahlreichen Prunkmöbeln und einer Vielzahl vollständig ausgerüsteter Schiffe ausgesetzt worden, die der Durchführung des Kreuzzuges Heinrichs dienen sollten.[31] König Richard verstand sich als Rechtsnachfolger seines Vaters bezüglich des Kreuzzuges und selbstverständlich als Beschützer der Schwester. Tankred sah sich hingegen an die Verfügungen Wilhelms nicht gebunden und ließ Johanna sogar inhaftieren. Im Bewußtsein zu erwartender Repressionen von seiten des deutschen wie des englischen Monarchen hatte der Sizilianer zur Stärkung seiner Position versucht, Philipp August noch vor dessen Ankunft in Sizilien durch erhebliche Bestechungsgelder für sich zu gewinnen und zur Ehe mit einer seiner Töchter zu veranlassen, wobei er jedoch auf Ablehnung durch den Kapetinger mit Hinweis auf dessen gute Beziehungen zu Heinrich VI. gestoßen war.[32]

Spätestens nach diesem Fehlschlag stieg für Tankred die außenpolitische Bedeutung König Richards, der zwischenzeitlich Anschluß an seine Hauptflotte gefunden hatte, die am 14. September 1190 bei Messina erschienen war.[33] Dennoch gelang es dem französischen König, eine Woche vor Richard (am 16. September 1190) in Messina Einzug zu halten, der zwar am 23. September prunkvoll auf der Insel gelandet war, sich jedoch mit schlechteren Quartieren in den Weinbergen außerhalb der Stadt begnügen mußte. Schon bald entwickelten sich sowohl zwischen den englischen und französischen Kreuzfahrern als auch zwischen den gelandeten Truppen und der einheimischen Bevölkerung erhebliche Spannungen. Diese wurden durch das herrische Verhalten des Plantagenêts verschärft, der bei der Bevölkerung den Eindruck erweckte, er plane die Eroberung der Insel, wogegen sich vor allem die Bewohnerschaft Messinas wehrte. Nach fehlgeschlagenen Vermittlungsversuchen griffen schließlich zahlreiche Bewohner der Stadt am 4. Oktober 1190 das Quartier des englischen Kreuzfahrers und Grafen von La Marche, Hugo le Brun, an, woraufhin Richard die Stadt stürmen und plündern ließ. Da sich der französische König bei diesen Kämpfen bewußt neutral verhielt, nach der Eroberung des Ortes jedoch unter Berufung auf die Vereinbarung von Vézelay die Hälfte der Beute verlangte, kam es zwischen den beiden Monarchen zu folgenschweren Spannungen, die zwar kurzfristig durch großzügiges finanzielles Entgegenkommen Richards entschärft wurden, jedoch auf Dauer ihr persönliches Verhältnis belasteten.[34]

Die Eroberung Messinas erwies sich auch als entscheidend für die weitere Entwicklung der Beziehungen des Angevinen zu Tankred, den er bereits vor der Landung in Sizilien zur sofortigen Freilassung seiner Schwester und zur Herausgabe des Legates aufgefordert hatte, das er als Erbe Heinrichs II. und Kreuzfahrer beanspruchte. Aufgrund der militärischen Stärke des englischen Königs sah sich Tankred veranlaßt, nicht nur Johanna bald nach Ankunft des Plantagenêts in Messina diesem am 28. September auszuliefern, sondern spätestens nach der Eroberung Messinas durch Richard mit ihm eine gütliche Regelung der anstehenden Probleme zu suchen. So machte der sizilische Monarch dem Angevinen beträchtliche finanzielle Konzessionen, wobei er ihm 20000 Unzen Gold als Kompensation für das Wittum Johannas aushändigen ließ. Zudem bot er Richard ein Heiratsbündnis an, wonach eine seiner Töchter mit dem Neffen Richards, Arthur von der Bretagne, die Ehe eingehen sollte; als Mitgift setzte Tankred weitere 20000 Unzen Gold aus, die bei der Eheschließung auszuzahlen waren. Der englische König akzeptierte wahrscheinlich im Oktober 1190 diese Angebote des Normannen und erklärte sich seinerseits bereit, Arthur als Thronerben zu benennen, sollte er – Richard – kinderlos sterben. Zudem verkündete der Angevine, Tankred Frieden zuzusichern und für die Dauer seines Aufenthaltes in Sizilien Beistand gegen Jedermann zu leisten.[35]

Der erwähnte Vertrag führte nicht nur umgehend zu einer Beruhigung der innenpolitischen Lage auf der Insel, sondern er besaß auch weitergehende politische Konsequenzen in mindestens drei Bereichen: Zum einen hatte Richard durch die Zahlung der 40000 Unzen Gold von Tankred eine deutliche Verbesserung seiner finanziellen Situation erreicht, obwohl er einen beträchtlichen Anteil der Geldsumme an Philipp – angeblich wegen dessen Vermittlertätigkeit – zahlen mußte. Zum anderen hatte das Beistandsversprechen des Angevinen für Tankred wichtige außenpolitische Implikationen, da sich eine militärische Unterstützung Richards für den Normannen vor allem gegen den deutschen König Heinrich richten mußte. Dieser war im Oktober 1190 noch mit den Vorbereitungen des Italienzuges beschäftigt,[36] so daß mit seinem Eintreffen in Unteritalien nicht vor dem Frühjahr 1191 gerechnet werden konnte – eine wichtige Gegebenheit für die Beurteilung der Beistandszusage Richards an Tankred. Zwar hatte der Angevine seine Hilfe nur für die Zeit des Aufenthaltes in Sizilien versprochen, dennoch konnte der Staufer das Bündnis Richards mit dem König von Sizilien grundsätzlich als feindlichen außenpolitischen Akt betrachten.[37] Hinzu kam die bedenkliche Affinität des Angevinen zu den Welfen, die für Heinrich trotz des Friedensschlusses im Sommer 1190 unverändert ein Element der politischen Instabilität für seine Herrschaft darstellte.[38] Diese negativen außenpolitischen Implikationen des Bündnisses Richards mit Tankred werden den Plantagenêt wahrscheinlich bewogen haben, seine Mutter Eleonore zu bitten, während ihrer Reise mit Berengaria nach Sizilien Kontakt zu dem Staufer zu suchen. Dies geschah auch, da die Königinmutter am 20. Januar 1191 – sicherlich nicht aus politischer Eigeninitiative – in Lodi mit dem deutschen Monarchen zusammentraf[39] und ihn wahrscheinlich über die wahren Hintergründe des Bündnisses sowie über die angestrebte faktische Neutralität Richards hinsichtlich der Eroberungspläne Heinrichs in Unteritalien informiert haben dürfte. Dennoch wird man die diplomatischen Bemühungen Eleonores in Lodi als wenig erfolgreich bezeichnen dürfen, da der Staufer später unter den Gründen für die Inhaftierung Richards sein angebliches *auxilium* für Tankred nannte.[40]

Der dritte politische Bereich, der von dem Vertrag des Angevinen mit Tankred beeinflußt wurde, betraf das Ehebündnis und die Erbfolgeregelung, die Richard zugunsten Arthurs von der Bretagne getroffen hatte. Die Entscheidung des Monarchen, den dreijährigen Prinzen für den Fall eigener Kinderlosigkeit als Alleinerben und damit auch als potentiellen Thronfolger in England vorzusehen, besaß notwendigerweise Konsequenzen für die politischen Kräfteverhältnisse im Inselreich wie in Frankreich. Hauptleidtragender dieser Regelung mußte der Bruder Richards, Prinz Johann, sein, der sich u. a. infolge der Ehelosigkeit des Königs als mächtigster Aspirant auf dessen Nachfolge in England verstand und durch die Neuregelung in Sizilien seine diesbezüglichen Hoffnungen schwinden sah. Es ist kein Zufall, daß Johann unmittelbar nach Bekanntwerden der neuen Erbregelung in England einen radikalen politischen Kurswechsel gegenüber Richard vornahm und dessen Abwesenheit vom Inselreich nun zur Durchsetzung der eigenen Thronansprüche zu nutzen versuchte.[41] Wichtigster Verbündeter hierbei mußte für den Grafen von Mortain der französische König sein, der sich von den subversiven Aktivitäten Johanns eine Destabilisierung der innenpolitischen Lage im Inselreich und eine politische Schwächung seines englischen Rivalen erhoffen konnte.

Die Erbregelung Richards erscheint hingegen in einem anderen Licht, berücksichtigt man die folgenden politischen Geschehnisse im Reich und insbesondere die bevorstehende Ankunft Berengarias von Navarra in Sizilien. Bald nach dem Vertrag des Angevinen mit Tankred hatten die beiden westeuropäischen Monarchen im Oktober 1190 beschlossen, ihre Abreise ins Heilige Land auf das kommende Frühjahr zu verschieben. Zum Leidwesen zahlreicher Begleiter, die infolge des Aufenthaltes in Sizilien hohe Unterhaltskosten zu tragen hatten, stellten sich die Könige auf eine lange Wartezeit auf der Insel ein und errichteten Winterquartiere sowie mobile Befestigungsanlagen zum Schutz gegen Überfälle der Einwohner. Als Begründung für den langen Aufenthalt in Sizilien wurden von den Herrschern vor allem die ungünstigen Witterungsbedingungen genannt; dennoch äußerten schon Zeitgenossen den Verdacht, der englische König habe willentlich die Abreise in Sizilien verzögert, um dort seine künftige Gattin Berengaria zu treffen.[42] Diese Vermutung erscheint auch im Blick auf die langsame Reise Richards nach Messina als plausibel, da offensichtlich seit längerer Zeit geplant war, dem englischen König im Frühjahr 1191 die neue Braut dort zuzuführen.[43]

Während die Kreuzfahrer bei den Kämpfen um Akkon in immer größere Bedrängnis wegen fehlender Verstärkungen aus dem Abendland gerieten, strebte Richard zur selben Zeit eine endgültige Lösung seiner dynastischen Probleme sowie der leidigen Eheangelegenheit mit Prinzessin Alice an.[44] Obwohl das Eheversprechen Richards für die Königstochter unverändert galt und ihr Bruder nachdrücklich auf die Heirat drängte, betrieb der Angevine gleichzeitig ein anderes Eheprojekt mit Berengaria von Navarra.[45] Diese befand sich seit Ende des Jahres 1190 in Begleitung der Königinmutter Eleonore auf der Reise nach Sizilien, wo sie ihren künftigen Ehemann Richard treffen sollte. In welchem Umfang König Philipp von diesen Vorgängen Kenntnis hatte, ist unklar; dennoch wird man annehmen dürfen, daß er zumindest gerüchteweise von den Plänen seines angevinischen Konkurrenten wußte. Die möglicherweise vagen Informationen über das konkurrierende Eheprojekt Richards wurden spätestens im Februar 1191 für den französischen Herrscher konkretisiert, als die Fürstinnen in Unteritalien anlangten und sich anschickten, nach Sizilien überzusetzen.

Der Kapetinger, der durch das Verhalten seines englischen Lehnsmannes zutiefst beleidigt sein mußte, reagierte eher ungeschickt, indem er gegen Richard bei Tankred intrigierte und den Angevinen beschuldigte, er wolle dem Normannen sein Königreich entreißen. Daraufhin ließ sich dieser bewegen, unter einem Vorwand die Überfahrt der Fürstinnen sowie ihrer Begleitung unter Führung des Grafen Philipp von Flandern nach Sizilien zu verweigern. Der Plantagenêt setzte daraufhin seinerseits Tankred bei einem Treffen in Catania am 3. März 1191 unter Druck und erreichte u. a. durch das Versprechen, dem Normannen gegen das von Oberitalien vorrückende Heer Heinrichs VI. Unterstützung zu gewähren, die Genehmigung für die Überfahrt Eleonores und Berengarias. Gleichzeitig pflegte Richard seinen herrschaftsideologischen Mythos, indem er Tankred das angebliche Schwert König Arthurs, Excalibur, zum Geschenk machte.[46] Der offene Konflikt zwischen Richard und Philipp brach bei ihren anschließenden Gesprächen aus, zu deren Beginn Tankred wahrscheinlich erstmals über die verschiedenen Intrigen des Kapetingers gegen den englischen König berichtet haben dürfte. Nachdem die Beschuldigungen Philipps hinsichtlich seiner Machinationen vom flämischen Grafen bestätigt worden waren, kam es schließlich zum Eklat. Der Angevine begegnete der neuerlichen Forderung des Kapetingers nach sofortiger Heirat mit Alice durch den Hinweis, er – Richard – könne die Prinzessin nicht heiraten, da sie die Geliebte seines Vaters gewesen sei und diesem ein Kind geboren habe. Zum Beweis seiner Aussage benannte der Angevine Zeugen, die der Kapetinger jedoch nicht anzuhören wünschte.[47]

Das Kalkül Richards, der bewußt den Eklat zu diesem Zeitpunkt an diesem Ort gesucht hatte, war somit aufgegangen: König Philipp sah sich aufgrund der Gesamtsituation daran gehindert, den beträchtlichen Gesichtsverlust für seine Schwester und sich durch sofortige militärische Repressalien zu rächen. Obwohl möglicherweise der Kapetinger zu dieser Zeit einen wachsenden Haß auf den Plantagenêt zu entwickeln begann,[48] mußte er gleichzeitig hinnehmen, daß vor allem flämische und französische Große, die offensichtlich die Aussagen Richards für glaubwürdig hielten, eine Verhandlungslösung anstrebten. Nach längeren Gesprächen kamen die Parteien überein, daß Philipp den englischen Monarchen gegen Zahlung von 10000 Mark Silber von dem Eheversprechen löste und ihm eine künftige anderweitige Eheschließung freistellte. Alice sollte binnen eines Monats nach Frankreich zurückgeschickt und dort anderweitig verheiratet werden. Bezüglich ihrer Mitgift – d.h. vor allem des normannischen Vexin mit Gisors – erfolgte eine einvernehmliche Regelung zugunsten Richards sowie seiner männlichen Erben; nur für den Fall eines erbenlosen Todes des Angevinen sollte das normannische Vexin etc. an die französische Krone fallen. Schließlich bestätigten sich die beiden Monarchen in ihren Besitzungen, insbesondere die Rechte Richards an Cahors und Quercy sowie Philipps an Issoudon, Graçay und der Auvergne.[49]

Zweifellos errang der Angevine in Messina einen beachtlichen Erfolg, da er über Monate eine Konfliktstrategie verfolgt hatte, die ihm die Lösung seines wichtigsten dynastischen Problems ermöglichte. Er hatte weitschauend den Ort und den Zeitpunkt des zu erwartenden Konfliktes mit Philipp festgelegt, indem er seine Ehepläne während des Kreuzzuges und in einem geopolitischen Raum zu realisieren versuchte, der Philipp sofortige größere militärische Repressionsmaßnahmen unmöglich machte. Zwar mußte Richard dem Kapetinger eine beträchtliche Geldsumme für die Lösung der Verlobung mit Alice zahlen, gleichzeitig eröffnete aber die Verbindung mit Berengaria dem Angevinen neben den bündnisstrategischen Vorteilen in Südfrankreich sowie auf der Iberischen Halbinsel die Möglichkeit, eine Eheschließung nach seinen Wünschen vorzunehmen und vielleicht auch den gewünschten Thronfolger zu erhalten. Eine aktive konzeptionelle Beteiligung der Königinmutter Eleonore, der oftmals in der Forschung die Initiative für die dynastischen Planungen zugesprochen wird, ist hingegen quellenmäßig nicht nachweisbar. Auch die Vereinbarungen Richards mit Tankred erscheinen nach dem Vertrag von Messina in einem anderen Licht: Der Angevine hatte sicherlich nicht ernsthaft und auf Dauer eine Erbregelung zugunsten seines Neffen Arthur von der Bretagne vorgesehen, da sich zum Zeitpunkt des Vertragsabschlusses die künftige Königin und mögliche Mutter eines englischen Thronfolgers – Berengaria – auf die Reise zu ihrem künftigen Gatten nach Sizilien begab. Gleiches gilt für das Beistandsversprechen Richards zugunsten Tankreds, da der Angevine nahezu sicher sein konnte, daß er sich zum Zeitpunkt des zu erwartenden militärischen Konfliktes zwischen Heinrich VI. und dem Normannen längst auf der Weiterreise ins Heilige Land befinden würde.

Insofern schienen die Vereinbarungen Richards sowohl mit Tankred als auch mit Philipp für den Angevinen ein voller Erfolg zu sein. Der englische Monarch konnte seine Pläne bezüglich einer Eheverbindung mit der navarresischen Königstochter weiter realisieren, die zwischenzeitlich mit Eleonore in Kalabrien angelangt war.[50] So reiste Richard unmittelbar nach Abschluß der Verhandlungen mit dem Kapetinger nach Reggio, um seine Mutter und Berengaria nach Messina zu geleiten. Wie demütigend der französische König diese Vorgänge empfunden haben mag, ist aufgrund seiner überstürzten Abreise zu vermuten, da Philipp offenbar unbedingt eine persönliche Begegnung mit der neuen Braut des Angevinen vermeiden wollte. Wenige Stunden vor Ankunft der englischen Reisegruppe in Messina hatte der Kapetinger daher am 30. März in großer Hast die Stadt mit Ziel Outremer verlassen, wo er am 20. April in Akkon landete.[51] Hier beteiligte er sich nicht nur aktiv an der Belagerung der Stadt, sondern griff auch in die Machtkämpfe zwischen Guido von Lusignan und Konrad von Montferrat ein – Vorgänge, die dem englischen König nicht lange verborgen bleiben sollten. Dieser hatte seine Mutter binnen vier Tagen verabschiedet, die sich – versehen mit verschiedenen diplomatischen Aufträgen u.a. am päpstlichen Hof – über Salerno und Rom auf die Reise in die Normandie begab. Die künftige englische Königin, deren Schönheit und Klugheit von den Chronisten gelobt wurde,[52] ließ Eleonore in der Obhut der Königinwitwe Johanna. Auch Richard zögerte nicht länger mit der Abreise ins Heilige Land, die er in Begleitung der jungen Braut sowie seiner Schwester am 10. April 1191 mit einer riesigen Flotte von ca. 200 Schiffen antrat,[53] ohne daß aber zuvor – angeblich wegen der Fastenzeit – die Eheschließung mit Berengaria erfolgt war.

Bei genauerer Betrachtung stellen die Geschehnisse in Sizilien jedoch nur einen partiellen und temporären Erfolg des Angevinen dar, der offenbar nicht die langfristigen Auswirkungen seiner taktischen Manöver bedacht hatte. Mindestens vier Hauptbetroffene der Aktionen Richards in Messina waren sicherlich nicht bereit, diese Vorgänge widerstandslos hinzunehmen. Dies war zuerst König Philipp, der aufgrund der ungünstigen Umstände auf dem Kreuzzug bzw. während des Sizilien-Aufenthaltes nicht in der Lage war, sofortige Strafmaßnahmen gegen Richard wegen der Demütigungen von Alice einzuleiten. Doch war zu erwarten, daß sich der Kapetinger bei der ersten Gelegenheit für den gewaltigen Ansehensverlust rächen würde, den seine Familie hatte hinnehmen müssen. Auch Tankred dürfte sich dem Lager der Feinde Richards angeschlossen haben, der im Frühjahr 1191 versuchte, sich möglichst rasch seiner Beistandsverpflichtung gegenüber dem sizilischen König zu entziehen. Dies gelang dem Angevinen auch, da er bei Ausbruch des offenen Konfliktes zwischen Tankred und Heinrich schon lange Sizilien verlassen hatte. Dennoch sah sich auch der Staufer als Betroffener der Aktionen Richards in Sizilien, obwohl dieser für den Italienfeldzug des deutschen Königs keine aktive Rolle spielte. Heinrich hatte nach der lange hinausgezögerten Kaiserkrönung am 29. April die Grenze zum sizilischen Reich bei Arce überschritten,[54] doch mußte er die Ende Mai begonnene Belagerung Neapels bereits im August 1191 aufheben und den gesamten Feldzug abbrechen. Verstärkt wurde die Niederlage des Kaisers durch die Tatsache, daß Heinrich von Braunschweig die kaiserlichen Truppen vor Neapel heimlich verlassen und später im Deutschen Reich Unruhen gegen den Staufer angezettelt hatte. Obwohl die Welfen keine aktive Unterstützung durch den englischen König erhielten und dieser auch kein außenpolitisches Bündnissystem zur Einkreisung von Kapetingern und Staufern intendierte,[55] stellte aus der Sicht Heinrichs die Affinität Richards zum Welfenhaus – ebenso wie die bloße Tatsache seines Vertragsschlusses mit Tankred – eine schwere Belastung für die angevinisch-staufischen Beziehungen dar.[56]

Der vierte und hauptsächlich von den Vereinbarungen Richards mit Tankred Betroffene war zweifellos Prinz Johann, der keine Kenntnis von der lediglich taktischen und temporären Bedeutung des erwähnten Vertrages besaß. Der Graf von Mortain mußte annehmen, daß sowohl Arthur als auch Berengaria seine Nachfolgepläne in England in Frage stellten und er daher seinerseits aktiv werden müßte, um die eigenen Interessen im Inselreich zu wahren. Genau dies geschah seit Frühjahr 1191 nach Bekanntwerden der sizilischen Geschehnisse in England, wo sich der Vertraute Richards, Wilhelm Longchamp, um Wahrung der königlichen Rechte in Abwesenheit des Monarchen bemühte. Zusätzlich gestärkt wurde die Position des Bischofs von Ely im Juni 1190 durch die Ernennung zum päpstlichen Legaten,[57] so daß Wilhelm über eine enorme Machtfülle im Bereich der geistlichen und weltlichen Gewalt verfügte. Bald darauf entfesselte der Kanzler einen Machtkampf sowohl mit dem anderen *justiciar*, Hugo du Puiset, als auch mit Mitgliedern des Regentschaftsrates. Hierbei ging der Kanzler mit einer unglücklichen Mischung aus Selbstbewußtsein und Rücksichtslosigkeit vor, die ihn binnen kürzester Zeit in Konflikt mit wichtigen weltlichen und geistlichen Großen des Landes geraten und zu einem der verhaßtesten Männer in England werden ließ.[58]

Vergleichsweise schnell gelang es Wilhelm, den Bischof von Durham zu entmachten, dem er wichtige Besitzungen – u. a. Windsor Castle und die Grafschaft Northumberland – entzog und ihn aus dem *justiciar*-Amt drängte, um selbst zum *chief justiciar* aufzusteigen.[59] Schwieriger waren dagegen die Machtkämpfe mit weltlichen Großen wie Wilhelm Marshal und Prinz Johann, die Wilhelms Versuche der Machterweiterung nicht widerstandslos hinnahmen.[60] Insbesondere Johann sah sich durch einen angeblichen Vertrag des Kanzlers mit König Wilhelm von Schottland bedroht, wonach die Partner Arthur von der Bretagne als Erben Richards akzeptierten und Longchamp im Falle der Thronfolge des Jünglings als Hauptberater des unmündigen Monarchen fungieren sollte.[61] Damit hatten der Kanzler und der Schotte ihrerseits Elemente der Vereinbarung übernommen, die Richard mit Tankred bezüglich Arthurs getroffen hatte, ohne daß jedoch der Angevine angesichts seiner bevorstehenden Eheschließung mit Berengaria an eine Realisierung gedacht hätte. Johann hingegen mußte die Aktivitäten Wilhelms als überaus gefährlich für seine eigenen Interessen betrachten, so daß er umgehend damit begann, Gegner Wilhelms um sich zu scharen und den Sturz des *justiciar* vorzubereiten.[62]

König Richard wurde mit den Konsequenzen seiner unglücklichen Personalentscheidung bezüglich des Kanzlers mehrfach bereits in Sizilien durch Boten konfrontiert, die ihm von den zunehmenden innenpolitischen Spannungen im Inselreich berichteten. Nachdem ihn auch Eleonore über das befremdliche Verhalten Longchamps informiert hatte, der faktisch seit März 1190 allein als Regent in England amtierte, griff der Angevine in die Entwicklungen ein, indem er Wilhelm den Erzbischof von Rouen, Walter von Coutances, als Berater an die Seite stellte, der das Verhalten des Kanzlers kontrollieren und im Konfliktfall zusammen mit dem Regentschaftsrat die Herrschaft übernehmen sollte.[63] Da sich Wilhelm von der Weisung des Königs weitgehend unbeeindruckt zeigte, eskalierten die Auseinandersetzungen mit den Großen des Landes weiter, zumal zusätzliches Konfliktpotential im Zusammenhang mit der Neubesetzung des Erzbistums Canterbury nach dem Tode Balduins († 19./20. November 1190) entstanden war.[64] Zum offenen Konflikt kam es schließlich um den Besitz des *sheriffdom* von Lincoln und um Gerhard de Canville, wobei die bürgerkriegsähnlichen Zustände im Lande im Sommer 1191 nur durch das entschlossene Eingreifen des Erzbischofs von Rouen beendet werden konnten, der eine Friedensvereinbarung veranlaßte.[65] Dennoch hielten die innenpolitischen Spannungen in der Folgezeit an – nunmehr infolge der Auseinandersetzungen des Kanzlers mit dem Erzbischof von York, die schließlich zum Sturz Wilhelms führen sollten.[66]

König Richard zeigte sich von diesen Wirren im englischen Reich unbeeindruckt, indem er zwar Erzbischof Walter von Coutances intervenieren ließ, ansonsten aber seine Kreuzzugspläne weiter verfolgte. Während die Kreuzfahrer unverändert Akkon belagerten und zunehmend Knappheit an materiellen sowie personellen Ressourcen im christlichen Lager herrschte, zögerte der englische König die so sehnlich erwartete Verstärkung durch seine Truppen weiter hinaus. Obwohl ihn der Kapetinger bei der Weiterreise ins Heilige Land dringend ersucht hatte, so schnell wie möglich in die dortigen Kämpfe einzugreifen, verfolgte der Angevine zweifellos andere Pläne. So war Richard zwar am 10. April mit einer großen Flotte von Messina aufgebrochen,[67] doch ist anzunehmen, daß der Angevine nicht – wie von Philipp und den übrigen Kreuzfahrern gewünscht – auf dem direkten Wege ins Heilige Land fuhr, sondern vorher Zypern ansteuern wollte.

Vordergründig vermitteln die Quellen den Eindruck, daß Richard und die ihn begleitenden Fürstinnen eher zufällig zu der Insel gelangt und hierbei in Kontakt zum dortigen Herrscher Isaak gekommen waren. Eine genauere Analyse macht hingegen deutlich, daß der Aufenthalt auf Zypern zweifellos von dem Plantagenêt geplant war und er hierbei unterschiedliche Ziele verfolgte, die einerseits strategischer Natur waren, andererseits eigene Herrschaftsinteressen betrafen.

Nach übereinstimmender Aussage der Quellen[68] geriet die englische Flotte nach der Abreise von Sizilien ab Karfreitag (12. April) in einen schweren Sturm, in dessen Verlauf der Konvoy auseinandergerissen wurde. Ein Teil der Flotte um das Führungsschiff des Königs landete in Kreta bzw. in Rhodos, während ca. 25 Schiffe – u. a. das Boot mit den Königinnen – nach Zypern verschlagen wurden und einige Schiffbruch erlitten, während andere sich dem Zugriff des dortigen Herrschers ausgesetzt sahen. Da Richard und der Rest der englischen Flotte schon bald vor Limassol auftauchten, ist anzunehmen, daß der Angevine bereits vor der Abreise aus Messina einen Zwischenhalt auf Zypern vorgesehen hatte. Ein wesentlicher Grund hierfür wird in der Person des lokalen Herrschers Isaak Komnenos zu sehen sein, der nach der gewaltsamen Thronbesteigung von Isaak II. Angelos (1185) seinerseits die Herrschaft über Zypern an sich gerissen und die Unabhängigkeit des Inselreiches von Byzanz erklärt hatte.[69] Zur Stabilisierung der Herrschaft hatte der selbst ernannte Kaiser gute Beziehungen sowohl durch die Ehe mit der Tochter König Wilhelms I. von Sizilien als auch zu Saladin gepflegt;[70] zudem sicherte sich der Potentat angeblich durch Angriffe auf Jerusalem-Pilger und christliche Handelsschiffe kontinuierliche Einkünfte.[71]

Insbesondere die beiden letztgenannten Faktoren werden König Richard bewogen haben, noch vor der Reise ins Heilige Land in Zypern zu intervenieren. Der Angevine nutzte das feindselige Verhalten des Kaisers u. a. gegenüber den Königinnen Johanna und Berengaria, um militärisch gegen Isaak vorzugehen und binnen kurzem die gesamte Insel zu unterwerfen. Nachdem sich der Kaiser mit seiner Tochter im Juni der Gnade des englischen Monarchen ergeben und um Verschonung von Inhaftierung in Eisen gebeten hatte, ließ ihn der Plantagenêt in zynischer Manier in silberne Ketten legen und als Gefangenen auf dem weiteren Heerzug mitführen. Danach veranlaßte der König die gründliche Plünderung der Insel und ließ der Bevölkerung gegen Bestätigung ihrer Rechtsgewohnheiten die Hälfte des Vermögens fortnehmen.[72] Mit der Eroberung Zyperns hatte der Angevine somit zwei Ziele erreicht: Zum einen konnten die englischen Kreuzfahrer enorme Beute machen und auch Richard seine Kriegskasse weiter füllen; zum anderen sicherte sich der König ein geostrategisch wichtiges Territorium, indem er eine bedeutende Versorgungsstation für die Kreuzfahrerschiffe erlangte und Saladin einen möglichen Stützpunkt für künftige Angriffe von See auf christliche Stellungen im Heiligen Land nahm.

Der Plantagenêt selbst verlor nach seinem Erfolg rasch das Interesse am Besitz der Insel, obwohl er anfangs unter Leitung Richards de Canville und Stephans von Turnham ansatzweise angevinische Verwaltungsstrukturen einführen ließ, um für kontinuierliche Einkünfte und genügenden Nachschub ins Heilige Land zu sorgen.[73] Zudem schien Richard nicht an einem dauerhaften Besitz der Insel interessiert zu sein, da er diese bald den Templern übertrug, die jedoch ihrerseits wegen anhaltender Unruhen auf Zypern zugunsten des Plantagenêts verzichteten. Wichtiger für den Angevinen war während des Zypern-Aufenthaltes hingegen sein gleichzeitiges Eingreifen in die politischen Entwicklungen im Königreich Jerusalem. Wie erwähnt, hielten die Machtkämpfe zwischen Konrad von Montferrat und Guido von Lusignan an,[74] dessen Königsherrschaft nach der Niederlage bei Ḥiṭṭīn und insbesondere nach dem Tode seiner Gattin Sibylle, der Schwester Balduins IV. von Jerusalem, sowie ihrer Töchter strittig geworden war. Hauptgegner Guidos blieb Konrad, der durch die Ehe mit Isabella, der Stiefschwester Sibylles und Tochter Amalrichs I. von Jerusalem, seine Herrschaftsansprüche zu stärken versuchte. Der anhaltende Machtkampf der beiden Prätendenten wurde nach der Landung des französischen Königs im Heiligen Land intensiviert, da der Kapetinger umgehend zugunsten Montferrats intervenierte und Guido auszuschalten versuchte.[75]

Offenbar hatten alle Beteiligten der Konflikte im Heiligen Land von den Entwicklungen auf Zypern Kenntnis, da König Guido in der kurzen Zeit, in der Richard auf der Insel weilte, überraschend dort am 11. Mai 1191 auftauchte, um den Angevinen zu treffen. Guido kam in Begleitung einer Gesandtschaft, zu der u. a. die Fürsten von Antiochia, Bohemund III., und von Armenien, Leo II., sowie Humfried IV. von Toron gehörten.[76] Die Lusignans, die früher in heftige Kämpfe mit Richard als Herzog von Aquitanien im Poitou verwickelt gewesen waren, erschienen nun als Bittsteller, indem sie den Plantagenêt um dessen Hilfe im Kampf um die Krone des Königreiches Jerusalem ersuchten. Vor allem die Tatsache, daß sich König Philipp für Konrad engagiert hatte, bewog Richard zur Parteinahme für seinen Lehnsmann. Doch wie immer gewährte der Angevine seine Unterstützung lediglich bei entsprechender Gegenleistung. So ließ er die Bittsteller nicht nur militärische Hilfe im Kampf gegen Kaiser Isaak erbringen, sondern nach dessen Unterwerfung Guido das *homagium* sowie einen Treueid ablegen. Erst nachdem im weiteren Machtkampf mit Konrad von Montferrat 1192 ein Kompromiß notwendig geworden war und zwischenzeitlich die Templer Zypern an den Angevinen restituiert hatten, erhielt der entthronte König Guido die Möglichkeit, gegen Zahlung einer Ablösungssumme an Richard von diesem die Herrschaft über die Insel zu erlangen.[77]

Der Angevine beschränkte sich jedoch nicht auf Eingriffe in die Machtverhältnisse im Königreich Jerusalem, sondern entschloß sich noch in Zypern, seine eigenen familiären Verhältnisse neu zu regeln. So entschied sich

Richard bereits vor der Weiterfahrt ins Heilige Land, sein Eheversprechen gegenüber Berengaria zu erfüllen, indem er am 12. Mai in St. Georg zu Limassol durch seinen Kaplan Nikolaus die Hochzeit sowie durch Bischof Johann von Évreux die Krönung der Königin durchführen ließ. Die Prinzessin aus Navarra wurde somit auf Zypern von einem normannischen Bischof zur neuen englischen Monarchin gekrönt. Als Morgengabe überließ Richard der jungen Gattin zu Lebzeiten seiner Mutter Eleonore all seine Besitzungen in der Gascogne südlich der Garonne. Nach dem Tode der Königinmutter war die Ausstattung Berengarias mit umfangreichen Besitzungen des Monarchen u. a. in der Normandie sowie im Inselreich vorgesehen.[78]

Bezeichnenderweise versprach der Herrscher somit der navarresischen Fürstin für die Lebenszeit seiner Mutter einen Besitz – nämlich die Gascogne – als Morgengabe, den König Heinrich II. seiner Tochter Eleonore, der Gattin König Alfons' VIII. von Kastilien, schon früher – ebenfalls vorbehaltlich der Rechte der Herzogin von Aquitanien – in Aussicht gestellt hatte. Somit offerierte Richard seiner Gattin einen Territorialbesitz, über den Berengaria auf absehbare Zeit persönlich nicht verfügen konnte und auf den zudem die Schwester des englischen Monarchen, die Königin von Kastilien, ebenfalls Anspruch erheben konnte. Obwohl die Konkurrenz von Rechtsansprüchen Eleonores von Kastilien und Berengarias auf die Gascogne offensichtlich und den Beteiligten auch bekannt gewesen sein muß, begnügte sich die navarresische Fürstin zu Lebzeiten der Königinmutter mit entsprechenden materiellen Einkünften, während Richard für die Zeit nach dem Tode seiner Mutter die Herrschaft über die Gascogne und deren Nutzung sich selbst vorzubehalten gedachte. Für den Angevinen war zum Zeitpunkt der Heirat nicht absehbar, daß der kastilische Monarch auf Dauer auf den Rechten seiner Gattin in der Gascogne beharren und gegebenenfalls – nach dem Tode Richards – in dieser Region 1205/1206 sogar militärisch intervenieren würde.[79] Der Angevine entschied sich vielmehr, Anfang Juni 1191 in Begleitung der Königin sowie König Guidos Zypern zu verlassen, um ins Heilige Land zu reisen, wo er am 8. Juni in Akkon landete.[80]

Versucht man die Geschehnisse der Reise Richards ins Heilige Land zu resümieren, so ist entgegen der älteren Forschung eine ausgeprägte Planmäßigkeit im Handeln des englischen Königs zu konstatieren, der auf verschiedenen politischen Handlungsfeldern zielstrebig agierte. Eine diesbezügliche Gesamtwürdigung fällt hingegen ambivalent aus, wobei folgende Ergebnisse der Aktivitäten des Angevinen für diesen als Erfolge zu verbuchen sind: Zuerst ist die Einnahme beträchtlicher zusätzlicher Geldmittel für die Kriegskasse Richards zu konstatieren, da er große Geldsummen sowohl durch die Vereinbarungen mit Tankred als auch durch die Eroberung Zyperns beanspruchen konnte. Zum anderen gelang es dem Plantagenêt, bis zur Ankunft im Heiligen Land zumindest mittelfristige Lösungen für schwierige dynastische Probleme zu finden. Diese betrafen zum einen die lästige Verbindung Richards mit Alice, die er endgültig zurückwies, und zum anderen seine Ehe mit Berengaria von Navarra, von der zweifellos die Geburt des ersehnten Thronfolgers und damit zugleich die abschließende Regelung der Nachfolgefrage im englischen Reich erwartet wurde. Zudem besaß die Heirat des Angevinen mit der navarresischen Königstochter wichtige geopolitische und bündnisstrategische Bedeutung, da hierdurch die diplomatischen Beziehungen des angevinisch-englischen Königshofes zu Sancho VI. und auch zu den anderen Fürsten der iberischen Reiche intensiviert wurden. Schließlich gelang Richard durch die Eroberung Zyperns der Erwerb eines strategisch wichtigen Stützpunktes, der für die Sicherung des Nachschubes für die Kreuzfahrerstaaten Bedeutung haben konnte und zugleich Saladin der Möglichkeit beraubte, aufgrund seiner guten Beziehungen zu dem – zwischenzeitlich von Richard inhaftierten – Kaiser Isaak die Insel als Ausgangspunkt für Angriffe zu See auf christliche Stellungen im Heiligen Land zu nutzen.

Doch die Aktivitäten des Angevinen bis zur Ankunft in Akkon hatten auch beachtliche negative Implikationen: Hierzu zählten zweifellos die zeitlichen Verzögerungen, die der englischen König bei seiner monatelangen Anreise ins Heilige Land akzeptierte und die bei vielen Zeitgenossen auf Unverständnis stießen. Diese wiesen zu Recht auf die wachsenden Schwierigkeiten hin, die die kämpfenden Truppen vor Akkon wegen ausbleibenden materiellen und personellen Nachschubs zu bewältigen hatten und die Richard durch früheres bzw. rechtzeitiges Eingreifen zumindest hätte lindern können. Zudem hatte sich der Angevine durch sein Verhalten in den letzten Monaten vor der Ankunft in Akkon eine Vielzahl persönlicher Feinde gemacht, zu denen zu allererst der französische König zählte. Philipp mußte durch die Zurückweisung seiner Schwester durch Richard persönlich schwer gekränkt sein, so daß der Versuch des Kapetingers, sich für die Verletzung der Familienehre zu rächen, nur eine Frage der Zeit sein konnte. Gleiches galt für Kaiser Heinrich VI., der Richards Bündnis mit Tankred als feindseligen Akt betrachtete und ebenfalls bestrebt war, den Angevinen bei der ersten, sich bietenden Gelegenheit hierfür zu bestrafen. Ähnliche Gefühle dürfte König Tankred gegenüber dem Plantagenêt gehegt haben, der sich der erhofften Hilfeleistung für den Normannen durch die Abreise ins Heilige Land entzogen hatte. Eine schwere außenpolitische Belastung mußte schließlich die Eroberung Zyperns für die englisch-byzantinischen Beziehungen sein, da die Insel durch das Vorgehen Richards dem byzantinischen Reich und damit der Ostkirche dauerhaft entzogen wurde.

Auch im englischen *regnum* hatte das Verhalten Richards bis zum Sommer 1191 gravierende negative Konsequenzen, insbesondere für Prinz Johann. Dieser mußte sich sowohl durch die Einsetzung Arthurs als potentiellen Erben Richards als auch durch dessen Heirat mit Berengaria gravierend in seinen eigenen Interessen tangiert sehen. Insbesondere die Eheschließung des Angevinen mit der navarresischen Prinzessin und die hiermit verbundene Hoffnung des Königs auf einen Thronfolger ließ die Chancen Johanns auf die Realisierung eigener Thronansprüche rapide schwinden. Die naheliegende Konsequenz des Grafen von Mortain bestand daher in einer konsequenten Destabilisierung der Herrschaft Richards im Inselreich. Hierbei wurde Johann zumindest indirekt durch das befremdliche Verhalten des Stellvertreters Richards in England, Longchamp, unterstützt, der durch sein arrogantes und rücksichtsloses Vorgehen die gesamte politische und geistliche Führung des Landes gegen sich aufbrachte. Während die etablierten Verwaltungseinrichtungen – wie *Exchequer* etc. – reibungslos funktionierten, wird man die Einsetzung Longchamps als *chief justiciar* und Hauptvertrauten des Königs als gravierende personelle Fehlentscheidung Richards bezeichnen müssen. Hinzu kam, daß der Kanzler einer der wenigen Gefährten des Monarchen war, auf die sich Richard verlassen zu können glaubte. Da es der Herzog von Aquitanien jedoch in den vorausgegangenen Jahren versäumt hatte, sich eine zuverlässige Gefolgschaft zumindest in Aquitanien aufzubauen und diese u. a. während seiner Abwesenheit als Element der Herrschaftsstabilisierung einzusetzen, sah sich Longchamp als einer der wenigen Vertrauten Richards im englischen Reich weitgehend isoliert. Als Normanne, der als Landesfremder betrachtet wurde, und als Stellvertreter des Monarchen, der möglichst intensiv die königlichen Rechte durchzusetzen versuchte, stieß Longchamp bei einer wachsenden Zahl an englischen Großen auf Widerstand, der sich binnen kürzester Zeit radikal verstärkte und zu bürgerkriegsähnlichen Zuständen im Inselreich führte – bedenkliche politische Entwicklungen, die Richard durch sein Verhalten bis zum Sommer 1191 und durch seine mißglückten Personalentscheidungen zumindest indirekt mit zu verantworten hatte.

IX. König Richards Kreuzzug im Heiligen Land

Die Ankunft des englischen Monarchen wurde im Heiligen Land dringend erwünscht, nachdem ein erstes Kontingent von Kreuzrittern aus dem Inselreich unter Leitung von Erzbischof Balduin von Canterbury und Ranulf de Glanville am 16. September 1190 in Tyrus gelandet und im Oktober nach Akkon weiter gereist war.[1] Kontinuierliche Verstärkung hatten die Christen auch bis zur Ankunft König Philipps in Akkon am 20. April 1191 erhalten, der aber nur mit sechs Schiffen angereist war und selbst bei den Muslimen nicht den Eindruck großer Kampfesstärke vermittelte.[2] Das Eingreifen des Kapetingers in die Belagerung Akkons brachte in der Folgezeit ebenfalls keine gravierende Änderung der Situation.[3] Zwar beanspruchte der Monarch erfolgreich den Oberfehl der christlichen Truppenverbände, doch hatten die zahlreichen militärischen Aktionen des französischen Königs – mit dem Ausheben von Belagerungsgräben, der Errichtung von Wurfmaschinen, der Unterminierung der Festungsmauern etc. – lediglich begrenzten Erfolg. Unverändert waren die christlichen Belagerer der Stadt zu keinem entscheidenden Durchbruch der Befestigungen in der Lage, zumal die Kreuzfahrer ihrerseits landseitig von den Truppen Saladins umzingelt und bei eigenen Angriffen auf die Stadt sofortigen Attacken des Sultans auf das christliche Lager ausgesetzt blieben. Daher wurde allen Beteiligten schnell klar, daß eine entscheidende Wende nur durch weitere christliche Verstärkungen, d. h. durch das Eingreifen König Richards, zu erwarten war. Dennoch verbreiteten schon bald Gefolgsleute Philipps, der Kapetinger wäre zweifellos in der Lage gewesen, die Stadt allein einzunehmen, und hätte nur aus Edelmut die Ankunft des Plantagenêts abgewartet, um diesen an dem bevorstehenden Erfolg zu beteiligen[4] – französische Propagandamaßnahmen gegen Löwenherz, die in der Folgezeit weiter intensiviert wurden. Hinzu kam, daß König Philipp durch sein Eingreifen in die Thronkämpfe im Königreich Jerusalem und die Parteinahme für Konrad von Montferrat die Spannungen im christlichen Lager verschärfte.

Daher mußte sich der englische König, der nach seiner Landung bei Tyrus vom dortigen Kommandanten und Gefolgsmann Konrads am Eintritt in die Stadt gehindert wurde und Anfang Juni nach Akkon weiter reiste,[5] mit mindestens drei großen Problembereichen auseinandersetzen, die sein politisches Handeln in der Folgezeit maßgeblich bestimmten: Zum einen die Konkurrenz zum französischen König, die die Beziehungen der beiden Monarchen auch in dieser Phase des Kreuzzuges intensiv belastete; zum anderen der hiermit verbundene Machtkampf zwischen Guido von Lusignan und Konrad von Montferrat, die bei ihren Auseinandersetzungen vor allem die Unterstützung ihres jeweiligen Protektors – König Philipp und König Richard – suchten und die hierdurch auch die Aktivitäten der Christen im Heiligen Land negativ beeinflußten; schließlich die Erfüllung der eigentlichen Aufgabe des Kreuzzugsunternehmens – der Kampf gegen die Muslime zur Befreiung der Heiligen Stätten. Alle genannten Problembereiche standen miteinander in Verbindung, so daß die Feindschaften im christlichen Lager ein konzertiertes Vorgehen der Kreuzfahrer bei der Belagerung von Akkon zusätzlich erschwerten.

So wurden Löwenherz und die Besatzungen der ihn begleitenden 25 Schiffe zwar bei seiner Ankunft in Akkon am 8. Juni von den Kreuzfahrern jubelnd empfangen. Dem Monarchen folgte Berengaria, die sich während des gesamten Heerzuges im königlichen Lager aufhielt, jedoch keinerlei Bedeutung für das politische oder militärische Geschehen in der Folgezeit gespielt zu haben scheint.[6] Besonders wurde von den christlichen Kämpfern die Tatsache geschätzt, daß der englische Herrscher eine Vielzahl an demontierten Belagerungstürmen, Wurfmaschinen, Geschossen etc. für die Zerstörung der Befestigungsanlagen Akkons mitbrachte.[7] Doch bald darauf begannen wieder die Rivalitäten zwischen den Königen, da Richard u.a. durch Zahlung höherer Löhne dem Kapetinger Gefolgsleute abwarb.[8] Wie in Sizilien wurde Philipp auch im Königreich Jerusalem von dem Angevinen in der Öffentlichkeit zurückgedrängt und ungeachtet der klaren lehnsrechtlichen Überordnung von seinem Lehnsmann in den Hintergrund gespielt. Zudem versuchte der Plantagenêt auch vor Akkon, eine Führungsrolle bei den christlichen Heeresverbänden zu übernehmen, obwohl er – wie später der französische König – bald erkrankte und nicht persönlich in die Kämpfe eingreifen konnte.[9] Da beide Herrscher unabhängig voneinander und konkurrierend die Erstürmung der belagerten Stadt durchzuführen versuchten, blieben ihre militärischen Aktivitäten in den folgenden Tagen weitgehend unkoordiniert und lediglich partiell erfolgreich. Dennoch zeigten die unausgesetzten Angriffe der Christen, die bereits seit fast zwei Jahren Akkon bekämpften, schließlich Wirkung, so daß sich die verzweifelte Garnison entgegen den Wünschen Saladins zur Kapitulation bereit erklärte.

Über den genauen Verlauf der Verhandlungen, die sowohl mit den Verteidigern Akkons als auch mit Saladin bzw. seinem Bruder al-ʿĀdil geführt wurden, bestehen Unklarheiten[10]: Möglicherweise wurde König Philipp irrtümlich von muslimischer Seite als Lehnsherr des Plantagenêts als alleiniger Verhandlungsführer betrachtet, der diese Situation wahrscheinlich dazu nutzte, den englischen Monarchen am Entscheidungsprozeß nicht zu beteiligen. Eigene Verhandlungen Richards Anfang Juli 1191 waren die notwendige Folge. Diese erwiesen sich zwar nicht als erfolgreich, doch wurde hierdurch das gegenseitige Mißtrauen zwischen den beiden Herrschern bestärkt und der Plantagenêt zugleich dem Verdacht des Verrates ausgesetzt. Zusätzliche Schwierigkeiten entstanden durch die Tatsache, daß sich die Verteidiger Akkons unter Führung der Kommandanten Saif al-Dīn und Qara-Qūsh zu einer sofortigen Kapitulation veranlaßt sahen, während Saladin eine Übergabe der Stadt aus taktischen Gründen so lange wie möglich hinauszögern wollte, zumal er sich seinerseits wegen fehlender Erfolge im Kampf gegen die Christen der Opposition widerspenstiger Emire ausgesetzt sah.[11]

Schließlich kam es unter maßgeblicher Beteiligung Konrads von Montferrat nach der Kapitulation der Muslime am 12. Juli 1191 doch noch zu einer vorläufigen Einigung mit den Verteidigern Akkons, wonach die Stadt mit allem darin befindlichen Besitz sowie der christlichen Gefangenen den beiden Königen übergeben werden sollte. Zudem war vorgesehen, daß Saladin nicht nur die bedeutende Kreuzreliquie sowie 1500 christliche Gefangene auszuliefern, sondern ferner 200000 Goldmünzen (Dinare) binnen einer festgesetzten Frist zu zahlen hatte; währenddessen blieben die Verteidiger Akkons Geiseln der Sieger. Zusätzlich wurde Markgraf Konrad von Montferrat für seine Verdienste als Vermittler mit der Sonderzahlung von 10000 Goldmünzen belohnt.[12] Diese Vereinbarung bedurfte jedoch noch der Zustimmung durch Saladin, der weder willens noch in der Lage war, die Bedingungen der Kapitulation umgehend zu erfüllen, so daß sich auch in der Folgezeit die Verhandlungen mit dem Sultan um die konkreten Durchführungsmodalitäten hinzogen.[13]

Die Position der Christen wurde ihrerseits zumindest temporär weiter geschwächt, da die Uneinigkeit unter den Kreuzfahrern anhielt und sich zudem Gerüchte vom baldigen Abzug des französischen Königs verbreiteten. So gab es zwischen den beiden christlichen Königen vor allem Konflikte um die Aufteilung der Beute, nachdem Philipp bereits unmittelbar nach der Ankunft Richards vor Akkon vergeblich eine Beteiligung an den Erträgen der Eroberung Zyperns durch den Plantagenêt gefordert hatte. Nach längeren Verhandlungen kamen die Monarchen zumindest bezüglich Akkons überein, die eroberte Stadt als ihr alleiniges Eigentum zu betrachten; so bezog Richard umgehend die Königspfalz und Philipp die Templerpfalz in der Stadt. Auch die gefangenen Muslime wurden ihrem Lösegeldwert gemäß allein unter den westeuropäischen Königen aufgeteilt, die mit rigoroser Härte alle anderen Kreuzfahrer, die oftmals bereits seit zwei Jahren an der Belagerung Akkons teilgenommen hatten, von einer Beteiligung an der Beute ausschlossen.[14]

Diese Skrupellosigkeit beider Monarchen führte nicht nur zur berechtigten Enttäuschung bei den ärmeren Kreuzfahrern, die mit leeren Händen die Heimreise antreten mußten, sondern sogar zu einem offenen Konflikt zwischen dem englischen König und Herzog Leopold V. von Österreich. Dieser hatte nach dem Tode Herzog Friedrichs von Schwaben im Januar 1191 die Führung des verbliebenen deutschen Kreuzfahrerheeres übernommen,[15] das verschwindend klein war und von Leopold infolge fehlender Geldmittel durch Anwerbung fremder Ritter nicht vergrößert werden konnte. So hatte das deutsche Kontingent von acht Mann unter Führung Leopolds im Vergleich zur beachtlichen Ritterschar der westeuropäischen Monarchen bei der Erstürmung Akkons keine große Rolle gespielt.[16] Dessen ungeachtet forderte der österreichische Herzog nicht nur eine Beteiligung an der Verteilung der Beute, sondern er verlieh seinen Ansprüchen gebührenden Nachdruck, indem er in Akkon sein Banner in dem Verfügungsbereich des englischen Königs aufrichten ließ.[17]

Richard war im Blick auf die hohen Kosten, die ihm durch die Belagerung der Stadt entstanden waren, in keiner Weise zu irgendwelchen Konzessionen bereit. Hinzu kam, daß Herzog Leopold zu den Anhängern Konrads von Montferrat, d.h. zu den Gegnern von Löwenherz, zählte und der englische Monarch nach Aussagen der Kölner Chronik ein grundsätzliches Mißtrauen gegenüber der „*virtus Alamannorum*“ besaß.[18] Obwohl auch der französische König zu keinerlei Kompromissen bezüglich der Beuteverteilung bereit war, entschloß sich nur Richard zum offenen Konflikt mit Herzog Leopold, indem er dessen Banner als äußeres Zeichen auf Beuteansprüche entfernen ließ; möglicherweise ohne Kenntnis des englischen Monarchen gingen dessen Soldaten noch weiter und entehrten bewußt das herzogliche Feldzeichen, indem sie es in die Kloake warfen. Da Löwenherz dem Herzog trotz dessen Intervention keine Genugtuung leistete und Leopold daher ohne Beute tief gekränkt in die Heimat reisen mußte, schwelte der Konflikt mit dem englischen Monarchen weiter[19] – mit verheerenden Folgen für den Plantagenêt, wie sich bald zeigen sollte.

Außer dem Problem der Beuteverteilung trug auch der anhaltende Streit um die Krone des Königreiches Jerusalem zur weiteren Zerrissenheit der christlichen Heere in Akkon bei. Nach Abschluß der Belagerung erneuerten nämlich die konkurrierenden Bewerber Guido von Lusignan und Konrad von Montferrat ihre Ansprüche vor den beiden Monarchen, die nach Rücksprache mit ihren Großen am 28. Juli 1191 ein entsprechendes Urteil fällten. In einem ausgewogenen Kompromiß wurde verfügt, daß Guido bis zum Lebensende König von Jerusalem bleiben konnte, seine Nachkommen hingegen keinen Thronanspruch besitzen sollten. Nach dem Tode Guidos durfte ihm Konrad auf den Thron folgen, der zu Lebzeiten seines Vorgängers nicht nur die Hälfte der Einkünfte des Königreiches, sondern auch Beirut, Sidon und Tyrus zum Besitz erhalten sollte. In Würdigung der militärischen Leistungen wurde zudem Gottfried von Lusignan, dem Bruder Guidos, die Herrschaft über Jaffa und Askalon übertragen – vorbehaltlich der zuvor notwendigen Eroberung dieser Territorien.[20] Damit schien der leidige Thronstreit zumindest beigelegt, so daß der weitere Vormarsch der christlichen Heere zur Befreiung von Jerusalem in Angriff genommen werden konnte.

In dieser Situation faßte der französische König den Entschluß, in sein Reich zurückzukehren und auf eine Fortführung des Kreuzzuges zu verzichten; als Grund gab er Krankheit und die Unverträglichkeit des örtlichen Klimas an, das angeblich sein Leben bedrohte. Trotz dieser Begründung, die sogar für die eigenen Gefolgsleute wenig überzeugend wirkte, und ungeachtet der Behauptung, er (Philipp) habe mit der Reise nach Akkon seine Pflichten als Kreuzfahrer erfüllt, sah sich der Kapetinger dennoch veranlaßt, den englischen Partner um Befreiung von seinem Kreuzfahrereid zu ersuchen. Löwenherz war von diesen Plänen des französischen Herrschers ebenso enttäuscht wie nahezu alle Mitglieder des Kreuzfahrerheeres, das durch den geplanten Abzug des französischen Monarchen notwendigerweise geschwächt werden mußte. Nach längeren Gesprächen erklärte sich Richard schließlich mit der Abreise seines Partners einverstanden, den er jedoch zuvor zur Leistung eines Sicherheitseides veranlaßte. Hiernach verpflichtete sich Philipp, weiterhin sowohl Land und Leuten Richards nicht zu schaden als auch dessen Besitzungen gegen Angriffe zu schützen; diese Zusage sollte bis zu vierzig Tage nach der Rückkehr Richards vom Kreuzzug gelten.[21] Eine entsprechende Gegenzusage des englischen Monarchen ist nicht überliefert. Da der Plantagenêt sich mit dem Eid des Kapetingers zufrieden gab, konnte dieser die Leitung der verbliebenen französischen Heereskontingente und die Verfügung über die Philipp zustehenden muslimischen Geiseln Herzog Hugo von Burgund übertragen.[22] Danach begann der französische Monarch mit den Vorbereitungen für die Rückreise nach Europa. Richard hingegen hielt an dem Beschluß fest, den Kreuzzug fortzusetzen und nach Askalon aufzubrechen.

Allen Beteiligten mußte die Gefährlichkeit der entstandenen Lage bewußt gewesen sein, da bei Philipp zweifellos andere Handlungsmotive bestanden als lediglich die Bewältigung gesundheitlicher Probleme, die bekanntlich auch König Richard plagten. Der französische Monarch, der bereits in Messina durch die Zurückweisung Alices von Richard schwer gekränkt worden war, wird nicht länger bereit gewesen sein, im Heiligen Land die ständigen Zurücksetzungen durch Richard und dessen wachsenden Prestigegewinn im Rahmen des Heerzuges weiterhin zu ertragen. Zudem war eine Änderung der Situation zugunsten Philipps auch für den Fall einer möglichen Eroberung Jerusalems nicht zu erwarten. Hinzu kamen politische Veränderungen in Flandern, wo nach dem Tode des kinderlosen Grafen Philipp vom Elsaß am 1. Juni 1191 vor Akkon die Nachfolge in der wichtigen Grafschaft umgehend einer Regelung bedurfte. Zusätzlich hatte der Kapetinger hierbei eigene Machtinteressen, die das Vermandois und das Artois betrafen: Philipps erste Gemahlin Elisabeth von Hennegau hatte zur Heirat das Artois als *dos* erhalten. Der flämische Graf Philipp vom Elsaß hatte hingegen 1156 Elisabeth, die Erbtochter des Grafen Rudolf I. von Vermandois, geehelicht. Nach dem Tode der Gräfin († 26. März 1182) weigerte sich der Witwer, ihr Erbe an die Schwägerin Eleonore von Vermandois zu übergeben; Konflikte mit dem französischen Herrscher waren die Folge.[23] Dieser hoffte nun, im Zusammenhang mit der Erbfolgeregelung in Flandern endlich in den Besitz der Grafschaft Artois zu gelangen. Obwohl König Richard seinerseits daran gelegen sein mußte, eine Stärkung des kapetingischen Einflusses in dieser Region möglichst zu verhindern, verzichtete der Plantagenêt jedoch auf eine diesbezügliche Intervention.

Zudem mußte der Plantagenêt befürchten, daß Philipp unter einem Vorwand versuchen würde, entgegen seinen Zusagen in Akkon doch die Festlandsbesitzungen des Angevinen anzugreifen. Hierbei konnte der Kapetinger mit großer Wahrscheinlichkeit auf die Unterstützung des Königsbruders und Grafen von Mortain hoffen, der zu dieser Zeit gegen den *justiciar* des abwesenden Königs, Longchamp, bürgerkriegsähnliche Auseinandersetzungen im Inselreich entfesselt hatte. Diese konnten erst im Sommer 1191 durch einen Vertrag zwischen den Kombattanten unter Vermittlung des königlichen Beauftragten, Bischof Walter von Coutances, beendet werden.[24] Hierbei hatte sich der Kanzler verpflichten müssen, für den Fall des Todes Richards im Heiligen Land die Thronfolge Johanns zu befördern, wodurch dieser zweifellos die Erbfolgeregelung seines Bruders in Messina zu konterkarieren versuchte. Ein zusätzlicher Grund, sich mit dem Kapetinger in Abwesenheit des englischen Königs zu verbünden, bestand schließlich für Johann in dem Ausschluß von der Thronfolge durch den Bruder, der bekanntlich in Messina das Kleinkind Arthur von der Bretagne als seinen Erben vorgesehen hatte, so daß der Königsbruder nurmehr gewaltsam seine Thronansprüche wahren zu müssen glaubte.

Trotz dieser potentiellen politischen Gefahren beschloß Richard, den Kreuzzug fortzusetzen; gleichzeitig scheint er jedoch eine Gruppe an Getreuen nach England geschickt zu haben, um seine dortigen Gefolgsleute vor möglichen französischen Angriffen zu warnen. Philipp hingegen verließ nach dreieinhalbmonatigem Aufenthalt im Königreich Jerusalem am 31. Juli 1191 in Begleitung Konrads von Montferrat Akkon und reiste nach Tyrus, wo er sich am 3. August einschiffte, um nach Frankreich zu segeln.[25] Die Rückreise des Königs, die von vielen Zeitgenossen als Bruch des Kreuzfahrereides und als feige Flucht verstanden wurde,[26] führte ihn über Rhodos und Korfu nach Otranto; von dort begab er sich – nach Zusicherung freien Geleites durch König Tankred – in die Ewige Stadt und suchte Papst Coelestin III. auf. Hierbei gelang es Philipp, vom Nachfolger Petri nicht nur eine Lösung vom Kreuzzugsgelübde, sondern sogar die Anerkennung einer vollbrachten Pilgerfahrt zu erhalten; vergeblich waren hingegen die Bemühungen des Kapetingers, Coelestin für eine Klage gegen den Kreuzfahrer Richard aufgrund dessen angeblichen Fehlverhaltens im Heiligen Land zu gewinnen. Auch in der Folgezeit setzte der französische Monarch die Aktivitäten – auch auf propagandistischer Ebene[27] – gegen den angevinischen Rivalen fort, indem er Anfang Dezember mit Kaiser Heinrich VI. in Mailand zusammentraf und diesem seine Sicht der Geschehnisse im Königreich Jerusalem gab.[28]

Der Staufer seinerseits hatte das Bündnis Richards mit Tankred ebensowenig vergessen wie die Niederlage bei der Belagerung Neapels und die Flucht Heinrichs von Braunschweig aus dem kaiserlichen Heer. Trotz erheblicher Spannungen zwischen den beiden Herrschern ergab sich bei den Verhandlungen in Mailand ein naheliegendes Interessenbündnis gegen den gemeinsamen Gegner Richard und wahrscheinlich auch eine Bestätigung der Vereinbarung von Mouzon vom Dezember 1187. Nach Angaben des Chronisten Roger von Howden kamen die Monarchen in Mailand überein, den englischen König zu inhaftieren, sobald er auf der Rückreise aus dem Heiligen Land ihr jeweiliges Herrschaftsgebiet betreten würde;[29] möglicherweise erließ der Kaiser sogar ein Edikt zur Gefangennahme des Plantagenêts.[30] Auf Betreiben des französischen Königs war daher Ende des Jahres 1191 – unter Mitwirkung zahlreicher Großer in beiden Lagern wie z.B. des österreichischen Herzogs – ein überaus gefährliches kapetingisch-staufisches Bündnis zustande gekommen, das einer umfassenden Bekämpfung des englischen Königs diente. Zugleich betrieb Philipp eine kontinuierliche Destabilisierung der Herrschaft Richards im gesamten angevinischen Reich und Heinrich eine Förderung seiner Rekuperationspolitik in Unteritalien. Schließlich konnte der Kaiser davon ausgehen, daß sich der Kapetinger bei dem bevorstehenden neuerlichen Versuch des Staufers, das sizilische Reich zu erobern, zumindest wohlwollend neutral verhalten würde.

Der englische König wird von diesen gefährlichen Entwicklungen am Ende des Jahres 1191 wahrscheinlich keine hinreichende Kenntnis besessen haben, da er sich unverändert der Fortsetzung des Kreuzzuges und der geplanten Eroberung Jerusalems widmete. Zwar hatte die Abreise Philipps die Frage eines einheitlichen Oberbefehls über die Kreuzfahrerkontingente zugunsten des Plantagenêts geklärt; dennoch weigerte sich Konrad von Montferrat auch weiterhin, den Heerzug Richards zu unterstützen und seine Separatverhandlungen mit dem Sultan zu beenden. Zudem blieb das Problem einer endgültigen Vereinbarung mit Saladin bezüglich Akkons nach der Abreise Philipps weiterhin ungelöst, da der Sultan die entsprechenden Verhandlungen kontinuierlich hinauszögerte und hierdurch die Möglichkeiten Richards zu einer raschen Eroberung des Landes ständig verschlechtert wurden. Da offensichtlich Unklarheiten über die konkreten Vereinbarungen sowie ihre Realisierung bestanden und Saladin auch mit der Zahlung der Lösegeldzahlungen in Verzug geriet, entschloß sich Richard am 20. August 1191 zur Tötung der ca. 2700 Geiseln aus Akkon, die er gefesselt und in Sichtweite der muslimischen Truppen vor den Toren der Stadt umbringen ließ; lediglich Angehörige der reichen Oberschicht wurden in diesem Massaker in der Hoffnung auf Lösegeldzahlungen verschont.[31]

Obwohl mitunter in der neueren Forschung versucht wurde, diese widerwärtigen Vorgänge – etwa im Blick auf die Tötungen von Ordensrittern durch Saladin nach der Schlacht bei Ḥiṭṭīn – zu erklären und gewissermaßen zu relativieren, ist dennoch zu konstatieren, daß die Massaker bereits bei einigen Zeitgenossen Unverständnis und Betroffenheit hervorriefen. Sicherlich resultierte der Tötungsbefehl Richards nicht aus seiner angeblichen Impulsivität,[32] sondern stellte eher eine kühl geplante Repressionsmaßnahme dar. Diese sollte einerseits Saladin unter Druck setzen, andererseits den englischen König von einer großen Zahl schwer zu kontrollierender Gefangenen entlasten.[33] In Anbetracht der beträchtlichen Versorgungsschwierigkeiten im Lande wird die Ernährung der Geiseln für Richard zweifellos ein schwieriges logistisches Problem dargestellt haben; hinzu kam, daß er die vielen erprobten Kämpfer nicht in Akkon unter spärlicher Bewachung zurücklassen konnte. So wird der Kreuzfahrer nach Rücksprache mit den Großen beschlossen haben, sich seiner Geiseln durch Massentötung zu entledigen. Dieses Vorgehen gegen „einfache Soldaten", die für den Plantagenêt unter Lösegeldgesichtspunkten bedeutungslos erschienen, war in der zeitgenössischen Kriegführung im Abendland sicherlich nicht ungewöhnlich und entsprach auch dem spezifischen Standes- und Selbstbewußtsein, das König Richard und die Angehörigen der adligen Oberschicht von sich und den „niederen Bevölkerungsschichten" besaßen. Versteht man „*chivalry*" aber mit J. Gillingham als „*a status-specific form of humanity*",[34] so ist das Verhalten des Angevinen gegenüber den Gefangenen sicherlich nur schwer mit dem von Richard bewußt gepflegten Bild eines vorbildlichen christlichen Ritters und Kreuzfahrers zu vereinbaren. Konkrete Konsequenzen des Massakers an den Gefangenen werden für den Plantagenêt nicht nur in möglichen finanziellen Einbußen durch Lösegeldverluste, sondern auch in der Gefährdung des Lebens der christlichen Gefangenen bestanden haben, die sich noch in der Gewalt Saladins befanden. Schließlich dürfte die Verhandlungsposition Richards für die weiteren Gespräche mit dem Sultan, der sich unverändert dilatorisch verhielt, durch diesen Gewaltakt nicht verbessert worden sein, zumal muslimische Zeitgenossen dem König Wortbruch vorwarfen.[35]

Unmittelbar nach dem Massaker rückte die Armee Richards am 22. August 1191 von Akkon aus mit dem Ziel Jerusalem,[36] wobei sich der englische König für eine sichere Route – nämlich parallel zur Küste Richtung Jaffa – entschied. In kluger Einschätzung der zu erwartenden Angriffe Saladins, der die Truppen der Kreuzfahrer aus sicherer Entfernung verfolgen ließ, vermied es der Plantagenêt so lange wie möglich, mit seinem Heer ins Landesinnere zu ziehen, wo es leichter als an der Küste von der sarazenischen Kavallerie hätte angegriffen werden können. Zudem wandte der Angevine eine – grundsätzlich nicht neue – Strategie eines kombinierten Vorrückens von Landtruppen und Flotte an: Die von Richard erworbenen bzw.

gemieteten Schiffe begleiteten das Landheer kontinuierlich und verschafften dessen Westflanke von See her ausreichende Deckung; zudem wurden ermüdete Ritter und Fußsoldaten des christlichen Heeres in einer Art Rotationsverfahren den jeweiligen Kampftruppen entzogen, zur Rekreation auf die Schiffe gebracht und von diesen aus durch frische Kräfte ersetzt. Das Landheer bestand im Kern aus Trupps der schweren Panzerreiter, die nach Osten hin von einem engen Kordon an Fußtruppen und Bogenschützen abgesichert wurden. Die Hauptaufgabe der Kommandeure der Landtruppen bestand darin, den Zusammenhalt der verschiedenen Truppenteile zu gewährleisten und den Schutz der Reiter u.a. durch den Erhalt eines Kordons an Schilden zu sichern, die von den Fußsoldaten getragen wurden. Die sarazenische Reiterei war ihrerseits bemüht, durch ständige Angriffe ihrer berittenen Bogenschützen die nur langsam vorankommenden Kreuzfahrer zu attackieren, den Zusammenhalt der verschiedenen Truppenteile zu zerstören und einzelne isolierte Gruppen christlicher Krieger – insbesondere in der Nachhut – zu vernichten.[37] Welchen Strapazen die christlichen Landtruppen infolge der schwierigen klimatischen Bedingungen, der ungünstigen topographischen Gegebenheiten, der schweren und für die Region inadäquaten Bekleidung bzw. Bewaffnung der Soldaten und der ständigen Angriffe durch die muslimische Kavallerie bzw. Bogenschützen ausgesetzt waren, kann man nur erahnen.

Trotz der hohen und ständig wachsenden Verluste der Christen durch Verwundung, Hitzschlag oder Entkräftung rückte das immer stärker auseinander gezogene Kreuzfahrerheer in bemerkenswerter Disziplin und Leidensbereitschaft langsam, aber beharrlich Richtung Haifa vor, wobei oftmals die Toten unbestattet auf dem Wege zurückgelassen wurden. Die Defensionsstrategie des Angevinen erwies sich hierbei als erfolgreich, da das Christenheer stetig Richtung Jaffa weiter marschieren und eine Vielzahl an Angriffen der Muslime abweisen konnte.[38] Dennoch vermochte der englische König eine offene Feldschlacht auf Dauer nicht zu vermeiden: Diese erfolgte nach gründlicher Planung und unter souveräner Leitung durch Richard am 7. September 1191 in der Ebene bei Arsuf. Hier gelang Löwenherz zwar kein kriegsentscheidender Sieg, doch konnte er Saladin zumindest prestigemäßig eine gravierende Niederlage beibringen.[39] Spätestens nach diesem Erfolg der Kreuzfahrer wuchs auf muslimischer Seite die Überzeugung, das christliche Heer mit den schweren Panzerreitern in offener Schlacht nicht besiegen zu können und daher in der Folgezeit derartige Konflikte zu vermeiden. So konnte das Kreuzfahrerheer am 10. September 1191 siegreich in Jaffa einrücken,[40] während Saladin seine Truppen in Ramlah stationierte und sich selbst nach Jerusalem zurückzog.

Nach diesem Erfolg des christlichen Heeres, das sich in Jaffa zumeist dem Wiederaufbau der Verteidigungsanlagen widmete, begannen erste Streitigkeiten im Lager Richards über die weitere Vorgehensweise: Während der Plantagenêt nach Askalon weiter marschieren wollte, entschied sich die Mehrheit der Kreuzzugsteilnehmer für einen Aufenthalt in Jaffa, das nach den Zerstörungen durch die Muslime wieder aufgebaut werden sollte. Der englische König fügte sich dem Wunsch des Heeres, obwohl er angeblich viel weitergehende Ziele verfolgte: So verdeutlichte er am 11. Oktober 1191 in einem Schreiben an die Genuesen die Absicht, einen Heerzug nach Ägypten und die Einnahme von Alexandria sowie Kairo zu planen.[41] Aus strategischen Überlegungen und mit Rücksicht auf die unter Saladin erfolgte Vereinigung Palästinas mit Ägypten hielt es Richard für angebracht, durch einen Angriff auf das Zentrum des Ayyubidenreiches die Machtgrundlagen des Sultans entscheidend zu schwächen und hierdurch den Kampf um Jerusalem zu erleichtern. Dennoch lassen sich in den folgenden Monaten keine Hinweise feststellen, daß der englische König diese viel weitergehenden strategischen Überlegungen den übrigen Großen seines Heeres vortrug; vielmehr wird Richard diese Pläne so lange wie möglich geheim gehalten haben.[42]

Zur selben Zeit, d.h. seit dem September 1191, intensivierte der englische König die Friedensverhandlungen mit Saladin, der seinen diplomatisch versierten Bruder al-ʻĀdil mit den Gesprächen betraute und demonstrativ gleichzeitig mit Konrad von Montferrat konferierte. Hierbei war der Sultan bemüht, den christlichen Herrscher zu einem Bündnis mit ihm bzw. zum gemeinsamen Kampf gegen die Kreuzfahrer unter Führung Richards zu veranlassen – Bestrebungen, die jedoch nicht zum Erfolg führten.[43] In Konkurrenz dazu setzte der Angevine seinerseits die Verhandlungen mit Saladin fort, den er vergeblich zu einer persönlichen Begegnung aufforderte.[44] Da der Plantagenêt nicht verheimlichen konnte, daß das gesamte Kreuzzugsunternehmen unter erheblichem Zeitdruck stand und er so schnell wie möglich in sein Reich zurückkehren wollte, konnte Saladin den Zugzwang, unter dem sich Richard befand, ausnutzen und versuchen, vor allem Zeit zu gewinnen und den Konflikt möglichst lange fortzusetzen. Wie weit in Anbetracht der genannten Pressionen die Phantasie der Gesprächspartner – insbesondere des Königs – reichte, verdeutlichen Mitte Oktober 1191 von dem Angevinen unterbreitete Vorschläge, wonach die Schwester Richards, Johanna, den Bruder Saladins, al-ʻĀdil, heiraten und als Mitgift die Küstenstädte von Akkon bis Askalon erhalten sollte. Während das Paar in Jerusalem residieren und über die großen Festungen verfügen konnte, durfte der Sultan alle von ihm eroberten Besitzungen behalten, während die Dörfer in die Verfügungsgewalt der Ritterorden überzugehen hatten.[45] Da den christlichen Pilgern auf Dauer freier Zugang nach Jerusalem zugesichert blieb, wurde somit im Rahmen der Friedensgespräche ein bemerkenswertes, wenn auch etwas wirklichkeitsfremdes Modell eines interreligiösen und interkulturellen Zusammenlebens von Christen und Moslems im Heiligen Land entwickelt, das jedoch – auch wegen des wütenden Protestes der

Königswitwe Johanna – politisch nicht realisierbar war.[46] Später traten Überlegungen Richards hinzu, sowohl Teile Jerusalems und umliegende Dörfer als auch andere geeignete Orte zum Kondominium (*munasafa*)[47] zu machen. Während diese Vorschläge für Jerusalem nicht akzeptiert wurden, kam es im Laufe des Jahres 1192 für Siedlungen wie Lydda, Rames und Sidon zur Einrichtung der bereits seit Jahrzehnten bewährten fränkisch-islamischen Kondominien.[48]

Indem die Verhandlungen fortgeführt wurden, trat Richard am 31. Oktober 1191 den Weitermarsch nach Jerusalem an,[49] wohin sich Saladin nach der jahreszeitlich bedingten Entlassung eines Teils seiner Armee zurückgezogen hatte. Unter großen Mühen und nach zahlreichen kleineren Gefechten drang das christliche Heer Ende November 1191 nach Ramlah und später bis nach Latrūn vor, wo Richard das Weihnachtsfest verbrachte. Danach gelangten die erschöpften Truppen sogar bis nach Bait Nūbā, etwa zwanzig Kilometer von Jerusalem entfernt, wo am 6. Januar 1192 eine entscheidende Heeresversammlung unter Leitung Richards stattfand.[50] Kurz vor dem erstrebten Ziel kam es in der Führung des Kreuzfahrerheeres zu einer Strategiedebatte, in deren Verlauf vor allem die Mitglieder der Ritterorden sowie die Barone aus dem Heiligen Land erhebliche Bedenken gegen einen weiteren Vormarsch äußerten. Sie betonten zu Recht, daß die Richard verbliebenen Truppen einerseits zu schwach für eine zeitaufwendige Belagerung der gut befestigten Stadt Jerusalem und für die gleichzeitige Abwehr von Angriffen der Truppen Saladins auf die christlichen Belagerer seien. Gleiches gälte andererseits für den günstigen Fall einer möglichen Einnahme der Heiligen Stätten durch die Christen, da die Mehrzahl der Kreuzfahrer nach Erfüllung ihres Gelübdes in ihre Heimat zurückkehren werde und die verbleibenden Streitkräfte sowie die ortsansässige Bevölkerung Jerusalems zu wenig kampfstark für eine dauerhafte Verteidigung gegen die umgehend zu erwartenden Angriffe der Sarazenen seien. Hinzu kam das Unvermögen der Christen, die Verbindungs- und Nachschubwege von Jerusalem zu den Küstenstädten auf Dauer gegen Saladin zu sichern. Aus diesen Gründen rieten die Barone nachdrücklich zu einem Abbruch des Unternehmens, worin ihnen Richard nach kurzer Bedenkzeit zustimmte und am 13. Januar 1192 den Rückzug anordnete.[51]

Wenige Kilometer vor dem lange ersehnten Ziel und nach monatelangen Kämpfen kam es somit im Januar 1192 zu einem temporären Abbruch des Kreuzzuges nach Jerusalem aufgrund strategischer Überlegungen, die spätestens nach der Abreise König Philipps in der christlichen Heeresleitung möglich und notwendig gewesen wären und sicherlich zu demselben Ergebnis geführt hätten. Nach all den hohen personellen und materiellen Opfern wurde der Heeresführung gleichsam im Angesicht Jerusalems die ganze Fragwürdigkeit des Unternehmens deutlich, dessen Scheitern Richard zumindest ansatzweise bewußt geworden sein muß – eine Erkenntnis, die nicht nur viel früher möglich gewesen wäre, sondern allen Beteiligten auch viel Leid und Not erspart hätte. Ob der englische König bewußt auf den Angriff auf Jerusalem verzichtete, um seine militärischen Kräfte zu schonen und statt dessen einen späteren Angriff auf Ägypten vorzusehen, muß hingegen unklar bleiben.

Trotz der Befürchtung, mit seinen hochfliegenden Plänen als Kreuzfahrer und Heerführer gescheitert zu sein, brach der Plantagenêt das Unternehmen jedoch immer noch nicht auf Dauer ab. Vielmehr gab er gemäß der Empfehlung des Heeresrates als neues Ziel die Eroberung von Askalon an, um nach der Befestigung dieser sowie anderer Küstenstädte einen neuen Versuch zur Eroberung der Heiligen Stätten zu unternehmen und hierdurch den Kreuzzug doch noch zu einem Erfolg zu machen. Gegen diese Pläne protestierten zahlreiche enttäuschte Kreuzfahrer und insbesondere die Angehörigen der französischen Truppenkontingente, die sich vom Hauptheer absetzten und desillusioniert nach Jaffa marschierten. An den Auflösungserscheinungen seines Heeres vermochte auch Richard wenig zu ändern, zumal unverändert Konrad von Montferrat jegliche Unterstützung verweigerte. So konnte der Plantagenêt nur mit den wenigen, ihm verbliebenen Truppen am 20. Januar 1192 in Askalon einrücken, wo er umgehend den Ausbau der Befestigungsanlagen anordnete.[52]

Richard hielt auch in der Folgezeit verbissen an seinen Eroberungsplänen fest, obwohl ihn beunruhigende Nachrichten aus Frankreich und dem Inselreich erreichten, mit dem er in ständigem Kontakt über Boten stand. So hatte Johann in England den Konflikt mit Longchamp verschärft und eigenmächtig die Burgen von Tickhill und Nottingham besetzt; zudem gelang es dem Grafen von Mortain, die Auseinandersetzungen des Kanzlers mit Erzbischof Gottfried um eine Rückkehr des Kirchenfürsten auf die Insel zu einer Entmachtung Longchamps zu nutzen, der auf einer Versammlung am 8. Oktober 1191 in der St.-Pauls-Kathedrale für abgesetzt erklärt wurde.[53] Nur unter großen Mühen gelang es dem mit Frauenkleidern getarnten Bischof von Ely, nachdem er einem Vergewaltigungsversuch eines lüsternen Fischers an der englischen Küste ausgesetzt gewesen war, am 29. Oktober auf den Kontinent zu fliehen.[54] Während Walter von Coutances das Amt des *chief justiciar* übernahm, das hierdurch dem Zugriff Johanns entzogen blieb, bemühte sich der entmachtete Kanzler umgehend an der Kurie um seine Rehabilitierung; kirchenrechtliche Sanktionen waren die Folge, die die kirchen- und innenpolitischen Wirren auf der Insel und später in der Normandie noch verstärkten.[55]

Wenig erfreulich für Richard gestalteten sich auch die politischen Entwicklungen im französischen *regnum*, nachdem am 27. Dezember 1191 König Philipp in Paris eingetroffen war. Umgehend widmete sich der Kapetinger der Sicherung seiner Ansprüche auf das Erbe des flämischen Grafen Philipp, indem er nicht nur Balduin von Hennegau gegen 5000 Mark Silber zum neuen Herren Flanderns bestimmte, sondern sich auch das Artois sowie Teile des Vermandois aus der Mitgift Elisabeths von Hennegau verschaffte. Im April 1192 gelang es Philipp ferner, u. a. seine Ansprüche auf die Grafschaften Valois und Vermandois vertraglich mit Eleonore von Vermandois zu wahren.[56] Zugleich zögerte der französische Herrscher nicht, seine Expansionsbestrebungen bezüglich der angevinischen Territorien zu intensivieren, indem er im Januar 1192 von Wilhelm Fitz Ralph, dem Seneschall der Normandie, und den Baronen des Herzogtums aufgrund einer verfälschten Fassung des Vertrages von Messina die sofortige Herausgabe des normannischen Vexin sowie von Eu und Aumale als Mitgift Alices verlangte. Nach der Weigerung von Fitz Ralph, den Forderungen Philipps zu entsprechen, strebte dieser eine gewaltsame Durchsetzung seiner Ansprüche mit Hilfe der Großen seines Reiches an, die jedoch einen Angriff auf die Territorien des Kreuzfahrers Richard verweigerten.[57]

Noch gefährlicher war der Versuch Philipps, durch ein Bündnis mit Johann die Herrschaft des abwesenden englischen Königs zu destabilisieren. Der Kapetinger lud nämlich den Grafen von Mortain zu einem Besuch im französische *regnum* ein, wobei er ihm wahrscheinlich die Übergabe des gesamten angevinischen Festlandsbesitzes zu Lehen in Aussicht stellte, sofern der englische Prinz Alice heiraten würde; die Tatsache, daß Johann im Jahre 1189 mit Isabella von Gloucester die Ehe geschlossen hatte, spielte bei diesem Vorschlag keine Rolle. Bezeichnenderweise scheint der Bruder des englischen Monarchen Gefallen an diesem Angebot gefunden zu haben, da er in der Folgezeit eine Reise auf das Festland plante. Nur die umgehende Intervention Eleonores von Aquitanien ließ dieses Unternehmen scheitern, indem sie am 11. Februar 1192 auf der Insel landete und ihren gräflichen Sohn gemeinsam mit Walter von Coutances durch die Drohung des Entzuges seiner Besitzungen in der Normandie an der Konspiration gegen seinen Bruder und an der unmittelbar bevorstehenden Überfahrt zum Kontinent hinderte.[58]

Lediglich in Aquitanien hatten die Bemühungen des Kapetingers Erfolg, die Herrschaft Richards zu destabilisieren, da sich zahlreiche Große des Landes unter Führung des Grafen Elias von Périgord und des Vizegrafen Bernhard de Brosse gegen den Monarchen sowie die Königinmutter erhoben, die sich zu dieser Zeit in England befand.[59] Nur den intensiven Bemühungen des Seneschalls der Gascogne war es zu verdanken, daß die Rebellionen rasch unterdrückt wurden. Darüber hinaus nutzte Elias de la Celle die Gelegenheit zu einem Angriff auf den Grafen Raimund V. von Toulouse, der die Rebellen im Südwesten unterstützt hatte und um Wiedergewinnung seiner 1188 verlorenen Territorien bemüht war. Da auch der König von Navarra, dessen Tochter Berengaria Richard geheiratet hatte, an einer Stabilisierung der innenpolitischen Lage in der Gascogne und an einer Schwächung des toulousanischen Grafen interessiert war, entsandte

Sancho seinen gleichnamigen Sohn mit einem Ritterkontingent zur Unterstützung von Elias, die gemeinsam in die Besitzungen Raimunds einfielen und bis nach Toulouse vordrangen.[60] Somit hatte sich die außenpolitische Bündnisstrategie Richards als wirksam erwiesen, seine Besitzungen im Südwesten des französischen Reiches durch eine Eheverbindung mit dem navarresischen Königshaus vor Pressionen sowohl von seiten des französischen Königs als auch des Grafen von Toulouse zu schützen.

Trotz dieser bedenklichen Nachrichten über die innenpolitischen Wirren in seinem Reich entschied sich der Plantagenêt aber für die Fortsetzung seines Aufenthaltes in Askalon, zumal in den Konflikten zwischen dem Markgrafen von Montferrat und Guido von Lusignan eine Verschärfung eingetreten war. Da sich auch die Pisaner und Genuesen in die Auseinandersetzungen einschalteten, sah sich Richard zu einer endgültigen Klärung der Machtfrage im Heiligen Land veranlaßt. Bereits die Tatsache, daß der Plantagenêt am 16. April 1192 überhaupt die Frage nach der Legitimität der Königsherrschaft Guidos in Anbetracht der Vereinbarung von Akkon vom Juli 1191 stellte und eine Entscheidung vom Heeresrat forderte, verdeutlicht den politischen Kurswechsel des englischen Monarchen, der sich offensichtlich in der Zwischenzeit für den politisch mächtigeren Konkurrenten und damit gegen seinen bisherigen Schützling, König Guido, entschieden hatte. Erwartungsgemäß sprach sich das angerufene Gremium für eine Herrschaftsausübung durch den Markgrafen von Montferrat aus, den Richard zumindest widerwillig als neuen König von Jerusalem akzeptiert zu haben schien.[61]

Nachdem sich Guido von Lusignan mit seiner Entmachtung abgefunden hatte, die ihm durch das Angebot eines Kaufes des zypriotischen *regnum* erleichtert wurde, wendete sich binnen knapp zwei Wochen das Blatt zuungunsten von Markgraf Konrad. Während die Vorbereitungen zu seiner Krönung in Akkon liefen, wurde Konrad am 28. April 1192 Opfer eines Mordanschlages, den zwei als Mönche verkleidete Assassinen verübten.[62] Umgehend wurde besonders von englischer Seite öffentlich verbreitet, die Attentäter hätten angeblich im Auftrage von Rashīd al-Dīn Sinān, des „*Alten Mannes vom Berge*“, gehandelt, da der Markgraf zuvor widerrechtlich ein Handelsschiff der Ismaeliten hatte beschlagnahmen und die Besatzung töten lassen.[63] Trotz der zahlreichen Morde, die die schiitische Sekte zur Durchsetzung ihrer religiösen Ideen in dieser Zeit verübt hatte, tauchten jedoch schon bald Zweifel an den Erklärungen aus dem Lager des englischen Königs auf. Vor allem von muslimischer Seite – etwa durch den Chronisten Bahā' al-Dīn[64] – und später durch kapetingische Propagandisten wurde der englische König der Anstiftung zu dem Mord beschuldigt.[65]

Obwohl die Schuldfrage gegenwärtig nicht abschließend zu klären ist, so erscheint die vielfach in der Literatur geäußerte Salvierung des Plantagenêts wenig überzeugend, ein derartiges Vorgehen habe dem „ritterlichen

Ethos" Richards widersprochen und sei daher undenkbar. Im Blick auf mögliche Handlungsmotive ist hingegen die Tatsache nicht zu übersehen, daß der englische König und seine Gruppierung die Hauptnutznießer des politischen Mordes an Konrad waren. Mit dem Markgrafen von Montferrat wurde nicht nur ein langjähriger Widersacher des Plantagenêts beseitigt, sondern auch sein Neffe, Graf Heinrich von Champagne, von den Baronen als neuer König von Jerusalem nominiert, der den politischen Interessen des englischen Herrschers zweifellos nahe stand. Zwar pflegte Heinrich auch gute Beziehungen zum französischen Monarchen, mit dem er ebenfalls verwandtschaftlich verbunden war; dennoch ist offenkundig, daß der neue König von Jerusalem eindeutig besser den politischen Plänen des Plantagenêts dienlich war als Markgraf Konrad, mit dem nur eine Fortsetzung der Konflikte und eine Gefährdung des Kreuzzugsunternehmens in Aussicht stand. Obwohl das angebliche Geständnis eines der Mörder, Richard habe den Mordauftrag erteilt, unter der Folter abgegeben wurde und insofern nicht unbedingt Glaubwürdigkeit besitzt, ist dennoch im Blick auf mögliche Handlungsmotive und politische Vorteile, die sich aus dem Mord für die Beteiligten ergaben, eine Auftraggeberschaft Richards für das Attentat nicht grundsätzlich von der Hand zu weisen. Eine zusätzliche Salvierung des Angevinen erfolgte hingegen später durch einen – sicherlich gefälschten – Brief von Rashīd al-Dīn Sinān, in dem der „*Alte Mann vom Berge*" Herzog Leopold von Österreich mitteilte, er (Sinān) habe die Tötung wegen persönlicher Querelen mit Konrad in Auftrag gegeben bzw. durchführen lassen.[66] Dennoch hatte der Mord an Konrad einen politischen Richtungswechsel zur Folge, da Graf Heinrich bereits am 5. Mai 1192 die Witwe Konrads, Isabella, heiratete und die Herrschaft im Königreich Jerusalem übernahm, ohne aber selbst jemals den Königstitel zu führen.[67] Somit schien im *regnum* von Jerusalem eine Führung etabliert, die Richards Vorstellungen entsprach und eine Herrschaftsstabilität auch nach der Abreise des Plantagenêts aus dem Heiligen Land erwarten ließ.

Da der neue Herrscher Jerusalems nicht zögerte, seine Truppen dem englischen König zur Verfügung zu stellen, ergriff dieser die Initiative und begann mit dem Vormarsch auf Dārūm, das am 22. Mai 1192 eingenommen wurde.[68] Anfang Juni setzte das Heer seinen Zug auf Bait Nūbā fort, das am 11. Juni besetzt werden konnte; um den anschließenden Angriff auf Jerusalem vorzubereiten, wurde Heinrich von Champagne mit der Beschaffung von Verstärkung in Akkon beauftragt, während das Hauptheer in Bait Nūbā bis zum Ende Juni tatenlos auf ihn wartete. Und wie bereits vor einem halben Jahr, so kam es an derselben Stelle gewissermaßen in Sichtweite der Heiligen Stätten zu einer Heeresversammlung, in der wieder Strategieüberlegungen über die Erfolgschancen einer Eroberung und Sicherung Jerusalems durch die Christen angestellt wurden. Und wie bei den letzten Verhandlungen kam der Rat der Zwanzig – aus Vertretern der englischen und französischen Heereskontingente, der Templer und Johanniter sowie der Barone aus dem Heiligen Land[69] – zu demselben Ergebnis, daß eine Verteidigung Jerusalems und die gleichzeitige Sicherung der Verbindungslinien zur Küste in Anbetracht des Mangels an Siedlern für die Christen unmöglich erschienen.[70] Wieder war das Heer der Kreuzfahrer unter schweren Entbehrungen bis kurz vor Jerusalem vorgedrungen, nur um dort von den führenden Baronen aufgrund von strategischen Überlegungen, die in dieser Form an derselben Stelle mit demselben Ergebnis bereits vor einem halben Jahr angestellt worden waren, vom Verzicht auf einen Angriff auf Jerusalem zu erfahren. Die Begeisterung im Kreise der Kreuzfahrer über diese Entscheidung hielt sich daher in Grenzen.

Der englische König scheint versucht zu haben, das gesamte Projekt durch seinen Vorschlag eines Angriffes auf Ägypten zu retten, um von dort aus die Eroberung Jerusalems vorzunehmen. Dennoch blieb das christliche Heer völlig zerstritten, da sich die französischen Kontingente ausschließlich zu einem Zug zu den Heiligen Stätten bereit erklärten, während Richard die Leitung eines derartigen Unternehmens aus den bekannten Gründen als zu gefährlich ablehnte und dafür den Marsch auf Ägypten präferierte. Da sich keine der konkurrierenden Gruppierungen im Kreuzfahrerheer durchsetzen konnte, entschloß man sich am 4. Juli 1192 zur Rückkehr.[71] Weitgehend unkoordiniert zogen die verschiedenen Truppenkontingente Richtung Küste, während sich der englische König nach Akkon begab, wo er am 26. Juli einrückte. Immer noch nicht wollte Richard das Scheitern des Unternehmens eingestehen, da er u. a. Pläne eines Marsches auf Beirut diskutierte. Daher zögerte der Plantagenêt auch nicht mit einem erneuten Angriff auf Saladin, der zur selben Zeit Jaffa eingenommen hatte. Unter höchstem persönlichen Einsatz gelang es dem englischen König, am 31. Juli 1192 die Stadt zu entsetzen und den Sultan zu vertreiben.[72]

Der Angevine hatte während des gesamten Feldzuges großen persönlichen Mut und intensive Einsatzbereitschaft gezeigt und sich zudem als guter Feldherr bzw. Stratege erwiesen. Hierbei waren seine Neigung zu entschlossenem persönlichen Engagement und die Vorliebe für Zweikämpfe – ungeachtet der hiermit verbundenen Gefahr für sein Leben – nicht zu übersehen. Hinzu kam ein tiefes Verantwortungsbewußtsein des Monarchen für seine Gefolgsleute, für die Richard mit derselben Selbstlosigkeit eintrat, wie er dies auch von seinen Gefährten erwartete. Das persönliche Treueverhältnis, das der Plantagenêt zu den Gefolgsleuten pflegte, war oftmals das Handlungsmotiv für kriegerische Aktivitäten, die den König häufig in bedrohliche Situationen beim Einsatz für seine Leute brachten.[73] Die Kühnheit, die Richard bewußt an den Tag legte, und die Verachtung möglicher persönlicher Gefährdung durch riskante militärische Aktionen führte vielfach zu Kritik auch im Kreis der Gefährten des Angevinen. Diese betonten zu Recht die hohe Gefährdung des Gesamtunternehmens durch die mitunter leichtfertigen Aktivitäten Richards: Die Gefangennahme des Truppenführers oder gar sein Tod würden mit Sicherheit zum sofortigen Ende des Kreuzzuges und damit zum Scheitern des Heerzuges zur Befreiung der Heiligen Stätten führen. Die Konsequenzen des Todes von Kaiser Friedrich I. oder seines Sohnes Herzog Friedrich für den Kreuzzug des deutschen Kontingentes waren noch in lebhafter Erinnerung bei den Gefährten des Plantagenêts. Dennoch war sich dieser der einmaligen Gelegenheit bewußt, seinen Ruf als unschlagbarer Ritter und vorbildlicher Kreuzfahrer durch möglichst spektakuläre Aktivitäten im Heiligen Land zu festigen und zugleich die Entwicklung der Mythisierung seiner Person bei den Zeitgenossen zu befördern. Die Wirkungen seiner Taten und der hiermit verbundene Ruf Richards in der Öffentlichkeit des gesamten christlichen Abendlandes bewiesen schon bald die Richtigkeit seiner Überlegungen.

Trotz der letzten temporären Erfolge, die Richard im August im Kampf gegen die Muslime verzeichnen konnte, mußte der Angevine nach neuerlicher Erkrankung einsehen, daß die verfügbaren militärischen Kräfte für einen endgültigen Sieg über Saladin nicht ausreichten. Daher erklärte sich der englische König am 2. September 1192 zum Abschluß eines dreijährigen Waffenstillstandes bereit. Während die Küstenstädte von Jaffa bis Tyrus in christlichem Besitz bleiben und die Befestigungen von Askalon zerstört werden sollten, behielten die Muslims die Verfügung über Jerusalem, wobei christlichen Pilgern der Zugang zu den Heiligen Stätten gestattet wurde.[74] Nachdem noch einige wichtige Gefangene ausgetauscht worden waren, begann Richard – ohne Jerusalem betreten zu haben – am 9. Oktober 1192 zu Schiff die Rückreise nach Europa.[75] Sein großer muslimischer Gegenspieler konnte den errungenen Teilerfolg nur kurz genießen, da er infolge der extremen Belastungen durch die Feldzüge der letzten Jahre stark geschwächt war und bereits am 4. März 1193 starb. Da Saladin die Teilung seines Reiches unter die drei ältesten Söhne sowie den Bruder al-'Ādil verfügt hatte, fand der Traum des Sultans von der Schaffung eines muslimischen Großreiches mit seinem Hinscheiden ein rasches Ende. Machtkämpfe zwischen seinen Söhnen und später unter den Söhnen al-'Ādils führten zu einer gravierenden Schwächung des ayyubidischen Reiches und schließlich zu seinem Zerfall. Dennoch blieb in der muslimischen Welt die Erinnerung an Saladin als Führer eines Djihad gegen die Kreuzfahrer und als Schöpfer eines geeinten muslimischen Großreiches auch in der Folgezeit bestehen.[76]

Versucht man, eine Gesamtbewertung des Kreuzzugsunternehmens vorzunehmen, so ist zweifellos die Sicherung der christlichen Herrschaft über die wichtigsten Küstenstädte als Erfolg zu bezeichnen; diese trug maßgeblich zum Fortbestand des Königreiches Jerusalem bei. Andererseits ist zu konstatieren, daß das Hauptziel des Zuges – die Eroberung Jerusalems – ebensowenig erreicht wurde wie die angestrebte Wahrung der christlichen Herrschaft über die Heiligen Stätten. Sicherlich trug zu diesem Mißerfolg die Tatsache bei, daß die christliche Armee spätestens durch den Abzug des französischen Königs deutlich geschwächt wurde und die komplexen militärischen Aufgaben im Zusammenhang mit der Eroberung Jerusalems sowie der Verteidigung der Stadt und der Verbindungslinien zur Küste nicht erfüllen konnte. Um so unverständlicher ist daher die Tatsache, daß Richard die Kreuzfahrer zweimal unter größten Strapazen und Entbehrungen bis kurz vor die Mauern Jerusalems führte, um jeweils in Bait Nūbā durch eine Heeresversammlung den Abbruch des Unternehmens beschließen zu lassen.

Auch die Überlegung, Richard habe seit Oktober 1191 ein völlig anderes strategisches Ziel – nämlich den Angriff auf Ägypten – verfolgt und daher nur geringes Engagement für einen Marsch auf Jerusalem gezeigt, erspart dem englischen König nicht den Vorwurf, die ihm anvertrauten Kämpfer falsch geführt und eingeschätzt zu haben. Handlungspsychologisch war es abwegig zu glauben, hoch motivierten Kreuzfahrern, die die Heiligen Stätten befreien wollten und in Erfüllung ihrer Gelübde nur hierfür schwerste Entbehrungen auf sich nahmen, während des Unternehmens ein völlig anderes Aktionsziel – nämlich den Zug nach Ägypten – vorgeben zu können und hierfür von den Soldaten die gewünschte Einsatzbereitschaft zu erwarten. Sehr verständlich waren daher die Zweifel und die Kritik der Ritter an der Führungskompetenz Richards, der in Kenntnis der strategischen Schwierigkeiten und des Mangels an Siedlern zweimal sein Heer vor die Tore Jerusalems führte, nur um den Soldaten dort die Unrealisierbarkeit des Unternehmens mitzuteilen. Obwohl die Überlegungen Richards für einen Angriff auf Ägypten strategisch weitschauend gewesen sein mögen, war dennoch die Durchführbarkeit eines derartigen Heerzuges überaus fraglich; zudem wird man dem englischen König den Vorwurf der Täuschung seiner Truppen nicht ersparen können, sollte der Plantagenêt seine Ägypten-Pläne konsequent bis zum Juli 1192 vor den Kampfgefährten verheimlicht und willentlich einen Angriff auf Jerusalem verhindert haben, um das strategisch sicherlich günstigere Ziel Ägypten zu erreichen.

X. Die Gefangenschaft König Richards und ihre politische Bedeutung im Abendland

Die Rückreise des englischen Königs in sein Reich gestaltete sich seit Beginn komplikationsreich, da nicht nur die Witterungsbedingungen im Herbst des Jahres wenig günstig waren, sondern auch wichtige Reiserouten dem Angevinen aus politischen Gründen verschlossen schienen.[1] So konnte Richard weder über Italien noch über Südfrankreich nach Norden fahren, da er hierbei Territorien der ihm feindlich gesinnten Fürsten Philipp von Frankreich, Raimund von Toulouse und Kaiser Heinrich VI. passieren mußte. Als ungünstig erschien ebenfalls der Seeweg um die Iberische Halbinsel, da die jahreszeitlichen Witterungsbedingungen widrig waren und zudem Gefahren durch feindliche Flotten aus Italien sowie der Muslime an der Straße von Gibraltar drohten. Somit blieb dem englischen Kreuzfahrer nur der Ausweg, von der Adria auf dem Landwege in Gebiete befreundeter Fürsten, d.h. vor allem der Welfen und ihres Anhanges, zu gelangen, um unter deren Schutz in angevinische Territorien weiter zu reisen. Letztlich war diese schwierige Situation, in der sich der Plantagenêt bei der Abreise aus dem Heiligen Land befand, eine Konsequenz seiner bislang wenig erfolgreichen Außenpolitik. Richard hatte nämlich das komplexe außenpolitische Beziehungsnetz – von seinem Vater im gesamten Abendland mühsam aufgebaut und gepflegt – sowohl als Herzog von Aquitanien als auch als König von England weitgehend vernachlässigt und sich ausschließlich auf die Vorbereitung sowie die Durchführung des Kreuzzuges konzentriert. Hinzu kam sein wenig diplomatisches, ja mitunter sogar rücksichtsloses Vorgehen gegen andere christliche Fürsten während des Unternehmens, so daß sich der Angevine Endes des Jahres 1192 – nicht zuletzt durch eigene Schuld – von einer Vielzahl an Feinden im gesamten Abendland umringt sah.

Richard war sich offenbar der Bedrohung durch mögliche Nachstellungen bewußt, da er nach einer Zwischenlandung in Zypern heimlich sein Schiff Franche-Nef in Korfu verließ und dieses allein nach Brindisi weiter segeln ließ, um möglichen Verfolgern zu entgehen. Während die beiden Königinnen Berengaria und Johanna mit der Tochter des Kaisers von Zypern unter Begleitschutz über Brindisi nach Rom reisten, wählte der Plantagenêt eine andere Route. Er fuhr von Ragusa die dalmatinische Küste hinauf, um schließlich – möglicherweise nach einem Schiffbruch – an einem unbekannten Ort, wahrscheinlich zwischen Venedig und Aquileia, an Land zu gehen.[2] Wieso der König in der Folgezeit ein befremdliches und zugleich amateurhaftes Versteckspiel betrieb und nicht offen um freies Geleit als Kreuzfahrer nachsuchte, wird sein Geheimnis bleiben. Tatsache ist hingegen, daß sich Richard wahrscheinlich als Kaufmann ausgab[3] sowie mit wenigen, als Pilger verkleideten Begleitern reiste. Hierzu zählten u.a. Balduin de Béthune, Philipp von Poitiers, der spätere Bischof von Durham, Wilhelm de l'Etang und der Kaplan Anselm.[4]

Nach der Landung der eigenartigen Reisegruppe, deren Mitglieder zumeist der jeweiligen Landessprache unkundig waren, jedoch über beachtliche Geldmittel und Wertgegenstände wie Ringe etc. verfügten, eröffneten sich den Flüchtlingen von der Küste aus mindestens zwei Reiserouten: Zum einen könnte Richard geplant haben, sich nach Ungarn und zur dortigen Königin Margarete zu begeben, zu der verwandtschaftliche Beziehungen bestanden.[5] Zum anderen gab es für den Angevinen die Möglichkeit, nach Böhmen zu gelangen und sich dort unter den Schutz von Herzog Friedrich sowie dessen jüngeren Bruders Otakar Přemysl I. zu stellen.[6] Beide Reiserouten hatten den Nachteil, daß sie teilweise durch Territorien von Gegnern des Plantagenêts führten. Diese Feststellung galt insbesondere für die Besitzungen Herzog Leopolds von Österreich, der die entehrende Behandlung durch den englischen König in Akkon nicht vergessen und auf Rache gesonnen haben dürfte.

Trotz bzw. gerade wegen der wenig gelungenen Verkleidungsversuche Richards und seiner Begleiter war Graf Meinhard von Görz[7] bereits Anfang Dezember 1192 auf die seltsame Reisegruppe aufmerksam geworden und hatte den Monarchen identifiziert. Gemeinsam mit seinem Bruder, Friedrich von Pettau, versuchte der Graf, des Angevinen habhaft zu werden, der sich dem Zugriff aber durch Flucht erfolgreich entziehen konnte.[8] So entwickelte sich rasch eine wilde Verfolgungsjagd über Kärnten bis in die Nähe von Wien und damit in das Herrschaftsgebiet Herzog Leopolds. Nachdem Richard unter Verlust zahlreicher Begleiter verschiedenen Nachstellungen entkommen war, fand seine Abenteuerreise am 20. oder 21. Dezember 1192 ein jähes Ende. Der Monarch wurde – trotz seiner Verkleidung als Küchengehilfe – von Beauftragten des österreichischen Herrschers in einer schäbigen Behausung in Erdberg gestellt und anschließend vom Herzog selbst gefangengenommen.[9] Dieser übergab den Gefangenen dem Ministerialen Hadmar II. von Kuenring, der Richard in Dürnstein bei Krems inhaftierte und unter strenge Bewachung stellte.[10] Wahrscheinlich hielt sich der König in der dortigen Siedlung im Kuenringerhof auf und befand sich nicht, wie oftmals angenommen, auf der Hochburg, da diese Ende 1192 sicherlich noch nicht fertig gestellt war.[11] Damit begann ein Geiseldrama, das den englischen König nicht nur für Monate an der Rückkehr in sein Reich hindern, sondern auch gravierende Konsequenzen für die politischen Kräfteverhältnisse im gesamten Abendland haben sollte.

Aufgrund der hohen gesamtpolitischen Bedeutung der Geiselnahme ist nicht davon auszugehen, daß der Herzog von Österreich nur auf eigene

Abb. 3: Gefangennahme König Richards I. und Huldigung vor Kaiser Heinrich VI.
Aus: Petris de Ebulo, Liber ad honorem Augusti, 1195/96.

Verantwortung oder allein aus privaten Rachemotiven heraus die Inhaftierung des königlichen Kreuzfahrers durchführte. Vielmehr wird die Aktion sicherlich in Kenntnis und mit Billigung des kaiserlichen Oberherrn Leopolds erfolgt sein, der angeblich bereits nach dem Treffen mit Philipp von Frankreich in Mailand Ende des Jahres 1191 seinen Untergebenen die Gefangennahme des englischen Monarchen aufgetragen hatte.[12] Hieraus erklärt sich auch die Tatsache, daß der Babenberger sofort nach der Inhaftierung Richards den Kaiser in Kenntnis setzte und mit diesem Verhandlungen wegen einer Auslieferung des Plantagenêts vorbereitete. Englische Chronisten betrachteten hingegen den französischen Monarchen als eigentlichen Drahtzieher des Unternehmens, da Philipp angeblich den Staufer erst zum Kampf gegen den Angevinen aufgestachelt und zur Geiselnahme veranlaßt hätte.[13] Dessen ungeachtet ist zu konstatieren, daß Heinrich VI. bereits am 28. Dezember 1192 den König von Frankreich triumphierend über die Inhaftierung Richards informierte, den er als „*inimicus imperii nostri, et turbator regni tui*“ bezeichnete.[14] Somit betonte der Kaiser nicht nur eine politische staufisch-kapetingische Interessenübereinstimmung, sondern er feierte auch einen Erfolg bei der Verfolgung eines gemeinsamen Feindes beider Reiche.

Unmittelbar nach der Gefangennahme des Angevinen entwickelten sich zwei Handlungsfelder, auf denen die politischen Hauptakteure in den folgenden Wochen tätig wurden: Zum einen der Handlungsbereich des Herzogs von Österreich, der so schnell und effizient wie möglich den höchsten Ertrag aus der Gefangennahme Richards ziehen wollte.[15] Leopold war sich hierbei bewußt, daß er den König nicht auf Dauer in seiner Gewalt behalten konnte, sondern diesen bald an den Oberlehnsherrn abtreten mußte. Das zweite Handlungsfeld wurde vom römisch-deutschen Kaiser bestimmt, der sich nicht nur so rasch wie möglich in den Besitz des wertvollen Gefangenen zu setzen, sondern umfassende politische und wirtschaftliche Ziele bei den bevorstehenden Verhandlungen mit dem Angevinen zu erreichen suchte. Auf dem zweiten, kaiserlichen Handlungsfeld traten in der Folgezeit mindestens drei Personengruppen auf, die den Fortgang der Geschehnisse eigenständig zu beeinflussen versuchten: Zuerst König Philipp, der bereits vor der Überstellung von Löwenherz an den Staufer bei Herzog Leopold intervenierte und vor frühzeitiger Freilassung Richards ohne Rücksprache mit dem Kaiser warnte.[16] Bald darauf kontaktierte der Kapetinger auch Heinrich VI. und bat, ihm seinen Lehnsmann auszuliefern. Die zweite Gruppierung, die sich um eine Entlassung Richards bemühte, waren zahlreiche englische geistliche und weltliche Große, die – wie der Bischof von Bath, Savaric Fitz Geldewin – bereits im Januar/Februar 1193 am kaiserlichen Hof vorstellig wurden und das Schicksal ihres königlichen Herrn zu klären versuchten.[17] Der dritte Personenkreis, der wegen des Angevinen intervenierte, sammelte sich um Graf Johann, der sich bereits zu Beginn des

Abb. 4: Burgruine Dürnstein.

Jahres 1193 mit König Philipp verbündet hatte und in der Folgezeit mehrfach mit diesem gemeinsam eine Auslieferung des Bruders in kapetingischen Gewahrsam betrieb, um eigene Herrschaftsinteressen durchzusetzen.[18]

Die erste Phase des Geiseldramas begann Anfang Januar 1193, wobei sich der Staufer in einer ungünstigen innenpolitischen Ausgangssituation befand. Der Kaiser sah sich nämlich einerseits der Beschuldigung ausgesetzt, als Auftraggeber der Ermordung eines der rivalisierenden Kandidaten für das Bistum Lüttich, Albert von Löwen, fungiert zu haben; andererseits wurde Heinrich in der Folgezeit auch mit einer eskalierenden Revolte von Reichsfürsten konfrontiert. Einer Gruppe von niederrheinischen Opponenten schlossen sich bald einflußreiche Fürsten wie der Erzbischof von Mainz, Konrad I. von Wittelsbach, der Landgraf Hermann von Thüringen sowie die Herzöge Otakar I. von Böhmen und Berthold V. von Zähringen an, gefolgt von Angehörigen des Welfenhauses. Die Staufergegner gingen sogar soweit, die Absetzung Heinrichs VI. und die Erhebung Herzog Heinrichs von Brabant zum neuen König zu betreiben.[19] Da selbst der Nachfolger Petri einem Machtwechsel im Deutschen Reich nicht abgeneigt zu sein schien, bestand die Gefahr, daß sich die Fürstenrevolte zu einem gefährlichen Machtkampf um den Fortbestand der Herrschaft Kaiser Heinrichs ausweiten konnte.

Ob der inhaftierte englische König seine bekannte Affinität zum Welfenhaus während der Zeit seiner Inhaftierung zur Geltung bringen wollte bzw. konnte, ist mehr als fraglich. Richard blieb bis zum Frühjahr 1193 weitgehend passives Objekt in den Verhandlungen, die vor allem Herzog Leopold und Kaiser Heinrich seit Jahresbeginn um seine Person führten. Hierbei erwies sich der Babenberger als zäher Partner, indem er am 6. Januar den Gefangenen nach Regensburg transportieren und dem Staufer auf dem Reichstag vorführen, jedoch bald darauf wieder in die Wachau zurückbringen ließ, da es zu keiner Einigung mit Heinrich über die Lösegeldzahlung kam.[20] Erst nach weiteren Gesprächen einigten sich die Partner am 14. Februar 1193 in Würzburg auf eine vertragliche Regelung über die Auslieferung des Plantagenêts, der erneut an diesen Vorgängen unbeteiligt blieb.[21] Hiernach hatte Richard dem Kaiser 100000 Mark Silber zu zahlen, von denen die Hälfte an den Babenberger weiterzuleiten waren. Dieser wollte die Gelder als Mitgift für Eleonore, die Schwester Arthurs von der Bretagne, verwenden, die einen der Söhne Leopolds heiraten sollte. Die genannte Summe war bis Michaelis, d.h. bis zum 29. September, des selben Jahres zu entrichten, während die zweite Hälfte bis zum 23. Februar 1194 zur Verfügung stehen mußte. In realistischer Einschätzung der Situation und vor allem seines Vertragspartners beharrte der Babenberger auf der Stellung von Geiseln durch den Kaiser zur Sicherung der Erfüllung der herzoglichen Forderungen, insbesondere im Falle des Todes Heinrichs VI.

Abb. 5: Löwenherzdenkmal nahe Dürnstein.

Von Richard verlangte Leopold sowohl die Freilassung von Kaiser Isaak von Zypern und dessen Tochter, mit denen der Babenberger verwandt war, als auch prophylaktisch die Intervention des englischen Monarchen für eine Aufhebung der – offensichtlich vom österreichischen Herzog zu Recht erwarteten – Exkommunikation durch den Papst. Alle diese Forderungen sollten ebenfalls durch die Stellung von Geiseln durch Richard abgesichert werden. Der Kaiser seinerseits beanspruchte zusätzlich von dem Plantagenêt sowohl die Stellung von fünfzig Kriegsschiffen, hundert Rittern und fünfzig Schleuderern als auch die Teilnahme von Löwenherz mit großer Truppenmacht an dem von Heinrich VI. geplanten Sizilienheerzug. Ohne die Frage zu klären, ob der englische König überhaupt in der Kürze der Zeit zur Zahlung dieser ungeheuren Geldsumme in der Lage war, regelten die beiden Vertragspartner die Überstellung des englischen Königs in die kaiserliche Gewalt. Hierbei schien der Babenberger primär wirtschaftliche und familiäre Interessen zu verfolgen, während der Staufer weitergehende politische Ziele – insbesondere die Eroberung des sizilischen Reiches – durch die Erpressung Richards zu erreichen suchte. Am Rande sei erwähnt, daß der Würzburger Vertrag das genaue Gegenstück zur Vereinbarung darstellte, die Richard im Oktober 1190 mit Tankred von Lecce eingegangen war und die großen Unmut bei Kaiser Heinrich hervorgerufen hatte.[22]

Nach der Einigung mit Leopold begann die zweite Phase des Geiseldramas, in welcher der Kaiser zwar bestrebt war, die Führung zu übernehmen, jedoch französische und englische Akteure ebenfalls Einfluß auf das Geschehen zu nehmen versuchten. Während der Gefangene von Dürnstein nach Speyer überstellt wurde, wo er dem Staufer übergeben werden sollte, kam es bereits im Vorfeld des dort geplanten Reichstages zu zahlreichen Verhandlungen unterschiedlicher Partner. Von englischer Seite hatte u.a. der Bischof von Bath, Savaric Fitz Geldewin,[23] erste Gespräche mit Kaiser Heinrich geführt, die dem Gesandten zumindest in Umrissen die Größenordnung der gewünschten Lösegeldsumme deutlich machten. Zusätzlich waren zwei weitere Beauftragte des Erzbischofs Walter von Rouen – die Äbte von Boxley und Robertsbridge – von England aufgebrochen, die den gefangenen König auf dem Wege nach Speyer in Ochsenfurt trafen, ihn kurz über die Lage im angevinischen Reich unterrichteten und Richard auf der Reise zum Reichstag begleiteten.[24]

Nach dem Eintreffen des Gefangenen in Speyer, wo ihn Heinrich wahrscheinlich am Palmsonntag (21. März) von Leopold in Empfang nahm, begannen umgehend durch Vermittler Verhandlungen mit Richard. Da sich die gegenseitigen Standpunkte nach kurzer Zeit als unvereinbar erwiesen, wechselte der Staufer kurzfristig die Handlungsstrategie und entschloß sich, den englischen König vor dem Reichstag anzuklagen und damit zumindest nachträglich eine rechtliche Handhabe für die Gefangennahme des Angevinen zu erlangen. In einem dramatischen Auftritt vor den versammelten Reichsfürsten in Speyer klagte der Kaiser am 22. März Richard zahlreicher Verbrechen an, von denen Heinrich als wichtigste nannte:

- der englische König habe die Ermordung Konrad von Montferrats veranlaßt
- Richard habe seine Lehnspflichten gegenüber König Philipp mißachtet und diesem durch Assassinen nach dem Leben getrachtet
- der Monarch habe den Kaiser von Zypern und Verwandten Heinrichs inhaftiert und dessen Land veräußert
- Richard habe in einem schändlichen Frieden mit Saladin das Heilige Land den Muslimen überlassen
- der Angevine habe Leopold von Österreich vor Akkon beleidigt bzw. geschädigt sowie die deutschen Ritter im Heiligen Land allgemein herabgewürdigt
- schließlich habe Richard durch seine Vereinbarungen mit Gegnern Heinrichs Schuld daran, daß dieser das sizilische *regnum* widerrechtlich verloren habe.[25]

Diese Anklagen gegen Richard wogen schwer, zumal sie gut begründet zu sein schienen. Zudem hatte der Staufer in seiner Anklage deutlich gemacht, daß sich der Plantagenêt im Verlauf des Kreuzzuges eine „Führungsrolle in gesamtchristlichen Fragen“ angemaßt habe, die nach Einschätzung Heinrichs ausschließlich dem Kaiser zugestanden hätte.[26]

Dennoch gelang es dem Angevinen, das Blatt überraschend zu seinen Gunsten zu wenden, indem er in freier Rede vor dem Fürstengericht detailliert die einzelnen Vorwürfe widerlegte. Bezüglich der Verratsanklage bot er sogar einen gerichtlichen Zweikampf an, den aber keiner der Anwesenden aus verständlichen Gründen gegen einen der berüchtigsten Kämpfer des Abendlandes durchzuführen wagte. Noch eindrucksvoller erwiesen sich das Eingeständnis Richards, Fehler begangen zu haben, und seine demonstrative Geste, sich vor dem Kaiser niederzuwerfen und dessen Gnade zu erbitten.[27] Insgesamt machte der Auftritt des eloquenten und souveränen Monarchen auf alle Beteiligten einen solch nachhaltigen und positiven Eindruck, daß die Stimmung in der Reichsversammlung vollständig zugunsten des Angevinen umschlug, zahlreiche Fürsten in Tränen ausbrachen und sich sogar der Kaiser weinend zur Versöhnung mit Richard bereit erklärte, dem er den Friedenskuß gab. Überraschend schien der kaiserliche Ankläger von der Schuldlosigkeit Richards überzeugt zu sein, so daß von den erwähnten Anklagepunkten in der Folgezeit keine Rede mehr war. Somit hatte der Plantagenêt mit seinem Auftritt vor dem Reichstag nicht nur einen wichtigen Prestigeerfolg errungen, der ihm später noch nützlich sein sollte, sondern zugleich Heinrich VI. die gewünschte rechtliche Basis für die weitere Inhaftierung des Gegners entzogen.

In bemerkenswerter Kaltblütigkeit reagierte der Staufer auf die temporäre Niederlage im Reichstag, indem er erneut und umgehend die Handlungsstrategie änderte. Unter Hinweis auf die bestehenden Differenzen zwischen dem französischen König und dessen englischen Lehnsmann erklärte der Kaiser überraschend seine Bereitschaft, sich um eine Aussöhnung zwischen Philipp II. und Richard I. zu bemühen. Daraufhin sah sich der englische Monarch veranlaßt, entweder spontan oder gemäß Absprachen in den Vorverhandlungen dem Staufer „*gleichsam als Lohn*"[28] für derartige Dienste denselben Geldbetrag, der bislang als Lösegeld vorgesehen war, nun von sich aus und freiwillig für seine Befreiung anzubieten.[29] Um die gegenseitigen Freundschaftsbeteuerungen noch zu steigern, erklärte Heinrich die Bereitschaft, im Falle des Scheiterns der Ausgleichsbemühungen den Angevinen auch ohne Geldzahlungen in die Freiheit zu entlassen – eine Zusage, die auf staufischer Seite sehr schnell in Vergessenheit geriet.

Das eindrucksvolle Szenario, das der Kaiser offenbar kurzfristig in Speyer entwickelte, war die Basis für eine Vereinbarung, die sich am Würzburger Vertrag orientierte und am 25. März 1193 getroffen wurde. Hiernach verpflichtete sich Richard zur Zahlung von 100000 Mark Silber sowie zur Gestellung von 50 Kriegsschiffen und 200 Rittern für ein Jahr.[30] Die früher gewünschten persönlichen Verpflichtungen des Monarchen – u.a. zur Teilnahme an dem Sizilienzug des Staufers – wurden nicht mehr erwähnt. Ob weitergehende politische Forderungen – etwa nach einer künftigen Lehnsbindung Richards – von seiten Heinrichs VI. erhoben wurden, läßt sich nicht mehr feststellen.[31] Bereits am folgenden Tage (26. März 1193) betonte der englische König in einem Schreiben an den Konvent von Canterbury nicht nur die Notwendigkeit, möglichst rasch das vereinbarte Lösegeld aufzubringen, sondern auch die Zusicherung des Kaisers, ihm mit „*consilium et auxilium*" zur Seite zu stehen.[32]

Mit der März-Vereinbarung war dem Kaiser ein überraschender Doppelerfolg gelungen: Nach den tränenreichen Auftritten und symbolhaften Gesten auf dem Reichstag hatte sich der Staufer einerseits zum verdienstvollen Vermittler zwischen den westeuropäischen Monarchen in einem Konflikt erklärt, der Auswirkungen auf das gesamte Abendland haben konnte. Andererseits eröffnete eine derartige Mittlertätigkeit, die nicht entschädigungslos erfolgen mußte, dem Kaiser die Möglichkeit, sich auf einem anderen Wege die Notlage des Plantagenêts politisch und wirtschaftlich nutzbar zu machen. Nunmehr ging es nicht mehr um Erpressung von Geldern einer königlichen Geisel, sondern um eine – nominell freiwillige – finanzielle Entschädigung für kaiserliche Vermittlerdienste durch Richard, wobei der wirtschaftliche Ertrag für den Kaiser derselbe war. Um seine Lage nicht weiter zu verschlechtern, sah sich der Angevine ab sofort und auf Dauer gezwungen, die Fiktion einer *amicitia* mit dem staufischen Geiselnehmer aufrecht zu erhalten und auf keinen Fall die Frage nach der Rechtmäßigkeit seiner Inhaftierung oder gar der Verhängung möglicher Sanktionen, wie der Exkommunikation seiner Peiniger, öffentlich zu behandeln. Die neue

Bezeichnung für die staufischen Geldforderungen – nun als „Vermittlungsgebühr" – änderte auch nichts an der faktischen Lage des Plantagenêts. Trotz der politischen Aufwertung der Geisel Richard durch Heinrich, der den englischen König durch die *amicitia* nominell zu einem Handlungspartner im Deutschen Reich gemacht hatte, blieb der Angevine Gefangener des Kaisers. Dieser ließ Richard zuerst ca. drei Wochen bis etwa Mitte April 1193 auf der Reichsburg Trifels, danach in der Reichspfalz von Hagenau unter strenger Bewachung halten.[33] Die harte und eines Königs unwürdige Behandlung rief vor allem bei englischen Chronisten Empörung hervor.[34]

Die Vorgänge in Speyer hatten zwar Klarheit hinsichtlich der materiellen Bedingungen gebracht, unter denen Richard mit seiner Freilassung rechnen konnte. Dennoch blieb die persönliche Situation des Monarchen schwierig und gefährlich, wenn er auch nicht ein Schicksal zu fürchten hatte, wie er es den vor Akkon hingerichteten muslimischen Geiseln bereitet hatte. Sicherlich wird ihm aber das Los z. B. Herzog Robert Kurzhoses bekannt gewesen sein, der jahrzehntelang bis zum Tode von seinem Bruder, König Heinrich I. von England, in Haft gehalten wurde.[35] Besonders gefährlich mußten für Richard die gleichzeitigen Aktivitäten König Philipps und Graf Johanns sein, da der französische Monarch wahrscheinlich bereits auf dem Reichstag zu Speyer durch Gesandte dem Angevinen das Lehnsverhältnis aufkündigen und die Fehde ansagen ließ.[36] Insofern mußte der Plantagenêt bemüht sein, einerseits die neue *amicitia* mit dem Kaiser zu pflegen, um ihn von einem Bündnis mit dem Kapetinger abzuhalten, und andererseits für eine rasche Zahlung des Lösegeldes Sorge zu tragen.

Von großem Vorteil erwies sich hierbei für Richard die Tatsache, daß der Staufer ihm – abgesehen von der Zeit der Inhaftierung in Trifels – einen bemerkenswert großen politischen Handlungsspielraum beließ. So konnte der Plantagenêt eine wachsende Zahl an Getreuen aus dem angevinischen Reich trotz Inhaftierung empfangen und hierdurch die Kommunikation zu wichtigen Persönlichkeiten – vor allem im Verwaltungsbereich – in England pflegen. Besonders hilfreich waren hierbei die Aktivitäten von Hubert Walter, dem Bischof von Salisbury, der dem englischen Monarchen bereits auf dem Kreuzzug treu gedient hatte und nun intensiv mit der Beschaffung des Lösegeldes befaßt war. Der Geistliche wurde zudem an der päpstlichen Kurie aktiv, um kirchenrechtliche Sanktionen besonders gegen den Herzog von Österreich zu erwirken, die jedoch bald auf Wunsch Richards zurückgestellt wurden. Zum Dank für diese Aktivitäten, aber auch zur Sicherung seiner Kirchenherrschaft auf der Insel veranlaßte der Plantagenêt später die Wahl Walters zum Erzbischof von Canterbury.[37] Ebenfalls tauchte schon früh in Richards Umgebung der in England verhaßte, aber dem König ergebene Kanzler Wilhelm Longchamp auf. Dieser pflegte engen Kontakt zum Kaiser und kümmerte sich intensiv um die Geldeintreibung auf der Insel.

So setzte seit dem Frühjahr 1193 im Inselreich eine beispiellose Aktion zur Geldbeschaffung ein, die vor allem durch die Königinmutter und die *justiciars* forciert wurde. Von entscheidender Bedeutung für den Erfolg des Unternehmens war die Existenz eines effizienten und funktionstüchtigen Verwaltungs- und Steuersystems, das nunmehr in besonderem Maße beansprucht wurde. So trugen hauptsächlich die Bewohner des Inselreiches und weniger die Angehörigen der übrigen Teile des angevinischen Reiches die Lasten der Lösegeldzahlung; der königliche Schatz oder gar das „Privatvermögen" des Monarchen spielten in diesem Zusammenhang keine größere Rolle. Zur Finanzierung des Lösegeldes entwickelten die *justiciars* und die Spitzenbeamten höchst effiziente Methoden zur Entwicklung neuer Steuerforderungen, indem etwa seit dem Frühjahr 1193 u. a. der Jahresertrag aus dem Wollverkauf konfisziert wurde, den die englischen Zisterzienserklöster erlösten;[38] hinzu kam eine 25 prozentige Sonderabgabe auf alle Vermögen und Einkommen im Lande, ergänzt durch die vollständige Konfiskation aller Gold- und Silbergeräte, über die englische Kirchen verfügten.[39] Der deutliche Anstieg der königlichen Einnahmen nach den Angaben der *Pipe Rolls* von 9857 £ in 1192 auf 10506 £ im Jahr 1193 und auf 25292 £ im Jahr 1194 zeigt die Effizienz der getroffenen Maßnahmen, obwohl die finanziellen Verluste aus den Territorialschenkungen Richards an seinen Bruder unverändert wirksam blieben.[40]

Ergänzend zu den Maßnahmen zur Beschaffung des Lösegeldes mußte den Königsanhängern daran gelegen sein, der Propaganda der Gegner entgegenzutreten, Richard sei gar nicht mehr am Leben und sein Bruder solle die Herrschaft im Inselreich übernehmen. Erneut war es die Königinmutter, die hierbei die Initiative ergriff und entsprechende propagandistische Gegenmaßnahmen veranlaßte.[41] Zudem wird sie auch den Kontakt zur Kurie intensiviert haben, um Papst Coelestin III. zu Sanktionen gegen die Geiselnehmer zu veranlassen. Zwar ist die Echtheit der entsprechenden Schreiben Eleonores an den Papst fraglich, doch vermögen die dort geäußerten Klagen einen gewissen Eindruck von der verzweifelten Stimmung zu vermitteln, die seit Ende des Jahres 1192 am englischen Hofe herrschte.[42] Nur zu verständlich sind die Klagen der königlichen Mutter über das Verbrechen an ihrem Sohn und die Aufforderung an den Nachfolger Petri, für die Befreiung Richards und für eine Bestrafung der Geiselnehmer Sorge zu tragen.[43] Obwohl Coelestin nicht unmittelbar auf die Interventionen Eleonores reagiert zu haben scheint, so ist dennoch anzunehmen, daß er zumindest vorsichtig durch Strafandrohung auf die wichtigsten Übeltäter einzuwirken versuchte. So sind chronikalische Hinweise überliefert, nach denen der Papst dem Kaiser und König Philipp die Exkommunikation angedroht haben soll, sofern Richard nicht umgehend in die Freiheit entlassen würde.[44] Dennoch wurde die Zurückhaltung des Nachfolgers Petri gegenüber den Geiselnehmern bereits von den Zeitgenossen bemerkt. Härter gedachte der Papst gegen Herzog Leopold vorzugehen, dem offenbar die sofortige Bannung angedroht wurde. Doch sicherlich auf Veranlassung des Angevinen unterblieb deren Verkündigung ebenso wie die Verhängung des Interdiktes über das Herzogtum bis zum Jahre 1194, um nicht die Freilassung Richards zu gefährden. Später wird der König jedoch die Bedingungen festgelegt haben, unter denen der Herzog von der Exkommunikation gelöst werden sollte.[45] Insgesamt unterblieben bis zur Freilassung des Angevinen spektakuläre Aktionen des Papstes zugunsten des inhaftierten Kreuzfahrers, für dessen Schutz bzw. Freilassung er mit Nachdruck hätte eintreten müssen.

Wenig effizient waren auch die Aktivitäten von Königin Berengaria zugunsten ihres inhaftierten Gatten, zumal die Herrscherin in den zeitgenössischen Quellen völlig im Schatten ihres übermächtigen Ehemanns gestanden zu haben scheint.[46] Zwar hatte die navarresische Königstochter am gesamten Kreuzzug Richards – unter sicherer Bewachung im Lager – teilgenommen, doch waren die Eheleute seit September 1192 getrennte Wege gegangen. Während der Angevine seine eigene Reiseroute in sichere abendländische Territorien zu finden suchte, reisten die Königinnen Berengaria und Johanna sowie die zyprische Kaisertochter von Palästina über Brindisi und Neapel nach Rom, wo sie sich etwa ein halbes Jahr aufhielten und dort auch vom Schicksal Richards erfahren haben werden.[47] Mit großer Wahrscheinlichkeit dürfte Berengaria in der Heiligen Stadt beim Papst für ihren Gatten interveniert haben; genauere Angaben hierüber – abgesehen von einigen erbaulichen Anekdoten – fehlen hingegen. Begleitet von Stephan de Turnham reisten die Herrscherinnen im Juni 1193 über Pisa nach Marseille, wo sie zuerst von König Alfons von Aragón und danach von Graf Raimund von Toulouse ins Poitou geleitet wurden. In dieser Region hielt sich die Königin bis zur Freilassung ihres Mannes auf, ohne daß irgendwelche Angaben über ihre dortigen Tätigkeiten oder gar mögliche Bemühungen um eine rasche Freilassung Richards feststellbar sind.[48] Die – im Vergleich zu den Aktivitäten Eleonores – große Zurückhaltung der Herrscherin entsprach in gewisser Weise der mangelnden Bereitschaft des Nachfolgers Petri, mit Entschlossenheit für die Freilassung des Kreuzfahrers zu sorgen und die Geiselnehmer zur Rechenschaft zu ziehen. Auch auf eine Teilnahme an der Festkrönung Richards nach der Rückkehr ins Inselreich verzichtete Berengaria und blieb statt dessen bis zum Wiedersehen mit dem Gatten im April 1195 auf dem Kontinent, so daß schnell das Bild von einer verlassenen Herrscherin bzw. der „*mal mariée*" entstand.[49]

Als wesentlich gefährlicher für den gefangenen Monarchen sollten sich hingegen die Aktivitäten erweisen, die König Philipp und der Graf von Mortain seit dem Ende des Jahres 1192 unternahmen.[50] Beide Fürsten sahen sich in einer Interessengemeinschaft verbunden, wobei Johann während der Gefangenschaft des Bruders die endgültige Chance zu erkennen glaubte, doch noch seine Ansprüche auf den englischen Thron gegen den nominellen Erben Arthur von der Bretagne durchsetzen zu können. Daher reiste Johann im Januar 1193 in die Normandie, wo er den Seneschall und die wichtigsten Großen bedrängte, ihm unter Hinweis auf die Gefangenschaft des Monarchen *fidelitas* zu schwören. Im Bewußtsein der Unklarheit der politischen Lage verweigerten die Barone Johann die Anerkennung als neuen Herrn, indem sie ihrem König die Treue hielten und statt dessen nach geeigneten Maßnahmen zu seiner Befreiung suchten. Daraufhin begab sich der Graf von Mortain an den Hof König Philipps, dem er nicht nur für den gesamten angevinischen Festlandsbesitz, sondern möglicherweise sogar für das englische *regnum* huldigte; zudem trat er das normannische Vexin mit der wichtigen Grenzfestung Gisors ab. Der Kapetinger seinerseits dotierte den jüngeren Plantagenêt mit einem Darlehen von 6000 Mark und stellte ihm sowohl die Heirat mit seiner Schwester Alice als auch die Unterstützung bei der sicherlich erforderlichen Eroberung Englands in Aussicht.[51]

Noch weniger erfolgreich war Johann bei seinen Subversionsbemühungen in England, wo er auf den entschiedenen Widerstand sowohl der Königinmutter als auch der *justiciars* und anderer Spitzenbeamten stieß. Diese wollte der Graf unter Hinweis auf den angeblichen Tod seines Bruders zur Huldigung und zur Überlassung wichtiger Burgen veranlassen; hierbei scheint Johann sogar nicht gezögert zu haben, gefälschte Briefe Richards vorzulegen und sich hierdurch englische Besitzungen zu erschleichen. Aufgrund der guten Kommunikation der führenden Funktionsträger in England und der Königinmutter zu Richard gelang es Johann aber nicht, die Fiktion vom Tode des Bruders in der Öffentlichkeit aufrecht zu erhalten, so daß die Barone dem Grafen die Anerkennung als König von England verweigerten. Da Johann nicht nachzugeben bereit war, wurde ein Machtkampf unvermeidlich, in dem der Königsbruder – wenn auch vergeblich – sogar den schottischen Herrscher zu einem Angriff auf das englische *regnum* zu veranlassen suchte. Wilhelm von Schottland ließ statt dessen 2000 Mark als eigenen Beitrag für das Lösegeld Richards auszahlen.[52] Als wenig erfolgreich erwies sich auch die Aufforderung Johanns an König Philipp, das Inselreich anzugreifen. Das Hilfeersuchen nahm der Kapetinger zwar zum Anlaß, eine Invasionsarmee aus flämischen und französischen Söldnern in Wissant zusammenzuziehen und die baldige Landung auf der Insel vorzubereiten. Doch wieder waren es die Königinmutter und die *justiciars*, die den Unternehmungen der Königsgegner entschlossen entgegen traten. Ihnen gelang es einerseits, zahlreiche Burgen gegen Angriffe Johanns zu verteidigen und diesen offensiv zu bekämpfen, so daß sich der Graf bald mit seinen Truppen nach Windsor und Tickhill zurückziehen mußte. Andererseits erwiesen sich die Verteidigungsmaßnahmen der Königstreuen in den englischen Häfen als so wirkungsvoll und abschreckend, daß der französische König die Invasionsflotte gar nicht auslaufen ließ und auf eine Intervention im englischen *regnum* verzichtete.[53] So war es Bischof Hubert Walter bald nach der Ankunft auf der Insel am 20. April 1193 möglich, für sechs Monate einen Waffenstillstand herbeizuführen und den politischen Status Quo zumindest zeitweise zu sichern.[54]

Als wesentlich wirkungsvoller erwiesen sich hingegen die Aktionen, die König Philipp im Frühjahr 1193 gegen die Festlandsbesitzungen seines inhaftierten Lehnsmannes selbst unternahm bzw. veranlaßte.[55] So billigte der Kapetinger nicht nur Attacken Graf Aimars von Angoulême auf Territorien des Herzogs von Aquitanien, sondern der französische König griff sogar selbst normannische Besitzungen Richards an. Hierbei wandte er sich zuerst dem normannischen Vexin zu, wo es ihm – möglicherweise durch Bestechung – gelang, den Kommandanten von Gisors, Gilbert de Vascoeuil, zur kampflosen Übergabe dieser strategisch wichtigen Festung zu veranlassen; später ergaben sich auch die Verteidiger von Neaufles. In der Folgezeit konnte Philipp zudem die Grafschaften von Aumale und Eu, später bedeutende Festungen im Eure-Tal wie Pacy und Ivry in Besitz nehmen. Aufgrund des starken militärischen Druckes, den der Kapetinger ausübte, unterwarfen sich zahlreiche einflußreiche normannische Barone – wie die Grafen Robert von Meulan und Gottfried von Perche – der Herrschaft Philipps, da das weitere Schicksal des englischen Königs unklar zu sein schien und sich diese Barone nicht später möglichen Repressalien durch Philipp und einen neuen englischen König – eventuell Johann – ausgesetzt sehen wollten. Lediglich Rouen, die Hauptstadt der Normandie, widerstand mit Hilfe des Grafen Robert von Leicester den Pressionen durch Philipp, der bis zum Mai 1193 weitere wichtige Grenzfestungen nehmen und hierdurch die politischen Kräfteverhältnisse im normannischen Herzogtum deutlich zu seinen Gunsten verändern konnte.

Noch gefährlicher für Richard blieben hingegen die Bestrebungen des Kapetingers, seine Beziehungen zu Heinrich VI. zu intensivieren und hierbei möglicherweise doch noch die Auslieferung des Plantagenêts nach Frankreich zu erreichen. Daher bemühte sich der Angevine im Gegenzug beharrlich, eine staufisch-kapetingische Annäherung zu seinen Lasten zu verhindern. Als einen gewissen Erfolg dieser Aktivitäten wird man den Abschluß eines „*mutuum foedus amoris*" zwischen Heinrich und Richard betrachten dürfen, in welchem sich die Partner gegenseitig Beistand und Hilfeleistung bei der Durchsetzung ihrer Rechte zusagten. Unabhängig von dieser Vereinbarung drängte der Gefangene auf rasche Eintreibung des Lösegeldes, in der Hoffnung, nach Zahlung von mindestens 70000 Mark sowie ergänzender Geiselstellung in Freiheit zu gelangen.[56] Der Kaiser bestätigte zur selben Zeit in einem Schreiben mit Goldbulle an die englischen Barone, daß er sich mit Richard in Eintracht und Frieden befände und bestes Einvernehmen herrschte.[57] Somit versuchte der Staufer unverändert den

Eindruck zu erwecken, es bestünden partnerschaftliche Beziehungen zu Richard, obwohl Heinrich VI. nicht bereit war, etwas an dem Gefangenenstatus seiner Geisel zu ändern.

Der französische Monarch reagierte nach Bekanntwerden des staufisch-angevinischen Freundschaftsbundes umgehend, indem er im Mai 1193 bei dem Kaiser intervenierte und ein gegenseitiges Treffen vorschlug, das im Sommer wie üblich bei Vaucouleurs stattfinden sollte. Bereitwillig stimmte der Staufer dem Plan einer derartigen Begegnung zu, die am 25. Juni erfolgen und offiziell der Förderung der vom Kaiser nominell betriebenen Versöhnung Richards mit Philipp dienen sollte.[58] Allen Beteiligten war die Brisanz der Lage bewußt, da sich Heinrich VI. einerseits unverändert in Auseinandersetzungen mit der deutschen Fürstenopposition befand, andererseits bei einer Unterstützung des Kaisers durch den Kapetinger bei der Niederwerfung der Rebellion eine kompensatorische Auslieferung des Angevinen nahe lag.[59] Die einzige Möglichkeit für Richard, dieser Gefahr zu entgehen, bestand in eigenen Aktivitäten zu einer raschen Beilegung der Fürstenrevolte und damit in einer Verhinderung des deutsch-französischen Treffens. Genau dies tat der Plantagenêt in den folgenden Wochen, indem er – bei stillschweigender Billigung des Kaisers – in Gesprächen mit einer Vielzahl an adligen Besuchern aus dem Deutschen Reich und sicherlich unter Einsatz beachtlicher Geldmittel für eine rasche Beendigung der Auseinandersetzungen im Reich warb. Den geschickten Bemühungen Richards war es weitgehend zu verdanken, daß sich die Mehrzahl der Rebellen bis zum Frühsommer 1193 dem Staufer unterwarf bzw. zu Friedensverhandlungen bereit war. So kamen im Juni 1193 auf Drängen Richards die führenden Opponenten in Koblenz mit Heinrich VI. zusammen und trafen eine Friedensvereinbarung, der sich lediglich die Welfen nicht anschlossen, die Beistand vom dänischen König Knut VI. suchten.[60]

Unmittelbar vor dem geplanten Treffen in Vaucouleurs war es somit dem Angevinen gelungen, den indirekt vom Kaiser erwarteten Ausgleich mit den deutschen Fürsten durch intensive diplomatische Gespräche sowie den Einsatz beachtlicher Geldsummen herbeizuführen und damit die angevinisch-staufische *amicitia* zu festigen.[61] Der Kaiser würdigte seinerseits die pazifizierenden Bemühungen des Plantagenêts und verzichtete kurzfristig auf das geplante Gespräch mit dem Kapetinger. Dieser fand sich zumindest vorübergehend nicht nur mit den Entwicklungen im Deutschen Reich ab, sondern erklärte sich zudem auf Betreiben Richards, der eine weitere Schwächung seiner Position in der Normandie vermeiden wollte, zum Abschluß eines Friedensvertrages bereit, den der Kanzler Longchamp am 9. Juli 1193 im Auftrage seines königlichen Herrn in Mantes vereinbarte. Hierdurch wurden die Feindseligkeiten unter Anerkennung der Eroberungen Philipps in der Normandie beendet und dem Kapetinger sowie dem Erzbischof Wilhelm von Reims gegen 20000 Mark die Festungen Arques,

Châtillon-sur-Indre, Drincourt und Loches verpfändet.[62] Der Friedensschluß mit den Gebietsverlusten war sicherlich für Richard schmerzlich, doch hatte er zumindest eine Sicherung des Status Quo erreicht; zugleich ist anzunehmen, daß sich der Plantagenêt nicht auf Dauer, d.h. nur für die Zeit seiner Gefangenschaft, an diese Vereinbarung zu halten gedachte.

Die Verhandlungen, die der Angevine zur Verhinderung seiner möglichen Auslieferung an König Philipp im Deutschen Reich geführt hatte, führten Ende Juli in Worms auch zu einer neuen Vereinbarung mit Heinrich VI. Hiernach wurde zwar das Lösegeld um 50000 Mark auf 150000 Mark erhöht, das der Plantagenêt binnen sieben Monaten nach der Freilassung an Heinrich und Leopold zu zahlen und durch die Stellung von 60 bzw. sieben Geiseln abzusichern hatte, wobei der Kaiser seinen Anteil an der Beute in Relation zum Herzog von Österreich verdoppeln konnte. Diese Anteilssteigerung zugunsten Heinrichs erklärte sich wahrscheinlich aus dem kaiserlichen Verzicht auf die Verpflichtung Richards, den Sizilienfeldzug des Staufers zu unterstützen und gewissermaßen als dessen Lehnsmann zu agieren. Bestätigt wurde zudem die Vereinbarung, wonach Eleonore von der Bretagne mit einem Sohn des österreichischen Herzogs verheiratet werden sollte, während die Freilassung des Kaisers von Zypern und seiner Tochter unerwähnt blieben. Schließlich stellte man dem Angevinen für den Fall einer Erfüllung seines Versprechens, das er dem Staufer bezüglich Heinrichs des Löwen gegeben habe, den Erlaß der zusätzlich zu zahlenden 50000 Mark in Aussicht[63] – eine Vertragsbestimmung („Welfenklausel"), deren Bedeutung umstritten ist und die möglicherweise die Auflösung der Verbindung Heinrichs von Braunschweig, des Sohnes des Löwen, mit der Stauferin Agnes, der Tochter des Pfalzgrafen Konrad, betraf.[64] Die finanzielle Belastung für Richard bzw. das angevinische Reich wurde durch die Vereinbarung von Worms zwar erhöht, gleichzeitig gelang Richard jedoch die Ablösung lehnsrechtlich interpretierbarer Dienstverpflichtungen gegenüber Heinrich durch Geldzahlungen.

So verstärkte sich sowohl im englischen Lager als auch bei den Gegnern Richards der Eindruck, seine Freilassung stünde bald bevor. Folgerichtig forcierte der Angevine die Bemühungen, durch Beauftragte im Inselreich das Lösegeld möglichst schnell beschaffen zu lassen. Während bei Johann die Sorge vor der Rückkehr des Bruders ständig wuchs,[65] intensivierte König Philipp die diplomatischen Aktivitäten, um durch die Gewinnung auswärtiger Verbündeter seine Position zu stärken. Ähnlich wie die Welfen strebte der Kapetinger eine Verbindung mit dem dänischen Königshaus an, zumal Knut VI. – u.a. wegen der Verweigerung des Lehnseides und der Expansionspolitik in Holstein – mit dem Kaiser verfeindet war.[66] Dieser mußte die Werbung des Kapetingers, die Philipp seit Sommer 1193 um die Schwester Knuts, Ingeborg, betrieb, als unfreundlichen Akt betrachten, der einer weiteren politischen Annäherung der beiden Monarchen nicht förderlich war. Dessen ungeachtet blieben für den französischen König die bündnisstrategischen Aspekte der geplanten Eheschließung vorrangig, da er hinsichtlich der Mitgift fordern ließ, Ingeborg solle als Nachfahrin Knuts des Großen ihre Erbansprüche auf England geltend machen und die Krone für ein Jahr Heer und Flotte Dänemarks dem französischen König zur Verfügung stellen.[67] Obwohl vor allem dänische Große diese Wünsche Philipps ablehnten und daher lediglich finanzielle Vereinbarungen getroffen wurden, geleitete eine französische Delegation bereits im August 1193 die Braut nach Frankreich. Während der Hochzeitsfeierlichkeiten am 15. August kam es jedoch zu einem überraschenden Eklat, da der Kapetinger aus ungeklärten Gründen ein gemeinsames Eheleben mit Ingeborg ablehnte, diese verstieß und umgehend in das Kloster Saint-Maur-des-Fossés bringen ließ.[68]

Die politischen und kirchenrechtlichen Konsequenzen des befremdlichen Verhaltens Philipps waren beträchtlich, zumal er sich um eine sofortige Trennung von Ingeborg bemühte. Da die Königin dies ablehnte und die Eheannullierung, die ein willfähriger Hoftag in Compiègne am 5. November dekretiert hatte, vor der Kurie anfechten ließ, kam es zu langen und schweren Auseinandersetzungen zwischen dem französischen Hof und dem Papsttum. Dies hinderte den Kapetinger nicht, umgehend neue Ehepläne zu schmieden, indem er zuerst – wenn auch vergeblich – um die Tochter des rheinischen Pfalzgrafen werben ließ, die Erbin geostrategisch wichtiger Territorien war. Später entschloß sich der König – ungeachtet der fortbestehenden Ehe mit Ingeborg sowie gravierender kirchenrechtlicher Bedenken – zur Heirat mit Agnes von Meran, woraufhin päpstlicherseits über das französische *regnum* das Interdikt verhängt wurde.[69]

Die erwähnten Heiratsprojekte Philipps trugen nicht zu einer Annäherung zum kaiserlichen Hof bei, sondern verbesserten eher die Chancen des englischen Gefangenen auf eine baldige Freilassung. Ungeachtet dieser günstigen Perspektiven litt der Monarch jedoch zunehmend unter der Gefangenschaft, obwohl er Fremden gegenüber innerliche Ruhe und *constantia* als Ausweis königlicher Tugend an den Tag zu legen suchte. Ein ähnliches Bild vom standhaften Herrscher entwarfen auch die englischen Chronisten: Allen Besuchern gegenüber versuchte der König angeblich den Eindruck eines ausgeglichenen und in sich ruhenden Menschen zu vermitteln, der fröhlich und in aufgeräumter Stimmung war. Mit seinen Bewachern trieb er rohe Spiele, demonstrierte im Wettkampf mit diesen seine körperliche Stärke und amüsierte sich daran, die Soldaten betrunken zu machen.[70] Welchen schweren psychischen Belastungen der Gefangene wirklich ausgesetzt war und wie intensiv er unter den unwürdigen Lebensumständen im Laufe der Zeit litt, verdeutlicht hingegen ein Lied, das Richard als Gefangener für seine Halbschwester, Gräfin Maria von Champagne, verfaßte[71]:

Schwach ist die Stimme und stockend sind die Worte,
Mit der ein Gefangener seine schwere Notlage bejammert,
Und zu seiner Tröstung ein Gedicht verfaßt:
Freunde habe ich viele, doch ihre Hilfe ist gering,
Es ist eine Schande für sie, so lange ich hier nicht erlöst bin.
Ich armer Wicht,
Der ich nun hier schon zwei Winter schmachte.

Engländer, Normannen und Leute aus Aquitanien,
Sie alle, die mir Huldigung schulden, wissen,
Daß nicht mein niedrigster Kamerad aus den Feldzügen
dies erleiden sollte, wenn ich Geld hätte, um ihn frei zu bekommen,
Doch nun bin ich Gefangener hier.

Das eine habe ich hier, der ich unerlöst gelassen bin, gelernt,
Daß derjenige, der durch Tod oder Gefangenschaft dem Sichtkreis
der Verwandten oder Freunde entzogen ist, völlig verlassen ist.
Weh' mir! Doch größeres Leid wird auf jene kommen,
Ja, jämmerlich und voll Schande wird ihre Lage sein,
Wenn ich hier noch lange schmachte.

Es ist kein Wunder, daß mein Herz traurig ist,
Während mein Herr mein Land unterdrückt.
Wäre er eingedenk des Eides, den wir einander schworen,
So weiß ich sicher,
Daß in einer solchen Not schon vor langem
Meine Gefangenschaft hier beendet wäre.

Meine Kameraden, die ich liebte und noch immer liebe,
Die Adeligen der Nachbarschaft, die auch meine Freunde waren,
Seltsame Gerüchte haben mich erreicht, die schwer nachzuprüfen sind.
Ich war nie treulos gegen sie; für immer
würden die Menschen sie verachten, wenn sie die Hände
gegen mich, einen Gefangenen, hier erhöben.

Und sie meine Ritter von Anjou und Touraine,
Ich kenne sie zu gut, um nicht zu wissen, daß sie zu Hause
In Gemütlichkeit leben,
Und ich, ihr Herr, bin gefangen im fernen Deutschland.
Bin Gefangener, und sie sollten meine Freiheit mir geben.
Nun sind ihre Schwerter beschlagen und rosten in Frieden,
Während ich bin ein Gefangener hier.[72]

Ein Hauptproblem des Monarchen, der das obige Werk wahrscheinlich im Winter 1193/1194 verfaßte, bestand offenbar in der berechtigten Enttäuschung Richards über das unritterliche Verhalten seiner Gefolgsleute. Das Gefühl des Verlassenseins verband sich für den Angevinen mit der Verbitterung über die Verletzung der vasallitischen Treuepflicht, die zu erfüllen für den Plantagenêt eine Selbstverständlichkeit darstellte. Er hatte seinerseits vielfach in Notsituationen die lehnsrechtlich geforderte Treue den Gefährten gegenüber unter Beweis gestellt, während diese ihren Herrn pflichtvergessen monatelang in der Gefangenschaft schmachten ließen. Insofern verstießen nicht nur der Bruder Johann, sondern noch mehr die Gefolgsleute Richards gegen seine Vorstellungen von ritterlicher Existenz und vernachlässigten sträflich die hiermit verbundenen Dienstpflichten. Völlig unhistorisch und rein legendarisch sind dagegen die Erzählungen über den *ménestrel* Blondel de Nesle, der angeblich ungehindert monatelang den verschollenen Monarchen im Deutschen Reich durch Gesänge in provenzalischer Sprache vor den Mauern schwer bewachter Burgen gesucht bzw. gefunden und schließlich in Dürnstein maßgeblich zu dessen Befreiung beigetragen haben soll.[73]

Gegen Ende des Jahres 1193 schienen die Zeichen günstig, daß im Laufe des Januar 1194 die Freilassung Richards zu erwarten war. Diese Hoffnung wurde durch die Tatsache verstärkt, daß es der englischen Verwaltung zwischenzeitlich gelungen war, große Teilsummen des Lösegeldes zu beschaffen und ins Deutsche Reich zu transferieren. Unter dem Eindruck dieser Aktivitäten scheint sich der Staufer um Weihnachten 1193 bereit erklärt zu haben, die Entlassung des Angevinen für den 17. Januar 1194 vorzusehen.[74] Eine noch engere Bindung des Plantagenêts an den Kaiser strebte Heinrich VI. möglicherweise zur selben Zeit durch den – bei Roger von Howden überlieferten – Plan an, den englischen Monarchen mit dem burgundischen Königreich zu belehnen und Richard hierdurch zu einem der bedeutendsten deutschen Reichsfürsten zu machen; als Krönungstermin wurde vom Kaiser in einem Schreiben an die englischen Barone der 24. Januar 1194 genannt.[75] In der Folgezeit nahmen alle Beteiligten jedoch rasch Abstand von einer Realisierung des „Burgundprojektes",[76] das sicherlich vor allem am Widerstand des Angevinen gescheitert sein dürfte.

Die intendierte Krönung zum Herrscher des *regnum Provenciae*[77] wäre vorrangig den geopolitischen Interessen des Staufers und der Verstärkung der bislang schwachen kaiserlichen Herrschaft in diesen Räumen dienlich gewesen. Richard als künftiger Monarch dieses Reiches hätte zwar – im Verein mit seinen übrigen kontinentalen Besitzungen – die geopolitische Umklammerung der Territorien des französischen Königs intensivieren können, doch überwogen bei genauerer Analyse der Offerte des Kaisers die politischen Nachteile für den englischen Herrscher: Zum einen hätte Richard das burgundisch-provenzalische Reich erst erobern müssen – ein militärisch und politisch kaum kalkulierbares Unternehmen.[78] Zum anderen wäre ein derartiger Feldzug notwendigerweise mit einer Konfrontation von Löwenherz mit dem Grafen von Toulouse, dem Herren des Reichslehens Markgrafschaft Provence, und mit dem aragonesischen König verbunden gewesen, der über die Grafschaft Provence gebot.[79] Eine Koalition des Grafen von Toulouse mit dem König von Aragón wäre eine mögliche Folge der Herrschaftsübernahme Richards im burgundischen *regnum* gewesen, wahrscheinlich verbunden mit Angriffen des Aragonesen auf die aquitanischen Besitzungen Richards. Als noch gravierender hätte sich hingegen die Störung der politischen Kräfteverhältnisse in Südfrankreich bzw. im Pyrenäenraum und die schwerwiegende Beeinträchtigung des schwachen außenpolitischen Bündnissystems erwiesen, das Richard seit der Zeit als Herzog von Aquitanien mit den Herrschern in Südfrankreich und auf der Iberischen Halbinsel aufgebaut hatte. Schließlich mußte das zu erwartende, jahrelange politische und militärische Engagement in Südfrankreich den Plantagenêt von der Realisierung seiner vorrangigen und drängendsten Probleme als Herrscher des angevinischen Reiches abhalten – nämlich von der Rekuperation der verlorenen Festlandsbesitzungen und der Stärkung der königlichen Macht im Inselreich. Insofern ist es nur zu verständlich, daß der Angevine auf die Annahme der Krone des *regnum Provenciae* dankend verzichtete.

Das überraschende Scheitern des „Burgundprojektes" wird wahrscheinlich ebenso zu einer rapiden Verschlechterung der Aussichten Richards auf baldige Freilassung beigetragen haben wie die überstürzte Heirat des Welfenprinzen Heinrich von Braunschweig mit der Stauferin Agnes. Bereits erwähnt wurde die vergebliche Ehewerbung des französischen Königs um die Erbtochter des rheinischen Pfalzgrafen Konrad. Da auch der Kaiser Ehepläne für seine Cousine hegte und Agnes mit Ludwig dem Bayern verheiraten wollte, geriet der Welfe Heinrich, der einen Ausgleich mit den Staufern suchte, unter Zugzwang. Den Ausschlag gab die Pfalzgrafengattin, die ihrer Tochter ein Schicksal ersparen wollte, wie es Ingeborg von Dänemark erst kürzlich erlitten hatte. Die Brautmutter ergriff in Abwesenheit ihres Gatten die Initiative, indem sie den Welfen zu sich bringen und eine sofortige Trauung des jungen Paares auf Burg Stahleck durchführen ließ. Ihr Ehemann wurde von der Aktion ebenso überrumpelt wie der französische und deutsche König, der sich schließlich im Januar 1194 mit Heinrich von Braunschweig und im März desselben Jahres mit dem alten Welfenherzog versöhnte.[80] Falls sich die sog. „Welfenklausel" im Wormser Vertrag zwischen Richard und Heinrich auf die Verhinderung der Eheschließung zwischen dem Welfen und Agnes bezogen haben sollte, so waren die hiermit verbundenen Erleichterungen der Freilassungsbedingungen für den Angevinen nach der Heirat selbstverständlich hinfällig und die Aussichten auf eine baldige Entlassung verschlechtert worden.

Die Lage des Gefangenen wurde gegen Ende des Jahres 1193 noch kritischer, da der französische Monarch die Bemühungen erneut intensivierte, den englischen König in seine Gewalt zu bekommen und dessen Machtgrundlagen auf dem Festland weiter zu destabilisieren. Hierzu verbündete sich der Kapetinger zuerst mit dem Grafen von Mortain, dessen Position im angevinischen Reich immer schwächer wurde und der verzweifelt eine Rückkehr des Bruders zu verhindern suchte.[81] Obwohl Richard für den Fall seiner Freilassung Johann eine milde Behandlung in Aussicht gestellt hatte, entschied sich dieser für den erneuten Anschluß an das Lager Philipps. Daher vereinbarte der Graf im Januar 1194 mit Philipp in Paris einen Vertrag, in dem er den Kapetinger nicht nur als Herrn anerkannte, sondern ihm beträchtliche Gebietsabtretungen konzedierte. So verzichtete der jüngere Plantagenêt – abgesehen von dem bereits teilweise durch Philipp eroberten normannischen Vexin – auf die Normandie östlich der Seine sowie östlich der Iton (ausgenommen Rouen), zudem auf wichtige Festungen wie Vaudreuil, Verneuil und Évreux. Hinzu kam die Übereignung bedeutender Burgen in der Touraine mit der Stadt Tours und der bereits im Juli 1193 verpfändeten Burg Arques usw. Während Johann selbst die verbliebenen Besitzungen in der Normandie und der Touraine sowie Anjou, Maine und Aquitanien von Philipp zu Lehen nahm, erkannte er gleichzeitig die Huldigung des Grafen von Angoulême gegenüber dem Kapetinger an und schwächte hierdurch nachhaltig die Macht des aquitanischen Herzogs. Schließlich verpflichtete sich der Plantagenêt, nach Maßgabe Philipps mit dem Grafen von Toulouse Frieden zu schließen und für den Fall einer Freilassung Richards nur unter Vermittlung durch den Kapetinger mit diesem zu verhandeln bzw. mit dem englischen König keinen einseitigen Frieden zu vereinbaren.[82] Obwohl der französische Monarch offensichtlich in Johann als Bündnispartner gegen dessen Bruder keine allzu großen Hoffnungen setzte und der Graf zudem Abtretungen von Gebieten konzediert hatte, über die er gegenwärtig gar nicht zu verfügen vermochte, konnte Philipp den Vertrag von Paris als – sicherlich zweifelhafte – Rechtsgrundlage für seine expansiven Militäraktionen seit dem Frühjahr 1194 nutzen, wobei er auf die Interessen des Bündnispartners Johann wenig Rücksicht nahm.

Wahrscheinlich Endes des Jahres 1193 forcierte der Kapetinger seine Bemühungen, die Person des inhaftierten englischen Königs doch noch in seine Verfügungsgewalt zu bekommen. Zu dieser Zeit hatte der französische Herrscher gemeinsam mit Johann dem Kaiser einen neuen Vorschlag zur Auslösung des Plantagenêts unterbreiten lassen. Hierbei wurde offeriert, daß sich Philipp zur Zahlung von 100000 Mark und Johann von 50000 Mark für die Auslieferung Richards bereit erklärten. Alternativ boten sie an, daß der englische König weiterhin in Haft bleiben sollte, wofür sie monatlich je 1000 Mark zahlen wollten.[83] Ungeachtet der Frage, ob derartige horrende Summen von Philipp und Johann in Anbetracht der bereits bestehenden finanziellen Belastungen des angevinischen Reiches überhaupt in solch kurzer Zeit aufzubringen waren, dürfte der Kaiser zumindest zeitweise an dieser neuen Offerte interessiert gewesen sein. Gleichzeitig stärkte das Angebot die Position des Staufers gegenüber dem englischen König, der zunehmend unter Druck geriet und von der neuerlichen Verschiebung des Freilassungstermins überrascht wurde. Der Kaiser war offensichtlich hinsichtlich der weiteren Behandlung des Gefangenen schwankend geworden und wollte nun dessen Entlassung im Lichte der kapetingischen Angebote mit den Fürsten auf einem Hoftag erörtern, der am 2. Februar 1194 in Mainz eröffnet wurde.[84]

Hier präsentierte der Staufer die Gesandten Philipps und Johanns sowie deren entsprechende Schreiben, wobei Heinrich wahrscheinlich nicht grundsätzlich eine Annahme der Offerte ausschloß. Richard hörte seinerseits erst auf dem Reichstag von dem neuesten Angebot des französischen Königs und war dementsprechend konsterniert. Dennoch kam nicht den beiden Monarchen, sondern den deutschen Fürsten in Mainz die entscheidende Rolle zu, wobei sich nun die persönlichen Verbindungen, die der Angevine in den vergangenen Monaten zu zahlreichen deutschen Großen aufgebaut hatte, für ihn als hilfreich erwiesen. Die anwesenden deutschen Fürsten veranlaßten nämlich durch ihre Stellungnahme den Staufer, seine Zusagen bezüglich der Freilassung Richards einzuhalten und das kapetingische Angebot nicht zu akzeptieren. Dennoch gelang Heinrich VI. in Mainz ein zusätzlicher Erfolg, da er Richard zwingen konnte, das englische *regnum* vom Kaiser zu Lehen zu nehmen und eine jährliche Tributzahlung von 5000 Pfund zu leisten.[85] Widerstrebend wird der Plantagenêt – wahrscheinlich auch aufgrund des Rates der anwesenden Königinmutter Eleonore – die Vasallität im Blick auf eine drohende Auslieferung an den französischen König akzeptiert haben. Weitergehende Nachrichten – etwa über die Leistung des notwendigen *homagium* sowie des Treueides Richards – fehlen hingegen. Daher müssen wichtige Fragen nach der rechtlichen Qualität der Lehnsnahme unbeantwortet bleiben – nämlich ob es sich hierbei um ein *hominium pacis* zur Beendigung einer Gefangenschaft bzw. Fehde[86], um eine nur personenbezogene Vasallität Richards, die mit dem Tode des englischen Monarchen endete, oder aber um eine Lehnsnahme handelte, die auch für die Nachfolger des Angevinen auf dem englischen Thron von Bedeutung war.

Ungeachtet dieser ungeklärten lehnsrechtlichen Fragen und trotz ausstehenden Lösegeldes entschloß sich der Staufer, den Plantagenêt am 4. Februar 1194 freizulassen und seiner Mutter zu übergeben. Unverändert in Haft blieben hingegen wichtige Geiseln, u. a. zwei Welfenprinzen und ein Sohn des Königs von Navarra, die für eine Erfüllung der Zahlungsverpflichtungen Richards gegenüber dem Kaiser und dem Herzog von Österreich einzustehen hatten. Im Gegenzug entsprach der Staufer seinen Schutzverpflichtungen als Lehnsherr gegenüber dem neuen englischen Vasallen noch am Tag der Freilassung Richards, indem er zu der Expansionspolitik des Kapetingers gegenüber dem angevinischen Lehnsmann Stellung nahm. Zusammen mit deutschen Fürsten forderte Heinrich am 4. Februar 1194 in einem Schreiben an König Philipp von Frankreich und Graf Johann von Mortain diese auf, alle Burgen und sonstigen Besitzungen, die sie sich in der Zeit der Gefangenschaft des Plantagenêts angeeignet hatten, umgehend zu restituieren, während er gleichzeitig für den Fall der Weigerung seine Hilfeleistung für Richard zur Durchsetzung dessen berechtigter Ansprüche in Aussicht stellte.[87] Da dieser Appell des Staufers in erster Linie deklamatorische und weniger konkret politische Bedeutung besaß, sah sich der Angevine nach der Rückkehr in das Inselreich im März 1194 veranlaßt,[88] umgehend mit einer konsequenten Rekuperationspolitik gegenüber Philipp II. zu beginnen, die sein herrscherliches Handeln bis zum Tode bestimmen sollte.

XI. Die Herrschaftsrestauration König Richards in England (1194)

Unmittelbar nach der Freilassung begann der Plantagenêt mit der Realisierung der Hauptziele seiner künftigen Politik – neben der Wiederherstellung der königlichen Macht bzw. Dignität in England und der Beschaffung des ausstehenden Lösegeldes sowie der Freilassung der verbliebenen Geiseln vor allem die Wiedergewinnung der verlorenen angevinischen Besitzungen. Alle Ziele machten die rasche Rückreise des Königs ins Inselreich notwendig, die er zu Schiff rheinabwärts antrat.[1] Möglicherweise direkt nach der Haftentlassung in Mainz, spätestens aber auf der Reise nach England begann Richard mit dem Aufbau eines komplexen Systems von außenpolitisch bedeutsamen Rentenlehen,[2] das er – wie bereits sein Vater Heinrich II. – mit zahlreichen deutschen Fürsten zu konstituieren suchte. Nach Chronistenangaben traten viele Große in lehnsrechtliche Beziehungen mit Mannschafts- und Treueid zum englischen König, vorbehaltlich der Treue gegenüber dem Kaiser[3] – u. a. die Erzbischöfe von Köln und Mainz, Adolf I. von Altena und Konrad I. von Wittelsbach, der Bischofselekt von Lüttich, Simon von Limburg, die Herzöge Heinrich III. von Limburg, Heinrich I. von Brabant, Konrad von Schwaben und Leopold V. von Österreich, Graf Dietrich VII. von Holland, Pfalzgraf Konrad bei Rhein, Markgraf Bonifaz von Montferrat und wahrscheinlich Balduin (IX.), der Sohn des Grafen von Flandern-Hennegau.[4]

Die genannten Vereinbarungen werden von seiten Richards verschiedenen politischen Zwecken gedient haben, wobei sicherlich zuerst an die Erfüllung bestimmter finanzieller Verpflichtungen des Angevinen gegenüber deutschen Fürsten – etwa Herzog Leopold von Österreich – im Zusammenhang mit deren Einsatz für die Freilassung Richards zu denken ist. Da zahlreiche Lehnsempfänger zur Gruppe der früheren fürstlichen Rebellen gegen den Kaiser gehörten, können die Rentenverfügungen auch eine späte finanzielle Kompensation des Plantagenêts für die Unterwerfung der Großen unter den Kaiser dargestellt haben, die Voraussetzung für den Ausgleich Richards mit dem Staufer in Worms gewesen war.[5] Zudem wird die Lehnsvergabe des Angevinen eine klare außenpolitische Zielsetzung besessen haben, die nicht gegen den früheren Geiselnehmer Heinrich VI., sondern ausschließlich – wie bereits Chronisten vermuteten – gegen den französischen König gerichtet gewesen sein dürfte. Wie schon Heinrich II., so scheint auch sein Sohn Richard bemüht gewesen zu sein, durch den großzügigen Einsatz von Geldmitteln Fürsten am Niederrhein sowie in Brabant,

Flandern, Holland und Limburg für ein mögliches militärisches Engagement gegen den französischen Monarchen zu gewinnen. Nach dem Vorbild anderer englischer Herrscher nutzte auch Richard die reichen Geldmittel seines Landes als politisches Instrument, um wenigstens in Ansätzen ein Bündnissystem zu schaffen, das gegen den französischen Lehnsherrn gerichtet war und diesen bündnisstrategisch einzukreisen suchte. Da der englische König in der Folgezeit aber nur partiell den Zahlungsverpflichtungen gegenüber seinen Rentenempfängern nachkam[6] und lediglich der Erzbischof von Köln, der Markgraf von Montferrat und der Herzog von Brabant zumindest zeitweilig dotiert wurden,[7] blieben die konkreten Wirkungen der bündnisstrategischen Aktivitäten Richards im Frühjahr 1194 sehr begrenzt. Dennoch boten die Vereinbarungen eine außenpolitische Handlungsperspektive, die dem Angevinen später in einer für ihn wirtschaftlich und politisch günstigeren Situation die Möglichkeit zu einer Neubelebung der geostrategisch wichtigen Beziehungen zu deutschen Reichsfürsten und zur zumindest partiellen Erneuerung des außenpolitischen Beziehungssystems seines Vaters eröffnete.[8]

Trotz der drängenden politischen Probleme im Inselreich führte Richard seine Reise nach England vergleichsweise langsam durch, indem er von Mainz zuerst nach Köln fuhr, wo er nicht nur die Beziehungen zu seinem erzbischöflichen Lehnsmann festigte, sondern auch die Wirtschaftskontakte zu den einflußreichen Bürgern der Stadt durch ein Handelsprivileg intensivierte.[9] Danach fuhr der König nach Brabant, wo er sich längere Zeit in Löwen, Brüssel und Antwerpen aufhielt und möglicherweise Kommunikationsverbindungen nach England prüfte. Erst am 13. März landete der Monarch in Sandwich, um zuerst in Canterbury und danach in Bury St. Edmunds im Gebet für seine erfolgreiche Rückkehr zu danken.[10] Dennoch sollte der König schon bald die Auswirkungen seiner langen Abwesenheit persönlich merken, da trotz der Bemühungen seiner Anhänger, vor allem der Königinmutter und des *chief justiciar* Hubert Walter, unverändert bürgerkriegsähnliche Wirren im englischen *regnum* herrschten. Zwar war der Hauptwidersacher Johann bereits am 10. Februar 1194 auf einer Reichsversammlung in Westminster wegen Treuebruchs seiner Besitzungen für verlustig erklärt und exkommuniziert worden, doch hielten die Kämpfe um einzelne Burgen des Grafen von Mortain weiter an. Erst nach dem persönlichen Eingreifen des Königs kam es zur Eroberung von Tickhill und Nottingham, so daß Ende März der Widerstand der restlichen Anhänger Johanns gebrochen und das Inselreich befriedet war.[11]

Die Maßnahmen zur Herrschaftsstabilisierung im Inselreich setzte der Monarch verstärkt in der Folgezeit fort, gefolgt von erneuten Bemühungen, sich möglichst große Geldsummen vorrangig aus England zu beschaffen. Diese sollten einerseits zur Erledigung der Zahlungsverpflichtungen gegenüber Heinrich VI. wegen des ausstehenden Lösegeldes, andererseits zur Finanzierung der geplanten Heerzüge verwendet werden. Diese waren gegen den französischen König gerichtet und sollten der Rekuperation der zwischenzeitlich entzogenen Territorien des angevinischen Reiches dienen. Zur Realisierung beider Ziele ließ Richard kurzfristig ein *concilium* der englischen Großen nach Nottingham einberufen, nachdem der König u. a. dem Sherwood Forest einen Erholungsbesuch abgestattet hatte. Im Zusammenhang mit dieser Visite hätte die einzige Möglichkeit zu dem in Balladen etc. behaupteten Treffen Richards mit Robin Hood bestanden – ein Vorgang, der sicherlich als legendarisch zu betrachten ist, zumal die historische Figur Robin, sofern sie überhaupt existent war, wahrscheinlich im 13. Jahrhundert gelebt hat und als angeblicher Partner Richards erst im 15. Jahrhundert literarisch nachweisbar ist.[12]

Auf dem gut besuchten Hoftag, an dem auch die Königinmutter sowie der Bruder des schottischen Königs teilnahmen, wandte sich der König zuerst der Repression der verbliebenen baronialen Rebellen sowie ihrer Anhänger zu.[13] So wurden nicht nur Gerhard de Canville und Hugo Bardolf ihre *sheriffdoms* bzw. Burgen entzogen und neu vergeben, sondern auch die Hauptgegner Richards – Hugo de Nonant, Bischof von Coventry, und Johann, Graf von Mortain – sollten sich binnen vierzig Tagen vor dem Hofgericht verantworten. Während der Bischof sofort floh und in Dover gefaßt wurde, zog es Johann vor, ebenfalls nicht zu erscheinen und sich später bei einer persönlichen Begegnung mit Richard in Frankreich dessen Gnade anzuvertrauen.[14] Unverändert blieben die *shires* Johanns konfisziert, so daß die finanzielle Nutzung dieser Besitzungen wieder der Krone zugute kam und ab 1194 zu einer allmählichen Verbesserung der königlichen Einkünfte in den Bereichen *farm* und *demesne* beitrug (28,5 % der Gesamteinnahmen 1194).[15] Auch zahlreiche andere Rebellen wurden zur Rechenschaft gezogen, die – wie etwa Robert de la Mare oder Ralph Murdac – hohe Geldstrafen zahlen bzw. die Konfiskation ihrer Ländereien hinnehmen mußten. Gegen einzelne Widersacher, wie Robert Brito, war der Zorn des Monarchen so groß, daß er angeblich anordnete, den Gefangenen verhungern zu lassen.[16]

Die genannten Strafmaßnahmen in Nottingham waren jedoch erst der Beginn eines umfassenden Revirements im Bereich der königlichen Verwaltung und insbesondere bei den *sheriffs*, von denen in den folgenden Wochen etwa zwei Drittel abgelöst wurden. Die umfangreichen personellen Veränderungen dienten nach der Revolte Johanns einerseits der Sicherung der Loyalität der königlichen Beamten, deren Auswahl unter aktiver Mitwirkung des Königs erfolgte und Teil intensiver Patronatsmaßnahmen war, u. a. zugunsten von Familienangehörigen des verhaßten Kanzlers Longchamp.[17] Andererseits waren die Neubesetzungen zahlreicher *sheriffdoms* Teil der Maßnahmen zur verstärkten Geldbeschaffung, da königliche Funktionsträger, die bereits beim Herrschaftsantritt Richards erhebliche Geldzahlungen zur Erlangung ihrer Ämter geleistet hatten, wieder zur Kasse gebeten wurden. Ungeachtet der möglichen Loyalität des jeweiligen Amtsinhabers ließ der Herrscher 1194 verkünden, die Übertragung des entsprechenden Amtes sei seiner Zeit nur mit zeitlicher Befristung erfolgt und müsse jetzt erneuert werden.[18] Die Folge der königlichen Anordnung war einerseits eine wachsende Verärgerung der Funktionsträger und Magnaten, die oftmals korrekt ihre Aufgaben erfüllt hatten und nun erneut mit hohen Geldforderungen zur Fortführung ihres jeweiligen Amtes konfrontiert wurden. Andererseits kam es wieder zu einem gewaltigen Geschacher um die offerierten Ämter, wobei der König aber 1194 im Gegensatz zu den Aktionen im Jahre 1189 vorrangig an einer dauerhaften Erhöhung der königlichen Einnahmen interessiert war und daher von den Bietern für die Amtsübernahme etwas geringere Kaufsummen bei folgenden höheren jährlichen Gebührenzahlungen verlangte (25,5 % der Gesamteinnahmen 1194). Trotz allen Strebens nach möglichst großen Geldsummen scheint der Angevine jedoch eine gewisse Handlungsstrategie bei der Neubesetzung sowohl der *sheriffdoms* als auch der *constabularies* verfolgt zu haben, da er nicht immer die höchst bietenden Bewerber, sondern vor allem in der jeweiligen Region angesehene und erfahrene Persönlichkeiten berücksichtigte.[19] Die erstaunlich gelungenen Personalentscheidungen Richards im Jahre 1194 sollten maßgeblich zu einer Sicherung der Herrschaftskontinuität und der Effizienz der Verwaltungsmaßnahmen auch bei längerer Abwesenheit des Königs in der Folgezeit beitragen.

Die Lösung drängender Finanzprobleme blieb ein wichtiges Anliegen des Monarchen während des dreitägigen *concilium* in Nottingham, wobei die Auslösung der englischen Geiseln und die Vorbereitung des Heerzuges gegen den französischen König Priorität besaßen. So verfügte der Herrscher, daß ein Drittel der Heerpflichtigen ihrem Dienst für den König (*knight service*) in der Normandie persönlich nachkommen sollten, während die übrigen ein *scutagium* von einem Pfund zu zahlen hatten, das zur Auslösung der Geiseln verwendet werden sollte. Demselben Zweck diente die Erhebung einer Landsteuer je *hide* (*hidage*) in Höhe von zwei Schillingen von allen geistlichen und weltlichen Besitzern. Schließlich belegte man erneut die Zisterzienser mit finanziellen Abgaben bezüglich ihrer Einkünfte aus der Wollproduktion.[20] In der Folgezeit wurde schließlich von den königlichen Besitzungen, dem Kirchenland sowie dem Eigentum freier Landhalter konsequent das *tallagium* eingezogen (4 % der Gesamteinnahmen 1194), so daß sich das Spektrum der herrscherlichen Einkünfte kontinuierlich erweiterte. Hinzu kamen große Summen, die der Monarch durch die Erneuerung zahlreicher Privilegien von Städten und Gemeinden sowie unzähliger Abmachungen mit Einzelpersonen einnahm (16,5 % der Gesamteinnahmen 1194). Insofern stellt das Jahr 1194 einen Wendepunkt in der königlichen Finanzpolitik dar, zumal die Einnahmen Richards bis zum

Ende seiner Herrschaft niemals jährlich unter 20000 £ sanken und im Durchschnitt jährlich ca. 25000 £ ausmachten.[21]

Nach Abschluß des Hoftages traf Richard zu kurzen Gesprächen mit dem schottischen Monarchen zusammen, dessen Bitten um Überlassung dreier Grenzgrafschaften der Angevine zwar negativ beschied, aber dennoch die freundschaftlichen Beziehungen zu König Wilhelm wahren konnte.[22] Dieser erklärte sich daraufhin bereit, an der folgenden Festkrönung des englischen Herrschers teilzunehmen, die wahrscheinlich von den wichtigsten Beratern Richards – möglicherweise gegen dessen Willen – vorgesehen worden war. Zumindest bei einigen Zeitgenossen wird der Eindruck vorgeherrscht haben, der englische Monarch müsse nach der langen Zeit der Gefangenschaft und nach dem Eintritt in den Vasallenstatus gegenüber dem römisch-deutschen Kaiser die Dignität seines Königtums wiederherstellen. Insbesondere der Chronist Gervasius von Canterbury betonte die Notwendigkeit, die „*Schmach der Gefangenschaft*" durch die erneute Krönung Richards zu beseitigen, so daß dieser danach als „*rex novus*" erscheinen würde.[23] Möglicherweise gab es einen entsprechenden Präzedenzfall aus der Regierungszeit König Stephans, der 1141 nach dem Ende seiner Gefangenschaft erneut gekrönt wurde, obwohl dieser Akt eher in der zeitgenössischen Tradition anglonormannischer Festkrönungen zu sehen ist.[24]

Wahrscheinlich mit Rücksicht auf diese Bedenken einiger Zeitgenossen und im Blick auf die potentiell erforderliche Wiederherstellung seiner königlichen Würde erklärte sich Richard zu einer Festkrönung bereit, die am 17. April in Winchester durchgeführt wurde. Hierbei verwendete man nicht nur einen neuen *ordo*,[25] sondern führte die Krönung auch an einem besonderen Ort – im Schlafgemach des Monarchen in Winchester – durch. Erst nach der dort erfolgten Übergabe des Szepters durch den Erzbischof von Canterbury geleitete man den Herrscher, gekleidet in die königlichen Gewänder, in die Kirche, wo die Messe gefeiert wurde. In der Begleitung des Königs befanden sich u. a. die Erzbischöfe von Canterbury und Dublin, Hubert Walter und Johannes Cumin, sowie zahlreiche Bischöfe und Äbte; den Baldachin auf vier Lanzen trugen vier Earls, während der schottische König Wilhelm das Reichsschwert sowie Hamelin, Earl von Warenne, und Ranulf, Earl von Chester, zwei weitere Schwerter aus dem königlichen Schatz dem Herrscher voran trugen. Am Ende der Prozession schritten eine Vielzahl weltlicher Großer sowie zahlreiche Angehörige des Volkes. Während die Königin Berengaria auf dem Kontinent weilte, war die Königinmutter Eleonore bei der Zeremonie in Winchester anwesend. Den Abschluß fanden die Feierlichkeiten im üblichen Festbankett, an dem nicht nur Vertreter des hohen Adels und der Geistlichkeit, sondern auch Bürger aus London und Winchester teilnahmen.[26]

All diese Maßnahmen zur Herrschaftsstabilisierung im Inselreich dienten Richard lediglich zur Realisierung seines Hauptzieles – einer Rekuperation der vom französischen König eroberten Territorien des angevinischen Reiches. Wie bei der Vorbereitung des Kreuzzuges zu Beginn der Herrschaft, so ordnete der Angevine im Jahre 1194 alle finanz- und innenpolitischen Probleme in England den kontinentalen Kriegsvorbereitungen unter.[27] Erneut verzichtete der Monarch auf die persönliche und aktive Herrschaftsausübung in England, die er loyalen und fähigen Mitarbeitern anvertraute, zugunsten der Realisierung dynastischer Ziele. Wie vor allem den englischen Adligen bewußt war, verfolgte Richard bei den weiteren Kämpfen mit Philipp August keine Interessen des englischen Reiches, sondern versuchte ausschließlich – wie er meinte – ihm zustehende Herrschafts- und Besitzrechte als Angevine zu wahren und zumindest den territorialen Bestand des angevinischen Reiches zu sichern. Insofern war es kein Zufall, daß Richard nur wenige Wochen nach der neuerlichen Ankunft in England auf einen längeren Aufenthalt verzichtete und sich so schnell wie möglich auf den Kontinent begab, wo er am 12. Mai 1194 in Barfleur landete und umgehend mit den Vorbereitungen des Krieges gegen den französischen König begann.[28]

Die Wahrung seiner herrscherlichen Interessen im Inselreich hatte der Plantagenêt wie bereits während des Kreuzzuges bewährten Verwaltungskräften überlassen, wobei neben dem verhaßten Kanzler Longchamp der Vertraute Richards, Hubert Walter, eine Schlüsselrolle besaß.[29] Seit Mai 1193 Erzbischof von Canterbury, wurde Walter bereits im Dezember 1193 zum *chief justiciar* erhoben, im März 1195 gefolgt von seiner Ernennung zum päpstlichen Legaten für England.[30] Damit vereinte Walter alle wichtigen weltlichen und geistlichen Herrschaftsrechte gleichsam als Vizekönig in seiner Hand, wobei er sich das Vertrauen des Angevinen durch seine Zuverlässigkeit und Loyalität auf Dauer sicherte und insofern eine politische Funktion wahrnahm, wie sie König Heinrich II. – wenn auch vergeblich – für Thomas Becket gewünscht hatte. Der neue Vertraute Richards hatte sowohl für das problemlose Funktionieren des königlichen Verwaltungsapparates als auch für die Erfüllung der ständigen Geldforderungen des Monarchen zur Durchführung der Heerzüge in Frankreich zu sorgen. Beide Ziele versuchte der Erzbischof von Canterbury unter Nutzung der ihm zur Verfügung stehenden beachtlichen Machtfülle im weltlichen und geistlichen Bereich einerseits durch Steigerung der Effizienz im Verwaltungssystem, andererseits durch die ständige Erschließung neuer Finanzquellen für die Krone zu erreichen.

Bezüglich der Effizienzsteigerung im königlichen Verwaltungssystem beschränkte sich der *chief justiciar* zuerst auf eine Unterstützung bzw. Fortsetzung der personalpolitischen Entscheidungen des Monarchen. Walter verzichtete insbesondere auf gravierende Veränderungen bei der Besetzung der *sheriffdoms*, deren Amtsinhaber sich zunehmend auf strafrechtliche, verteidigungstechnische und fiskalische Aufgaben in der jeweiligen Region zu konzentrieren hatten. Die Tendenz zur Einschränkung der Befugnisse der *sheriffs* zugunsten der Zentralgewalt wurde in der Folgezeit u. a. durch die Schaffung des *coroner's office* verstärkt. Dessen Aufgaben wurden von vier, vom *shire court* gewählten Persönlichkeiten – drei Rittern und einem Kleriker – wahrgenommen und betrafen u. a. die gerichtliche Untersuchung gewaltsamer Todesfälle, die Anhörung von *appeals* sowie die Teilnahme an Gerichtsverhandlungen in den Grafschaften. Zweck der Einsetzung der unbesoldeten Funktionsträger der Krone bestand sowohl in einer Entlastung der *sheriffs* als auch in deren verstärkter Kontrolle, um einer Bestechlichkeit der königlichen Beauftragten entgegen zu wirken.[31]

Verstärkt wurden die Reformbemühungen Walters im Finanz- und Justizwesen durch die Durchführung des *General Eyre*, das schon König Heinrich II. veranlaßt hatte und theoretisch alle vier Jahre hätte wiederholt werden sollen. Der Beauftragte des Königs griff auf dieses Reforminstrument zurück und sandte ab September 1194 zahlreiche Reiserichter in nahezu alle Grafschaften, um anhand eines Katalogs von 25 Fragen aus fünf Untersuchungsbereichen eine umfassende Revision des englischen Rechtswesens vorzunehmen.[32] Zu den Aufgaben der Reiserichter gehörten u. a. die gründliche Überprüfung bei Erbfällen, die Klärung von Vormundschaftsstreitigkeiten, sowie die Beilegung von Konflikten um königliche Ländereien; zudem sollten die *justices* Klagen gegen königliche Richter und Beamte annehmen. Seit der Durchführung des *General Eyre* 1194/95 wurden die Ergebnisse der Tätigkeit der Reiserichter insbesondere bei der Schlichtung von Streitigkeiten um Landbesitz in – noch erhaltenen – Gerichtsprotokollen (*plea rolls*) bzw. Schlußvereinbarungen (*final concords*) dokumentiert. Auch dieses Unternehmen Walters diente einer weiteren Einschränkung der Befugnisse der *sheriffs* zugunsten der Zentralgewalt und einer Steigerung der königlichen Einkünfte durch anfallende Gebühren, Strafen etc.[33]

Ähnliche Ziele verfolgte Walter im Jahre 1195 durch den Erlaß des *Edictum Regium*, das der Friedenssicherung im Lande dienen sollte.[34] Reisende Ritter aus den Grafschaften erhielten die Aufgabe, alle Erwachsenen über 15 Jahren einen Eid schwören zu lassen, den Frieden zu sichern und Friedensbrecher anzuzeigen. Zuwiderhandelnde sollten von den *knights* den lokalen *sheriffs* zur Aburteilung übergeben werden. Damit wurde nicht nur die Friedenssicherung in den *shires* intensiviert; zugleich beteiligte man verstärkt lokale Kräfte an der Wahrnehmung königlicher Verwaltungs- bzw. Rechtsaufgaben und festigte die Bindung der Untertanen an die Krone.[35] Die hiermit zusätzlich verbundene Steigerung der königlichen Einnahmen durch Strafgelder bei Friedensbrüchen usw. war sicherlich ein nützlicher Nebeneffekt der Maßnahmen Walters, der nach dem Ende der Revolte Johanns das Inselreich dauerhaft befrieden wollte. Zugleich wurde durch die Reformen des *chief justiciar* eine Effizienzsteigerung im Verwaltungs-

und Justizwesen herbeigeführt, die wichtige Gesellschaftsgruppen wie die *knights* intensiver an der Wahrnehmung hoheitlicher Aufgaben beteiligte. Zudem bereitete der Vertraute des Herrschers eine allmähliche Professionalisierung im Personalbereich des königlichen Verwaltungs- und Finanzwesens vor, die ihre Wirkungen aber erst unter den königlichen Nachfolgern Richards entfalten sollte. Gleiches gilt für die Grundlegung eines komplexen Archivsystems nach Weisungen Walters, der u. a. die jährliche Registrierung der Verhandlungen der *curia regis* sowie die Sammlung der beim Gericht verbleibenden *Indentures*-Teile veranlaßte. Diese Maßnahmen des *chief justiciar* waren die Voraussetzung für die Schaffung einer solch umfassenden Sammlung an Abschriften von Rechts- und Verwaltungszeugnissen, wie sie im ausgehenden 12. Jahrhundert in keinem anderen europäischen Land existierte. Erst die Nachfolger Richards konnten das von Walter konstituierte Archivsystem weiter ausbauen und entfalten, so daß wir u. a. in den *Charter Rolls* (ab 1199), *Close Rolls* (ab 1200) oder *Patent Rolls* (ab 1201) eine eindrucksvolle Dokumentation für das zeitgenössische englische Verwaltungs- und Rechtswesen besitzen.[36]

Ein weiteres, von Walter ständig neu zu bewältigendes Problem waren die kontinuierlichen Geldforderungen Richards zur Finanzierung seiner Feldzüge auf dem Kontinent. Um dem König immer höhere Geldsummen vor allem aus dem Inselreich zur Verfügung zu stellen, war der *chief justiciar* gezwungen, die eher „traditionellen" Finanzquellen der englischen Krone bis zum Äußersten zu nutzen. Dies waren besonders die Einkünfte aus den Bereichen *farm* und *demesne*, „*the traditional backbone of state finance*".[37] Einnahmen aus diesen Quellen stagnierten jedoch seit 1194 auf einer relativ geringen Höhe und bewegten sich zwischen 28,5 % (1194) auf zeitweise 52,9 % (1197) bis zu 36,6 % (1198) der Gesamteinkünfte.[38] Hieran konnte Walter trotz der zwischenzeitlichen Rückgewinnung von *terrae datae* (u. a. durch Rekuperation der Prinz Johann überlassenen Besitzungen) wenig ändern, so daß der englische Herrscher auf diesem Sektor der königlichen Einkünfte im Vergleich zum französischen Monarchen im Hintertreffen war.[39]

Insofern war der *chief justiciar* gezwungen, ständig neue Einnahmequellen für den Monarchen zu erschließen. Eine lediglich temporäre Steigerung der Einkünfte brachte 1198 die Einführung eines neuen königlichen Siegels, so daß alle Privilegienempfänger ihre Dokumente gegen Zahlung von Gebühren neu siegeln lassen mußten.[40] Wichtiger war daher für Walter eine langfristige Verbesserung der Finanzlage, die er durch die Erhebung zahlreicher zusätzlicher feudaler und nicht-feudaler Abgaben zu erreichen suchte. Hierzu ließ er nicht nur – wie erwähnt – das *tallagium* konsequent einziehen, sondern 1198 ein *carucagium* einfordern, das die Besteuerung von Ackerland anstelle des alten *Danegeld* vorsah.[41] Hinzu kamen wachsende Lasten in den Bereichen Feudal-Abgaben, *scutagium* und *tallagium*, die 1194 41,1%, 1196 35,1% und 1198 42,7% der Gesamteinnahmen des *Exchequer* ausmachten. Rechnet man noch die kontinuierlichen Einnahmen der Krone aus den Bereichen *Eyre*, Schuldentilgung und diverse *fines* hinzu, so wird deutlich, daß bis zum Ende der Herrschaft Richards nahezu die Hälfte der Kroneinkünfte aus feudalen Belastungen resultierte.[42]

Während die Lasten in den Bereichen *farm* und *demesne* weitgehend auf gleicher Höhe blieben, erfolgte eine immer stärkere finanzielle Inanspruchnahme der feudalen Gefolgsleute des Königs im Inselreich. Wachsender Unwille und latente Unzufriedenheit vor allem in der gesellschaftlichen Führungsschicht Englands waren die unvermeidliche Konsequenz der Fiskalpolitik des Angevinen. Wahrscheinlich verhinderten nur das hohe persönliche Ansehen des Monarchen und seine Reputation als gefürchteter Krieger den Ausbruch von Revolten noch zu Lebzeiten Richards, da offene Auseinandersetzungen bei Fortführung der königlichen Finanzpolitik nur eine Frage der Zeit zu sein schienen. Da König Johann wie sein Vorgänger die Politik wachsender Abgabenforderungen im feudalen Bereich fortsetzte, der Monarch jedoch schweren Konflikten mit dem französischen König ausgesetzt und daher politisch geschwächt war, kam es schließlich unter Johann zum offenen Konflikt mit den Baronen. Grundsätzlich war der Keim für die Auseinandersetzungen, die zu weitreichenden Konzessionen des Monarchen bzw. zum Erlaß der *Magna Carta* führten, aber bereits durch Richard und seine Abgabenpolitik im feudalen Bereich gelegt worden.

Bei den Bemühungen des *chief justiciar* sowie der königlichen Spitzenbeamten zur Erschließung neuer Finanzquellen für die Krone gewann die englische Judenschaft zunehmend an Bedeutung, von denen zahlreiche Mitglieder im Jahre 1190 im Zusammenhang mit der Krönung Richards intensiven Verfolgungen ausgesetzt gewesen waren.[43] Die Pogrome hatten nicht nur die Ermordung vieler Juden in verschiedenen Städten der Insel, sondern auch gravierende finanzielle Konsequenzen durch die Vernichtung von Schuldscheinen etc. im Zusammenhang mit der Zerstörung jüdischer Häuser zur Folge. Da sich die Judengemeinden des Inselreiches bereits seit der Zeit der Normannen in einem besonderen Schutz- und Abhängigkeitsverhältnis zur Krone befanden und wachsende Bedeutung bei der Finanzierung der zahlreichen militärischen Unternehmungen Richards erlangt hatten, zog man seit den 90er Jahren besondere verwaltungstechnische Konsequenzen bezüglich des Judenschutzes. So wurde 1194 im Zusammenhang mit dem *General Eyre* bei sämtlichen Juden im Reich eine Bestandsaufnahme all ihrer „*debita et vadia*" vorgenommen, über die man genaue Verzeichnisse anlegte.[44] Zudem richtete man in 27 Städten der Insel Dokumentenkästen (*archae*) ein, denen entsprechende Judengemeinden zugeordnet waren. Gleichzeitig wurden die dortigen Juden verpflichtet, ihre sämtlichen Geld- und Kreditgeschäfte schriftlich zu dokumentieren und die entsprechenden Zeugnisse in den genannten *archae* zu hinterlegen. Insbesondere von den jüdischen Schuldbriefen wurden jeweils zwei Ausfertigungen aufbewahrt, mit deren Hilfe die Ansprüche der jüdischen Gläubiger gegenüber den Schuldnern nachgewiesen werden konnten.

Um das Überwachungssystem bezüglich der Juden weiter zu vervollkommnen, schuf man seit 1194 im Westflügel der Westminsterhall ein eigenes Schatzamt für die Juden, den *Exchequer of the Jews* (*Scaccarium Iudeorum*). Ihm oblag die Oberaufsicht über die englischen Juden im fiskalischen und jurisdiktionellen Bereich, da der *Exchequer* als zentrales Kontrollorgan und als Gerichtshof für Streitfälle zwischen jüdischen und christlichen Geschäftspartnern fungierte. An seiner Spitze standen zwei bis fünf – zumeist christliche – *wardens*, die die Wirtschafts- und Finanztätigkeit der Juden in den erwähnten 27 Städten des Inselreiches zu überwachen hatten. Später kam ein königlicher Judenmeister (*Presbyter Iudeorum*) hinzu, der vom Monarchen eingesetzt wurde und die Interessen der gesamten Judenschaft des Reiches zu vertreten hatte. Er fungierte zudem als Hauptansprechpartner für den König bezüglich der ständig erneuerten und erhöhten Geldforderungen der Krone.[45]

Mit der Einrichtung dieses Amtes, das möglicherweise ein normannisches Vorbild in Süditalien besaß, verfolgten die Beamten Richards wahrscheinlich zwei Hauptziele: Zum einen erhielten die Beauftragten der Krone durch die Kontrolle der *archae* einen genauen Überblick über die Wirtschafts- und Finanztätigkeit der Juden im Inselreich. Zugleich eröffnete sich für die Beamten die Möglichkeit, die Finanzkraft der sich im königlichen Schutz befindlichen Juden realistisch einzuschätzen und hieran die weiteren Geldforderungen der Krone diesen gegenüber zu orientieren. Zum anderen wurde durch die Einrichtung der *archae* verhindert, daß bei künftigen Pogromen jüdische Schuldscheine vernichtet wurden und dem königlichen Schutzherrn hierdurch ein materieller Schaden entstehen konnte. Offensichtlich hatte man aus den Erfahrungen der Verfolgungen des Jahres 1190 gelernt und daher Regelungen getroffen, die mögliche finanzielle Nachteile für den König vermeiden sollten. Bezeichnenderweise ging es den Beamten Richards primär darum, vorrangig potentielle finanzielle Einbußen der Krone durch weitere Ausschreitungen zu meiden. An einem effizienten Schutz der jüdischen Personengruppe im Reich oder gar an einer wirkungsvollen Verhinderung künftiger Pogrome zeigte man sich hingegen nicht interessiert. Damit wurde eine geradezu zynische Judenschutzpolitik der Könige in England forciert, die diese Untertanen ausschließlich als finanzielle Ausbeutungsobjekte behandelte und die kontinuierliche Verschlechterung der christlich-jüdischen Beziehungen auf der Insel billigend in Kauf nahm. Mit den Aktionen Richards und seiner Beamten wurde eine Repressionspolitik in England verstärkt, die seit König Johann immer krassere Formen annahm und schließlich im vollständigen wirtschaftlichen Ruin der Juden sowie ihrer endgültigen Vertreibung von der Insel im Jahre 1290 enden sollte.

Ungeachtet der geschilderten Maßnahmen des *chief justiciar* zur Verbesserung der Finanzlage der Krone blieb die wirtschaftliche Lage Richards nach der Freilassung problematisch. Insbesondere den noch unerfüllten Zahlungsverpflichtungen gegenüber seinen Geiselnehmern konnte nur unter großen Anstrengungen nachgekommen werden. Noch während der Gefangenschaft Richards war im Juni 1193 von seinen Gefolgsleuten in England ein eigener *Exchequer* in St. Paul's in London eingerichtet worden, der unter der Kontrolle der Königinmutter sowie des *justiciar* stand und u. a. von Hubert Walter, den Earls von Arundel und Warenne/Surrey, Wilhelm d'Aubigny und Hamelin, sowie dem Bürgermeister von London, Heinrich Fitz Ailwin, betreut wurde.[46] Dieses *Scaccarium Redemptionis* stellte lediglich eine temporäre Verwaltungseinrichtung zur Durchführung der Lösegeldzahlung mit dem Ziel einer Entlastung der Barone des regulären *Exchequer* dar. Die Leiter des Sonder-*Exchequer* betrieben mit Nachdruck die Zahlung des vereinbarten Lösegeldes an die Geiselnehmer auf dem Kontinent, wobei finanzielle Beiträge nicht nur in England, sondern auch in den kontinentalen Teilen des angevinischen Reiches eingezogen wurden. So erhielten Gesandte des römisch-deutschen Herrschers 1194–95 allein von normannischen Geldgebern 16000 £.[47] Der Chronist Roger von Howden behauptete sogar, Hubert Walter habe in den beiden *Exchequer*-Jahren 1194/1195 und 1195/96 1,1 Millionen Mark an Lösegeld in die Normandie bringen lassen[48] – eine kaum vorstellbare Summe von ca. 733333 £. Da die gigantische Zahlung in Silberpfennigen erfolgt sein dürfte, hätte dies den Transport von nahezu 176 Millionen Münzen auf den Kontinent bedeutet – in Anbetracht der im Jahre 1205 im Inselreich in Umlauf befindlichen Silberpfennige im Werte von lediglich ca. 250000 £ eine völlig unrealistische Angabe des Chronisten.[49]

Infolge der unvollständigen und ungenauen Angaben von Chroniken und *Exchequer*-Zeugnissen lassen sich über die Höhe der geleisteten Lösegeldzahlungen nur Vermutungen anstellen. Nach den Berechnungen von U. Kessler ist davon auszugehen,[50] daß die in Worms bzw. in Würzburg vereinbarten Summen von 100000 Mark bzw. 150000 Mark sicherlich nicht in voller Höhe gezahlt wurden. Dennoch ist anzunehmen, daß zum Zeitpunkt der Freilassung Richards ein großer Teil der vereinbarten Gelder an die Geiselnehmer gezahlt worden sein muß. Infolge der seit Frühjahr 1194 ausstehenden Summen kam es jedoch zu Spannungen zum österreichischen Herzog.[51] Dessen Pressionen zeigten die gewünschte Wirkung am englischen Hofe wahrscheinlich mit entsprechenden Geldzahlungen, da Leopold bis zu seinem überraschenden Tode Ende des Jahres 1194 beachtliche Summen für Befestigungsanlagen, Stadterweiterung von Wien sowie die Gründung der Wiener Münzstätte ausgegeben hatte. Dennoch verfügte der Herzog Ende Dezember 1194 lediglich über 4000 Mark, während er auf Druck des Erzbischofs von Salzburg auf ausstehende 21000 Mark aus dem Lösegeld verzichtete.[52] Wesentlich günstiger wird die finanzielle Ausbeute Kaiser Heinrichs gewesen sein, der trotz des Nachlasses von 17000 Mark, den er seiner ehemaligen Geisel im Jahre 1195 wahrscheinlich gewährte, zwischen 67000 Mark und 83000 Mark erhalten haben dürfte.[53] Dies wären ca. 44662 £ bzw. ca. 55327 £ oder ca. 10,7 bzw. ca. 13,2 Millionen Silberpfennige gewesen. Wie Leopold investierte der Staufer die erpreßten Summen umgehend, indem er die Gelder zur Durchführung seines Italienzuges verwendete, den er mit der Eroberung des Normannenreiches und dem Abtransport des normannischen Staatsschatzes beenden konnte. Über die Zahlung fälliger Tributleistungen, die der englische König nach der Lehnsnahme Englands angeblich erbringen sollte, ist hingegen nichts bekannt.

Die gewaltigen Summen, die als Lösegeldzahlungen seit 1194 geleistet wurden und mindestens das Drei- bis Vierfache der Jahreseinnahmen des *Exchequer* ausmachten, mußten zwangsläufig beträchtliche Auswirkungen auf die Wirtschaft vor allem des Inselreiches besitzen. Da die erzwungenen Zahlungen nicht aus dem Staatsschatz Englands oder aus dem Privatvermögen des Monarchen erfolgten, kam es vorrangig zu einer schwerwiegenden Ausbeutung der Wirtschaftskraft der gesamten Einwohnerschaft unter Einschluß der Geistlichkeit des englischen *regnum*. Berücksichtigt man zudem die Tatsache, daß die Lösegeldzahlungen in Münzen erfolgten, so war ein beachtlicher Abfluß von Silbermünzen von der Insel auf den Kontinent unvermeidlich. Diese Maßnahmen mußten im Inselreich sowohl zu einem gravierenden Mangel an gemünzten Zahlungsmitteln als auch zu einer Verringerung der Kaufkraft in breiten Teilen der Bevölkerung führen.

Entgegen diesen naheliegenden volkswirtschaftlichen Überlegungen wird in der englischen wirtschaftshistorischen Forschung eine gegensätzliche Ansicht vom Zustand der englischen Wirtschaft im 12. und frühen 13. Jahrhundert vertreten. Hiernach besteht Konsens hinsichtlich der Annahme, daß zwischen 1180 und 1220 eine beträchtliche Inflation mit einem starken Anstieg der Preise erfolgt sei. Vereinzelt wurde sogar die These vertreten, die erwähnte Epoche angevinischer Herrschaft sei neben den gewaltigen wirtschaftlichen Umbrüchen im 16. und 20. Jahrhundert eine der drei großen Inflationsperioden der englischen Geschichte gewesen.[54] Als Ursachen für diese Entwicklungen nannte man u. a. einen rapiden Anstieg des Exportvolumens – besonders im Bereich des Wollhandels – infolge wachsender kontinentaler Nachfrage und hiermit verbunden das Einströmen gewaltiger Mengen an Silber ins Inselreich. Verstärkt wurden diese Prozesse angeblich durch gravierende Veränderungen im landwirtschaftlichen Bereich durch die Hinwendung der großen Landbesitzer zu einem *direct management* ihrer Güter in *demesne farming* mit dem Ziel der Maximierung der Erträge für den Export.[55]

Eine genauere Analyse dieser gängigen Forschungstheorien läßt hingegen Zweifel an der Beschreibung der Wirtschaftslage des Inselreiches aufkommen. Zuerst ist eine unzureichende Quellenbasis für derartig weitreichende wirtschaftshistorische Überlegungen zu konstatieren, da keine tragfähigen Statistiken für Exportvolumina, Steuererträge etc. sowie Angaben über Münzumlauf und mögliche Münzverschlechterung existieren. Zudem gibt es nur vereinzelte Angaben über Preisentwicklungen in wenigen Wirtschaftssektoren für einige und nicht alle Grafschaften in den *Pipe Rolls*, die daher nur segmenthafte Aussagen ermöglichen. Ferner haben einige Untersuchungen über spezielle Sektoren der Preisentwicklung – insbesondere hinsichtlich der Entwicklung von *live stock prices* zur Versorgung königlicher Güter – ein genaueres Bild für die wirtschaftlichen Entwicklungen während der Herrschaft König Richards ergeben. So ist für Grundnahrungsmittel – wie Weizen, Gerste, Hafer, Bohnen und Salz – kein kontinuierlicher und rapider Preisanstieg seit 1180 zu verzeichnen, sondern die Höhe der Preise variierte stark. So kam es von ca. 1180 bis ca. 1192 eher zu einem ständigen Sinken der Preise. Erst danach stiegen die Preise für die Mehrzahl der genannten Produkte kontinuierlich, wobei sie jedoch beim Tode Richards 1199 noch nicht die Höhe der entsprechenden Preise des Jahres 1175 erreicht hatten.[56] Hieraus erklären sich auch die Bemühungen der Krone um Preisregulierung, da im Jahre 1194 die Höhe der Preise zur Versorgung königlicher Güter für Farmpferde, Wollschafe etc. (*instauramentum*) festgesetzt wurde.[57]

Insofern wird man erhebliche Zweifel an der genannten Forschungsthese über eine angebliche gravierende Inflation von 1180 bis 1220 anmelden müssen. Vielmehr ist einerseits kein exakter Trend in der Preisentwicklung im Untersuchungszeitraum festzustellen, andererseits wird man genauer zwischen den wirtschaftlichen Entwicklungen während der Herrschaft Richards und Johanns zu unterscheiden haben: So sank bis etwa 1192/93 das Preisniveau in England eher, erst danach kam es in einzelnen Wirtschaftssektoren zu einem kontinuierlichen Preisanstieg. Während der Herrschaft Johanns fiel dieser deutlich stärker als unter seinem Bruder aus, um ca. 1204 einen vorläufigen Höchststand zu erreichen. Unbestreitbar ist, daß die Wirtschafts- bzw. Kaufkraft der englischen Bevölkerung durch die massiven steuerlichen Sonderbelastungen zuerst für den Kreuzzug, danach für das Lösegeld und schließlich für den Krieg gegen den französischen König dauerhaft und nachhaltig beeinträchtigt wurde. Diese Tendenz einer fortgesetzten Schwächung vor allem der Wirtschaftskraft der Bewohner des englischen *regnum* wurde lediglich ansatzweise durch die Investitionsmaßnahmen Richards besonders in der Normandie kompensiert. Hier verwandte der Angevine nicht nur erhebliche Geldmittel zur Anwerbung von Söldnerheeren für den Kampf gegen König Philipp, sondern Richard schuf auch ein kostenintensives Verteidigungssystem mit einer Vielzahl an Burgen und

Festungen. Deren bekannteste befand sich bei Les Andelys, wo der englische König bis 1198 ca. 50000 £ in Festungsanlagen investierte[58] – etwa das Zweieinhalbfache der Jahreseinnahmen des englischen *Exchequer*. Da noch Zusatzkosten u.a. für den Unterhalt der Burgen und die Bezahlung der Garnisonen entstanden, konnte das kontinentale bzw. normannische Verteidigungssystem Richards nur durch ständige Alimentierung aus Geldern des englischen *Exchequer* erfolgen. Insgesamt wird man daher die Wirtschafts- und Finanzpolitik des Angevinen zumindest nach seiner Freilassung als überaus problematisch für die „Volkswirtschaft" des Inselreiches bezeichnen müssen, das zunehmend unter dem Eindruck eines „*impending financial disaster*" stand.[59]

XII. Der englisch-französische Machtkampf (seit 1194) bis zum Tode König Richards

Nach der Durchführung zahlreicher steuer- und finanzpolitischer Reformen im englischen *regnum* drängte Löwenherz immer intensiver darauf, sowohl die anstehenden Probleme bezüglich der verbliebenen innenpolitischen Opponenten und der Freilassung der englischen Geiseln zu bewältigen als auch die Rekuperation der zwischenzeitlich durch König Philipp entfremdeten angevinischen Besitzungen in Angriff zu nehmen. Bei der Verwirklichung dieser Pläne ging der Plantagenêt ähnlich wie bei der Realisierung seiner Kreuzzugsunternehmung vor: Der König konzentrierte alle ihm zur Verfügung stehenden finanziellen und militärischen Mittel auf das eine Ziel, dem Kapetinger die – wie Richard betonte – widerrechtlich angeeigneten kontinentalen Besitzungen des angevinischen Reiches so schnell wie möglich zu entreißen. Hierbei wurde bald deutlich, daß es sich bei diesen Aktivitäten des Plantagenêts primär um die Durchsetzung von Besitzansprüchen des angevinischen Hauses, d. h. um dynastische Rechte, handelte. Diese wurden vor allem von den englischen Baronen zunehmend aber nicht mehr als identisch mit den Ansprüchen und Interessen des englischen Reiches betrachtet.[1] Die hieraus entstehenden Spannungen und Konflikte, die sich intensiver im Verlauf der Kämpfe auf dem Kontinent seit 1194 bemerkbar machten, trugen sicherlich nicht zu einer Stärkung der Position des englischen Königs gegenüber seinem kapetingischen Rivalen bei.

Wie bei dem Kreuzzugsunternehmen ordnete der Angevine dem Rekuperationsziel alle anderen Aufgaben unter, die Richard besonders im Inselreich als Monarch zu erfüllen hatte. Erneut überließ der König – wie zu Beginn der Herrschaft – die Erledigung der alltäglichen Regierungsgeschäfte einer Vielzahl an kompetenten und vor allem loyalen Beamten und Funktionsträgern des englischen Herrschafts- und Verwaltungssystems. Eine Schlüsselrolle mußte hierbei dem Regenten und den *chief justiciars* zukommen, d. h. besonders Hubert Walter, der gleichsam als Vizekönig über eine ungeheure Machtfülle im geistlichen und weltlichen Bereich verfügte.[2] Außer Hubert Walter kam während der Abwesenheit des Königs den *justiciars* eine entscheidende Bedeutung zu, d. h. neben Walter von Coutances dem einflußreichen Wilhelm Marshal[3] sowie Gottfried Fitz Peter, Wilhelm Brewer und Hugo Bardolf.[4] Hinzu trat die große Gruppe mächtiger Kirchenfürsten, die sich nach Ausweis der Zeugenlisten der Urkunden Richards seit 1194 unverändert in großer Nähe zum Monarchen befanden und sicherlich nachhaltigen Einfluß auf dessen politische Entscheidungen genommen haben dürften.[5] Hierzu zählten die Bischöfe von London, Richard Fitz Neal und Wilhelm de Sainte-Mère-Église, von Durham, Hugo de Puiset, und von Rochester, Gilbert de Glanville. Der Einfluß dieser geistlichen Gruppierung schwächte sich jedoch – wie aus den Zeugenlisten ersichtlich – seit Mai 1194 und dem Beginn der Kampfhandlungen gegen König Philipp zunehmend ab. Zwar tauchten neben Hubert Walter unverändert Geistliche als Zeugen in königlichen Urkunden auf – wie etwa die Bischöfe von Coventry, Hugo de Nonant, von London, Wilhelm de Sainte-Mère-Église, von Ely, Wilhelm Longchamp, sowie der Erzbischof von Rouen, Walter von Coutances. Häufiger als Zeugen vertreten – und damit sicherlich auch präsenter im Umkreis des Monarchen – waren seit Frühjahr 1194 hingegen weltliche Barone und einfache Ritter, denen bei den Kämpfen gegen den französischen König immer größere Bedeutung zukam. Hierzu zählten neben dem omnipräsenten Wilhelm Marshal der Seneschall der Normandie, Wilhelm Fitz Ralph, der normannische *constable* Wilhelm du Hommet, der Ritter Robert de Harcourt, der Seneschall von Poitou, Gottfried de la Celle, der Graf von Aumâle, Balduin de Béthune, der Earl von Chester, Ranulf de Blundeville, sowie die Ritter Warin Fitz Gerold, Wilhelm de l'Étang, Robert Troisgots und später auch der Königsbruder Johann.[6]

Auffällig bei den Zeugenlisten ist die Tatsache, daß vor allem die königlichen Funktionsträgern der jeweiligen Region, in der sich der herrscherliche Hof aufhielt, entsprechende urkundliche Präsenz besaßen; somit fungierten primär die Seneschalle bzw. *constables* des entsprechenden Herrschaftsgebietes und nur selten „Landesfremde" als Zeugen.[7] Zudem nahm die Zahl der militärisch wichtigen Persönlichkeiten im Kreise der *familiares* Richards gegen Ende seiner Herrschaft zu, indem u.a. Robert de Harcourt, Robert Troisgots, Philipp von Poitiers und Wilhelm de l'Étang häufiger in der Entourage auftauchten. Diese werden sich zwar einige Zeit in Königsnähe befunden haben, doch gehörten sie im Gegensatz zu einigen wenigen Vertrauten – wie Wilhelm Marshal, Hubert Walter und Wilhelm Longchamp – nicht auf Dauer zum engeren Kreis um den Monarchen. Auffällig ist schließlich die Tatsache, daß Richard trotz seiner besonderen Affinität als Herzog von Aquitanien zu dieser Region offenbar nicht in der Lage war, dauerhaft eine loyale und zuverlässige Klientel aus dem lokalen Adel des Herzogtums zu rekrutieren.[8] Lediglich einige herzoglich-königliche Funktionsträger wie der Seneschall von Poitou, Gottfried de la Celle, oder Philipp von Poitiers, ständiger Begleiter des Angevinen und später Bischof von Durham, tauchen häufiger in den Zeugenlisten königlicher Verfügungen auf.[9] Zwar scheint sich Löwenherz poitevinischer Ritter bei den folgenden Kämpfen gegen König Philipp bedient zu haben, diese gelangten aber nicht in größerer Zahl in urkundlichen Zeugnissen *„from obscurity to visibility"*.[10]

Nach der erwähnten Regelung der Herrschaftsausübung für die Zeit der erneuten Abwesenheit des Monarchen von England unternahm Richard am 2. Mai 1194 einen ungestümen Versuch, von Portsmouth auf den Kontinent überzusetzen, wobei der König jedoch scheiterte und witterungsbedingt auf die Insel zurückkehren mußte. Erst ein weiteres Unternehmen war erfolgreich, so daß Richard am 12. Mai in Barfleur landen konnte, wo er begeistert empfangen wurde und über Caen nach Lisieux weiter zog.[11] Hier entschloß sich der Plantagenêt, den Konflikt mit dem Grafen Johann zu bereinigen, der sich dort dem Bruder unterwarf und um Vergebung bat. Wie bei früheren Auseinandersetzungen, so erwies sich Richard auch in diesem Falle gegenüber Johann als bemerkenswert großzügig. Trotz der gefährlichen Machinationen des Grafen während der Abwesenheit des Monarchen verzichtete dieser – möglicherweise wieder auf Betreiben der Königinmutter Eleonore – auf eine strenge Bestrafung. Nach Chronistenangaben entschuldigte der Herrscher das Verhalten des Bruders angeblich generös mit der Erklärung, Johann sei noch ein Kind und habe üble Berater gehabt.[12] Trotz des großen Verständnisses Richards für das befremdliche Vorgehen des 27-jährigen Bruders verweigerte er aber dem Grafen die Rückgabe der entzogenen Besitzungen. Gleichzeitig stattete er Johann generös mit Geldmitteln aus und stellte ihm die Teilnahme an den bevorstehenden Auseinandersetzungen mit Philipp II. in Aussicht. Der Graf von Mortain scheint die Gefährlichkeit seiner Lage erkannt zu haben, indem er sich in der Folgezeit Richard gegenüber loyal zeigte, keinerlei erneuten Versuch verräterischer Aktivitäten unternahm und statt dessen seine guten Beziehungen zum kapetingischen Lager für die handstreichartige Einnahme von Évreux nutzte. Aufgrund der Ergebenheit Johanns gegenüber Richard sah sich dieser im Jahre 1195 veranlaßt, dem Bruder den Besitz von Mortain und Gloucester einschließlich reicher finanzieller Zuwendungen zu restituieren.[13] Bis zum überraschenden Tode des Monarchen blieben somit die Beziehungen der Brüder freundlich, so daß Richard auf dem Sterbebett den Grafen als seinen königlichen Nachfolger designierte.

Nach dem Ausgleich mit Johann konnte sich der englische Monarch mit ganzer Kraft dem Kampf gegen den Kapetinger widmen. Dieser war seit Januar 1194 bemüht, einerseits so umfassend wie möglich seine Besitzansprüche auf Territorien durchzusetzen, die ihm Graf Johann in der erwähnten Vereinbarung von Paris (Januar 1194) ohne Wissen des englischen Königs übertragen hatte.[14] Andererseits blieb Philipp bestrebt, einen Zwei-Fronten-Krieg gegen Richard zu entfesseln, indem er widerspenstige Barone in Aquitanien in ihrer Rebellion gegen Eleonore bzw. Richard unterstützte. Schließlich versuchte der französische Monarch, durch militärischen Druck auf Touraine und Berry geostrategisch gleichsam einen Keil zwischen die nördlichen und südlichen Teile des angevinischen Reiches zu treiben und hierdurch die Herrschaft seines königlichen Widersachers nachhaltig zu destabilisieren.[15]

Entgegen anderweitigen Darstellungen ist zu betonen, daß sich der Angevine bei den folgenden militärischen Unternehmungen bis zum Herbst 1194 nicht so vollständig überlegen zeigte wie behauptet. Da beide Seiten wie üblich Entscheidungsschlachten vermieden, wurden die Kämpfe zumeist um den Besitz wichtiger Burgen und Städte in herkömmlicher Weise geführt, d.h. indem in erster Linie das betroffene Land verheert und vor allem die ansässige Bevölkerung in Mitleidenschaft gezogen wurde. Durch kluges strategisches Vorgehen gelang es Philipp, seit Januar 1194 wichtige Festungen wie Évreux, Neubourg und Vaudreuil einzunehmen. Nach kurzem Waffenstillstand in der Fastenzeit setzte der Kapetinger seinen Siegeszug fort und eroberte eine Vielzahl weiterer Burgen, während Angriffe auf Rouen und Verneuil erfolglos blieben. So verfügte der französische König beim Eintreffen des Plantagenêts in der Normandie über zahlreiche Eroberungen, die von Dieppe über Aumâle, Gournay, Neufmarché, Louvriers und Évreux bis nach Breteuil reichten.[16] Somit war es dem Kapetinger binnen kürzester Zeit gelungen, in großem Umfang die territorialen Besitzansprüche durchzusetzen, die er aufgrund der fragwürdigen Vereinbarung mit Prinz Johann in der Normandie und der Touraine erheben konnte. Gleichzeitig versuchte der Monarch, die Abfallbewegung von Baronen im Limousin zu forcieren, indem er u.a. Gottfried de Rancon und Bernhard (III.) von Brosse als ligische Lehnsleute akzeptierte.[17]

Dem englischen König gelang es nur schrittweise, dem Eroberungszug Philipps Einhalt zu gebieten. Da die militärischen Kapazitäten des Angevinen nicht ausreichten, gleichzeitig in den beiden wichtigsten Konfliktbereichen – Normandie und Aquitanien – einzugreifen, entschied sich Richard für den persönlichen Einsatz im normannischen Herzogtum. Vorrangig für ihn war die umgehende Rückeroberung der Festungen, die Philipp in den letzten Wochen besetzt hatte. Nach der Einnahme von Verneuil teilte der Plantagenêt seine große Armee, wobei ein Kontingent nordwärts zog und dort unter Beteiligung des normannischen Seneschalls sowie anderer Großer die Kämpfe gegen Philipp in der Normandie fortsetzte, der zwischenzeitlich u.a. Évreux zurückerobert hatte.[18] Der Angevine selbst wandte sich an der Spitze eines zweiten Kontingentes mit Truppen aus Anjou und Maine nach Süden, um nach der Zerstörung von Montmirail weiter in die Touraine zu ziehen. Hier gelang Richard mit navarresischer Unterstützung nicht nur die rasche Eroberung von Loches, sondern am 6. Juli auch ein Prestigeerfolg gegen seinen kapetingischen Kontrahenten bei Fréteval. Zwar konnte der Angevine bei der überraschenden militärischen Konfrontation des flüchtenden Kapetingers, der sich in Châteaudun verschanzte, nicht persönlich habhaft werden. Dennoch vermochte der englische König, die gesamte französische Nachhut mit dem Troß in seine Gewalt zu bringen, wodurch Richard in den Besitz reicher Geldmittel und von Teilen des kapetingischen Kronarchivs gelangte. Unter der Beute fanden sich auch Urkunden mit den Namen der Barone, die sich mit Philipp und Johann gegen den englischen König verbündet hatten – aufschlußreiche Materialien, die Richard bei der angestrebten Herrschaftsstabilisierung nützlich sein konnten.[19]

Während König Philipp nach Paris weiter zog, konnte sich Richard nach Wiederherstellung seiner Autorität im Loire-Tal der Befriedung des zweiten Konfliktraumes widmen, indem er nach Aquitanien vorrückte.[20] Von Fréteval marschierten die angevinischen Truppen über Poitiers, wo sie die Burg Mirebeau zerstörten, ins Angoumois vor, um dort einen der wichtigsten Widersacher Richards auszuschalten, den Grafen Aimar Taillefer von Angoulême. Dies gelang nach der Eroberung der gräflichen Residenz ohne Schwierigkeiten, so daß in der Folgezeit auch andere Opponenten im Limousin – wie der Vizegraf von Limoges, Aimar V. – und in der Saintonge – wie der Herr von Taillebourg, Gottfried de Rancon – rasch unterworfen werden konnten. Aufgrund dieser Erfolge und nachdem nunmehr seine Herrschaft angeblich von Verneuil bis zu den Pyrenäen unangefochten war, zeigte sich der Plantagenêt bereit, einem Waffenstillstand zuzustimmen. Dieser war aufgrund des Betreibens von Kardinallegat Melior von Ss. Giovanni e Paolo zustande gekommen und wurde am 23. Juli 1194 von Beauftragten der Kriegsgegner bei Tillières – mit Wirksamkeit vom 1. November 1194 für ein Jahr – beschworen.[21]

In dieser Vereinbarung wurde letztlich der Status Quo beibehalten: Der Kapetinger konnte weiterhin über große Territorien im Osten der Normandie verfügen, die er zwischenzeitlich erobert hatte, einschließlich das normannische Vexin; hinzu kamen wichtige Grenzfestungen wie Gisors und Vaudreuil. Der Plantagenêt durfte hingegen keine weitergehenden Rekuperationsansprüche realisieren und erhielt lediglich die Erlaubnis, vier normannische Burgen (Neubourg, Driencourt, Conches und Breteuil) wieder aufzubauen. Einbezogen in den Waffenstillstand wurden auf kapetingischer Seite alle wichtigen Opponenten gegen Richard, wie der Graf von Angoulême, der Vizegraf von Brosse u. a.[22] Bei kritischer Analyse der Vereinbarung wird deutlich, daß Richard dem französischen König großzügige territoriale Konzessionen gewährte, die seinen jüngsten militärischen Erfolgen nur unzureichend Rechnung trugen. Wahrscheinlich war der Angevine vorrangig daran interessiert, in den folgenden Monaten neue finanzielle und militärische Kräfte zu sammeln. Dem Waffenstillstand kam in diesem Zusammenhang nur die Bedeutung einer temporären Regelung zu, die von beiden Seiten so schnell wie möglich zum eigenen Vorteil wieder revidiert werden sollte.

Trotz des beiderseitigen Willens nach baldiger Revision der erwähnten Vereinbarung waren die Konfliktgegner im Sommer 1194 zu sehr erschöpft, um umgehend die Kampfhandlungen wieder aufzunehmen.[23] Beide Seiten bemühten sich daher, ihre Kriegskassen aufzufüllen und frische militärische Kräfte – zunehmend Brabanzonen – zu gewinnen. Wie üblich vertraute der Angevine auf die Fähigkeiten des englischen Regenten Hubert Walter, der außer den bereits erwähnten Reformen im Finanz- und Steuerwesen zusätzliche, lange wirksame Veränderungen im Verwaltungs- und Rechtswesen durchführen ließ. Hierzu gehörte die Förderung von Städten und Bürgertum im Inselreich, indem die Krone *boroughs* in größerer Zahl privilegierte. So gewährte der Herrscher im Jahre 1194 z.B. Lincoln nach dem Vorbild Londons erhebliche wirtschaftliche Vergünstigungen; zudem wurden ansatzweise Voraussetzungen für die Ausbildung von Gilden und Einrichtungen der Selbstverwaltung (*Mayor*) geschaffen.[24] Auch andere soziale Gruppierungen, wie den Ritterstand, versuchten der König und sein *justiciar*, durch Privilegien enger an die Krone zu binden. Dies geschah u.a. im August 1194 durch die Erlaubnis des Monarchen, ungeachtet der zahlreichen kirchlichen Verbote (etwa auf dem II. und III. Laterankonzil 1139 und 1179) künftig auch auf der Insel Turniere durchführen zu dürfen. So sollten an fünf Orten in England derartige ritterliche Veranstaltungen gegen Gebühren mit herrscherlicher Erlaubnis nach strengen Regeln und unter Berücksichtigung des sozialen Standes der Kombattanten stattfinden.[25] Zugleich traf man Vorsorge, daß die Turniere weder den Königsfrieden stören noch als Ausgangspunkt für mögliche Verschwörungen gegen die Krone dienen konnten. Als Begründung für die bemerkenswerte Maßnahme führte der Herrscher die Notwendigkeit einer intensiveren militärischen Ertüchtigung der englischen Ritterschaft an, die sich angeblich in den letzten Schlachten auf dem Kontinent der französischen in der Kampfestechnik und – erfahrung als deutlich unterlegen gezeigt hätte.[26]

All die genannten Reformbemühungen des *justiciar* verfolgten auch das Ziel, den durch Kriegskosten stark belasteten englischen Staatsschatz wieder aufzufüllen und hierfür immer neue Einnahmequellen für die Krone zu erschließen. In diesem Zusammenhang ist die Verfügung Walters zu sehen, Maße und Gewichte im englischen *regnum* zu vereinheitlichen; die Einhaltung der *Assise* sollte in jedem *borough* durch vier bis sechs Beauftragte überprüft werden (*Assize of measures*). In der Folgezeit scheint sich diese – überaus weitschauende – Regelung als nur schwer durchsetzbar erwiesen zu haben, da noch unter König Johann (1201) königliche *justiciarii* nach Chronistenaussagen vergeblich um die Beachtung der *Assise* bemüht waren.[27] Ebenfalls von den genannten fiskalischen Interessen Richards war die ca. 1194 erfolgte Einführung einer allgemeinen Steuer in Höhe von 10% auf alle Exportgüter bestimmt, wodurch insbesondere die Wollausfuhr betroffen sein mußte. Diese Abgabe wurde wahrscheinlich bis zum Herrschaftsantritt König Johanns erhoben und sollte sich als vielversprechend für eine dauerhafte Steigerung der königlichen Steuereinnahmen erweisen.[28]

Ungeachtet des Waffenstillstandes bereiteten sich beide Konfliktparteien seit dem Herbst 1194 auf neue Kämpfe vor, wobei Philipp angeblich versucht haben soll, Richard durch Assassinen ermorden zu lassen.[29] Obwohl es sicherlich kleinere Auseinandersetzungen zwischen englischen und französischen Großen vor allem in den normannischen Grenzräumen gegeben haben dürfte, wurde der Waffenstillstand im wesentlichen bis zum Juli 1195 eingehalten.[30] Im Anschluß an fehlgeschlagene Friedensverhandlungen zwischen den Monarchen bei Vaudreuil brachen jedoch erneut Kämpfe in großer Heftigkeit aus, wobei sich Philipp in die Krondomäne zurückzog, während Richard Vaudreuil einnehmen und neu befestigen konnte.[31] Wie üblich schlossen sich zahlreiche kleinere militärische Unternehmungen der verfeindeten Herrscher an, von denen keiner einen entscheidenden Erfolg erringen konnte. So sah man sich zu weiteren begleitenden Friedensverhandlungen gezwungen, in deren Verlauf Richard endlich seine „Dauerverlobte" Alice freigab. Diese wurde umgehend von ihrem königlichen Bruder mit dem Grafen Wilhelm III. von Ponthieu verheiratet, der über die Grafschaft Eu sowie die Stadt Arques als Mitgift seiner Gattin verfügen durfte.[32] Philipp zeigte sich seinerseits verständigungsbereit, indem er Richard von dem – vor allem von kapetingischen Propagandisten verbreiteten – Vorwurf entlasten ließ, der englische König habe seiner Zeit den Mord an Konrad von Montferrat mit veranlaßt. Hierzu ließ der Kapetinger ein angebliches Schreiben des Assassinenführers, des sog. „*Alten Mannes vom Berge*", veröffentlichen, wonach dieser selbst wegen anderweitiger Konflikte die Tötung Konrads veranlaßt hätte.[33] Obwohl der Brief sicherlich gefälscht war,[34] dürfte er zumindest zu einer Verbesserung der Beziehungen zum englischen Königshof beigetragen haben.

Während der Angevine seine Friedenspläne durch Gesandte dem römisch-deutschen Kaiser zur Kenntnis und Billigung unterbreiten ließ, setzte Richard gleichzeitig seine militärischen Aktivitäten gegen den Kapetinger fort, die er nach Süden ausdehnte. Zumindest in der Anfangsphase dürfte der Plantagenêt persönlich den Heerzug ins Berry geleitet haben,[35] wo er mit Unterstützung von Brabanzonen unter Führung Mercadiers Issoudun und Graçay einnehmen konnte. Der Söldnerführer setzte anschließend das Eroberungswerk in der Auvergne fort, wo er verwüstend durch das Land zog und sogar den Grafen Guido (II.) gefangen nehmen konnte. All diese Unternehmungen hatte aber keinerlei dauerhafte Sicherung der Herrschaft Richards über diese Region zur Folge, zumal es im November 1195 erneut zu Kämpfen um Issoudun kam. Letztlich führten die Gewalttaten nur zu einer weiteren Entfremdung des Herrschers von den Großen und den einfachen Bewohnern dieser Region.[36]

Bei all den erwähnten Kämpfen mit dem Kapetinger bis zum Ende des Jahres 1195 blieb der englische Monarch unverändert in seinem politischen Handeln durch die weiterhin ungelösten Probleme im Zusammenhang mit seiner Gefangenschaft beeinträchtigt – nämlich mit der Zahlung des restlichen Lösegeldes und mit der Freilassung der verbliebenen englischen Geiseln.[37] Zwar wurden den beiden Geiselnehmern zwischenzeitlich große Geldsummen ausgehändigt; so war noch im Mai 1194 die Zahlung von 10000 Mark erfolgt, die wahrscheinlich durch Erzbischof Walter von Coutances nach Deutschland gebracht wurden.[38] Dennoch scheint es in der Folgezeit zu Verzögerungen bei der Restzahlung gekommen zu sein, da der Herzog von Österreich im Herbst 1194 die ihm zustehenden Gelder anmahnte.[39] Zur Bekräftigung seiner Forderungen, die auch die Erfüllung der übrigen Zusagen Richards – wie die Heirat Eleonores von der Bretagne mit einem Herzogssohn – betrafen, drohte Leopold V. mit der Ermordung der verbliebenen Geiseln, zu denen u.a. die Welfenprinzen Otto und Wilhelm gehörten.[40] Die österreichischen Pressionen zeigten am angevinischen Hofe die gewünschten Wirkungen, da sich sowohl eine englische Delegation unter Leitung Balduins von Béthune mit Eleonore sowie der zypriotischen Kaisertochter auf den Weg nach Wien machte als auch die Bemühungen zur Zahlung des restlichen Lösegeldes an Leopold intensiviert wurden.[41]

Doch scheint der Babenberger an den erpreßten Geldern keine uneingeschränkte Freude erlangt zu haben,[42] da der englische König zwischenzeitlich bei Papst Coelestin III. intervenierte und die Exkommunikation Leopolds bzw. die Verhängung des Interdiktes über dessen Länder erreichte. Zudem versuchte der Angevine, als zusätzliche Strafe für den Herzog einen Kreuzzug Leopolds durchzusetzen und ihn zur Rückzahlung des Lösegeldes zu veranlassen. Ein Jagdunfall des Babenbergers machte im Dezember 1194 allen entsprechenden Bemühungen ein jähes Ende: Nachdem Leopold vergeblich versucht hatte, seinen brandigen Fuß mit der Axt selbst zu amputieren, lag der Fürst nun im Sterben und suchte einen Ausgleich mit der Kirche. Auf Druck des Erzbischofs von Salzburg, Adalbert II., erklärte sich der Herzog bereit, die englischen Geiseln freizulassen, das ihm verbliebene Lösegeld in Höhe von 4000 Mark zu restituieren und auf noch ausstehende 21000 Mark zu verzichten. Leopolds Nachfolger, Friedrich I., wird im Sinne des Vaters agiert haben, da sich Richard bereits am 25. Januar 1195 beim Salzburger Erzbischof für die Entlassung von Geiseln bedankte. Dennoch scheinen einige Gefangene – wie der Welfenprinz Wilhelm – auf Betreiben Heinrichs VI. von Herzog Friedrich I. weiter festgehalten worden zu sein und erst im Laufe des Jahres 1195 die Freiheit erhalten zu haben.[43] Obwohl der Plantagenêt das – sicherlich nur teilweise gezahlte – Lösegeld aus Österreich nicht zurück erhielt, so waren dennoch für Richard zumindest die partiellen Beschränkungen seiner politischen Handlungsfreiheit, etwa bezüglich der Bretagne-Vereinbarung, beendet.

Als noch schwieriger erwiesen sich die Beziehungen Richards zu seinem kaiserlichen Oberlehnsherrn Heinrich VI. Im Gegensatz zu Herzog Leopold war der Staufer nicht nur an der Eintreibung ausstehenden Lösegeldes, sondern vor allem an einer politischen Einflußnahme auf den englischen Lehnsmann interessiert. Spätestens nach der Lehnshuldigung des Angevinen erwartete der Kaiser von diesem „politisches Wohlverhalten",[44] wobei die verbliebenen Geiseln sicherlich als politisches Druckmittel gegen den englischen Herrscher betrachtet wurden. Zwar verfolgte Heinrich die eskalierenden kriegerischen Konflikte des Plantagenêts mit dem Kapetinger aufmerksam, doch konzentrierte sich der Kaiser bis zum Herbst des Jahres 1195 weitgehend auf die Durchsetzung seiner Herrschaftsansprüche auf das sizilische Reich.[45] Nach der Versöhnung mit den Welfen und nach dem Tode Tankreds († 20. Februar 1194) unternahm der Staufer seit Mai 1194 den erneuten Versuch einer Eroberung des normannischen Reiches. Hierbei war Heinrich rasch erfolgreich, so daß er seinen Siegeszug zügig beenden und sich zu Weihnachten 1194 in Palermo zum König von Sizilien krönen lassen konnte. Spannungen gab es in der Folgezeit lediglich mit dem Nachfolger Petri, dessen Oberherrschaftsansprüche der Staufer nicht anerkennen und zudem das unteritalienische *regnum* dem *imperium* einverleiben wollte. Hierzu strebte der Kaiser eine zumindest rudimentäre Neuordnung der Verwaltungen sowohl im sizilischen *regnum* als auch später in Oberitalien und die Einschränkung des Einflusses einheimischer Adliger durch den Einsatz deutscher Reichsministerialen an. Zur Realisierung der angestrebten *unio regni ad imperium* traf Heinrich schließlich noch weitergehende Maßnahmen, wie etwa die Entwicklung des „Erbreichsplanes"[46] und die Projektierung eines neuen Kreuzzuges.[47] Beide Unternehmungen sollten sich jedoch als Fehlschläge erweisen.

Nach der Rückkehr vom Italienzug war der Staufer entschlossen, sich stärker in die politischen Geschehnisse in Westeuropa einzuschalten. Anlaß hierzu gaben ihm die Entwicklungen nach dem Waffenstillstand von Tillières, der eine kurze Friedenszeit in den englisch-französischen Beziehungen ermöglicht hatte. Wie erwähnt, hatte Richard den Kaiser im Sommer 1195 von seinen Friedensgesprächen mit dem Kapetinger in Kenntnis gesetzt.[48] Hierdurch hatte der Plantagenêt zumindest indirekt einen Oberherrschaftsanspruch des Kaisers anerkannt, den dieser umgehend zur Geltung zu bringen suchte. Bereits im Juli 1195 nutzte Heinrich die Gelegenheit, auf den eskalierenden Konflikt des Angevinen mit dem kapetingischen Monarchen Einfluß zu nehmen. Daher ließ der Staufer im Juli 1195 dem Plantagenêt eine Krone überbringen und ihn durch Gesandte auffordern, den Kampf gegen den Kapetinger fortzusetzen, wobei Heinrich dem Plantagenêt Unterstützung in Aussicht stellte. Der englische Monarch reagierte auf dieses Ansinnen dilatorisch, indem er einerseits seine eigene politische Handlungsstrategie weiter verfolgte und die Friedensverhandlungen mit Philipp fortsetzte, andererseits den gesandtschaftlichen Verkehr mit dem Kaiserhof fortführte und den Staufer um Präzisierung möglicher kaiserlicher Hilfszusagen ersuchte.[49] Im November desselben Jahres unternahm Heinrich einen weiteren Versuch, das politische Handeln seines englischen Lehnsmanns zu beeinflussen. So ließ er Richard durch den Kanzler seine Mißbilligung erneuter Friedensverhandlungen mit dem Kapetinger verdeutlichen, während er ihm – wahrscheinlich in Antwort auf die Anfrage Richards vom Sommer 1195 – gleichzeitig 17000 Mark an ausstehendem Lösegeld erließ, die dieser für die Fortsetzung des Kampfes gegen Philipp verwenden sollte. Da der Kaiser in der Folgezeit auch den restlichen englischen Geiseln die Freiheit schenkte, verlor Heinrich zur selben Zeit das letzte Druckmittel gegenüber dem englischen Monarchen, der spätestens gegen Ende des Jahres 1195 seine politische Handlungsfreiheit in vollem Umfange wiedergewonnen hatte.[50]

Diesen neu erlangten Handlungsspielraum nutzte Richard umgehend, indem er einerseits den Kampf gegen Philipp fortsetzte, andererseits eine Friedenslösung durch gleichzeitige gesandtschaftliche Kontakte nicht ausschloß. Wieder folgte eine Vielzahl an kleineren militärischen Einzelunternehmungen, die sowohl in der Normandie als auch im Berry ohne größere erkennbare strategische Konzeptionen der Beteiligten durchgeführt wurden und zunehmend zu einer Ermüdung der Kriegsparteien führten.[51] So kam es am 15. Januar 1196 bei Louviers zu einem Friedensschluß: Hiernach mußte Richard den Verlust von Gisors, Néaufles sowie des normannischen Vexin und wichtiger Burgen wie Gaillon, Pacy, Ivry, Nonancourt und der gesamten Auvergne hinnehmen, während Philipp die zwischenzeitlichen Eroberungen seines Gegners in der Normandie, im Berry und in Aquitanien zu akzeptieren hatte. Zudem verpflichtete sich Richard zur Besitzrestitution an die Grafen von Angoulême und Périgord sowie den Vizegrafen von Brosse, die im Gegenzug ihre Lehnspflicht gegenüber dem Plantagenêt zu erfüllen hatten. Schließlich mußte sich der Angevine zu einem Ausgleich mit dem Grafen von Toulouse bereit erklären.[52] Bei einem Vergleich des Friedens von Louviers mit den Vereinbarungen von Tillières (Juli 1194) wird deutlich, daß Richard nunmehr in größerem Maße seinen zwischenzeitlichen militärischen Erfolgen Rechnung tragen lassen konnte. Dennoch blieben beachtliche Territorien, die sich der französische König während der Gefangenschaft Richards angeeignet hatte, unverändert in kapetingischer Hand. Ebenfalls beibehalten wurden die Verschiebungen im Bereich der Ostgrenze der Normandie, wo Philipp infolge des Besitzes des normannischen Vexin weiterhin wichtige Herrschaftszentren des Angevinen in der Normandie – wie Rouen – und das Seine-Tal militärisch bedrohen konnte. Insofern stellte der Friede von Louviers für Richard sicherlich nur einen Teilerfolg gegenüber Philipp dar, während die politische Bedeutung bzw. die Möglichkeit einer Einflußnahme des römisch-deutschen Kaisers auf das

Handeln des englischen Herrschers seit Beginn des Jahres 1196 zunehmend schwand.

Trotz zunehmender Erschöpfung beider Kriegsparteien zeigte sich vor allem der englische König entschlossen, seine Rekuperationsbemühungen auch nach dem neuerlichen Friedensschluß fortzusetzen. Da ihm offene Kampfhandlungen vorerst nicht möglich waren, forcierte der Angevine den Ausbau seines komplexen Burgensystems in der Normandie. Mit ungeheuren Geldmitteln schuf Richard eine Kette an – höchst unterschiedlich dimensionierten – Festungsanlagen, die die normannischen Territorien umfassend gegen Angriffe des französischen Königs schützen sollten.[53] Obwohl der dauerhafte strategische Wert des Burgensystems bereits im ausgehenden 12. Jahrhundert nicht unbestritten war, dessen Fragilität sich spätestens bei den erfolgreichen Offensiven des Kapetingers gegen König Johann zeigen sollte, investierte der Plantagenêt immer größere Geldsummen in Ausbau und Erhalt der Festungsanlagen. Nicht zuletzt die hohen Folgekosten für den Unterhalt der Burgen und für deren Bemannung wuchsen bis zum Ende der Herrschaft Richards in einem Maße, daß die Einnahmen der Krone aus dem normannischen Herzogtum für die Begleichung dieser Kosten längst nicht mehr ausreichten und ständige finanzielle Zuschüsse aus England unabdingbar wurden. Für Richards königlichen Nachfolger sollte sich das aufwendige Burgensystem in der Normandie letztlich als gravierende Hypothek erweisen, die die königlichen Einnahmen dauerhaft belastete und den finanziellen Handlungsspielraum Johanns deutlich einschränkte.[54]

Spätestens im Sommer 1196 entschloß sich der Angevine, seine fortifikatorischen Anstrengungen auf den Raum von Les Andelys zu konzentrieren und dort ein Festungssystem zu schaffen, das von einer der modernsten Burgen der Zeit – Château-Gaillard – gekrönt werden sollte.[55] Die strategische Lage des Ortes war vorzüglich, da von Château-Gaillard aus sowohl das Seine-Tal gegen französische Angriffe verteidigt als auch mögliche englische Offensiven gegen das Vexin unterstützt werden konnten. Ergänzt wurde die Burganlage auf einem ca. 100 Meter hohen Bergvorsprung oberhalb der Seine durch Palisadenbauten und eine Palastanlage in der Seine, durch eine neue „Inselstadt" (*„Petit Andelys"*) an der Einmündung des Flusses Gambon sowie flußaufwärts durch die kleinere Wehranlage Boutavant.[56] Hinderlich bei der Realisierung der Pläne Richards war lediglich die Tatsache, daß sich Les Andelys im Besitz des Erzbischofs von Rouen befand. Da Walter von Coutances einen Landverzicht ablehnte und sich durch die Verhängung des Interdiktes über die Normandie wehrte, entwickelte sich mit Richard ein heftiger Konflikt, der erst 1197 auf Druck des Nachfolgers Petri und nach Besitzentschädigung für Erzbischof Walter beigelegt wurde.[57] So konnte das Festungssystem von Château-Gaillard unter der persönlichen Aufsicht des Königs in nur zwei Jahren Bauzeit (bis September 1198) fertiggestellt werden. Die Kosten für das Unternehmen dürften beträchtlich gewesen sein, da nach Ausweis des normannischen *Exchequer* ca. 48878 £ in den Jahren 1197/98 für Errichtung und Unterhalt des genannten Festungssystems zur Verfügung gestellt wurden.[58]

Außer den erwähnten Konflikten mit dem Erzbischof von Rouen um den Bau von Château-Gaillard wurde Richard seit dem Frühjahr 1196 mit weiteren Wirren im angevinischen Herrschaftsbereich konfrontiert. Dies waren zuerst Auseinandersetzungen im bretonischen Herzogtum, im Sommer 1196 gefolgt von wieder aufflammenden Kämpfen mit dem französischen Monarchen. Auslöser für die bretonischen Unruhen war der Versuch des Plantagenêts, in bester normannischer Tradition einen Oberherrschaftsanspruch über die Bretagne zu erheben bzw. durchzusetzen. Anlaß für eine entsprechende Initiative des normannischen Herzogs war der neunte Geburtstag des künftigen Thronfolgers Arthur, eines Sohnes von Konstanze und des zwischenzeitlich verstorbenen Angevinenprinzen Gottfried. Dessen Bruder Richard strebte die Vormundschaft über Arthur an, den er im Vertrag von Messina mit Tankred als seinen potentiellen Nachfolger auf dem englischen Thron vorgesehen hatte und dem somit eine politische Schlüsselrolle zukommen konnte. Um seine Verfügungsgewalt über den jungen Prinzen frühzeitig zur Geltung zu bringen, lud Richard zuerst Konstanze – in zweiter Ehe mit Ranulf de Blundeville (III.), Earl von Chester, verheiratet[59] – an seinen Hof vor. Da die intendierte Einflußnahme des Angevinen in der Bretagne vor allem bei den Großen des Landes auf Ablehnung stieß, ließ Earl Ranulf seine Gattin auf der Reise zu Richard entführen und in der Festung St. James-de-Beuvron inhaftieren. Die anschließende Forderung des Plantagenêts nach Auslieferung Arthurs führte umgehend zu Revolten, die der König wie üblich mit militärischen Mitteln niederschlug. Zwar konnte Richard bereits im April den Feldzug gegen die hoffnungslos unterlegenen Bretonen siegreich beenden, doch gelang es führenden Opponenten, im Sommer 1196 Arthur dem Druck des Angevinen zu entziehen und an den kapetingischen Königshof zu senden.[60] Hier wurde der Prinz überaus freundlich aufgenommen, da sich Philipp klugerweise nicht die Gelegenheit entgehen ließ, Arthur an seinem Hofe erziehen zu lassen und sich gleichzeitig den Zugriff auf den möglichen englischen Thronfolger zu sichern. Andererseits führte das brutale Verhalten des Angevinen, der auch in einem zweiten Heerzug im Sommer 1196 seine Söldnertrupps rücksichtslos in der Bretagne wüten ließ, ungeachtet eines Friedensschlusses vor dem Sommer 1197[61] zu einer weiteren Entfremdung der Großen des bretonischen Herzogtums zum angevinischen Herrscherhaus und zu Richard. Dessen Niederlage im Ringen um die Verfügungsgewalt über Arthur sollte gravierende Konsequenzen für eine mögliche konfliktfreie Nachfolge im angevinischen Reich nach dem Tode des englischen Monarchen – vor allem zu Lasten Johanns – besitzen.

Trotz des diplomatischen Erfolges bezüglich des bretonischen Prinzen bestimmten seit dem Frühjahr 1196 andere Prioritäten das politische Handeln Philipps. Diese betrafen zuerst die ungelöste Eheproblematik des Kapetingers, der trotz massiver Pressionen von dänischer und päpstlicher Seite auf der Verstoßung seiner Gattin Ingeborg beharrte.[62] Mit beachtlicher Kaltblütigkeit ging der Kapetinger sogar einen Schritt weiter, indem er erfolgreich um die Tochter Herzog Bertholds V. von Kroatien-Dalmatien-Meran, Agnes, werben ließ. Ungeachtet der zu erwartenden Eskalation der kirchenrechtlichen Auseinandersetzungen heiratete Philipp im Juni 1196 die Herzogstochter.[63] Entgegen den zeitgenössischen Verdächtigungen, Agnes habe den Monarchen „*instigante diabolo*" verhext,[64] werden vielmehr bündnispolitische Überlegungen für den Kapetinger von Bedeutung gewesen sein. Der Vater von Agnes war in den Reichsfürstenstand aufgestiegen, hatte sich während des Dritten Kreuzzuges bei der Belagerung von Akkon ausgezeichnet und gehörte zu den wichtigen Anhängern des staufischen Hauses.[65] Insofern konnte die neue Ehe Philipps die Beziehungen zuerst zu Heinrich VI. und nach dessen frühem Tode zu dem neuen Staufer-König Philipp intensivieren, dessen Hinwendung zum angevinischen Herrscherhaus verhindert werden sollte. Ob diese potentiellen bündnisstrategischen Vorteile die gravierenden kirchenpolitischen Nachteile aufzuwiegen vermochten, die dem Kapetinger durch die Verbindung nach dem Tode des konzilianten Papstes Coelestin III. († 8. Januar 1198) und nach der Thronbesteigung des konfliktbereiten Innocenz III. entstanden, erscheint mehr als fraglich.

Erfolgreich war der Kapetinger auch bei den militärischen Auseinandersetzungen mit dem Angevinen im Jahre 1196, die im Juni um den Besitz von Aumale ausbrachen. Hierbei fand Philipp die Unterstützung des jungen Grafen Balduin IX. von Flandern-Hennegau, der sich – ungeachtet des Vertrages von Arras (1191) und der hiermit verbundenen territorialen Einbußen zugunsten Frankreichs – gegen ein Bündnis mit dem englischen Monarchen entschieden hatte.[66] Während der wochenlangen Belagerung Aumales brachte der Angevine zwischenzeitlich Nonancourt durch Bestechung in seinen Besitz, um danach persönlich den Versuch zu unternehmen, die belagerte Festung zu entsetzen. Die Intervention, bei der Richard durch Alan von Dinan vom Pferd geworfen wurde und in Lebensgefahr geriet, schlug jedoch fehl, so daß nicht nur die Burg von Aumale in kapetingischen Besitz überging, sondern der englische Herrscher die Besatzung mit 3000 Mark auslösen mußte. Der Siegeszug des Kapetingers hielt auch in den folgenden Wochen an, da er Nonancourt zurückgewinnen konnte, während sein Gegner lediglich Gamaches zu erobern vermochte. Zuvor war Richard bei der Belagerung von Gaillon durch einen Bolzenschuß am Knie verletzt und für einen Monat kampfunfähig geworden – wahrscheinlich durch eine ähnliche Unachtsamkeit, die Richard später in Chalus zum Verhängnis werden sollte. Nach diesen Scharmützeln erlahmte der Kampfeswille der erschöpften Gegner erneut, so daß sie ohne förmlichen Waffenstillstand auf eine Fortsetzung der militärischen Unternehmungen bis zum Frühjahr 1197 verzichteten.[67]

Ungeachtet der neuerlichen Unterbrechung der Kampfhandlungen blieb die Verwirklichung der Rekuperationspläne für Richard zweifellos vorrangig. Aus dieser Haltung des Königs erklärt sich auch seine Entscheidung, unverändert auf ein Eingreifen in Wirren auf der Insel zu verzichten.[68] Dieser Interventionsverzicht betraf vor allem die Entwicklungen in Wales bzw. in den *marcher lordships*, wo seit dem Herrschaftsantritt Richards die militärischen Konflikte mit den anglonormannischen Baronen und Siedlern eskaliert waren. Eine Hauptursache für die Unruhen wird man im Verzicht des Angevinen auf persönliche Präsenz und gegebenenfalls militärisches Eingreifen in Wales sehen müssen. Das hierdurch entstehende politische Machtvakuum wurde daher zumindest teilweise von dem Fürsten von Deheubarth, Rhys ap Gruffydd (Lord Rhys), gefüllt, der seine hegemoniale Stellung in Südwales Anfang der 90er Jahre durch eine Vielzahl an Feldzügen gegen die dortigen anglonormannischen Barone nutzte. Diese gerieten rasch in die Defensive, zumal die größten englischen Grundherren – der Königsbruder Johann als Besitzer von Glamorgan (durch die Heirat mit Isabella von Gloucester) und Wilhelm Marshal als Earl von Pembroke (durch die Heirat mit Isabella de Clare) – auf ihren walisischen Gütern kaum präsent waren und sich statt dessen im politischen Geschehen des angevinischen Reiches engagierten. Die walisischen Territorien dienten den beiden Baronen hingegen zur Anwerbung von Söldnern, die in den politischen Wirren in England bis 1193/94 und später bei den Kämpfen auf dem Kontinent eingesetzt wurden.

Die ständige Abwesenheit des englischen Monarchen und der königlichen Funktionsträger[69] machte es dem Fürsten von Deheubarth leicht, ganz Südwales bis ca. 1194 durch fortgesetzte Kriegszüge zu verheeren und das Land in Aufruhr zu versetzen. So griff Rhys normannische Festungen in den *lordships* zuerst in Kidwelly (1190), danach in Cemais (1191) an, gefolgt von Attacken in der Region von Deugleddyf (1192/93). Der Siegeszug von Lord Rhys kam erst im Jahre 1194 infolge von Rivalitäten innerhalb des Herrscherhauses von Dynefwr ins Stocken. Hierbei kämpfte der älteste Sohn und designierte Nachfolger von Rhys, Gruffydd, mit dem Bruder Rhys Gryg mit rücksichtsloser Härte gegen ihre jüngeren Brüder. In schweren Kämpfen gingen die Fürstensöhne seit 1193 sowohl gegeneinander als auch gegen ihren Vater vor, der zeitweise von den gegnerischen Prinzen gefangengenommen und inhaftiert wurde.[70] Die Bruderkriege führten bald zu einer Schwächung der hegemonialen Stellung von Lord Rhys in Wales, der zwar im Jahre 1196 einen erfolgreichen Angriff auf Radnor durchführen konnte, jedoch im April 1197 verstarb.[71] Damit hatte – wie besonders in der walisischen Forschung betont wird – nicht nur die walisische „Unabhängigkeitsbewegung" ihren profiliertesten Vertreter verloren, sondern auch das Fürstentum Deheubarth seine hegemoniale Stellung eingebüßt.[72] Die Söhne und Nachfolger von Lord Rhys, Gruffydd und Rhys Gryg, konnten das spätere Auseinanderfallen des Fürstentums in zahlreiche kleine, unbedeutende Herrschaftsgebiete nicht verhindern. Zudem gelangen den mächtigsten *marcher lords* an der Ostgrenze von Deuheubarth in der Folgezeit erfolgreiche Gegenoffensiven – insbesondere Wilhelm de Braose, u. a. Lord von Buellt und Brecon, sowie Roger Mortimer, Lord von Wigmore, der die angrenzenden *lordships* von Maelienydd und Gwerthrynion erobern konnte.[73]

König Richard und der *chief justiciar* nahmen die genannten Expansionsbemühungen von Lord Rhys bis Mitte der 90er Jahre weitgehend tatenlos hin. Infolge der Konzentration des Monarchen zuerst auf den Kreuzzug und nach seiner Gefangenschaft auf den Kampf gegen den französischen Herrscher blieben die politischen Entwicklungen in Wales nachrangig. Hieran änderten auch vereinzelte Militäraktionen wenig, die nach Angaben der *Pipe Rolls* sporadisch in dieser Zeit gegen walisische Fürsten durchgeführt wurden.[74] Erst im Jahre 1196 trat kurzfristig eine Wende in der angevinischen Wales-Politik ein, nachdem die Angriffe walisischer Fürsten wie Lord Rhys und Gwenwynwyn von Süd-Powys auf normannische Stellungen intensiviert wurden. Wahrscheinlich machten besonders die Aktivitäten von Gwenwynwyn, der die Nachfolge von Lord Rhys als Führer der verfeindeten walisischen Stämme im Kampf gegen die englischen Barone bzw. Siedler anstrebte und schwere Angriffe auf englische Grenzfestungen durchgeführt hatte, dem Plantagenêt die Gefährlichkeit der politischen Entwicklungen in Wales hinsichtlich einer weiteren Destabilisierung der englischen Positionen bewußt.

Während Richard unverändert ein persönliches Eingreifen im walisischen Raum ablehnte, verfügte er im April 1196 einerseits, daß die bedeutendsten *marcher lords* – wie Wilhelm de Braose und Wilhelm d'Aubigny – von der Heerfolge auf dem Kontinent zugunsten ihrer Defensionsaufgaben in Wales zu befreien waren. Andererseits sollte Hubert Walter umgehend in den Unruhegebieten intervenieren, was der *chief justiciar* im September 1196 tat. Angeblich hatte der Einmarsch des Erzbischofs nach Chronistenangaben auch eine Schlichtung der Machtkämpfe zwischen Lord Rhys und seinen Söhnen zum Ziel, was wenig erfolgversprechend sein mußte. Zwar brachte der kostspielige Heerzug mit der Eroberung der Festung Pools und einer Vertragsvereinbarung einen temporären Erfolg gegen Gwenwynwyn.[75] Dennoch zeigte sich rasch, daß der Rückgriff Richards auf die militärische Interventionsstrategie früherer englischer Monarchen – wie Heinrichs I. und Heinrichs II. – ebenso wenig erfolgreich war wie früher. Selbstverständlich setzte der walisische Fürst nach Abzug Huberts die Angriffe auf englische Stellungen ebenso fort wie seine Bemühungen, den eigenen Herrschaftsbereich durch Attacken auf Arwystli und Deheubarth zu erweitern. Das spätere Scheitern Gwenwynwyns, der im August 1198 vom neuen *chief justiciar* Gottfried Fitz Peter besiegt wurde, hatte ebenfalls keine dauerhafte Befriedung des Landes zur Folge.[76] Vielmehr führte die verfehlte englische Kriegsstrategie nur dazu, daß ein neuer walisischer Fürst in *pura Wallia* auftrat – Llywellyn ap Iorwerth aus Gwynedd. Wie ein walisischer Chronist betonte, war Llywellyn der Große – wie er später genannt wurde – entschlossen, den Walisern ihre alten Rechte und Besitzungen zurückzugeben. Daher wurde er nach dem Tod verherrlicht als „*a second Achilles for the might of his breast-bone, a Nestor for gentleness, a Tydeus for doughtiness, a Samson for strength, a Hector for prudence, a Hercules for excellence, a Paris for beauty, a Ulysses for speech, a Salomon for wisdom, an Ajax for mind, and the foundation of all accomplishments*".[77] So blieb die Lage der *marcher lords* weiterhin problematisch, während Richard auch in der Folgezeit für die Entwicklungen in Wales kein gesteigertes Engagement zeigte.

Ungeachtet des anhaltenden mangelnden Interesses Richards an den erwähnten Vorgängen in Wales scheint sich bei dem Angevinen wahrscheinlich im Laufe des Jahre 1196 die Erkenntnis durchgesetzt zu haben, die Auseinandersetzungen mit seinem kapetingischen Widersacher trotz aller Anstrengungen keinesfalls ausschließlich mit militärischen Mitteln zu seinen Gunsten entscheiden zu können. Im Gegensatz zu seinem Vater, der Konflikte zuerst und vorrangig durch Verhandlungen und diplomatische Aktionen zu lösen versuchte, war der königliche Sohn bislang bestrebt gewesen, seine Interessen und – wie er meinte – Rechte vorrangig mit bloßer militärischer Gewalt durchzusetzen. Nach zahllosen Feldzügen und militärischen Einzelunternehmungen, die nur partielle und temporäre Erfolge bei der Rekuperationspolitik zeitigten, muß sich der Plantagenêt etwa Mitte der 90er Jahren der Begrenztheit und eingeschränkten Wirksamkeit des ausschließlichen Einsatzes bloß militärischen Instrumentariums allmählich bewußt geworden sein. Gleichzeitig scheint Richard die Einseitigkeit seiner politischen Maßnahmen hinsichtlich der bislang verwendeten Mittel klarer geworden zu sein, so daß er sich geneigter zeigte, stärker der Bedeutung auswärtiger Bündnispolitik und der diplomatischen Gewinnung von Verbündeten, die ihn im Kampf gegen den Kapetinger unterstützen konnten, Rechnung zu tragen.

Diese Einsicht des Angevinen erschien um so nötiger, als seit Mitte der 90er Jahre gravierende politische Veränderungen in Südfrankreich und auf der Iberischen Halbinsel eingetreten waren, die mittelbar und potentiell auch seine Herrschaft im Herzogtum Aquitanien beeinflussen konnten. König Richard hatte seit der Thronbesteigung zumindest zu Alfons VIII. von Kastilien, dem Gatten der Königsschwester Eleonore, und Sancho VI.

von Navarra, dem Vater der englischen Königin Berengaria, in freundlichen Beziehungen gestanden. Der Sohn des navarresischen Herrschers hatte dem Plantagenêt sogar mehrfach mit Truppenmacht bei der Niederschlagung von Revolten aquitanischer Großer geholfen. Seit dem Jahre 1194 trat jedoch ein Wandel im Verhältnis Richards zu den führenden iberischen Herrscherhäusern ein, zumal wichtige politische Protagonisten starben – wie Sancho VI. von Navarra († 27. Juni 1194) und Alfons II. von Aragón († 25. April 1196). So erwiesen sich die Beziehungen des Angevinen zum neuen König Navarras, Sancho VII. (*el Fuerte*), u.a. wegen der Entfremdung Richards zu Berengaria als belastet, von der sich der König angeblich wegen der Kinderlosigkeit der Ehe zu trennen beabsichtigte. Möglicherweise war die Versöhnung des Angevinen mit der Königin, die im April 1195 auf kirchliche Intervention erfolgte,[78] Teil seiner Bestrebungen, die Kontakte zum navarresischen Königshaus zu verbessern.

Gravierender waren hingegen die tiefgreifenden Veränderungen, die seit der Mitte der 90er Jahre im politischen Kräfteverhältnis zwischen den christlichen iberischen Reichen deutlich geworden waren.[79] Zwar prägte die anti-kastilische Koalition aus Aragón, León und Portugal (Vertrag von Huesca 1191) für einige Zeit das politische Geschehen, doch schon 1194 kam es im Vertrag von Tordehumos zu einer Annäherung von Kastilien und León.[80] Die schwere Niederlage der Kastilier bei Alarcos gegen ein muslimisches Heer (am 18. Juli 1195) bewirkte nicht nur eine Stagnation der Reconquista, sondern auch neue Spannungen zu dem leonesischen Monarchen. Dieser erklärte sich 1197 auf päpstlichen Druck zur Auflösung der Ehe mit Theresia von Portugal und zur Heirat mit der kastilischen Prinzessin Berenguela bereit. Nachdem 1196 schließlich mit Alfons II. von Aragón der Hauptinitiator der anti-kastilischen Koalition gestorben war, kam es unter seinem Nachfolger Peter II. (*el Católico*) zu einer weiteren Annäherung an Kastilien. Als Hauptleidtragender dieser Entwicklungen erwies sich der Herrscher von Navarra, dessen Königstitel zwar 1196 vom Nachfolger Petri anerkannt worden war. Doch sah sich Sancho seit 1195 mit Invasionen der aragonesischen und kastilischen Monarchen konfrontiert, denen der König – trotz massiver finanzieller Unterstützung durch den Bischof von Pamplona – nicht gewachsen war. Insbesondere nach dem Vertrag der kastilischen und aragonesischen Monarchen von Calatayud (vom 20. April 1198) war der Fortbestand der königlichen Herrschaft Sanchos nachhaltig bedroht.[81] Aufgrund der gegnerischen Übermacht gingen daher die baskischen Provinzen Álava und Guipúzcoa an Kastilien verloren, so daß der navarresische Herrscher auf wichtige Küstenregionen verzichten und der Seehandel des Landes hauptsächlich über gascognische Häfen abgewickelt werden mußte. Versuche Sanchos, der kastilischen Expansion durch Bündnisse mit León und sogar mit den Almohaden zu begegnen, erwiesen sich als wirkungslos.[82] Navarra blieb vor allem für den kastilischen Herrscher Expansionsraum und Transfergebiet nach Südwestfrankreich, zumal Alfons VIII. als Gatte Eleonores auf die Gascogne als deren *dos* Anspruch zu erheben versuchte.[83] Infolge dieser Entwicklungen verlor Löwenherz nicht nur einen kooperationswilligen Verbündeten in Navarra, sondern ihm erwuchs in Alfons VIII. zudem ein potentieller Konkurrent um die Herrschaft in Aquitanien. Dieser wandte sich schließlich sogar offen dem kapetingischen Herrscherhaus zu, indem er der Heirat seiner Tochter Blanka mit dem französischen Thronfolger Ludwig (VIII.) zustimmte.[84]

Auch in einem zweiten geopolitischen Raum – in Südfrankreich – hatten die Veränderungen im Kräfteverhältnis der iberischen Reiche zumindest indirekte Auswirkungen. Unverändert gab es Rivalitäten zwischen dem katalanisch-aragonesischen Königshaus und den Grafen von Toulouse u. a. wegen der Herrschaft über die Grafschaft Forcalquier. Weiteres Streitobjekt blieb die Provence, auf die sowohl der kaiserliche Oberherr als auch der französische Monarch Einfluß zu nehmen versuchten. Hier brachte der Tod wichtiger politischer Protagonisten ebenfalls Veränderungen, nachdem Alfons II. von Aragón (bzw. Alfons I. von der Provence) 1196 und Graf Raimund V. von Toulouse 1194 verstorben waren.[85] In beiden Herrscherhäusern verlief die Regelung der Nachfolge problemlos, so daß Raimund VI. in Toulouse und Alfons II. von der Provence unangefochten die Herrschaft übernehmen konnten.[86] Graf Alfons blieb jedoch in der Folgezeit im politischen Handeln weitgehend von seinem königlichen Bruder Peter abhängig, der eine expansive Politik sowohl gegen Navarra als auch später im südfranzösischen Raum gegen das Vordringen der Kapetinger betrieb. Zunehmend griff der Aragonese hierbei auf das Instrumentarium der Bündnis- bzw. Heiratspolitik zurück, indem er zur Besitzexpansion die Erbin von Montpellier, Maria, heiratete und zuvor die Eheschließung seiner Schwester Eleonore mit dem Grafen Raimund VI. von Toulouse (und dessen vierte Ehe) veranlaßte.[87] Danach bereitete Peter durch die Heirat seiner Schwester Konstanze mit Kaiser Friedrich II. (1209) die spätere aragonesische Expansion in den östlichen Mittelmeerraum vor. Schließlich sicherte der Aragonese seine Herrschaft gegenüber Einflußnahmen auswärtiger Fürsten, indem er sich 1204 in den Schutz des Heiligen Stuhles begab und sein Reich vom Nachfolger Petri zu Lehen nahm.[88]

Wichtiger für König Richard war Mitte der 90er Jahre die Tatsache, daß nach dem Ausgleich Peters II. mit Raimund VI. das bislang gegebene aragonesische Bedrohungspotential gegenüber Toulouse nicht mehr vorhanden war und sich der Aragonese sogar zunehmend in Konflikten innerhalb der Grafschaft – insbesondere in die Auseinandersetzungen mit den Albigensern – zugunsten des Grafen engagierte. Somit sah sich Löwenherz mit einer beachtlichen Verschiebung im politischen Kräfteverhältnis konfrontiert, wobei alte Bündnisse in Auflösung waren und sich neue Interessensverbindungen zwischen den Herrschern von Kastilien, Aragón, Provence und Toulouse abzuzeichnen begannen. Insofern erschien eine politische Neuorientierung des Angevinen zur Sicherung der südwestfranzösischen Besitzungen dringend geboten. Löwenherz reagierte auf die neuen Bündniskonstellationen im Jahre 1196 in zweierlei Weise – einerseits durch die Stärkung der landesherrschaftlichen Position in Aquitanien durch die Ernennung des Welfen Otto zum Grafen von Poitou, andererseits durch ein Heiratsbündnis mit dem jahrzehntelang bekämpften Grafenhaus von Toulouse.

Der junge Welfenprinz hatte bereits seit längerer Zeit eine Rolle in den geopolitischen Planungen seines Onkels gespielt. Schon vor dem Kreuzzug war Otto von Richard mit der Grafschaft Yorkshire sowie kleineren Besitzungen im Poitou bzw. in der Marche ausgestattet worden.[89] Weitergehende herrscherliche Aktivitäten des Welfen in Yorkshire scheiterten aber ebenso rasch am Widerstand lokaler Großer wie spätere Pläne des schottischen Königs Wilhelm, Otto mit seiner Erbtochter Margarete zu verheiraten und ihn als Nachfolger im schottischen *regnum* vorzusehen. Obwohl auch Richard an einer derartigen Regelung interessiert zu sein schien und den Welfen mit den umstrittenen Grenzregionen Northumberland und Carlisle ausstatten wollte, schlugen die Verhandlungen überraschend Ende des Jahres 1195 fehl.[90] Trotz dieses Mißerfolges wird jedoch erkennbar, in welchem Maße Otto von seinem Onkel in das angevinische Herrschaftssystem einbezogen wurde. Der Plantagenêt war weniger daran interessiert, den Prinzen zum Herrn eines neuen „Pufferstaates" im Grenzraum zu Schottland zu machen.[91] Wichtiger erschien ihm die Funktionalisierung des Neffen für eine Intensivierung und Stabilisierung der königlichen Herrschaftsausübung im riesigen angevinischen Reich. Insofern verwendete Richard ähnliche Prinzipien der Herrschaftsorganisation wie sie Heinrich II. im Laufe seiner Regierungszeit entwickelt und praktiziert hatte, um der ständig wachsenden organisationstechnischen Probleme im *Angevin Empire* Herr zu werden.

Diese Zielsetzungen des Angevinen wurden auch in der Entscheidung deutlich, Otto im Jahre 1196 zum Ritter zu schlagen und ihn zum Grafen von Poitou zu ernennen.[92] Obwohl der Welfe in seinen Urkunden den Titel eines „*dux Aquitanie et comes Pictavie*" führte,[93] ist nicht davon auszugehen, daß er uneingeschränkt die herzogliche Gewalt in Aquitanien ausüben konnte. Vielmehr wird sich Richard an dem Organisationsmodell seines Vaters orientiert und Otto lediglich die Befugnisse als Graf von Poitou, jedoch unter seiner und Königin Eleonores Oberherrschaft eingeräumt haben. Diese Regelung entsprach der Rechtslage, da Aquitanien unumstrittenes Erbe Eleonores von ihrem Vater war und uneingeschränkt ihr gehörte. Wie Richard während der Herrschaft Heinrichs II., so fungierte Otto lediglich als *consors* unter der Aufsicht Eleonores und Richards. Zwar wurde der Welfe als *homo ligius* des Angevinen bezeichnet, doch war sein Handlungsspielraum begrenzt, zumal ihm der Monarch neben den Seneschallen für die Gascogne und Poitou zahlreiche Berater aus dem Kreis der eigenen, königlichen Vertrauten an die Seite stellte.[94] Zudem blieb die Gascogne dem Zugriff Ottos entzogen, da es sich hierbei um Heiratsgut der Königin Berengaria handelte.

Der neue poitevinische Graf, der zwischenzeitlich sicherlich auf die Herrschaft über Yorkshire verzichtet hatte, scheint die Erwartungen seines Onkels in vollem Maße erfüllt zu haben, da Otto seit dem Frühjahr 1197 die Grafschaft bereiste und sich um eine intensive Wahrnehmung seiner herrscherlichen Gewalt bemüht zeigte. Zudem unterstützte der Welfe Richard bei dessen Aktionen gegen den französischen König, insbesondere bei dem Heerzug in die Auvergne im Sommer 1197. Hierbei scheint sich der Graf durch große Rücksichtslosigkeit bei der Verwüstung des Landes hervorgetan zu haben, wie späteren Klagen König Philipps zu entnehmen ist.[95] Somit genoß der Welfe das Vertrauen Richards, zumal sich Otto oftmals am angevinischen Hof aufhielt und an wichtigen politischen Entscheidungen, wie etwa der Vereinbarung des englisch-flämischen Bündnisses im Sommer 1197, beteiligt gewesen zu sein scheint.[96] Trotz der großen Affinität des Angevinen zu dem Neffen ist nicht davon auszugehen, daß Richard den Welfen auch als Nachfolger im englischen Reich vorgesehen hatte.[97] Hierfür gab es in den fraglichen Jahren 1196–1198 keinerlei Veranlassung, da die Erbregelung von Messina – ungeachtet der Spannungen um den Bretonen-Prinzen Arthur – zumindest theoretisch noch Gültigkeit hatte. Zudem hätte eine Thronfolgeentscheidung Richards zugunsten Ottos zu dieser Zeit zwangsläufig zu neuen Spannungen mit Johann geführt, die die Rekuperationspläne des Angevinen erneut hätten gefährden können. Vielmehr war Richard an einem loyalen Vertreter seiner herzoglichen Macht in Aquitanien interessiert, der zumindest ansatzweise die Defizite der Herrschaftsorganisation des angevinischen Reiches kompensieren konnte – und genau diese Erwartungen erfüllte Otto. Die Tatsache, daß er seine gräfliche Tätigkeit nur wenige Monate – vor allem in den Räumen von Aunis bis zur Saintonge und Bordeaux – wahrnehmen konnte[98] und im März 1198 zum deutschen König erhoben wurde,[99] war für Richard bei der Ernennung des Welfen zum Grafen von Poitou nicht absehbar und daher für seine Entscheidung ohne Relevanz.

Noch größere außenpolitische Bedeutung mußte hingegen die angestrebte Verbindung Richards mit dem Grafen von Toulouse besitzen, da der Ausgleich mit dem Haus der Grafen von St-Gilles eine tiefgreifende außenpolitische Neuorientierung jahrzehntelanger Politik der aquitanischen Herzöge gegenüber ihren Widersachern in Toulouse darstellte. So initiierte der Plantagenêt ein Bündnis mit Raimund VI., das im Oktober 1196 durch die Heirat der verwitweten Schwester Richards, Johanna, in Rouen gestärkt wurde. Der englische König erklärte sich hierbei bereit, auf die Herrschaftsansprüche über Toulouse zu verzichten und Raimund das umkämpfte Quercy zu überlassen; als Mitgift sollte die Fürstin u. a. Agen sowie die Grafschaft Agenois erhalten. Im Gegenzug verpflichtete sich der Graf von St-Gilles, für den englischen Herrscher gegebenenfalls militärische Dienstleistungen in der Gascogne zu erbringen.[100] Durch die *conventio* mit Raimund hatte Richard sowohl einen der bislang erbittertsten Feinde der Angevinen als Verbündeten gewonnen als auch ein außenpolitisches Gefahrenpotential beseitigt, das die Stabilität seiner Herrschaft in Südfrankreich nachhaltig hätte beeinträchtigen können.[101] Während sich der Plantagenêt in der Folgezeit darauf beschränkte, das Bündnis mit Raimund in erster Linie zur Sicherung dessen Neutralität in den weiteren Konflikten mit dem Kapetinger zu nutzen, verzichtete Richard befremdlicherweise darauf, in irgendeiner Form Einfluß auf die weiteren politischen Entwicklungen auf der Iberischen Halbinsel – insbesondere im Verhältnis zu Kastilien – auszuüben.

Einen weiteren Erfolg konnte der Angevine im Sommer 1197 beim Ausbau seines – wenn auch kleinen – außenpolitischen Beziehungsnetzes bezüglich der flämischen Grafschaft verzeichnen, nachdem er im April 1197 den Kampf gegen den Kapetinger durch einen Angriff auf St. Valéry und seinen Hafen wieder eröffnet hatte.[102] Die Attacke diente nicht nur dazu, den Besitz des Grafen von Ponthieu zu beeinträchtigen, sondern sie war auch gegen den Grafen von Flandern gerichtet. Balduin – IX. von Flandern bzw. VI. von Hennegau – vereinigte nach dem Tode Balduins V. von Hennegau († 18. Dezember 1195) beide Grafschaften, ohne aber den Verlust des Artois, das in kapetingischen Besitz geraten war, kompensieren zu können.[103] Dessen ungeachtet hatte der Fürst im April 1196 ein Bündnis mit König Philipp abgeschlossen und diesen nicht nur als ligischen Herren anerkannt, sondern ihm sogar die Lehnshoheit über Boulogne, Guines und Oisy übertragen.[104] Nachdem sich Balduin bereits 1195 an den Kämpfen um Issoudun auf kapetingischer Seite beteiligt hatte, erfüllte er auch im Sommer 1196 seine Pflichten als ligischer Lehnsmann König Philipps bei der Belagerung von Aumale.

Aufgrund der militärischen Potenz des flämischen Herrschers sowie der geopolitischen Wichtigkeit der Grafschaft wuchs die Bedeutung Balduins in den Konflikten Richards mit dem Kapetinger beachtlich. Wie üblich versuchte der Angevine, den Flamen zuerst durch die Anwendung von Gewalt zum Einlenken zu zwingen. Hierbei griff der Plantagenêt auf das Instrument des Handels- und Wirtschaftsembargos zurück, das bereits mehrfach und erfolgreich von englischen Herrschern seit Heinrich I. gegen flämische Grafen angewendet worden war. Flandern als prosperierender Wirtschaftsraum mit einer stetig wachsenden Bevölkerung war trotz seines Reichtums seit Jahrzehnten abhängig von Importen, insbesondere von Getreide und Wolle. Vor allem die englische Wolleinfuhr bildete das Rückgrat für die expandierende flämische Tuchproduktion, so daß Exportverbote, wie sie englische Monarchen im 12. Jahrhundert mehrfach verhängten, existenzbedrohend für die Wirtschaft der Grafschaft werden konnten.[105]

Auch König Richard waren diese ökonomischen Abhängigkeiten Flanderns bekannt, die er – wie seine königlichen Vorgänger – als Instrument zur Durchsetzung seiner viel weiter reichenden politischen Interessen zu nutzen versuchte. Dem Angevinen wird es primär darum gegangen sein, den flämischen Grafen aus dem kapetingischen Lager zu lösen und zu einem Parteiwechsel zu veranlassen. Da sich Balduin IX. schon bald nach der Thronbesteigung auf die Seite des Kapetingers stellte, dürfte sich der Plantagenêt nach fehlgeschlagenen Versuchen, den Grafen durch Geldofferten etc. als Verbündeten zu gewinnen, entschlossen haben, das bewährte Mittel des Handelsboykotts gegen Flandern einzusetzen. Doch erst nach ca. zwei Jahren wirtschaftlicher Pressionen und nach weiteren militärischen Erfolgen Richards bzw. Mercadiers, der u.a. im Mai 1197 die Burg Milly einnehmen und einen wichtigen Gegner – Bischof Philipp von Beauvais – gefangen nehmen konnte,[106] entschied sich der Graf mit zahlreichen anderen Großen der Region zum Frontwechsel.

Einer Gesandtschaft unter Leitung von Wilhelm Marshal und Peter de Préaux sowie mit Johann Marshal und Alan Basset gelang es wahrscheinlich im Juni 1197,[107] die Grafen von Flandern und Boulogne zum Abfall von König Philipp und zum Anschluß an das Lager König Richards zu veranlassen. Als Gegenleistungen waren die Einstellung des Exportembargos und die Zahlung von 5000 Mark vorgesehen, die wahrscheinlich ein erneutes Geldlehen für den flämischen Grafen darstellten.[108] Bereits im Juli 1197 erfolgte bei Les Andelys mit Richard der Abschluß eines entsprechenden Vertrages, der u.a. den Partnern verbot, ohne Konsultation der Beteiligten einen Waffenstillstand oder Frieden mit dem französischen König zu vereinbaren. Beachtlich war zudem die Tatsache, daß sich andere mächtige Große – wie die Grafen Rainald von Boulogne, Balduin II. von Guines und Hugo IV. von Saint-Pol – der Vereinbarung anschlossen.[109] Durch die geschickte Verwendung seiner reichen Geldmittel und nicht – wie bislang – durch bloßen Einsatz militärischer Gewalt gelang Richard somit im Sommer 1197 ein bedeutender diplomatischer Erfolg. Hierdurch entzog der Angevine dem Kapetinger nicht nur einen wichtigen Verbündeten in Flandern, sondern er sicherte sich zugleich die Einflußnahme in geostrategisch wichtigen Territorien wie Boulogne, Guines, Perche und Blois. Angeblich soll sich zu diesem Zeitpunkt auch der unmündige Fürst der Bretagne, Arthur, dem Lager seines Onkels angeschlossen haben.[110] Insgesamt zeigte sich Richard im Juli 1197 in der Lage, die politischen Kräfteverhältnisse im nordfranzösisch-flämischen Raum nachhaltig zu seinen Gunsten zu verändern. Insofern wird man dem Urteil des Chronisten Alberich von Trois-Fontaines zustimmen können, der – sicherlich übertreibend – bemerkte, Richard habe sich nahezu alle Großen Galliens entweder durch Geschenke oder durch Versprechungen verpflichtet und hierdurch König Philipp die gesamte militärische Kampfkraft entzogen.[111]

Positive Auswirkungen der außenpolitischen Initiativen des Angevinen zeigten sich bereits im Sommer 1197, da der flämische Graf unmittelbar nach seinem Parteiwechsel militärisch auf seiten des englischen Königs aktiv wurde und schon im Juli 1197 im Artois einfiel. Zwar dürfte Balduin hierbei primär eigene Rekuperationsziele verfolgt haben, dennoch wurde der Kapetinger durch die Aktivitäten des Grafen überraschend in einen Zweifrontenkrieg verwickelt, da Richard zur selben Zeit ins Berry einmarschierte und außer Vierzon zahlreiche andere Burgen einnehmen konnte. Trotz vereinzelter Erfolge – wie etwa der Eroberung der Burg Dangu – geriet König Philipp, der sich militärisch auf das Vexin bzw. das Artois konzentrierte, in den folgenden Wochen durch die konzertierten Unternehmungen der flämisch-englischen Verbündeten in Bedrängnis.[112] Nachdem der Kapetinger nach Kämpfen um Arras und in Verfolgung Balduins nach Flandern eingedrungen war, drohte er dort in Gefangenschaft zu geraten. Der König konnte sich nur durch das Angebot umgehender Waffenstillstandsverhandlungen retten, die im September 1197 bei Les Andelys mit dem englischen Lager geführt werden sollten. Bei den Gesprächen zwischen dem Kapetinger und dem Angevinen, der zum großen Ärger Philipps von seinen neuen Verbündeten begleitet wurde, vereinbarte man eine Waffenruhe bis zum Beginn des Jahres 1199. Hiermit verbunden waren die Anerkennung des Status Quo, d.h. der zwischenzeitlichen territorialen Gewinne Richards besonders in der östlichen Normandie, der Austausch von Gefangenen und Maßnahmen zur Förderung des Handels.[113] Etwa zur gleichen Zeit (8. September) traf Graf Johann in Anwesenheit zahlreicher einflußreicher Zeugen eine Vereinbarung mit Graf Philipp von Namur, wonach sich der Angevine verpflichtete, im Falle des Todes Balduins von Flandern keinen Frieden mit dem Kapetinger ohne Zustimmung Graf Philipps zu vereinbaren – ein zumindest indirektes Zeugnis dafür, daß Johann nunmehr von zahlreichen Großen des angevinischen Reiches als Erbe und Nachfolger Richards betrachtet wurde.[114]

Die folgenden Monate nach Vereinbarung des Waffenstillstandes von Les Andelys nutzten die verfeindeten Parteien zur Stärkung ihrer militärischen und finanziellen Kräfte, da beide Herrscher vom baldigen Wiederausbruch der Feindseligkeiten überzeugt waren. Vor allem der Angevine sah sich mit wachsenden Problemen bei der Fortsetzung des Krieges auf dem Kontinent konfrontiert, der einen immer größeren Einsatz von Truppen und Geldmitteln erforderte. Wie üblich verließ sich der Plantagenêt auf die Unterstützung durch die englischen Spitzenbeamten, allen voran Hubert Walter, der seinem königlichen Herren mit uneingeschränkter Loyalität diente. Der *chief justiciar* war es auch, der seit 1197 ein umfangreiches Reformprogramm initiierte, dessen Hauptzweck die Beschaffung immer größerer Geldsummen für die Krone darstellte. Wie bereits erläutert, schöpfte Walter in extremem Maße die „traditionellen" Finanzquellen des englischen Königtums (*farm* und *demesne*) aus, ergänzt durch wachsende finanzielle Forderungen bei den feudalen Abgaben. Hinzu kam seit 1198 die Erhebung eines neuen *carucagium*, im selben Jahr gefolgt durch den „*most disgraceful act*"[115] der Zerstörung des Großen Siegels bzw. der Einführung eines neuen Königssiegels. Die Neubesiegelung zahlloser königlicher Urkunden, *writs* etc., die hierdurch erforderlich wurde, brachte zwar die gewünschten beachtlichen Gebühreneinkünfte für die Krone, führte hingegen zugleich zu wachsendem Unmut in der Bevölkerung.

In welchem Maße die ständigen Geldforderungen des Königs auf Unverständnis und Ablehnung bei den verschiedenen Bevölkerungsgruppen des Inselreiches stießen, verdeutlicht der sich verstärkende Widerstand gegen die – wie man empfand – wachsende Bedrückung der Untertanen des englischen *regnum* durch die Krone. So war es im Jahre 1196 in London zu Revolten der Bürger unter Führung von Wilhelm Fitz Osbert (*William Longbeard)* gekommen. Dieser hatte den Unmut der Bürgerschaft gegen die fortgesetzten Geldforderungen des ständig abwesenden Königs in Appellen für eine gerechte Besteuerung artikuliert, war jedoch nach dilatorischen Verhandlungen mit königlichen Beauftragten und nach einer Eskalation der Unruhen als Rädelsführer inhaftiert und grausam hingerichtet worden.[116] Weit gefährlicher für den König als die rasch unterdrückten kommunalen Unruhen war hingegen die wachsende Unzufriedenheit bei den Großen des Landes, wie sie sich etwa auf einem *concilium* unter Leitung des *chief justiciar* am 7. Dezember 1197 in Oxford deutlich machte.[117] Hier konfrontierte Hubert seine Standesgenossen bzw. die Vasallen mit der Forderung des Monarchen, diesem jährlich auf eigene Kosten 300 Ritter bzw. entsprechende Geldmittel zur Anwerbung von Söldnern zur Verfügung zu stellen. Zugleich betonte Walter den existenzbedrohenden Charakter der Auseinandersetzungen Richards mit Philipp, der den Angevinen mit aller Kraft zu vernichten suchte.[118] Mit der erneuten Anmahnung von Subsidien veränderte der Monarch tiefgreifend die bislang üblichen Formen feudaler Dienstleistung und versuchte, sich unabhängig von den englischen Baronen ein wirkungsvolles Instrumentarium zu verschaffen, das ihm eine ganzjährige Kriegführung gemäß den aktuellen militärischen Notwendigkeiten und nach eigenen Interessen ermöglichte.

Obwohl der *chief justiciar*, Hubert Walter, und der *treasurer*, Richard Fitz Nigel, durch ihre sofortige positive Stellungnahme den Wünschen König Richards entsprachen, stieß dessen Anliegen bei den übrigen weltlichen und geistlichen Fürsten auf heftigen Widerstand. Als deren Wortführer trat der Bischof von Lincoln, Hugo von Avalon, auf, der hohes Ansehen im gesamten Reich und große moralische Autorität besaß. Der Kartäusermönch, den König Heinrich II. zur Intensivierung der Klosterreform nach England geholt hatte und der noch im Todesjahr (1200) kanonisiert wurde, betonte in seiner Stellungnahme, daß die Kirche von Lincoln zwar herkömmlicherweise zum Militärdienst für die Krone im Inselreich, jedoch nicht zu Leistungen auf dem Kontinent verpflichtet sei und er daher die Forderungen Richards prinzipiell ablehnte.[119] Aufgrund der hohen Dignität des Bischofs kam auf der Versammlung in Oxford zwar kein positives Votum zugunsten des Monarchen zustande, doch erreichte der König in der Folgezeit durch Pressionen vor allem auf die geistlichen Großen dennoch sein Ziel.

Wichtig bei der ablehnenden Reaktion der geistlichen Fürsten war weniger die hiermit verbundene Kritik an der Novität der intendierten Maßnahme, die sich grundsätzlich von den traditionellen Formen feudaler Militärleistungen unterschied und eine „Professionalisierung" der Kriegführung durch den verstärkten Einsatz von Söldnerheeren durch den englischen Monarchen forcierte.[120] Aufschlußreicher bei den Ausführungen Bischof Hugos war vielmehr sein Hinweis, zu militärischen Dienstleistungen lediglich auf der Insel und nicht auf dem Kontinent verpflichtet zu sein. Diese Stellungnahme machte deutlich, in welchem Maße einerseits das Bewußtsein von der Zusammengehörigkeit der verschiedenen Teile des ehemals anglonormannischen, nunmehr angevinischen Reiches bei den englischen Großen geschwunden war. Dieses Defizit hinsichtlich eines „Reichsbewußtseins" bei den Bewohnern des angevinischen Reiches erklärte andererseits die ablehnende Haltung der englischen Großen bezüglich eines geforderten militärischen Engagements auf dem Kontinent. Die Barone des englischen *regnum* betrachteten die kriegerischen Unternehmungen Richards auf dem Festland zutreffend als einen Kampf um Wahrung und Sicherung dynastischer Ansprüche der Angevinen und nicht als Verteidigung von Rechten der englischen Krone auf dem Kontinent. Insofern ist die Weigerung der englischen Fürsten, sich militärisch oder finanziell für die Durchsetzung dynastischer Interessen der Angevinen zu engagieren, die zu Recht nicht als identisch mit den Ansprüchen der englischen Krone betrachtet wurden, durchaus verständlich und aus baronialer Sicht auch berechtigt. Dieses Defizit hinsichtlich einer „Reichs- oder Herrschaftsideologie" im angevinischen Reich, das auch unter Johann als Nachfolger Richards fortbestand, wird maßgeblich zum Niedergang und Zerfall des angevinischen Reiches in Konkurrenz zum französischen *regnum* und zu einer starken kapetingischen Herrschaftsideologie beigetragen haben.

Während der loyale *chief justiciar* bemüht blieb, im Inselreich immer größere Geldsummen für die Fortführung des Krieges gegen den französischen König zu beschaffen, jedoch im Juli 1198 resignativ auf sein Amt zugunsten von Gottfried Fitz Peter verzichtete,[121] eröffnete sich seit dem Ende des Jahres 1197 ein weiteres politisches Konfliktfeld; dieses sollte für Richard bzw. für sein Rekuperationsprogramm große Bedeutung besitzen und zu weiteren finanziellen Belastungen für den königlichen Haushalt führen. Zunehmend wurde der Angevine in die politischen Entwicklungen im Deutschen Reich und in die Imperialpolitik Heinrichs VI. involviert.[122] Bereits nach der erfolgreichen Eroberung des sizilischen Reiches intensivierte der Staufer eine Expansionspolitik, bei der er an normannische Herrschaftstraditionen anknüpfte. Insbesondere rekurrierte er auf Oberlehnsherrschaftsansprüche bezüglich ehemals normannischer Besitzungen – etwa in Tunis und Tripolis, die der sizilische Herrscher erfolgreich für sich reklamierte, da sich Kalif Al-Manṣūr zur Zahlung entsprechender Tribute bereit erklärte. Ebenfalls in einem normannisch-expansiven Kontext ist die Belehnung von Leo II. mit dem Königreich Armenien zu sehen, das eine ähnlich wichtige geostrategische Bedeutung für den Zugang nach Kleinasien bzw. zum Heiligen Land besaß wie das Königreich Zypern. Auch dieses *regnum*, das Löwenherz während des Kreuzzuges unterworfen und später verkauft hatte, wurde Teil des Einflußgebietes Kaiser Heinrichs, dessen Oberlehnsherrschaftsanspruch durch König Amalrich von Lusignan anerkannt wurde. Noch weitergehend waren schließlich die Pläne des Staufers gegenüber dem byzantinischen Kaiser Isaak II. Angelos, dessen Tochter Irene mit dem Bruder des römischen Kaisers, Philipp, verheiratet wurde, wodurch in der Folgezeit – etwa nach der Absetzung Isaaks durch seinen Bruder Alexios III. – Herrschafts- bzw. Erbansprüche auf den byzantinischen Thron abgeleitet werden konnten. Mögliches weiterreichendes staufisches Ziel könnte die spätere Ausschaltung des konkurrierenden byzantinischen Kaisertums gewesen sein, wie sie schließlich – jedoch ohne direkte staufische Mitwirkung – im Vierten Kreuzzug erfolgte.[123]

All diese Maßnahmen zur Herrschaftsexpansion Heinrichs VI. sind sicherlich im Zusammenhang sowohl mit der erwähnen normannischen Herrschaftstradition als auch mit der staufischen Endkaiser-Idee und dem Streben des Kaisers nach Gewinnung der heilsgeschichtlich bedeutsamen Stadt Jerusalem zu sehen. Der Erreichung dieses Zieles diente auch die Planung eines Kreuzzuges durch den Staufer, der am 31. März 1195 das Kreuz genommen hatte und in der Folgezeit das Unternehmen minutiös vorbereitete.[124] In diesem Zusammenhang stand die Regelung seiner Nachfolge im deutschen *regnum* u. a. durch den sogenannten „Erbreichsplan", der aber sowohl bei Papst Coelestin III. als auch später bei den deutschen Fürsten auf Ablehnung stieß. So gelang es Heinrich lediglich, im Dezember 1196 seinen zweijährigen Sohn Friedrich (II.) zum deutschen König wählen zu lassen.

Unglücklich für den Kaiser verlief zudem das eigentliche Kreuzzugsunternehmen[125]: Zwar war ein erstes Kontingent im März 1197 unter Leitung des Reichsmarschalls Heinrich von Kalden und des Reichskanzlers Konrad von Querfurt zu Schiff von Sizilien aufgebrochen und über Zypern, wo Kanzler Konrad in kaiserlichem Auftrag Amalrich im September 1197 zum König krönte, nach Akkon gereist. Die anschließenden militärischen Unternehmungen, die unter Leitung Herzog Heinrichs I. von Brabant standen und zu beachtlichen Erfolgen führten, wurden jedoch alle ohne Mitwirkung des Kaisers durchgeführt. Dieser war kurz vor der Abreise ins Heilige Land wahrscheinlich an Ruhr sowie Malaria erkrankt und überraschend am 28. September 1197 in Messina gestorben.[126] Die Nachricht vom Ableben des Staufers führte zum baldigen Zusammenbruch des Kreuzzugsunternehmens; bereits im März 1198 befanden sich viele deutsche Teilnehmer auf der Heimreise. Trotz der Kürze des Heerzuges bewirkte er – etwa im Vergleich zum Dritten Kreuzzug – bemerkenswerte Ergebnisse: Hierzu zählte einerseits die Schaffung eines komplexen christlichen Herrschaftsraumes von Antiochia bis nach Jaffa; andererseits kam es zu einer engeren Verbindung Zyperns mit dem *regnum* Jerusalem und zu einer Förderung des See- und Handelsverkehrs Alteuropas mit dem Heiligen Land.

All diese Erfolge wurden ohne Mitwirkung des römischen Kaisers erreicht. Sein überraschender Tod hatte eine schwere Herrschaftskrise im gesamten römisch-deutschen *imperium* zur Folge, obwohl der Staufer auf dem Sterbebett wahrscheinlich Markward von Anweiler mit der Regentschaft für den minderjährigen Sohn Friedrich beauftragt hatte; dieser mußte seinerseits mit der Mutter Konstanze dem Papst für das sizilische *regnum* huldigen. Gleichzeitig soll Heinrich den englischen König Richard von dem Lehnseid für das englische Reich entbunden und eine zumindest teilweise Rückzahlung des erpreßten Lösegeldes veranlaßt haben.[127] In den folgenden Thronkämpfen im Deutschen Reich spielte die Frage einer Oberlehnsherrschaft über das englische Reich keine entscheidende Rolle mehr. Lediglich im Zusammenhang mit der Königswahl scheinen die Erzbischöfe von Köln und Mainz als Wahlleiter den Angevinen als „*præcipuum membrum imperii*" aufgefordert zu haben, an der Wahl teilzunehmen.[128] In der Folgezeit unternahmen aber weder Philipp von Schwaben noch Otto IV. den Versuch, oberlehnsherrschaftliche Ansprüche gegenüber König Richard zu erheben. Somit ist davon auszugehen, daß die Lehnsabhängigkeit des englischen Herrschers von Heinrich VI. als eine ausschließlich persönliche lehnsrechtliche Bindung betrachtet wurde, die mit dem Ableben eines der beiden Partner hinfällig geworden war.[129]

Ungeachtet der Regelungen, die der Kaiser für seine Nachfolge getroffen hatte, kam es im Deutschen Reich nach Bekanntwerden der Todesnachricht zu Thronwirren.[130] Ursache hierfür war einmal die Entscheidung Philipps von Schwaben, den königlichen Neffen nicht wie geplant nach Deutschland zu bringen, sondern ihn in Sizilien zu belassen, wo ihn Konstanze vom Papst belehnen und zu Pfingsten 1198 in Palermo krönen ließ. Nach dem überraschenden Tod der Kaiserin († 28. November 1198) übernahm Innocenz III. selbst sowohl die Regentschaft im sizilischen *regnum* als auch die Vormundschaft über den jungen Monarchen.[131] Noch verwirrender waren die

Entwicklungen im Deutschen Reich, wo anti-staufische Kräfte bemüht waren, die Thronfolge eines Mitgliedes des verhaßten Herrscherhauses zu verhindern. Eine Schlüsselrolle kam hierbei dem stauferfeindlichen Erzbischof von Köln zu, der in Vertretung des im Heiligen Land befindlichen Erzbischofs von Mainz die Vorbereitungen für die Wahl eines neuen Monarchen im Reich traf.[132] In seiner Aversion gegen einen staufischen Bewerber sah sich Adolf von Altena in einer Interessengemeinschaft mit dem englischen Herrscher, der nach den leidvollen Erfahrungen mit Heinrich VI. wenig Interesse an einem Staufer als neuem deutschen König haben konnte. Daher bekam die geplante Wahl eines deutschen Monarchen bereits im Vorfeld eine außenpolitische Komponente, indem zuerst der englische König und bald darauf der französische Herrscher bemüht waren, Einfluß auf die Regelung der Nachfolge Heinrichs VI. zu nehmen.

Aus dem Bestreben des Kölner Erzbischofs, die anti-staufische Koalition im Reich durch einen einflußreichen auswärtigen Verbündeten zu stärken, erklärt sich auch die Entsendung einer Gesandtschaft Adolfs im Dezember 1197 nach Rouen an den Hof des englischen Königs mit einer Einladung zur Wahlversammlung in der Domstadt.[133] Die angebliche Aufforderung des Kirchenfürsten an Richard, sich selbst um die deutsche Königswürde zu bewerben, ist quellenmäßig nicht hinreichend verbürgt. Die kölnische Gesandtschaft stieß am englischen Königshof auf großes Interesse, da Richard die Gelegenheit zu nutzen gedachte, Einfluß auf die deutsche Königswahl zu nehmen. So verzichtete der Angevine zwar auf eine persönliche Teilnahme an der Wahlversammlung, doch sandte er umgehend seinerseits eine Delegation unter Leitung des Kanzlers Eustache von Ely nach Köln. Dieser sollte Richards Neffen Pfalzgraf Heinrich von Braunschweig als Kandidaten vorschlagen, der sich aber noch auf dem Kreuzzug befand. Der angevinische Vorstoß fand zwar nicht die Zustimmung der kölnischen Partei, die andere Kandidaten – wie Berthold V., Herzog von Zähringen – favorisierte. Doch wurden die erwähnten Planungen der anti-staufischen Gruppierung durch die Initiative Philipps von Schwaben hinfällig, der Ende Oktober 1197 nach Deutschland zurückgekehrt war und sich handstreichartig von seinen Anhängern auf Versammlungen am 6. März 1198 in Ichtershausen und am 8. März 1198 in Mühlhausen zum König hatte wählen lassen.[134]

Die Aktionen des Staufers brachten den legitimen Wahlleiter in Zugzwang, der seinerseits auf der Benennung eines konkurrierenden Kandidaten beharrte. Da Berthold von Zähringen nach Zahlung beachtlicher Entschädigungssummen durch die staufische Partei kurzfristig auf eine Bewerbung verzichtet hatte, konnten sich die angevinische Gesandtschaft und finanzstarke Kräfte der Kölner Bürgerschaft bei Erzbischof Adolf mit dem Vorschlag durchsetzen, den Welfen Otto als Gegenkandidaten zu benennen.[135] Emicho von Leiningen wurde als Gesandter zum Grafen von Poitou geschickt, der bis zum Frühjahr 1198 seinen wenig spektakulären

Regierungsgeschäften nachging. Während sich Philipp von Schwaben intensiv um die Erweiterung seiner Anhängerschaft bemühte, feierte der Welfe Anfang April 1198 die Kanonisierung Geralds von Sauve-Majeure in Bordeaux – ein Vorgang, der die Annahme als wenig wahrscheinlich erscheinen läßt, die Wahl Ottos sei von allen Beteiligten langfristig vorbereitet worden. Erst danach begab sich der Kandidat auf die Reise ins Rheinland, nach Chronistenangaben ausgestattet mit vielen Geschenken und reichen Geldmitteln seines Onkels.[136] Unmittelbar nach der Ankunft in Köln wurde Otto am 9. Juni 1198 zum König ausgerufen, anfangs lediglich unterstützt durch den Erzbischof von Köln, einigen seiner Suffraganbischöfen, verschiedenen Großen vom Niederrhein und einflußreichen Kräften des Kölner Bürgertums.

Erst nach der Rückkehr der Mehrzahl der Kreuzfahrer konnte der Welfe seinen Anhang vergrößern, indem sich außer dem Bruder Pfalzgraf Heinrich noch der Herzog Heinrich von Brabant sowie die Grafen Balduin von Flandern, Dietrich von Holland, Heinrich von Limburg und Philipp von Namur für Otto erklärten – bezeichnenderweise Fürsten, die alle in enger Beziehung zum englischen Monarchen standen und von diesem Geldlehen bezogen. Auch in der Folgezeit blieb der Welfe in hohem Maße auf die finanzielle Unterstützung durch seinen Onkel angewiesen, da Otto die meiste Zeit seines Lebens im angevinischen Herrschaftsbereich verbracht hatte und im Deutschen Reich kaum über Besitz und Einfluß verfügte. Diese Gegebenheiten dürften den Welfen für die meisten seiner Anhänger als Thronbewerber attraktiv gemacht haben: Nicht nur der englische König konnte hoffen, aufgrund der engen persönlichen Beziehungen zu seinem Neffen weiterhin maßgeblichen Einfluß auf den Welfen ausüben zu können.[137] Erzbischof Adolf war – trotz der Spannungen zum Welfenhaus – an einem vergleichsweise schwachen Herrscher interessiert, wobei Otto als Kandidat für den Kirchenfürsten nicht die erste Wahl gewesen war. Wichtig für den Kölner blieben aber die Tatsachen, daß Otto über keine Hausmacht im Reich verfügte und nicht der staufischen Dynastie angehörte. Zudem wird der Kirchenfürst bei seiner Entscheidung für den Welfen massiven Pressionen von seiten reicher Kölner Bürger ausgesetzt gewesen sein, die sich zur Förderung ihrer Handels- und Wirtschaftsinteressen um eine Verbesserung der Beziehungen zum englischen Königshaus durch einen welfischen Prinzen und Neffen des englischen Monarchen bemühten.[138]

Ebenso wichtig wie die innenpolitische Bedeutung der Erhebung eines welfischen Prinzen zum deutschen König waren die außenpolitischen Implikationen, die die Wahl des neuen deutschen Monarchen besaß. Nunmehr hatte ein auswärtiger Fürst – wie der englische Monarch – direkt und erfolgreich Einfluß auf die deutsche Königswahl genommen. Selbstverständlich spielten bei den Aktivitäten des Angevinen die Konflikte mit dem Kapetinger eine Rolle, der seinerseits den staufischen Gegner des Welfen unterstützte. Bereits am 29. Juni 1198 hatte sich König Philipp zum Abschluß eines Bündnisses mit dem staufischen Monarchen bereit erklärt, wobei der Kapetinger u.a. Hilfe gegen den König von England und den Grafen von Flandern in Aussicht stellte.[139] Philipp von Schwaben versuchte seinerseits, durch die Verbindung mit dem kapetingischen Haus seine innenpolitische Position zu stärken und zugleich an staufische außenpolitische Bündnistraditionen – insbesondere seit Kaiser Friedrich I. – anzuknüpfen. Während der Staufer in der Folgezeit bestrebt war, die Hauptzentren der welfisch-rheinischen Opposition militärisch auszuschalten, konnte Otto seine Position im Reich Dank der finanziellen Unterstützung durch Richard stabilisieren. Dennoch blieb der Welfe bis zum Tode des Onkels in hohem Maße von den englischen Subsidienzahlungen abhängig, die auch unter dessen Nachfolger Johann noch längere Zeit fortgesetzt wurden.[140]

Eine neue, verfassungsgeschichtlich relevante Bedeutung erlangte der deutsche Thronstreit Anfang des Jahres 1199 durch die Entscheidung der beiden konkurrierenden Parteien, in Anbetracht des eskalierenden, jedoch unentschiedenen Machtkampfes das Papsttum in die Auseinandersetzungen einzubeziehen. Da die welfische Partei Anfang des Jahres 1199 den Nachfolger Petri ersuchte, die Wahl Ottos zu bestätigen, erhielt der junge Innocenz III., der Coelestin III. am 8. Januar 1198 als Papst nachgefolgt war und einem welfischen Königtum nicht abgeneigt zu sein schien, die Möglichkeit zur Intervention. Indem der Papst der Bitte Ottos entsprach, bekam Innocenz die Gelegenheit, einerseits Rekuperations-Forderungen bezüglich des päpstlichen Territorialbesitzes in Italien zu erheben, andererseits eine grundsätzliche Klärung päpstlicher Rechte im Zusammenhang mit der deutschen Königswahl herbeizuführen. Die langwierigen Verhandlungen, die der Papst bis zur Jahreswende 1200/1201 mit den konkurrierenden Parteien führte, ermöglichten es Innocenz, ein prinzipielles Mitsprache- bzw. Entscheidungsrecht des Nachfolgers Petri bei der Wahl des deutschen Monarchen und künftigen Kaisers zu beanspruchen und auch durchzusetzen.[141]

In welch hohem Maße der deutsche Thronstreit mit den Konflikten zwischen den westeuropäischen Monarchen verknüpft war, verdeutlicht die Tatsache, daß Richard während seiner Verhandlungen mit der Kurie um eine Beilegung der Auseinandersetzungen mit dem Kapetinger mehrfach und nachdrücklich auch für seinen Neffen intervenierte. Hierbei war der Plantagenêt in einer deutlich günstigeren Position als Philipp II., der sich unverändert mit der Kurie wegen seiner Eheprobleme bzw. der Heirat mit Agnes von Meran in Konflikt befand. Gleichzeitig intensivierte der Angevine die Beziehungen zu den Welfenanhängern unter den Fürsten am Niederrhein sowie zu den Herrschern in Flandern, Holland, Namur und Perche.[142] Das Engagement Richards zugunsten seines Neffen diente auch der Stabilisierung eines außenpolitischen Beziehungsgeflechtes, das den französischen König einkreisen und einer Verhandlungslösung im Machtkampf mit dem Plantagenêt zugänglicher machen sollte. Im September 1198 waren nämlich die Feindseligkeiten zwischen den beiden Rivalen wieder eröffnet worden, wobei Richard dem Kapetinger erneut einen Zweifrontenkrieg aufzwingen konnte. Wieder drang Graf Balduin ins Artois ein und konnte im Oktober St. Omer erobern, während der englische König ins französische Vexin einfiel. Hier konnte Richard nicht nur einige Burgen – wie Boury und Courcelles – einnehmen, sondern dem Kapetinger bei Gisors sogar eine persönliche Niederlage zufügen. Nach weiteren, wenig erfolgreichen Kämpfen Philipps in der Normandie und im Vexin sowie Siegen des Söldnerführers Mercadier zuerst in der Normandie, danach im Süden geriet der Kapetinger erneut in die Defensive. Schließlich sah sich der französische König zur längerfristigen Fortführung des Zweifrontenkrieges nicht mehr in der Lage, so daß er um eine Erneuerung des Waffenstillstandes nachsuchen mußte, wobei er die Unterstützung des päpstlichen Legaten Peter von Capua erhielt.[143]

Der Beauftragte ließ nicht nur eine Waffenruhe vereinbaren, die zuerst bis zum 13. Januar 1199 bzw. später fünf Jahre dauern sollte, sondern er wirkte auch an dem Entwurf eines Friedensvertrages mit. Dieser sollte den zwischenzeitlich eingetretenen Verschiebungen im militärischen Kräfteverhältnis der Kontrahenten Rechnung tragen und gleichzeitig den vom Nachfolger Petri initiierten neuen Kreuzzug fördern. Nach dem Entwurf konnte Richard mit einer Restitution seiner früheren normannischen Besitzungen, ausgenommen Gisors, rechnen; diese wichtige Festung hatte der englische König als Hochzeitsgeschenk seiner Nichte, Blanka von Kastilien, zu übergeben, die mit Philipps Sohn Ludwig die Ehe eingehen sollte. Zudem mußte sich der Kapetinger verpflichten, neben dem Verzicht auf die Rechte über die Kirche von Tours die weitere Unterstützung des Staufers Philipp im deutschen Thronkampf zu unterlassen.[144] Ob die Parteien schließlich zu einer endgültigen Anerkennung der Vereinbarung bereit gewesen wären, läßt sich nicht feststellen, da eine Ratifikation des Vertrages zumindest durch Richard unterblieb. Dieser kehrte nämlich von einem zwischenzeitlichen Heerzug, den er im Frühjahr 1199 ins Limousin unternahm, nicht mehr lebend zurück.

Anlaß für die spätere Tragödie in Chalus waren Entwicklungen im Limousin, die offensichtlich im Zusammenhang mit den zahlreichen militärischen Rückschlägen standen, die König Philipp bis zum Frühjahr 1199 hatte hinnehmen müssen. Wie üblich war der Kapetinger den erwähnten Bündnisaktivitäten des Angevinen an der Nordostgrenze des französischen *regnum* durch entsprechende Maßnahmen im Südwestteil des angevinischen Reiches begegnet.[145] Erneut hatte sich Philipp mit rebellischen Großen verbunden, die – wie Graf Aimar von Angoulême und Vizegraf Aimar von Limoges und sein Sohn Guido – in Opposition zum Herzog von Aquita-

Abb. 6: Grablege von Richard I., Heinrich II., Eleonore von Aquitanien und Isabella von Angoulême in Fontevraud.

nien standen. Die neuerliche Widerstandsbewegung war für Richard um so gefährlicher, als hierdurch nicht nur die Stabilität seiner Herrschaft in diesen wichtigen geopolitischen Räumen gefährdet wurde, sondern auch der Graf von Poitou – der Welfe Otto – nach der Wahl zum deutschen König für eine Repression der Revolte nicht mehr zur Verfügung stand. Unverändert war der Plantagenêt gezwungen, den Aufbau einer zweiten Front im Südwesten seiner Festlandsbesitzungen zu verhindern, wollte er nicht in eine ähnliche Situation wie Philipp II. im gleichzeitigen Kampf gegen König Richard und den Grafen von Flandern geraten. Insofern war die rasche Niederwerfung der Rebellen im Limousin für den englischen Monarchen von großer Wichtigkeit, zumal der Vizegraf Aimar und sein Sohn Guido bereits im April 1198 die angebliche Verletzung ihrer Rechte durch Richard und den Anschluß an das Lager Philipps erklärt hatten.[146] Eine Dominanz finanzieller Interessen des englischen Königs, der angeblich auf der Auslieferung eines Schatzes durch den Vizegrafen beharrte und nur aus diesen Gründen im Limousin eingegriffen hätte, läßt sich nach Aussagen der wichtigsten zeitgenössischen Zeugnisse für Richard hingegen nicht nachweisen.[147]

Letztlich durch einen banalen Zufall und durch vergleichsweise unvorsichtiges Verhalten des englischen Königs kam es schließlich am 26. März 1199 zur Katastrophe. Richard war im Rahmen seines Kampfes gegen die erwähnten rebellischen Barone mit der Belagerung der kleinen Burg Chalus-Chabrol im Limousin beschäftigt. Mit bemerkenswerter Härte gedachte er, den Widerstand der vierzigköpfigen Besatzung – unter ihnen Frauen und Kinder – als Rebellion zu betrachten und entsprechend zu ahnden, indem er allen Belagerten den Tod durch den Strang androhte. Im Verlauf der Kämpfe schoß einer der Verteidiger, möglicherweise in Unkenntnis der Person seines Gegners, auf den unzureichend geschützten Monarchen vor der Festung und verletzte ihn unglücklich durch einen Armbrustbolzen mit Widerhaken. Infolge unzulänglicher Behandlung der Wunde erlitt der König eine fortschreitende Infektion, die allmählich zum Tode führte. Auf dem Sterbebett vergab der Monarch dem Todesschützen, angeblich Bertrand de Gurdon, und regelte in Anwesenheit seiner Mutter, die noch rechtzeitig herbeigeeilt war, den Nachlaß, indem er Graf Johann zum Nachfolger auf dem englischen Thron bestimmte. Am Abend des 6. April 1199 starb Richard schließlich in Chalus-Chabrol an den Folgen der Verletzung.[148]

XIII. Die Bedeutung der Herrschaft König Richards für seinen Nachfolger und für den Niedergang des angevinischen Reiches (1216)

König Richard hinterließ bei seinem überraschenden Tode zahlreiche ungelöste innen- und außenpolitische Probleme; hierbei bereitete die Beisetzung des Verstorbenen für die Hinterbliebenen noch die geringsten Schwierigkeiten. Dem Wunsch des Angevinen entsprechend wurden die Eingeweide in Charroux im Poitou, das Herz in Rouen und der restliche Körper mit den königlichen Insignien in Fontevraud in der Grablege seines Vaters beigesetzt. Erst sehr viel später errichtete man in Rouen und Fontevraud Grabdenkmäler für den Angevinen, wobei der Gisant für Löwenherz in der Familiengrablege zu den ältesten diesbezüglichen Grabbildnissen zählt.[1] Entgegen dem Wunsch des Verstorbenen kam es bald nach dessen Ableben zu Sanktionen gegenüber dem Todesschützen, der vom Söldnerführer Mercadier lebendig geschunden wurde. Auch den Vizegrafen Aimar von Limoges zog man später zur Verantwortung, indem ihn der uneheliche Sohn des Herrschers, Philipp von Cognac, aus Rache für den Tod seines Vaters eigenhändig tötete.[2] Gravierende Konsequenzen hatte das Hinscheiden des Angevinen zudem für seine Gattin, die Richard bezeichnenderweise nicht an sein Sterbebett bat. Berengaria geriet infolge der unzureichenden finanziellen Dotierung durch ihren Ehemann in wirtschaftliche Abhängigkeit vom späteren König Johann sowie von der Schwiegermutter Eleonore. Schon bald begannen Konflikte mit dem angevinischen Hof um den Unterhalt der Königinwitwe, die sich zumeist in Beaufort, Chinon und Fontevraud aufhielt, ehe sie 1204 Le Mans als Aufenthaltsort wählte. Erst nach Interventionen von König Philipp und Papst Innocenz III. kam es zu einer Klärung der Wittum-Problematik; zudem wurde Berengaria in der Folgezeit durch ihre Schwester Blanka, Gräfin der Champagne, finanziell gefördert. So konnte die Königinwitwe 1229 bei Le Mans die Zisterzienserabtei L'Epau stiften, wo sie nach ihrem Tode († ca. 23. Dezember 1230) beigesetzt wurde.[3]

Gravierender war hingegen die Bewältigung des komplexen politischen „Erbes“, das Johann nach dem Tode seines königlichen Bruders vorfand. Hierbei sind mindestens vier Hauptproblembereiche festzustellen, mit denen sich der Angevine auseinanderzusetzen hatte: Dies waren neben der strittigen Nachfolge im englischen *regnum* die schwierigen Beziehungen zu den Großen im englischen bzw. angevinischen Reich, die angespannte finanzielle und wirtschaftliche Lage vor allem im englischen Königreich und der schwelende Konflikt mit dem französischen Monarchen, verbunden mit einer komplizierten außenpolitischen Lage des englischen *regnum*. Die Klärung der drängenden Nachfolgefrage gelang Johann – ungeachtet konkurrierender rechtlicher Traditionen bezüglich der Erbfolgeregelung (etwa der *parage*) in den verschiedenen Teilen des *Angevin Empire* – dank der Unterstützung durch die Mutter Eleonore gegen den Mitbewerber und Neffen Arthur I. vergleichsweise schnell; so konnte sich der neue Monarch am 27. Mai 1199 vom Erzbischof von Canterbury zum englischen König krönen lassen.[4] Dennoch blieben die Rivalitäten im Herrscherhaus in der Folgezeit erhalten und eröffneten Philipp II. die Möglichkeit zur Intervention und politischen Schwächung seines englischen Gegenspielers.

Noch schwieriger war hingegen das Verhältnis des neuen Königs zu den Großen des englischen Reiches, da sich auch in dieser Hinsicht das Erbe Richards als schwere Last erwies. Die Barone hatten die ständigen finanziellen Bedrückungen durch den Herrscher und seine zahlreichen Forderungen nach feudalen Leistungen – insbesondere zur Verteidigung der angevinischen Festlandsbesitzungen – nicht vergessen und waren lediglich durch die Übermacht des Monarchen an sofortigen Revolten gehindert worden. Zwar bemühte sich Johann anfangs um eine gewisse Herrschaftskontinuität durch die Übernahme wichtiger Berater und Vertrauensleute Richards; dennoch gelang es dem Angevinen ebenso wenig wie bereits zuvor seinem Bruder, in größerer Zahl Angehörige der „alten" Adelsfamilien sowie die bedeutendsten Magnaten für den königlichen Dienst zu gewinnen.[5] Da sich zudem das Anforderungsprofil hinsichtlich der königlichen Berater bzw. *familiares* infolge einer Professionalisierung und Verschriftlichung im Bereich der königlichen Herrschaftsausübung unter Betonung einer *„pragmatic literacy"* veränderte, fanden verstärkt *new men* aus anderen sozialen Gruppen mit Ausbildung in den Schulen der *ars notaria* bzw. im universitären *studium generale* bei Johann Verwendung.[6] Verhängnisvoll für ihn war – aufgrund wachsenden Mißtrauens gegenüber den englischen Magnaten – seine Entscheidung gegen die Verwendung englischer bzw. normannischer Großer und für „auswärtige" Söldnerführer, denen der Monarch – trotz ihrer fehlenden fachlichen Qualifikation – sogar Verwaltungsämter in angevinischen Festlandsbesitzungen übertrug und hierdurch die baroniale Opposition stärkte.

Ein weiteres Problem, das Johann nach der Thronbesteigung zu bewältigen hatte und das seine Beziehungen zu den anglonormannischen Baronen zusätzlich belastete, bestand in der angespannten finanziellen Lage, die er vor allem in England und in der Normandie vorfand. Wieder hatte der neue König die Konsequenzen aus den finanziellen Bürden zu tragen, denen besonders das englische *regnum* von seiten Richards I. durch die Kosten für

Kreuzzug, Lösegeld und Heerzüge gegen Philipp II. ausgesetzt gewesen war und die zur Entwicklung einer Art „*war economy*" geführt hatten.[7] Hinzu kamen für Johann zusätzliche finanzielle Probleme durch die Folgekosten des komplexen Verteidigungs- bzw. Burgensystems, das sein Bruder verstärkt in der Normandie errichtet hatte. Schließlich entstand nach Ausbruch erneuter Kriege mit dem französischen Herrscher weiterer Finanzbedarf, der sich in neuen Geldforderungen gegenüber den englischen Großen manifestierte und zu Konflikten mit den Baronen führte.[8]

Die Auseinandersetzungen mit dem Kapetinger, die sich aus der Fortsetzung der Rekuperationspolitik Richards ergaben, bestimmten hauptsächlich das politische Handeln Johanns in der gesamten Regierungszeit, obwohl er sich im Gegensatz zu seinem Bruder intensiver hinsichtlich der Beziehungen zu den Reichen des „*celtic fringe*" engagierte. Hier konnte Johann erfolgreicher als Richard die Anerkennung der englischen Suzeränität[9] unter Verzicht auf die „*tradition of royal interventionism*" in Wales (gegenüber Llywelyn ap Iorwerth)[10] und in Schottland (gegen König Wilhelm)[11] durchsetzen. Zugleich bemühte sich der neue Monarch, die Barone in dem traditionell unruhigen Südwesten des angevinischen Reiches u.a. durch reiche Privilegienvergabe für sich zu gewinnen. Da diese Maßnahmen des Plantagenêts weitgehend fehlschlugen und der König wie sein Bruder keine loyale Gefolgschaft lokaler Großer aufbauen konnte, blieben die Adligen im Poitou, Angoumois und in der Saintonge in der Folgezeit politisch weitgehend sich selbst überlassen.[12]

Dennoch wurde eine kriegerische Konfrontation des Plantagenêts mit dem Kapetinger unvermeidbar, da dieser bereits im Frühjahr 1199, d.h. noch vor der Königskrönung Johanns, die Feindseligkeiten durch Angriffe auf normannisches Gebiet eröffnet hatte. Diesen konnte der Angevine nur durch militärische Gegenmaßnahmen und diplomatische Bündnisaktivitäten zu begegnen versuchen, die letztlich seine gesamte Regierungszeit prägten. Nach Anfangserfolgen Johanns verschlechterte sich seine Lage nachhaltig im April 1202, als ihm ein *pairs*-Gericht in Paris die Lehen Poitou und Anjou aberkannte und Philipp die militärische Offensive erfolgreich durch den Einsatz von lehnsrechtlichem Instrumentarium in „politischen Prozessen" gegen den Angevinen ergänzte. Zudem beschuldigte die kapetingische Propaganda diesen seit April 1203 des Mordes an seinem Neffen Arthur – ein Vorwurf, den Johann nur unzureichend entkräften konnte und der eine weitere Diffamierung des Plantagenêts in der Öffentlichkeit des Abendlandes förderte.[13] Diese Vorgänge trugen – ebenso wie Fehlentscheidungen und Fehlverhalten des Monarchen – dazu bei, daß die zahlreichen Heerzüge, die Johann in der Folgezeit gegen Philipp führte, weitgehend mißlangen. Hinzu kam, daß die erhoffte Unterstützung durch den deutschen König Otto IV. ausblieb und sich die anglonormannischen Barone in wachsender Zahl von Johann abwandten.

So mußte dieser am Ende der ersten Rekuperationsphase 1204 den Verlust des Anjou, der Touraine und der Normandie hinnehmen, worauf er sich weitgehend vom Kontinent zurückzog und seine Aktivitäten eine Zeitlang auf das Inselreich konzentrierte. Hierbei bemühte sich der Angevine wie sein Bruder um die Beschaffung möglichst großer Geldsummen für die weitere Kriegführung, indem er sich einerseits intensiv der Rechtspflege selbst in den entlegensten Regionen des englischen *regnum* widmete. Andererseits förderte der Plantagenêt die weitere Professionalisierung im königlichen Verwaltungs- und Finanzwesen, die unter Gottfried Fitz Peter intensiviert wurde und seit ca. 1199 zur Schaffung eines komplexen Archivsystems mit zahlreichen Dokumentenreihen führte (wie *Charter Rolls*, *Close Rolls* und *Patent Rolls*). Diese Aktivitäten Johanns hatten nicht nur eine beträchtliche Steigerung der Kroneinnahmen zur Folge, sondern verschafften dem Herrscher in der neueren Forschung z. T. den Ruf eines „genialen Administrators".[14]

1205 begann eine zweite Phase der Rekuperationspolitik Johanns, die bald ebenfalls wenig erfolgreich verlief, zumal der Angevine immer mehr den Rückhalt bei den englischen Großen verlor. Hieran konnten militärisch erfolgreiche Einzelunternehmungen gegen Oppositionelle im „*celtic fringe*", besonders in Schottland und Irland, wenig ändern. Hinzu kam, daß Johann im Zusammenhang mit der Neubesetzung des Erzbistums Canterbury in einen Konflikt mit dem Papsttum geriet, der rasch eskalierte und zur Verhängung des Interdiktes über England führte. Da König Philipp seinerseits die Krisenlage Johanns für eine Invasion des Inselreiches zu nutzen versuchte, konnte sich der Plantagenêt den Bedrohungen im Mai 1213 nur durch die Entscheidung entziehen, die Kronen von England und Irland bei Zahlung einer jährlichen Abgabe vom Papst zu Lehen zu nehmen.[15] Zwar verhinderte die kluge Maßnahme Johanns eine sofortige französische Invasion, doch scheiterten seine neuerlichen Versuche, mit militärischer Gewalt die Rekuperationspolitik erfolgreich zu gestalten, spätestens in der berühmten Niederlage des Koalitionsheeres unter Führung Ottos IV. am 27. Juli 1214 bei Bouvines.[16] Hier gewann Philipp nicht nur den Machtkampf mit Johann, sondern er entschied auch den deutschen Thronstreit gegen die Welfen, die nicht mehr als Bündnispartner für den englischen König zur Verfügung standen. Den Höhepunkt und Abschluß fanden diese Entwicklungen in der Revolte englischer Barone, die nach den Niederlagen auf dem Kontinent, angeblichen Willkürmaßnahmen des Monarchen unter Verletzung baronialer Rechte und Freiheiten sowie exorbitanter, ungerechtfertigter Steuerforderungen dem König die Treue aufkündigten (*diffidatio*) und ihn zwischen dem 15. und 19. Juli 1215 in Runnymede bei London zum Erlaß der *Magna Carta* zwangen. Insofern ist dem Urteil von Sir James C. Holt zuzustimmen: „[...] *the road from Bouvines to Runnymede was direct, short and unavoidable*"[17].

Die dritte und letzte Phase im politischen Handeln Johanns setzte unmittelbar nach der Veröffentlichung der *Magna Carta* ein und war einerseits vom Bestreben des Herrschers bestimmt, den Erlaß der *Carta* mit allen Mitteln rückgängig zu machen; andererseits veranlaßten oppositionelle Große die Landung des französischen Thronfolgers im Inselreich, der in einigen Regionen zumindest Teilerfolge erringen konnte. Als Johann am 19. Oktober 1216 überraschend in Newark starb, hinterließ er ein Land, das vom Bürgerkrieg zerrissen und in weiten Teilen vom künftigen französischen Monarchen besetzt war, wobei der Fortbestand der angevinischen Dynastie von der Einsatzbereitschaft eines baronialen Regentschaftsrates für den neunjährigen Heinrich (III.) abhing. Zudem war das englische Reich von dem Plantagenêt zu einem Lehen des Nachfolgers Petri erklärt und der Herrscher aufgrund der *Magna Carta*, deren Beachtung von einem Rat von 25 Baronen gewährleistet werden sollte, nachhaltig in seinen königlichen Prärogativen beeinträchtigt worden. Schließlich hatte der französische König große Teile des angevinischen Reiches in seinen Besitz übergeführt, so daß sich lediglich der Südwesten des französischen *regnum* noch in der Verfügungsgewalt des englischen Herrschers befand. Als Ergebnis der Rekuperationspolitik Johanns wird man daher resümieren können: „[...] *John had lost King Richard's war (1199–1204) and could not win his own (1213–14)*“[18].

***

Versucht man, im Blick auf die eingangs genannten *„standards“* die Regierungsaktionen Richards und seine Persönlichkeit zu beurteilen, so wird man sich auf drei Aspekte konzentrieren können:

- welche Ziele der Plantagenêt als Monarch verfolgte bzw. realisieren konnte;
- welche Bedeutung der Heerzug Richards ins Heilige Land für die Wiedergewinnung der Heiligen Stätten sowie für die weitere Entwicklung der Kreuzzugsbewegung erhielt;
- welche Bedeutung Richard für die Herrschaft seines Nachfolgers Johann sowie für den Niedergang des angevinischen Reiches besaß.[19]

Bezüglich des ersten Problembereiches – die politischen Zielsetzungen Richards – ist daran zu erinnern, daß sich der Angevine wie sein Vater mit den strukturellen Schwierigkeiten des *Angevin Empire*[20] auseinandersetzen mußte. Dieses war – nach Sir James C. Holt – ein *„amalgam of feudal practices and family rights“*, dessen Organisationsprinzip u.a. in *„feudalism“* und *„territorialisation“* bestand[21]. Insofern gab es seit Schaffung des *„espace plantagenêt“* durch Heinrich II. gravierende strukturelle Mängel infolge des Fehlens einheitlicher Herrschafts- und Verwaltungseinrichtungen in den disparaten Reichsteilen. Wie sein Vater war Richard nicht in der Lage, hier Abhilfe zu schaffen und weder institutionelle Innovationen noch eine reichsübergreifend tätige angevinische Herrschaftselite zur Sicherung des Reichszusammenhaltes zu konstituieren. Da strukturelle Reformen offenbar unmöglich waren und sich die Angevinen zumeist auf repressive Maßnahmen gegen Oppositionelle beschränkten, entstand bei den Baronen in den kontinentalen Reichsteilen der Eindruck von einer mitunter willkürlichen königlichen Herrschaftsausübung („*Angevin despotism*").

Da Richard die Territorien des angevinischen Reiches als sein legitimes Eigentum betrachtete, versuchte er dieses mit allen Mitteln zu wahren und verteidigen; Restauration bzw. Rekuperation waren somit die Hauptziele des politischen Handelns Richards. Entsprechende Tendenzen lassen sich bei den Aktivitäten des Plantagenêts in Aquitanien bzw. im Poitou erkennen, wo er sich seit Herrschaftsantritt um eine Stärkung der herrscherlichen Gewalt und um die Unterwerfung des widerspenstigen regionalen Adels unter die herzogliche Macht bemühte. Da der Angevine weitgehend auf eine effiziente Patronage-Politik zur Schaffung einer Klientel loyaler Gefolgsleute verzichtete, mußte er sich darauf beschränken, in einem endlosen und ermüdenden Kreislauf von Rebellion und Repression zumeist ausschließlich militärisch gegen die renitenten Adligen vorzugehen. Hierbei konnte der König zwar temporäre militärische Erfolge erringen; dennoch blieb der gegen Ende der Regierung Richards erreichte politische Friede im angevinischen Herzogtum fragil und konnte jeder Zeit durch neuerliche Revolten oppositioneller Großer zerstört werden.

Etwas günstiger stellte sich die Situation in den übrigen kontinentalen Herrschaftsräumen des angevinischen Reiches, insbesondere in der Normandie, dar. Dieses Herzogtum stand zwar in besonders engen Beziehungen zum Inselreich, doch hatte Richard im Laufe seiner Regierung die Normandie oftmals besonderen finanziellen Belastungen unterworfen, die durch zahlreiche kriegerische Auseinandersetzungen, die sich u.a. in den normannischen Grenzräumen abspielten, verstärkt wurden. So wuchs gegen Ende seiner Herrschaft unter den normannischen Baronen der Unmut gegen den Monarchen und das Bewußtsein, für Aktivitäten des Königs finanziell ausgebeutet zu werden, die aus baronialer Sicht „private Angelegenheiten" Richards und nicht Verpflichtungen der Bewohnerschaft des Herzogtums darstellten. Wie in Südwestfrankreich, so verstärkte sich auch in der Normandie das regionale Eigenbewußtsein bei den Baronen, die auf der Wahrung ihrer Herrschaftsrechte beharrten und immer weniger am Zusammenhalt des Herzogtums mit dem Inselreich interessiert waren. Der Mentalitätswandel bei den normannischen Baronen wurde von der intensivierten Propaganda des Kapetingers geschickt genutzt, der nicht nur auf seine Ansprüche als Suzerän rekurrierte, sondern zudem modernere „Staatsvorstellungen" mit Anklängen eines entstehenden französischen „Nationalbewußtseins" zu vertreten schien.

Wachsende Unzufriedenheit wird man auch in großen Teilen der Bevölkerung in England gegen Ende der Regierung Richards konstatieren müssen, zumal der Herrscher dort nur selten präsent war und zumeist durch eine Vielzahl königlicher Beamter und Funktionsträger repräsentiert wurde. Sicherlich sind die Feststellungen der neueren Forschung zutreffend, wonach sich Richard trotz der häufigen Abwesenheit intensiv um die Belange des *regnum* kümmerte. So nahm der Monarch kontinuierlich Einfluß auf wichtige Personalentscheidungen im Reich, indem er sowohl die Auswahl der bedeutendsten Beamten wie *chancellor* und *justiciar* als auch zahlreicher *sheriffs* im Lande bestimmte. Hinzu kam die Bereitschaft des Plantagenêts, Innovationen in den Bereichen des Verwaltungs- und Finanzwesens zu akzeptieren, die von führenden Beratern des Königs – insbesondere von Hubert Walter – vorgeschlagen und mit königlichem Einverständnis realisiert wurden. Insofern ist Richard das Verdienst zuzusprechen, die genannten Veränderungen gefördert und hierdurch zumindest mittelfristig zu einer Stärkung der königlichen Gewalt sowie ihrer Finanzkraft beigetragen zu haben. Das Hauptziel der Reformaktivitäten am königlichen Hof bestand zweifellos in einer möglichst intensiven Steigerung der Effizienz des Finanz- und Verwaltungswesens und in der Beschaffung immer größerer Geldsummen, deren Verwendung in traditioneller Weise allein vom König festgelegt wurde.

In diesem Kontext ist auch die umstrittene Finanz- und Wirtschaftspolitik Richards zu sehen, wobei das negative Bild, das hiervon besonders in der älteren Forschung entwickelt wurde, nicht ganz unzutreffend erscheint. Zweifellos betrachtete der Plantagenêt vor allem das englische Reich und die Normandie als ertragreiche Einnahmequellen, da diese Territorien im Gegensatz zu den übrigen Herrschaftsräumen des angevinischen Reiches über ein effizientes System der Finanzverwaltung verfügten. Unbestreitbar ist auch, daß der Angevine zumindest in drei Phasen seiner Regierung diese Territorien durch extreme Abgabenforderungen besonders intensiv belastete – nämlich im Zusammenhang mit dem Kreuzzug, mit der Erhebung des Lösegeldes für die Freilassung des Monarchen und schließlich mit den Kriegen gegen den französischen König. Trotz der beträchtlichen Wirtschafts- und Finanzkraft des englischen *regnum* und der Normandie ist unstrittig, daß die ständigen Geldabflüsse bzw. die Investitionen in die Durchführung teurer Heerzüge unter Einsatz kostspieliger Söldnertruppen und in die Errichtung sowie Unterhaltung kostenintensiver Verteidigungsanlagen auf dem Kontinent die Wirtschaftskraft Englands und der Normandie nachhaltig schwächten. Zwangsläufig fehlten die derartig verwendeten Gelder beim Landesausbau und bei der Verbesserung der wirtschaftlichen Infrastruktur im Inselreich. Obwohl einzelne positive Aspekte der Wirtschaftspolitik Richards – etwa „*in his lavish recognition of municipal life*“[22] – berücksichtigt werden müssen, sind die verheerenden Auswirkungen seiner Finanzpolitik auf das englische Reich nicht zu übersehen, in dem sich am

Ende seiner Herrschaft ein „*impending financial desaster*“[23] abzeichnete. Dieses wirkte sich nachhaltig auf das politische Handeln seines Nachfolgers aus, so daß für Johann zu konstatieren ist: „*many of John's financial problems were indeed of Richard's making*“[24].

Die erwähnte Finanzproblematik ist auch im Zusammenhang mit der auswärtigen Politik Richards zu sehen, die maßgeblich die Stellung des angevinischen Reiches im Abendland am Ende seiner Regierungszeit beeinflußte. Hierbei sei an die Tatsache erinnert, daß sein gesamtes politisches Handeln nicht unter „England-zentrierter Perspektive“ zu betrachten ist. Vielmehr verstand sich Richard in erster Linie als Angevine mit starker kultureller Prägung und Sozialisierung als Herzog von Aquitanien bzw. Graf von Poitou, dessen Hauptinteresse in der Wahrung des überkommenen Territorialbesitzes seines Hauses bestand. Nicht das englische *regnum*, sondern das angevinische Reich mit einem Herrschaftsschwerpunkt in Südwestfrankreich befand sich im Mittelpunkt seines politischen Handelns, das vorrangig von dynastischen Interessen bestimmt wurde. Vor diesem Hintergrund ist auch verständlich, daß Richard in seiner auswärtigen Politik nur partiell an Traditionen früherer englischer Monarchen anknüpfte. Dies wird insbesondere in den vergleichsweise sporadischen Aktivitäten des Angevinen bezüglich der Reiche des „*celtic fringe*“ deutlich. So zeigte Richard etwa für die zeitgenössischen politischen Entwicklungen in Wales und Irland nur geringes Interesse und beschränkte sich auf eine Wahrung des Status Quo, den sein Vater geschaffen hatte. Eine ähnliche Tendenz ist in den Beziehungen des Plantagenêts zum schottischen Herrscher zu konstatieren: Hier war der Angevine weniger um eine Intensivierung der englischen Oberlehnsherrschaft als vielmehr um Friedenswahrung bei adäquaten finanziellen Leistungen König Wilhelms I. an die englische Krone bemüht. Insofern blieben die Reiche des „*celtic fringe*“ für ca. ein Jahrzehnt in ihren politischen Entwicklungen weitgehend sich selbst überlassen.

Eine ähnliche Zurückhaltung ist im außenpolitischen Handeln Richards auf dem Kontinent zu konstatieren, wobei auch hier eine zumindest partielle Fortsetzung der Außenpolitik Heinrichs II. durch seinen nachgeborenen Sohn auffällig ist. Wenigstens zwei Phasen außenpolitischen Handelns lassen sich während des Jahrzehntes königlicher Herrschaft Richards feststellen, der längere Zeit an entsprechenden eigenständigen Aktivitäten durch die Teilnahme am Dritten Kreuzzug sowie die anschließende Gefangenschaft gehindert wurde. Dennoch ist auch bei den außenpolitischen Aktivitäten des Plantagenêts eine Präferenz für die Sicherung und Stabilisierung der Herrschaft in den angevinischen Kernräumen in Südwestfrankreich erkennbar. So pflegte Richard – erneut in Fortsetzung der Politik seines Vaters – bereits als Herzog von Aquitanien gute Beziehungen zu den einflußreichsten Herrschern der christlichen Reiche auf der Iberischen Halbinsel. Im Streben, gegebenenfalls Unterstützung im Kampf gegen den renitenten Adel im aquitanischen Herzogtum zu erhalten, war der Angevine um eine Pflege der *amicitia* zu den Königen von Kastilien und Aragón bemüht; dem gleichen Zweck diente die Eheschließung des Plantagenêts mit der Tochter des Herrschers von Navarra. Da Richard gegen Ende seiner Regierung auch einen friedlichen Ausgleich mit dem Grafen von Toulouse vornahm und hierdurch einen jahrzehntelang wirksamen Unruheherd beseitigte, kann man das außenpolitische Handeln des Angevinen in diesen geopolitischen Räumen zweifellos als erfolgreich bezeichnen.

Weniger günstig erscheinen hingegen die Ergebnisse der Außenpolitik des Plantagenêts in den übrigen Aktionsräumen, wobei sich dieser erst in den letzten Lebensjahren, d.h. in der zweiten Phase seiner auswärtigen Politik, intensiver um die Pflege der auswärtigen Beziehungen bemühte. Prägend waren hierbei vor allem zwei Faktoren – außer den politischen Konsequenzen der Gefangenschaft Richards im Gewahrsam des römisch-deutschen Kaisers die eskalierenden Auseinandersetzungen mit dem französischen König. Erst vergleichsweise spät entschloß sich der Angevine, die langwierigen militärischen Aktivitäten gegen den kapetingischen Suzerän durch flankierende Bündnismaßnahmen zu unterstützen. Hierbei orientierte sich Richard erneut am außenpolitischen Handeln seines königlichen Vaters, indem er ein komplexes System zumeist bilateraler Vereinbarungen mit zahlreichen Fürsten im flämischen und niederdeutschen Raum konstituierte. Obwohl diese kostenintensiven Bündnisse nur im Ausnahmefall eine konkrete militärische Unterstützung für Richard im Kampf gegen den Kapetinger zur Folge hatten, so sicherte sich der Angevine hierdurch zumindest die politische „Neutralität" dieser Fürsten in den Auseinandersetzungen mit Philipp August und den Zugang zu wichtigen Wirtschaftsräumen auf dem Kontinent, insbesondere zu dem für den englischen Wollexport wichtigen Flandern. Insgesamt wird man die Kämpfe Richards mit dem Kapetinger als „unentschieden" betrachten dürfen, so daß der Plantagenêt seinem Nachfolger nicht nur einen schwelenden militärischen Konflikt, sondern gravierende finanzielle Probleme und wachsende Schwierigkeiten mit dem normannischen Adel[25] hinterließ.

Als noch problematischer stellten sich am Ende der Regierung Richards seine Beziehungen zum deutschen Königshof dar, wobei nach dem Tode Kaiser Heinrichs VI. ein tiefgreifender Umbruch im Verhältnis zu dem Plantagenêt eintrat. Bis zum Ende der Herrschaft des Staufers hatten sich die Gefangennahme des Angevinen sowie die politischen Bedingungen seiner Freilassung als bestimmend für die angevinisch-staufischen Beziehungen erwiesen. Zwar bestanden bei den Zeitgenossen kaum Zweifel an der Widerrechtlichkeit des Gewaltaktes gegen den Kreuzfahrer Richard, dessen bedauerliches Geschick sowohl vom französischen König durch zahlreiche militärische Übergriffe als auch vom Königsbruder Johann durch Umsturzversuche im englischen *regnum* ausgenutzt wurde. Dennoch blieben die politischen Forderungen, die der Kaiser unter geradezu erpresserischen Umständen bei der Freilassung des englischen Gefangenen durchsetzen konnte, eine unumstößliche Tatsache, der Richard bis zum Tode seines staufischen Gegners Rechnung zu tragen hatte. Hierzu gehörten neben den gravierenden finanziellen Leistungen des Plantagenêts vor allem die Lehensnahme des englischen *regnum* vom römisch-deutschen Kaiser. Während der Vater Richards aufgrund seiner politischen und finanziellen Potenz dem Vater Heinrichs VI., Kaiser Friedrich I., politisch zumindest ebenbürtig, wenn nicht sogar überlegen war, mußte Richard I. eine Suzeränität des römisch-deutschen Kaisers für das englische Reich akzeptieren. Obwohl die Oberlehnsherrschaft Heinrichs VI. bis zu seinem Lebensende für den Angevinen keine konkret-praktischen politischen Konsequenzen besaß, so konnte hiermit dennoch eine potentielle Dignitätsminderung für den englischen Monarchen verbunden sein.

Dies änderte sich erst mit dem Tode Heinrichs VI. († 28. September 1197) und mit der folgenden Doppelwahl im Deutschen Reich im Jahre 1198. Da einer der Konkurrenten, Otto IV., bereits als junger Graf von Poitou das Vertrauen und die Förderung des Angevinen genossen hatte und auch als deutscher König dessen finanzielle Unterstützung erhielt, konnte Richard hoffen, nachhaltigen Einfluß auf das politische Handeln des Welfen zu erlangen. Insofern waren die Perspektiven für die künftigen englisch-deutschen Beziehungen günstig, zumal die sich abzeichnende außenpolitische Bündniskonstellation – zusammen mit der komplementären kapetingisch-staufischen Koalition – das politische Geschehen im gesamten Abendland im 13. Jahrhundert nachhaltig bestimmen sollte.

Wesentlich positiver gestaltete sich das Verhältnis des Plantagenêts zur zweiten universalen Gewalt im Abendland – zum Papsttum. Gegenüber den Nachfolgern Petri von Clemens III. über Coelestin III. bis zu Innocenz III. verhielt sich der englische Monarch im Gegensatz zu seinem Vater überaus geschickt und flexibel. Mit bemerkenswertem Augenmaß versuchte der Angevine erfolgreich, seine königlichen Prärogativen gegenüber der englischen Kirche durchzusetzen und u. a. intensiven Einfluß auf die Besetzung zahlreicher Bistümer zu nehmen. Hierbei kam es zwar oftmals zu Spannungen zum englischen Klerus oder gar temporären Konflikten mit Kirchenfürsten wie dem Erzbischof von Rouen, Walter von Coutances, u. a. wegen der angevinischen Festungsbauten bei Les Andelys. Dennoch vermied es Richard im Gegensatz zu Heinrich II., Fundamentalkonflikte um Probleme der *libertas ecclesiae* im englischen *regnum* entstehen zu lassen. Einzelne englische Kleriker beklagten zwar die extremen finanziellen Bedrückungen der Kirche durch Steuerforderungen der Krone u. a. wegen der Finanzierung des Kreuzzuges oder des Lösegeldes für den Monarchen; dennoch wurden diese Beeinträchtigungen der *libertas ecclesiae* niemals als existentiell bedrohlich empfunden. So erwies sich der englische Klerus sowohl während der Zeit der Gefangenschaft des Angevinen als auch während der späteren Umsturzversuche von Prinz Johann als verläßliche Stütze der Krone und trug maßgeblich zur Stabilisierung der königlichen Herrschaft in den genannten Krisenzeiten bei. Auch die Päpste bemühten sich ihrerseits während der gesamten Regierungszeit des Plantagenêts um freundliche Beziehungen zum englischen Königshof, zumal der Nimbus des Angevinen als Kreuzfahrer und Kämpfer gegen die Muslime ungebrochen war. Lediglich die dilatorische Handlungsstrategie Papst Coelestins III. († 8. Januar 1198) im Zusammenhang mit der Gefangenschaft Richards und die – aus englischer Sicht – zu große Rücksichtnahme des Nachfolgers Petri gegenüber den Geiselnehmern führte gegen Ende der Regierung des Angevinen zu temporären Belastungen der grundsätzlich freundlichen Beziehungen zum päpstlichen Hof.

Mit diesen Problemen ist auch der zweite, eingangs erwähnte Aspekt der Regierung Richards verbunden – die Frage nach der Bedeutung seines Heerzuges ins Heilige Land für die weitere Entwicklung sowohl der Kreuzzugsbewegung als auch für die Beziehungen zwischen Christen und Moslems im Vorderen Orient. Auszugehen ist hierbei von den ursprünglichen Zielsetzungen der Kreuzfahrer, deren Hauptziel ohne Zweifel allein in der Befreiung der Heiligen Stätten bzw. Jerusalems bestand; eine Rückeroberung etwa des Königreiches Jerusalem oder gar Angriffe auf muslimische Machtzentren in Ägypten waren keinesfalls vorgesehen. Das Ziel einer Befreiung der Heiligen Stadt wurde zweifellos nicht erreicht; hieran änderten auch die Waffenstillstandsregelungen (1192) nichts, die kompromißhaft am Ende des Kreuzzuges im Zustand jeweiliger Erschöpfung getroffen wurden und die nach muslimischem Recht nur eine Kampfespause bis zur Fortsetzung der Feindseligkeiten gegen die christlichen Ungläubigen darstellen konnten.

An dieser negativen Feststellung ändern auch Hinweise auf die angeblichen sonstigen Erfolge des Angevinen während des Kreuzzuges nichts. Sicherlich erwies sich der Plantagenêt in Fragen der Logistik des Unternehmens und der Truppenführung während zahlreicher militärischer Einzelaktionen als qualifizierter Heerführer. Dennoch waren verschiedene strategische Entscheidungen Richards im Verlauf des Unternehmens zumindest umstritten, wenn nicht sogar fragwürdig – etwa der lange Aufenthalt in Sizilien und die Eroberung Zyperns. Diese erwies sich zwar langfristig für den Fortbestand des Königreiches Jerusalem als geostrategisch nützlich, blieb für die Durchführung des Dritten Kreuzzuges hingegen hinderlich und schädlich. Noch gravierender war die Entscheidung Richards, keinen ernsthaften Versuch einer Eroberung Jerusalems zu unternehmen und statt dessen – aus strategisch möglicherweise sinnvollen Überlegungen – Angriffe auf muslimische Herrschaftszentren in Ägypten zu bevorzugen. Spätestens das zweimalige Vorrücken des Kreuzfahrerheeres auf Sichtweise zur Heiligen Stadt und der anschließende Befehl der Heeresleitung unter Führung Richards, aus strategischen Überlegungen auf eine Realisierung des Hauptzieles des Kreuzzuges zu verzichten und tatenlos von Jerusalem abzuziehen, mußten zu einer Demoralisierung der Kreuzfahrer und zu einem völligen Fehlschlag des Unternehmens führen. Hieran änderten auch die Waffenstillstandsvereinbarungen wenig, die den Fortbestand des Königreiches Jerusalem sowie den christlichen Besitz wichtiger Küstenstädte und den Zugang von Pilgern zu den Heiligen Stätten sicherten. Insofern wird man den englischen Herrscher in seiner Funktion als Kreuzfahrer als wenig erfolgreich bezeichnen müssen.[26]

Ähnlich negativ fällt das Urteil über die Bedeutung des Angevinen für die weitere Entwicklung der Kreuzzugsbewegung und für die künftigen Beziehungen zwischen Christen und Moslems aus. Bereits die Zeitgenossen des Plantagenêts und insbesondere Papst Coelestin III. kritisierten das Verhalten der Führer des Dritten Kreuzzuges, die nicht mit der notwendigen Konsequenz und Beharrlichkeit um die Erreichung des Hauptzieles – die Befreiung Jerusalems – bemüht gewesen wären. So konnte Richard zwar strategisch nützliche Erfolge durch die Eroberung von Zypern, Akkon und Jaffa erringen („*secondary successes*");[27] doch waren diese Aktivitäten nur Teil eines allgemeinen Fehlverhaltens der Kreuzritter, die – nach päpstlicher Meinung – ihre eigenen arroganten Entscheidungen trafen und alle möglichen anderen Dinge während des Kreuzzuges taten, die aber nur wenig mit den Jerusalem-Plänen zu tun hatten.[28] Auch der Angevine verfolgte hierbei eigene, dynastische Interessen, indem er u. a. in den Thronstreit zwischen Guido von Lusignan und Konrad von Montferrat zugunsten seines Gefolgsmannes eingriff.

Noch gravierender waren hingegen die politischen Konsequenzen der unterbliebenen Rückeroberung Jerusalems: Zu Recht ist betont worden, daß hierdurch der Keim für weitere Kreuzzugsunternehmungen gelegt und ein dauerhafter Friede im Heiligen Land unmöglich gemacht wurde. Der Fehlschlag des Dritten Kreuzzuges, den vor allem König Richard zu verantworten hatte, führte in der Folgezeit zwangsläufig zu immer weitergehenden gewaltsamen Bemühungen von seiten der Christen, doch noch die Heilige Stadt in ihren Besitz zu bringen. Immer größere „*crusade violence*" war die Folge, die nicht nur die Hoffnung auf Frieden in der Region zerstörte, sondern später auch die Entstehung der „*political crusades in Sicily, the Fourth Crusade against Byzantium and the Fifth Crusade against Egypt*" zur Folge hatte.[29] Zudem trug der Angevine selbst durch sein Verhalten gegenüber den Moslems im Heiligen Land zu einer Verhärtung der Fronten bei. Aus politischem Kalkül hatte er zwar in den Verhandlungen mit Saladin zur Pazifizierung der Region ein Ehebündnis seiner Schwester mit dem Bruder des Sultans angeboten; auch die Aktivitäten Richards als Krieger und insbesondere sein persönlicher Mut, der oftmals mit Fahrlässigkeit und

Unverantwortlichkeit verbunden war, fanden im gegnerischen Lager widerstrebend Anerkennung. Prägend blieb hingegen seine Entscheidung, ein Massaker an Hunderten wehrlosen muslimischen Gefangenen vor Akkon verüben zu lassen. Dieses Vorgehen Richards, das keinesfalls den angeblich verbindlichen Verhaltensnormen für einen christlichen Ritter entsprach, wirkte wie ein Schock auf die muslimischen Gegner und prägte sich tief in ihr Bewußtsein ein. So sahen sich viele Moslems in ihrem Bild von den skrupellosen und mordgierigen Franken bestätigt, woraufhin sie ihrerseits um so entschlossener und brutaler gegen die christlichen Eindringlinge im Heiligen Land vorgingen.

Abschließend ist nach der Bedeutung der Regierung Richards für seinen königlichen Nachfolger und insbesondere für den Niedergang des angevinischen Reiches zu fragen. Hierbei ist nochmals auf das schwindende Bewußtsein von der Zusammengehörigkeit zumindest des englischen *regnum* und des normannischen Herzogtums hinzuweisen, wobei das „Inselbewußtsein" der englischen Barone (*insularity*) durch entsprechende Maßnahmen des französischen Königs gestärkt wurde. Gravierend in diesem Zusammenhang war die Entscheidung König Philipps und des französischen Hofes, die seit Wilhelm I. von England überkommene Organisationsform des französischen *regnum* nicht länger zu akzeptieren. Der Kapetinger und seine Rechtsberater waren nicht mehr bereit, die jahrzehntelange Verzahnung des englischen und französischen *regnum* weiter hinzunehmen. Sie zeigten sich entschlossen, moderne Organisationsformen für das französische Reich mit einer konsequenten Feudalisierung, Zentralisierung und Stärkung der königlichen Zentralgewalt auch gegen den englischen Vasallen durchzusetzen. Wichtigste Instrumente, mit denen Philipp II. und seine königlichen Nachfolger diese Ziele zu realisieren suchten, waren einerseits ein extensiv ausgelegtes Lehnsrecht und andererseits eine komplexe Herrschaftsideologie, die das vielfach gewaltsame Vorgehen der Monarchen gegen mächtige Vasallen im französischen *regnum* zu rechtfertigen vermochte. Letztlich liefen diese Bestrebungen des französischen Königshofes auf eine dauerhafte Trennung des englischen und französischen Reiches und auf die Beendigung der englischen Herrschaft auf dem Kontinent hinaus.

Entscheidend und bislang zu wenig beachtet hinsichtlich der Ursachen für den Untergang des angevinischen Reiches ist die Existenz eines schwerwiegenden Ideologie- und Mythen-Defizits aller Herrscher aus dem Hause Plantagenêt. Seit der Schaffung des *Angevin Empire* gab es eine sich verschärfende herrschaftsideologische Konkurrenz des englischen Monarchen mit dem französischen König.[30] Zum einen konnten die Kapetinger – ungeachtet ihrer machtpolitischen Schwäche – ihren Suzeränitäts-Anspruch als Herrscher an der Spitze einer Lehnspyramide gegen alle Fürsten des Reiches durchsetzen und diese gegebenenfalls lehnsrechtlich belangen. Zum anderen existierte im französischen *regnum* seit der Mitte des 12. Jahrhunderts eine Vielzahl an historiographischen Zeugnissen, die eine wachsende Zahl an herrschaftsideologisch nutzbaren Elementen aufwiesen. Während es seit der Thronbesteigung Heinrichs II. in seinem Machtbereich keine wichtigeren systematisch-theoretischen Abhandlungen zur Herrschaftsideologie gab, entwickelten vor allem Historiographen im Kloster St.-Denis seit der Mitte des 12. Jahrhunderts in ihren Werken, die vorrangig der Pflege der *memoria* französischer Könige dienen sollten, auch Elemente eines spezifischen Geschichtsbewußtseins, die für die Monarchen herrschaftsideologisch nutzbar waren.[31] Insbesondere das dort geschaffene Verständnis von Schlüsselbegriffen wie „*Francia*", der nunmehr das gesamte französische *regnum* und nicht länger nur die Krondomäne bezeichnete, besaß ebenso wie die Interpretation des Terminus „*Francus*" – als regionunabhängige Bezeichnung für einen Bewohner des französischen Reiches – großes Identifikationspotential.[32]

Mit Hilfe dieser Termini wurde die feudale Abhängigkeit der französischen „*terrae*" – auch der angevinischen Besitzungen – vom Königtum betont, zumal für Philipp II. zunehmend der Titel eines „*rex Franciae*" und seltener eines „*rex Francorum*" gewählt wurde.[33] Durch die Verwendung eines solchermaßen neuen, politischen *Francia*-Begriffes eröffnete sich für den kapetingischen Monarchen die Möglichkeit, „*den faktischen Herrschaftsbereich mit dem Herrschaftsanspruch so [zu verbinden], daß jeder territoriale Zuwachs wie ein Tribut der Realität an die Idee erscheinen konnte*".[34] Das erwähnte herrschaftsideologische Ideengut konnte von König Philipp und seinen Nachfolgern somit genutzt werden, um einerseits die machtpolitischen Konflikte mit den englischen Herrschern ideell zu überhöhen; andererseits boten derartige Konzeptionen dem Kapetinger die Möglichkeit, die Dignität seines Königtums u. a. durch die Verwendung des Ehrentitels „*rex christianissimus*"[35] zu verdeutlichen und die Sakralität des Herrschers durch den Anspruch zu betonen, die Fähigkeit zur Heilung von Gebrechen (Skrofeln) zu besitzen (*rois thaumaturges*).[36] Ähnliche Tendenzen sind im Rekurs der Kapetinger, die in der Oriflamme ein eindrucksvolles Herrschaftssymbol besaßen, sowohl auf die Trojaner-Sage als auch auf den Kult um Karl den Großen zu erkennen.[37]

Die englischen Monarchen waren seit Heinrich II. bemüht, dem herrschaftsideologischen Ideengut der Kapetinger Vergleichbares entgegen zu setzen. Hieraus erklärt sich zum einen das Bestreben der Plantagenêts, ähnlich wie die kapetingischen Konkurrenten die besondere Dignität und Sakralität der englischen Königswürde zu betonen. In der Tradition der anglonormannischen Herrscher wurde seit Heinrich II. der sakramentale Charakter der Königssalbung betont, so daß – wie bereits vom Normannischen Anonymus ausgeführt – der König wie ein Bischof als Gesalbter des Herrn erschien und der Monarch durch das Wirken des Heiligen Geistes zu einem Abbild Christi wurde. Ungeachtet der Veränderungen durch den Investiturstreit akzeptierten sogar Kirchenreformer wie Thomas Becket die Königssalbung, die man als Symbol von „*Ruhm, Stärke und Wissen*" des Herrschers betrachtete.[38] Hinzu kam der Rekurs auf den heiligen König Eduard, dessen Kanonisierung Heinrich II. gefördert hatte und die Vorbildcharakter für das von Barbarossa veranlaßte Heiligsprechungsverfahren für Karl den Großen besaß.[39] Schließlich nahmen die angevinischen Herrscher – wie die kapetingischen Monarchen – für sich die Fähigkeit in Anspruch, Wunderheilungen herbeizuführen und somit überirdische Heilkräfte zu besitzen.[40]

Zum anderen knüpften die angevinischen Könige seit Heinrich II. an angelsächsisch-normannische herrschaftsideologische Vorstellungen im Inselreich an, die sich ausschließlich auf das englische *regnum* und die benachbarten „keltischen Reiche" beschränkten. So bestanden seit angelsächsischer Zeit auf der Insel Vorstellungen von der Existenz eines Großreiches „*Britannia*", das weit größere Territorien als England umfaßte und zumindest Wales, Schottland und Irland einschloß. Seit Wilhelm I. griffen die englischen Monarchen derartige Ideen von „*tota Britannia*" auf, um unter gleichzeitigem Rückgriff auf die angelsächsische *Bretwalda*-Konzeption einen umfassenden Machtanspruch auf die „britannische Welt" zu erheben.[41] Hierauf rekurrierten Heinrich II. und seine königlichen Söhne, um ihren Machtanspruch zumindest auf die benachbarten „keltischen Reiche" zu rechtfertigen. Dennoch war das Fehlen einer eigenen angevinischen Herrschaftsideologie auch für Heinrich II. nicht zu übersehen, so daß er dies Defizit durch die Patronage englischer Geschichtsschreiber und Literaten zu beheben suchte. Diese sollten aus der historiographischen Überlieferung der Frühzeit Britanniens geeignetes Material heraussuchen, um vor allem dem französischen Karls-Kult zu begegnen. Konkreter war der Auftrag, den der Angevine dem Hofkleriker Wace erteilte, der nicht nur eine Historie der normannischen Herzöge in Versform (*Roman de Rou*) verfassen, sondern hierdurch auch die dynastische Verbindung der Angevinen zum normannischen Herzogshaus betonen und somit deren Herrschaft in England legitimieren sollte. Zwar konnte Wace das Werk wegen Konflikten mit Heinrich II. nicht vollenden, doch als herrschaftsideologisch noch wichtiger erwies sich der „*Roman de Brut*" desselben Autors. Hierin postulierte der Kleriker unter Rückgriff auf die „*Historia regum Britanniae*" des Gottfried von Monmouth, daß der Enkel von Aeneas – Brutus – als Stammvater aller keltischer Fürsten zu betrachten wäre, die gemeinsam mit Artus (Arthur) gegen die Sachsen bzw. gegen Karl den Großen gekämpft hätten und als Gründer des englischen bzw. französischen Herrscherhauses zu betrachten wären. Auf dieser legendarischen Basis konnte Heinrich II. nach dem Grab des legendären Monarchen suchen lassen, das aber erst unter seinem Nachfolger in Glastonbury angeblich gefunden wurde.[42]

König Richard setzte die herrschaftsideologischen Aktivitäten seines Vaters fort und war noch intensiver bestrebt, die sagenumwobene Abkunft sowohl der angevinischen Dynastie als auch seiner eigenen Person propagandistisch zu betonen. In diesem Zusammenhang war es sicherlich kein Zufall, daß im Jahre 1191 auf Betreiben des Angevinen in Glastonbury die Gebeine von König Arthur/Artus und seiner Gemahlin Guenievre aufgefunden wurden. Zudem reklamierte Richard für sich den Besitz des berühmten Arthur-/Artus-Schwertes Excalibur, das er – gleichsam als Nachfahre des idealtypischen Herrschers – bei seinem Aufenthalt in Sizilien während des Kreuzzuges dem dortigen usurpatorischen König Tankred verehrte.[43] Durch den Rekurs auf das beschriebene herrschaftsideologische Ideengut eröffnete sich zwar für den Plantagenêt die Möglichkeit, unter Verwendung der Arthur-/Artus-Sage gegebenenfalls englische Machtansprüche auf Schottland zu rechtfertigen und durch Rezeption der „*Britannia*"-Idee die Abwehr potentieller Herrschaftsansprüche der römisch-deutschen Kaiser gegenüber dem Inselreich zu begründen. Dennoch vermochte keine der skizzierten herrschaftsideologischen Ideen am Hof der Plantagenêts und bei den zeitgenössischen Historiographen das Defizit hinsichtlich einer Herrschaftsidee zu beheben, die den Zusammenhalt des angevinischen Reiches hätte rechtfertigen bzw. sichern können.

Diese Gegebenheiten änderten sich auch nicht unter König Johann; vielmehr wurde die mangelnde herrschaftsideologische Kohärenz des angevinischen Reiches seit 1204 noch deutlicher. In diesem Jahre forderte Philipp II. August nach der Eroberung der Normandie alle in England befindlichen normannischen Barone zur Rückkehr in das Herzogtum auf; im Weigerungsfall wurde mit dem Einzug ihrer Besitzungen durch den französischen Monarchen gedroht. König Johann sah sich daraufhin seinerseits genötigt, Angehörige anglonormannischer Familien mit Gütern auf dem Kontinent und in England zur Entscheidung zu zwingen, auf den Besitz von Territorien im jeweils anderen Land zu verzichten. Nun waren die mächtigen Familien veranlaßt, den kontinentalen und insularen Besitz auf verschiedene Zweige der Sippe nach Ländern aufzuteilen und nicht länger länderübergreifend zu verwalten. Somit sorgte der englische Monarch persönlich dafür, daß Mitglieder der anglonormannischen Führungsschicht mit insularem und kontinentalem Besitz nicht mehr als politische Integrationsfaktoren zum Zusammenhalt des angevinischen Reiches beitrugen. König Johann selbst war es, der durch seine Entscheidung maßgeblich die Zerstörung der letzten personalen Integrationsfaktoren förderte, die das angevinische Reich – neben den wenigen Verwaltungsinstitutionen – zumindest ansatzweise zusammenhielten.[44]

Zugleich wurden mentalitätsmäßig wesentliche Voraussetzungen für die Entwicklung eines neuen Reichsbewußtseins geschaffen, das sich im Inselreich auf das englische *regnum* beschränkte und in dem ein Verlust der wichtigsten angevinischen Kontinentalbesitzungen zugunsten der französischen Krone faktisch akzeptiert wurde.[45] Insofern ist zu konstatieren, daß seit der Regierung Heinrichs II. am angevinischen Hof und in der englischen Historiographie gravierende herrschaftsideologische Defizite herrschten und eine einheitliche angevinische „Reichsidee" fehlte. Richard beschränkte sich darauf, einerseits den Mythos seiner Person zu pflegen, andererseits unter Rekurs auf den Arthur-/Artus-Mythos bestenfalls die Entwicklung einer Herrschaftsideologie zu fördern, die allein dem Machterhalt des angevinischen Hauses in England dienen konnte. Der Plantagenêt konzentrierte sich darauf, in eher „traditioneller" Weise und zumeist durch Anwendung bloßer militärischer Gewalt den territorialen Bestand des angevinischen Reiches zu sichern und an der Verzahnung des englischen sowie des französischen *regnum* festzuhalten.

Somit scheiterten Richard und die übrigen Angevinen nicht nur an den strukturellen Schwächen der Organisation ihres disparaten Reiches; gravierender waren hingegen die Defizite hinsichtlich einer komplexen Herrschaftsideologie, die die Existenz des angevinischen Reiches hätte rechtfertigen können, und hinsichtlich unzeitgemäßer Reichs- und Staatsvorstellungen. Letztlich waren es die französischen Monarchen, die die englischen Herrscher durch deren weitgehende Vertreibung vom Kontinent auf das Inselreich verwiesen und sie zugleich zwangen, ihrerseits den „modernen Staatskonzeptionen" unter Einbeziehung sich langsam entwickelnder Vorstellungen von zentralisiertem „Reich" und „Nation" Rechnung zu tragen. Wie schwer dieser Wandlungsprozeß vor allem von den späteren englischen Monarchen nachvollzogen werden konnte, verdeutlicht deren jahrhundertelanges Streben nach zumindest partieller Wiederherstellung des angevinischen Reiches, bis die englische Niederlage im Hundertjährigen Krieg diesen Träumen ein unwiderrufliches Ende bereitete.

König Richard I. spielte in diesem Entwicklungsprozeß eine eher untergeordnete Rolle. Er dachte zumeist in überkommenen Bahnen und war vor allem um die Sicherung seiner dynastischen Interessen, d.h. um die Wahrung des territorialen Besitzstandes des angevinischen Reiches, bemüht. Der Plantagenêt tolerierte zwar Innovationen seiner Berater im Bereich des Finanz- und Verwaltungswesens, doch weder er noch seine Spitzenbeamten waren in der Lage, mittel- bzw. langfristig wirkende Problemlösungen für die immer drängender werdenden Strukturprobleme in der angevinischen Herrschaftsorganisation und – praxis zu entwickeln. Indem Richard statt dessen mit eher „traditionellen" Mitteln die zahlreichen wirtschaftlichen und politischen Probleme zu bewältigen versuchte, konnte er den Untergang des *Angevin Empire* nicht verhindern, sondern nur verzögern. Insofern stellt sein Königtum nach der Regierung Heinrichs II. eher eine Art „Übergangsherrschaft" bis zum Ende des angevinischen Reiches dar, zumal auch König Johann zu einer tiefgreifenden Lösung der schwierigen Strukturprobleme angevinischer Herrschaftsorganisation und – praxis sowie zur Behebung der gravierenden Defizite im Bereich einer eigenen angevinischen Reichs- und Herrschaftsideologie nicht in der Lage war. Während Richard überaus wirkungsvoll bemüht war, bereits zu Lebzeiten einen Mythos von seiner chevaleresken Existenz zu entwickeln und einen Prozeß der Idealisierung und Mythisierung seiner Person zu initiieren, erwiesen sich seine Bestrebungen zur Realisierung der von ihm angestrebten politischen Ziele als weniger erfolgreich. So wird man sich – entgegen den aktuellen Tendenzen in der Forschung zum „*lionizing (Lionheart)*“[46] – eher dem Urteil von *Sir Maurice Powicke* anschließen müssen:

„Death alone could release him [Richard] from his own fitful passions and from the persistence of his enemy [Philipp].“[47]

XIV. Nachleben

Sicherlich hatte Richard I. wie kaum einer seiner königlichen Vorgänger danach gestrebt, sich schon zu Lebzeiten zu einer quasi legendenhaften Existenz zu stilisieren. Dennoch erwies sich der Plantagenêt auch in dieser Hinsicht vor allem als Erbe Heinrichs II., da dieser bereits zu Beginn seiner Königsherrschaft die Bedeutung von Propaganda für die Sicherung der Macht sowie für die Prägung seines herrscherlichen Bildes bei den Zeitgenossen bzw. für die Nachwelt erkannt hatte. Dies zeigte sich u. a. in der systematischen Patronage im Bereich von Literatur und Geschichtsschreibung durch den Angevinen, dessen Einfluß als Mäzen – entgegen traditionellen Anschauungen – wahrscheinlich größer und wirkungsvoller als die vielfach überschätzte Rolle Eleonores von Aquitanien und ihres Hofes in Poitiers war. Im Gegensatz zu seiner Gattin übte König Heinrich II. auf einer Vielzahl an literarischen Feldern ein Mäzenatentum aus, das der Monarch konsequent politisch funktionalisierte und das vorrangig der Stabilisierung und – nach dem Becket-Mord – der Legitimierung der königlichen Macht des Plantagenêts diente.

So läßt sich mindestens auf drei Feldern ein Patronat Heinrichs nachweisen[1]: Zum einen hinsichtlich handbuchartiger Schriften zum Verwaltungs- und Rechtswesen des Inselreiches – wie für den „*Dialogus de Scaccario*" des Richard Fitz Neal, den im Wirkungskreis des königlichen *justiciar* Ranulf de Glanville entstandenen „*Tractatus de legibus et consuetudinibus regni Anglie*" und wahrscheinlich auch für die „*Ars notaria*", die möglicherweise von Johann von Tilbury stammt. Zum anderen übte Heinrich überaus wirksam eine Patronage gegenüber zahlreichen Geschichtsschreibern aus, die oftmals ihre Werke dem Monarchen in der Hoffnung auf gesellschaftliche und wirtschaftliche Förderung widmeten und von denen einige ihre Darstellung der Regierungstätigkeit des Angevinen demgemäß gestalteten. Hierzu zählen zum einen bedeutende Autoren umfassender chronikalischer Darstellungen wie Heinrich von Huntingdon mit einer „*Historia Anglorum*", der anonyme Verfasser der „*Gesta regis Henrici II*" (wahrscheinlich Roger von Howden), Robert von Torigni und Roger von Howden mit jeweils einer großen „*Chronica*" sowie Radulf von Diceto mit den „*Ymagines historiarum*". Hinzu kommen zum anderen thematisch enger begrenzte Werke wie etwa die „*Chronique des ducs de Normandie*" des Benedikt von Saint-Maure, der „*Draco Normannicus*" des Stephan von Rouen, die „*Gesta consulum Andegavorum*" des Johann von Marmoutier, die „*Chronik des Schottenkrieges*" des Jordan Fantosme sowie verschiedene

Arbeiten des Gerald von Wales u.a. über die irischen Unternehmungen Heinrichs („*Expugnatio Hibernica*“, „*Topographia Hibernica*“ sowie ein Gedicht an den Monarchen). Schließlich förderte Heinrich auch Werke mit höchst unterschiedlicher, andersartiger Thematik – etwa erbaulich-religiöse Schriften wie die „*Vita Edwardi*“ des Ailred von Rievaulx, hofkritische Arbeiten wie „*De nugis curialium*“ des Walter Map, naturwissenschaftliche Studien u.a. über das Astrolabium des Abelard von Bath und literarische Schriften wie den französischsprachigen Versroman „*Roman de Brut*“ bzw. „*Roman de Rou*“ von Wace. Insbesondere bei den letztgenannten Werken wird deutlich, daß bei zahlreichen, von König Heinrich geförderten Darstellungen die Grenze zwischen „wissenschaftlicher“ Geschichtsschreibung und literarischen Texten mit historischer Thematik nicht exakt fixierbar ist.

Die erwähnte Patronagetätigkeit des Angevinen erfolgte zweifellos nicht zweckfrei, sondern diente der Förderung einer möglichst effizienten Herrschaftspropaganda.[2] Diese verfolgte höchst unterschiedliche Ziele mit zumeist gesellschaftlicher und politischer Relevanz, wobei die Herrschaftsstabilisierung und dynastische Herrschaftslegitimierung im Vordergrund standen. Als Begründer einer neuen Königsdynastie im englischen *regnum* war Heinrich darum bemüht, durch geeignete Geschichtsdarstellungen die Verbindung seines Hauses mit den älteren Herrscherdynastien in der Normandie und gegebenenfalls auch in England zu dokumentieren und das Haus der Plantagenêts hierdurch in die Herrschaftstradition der Anglonormannen bzw. Angelsachsen einzuordnen. In diesem Zusammenhang ist die Förderung des Artus-Kultes zu sehen, der sowohl eine Verbindung des Angevinen zu dem „Idealkönig“ der höfischen Gesellschaft konstituieren als auch durch die angebliche „Arthur-/Artus-Lehnsmannschaft“ König Heinrichs dem angevinischen Reich „*eine die eigene Gegenwart verpflichtende arthurische Vergangenheit*“ schaffen sollte.[3] Schließlich ermöglichte die Rezeption der angelsächsisch-anglonormannischen Herrschaftsideologie bzw. der „*Britannia*-Idee“ eine Legitimierung expanisionistischer Unternehmungen des Plantagenêts wie die Eroberung Irlands. Der Becket-Mord und die wachsenden Spannungen zu den englischen Großen infolge der ständigen Forderungen des Monarchen nach immer mehr feudalen bzw. finanziellen Leistungen der Angehörigen des englischen *regnum* verdüsterten hingegen das Bild des Angevinen in der Öffentlichkeit gegen Ende seiner Herrschaft.

Richard I. war sich – wie sein Vater – seit Beginn seiner königlichen Herrschaft der Bedeutung von Propaganda und literarischer Patronage für seine Herrschaft bewußt, zumal er bereits in der Jugend durch die ritterliche Lebenswelt am Hofe der Mutter in Poitiers geprägt wurde.[4] Insofern wird man die Patronage-Maßnahmen des Sohnes, die weitaus geringer als zu Zeiten König Heinrichs ausfielen, vorrangig in der Tradition der angevinischen Herrschaftspropaganda sehen müssen, die nach dem Tode Richards von König Johann – jedoch weniger erfolgreich – fortgesetzt wurde. So dauerte das „Goldene Zeitalter“ der Historiographie in England unter Richard I. an, da geistliche Chronisten wie Richard von Devizes, Wilhelm von Newburgh und Gervasius von Canterbury und weltliche Autoren wie Radulf von Diceto und Roger von Howden das herrscherliche Handeln wie zu Zeiten Heinrichs II. ausführlich dokumentierten.[5] Trotz der Einbindung Richards in die propagandistisch funktionalisierte Patronage-Tradition der Angevinen erfolgte unter ihm aber eine deutliche Akzentverschiebung. War Heinrich bestrebt gewesen, vorrangig die Bedeutung des angevinischen Herrscherhauses historisch zu begründen und dessen Machtanspruch zu rechtfertigen, so dachte sein Sohn weniger an die Dynastie der Plantagenêts als an seine eigene Person. Bereits als Herzog von Aquitanien besaß Richard offenbar einen präzisen „Lebensentwurf“, der von den Normen ritterlicher Existenz bzw. chevaleresker Lebensführung geprägt zu sein schien. Hieran orientierte der Angevine konsequent sein herrscherliches Handeln, wobei er schon früh bemüht war, vor allem durch seine kriegerischen Aktivitäten und den persönlichen Einsatz im Kampf eine Art „Mythos“ um seine Person entstehen zu lassen.

Diese Tendenzen scheint Richard nach der Thronbesteigung bzw. nach Beginn des Kreuzzuges intensiviert zu haben, indem er besonders durch den persönlichen Kampfeinsatz seine reale Existenz dem sich bei den Zeitgenossen entwickelnden Mythos vom vorbildlichen *„roi-chevalier“*[6] anzunähern versuchte. Hierbei spielte die Schaffung einer loyalen ritterlichen Gefolgschaft – zumeist poitevinischer Herkunft – eine ebenso große Rolle wie die Förderung von ergebenen Autoren, die in literarischen oder historiographischen Werken die Person ihres Mäzens in wachsendem Maße verherrlichten. In diesem Kontext ist auch die Fortführung des Arthur-/Artus-Kultes zu sehen, den Richard gestärkt zu haben schient, zumal er die Möglichkeit einer Verbindung seiner eigenen Person mit der Figur des idealtypischen Monarchen der höfischen Gesellschaft erkannt haben dürfte. Im Gegensatz zu Heinrich II., von dessen angeblich despotischer Regierungsweise sich der Sohn sofort nach der Thronbesteigung demonstrativ zu distanzieren suchte, war Richard primär an einer Verherrlichung und Glorifizierung seiner eigenen Person und nicht an weitergehenden dynastischen Interessen o. ä. interessiert. Dieses stark egozentrierte Streben des Angevinen wurde spätestens seit Beginn des Kreuzzuges durch die Existenz einer kapetingischen Propaganda intensiviert, die vom französischen Königshof ausging und die das Bild des englischen Rivalen Philipps in der Öffentlichkeit negativ beeinflussen sollte.[7]

Der Fürst scheint auch nicht gezögert zu haben, persönlich an der Gestaltung seines Bildes bei den Zeitgenossen mitzuwirken, wobei Richard angeblich auf den fragwürdigen Mythos seiner Familie und ihre sagenumwobene Herkunft zurückgegriffen haben soll. Nach Chronistenangaben ließ er bereits 1174 am Hof in Poitiers die Legende über seinen Vorfahren Graf Fulko

Nerra verbreiten, der mit einer Frau unbekannter Herkunft verheiratet gewesen sei. Diese soll sich schließlich als teuflisches Wesen entpuppt haben, nachdem sie lange Zeit beharrlich den Besuch der Messe gemieden hatte, jedoch bei einem durch Fulko erzwungenen Besuch eines Gottesdienstes angesichts der Eucharistie die Kirche fluchtartig verlassen haben und gemeinsam mit ihren Kindern durch ein Fenster des Gotteshauses fortgeflogen sein soll. Hieraus leitete der Angevine das weitere Schicksal seiner Familie ab, die nicht nur vom Teufel abstamme, sondern auch wieder zum Satan zurückkehren werde.[8] Richard scheute sich offenbar nicht, mit dieser Legende eher das Unheimliche und Bedrohliche in der Geschichte seiner Familie zu betonen und als Herrscher sowie als Mitglied dieser Dynastie bei Untertanen wie Gegnern Angst und Schrecken zu verbreiten.

Im Gegensatz zu seinem Vater betrieb Richard als König keine solch umfangreichen Patronage-Maßnahmen zur Förderung von Literatur und Geschichtsschreibung, zumal seine Hofhaltung während des Kreuzzuges und der anschließenden Gefangenschaft notwendigerweise stark eingeschränkt war. Dennoch blieb die besondere Affinität des Angevinen zur Welt der Troubadoure und deren Dichtung auch während seiner Königsherrschaft erhalten. Wunschgemäß priesen zahlreiche Poeten – wie etwa Bertran de Born – das besondere Streben des Angevinen nach „*pretz*“ (*honor*), dessen Ehre und Ansehen dank der chevaleresken Lebensführung ständig gewachsen sei. Trotz seiner mitunter kritischen Haltung gegenüber dem Angevinen lobte Bertran den persönlichen Mut und die Kampfbereitschaft des „Löwen“, dem er die angebliche Feigheit des kapetingischen „Lammes“ gegenüber stellte.[9] Auch andere Troubadoure wie Peire Vidal, Arnaut Daniel und Guiraut de Borneil priesen die Heldentaten des Monarchen – immer in Erwartung auf materielle Gegenleistungen des Gefeierten.[10]

Auch zeitgenössische Historiographen begannen, die Person des Fürsten und vor allem dessen standesgemäße Freigebigkeit zu loben. In der Hoffnung auf baldige Förderung tat sich Gerald von Wales hervor, der den angevinischen Prinzen bereits ca. 1189 verherrlichte und seine „*strenuitas*“, „*largitas*“ und „*constantia*“ pries. Das Herrscherlob sollte sich jedoch später bei dem walisischen Kleriker, der sich von Heinrich II. wie Richard gleichermaßen unzureichend gefördert sah, in ein vernichtendes Verdammungsverdikt über das gesamte angevinische Herrscherhaus und in einen Lobpreis der kapetingischen Monarchen wandeln, von denen Gerald nunmehr Unterstützung erwartete.[11] Andere Geschichtsschreiber priesen das angeblich vorbildliche „höfische Verhalten“ (*curialitas*) ihres Gönners sowie die Heiterkeit (*hilaritas*) und große Selbstkontrolle (*disciplina/temperantia*) des Monarchen. Auffällig ist bei den Chronisten die Betonung der besonderen Bildung und Sprachkompetenz Richards, wobei Radulf von Diceto angesichts dessen kriegerischer Aktivitäten behauptete, der König benötige mehr gelehrte Berater als Soldaten.[12]

Die von Richard geförderte Verherrlichung seiner Person und chevaleresken Existenz wurde spätestens seit Beginn des Kreuzzuges nachhaltig intensiviert, zumal Mitglieder der englischen Heereskontingente bzw. Augenzeugen der Geschehnisse im Heiligen Land nach der Beendigung des Unternehmens Beschreibungen der „bewaffneten Wallfahrt" anfertigten. Insbesondere in den Werken von Ambroise (*L'estoire de la Guerre Sainte*) und eines anonymen Kaplans der Templer (*Itinerarium peregrinorum et gesta regis Ricardi*) wurde der Angevine zu einem Kreuzzugsheros gemacht, dessen Kampfeskraft und Mut unvergleichlich erschienen und dessen Kühnheit selbst von den muslimischen Gegnern neidvoll anerkannt wurde. Richards Vorliebe für den gefährlichen Zweikampf um des Kampfes willen und sein Streben, sich im „*fight hand-to-hand forever*"[13] zu beweisen, waren hierbei nicht zu übersehen. Immer stärker stilisierte man den Plantagenêt zu einem „*romance hero*", der geradezu militärische Wundertaten vollbrachte und als unvergleichliche Erscheinung (*flos virtutis et vertex militiae*) allen Zeitgenossen – und insbesondere König Philipp August und den französischen Rittern – weit überlegen war. Schließlich verglich der Anonymus den angevinischen Monarchen sogar mit antiken Helden, da Richard so tapfer wie Hector, so freigiebig wie Achilles und so beredt wie Nestor sei; auch mittelalterlichen Helden wie Roland stand Richard hinsichtlich der *virtus* nicht nach.[14] Angeblich verleumderischen Propagandaaktivitäten von kapetingischer Seite, die – wie etwa Rigord und Wilhelm der Bretone – den Plantagenêt als ruchlos, hinterhältig und skrupellos darstellten,[15] begegnete man im angevinischen Lager mit einer noch weitergehenden Heroisierung Richards.[16] Dieser wurde bereits zu Lebzeiten zu einer semi-mythischen Figur, deren reale Existenz immer engeren Bezug zum Heldenmythos erhalten sollte und die man schließlich zum Inbegriff des idealtypischen Königs zu steigern suchte.

Diese Propagandabemühungen im angevinischen Reich zur Verherrlichung des Monarchen und zur Entwicklung eines Heldenmythos erwiesen sich bereits zu Lebzeiten Richards als erfolgreich. Eine weitere Steigerung erhielt seine Heroisierung nach dem überraschenden Tode des Monarchen, der insbesondere von zahlreichen Troubadouren verherrlicht wurde. So klagte der Troubadour Gaucelm Faidit über das Sterben seines früheren Gönners:

> „Ihr wißt, von wem ich jetzt erzählen werde;
> denn er war wirklich unser größter Held auf dieser Erde:
> Der mächtge Richard, Englands König, jedem wert,
> ist tot! Oh Himmel, daß nur jeder meine Klage hört!
> Welch schrecklich' Wort, und wie schwer ist es zu sagen!
> Nur ein versteinert' Herz kann diesen Kummer ohne Regung tragen.
> Tot ist der König! Und seit vielen hundert Jahren
> hat man keinen seiner Art auf Erden angetroffen
> und auch nichts von einem solchen Mann erfahren.

Freigebig, tapfer und bekannt in allen Reichen,
kaum noch mit Persiens Alexander zu vergleichen;
Und selbst bei dem konnt' niemand auf so reiche Gabe hoffen.
Den großen Karl und König Artus hat er übertroffen.
Er zwang die Welt – ich kann in Wahrheit es bezeugen –,
sich halb in Liebe, halb in Furcht vor ihm zu beugen".[17]

Auch in den Totenklagen anderer Troubadoure – wie Gottfried von Vinsauf – tauchten ähnliche Elemente der Heroisierung auf, die die chevalereske Lebensweise und besonders die Freigebigkeit (*largitas*) des Verstorbenen priesen. Nur schwach waren im Vergleich zu den Lobgesängen kritische Stimmen, die – wie Gerald von Wales – den plötzlichen Tod des Angevinen als göttliche Strafe für seine „*tyrannica superbia*" betrachteten. Roger von Howden und Radulf von Coggeshall bemängelten nachdrücklich die Steuerforderungen des verstorbenen Herrschers, da nach Einschätzung des letztgenannten Chronisten zu keiner Zeit in keinem Land ein Monarch solche Geldsummen aus seinem Land gepreßt habe, wie dies durch Richard in der Zeit nach der Entlassung aus der deutschen Gefangenschaft geschehen sei.[18] Bezeichnenderweise wurde jedoch keinerlei Klage über eine angebliche Vernachlässigung des englischen Reiches durch den Angevinen infolge ständiger Abwesenheit laut – eine Kritik, die offensichtlich nicht von den Zeitgenossen des Monarchen, sondern erst sehr viel später von Historikern seit dem 19. Jahrhundert geübt wurde.[19]

Hingegen wurde ein Vorwurf, den bereits einige Zeitgenossen bezüglich der Herrschaftsausübung Richards zumindest indirekt erhoben hatten, auch in der neueren historischen Forschung zu wenig beachtet – nämlich der Mißachtung des *publicum commodum*. Zwar wurde von zeitgenössischen Chronisten und von modernen Historikern – wie erwähnt – die angeblich idealtypische Verwirklichung hochmittelalterlicher Vorstellungen vom Königtum durch Richard betont. Hiernach erfüllte der Angevine vorbildlich seine Aufgaben als Monarch gemäß seines Krönungseides: Schutz der Kirche, Ausübung der Rechtsprechung und Verhinderung ungerechter Gesetze und Gewohnheiten. Hinzu kamen neben der Fürsorge für Witwen und Waisen die Verpflichtung zur Wahrung des Friedens, zum Schutz der Untertanen gegenüber zumeist äußeren Bedrohungen und später auch zur Verteidigung aller Rechte, Würden und Freiheiten der Krone. Schließlich hatte der Herrscher das *bonum commune* bzw. *publicum commodum* zu wahren, deren Sicherung bedeutende Theologen wie Johannes von Salisbury oder Juristen wie die Autoren der „*Leges Henrici*" gefordert hatten.[20]

Hier konnte die Kritik an der Regierung Richards ansetzen, der zwar wichtige herrscherliche Tugenden wie Tapferkeit und Kampfeswillen besaß, jedoch in seinem Handeln dem *bonum commune* zu wenig Beachtung schenkte. Der *princeps*, der seine Herrschaft von Gottes Gnaden erhalten hatte, war in seinen herrscherlichen Aktivitäten nicht nur an das Recht gebunden, sondern auch zum Dienst für das *publicum commodum* verpflichtet. Wesentliche Kennzeichen tyrannischer Herrschaft bestanden daher einerseits in der Mißachtung des *bonum commune* durch die Beeinträchtigung von Recht und Gesetz, andererseits in der Schmälerung der *libertas ecclesiae* durch den Herrscher – schwere Vergehen, denen sich die angevinischen Monarchen seit Heinrich II. – etwa nach Ansicht Geralds von Wales – schuldig gemacht hatten. Besonders Richard I. übte nach Gerald auf der Insel eine Tyrannei aus, indem er die Freiheiten der Kirche durch deren schwere materielle Belastung schmälerte. Zudem bestand eine gravierende Diskrepanz zwischen der Wahrung des *bonum commune* und der Verteidigung von Recht und Besitz des Monarchen, wie sie Richard seit dem Ende seiner Gefangenschaft betrieb. Die Rechte des englischen *regnum*, zu deren Sicherung sich die Barone des Inselreiches bereit erklärten, waren nicht identisch mit den Ansprüchen, die der Angevine gegenüber dem kapetingischen Monarchen durchzusetzen versuchte. Da die Verteidigung des angevinischen – d.h. nicht englischen – Reiches von den Großen der Insel zunehmend als „Privatsache“ des Königs angesehen und daher entsprechende feudale Dienstleistungen abgelehnt wurden, erschienen den Baronen auch die finanziellen Forderungen des Herrschers als Verletzung alten Rechtes und als tyrannische Machtausübung. Insofern betrachteten zahlreiche englische Große die Regierung Richards eben nicht als Herrschaft eines „idealtypischen Monarchen“, sondern als Tyrannei eines egozentrischen Fürsten. Dennoch ging man zur Wahrung des Rechtes und zur Sicherung der Interessen der Angehörigen des englischen *regnum* erst gegen den folgenden königlichen „Tyrannen“, Johann, gewaltsam vor und zwang diesen zum Erlaß der *Magna Carta*.[21]

Ungeachtet dieser – zumeist vereinzelten – Kritik an der Regierungspraxis Richards war der Monarch bereits gegen Ende des Lebens zu einer semi-legendarischen Figur geworden, die wenig Bezug zur realen historischen Existenz des Angevinen besaß. Nur zu gerne entwickelten Chronisten wie Roger von Wendover oder Matthaeus Paris im 13. Jahrhundert das Bild vom idealtypischen Monarchen weiter, der zum allgemein gültigen Maßstab für die christlich-abendländischen Könige schlechthin gemacht wurde. Gegen Ende des 13. Jahrhunderts trat im Zusammenhang mit den Kriegen Eduards I. in Frankreich eine weitere, nunmehr politische Komponente bei der Rezeption des Richard-Bildes hinzu – nämlich die Betonung eines „nationalen“ Elements im Handeln des Angevinen, dessen Siege über den kapetingischen Widersacher auch als Ausweis für die Überlegenheit der englischen „*gens*“ gegenüber anderen Völkern (insbesondere den Franzosen) betrachtet wurden. Der „nationale“ Aspekt wurde während der Regierung Eduards III. nach dem Ausbruch des Hundertjährigen Krieges im

Zusammenhang mit der allmählichen Ausbildung eines „Nationalgefühls" im Inselreich weiter verstärkt, während kritische Elemente im Bild Richards als Idealtyp des mittelalterlichen Monarchen weitgehend fehlten. Bis weit in die Neuzeit hinein blieb dieses „Image" des Angevinen unverändert, obwohl das Interesse an der Person Richards und vor allem an seiner Rolle als heldenhafter Kreuzfahrer zunehmend schwand.[22]

Mindestens ebenso wichtig für die Rezeptionsgeschichte des Löwenherz-Bildes waren die Adaption und Weiterentwicklung einzelner Motive aus der Historie des Angevinen, die zunehmend legendenhafte Züge erhielt. Hierbei sind mindestens vier Entwicklungsstränge zu unterscheiden, die lediglich erwähnt und nicht ausführlicher dokumentiert werden können. Gemeinsam ist allen thematischen Einzelentwicklungen die Hinzufügung bzw. Vertiefung spezieller Motive bzw. Themen, die in den frühen Quellen zur Geschichte des Plantagenêts entweder nur angedeutet wurden oder gar nicht auftauchten und von den späteren Bearbeitern hinzugefügt wurden. So kam es zu einer „Anlagerung" neuer Legenden, die zunehmend eine Eigenentwicklung durchliefen und gleichzeitig das stark legendenhafte Bild von Löwenherz mit transportierten.[23] Ein erster thematischer Entwicklungsstrang der neuen legendarischen Traditionen betraf die komparatistische Darstellung der Aktivitäten Richards während des Kreuzzuges im Blick auf seinen bedeutendsten muslimischen Widersacher – Saladin. Während das Bild des Sultans bei den zeitgenössischen christlichen Chronisten oftmals negativ war und zum Teil von seinen Massakern an den Templern und Johannitern nach der Schlacht von Ḥiṭṭīn geprägt blieb, veränderten sich die Vorstellungen der Christen von ihrem wichtigsten muslimischen Gegenspieler im Verlauf des Dritten Kreuzzuges. Man kam nicht umhin, die militärischen Erfolge Saladins – wenn auch widerstrebend – anerkennend zu würdigen. Gleichzeitig bot die Schilderung der militärischen Qualitäten und persönlichen Tapferkeit des Sultans den Autoren die Möglichkeit, den Ruhm und die Siege des Angevinen im Kampf gegen seine muslimischen Feinde um so intensiver verherrlichen zu können. Hinzu traten Tendenzen zu einer legendarischen Ausschmückung der Konflikte der beiden Fürsten, indem nicht nur ein persönlicher Zweikampf zwischen Richard und Saladin, sondern auch der Versuch einer magischen Beeinflussung der Auseinandersetzungen mit dem Plantagenêt durch den Sultan angenommen wurde.[24]

Die erwähnten Tendenzen zu einer Eigenentwicklung von „angelagerten Legenden" in der Rezeptionsgeschichte des Bildes von Richard wurden besonders für Saladin deutlich, der nicht länger als mordgieriger Barbar, sondern zunehmend als „edler Heide" erschien. Prägend für diese Vorstellung war einerseits das Verbot des Sultans, in den eroberten Gebieten des Königreiches Jerusalem Christenverfolgungen durchführen oder christliche

Heiligtümer zerstören zu lassen. Hinzu kam der Verzicht auf eine Missionierung der christlichen Untertanen im Herrschaftsgebiet Saladins, der hieran vor allem aus finanziellen Gründen (hohe Steuerzahlungen von Nicht-Moslems) kein Interesse haben konnte. Andererseits empfanden auch Christen die Vertragstreue des Sultans als bemerkenswert, der konsequent Vereinbarungen mit Christen einhielt, während sich diese – wie etwa König Guido von Lusignan 1188 – oftmals durch willfährige Geistliche von ihren eidlichen Verpflichtungen gegenüber Muslimen entbinden ließen. Schließlich scheint die persönliche Lebensführung des Sultans beachtlichen Eindruck auf die christlichen Autoren gemacht und eine weitergehende Legendenbildung gefördert zu haben, wobei insbesondere seine Freigebigkeit bzw. „*milte*" als vorbildlich und beispielhaft für christliche Fürsten dargestellt wurde. Seit dem 13. Jahrhundert erfolgte eine Intensivierung der Verherrlichung der angeblichen besonderen „Toleranz" Saladins gegenüber Christen, dem man gleichsam „ritterliche" Verhaltensweisen attestierte; diese erschienen nur verständlich, indem man eine heimliche Konversion des Sultans zum Christentum annahm.[25] Auch in der arabisch-muslimischen Literatur setzte bereits zu seinen Lebzeiten eine noch intensivere Verherrlichung Saladins ein, der hiernach in göttlichem Auftrage siegte, als Idealtyp eines Herrschers (*al-Malik*) erschien, ein unbesiegbarer Feldherr war und dessen Milde bzw. Großzügigkeit gepriesen wurde.[26] Hiervon unberührt blieb die anhaltende Kritik an Saladin von seiten der Schiiten, die den Sturz des fatimidischen Kalifats in Ägypten durch den sunnitischen Usurpator ebenso ablehnten wie dessen Anspruch, den wahren Islam zu verbreiten und hierzu auch einen Djihad durchzuführen.

Das Interesse an der Figur Saladins blieb seit dem Spätmittelalter sowohl im muslimischen als auch im christlichen Kulturkreis ungebrochen. So erfuhr das Saladin-Bild im Abendland eine ständige Fort- und Eigenentwicklung, während die Person König Richards in diesem Zusammenhang immer stärker in den Hintergrund trat. Insbesondere Voltaire und Lessing prägten seit Mitte des 18. Jahrhunderts das Bild vom „edlen Heiden" Saladin, dessen religiöse Toleranz als vorbildlich für die Zeitgenossen dargestellt wurde. Sogar eine politische Funktionalisierung erfuhr die Figur Saladins seit dem 19. Jahrhundert, indem der deutsche Kaiser Wilhelm II. 1898 im Zusammenhang mit seiner expansiven Imperialpolitik eine Reise nach Damaskus – organisiert von der Firma Thomas Cook – zum Grab Saladins unternahm. Dieses ließ der Preuße nicht nur mit eigenen Geldmitteln aufwendig renovieren, sondern dokumentierte seine Verehrung für den Sultan durch die Niederlegung eines Bronzekranzes am Grabmal. Zudem pries der Kaiser Saladin als „Ritter ohne Furcht und Tadel, der oft seine Gegner die rechte Art des Rittertums lehren mußte".[27] Seit dem Zusammenbruch des Osmanischen Reiches erfuhr die Verherrlichung Saladins in der arabischen Welt eine Wiederbelebung, die bis zum heutigen Tage anhält und den

Sultan – ungeachtet fortbestehender schiitischer Kritik – als Vorkämpfer des Islams und als Freiheitsheld feiert.[28]

Der zweite Entwicklungsstrang in der Rezeptionsgeschichte des Richard-Bildes betraf die Transponierung von Material aus der lateinischsprachigen Chronistik in die volkssprachliche Literatur. Hiermit verbunden waren gleichzeitig eine Verstärkung von legendenhaften Elementen und eine „Popularisierung" des Herrscherbildes. Abgesehen von der Rezeption bestimmter Elemente der englischen Löwenherz-Tradition in der deutschsprachigen Dichtung, auf die hier nicht eingegangen werden kann, prägten besonders mittelenglische Texte wie der „*Versroman über Richard Löwenherz*" eines Anonymus des 14. Jahrhunderts[29] das zunehmend legendenhafte Bild des Monarchen. Diese legendarischen Tendenzen wurden u. a. deutlich in der Ausbildung immer neuer und phantasievoller Geschichten aus den Kämpfen des Angevinen – wie etwa in der Episode um die Entstehung des Beinamens „*Löwenherz*". Nach einer mittelenglischen Legende mußte Richard auf Weisung des deutschen Königs Mordred, dessen Tochter sich während der Gefangenschaft des Angevinen in ihn verliebt hatte, zur Strafe mit einem Löwen um sein Leben kämpfen. Gegen alle Erwartung gelang es dem englischen Monarchen, dem angreifenden Tier mit bloßer Hand – in einer anderen Version mit Hilfe eines Dolches – das Herz durch den Hals herauszureißen, das Richard genüßlich im Angesicht der Feinde verspeiste.[30] Die weitere Rezeption von Löwenherz-Motiven in der englischsprachigen Literatur verlor immer stärker den Bezug zur historischen Wirklichkeit und ließ den Herrscher durch die weitere Ausschmückung der legendenhaften Elemente – wie bei Shakespeare und Holinshed – zunehmend zu einer literarischen Kunstfigur werden. Daher ist es nicht verwunderlich, daß sich „*das literarische Fortleben von Richard Löwenherz […] bis ins 18. Jahrhundert vorwiegend auf der Bühne*" vollzog.[31]

Die Tendenzen zur Verbindung legendenhafter Episoden, die keinerlei Grundlage in der zeitgenössischen Historiographie besaßen und völlig anderen Erzähltraditionen entstammten, wurden besonders im dritten Entwicklungsstrang in der Rezeptionsgeschichte des Löwenherz-Bildes deutlich. Dieser betraf die Rezeption und Entfaltung des Blondel-Motivs, das ca. 1260 erstmalig auftauchte und in der Folgezeit mit anderem, fremdem Märchen- bzw. Erzählgut angereichert wurde. Hiernach begab sich der *ménestrel* Blondel während der Gefangenschaft Richards auf die Suche nach seinem inhaftierten Herrn, wobei er sich nach längerem Umherirren in einer Burg – in einer Version im Besitz König Mordreds – einen Winter lang als Sänger verdingte. Erst zum folgenden Osterfest gelang es dem Gefährten, durch den Gesang der ersten Strophe eines – früher mit Richard gemeinsam komponierten – Liedes den inhaftierten Herrscher auf sich aufmerksam zu machen. Dieser gab sich durch den Gesang der zweiten, nur ihm und seinem Vertrauten bekannten Strophe zu erkennen, woraufhin Blondel nach England reiste. Hier veranlaßte der Sänger nach einer Textversion bei den englischen Baronen den Beginn von Verhandlungen zur Freilassung Richards, nach einer anderen Fassung initiierte der *ménestrel* sogar erfolgreich eine spektakuläre Befreiungsaktion für seinen Fürsten.[32]

Das Hauptmotiv der Erzählung über Blondel, die völlig unhistorisch und fabulös ist, wurde seit der Mitte des 13. Jahrhunderts kontinuierlich erweitert und durch den sog. *ménestrel von Reims* mit der historisch nachweisbaren Person des Blondel de Nesle in Verbindung gebracht. Der bekannte Trouvère wurde zwar um 1155 in Nesle geboren und war daher ein Zeitgenosse des Angevinen. Dennoch gibt es keinerlei Nachrichten von persönlichen Beziehungen des Sängers zu Richard, wie sie erst die Récits aus Reims behaupteten. Zudem scheinen sich in der Blondel-Episode in den Récits längst bekannte und tradierte Elemente aus dem internationalen Märchengut manifestiert zu haben, die in der Folgezeit weiter ausgeschmückt und in vielfältiger Weise rezipiert wurden.[33] Dies geschah bis weit in das 19. Jahrhundert in unterschiedlichen literarischen Genera und sogar in der Musik, wie zahlreichen Operntiteln zu entnehmen ist. Besondere Breitenwirkung in der Öffentlichkeit dürfte auch den zahlreichen Balladen und Gedichten über Löwenherz und seinen treuen Freund Blondel zugekommen sein, von denen exemplarisch eine Sage aus der Mitte des 19. Jahrhunderts zitiert sei:

Richard Löwenherz und Blondel

[...]

2.
Herr Richard sitzt am Fensterlein
Und lugt betrübt hinaus –
Dort außen flutet hell der Rhein,
Es schallt wie Wogenbraus.

Dort klingt und wallt der grüne Rhein
In lichter Abendglut,
Die Burgen schauen stolz darein,
Sich spiegelnd in der Flut.

„O daß ich ewig liegen muß
Im alten Felsenhaus!
O trüge mich der deutsche Fluß
Ins weite Meer hinaus!

Ins weite und ins freie Meer
Bis an mein Heimatland; /
Oft leuchtet mir im Traume her
Sein weißer Felsenstrand!“

Er drückt sich auf die dunkle Bank
Und wünscht den Tod heran;
Das Auge trüb, das Herze krank,
Stiert er den Boden an.

Dem alten Kummer gibt er Raum,
Wird ihm auch noch so bang –
Und lieblich tönt's in seinem Traum
Wie frommer Harfenklang.

Wie jenes Lied, das oft daheim
Er sang an Freundesbrust. –
Der Traum ist süß – der alte Reim
Schwellt ihn mit hoher Lust.

Er sieht sich wieder froh und frank.
Und doch – das ist kein Traum!
Das ist Gesang! – Er läßt die Bank,
Er lauscht am Gittersaum:

Von unten schallt es mild herauf,
Wie nie ein Trost erscholl –
Da geht ein Licht ihm strahlend auf:
„Mein Blondel liebevoll!"

Mit weicher Stimme fällt er ein
Und singt das Lied zu End'.
„Das möge dir ein Zeichen sein,
Auf daß mein Leid sich wend'!"

Er weiß, nun ist vorbei die Not,
Die Träne rinnt herein –
Und draußen glüht das Abendrot
Und rauscht der grüne Rhein.

3.
„Mein Richard, o mein Richard!" –
„Mein Blondel, treu und gut!"
Sie halten sich umschlossen
In ihrer Liebesglut.

Der Sänger mit der Laute,
Der König im Purpurkleid –
Zwei treue Freundesherzen
In Freud und in Leid.

Sie halten sich umschlossen
Und weinen leis und lind;
„O glücklich, dreimal glücklich,
Daß ich dich wiederfind'!"

Es mahnt sie an die Ferne
Und an die Burg am Rhein,
An seine grünen Wellen
Und an den güldnen Wein

Und an die stille Zelle
Und an des Liedes Klang –
Sie halten sich umschlossen
Und weinen leis und lang.[34]

Vor allem in der späteren Rezeption des Blondel-Motivs wird deutlich, in welchem Maße die Person des historischen König Richard in den Hintergrund trat und andere Elemente – wie etwa das unverbrüchlicher Treue und Freundschaft – dominierten. Zudem wies die neuere Forschung auf homoerotische bzw. homosexuelle Motive in den Darstellungen der Beziehung von Blondel zu Löwenherz hin, wie sie etwa in dem eben zitierten Legenden-Text möglicherweise angedeutet wurden.[35]

Der vierte und bedeutendste Entwicklungsstrang in der Rezeptionsgeschichte des Löwenherz-Bildes betraf schließlich die Verbindung der Lebensgeschichte König Richards mit Erzählgut über den Balladenhelden Robin Hood.[36] Die frühesten administrativ-jurisdiktionellen Zeugnisse, in denen ein Robin Hood (oder Robert Hod) auftauchte, datieren aus den 30er Jahren des 13. Jahrhunderts, wobei unterschiedliche zeitgenössische Verbrecher wohl des öfteren mit demselben Namen „*Robyn Hood*" oder „*Robehod*" bezeichnet wurden. Die früheste literarische Erwähnung des Geächteten geschah durch William Langland in der B-Version von „*Piers Plowman*" (1377), gefolgt von der Nennung einer angeblich historischen Persönlichkeit Robin Hood im „*Scotichronicon*", dessen erste Fassung Johann Fordun zwischen 1377 und 1384 erstellte. Noch jünger sind die bedeutendsten Balladen, die das Wirken des Outlaws verherrlichten – „*A Gest of Robyn Hode*" (wahrscheinlich um 1400 entstanden), „*Robin Hood and the Monk*" (handschriftliche Überlieferung ab ca. 1450) und „*Robin Hood and the Potter*" (als Zunft-Schwankballade ca. 1500 niedergeschrieben); früheste Druckfassungen der erwähnten Werke datieren aus dem frühen 16. Jahrhundert.[37] Da alle genannten Texte unterschiedliche, jedoch voll ausgebildete Erzähltraditionen voraussetzten, werden die hierin verarbeiteten Materialien deutlich älter gewesen sein. Die genannten drei Balladen bildeten den Kern des Corpus der Robin-Hood-Texte, die in der Folgezeit um mindestens 35 Stücke erweitert und sowohl einzeln als auch in Werksammlungen („Girlanden") überliefert und thematisch ergänzt wurden.

Nur in einer der frühen Balladen erfolgte die Erwähnung einer Beziehung des Geächteten zum englischen Monarchen, der als „*Edwarde, our comly kynge*" bezeichnet wurde und historisch am wahrscheinlichsten mit Eduard II. zu identifizieren ist. Dieser kam zwar 1323 im Verlauf der Kämpfe gegen baroniale Rebellen nach Nottingham, doch sind keinerlei glaubhafte Nachrichten über eine mögliche Begegnung des Herrschers mit dem bekannten Räuber bzw. dem Teilnehmer an der „*Lancastrian revolt*" bekannt. Erst ca. 200 Jahre später kam es zu einer zeitlichen Verbindung der Aktivitäten der „*merry men*" um Robin mit der Regierung König Richards I., indem der Schotte John Major 1521 in seiner „*Historia maioris Britanniae*" diese zeitliche Einordnung – jedoch ohne Quellennachweise – vornahm. Hier wie in zahlreichen jüngeren Texten, die Hood-Motive aufnahmen und weiter entwickelten, war die Person des Monarchen eher eine Randfigur. Im Mittelpunkt des Erzählinteresses standen hingegen die Geächteten um Robin, deren Leben zumeist von der illegalen Jagd in den idyllischen Königswäldern in Sherwood bzw. Barnsdale und vom Widerstand gegen Oppressionen von seiten des Abtes von St. Mary's in York sowie des – namentlich nicht genauer bezeichneten – *sheriffs* von Nottingham bestimmt wurde. Der geschilderte Lebensstil der jungen Robin-Gefolgsleute, die gemeinsam und ohne Frauen im Einklang mit der Natur in den Wäldern lebten, hatte deutlich sozialkritische Implikationen. Hier wurde die Möglichkeit der Realisierung einer anderen, neuen Lebensform verdeutlicht, die ritterliche Existenznormen aufzugreifen und einen Gegenentwurf zum kritikwürdigen, zeitgenössischen gesellschaftlichen Leben im Inselreich darzustellen schien. Diese Feststellung gilt besonders für die Person Robins, der in den frühen Balladen als *Yeoman* charakterisiert, in jüngeren Texten seit dem 16. Jahrhundert hingegen ständisch aufgewertet und zum Earl (von Huntingdon) bzw. Grafen gemacht wurde.[38]

Noch jünger sind schließlich die heute bekannten Charakteristika des Geächteten – nämlich einerseits der Kampf des angeblichen Angelsachsen Robin zugunsten seiner Stammesgenossen gegen die Bedrückungen durch die normannische Besatzerschicht, andererseits die Angriffe des Outlaws auf reiche Angehörige der Oberschicht zum Wohle der Armen sowie auf korrupte Funktionsträger königlicher Herrschaft. Schließlich kam das Element des Eintretens der Outlaws für den abwesenden Monarchen Richard hinzu, dessen Macht durch den unwürdigen Königsbruder Johann mißbraucht und zur persönlichen Bereicherung einer korrupten Günstlingsclique benutzt wurde. All diese Elemente des Robin-Hood-Bildes entwickelten sich erst seit dem 16. Jahrhundert, wobei außer den Traditionen der englischen Maispiele (Robin als Maikönig) völlig andere thematische Elemente in Theaterstücken, Balladen usw. die Rezeption des Robin-Hood-Stoffes beeinflußten. In den meisten Texten stand der Geächtete unverändert im Mittelpunkt des Geschehens, während der Monarch – nunmehr Richard I. – eher eine Randfigur sowie den Repräsentanten legitimer königlicher Gewalt darstellte.

Spätestens seit dem 19. Jahrhundert wurde das Robin-Hood-Bild in einer Vielzahl literarischer Genera verbreitet und popularisiert, wobei Walter Scotts „*Ivanhoe*" (1819) eine zentrale Rolle zukam und das Bild des Outlaws sowie seines Königs in den folgenden Jahrzehnten maßgeblich beeinflußte. Abgesehen von der Sonderproblematik der Schaffung einer geeinten englischen Nation aus Angelsachsen und Normannen ist dem Bild von Robin und Löwenherz die Vorstellung gemeinsam, daß der Geächtete zum einen durch die Expropriation von Reichen, die zumeist widerrechtlich an ihr Vermögen gelangt waren, zumindest ansatzweise die gerechte Gesellschaftsordnung wieder herstellte. Dies geschah, indem der Räuber die Armen mit dem Beutegut aus den Überfällen auf Reiche versorgte und hierdurch die Lebensgrundlagen der Bedürftigen zumindest temporär verbesserte. Zum anderen erfolgte der Kampf Robins gegen Prinz Johann und den skrupellosen *sheriff* von Nottingham unter dem Vorzeichen, dem einzig wahren und würdigen Monarchen Richard I. gegen Usurpatoren die Königsmacht zu sichern und gleichsam stellvertretend für den Angevinen gerechte Königsherrschaft bis zu seinem Eintreffen zu sichern. Insofern ist der Kampf gegen Prinz Johann und seine Entourage nicht in erster Linie als Aufstand gegen die bestehende Gesellschaftsordnung, sondern als ein gewaltsames Eintreten zur Wiederherstellung einer gerechten Herrschaftsordnung zu verstehen, wie sie vor der Machtusurpation durch den Königsbruder bzw. seine Clique bestanden hatte und die durch diese pervertiert worden war. In dem ritterlichen Eintreten für Schwache und in der gewaltsamen Korrektur der Ausbeutung von bedürftigen Untertanen durch korrupte Angehörige der Oberschicht nahm der Outlaw zumindest ansatzweise Aufgaben wahr, die eigentlich vom König auszuführen gewesen wären. Insofern trägt das mitunter als „sozialrevolutionär" interpretierte Verhalten Robins eher restaurativ-konservative Züge im Bestreben nach Wiederherstellung bzw. Sicherung einer als gerecht betrachteten Herrschaftsordnung mit einem legitimen Monarchen Richard.[39]

Das skizzierte Bild von Robin Hood als sozialem Wohltäter und edlem Kämpfer gegen Herrschaftsusurpation und Machtmißbrauch wurde während des Rezeptionsprozesses seit dem 19. Jahrhundert nicht grundsätzlich verändert. Da man den Robin-Hood-Stoff zunehmend für die Kinder- und Jugendliteratur entdeckte bzw. verarbeitete, kamen verstärkt adressatenbezogene narrative Elemente hinzu (Abenteuer-Romane). Gleiches gilt für die vergleichsweise frühe Verarbeitung des Robin-Hood-Stoffes in Spielfilmen. Auch hier blieben die Hauptkomponenten der skizzierten Bilder von Robin und Löwenherz erhalten, wobei der Geächtete unverändert für den abwesenden Monarchen gegen den Usurpator Johann kämpfte und Richard zumeist als edler, ritterlicher Herrscher eher eine Randfigur darstellte. Diese thematische Struktur ist sowohl in den letzten Stummfilmen als auch in den frühen Tonfilmversionen feststellbar, wobei Löwenherz durchgehend erst am Ende des jeweiligen Filmgeschehens gleichsam als „Deus ex machina" auftauchte und Dank seiner starken Herrscherpersönlichkeit die zwischenzeitlich aufgetretenen Probleme autoritativ löste.[40] Prägend für das filmische Bild der beiden wichtigsten Protagonisten waren der Stummfilm von 1922 mit Douglas Fairbanks als früherem Earl von Huntingdon (*Robin Hood* – Regie A. Dwan) und die Tonfilmversion von 1938 mit Erroll Flynn als geächtetem sächsischen Adligen (*The Adventures of Robin Hood* – Regie M. Curtiz, W. Keighley). Beide Versionen boten in ihrer Interpretation der männlichen Hauptfiguren auffällige Bezüge zum zeitgenössischen politischen Geschehen und exemplifizierten an einem mittelalterlichen Paradigma sowohl das Streben nach Wiederherstellung der beeinträchtigten gesellschaftlichen Ordnung (nach dem Ersten Weltkrieg) als auch den notwendigen Kampf zur Abwehr von Willkür und Gewaltherrschaft (nach den Exzessen der Nationalsozialisten an Juden in Deutschland am Vorabend des Zweiten Weltkrieges).[41]

Nach dem Zweiten Weltkrieg wurde die filmische Neubearbeitung des Robin-Hood-Stoffes zumeist nach dem beschriebenen Grundmuster fortgesetzt; eine Ausnahme bildeten lediglich die Filme *The Bandit of Sherwood Forest* (1946 – Regie H. Levin, G. Sherman) und *Rogues of Sherwood Forest* (1950 – Regie L. Hare, G. M. Douglas), in denen das Auftreten der Geächteten in die Zeit von König Heinrich III. verlegt wurde und Robin Hood u. a. für die Durchsetzung der *Magna Carta* kämpfte. Die zahlreichen anderen Verfilmungen des Robin-Hood-Stoffes in den 50er und frühen 60er Jahren erfolgten in bewährter Weise – etwa in *The Story of Robin Hood and His Merrie Men* (1952 – Regie K. Annakin) und in *A Challenge For Robin Hood* (1967 – Regie C. M. Pennington-Richards). Den gesellschaftlichen und politischen Umständen der Filmproduktion entsprechend, erschien der Hauptprotagonist als *„clean-shaven and conservative in appearance"*[42] und kämpfte wie üblich für den rechtmäßigen Monarchen Richard bzw. gegen den intriganten und usurpatorischen Prinzen John. Zumindest indirekt wurde die Abwesenheit des Königs von England als Ursache für die eingetretenen Mißstände benannt, die Robin und seine Gefährten zu ihren Aktivitäten veranlaßten. Bereits Errol Flynn als Robin Hood hatte den heimkehrenden Monarchen gemahnt, endlich in seinem Reich zu bleiben und den herrscherlichen Pflichten nachzukommen. Insofern sind die kritischen Elemente im Richard-Bild auffällig, während gleichzeitig die Regisseure verstärkt um historische Authentizität und Genauigkeit der historischen Details bemüht waren – eine Entwicklung, die sich in den 70er Jahren fortsetzte und intensivierte.

Diese Tendenz war sogar in einer Trickfilmadaptation des Robin-Hood-Themas durch Walt Disney im Jahre 1973 deutlich (*Robin Hood*): Hier wurde der bekannte Stoff in einer Art „vermenschlichter Tierwelt" umgesetzt, wobei intensiver als bislang sozialkritische Töne bezüglich des großen Leides der bäuerlichen Bevölkerung im Feudalismus des Mittelalters hörbar wurden; hinzu kam eine zumindest indirekte Kritik an König Richard und an seinem Kreuzzugsunternehmen, das nur aufgrund der verderblichen Hypnose-Beeinflussung des königlichen Beraters Sir Hiss (einer Schlange) von dem Angevinen initiiert und realisiert wurde. Die kritischen Elemente im Bild des ritterlichen Heros Richard wurden in der Folgezeit weiter verstärkt, insbesondere 1976 in dem eindrucksvollen Werk von Richard Lester *Robin and Marian* mit Sean Connery (Robin), Audrey Hepburn (Marian) und Richard Harris (Richard) in den Hauptrollen. Hier wurde nicht nur erstmals ausführlich auf historische Quellen – nämlich auf die Berichte über das Massaker Richards an muslimischen Gefangenen im Heiligen Land und über seine Schatzsuche in Chalus-Chabrol – zurückgegriffen, sondern der Plantagenêt erstmalig als höchst abstoßender und geldgieriger Herrscher dargestellt, der aus purer Willkür sogar enge Vertraute wie Robin mit dem Tode bedrohte und keinerlei Interesse am Wohle des englischen Königsreiches zeigte.

Die beschriebenen Tendenzen in der Richard-Rezeption wurden seit den 80er Jahren in den Robin-Hood-Filmen nur partiell fortgesetzt – etwa in der TV-Serie *Robin of Sherwood* mit der Einführung eines muslimischen Gefährten des Geächteten (1984–1986 mit M. Praed und J. Connery, Regie I. Sharp u.a.). Besondere Beachtung fand 1991 – außer der Adaptation des Stoffes durch P. Bergin unter dem Motto *Robin Hood – ein Leben für Richard Löwenherz* (Regie J. Irvin) – der im selben Jahr produzierte Film *Robin Hood: Prince of Thieves* (Regie K. Reynolds) mit Kevin Costner in der Hauptrolle (Robin) und Sean Connery (als König Richard). Hier ging es zwar wie üblich um den Kampf Robins für die Entrechteten in England, doch dominierten Fantasy-und Action-Elemente; König Richard spielte wie so oft eine völlig untergeordnete Rolle und tauchte erst in der Schlußapotheose überraschend auf. Abgesehen von dem unübersehbaren Bemühen um „*political correctness*" zeichnete sich der Film in seinem Aufbau durch den Rekurs auf die mittelalterlichen Robin-Hood-Quellen und ihre Erzählstruktur aus und prägte bis zum Ende des Jahrhunderts maßgeblich die Robin-Hood-Rezeption. Dies zeigte sich u.a. in der Tatsache, daß sich M. Brooks im Jahre 1993 zu einer Parodie des Costner-Filmes in seiner Komödie *Robin Hood: Men in Tights* veranlaßt sah, die jedoch keinerlei neue Aspekte im Bild König Richards enthielt; Gleiches gilt grundsätzlich für die BBC-Neuverfilmung *Robin Hood* im Jahre 2006.[43]

Eher geringere Publizität erlangten hingegen die wenigen Filme, die sich intensiver einer Darstellung des Schicksals von König Richard widmeten. Dies geschah zumeist im Kontext von Monumentalfilmen zur Geschichte der Kreuzzüge, wie etwa 1935 in *The Crusades* (Regie C. B. De Mille). Hier erfolgte eine weitgehend unkritische Verherrlichung des Angevinen als Kreuzritter, wobei die vergleichsweise positive Würdigung des Gegenspielers Saladin ebenso auffällig ist wie in der 1954 erfolgten Verfilmung des Romans von Sir Walter Scott *The Talisman* (*King Richard and The Crusades* – Regie D. Butler). Abgesehen von der eindringlichen Schilderung der intriganten Aktivitäten Richards als junger, homosexueller Prinz im Kampf gegen den übermächtigen Vater (1968: *The Lion in the Winter* – Regie A. Harvey) dominierte in den wenigen folgenden Verfilmungen des Löwenherz-Stoffes die Verherrlichung des Plantagenêts als eindrucksvoller Kreuzritter. Wie in der populärwissenschaftlichen Literatur, so ist auch in Filmen wie *Lionheart* (1987: Regie F. J. Schaffner) das Reproduzieren von ahistorischen Stereotypen und Mythen charakteristisch, die in erster Linie der Unterhaltung eines zumeist wenig informierten Publikums dienten.[44]

Ungeachtet der Bedeutung der vier skizzierten „Nebenstränge" in der Rezeptionsgeschichte des Löwenherzbildes, das durch die erwähnten „Anlagerungen" anderer Legenden – etwa über Saladin oder Robin Hood – ergänzt und modifiziert weiter tradiert wurde, blieb dennoch die kontinuierliche Rezeption des Bildes von König Richard im Bereich der Geschichtsschreibung am wirkungsvollsten und einflußreichsten. Hier gab es nach den Entwicklungen im Spätmittelalter bis ins 17. Jahrhundert keine wesentlichen Veränderungen: Es blieb bei der wenig differenzierten Verherrlichung des Angevinen als Idealtyp des abendländischen Königs und vorbildlichen Kreuzfahrers. Erst gegen Ende des 17. Jahrhunderts tauchten kritische Bewertungen des Plantagenêts auf, die neue Elemente einer negativen Beurteilung des herrscherlichen Wirkens Richards aufwiesen und traditionsbildend für das spätere Löwenherz-Bild wirkten. Seit Sir Winston Churchill (dem Älteren) (1675) wurde allmählich ein stärker negatives Urteil über den Angevinen und sein königliches Wirken entwickelt. Hiernach erschien die Herrschaft Richards als unzureichend und der Monarch als egozentrische Persönlichkeit, die das englische *regnum* sträflich vernachlässigte. Hinzu trat in der Folgezeit eine Kritik am Kreuzzug des Plantagenêts, die im Zusammenhang mit der Verurteilung der Kreuzzüge im protestantischen England seit dem 18. Jahrhundert stand.[45] Auch die bedeutendsten Autoren der modernen Geschichtsschreibung in England seit dem ausgehenden 19. Jahrhundert – wie Bischof W. Stubbs – beharrten einheitlich auf der weitgehend ungünstigen Beurteilung des Angevinen.[46]

Den zunehmend negativen Urteilen über den Plantagenêt in der wissenschaftlichen Geschichtsschreibung stand eine völlig andere Entwicklung des Löwenherz-Bildes in der Literatur und in der breiten Öffentlichkeit entgegen. Insbesondere in der Dichtung setzte sich die mittelalterliche Tradition eines stark legendenhaften und verherrlichenden Bildes von Richard in England wie auf dem Kontinent fort.[47] Unverändert erschien der Plantagenêt als der idealtypische Monarch und Kreuzfahrer, dessen Ritterlichkeit zum Maßstab für abendländische Könige wurde. Verstärkt wurde dieses idealisierte Bild von Richard – nach Lobespoemen etwa von Sir James B. Burges (1800) – durch Werke von Sir Walter Scott. Dieser griff 1819 im Roman „*Ivanhoe*" mittelalterliche Robin Hood- und Löwenherz-Motive auf und verband Erzählungen um den Räuberhauptmann Locksley (Robin Hood) sowohl mit Geschichten über anhaltende Rivalitäten zwischen Angelsachsen und Normannen als auch mit Historien vom Machtkampf zwischen Prinz Johann und König Richard. Spielte der Monarch, der vor allem als kühner und unbesiegbarer Ritter dargestellt wurde, in „*Ivanhoe*" im Vergleich zu Hood eher eine Nebenrolle, so stellte Scott den Angevinen 1825 in den „*Tales of the crusaders*" und hierbei im Roman „*The Talisman*" in den Mittelpunkt des Interesses. Wahrscheinlich unter Verwendung von Material aus dem erwähnten mittelenglischen Versroman des 14. Jahrhunderts gab der schottische Autor eine phantasievolle Darstellung von Geschehnissen des Dritten Kreuzzuges, wobei Richard wieder als überragender Kämpfer und vorbildlicher Kreuzritter erschien.[48] Auch in der Folgezeit hielt die Verherrlichung des Angevinen in der Literatur an, wie Texte von E. Porden, B. Disraeli, W. Wordsworth, F. Palgrave u. a. zeigen.[49]

Diese Idealisierung sowohl der heroischen Einzelpersönlichkeit als auch des Mittelalters als einer Epoche mit angeblich idealtypischen Gesellschafts- und Lebensformen manifestierte sich in England in der Folgezeit[50] nicht nur in der Literatur, sondern auch in der Kunst und Architektur. Besonders deutlich wurde die Mittelalter-Wertschätzung – nach der „Mode-Welle" der Renaissance-Imitationen in den 30er Jahren – seit den 50er Jahren des 19. Jahrhunderts in London. Seit der Thronbesteigung Viktorias hatte die Hauptstadt nicht nur ein umfassendes städtebauliches Entwicklungsprogramm mit der Schaffung neuer Durchgangsstraßen, Beseitigung von Slums etc. erfahren; zudem kam es spätestens nach dem Brand des Parlamentsgebäudes im Oktober 1834 zu einem umfangreichen Neubauprogramm in der Stadt, das zunehmend von Elementen der Neogotik geprägt wurde. Zu den Hauptzeugnissen dieser Veränderungen gehören neben den Bauten des Opernhauses Covent Garden (1858), des Albert Memorial (seit 1863), der Law Courts (seit 1868) und der Tower Bridge (seit 1886) vor allem die Neubauten der Houses of Parliament. Für dieses Projekt erhielt Sir Charles Barry den Zuschlag, der für die Baugestaltung verantwortlich zeichnete, während sein Partner A. W. N. Pugin für die Innenarchitektur und Ausstattung zuständig war. Gegen schärfste Kritik am „*Gothic Revival*" bemühte sich das Duo um eine spezifisch „*national public architecture*", die

„particulary British“ sein und sich am Mittelalter als einem *„moral and spiritual example“* orientieren sollte.[51]

Auch bei der Innenausstattung spielte die Würdigung der „nationalen Größe“ Englands in der Geschichte eine wichtige Rolle, zumal die *Royal Commission* unter Vorsitz von Prinz Albert offenbar eine Konkurrenz zu den Neubauten in Versailles durch Louis Philippe und in München durch Ludwig von Bayern sah. Als Ergebnis dieses „Wettbewerbs“ entstand der Plan zur Schaffung einer Royal Gallery im Parlament mit 19 erhebenden Szenen aus der englischen Historie, u. a. mit einer Darstellung von *„Richard the Lionheart coming in sight of the Holy City“* durch D. Maclise. Da eine baldige Fertigstellung unterblieb (trotz der Errichtung der „Salles des Croisades“ in Versailles mit Szenen aus dem Dritten Kreuzzug),[52] schuf G. Philpot erst 1926/27 ein Gemälde in St. Stephen's Hall, House of Commons, mit dem Thema: *„Richard I, later Coeur de Lion, leaves England with an expeditionary force to join the crusade in Palestine“*.[53]

Die Verherrlichung des Mittelalters und eines seiner angeblichen Heroen (Richard I.) im Rahmen der Neubauten des Parlamentes setzte sich in der Folgezeit fort, wenn auch gewissermaßen nach einem „Umweg“ über die Weltausstellung in London 1851.[54] Erneut war es der Prince Consort, der nicht nur die internationale Ausstellung als Dokumentation der zeitgenössischen Errungenschaften von Technik und Kultur initiierte, sondern auch die angemessene Berücksichtigung mittelalterlicher kultureller Traditionen durchsetzte. So kam es einerseits im innovativen „Crystal Palace“ zur Einrichtung eines *„mediaeval court“* zur Manifestation mittelalterlicher Lebenswelten; andererseits wurde für den offenbar populärsten Heros englischer Geschichte (Richard I.) eine verherrlichende Statue gestiftet, die alle räumlichen Dimensionen des Ausstellungsgebäudes sprengte und daher vor dem Eingang plaziert werden mußte.[55] Schöpfer des Werkes war der italienische Bildhauer Baron Carlo Marochetti, der nach längerer Tätigkeit in Paris 1848 im Gefolge von Louis Philippe nach London geflohen war und schnell Zugang zum Hof gefunden hatte.[56] Intensive Patronage durch Prinz Albert und eine effiziente Spendeninitiative in der Öffentlichkeit ermöglichten es dem italienischen Außenseiter, die Monumentalstatue Richards in London errichten zu lassen. Das Werk des Barons rief sowohl hinsichtlich der künstlerischen Gestaltung als auch bezüglich der Themenwahl höchst unterschiedliche Reaktionen hervor. So kritisierte ein anonymer Autor noch ein Jahrzehnt später in der viel gelesenen Zeitschrift *„The Illustrated London News“* die unpassende Wahl eines nunmehr ungeliebten englischen Monarchen als Heros einer Weltausstellung des 19. Jahrhunderts:

„[...] the historian and philosopher wondered what could possibly induce any sculptor of the nineteenth century to adopt that madcap fanatic Sovereign as the subject of his spontaneous labours, and what association there could be between his reck-

Abb. 7: Denkmal des Barons Marochetti für Richard I. vor dem Kristallpalast in London 1851.

less and wasteful achievement and the industrial triumphs of this age of intellectual progress".[57]

Ungeachtet derartiger Kritik hielten die Mittelalter-Begeisterung und die Verehrung des Angevinen in England auch in der Folgezeit an. Im Blick auf die bekannte Rivalität zu Frankreich wurde im Sommer 1853 sogar der Vorschlag geäußert, nach dem Beispiel der Umbettung der Leiche Napoleons nach Paris auch die sterblichen Überreste der Plantagenêts, besonders Richards I., aus Fontevraud nach England zu überführen.[58] Diese „heroische" Stimmung hielt in der Folgezeit im Inselreich an, so daß es Marochetti gelang, das Schicksal seiner Löwenherz-Statue wieder ins Gespräch zu bringen. Nachdem diese am Ende der Ausstellung ins Magazin geräumt worden war, konnte der Baron – wahrscheinlich infolge nochmaliger königlicher Protektion – ein Jahrzehnt später sein Werk wieder und nunmehr dauerhaft der Öffentlichkeit präsentieren. Nach weiteren Sammelaktionen (*public subscription* eines *committee* unter Leitung von Lord Hatherton[59] in Höhe von 5000 £ für die Statue) und der Zahlung von 1650 £ aus *funds* des Parlamentes (nach entsprechenden parlamentarischen Diskussionen)[60] für das *pedestal* sowie zwei *bas-reliefs* am Sockel (Kosten jeweils 750 £)[61] wurde das Richard-Denkmal der Weltausstellung nunmehr in Bronze-Ausführung im Old Palace Yard vor dem Parlament 1860 neu aufgestellt[62] – mit höchst unterschiedlichen Reaktionen in der Öffentlichkeit.

Vor allem die Wahl des Denkmal-Themas stieß auf Kritik, wobei man in einem Beitrag für „*The Illustrated London News*" dem „*amateur artist-Baron*" unterstellte, eigenmächtig den „Helden" für die „*colossal statue*" gewählt zu haben. Der „*foreigner*" in England konnte nach Meinung des Autors seine Pläne für die Neuerrichtung des Richard-Denkmals ein Jahrzehnt später angeblich nur infolge Patronage durchsetzen: „*[Marochetti] enjoyed much patronage in high quarters, and was surrounded by fashionable friends, who agreed in declaring his Richard Coeur de Lion the finest work of art that had ever been designed in this country*".[63] Dieselbe Anhängergruppe sorgte nach Meinung des Anonymus auch dafür, daß durch öffentliche „*subscription*" die nötigen Gelder zur Finanzierung des Bronze-Denkmals zusammenkamen. Die Neuerrichtung der Statue, die künstlerisch als völlig mißlungen betrachtet wurde, stieß – wie bereits 1851 – auf scharfe Ablehnung durch den Autor: „*If Richard Coeur de Lion and his fierce feudal times had nothing in common with the Industrial Exhibition of 1851, much less can they have with any building appropriated to the constitutional legislature of this now free, but then enslaved, country.*" Den Gipfel der Empörung riefen schließlich Pläne zum Bau einer zweiten, korrespondierenden Statue für Eduard, den Schwarzen Prinzen, im Parlamentsbereich hervor: „*[…] the age of chivalry and bigotry in their wildest extrems represented in the one, that of unjust aggressive war in the other […].*" Insgesamt wurde das Richard-Denkmal nicht nur als „*one of the many eyesores of London*" beurteilt, sondern durch die Plazierung ausgerechnet vor dem Parlament als „*an anachronism and an impertinence*" betrachtet.[64] Insofern vermögen die Vorbehalte nicht zu überraschen, die bei der Ernennung Marochettis zu einem „*New Associate of the Royal Academy*" im Januar 1861 geäußert wurden. Erneut kritisierte ein Anonymus im folgenden Monat in den „*The Illustrated London News*":

> „It will be observed, and we confess it, that we are not amongst the ardent admirers of the worthy Baron whose elevation to the dignity of Associateship in the Royal Academy last January will be received with surprise, and perhaps some feeling of disappointment, by many earnest and younger labourers in the same field, who have not had the advantage of that Court and aristocratic patronage in their support which he has […]." [65]

Auch nach dem Ende des Viktorianischen Zeitalters hielt die widersprüchliche Rezeption des Bildes von Löwenherz weiter an. Unverändert standen sich zwei konträre Rezeptionsebenen gegenüber – auf der einen Seite die wissenschaftliche Geschichtsschreibung, die zumeist an dem skizzierten negativen Bild des Angevinen als „*bad king*" festhielt, dessen Herrschaft in die „Tyrannei" von König Johann und in den Untergang des angevinischen Reiches führte. Auf der anderen Seite wurde im 20. Jahrhundert in der Literatur und in den Medien – unabhängig von den erwähnten geschichtswissenschaftlichen Positionen – das idealisierende Bild von Richard

Abb. 8: Löwenherz-Denkmal vor dem Parlament in London (seit 1860).

weiter tradiert, wie es seit dem Späten Mittelalter entwickelt und überliefert worden war.[66] Immer stärker von der konkreten historischen Situation gelöst wurde der Angevine zum Prototyp des vorbildlichen Monarchen und noblen Kreuzfahrers, der weniger als beispielhafte historische Persönlichkeit, sondern zunehmend als weitgehend ahistorischer Typus des mittelalterlichen Herrschers ohne individuelle Eigenschaften erschien. In der Literatur und in den Medien (einschließlich der Spielfilme) ging es nicht mehr um eine individuelle historische Persönlichkeit, sondern um die Verherrlichung eines angeblich idealtypischen Herrschertypus und um die Pflege eines Mythos, dessen historische Bezüge schon lange verloren bzw. längst nicht mehr bekannt waren.

Auch bei dem Richard-Bild in der Geschichtswissenschaft traten nach dem Zweiten Weltkrieg partielle Veränderungen ein. Zwar blieb die negative Beurteilung des Angevinen als verantwortungsloser und egoistischer Monarch grundsätzlich in der Literatur dominant; hinzu kam hingegen der Vorwurf der angeblichen Homosexualität Richards[67] – später durch den Hinweis auf sein angeblich homoerotisches Verhältnis zum Sänger Blondel erweitert und spätestens seit den 70er Jahren des 20. Jahrhunderts in populärwissenschaftlicher Literatur und in Spielfilmen etc. weit verbreitet.[68] Neuere historische Forschungen haben die weitgehende Unhaltbarkeit dieser Annahme erwiesen, deren mittelalterliche Quellengrundlagen überaus dürftig sind.[69] Die wenigen Quellennachrichten, die zum Nachweis einer angeblichen Homosexualität Richards herangezogen wurden, sind hingegen primär Zeugnisse für spezifisch mittelalterliche Riten und Symbolhandlungen der Akteure, deren Verhalten heute fremd erscheint und daher Anlaß zu Mißdeutungen bietet. Öffentliches Küssen, gemeinsames Schlafen in einem Bett, Handhalten etc. von Fürsten, wie u. a. von Richard I. und Philipp II. praktiziert, wird zwar heute als möglicher Ausweis von Homosexualität gedeutet, zeigt aber nur ein Unvertrautsein mit Verhaltens- und Handlungsformen von Menschen des Hohen Mittelalters. Derartige Handlungen waren Gesten und symbolhafte Aktionen, die im 12. Jahrhundert zumindest in der sozialen Oberschicht Elemente gesellschaftlich sanktionierter Kommunikations- und Verhaltensweisen darstellten und sicherlich nicht Ausdruck von sexuellen Neigungen waren. Insofern halten nahezu sämtliche Quellenbelege für eine angebliche Homosexualität Richards einer zeitgemäßen Überprüfung nicht stand.[70]

Bezeichnenderweise wurde in keiner einzigen mittelalterlichen Quelle direkt oder auch nur indirekt der Vorwurf der Homosexualität gegenüber dem Angevinen erhoben. Angesichts der Radikalität der gesellschaftlichen Ablehnung von Homosexualität und der Härte der hierfür vorgesehenen Strafen wären entsprechende Sexualpraktiken Richards in Anbetracht der großen Zahl seiner politischen Gegner in der Historiographie sicherlich nicht unerwähnt geblieben. Zahlreicher sind hingegen die Zeugnisse, die den Angevinen als sexuellen Wüstling darstellten, der hemmungslos Frauen nachstellte und zur Erreichung seiner Ziele auch nicht vor der Anwendung von Gewalt zurückschreckte. Selbst auf dem Sterbebett soll der König – gegen den ausdrücklichen Rat der Ärzte – seinen entsprechenden Neigungen nachgekommen sein.[71] Letztlich läßt sich die Frage nach einer möglichen Homosexualität oder Bisexualität Richards aufgrund der gegenwärtig vorliegenden Quellen nicht beantworten. Heutige Versuche, den Angevinen als homosexuelle „Helden- und Galeons-Figur“ darzustellen, entbehren der quellenmäßigen Fundierung und sind eher im Kontext aktueller sozio-kultureller Entwicklungen in den westeuropäischen Gesellschaften zu sehen.

Historisch wichtiger ist die Feststellung, daß der Angevine eine der größten Erwartungen der Zeitgenossen nicht erfüllte – den Bestand der Dynastie durch die Zeugung eines männlichen Erben zu sichern. Sicherlich war sich der Herrscher der politischen Konsequenzen seiner Kinderlosigkeit bezüglich einer gesicherten Thronfolge in England bewußt, so daß Pläne des Angevinen zur Auflösung der Ehe mit Berengaria gegen Ende seines Lebens nicht auszuschließen sind. Die Trennung von der Königin sowie eine neue Heirat, um den gewünschten Erben doch noch zu erhalten, wären außenpolitisch angesichts der Entwicklungen in den christlichen Reichen auf der Iberischen Halbinsel mit einer zunehmenden Isolierung Navarras und einer möglichen Hinwendung Richards zu Kastilien nicht unsinnig gewesen.[72] Dennoch scheint sich der Plantagenêt in den letzten Lebensjahren darauf eingestellt zu haben, seinen Bruder Johann als königlichen Nachfolger im Inselreich zu akzeptieren. Aus der kinderlosen Ehe Richards eine persönliche Schuld des Angevinen für die späteren Thronwirren in England abzuleiten, erscheint hingegen als abwegig.

Auch bezüglich anderer Aspekte bei der Beurteilung der Herrschaft König Richards hat sich in den letzten Jahrzehnten zumindest in der wissenschaftlichen Geschichtsschreibung ein deutlicher Wandel ergeben. Insbesondere nach wichtigen Forschungen im englischsprachigen Raum ist seit den 80er Jahren des 20. Jahrhunderts eine völlige Revision des Bildes von Löwenherz erfolgt, die oftmals zu einem *„lionizing (Lionheart)“* führte. Zwar mehren sich zwischenzeitlich die Stimmen, die der mitunter panegyrischen Verherrlichung des Angevinen als eines der besten Monarchen des englischen Mittelalters kritisch gegenüber stehen. Dennoch ist unbestreitbar, daß das Urteil über Richard in der heutigen historischen Forschung wesentlich differenzierter als vor dem Zweiten Weltkrieg ist und weitgehend positiv ausfällt. Hiervon zumeist unberührt blieb – wie bereits im 19. Jahrhundert – das Bild des Plantagenêts in der Literatur und in der Öffentlichkeit. Unverändert hat dieses Bild keinen Bezug zu den Ergebnissen der einschlägigen historischen Forschung; vielmehr bleibt dieses weitgehend von den Traditionen bestimmt, die bereits im 19. Jahrhundert das Löwenherz-Bild prägten. Die Gestalt Richards erscheint nicht als historische Persönlichkeit im Kontext ihres gesellschaftlichen und politischen Lebens- und Wirkungsraums, sondern weitgehend als ahistorischer Typus des vorbildlichen Monarchen und edlen Ritters bzw. Kreuzfahrers. Er wird in einer idealisierten und lange zurückliegenden Epoche – im Mittelalter – wirkend gezeigt, deren Darstellung ebenfalls weitgehend ahistorisch wirkt. Das „romantisierende“ Bild vom Mittelalter korrespondiert mit dem eines seiner

Abb. 9: Französische Pfadfinderinnen in Dürnstein.

bedeutendsten Protagonisten, dessen Bild zunehmend der Pflege seines Mythos diente.

Hieran anknüpfend erfolgte in den letzten Jahrzehnten sowohl eine Trivialisierung als auch eine Kommerzialisierung der Figur von König Richard in der Öffentlichkeit. Allein der Name bzw. Beiname des Angevinen (*Löwenherz*) reichte offenbar aus, um völlig unabhängig von der historischen Person bei den Zeitgenossen Assoziationen zu wecken, die bei einem – oftmals wenig informierten – Publikum das aktuelle Interesse am Mittelalter nutzen und verkaufsfördernd wirken sollen. Dies beginnt mit Computerspielen gleichen Namens, die mittelalterliches Ritterleben nach heutigem Populärverständnis darzustellen versuchen, geht weiter über die Denomination eines Camembert-Käses sowie eines Calvados in der Normandie (*Cœur de Lion*) und endet bei touristischen Werbeaktivitäten mit dem tragischen Schicksal des Monarchen sowohl in der Wachau als auch in Chalus-Chabrol. Die Beispiele einer derartigen ökonomischen Nutzung des Mythos „Löwenherz" für unterschiedliche wirtschaftliche Interessen sind kaum mehr überschaubar und ließen sich beliebig vermehren. Gemeinsam ist all diesen Phänomenen einer kommerziellen Ausbeutung eines Herrschermythos, daß sie sämtlich mit der historischen Persönlichkeit des englischen Königs wenig zu tun haben und lediglich die zeitgenössische Vermarktung historischer Traditionsmuster und Mittelaltermythen verdeutlichen.

Anmerkungen

I. Einleitung

[1] Churchill, History I, 189.

[2] Vgl. zur folgenden Darstellung der Löwenherz-Forschung seit dem 17. Jahrhundert ausführlicher Gillingham 10ff.; Siberry, Crusaders 1ff.

[3] Ausführliche Belege für die genannten Studien zu Richard vom 17. zum 18. Jahrhundert bei Gillingham 10ff.

[4] Stubbs, History I, 512; vgl. Ders., Introductions 533 (Reg.).

[5] Ramsay, Empire 367, 369.

[6] Vgl. besonders die auch heute noch nützlichen Studien K. Norgates über „England under the Angevin Kings" (1887), „John Lackland" (1902) und „Richard the Lion Heart" (1924).

[7] Besonders deutlich wurde diese Kritik bei J. T. Appleby in seiner Studie über „England without Richard" (1965).

[8] Dies gilt insbesondere für die einflußreichen britischen Handbuchdarstellungen seit den 50er Jahren, etwa von M. Powicke und A. L. Poole.

[9] Erstmalig wurde dieser Vorwurf dezidiert von J. Harvey in seiner kurzen Studie „The Plantagenets" (1948) erhoben und als Beitrag zur Zerstörung eines „Lügengespinstes", das der Heroisierung Richards diente, dargestellt. – Vgl. hierzu ausführlicher unten Kap. 14.

[10] Nachweise bei Gillingham, Berengaria 133ff.

[11] Vgl. außer der Skizze von J. Gillingham über „The Angevin Empire" (1984, [2]2001) seine zahlreichen biographischen Studien zu Löwenherz, u. a. Gillingham, Life; Ders., Richard Coeur; Ders., Newsletters.

[12] Le Patourel, Empires 12 (Reg.); Mortimer, England 264 (Reg.); Bartlett, England 746f. (Reg.); Favier, Plantagenêts 948 (Reg.); Berg, Anjou-Plantagenets Kap. 3.

[13] Aus den zahlreichen Publikationen des C.E.S.C.M., die auch verschiedene Studien zur Geschichte König Richards I. enthalten, seien hier nur genannt Aurell, Cour; Ders., Noblesses; Ders., Culture sowie die zusammenfassende Darstellung von Aurell, Empire.

[14] Vgl. Runciman, Geschichte III, Buch 1, Kap. 3; Oldenbourg, Kreuzzüge 518 (Reg.); Painter, Crusade 85; Johnson, Crusades 116ff.; Mayer, Geschichte Kap. 7; Richard, Crusades 231; Riley-Smith, Kreuzzüge 60f.; Jaspert, Kreuzzüge 47ff.; Thorau, Kreuzzüge 96f.

[15] So verherrlichte D. Miller den Angevinen unter militärhistorischen Gesichtspunkten (u. a. durch das Vorwort von Major-General J. Thompson IXff.) als „mighty crusader" (Richard, bes. Chap. 13).

[16] Vgl. zuletzt die positive Würdigung der Ägypten-Pläne Richards durch Gillingham 377 (Reg.).

[17] Vgl. ausführlicher Lane-Poole, Saladin; Runciman, Geschichte II, Buch 5, Kap. 1f.; III, Buch 1, Kap. 1ff.; Ehrenkreutz, Saladin; Newby, Saladin; Lyons-Jackson, Saladin; Regan, Lionhearts; Reston, Warriors; Möhring, Saladin.

[18] So der Titel einer Studie von R. C. Finucane über „Crusaders and Moslems at War" (1983); ähnlich die Untersuchung von J. Reston über „Warriors of God – Richard the Lionheart and Saladin" (2001).

[19] Deutlich wird dieser Perspektivenwechsel in zahlreichen aktuellen Ausstellungen und begleitenden Publikationen, wie z. B. über „Saladin und die Kreuzfahrer" (hrsg. von A. Wie-

czorek u.a. – 2005 und „Konfrontation der Kulturen? Saladin und die Kreuzfahrer“ (hrsg. von H. Gaube u.a. – 2005).

[20] Die zahlreichen Gesamt- und Einzelstudien zu Eleonore können hier nicht detailliert gewürdigt werden; vielmehr erfolgt eine thematisch bezogene Berücksichtigung in den entsprechenden Kapiteln der folgenden Darstellung.

[21] Cartellieri I–IV (passim); die Bände 2–3 betreffen die Konflikte mit Richard.

[22] Baldwin, Government (passim); Bradbury, Philip (passim); Sivéry, Philippe (passim).

[23] Norgate, Richard (passim).

[24] Appleby, England (passim).

[25] Aus der Vielzahl an biographischen Darstellungen über Richard seien hier nur paradigmatisch genannt: Henderson, Richard; Brundage, Richard; Pernoud, Abenteurer (1988 – dt. 1994).

[26] Hier sei lediglich verwiesen auf die Arbeiten von J. O. Prestwich über die Bedeutung Richards als Kreuzfahrer (Richard – passim) und von J. C. Holt über mögliche ökonomische Defizite des angevinischen Herrschaftssystems in Relation zur angeblichen Stärke des kapetingischen Finanzwesens (diverse Beiträge in „Magna Carta“).

[27] Gillingham 348.

[28] Auf die zahllosen Studien über Einzelfragen des Kreuzzuges Richards, zu seinem Gefährtenkreis, zu Problemen des königlichen Mäzenatentums usw. kann hier nicht detailliert eingegangen werden; vielmehr werden diese Arbeiten problemorientiert in den relevanten Kapiteln vorliegender Studie Berücksichtigung finden.

[29] Kessler (passim).

[30] Flori, Richard (passim).

[31] Turner-Heiser, Reign (passim).

[32] Vgl. außer der kurzen Darstellung der Biographie Richards von S. Obermeier (Richard) u.a. W. Westphal (Richard) und R. T. Fischer (Richard).

[33] Brundage, Richard 263.

[34] Zur Begrifflichkeit vgl. Berg, England Kap. 1; Ders., Deutschland Kap. 1; Ders., Politik 11 ff.

[35] Zum Problem der Existenz von „auswärtiger Politik“ im Mittelalter vgl. ausführlicher Berg, England Kap. 1; Ders., Deutschland Kap. 1; Ders., Politik (Einleitung).

II. Das angevinische Reich in Europa bis zur Geburt Richards (1157)

[1] Zum Herrschaftsantritt Heinrichs vgl. Heinrich von Huntingdon 446 ff.; Robert von Torigni 179 f.; Wilhelm von Newburgh I, 95 f.; Gervasius von Canterbury 159.

[2] Peter von Blois, Opera 197 f., nr. 66.

[3] „Et ut hanc nature iniuriam industria reprimeret ac mitigaret, carnisque vicium animi virtute levaret, [...] immoderata corpus vexacione torquebat“ (Gerald von Wales, Expug. 126).

[4] Der Begriff *Plantagenêt*, der erst 1460 durch Herzog Richard von York zur Bezeichnung der Dynastie verwendet wurde, leitet sich wahrscheinlich von einer Gewohnheit des Grafen Gottfried V. von Anjou ab, entweder einen Ginsterbusch (planta genista) als Helmzier zu nutzen oder zur Förderung der Jagd Ginsterbüsche auf seinen Ländereien pflanzen zu lassen. Vgl. ausführlicher Berg, Anjou-Plantagenets 7 f.

[5] Beschreibungen des äußeren Erscheinungsbildes Heinrichs finden sich u.a. bei Peter von Blois (Opera 197 ff., nr. 66); Gerald von Wales (Expug. 124 ff.) und Walter Map (De nugis 476 ff.).

[6] Peter von Blois, Opera 198, nr. 66.

[7] Kelly, Eleanor 419 (Reg.); Owen, Eleanor 11 ff.; Pernoud, Königin 40; Weir, Eleanor 18; Flori, Aliénor Chap. 1.

[8] Vgl. hierzu die Karte – Anhang Abb. 10.

[9] Zum Folgenden vgl. ausführlicher Berg, Anjou-Plantagenets Kap. 2.

[10] Aus der Vielzahl an Studien zum Begriff des *Angevin Empire* seien hier nur genannt Le Patourel, Empires Chap. 8 f.; Bautier, Conclusion; Holt, Aliénor; Ders., End; Turner, Problem; Mortimer, England Chap. 9; Turner-Heiser, Reign Chap. 2; Gillingham, Empire; Berg, Anjou-Plantagenets Kap. 2; Bartlett, England 21 ff.; Keefe, England 565 ff.

[11] Zum Begriff *Le Grand Anjou* vgl. Berg, Anjou-Plantagenets 18.

[12] Zur These von C. W. Hollister, die Theorie von der Existenz eines *Angevin Empire* sei lediglich eine „Erfindung" neuzeitlicher Historiker, vgl. Turner-Heiser, Reign 18 mit Anm. 2.

[13] Zitate bei Turner-Heiser, Reign 17 f.

[14] Luders, Statutes 4; CS 828 f., nr. 152.

[15] Grundlegend zur Restaurations-Politik Heinrichs ist die Studie von Amt (Accession); vgl. ferner Keefe, Assessments Chap. 1; Turner, Men Chap. 1.

[16] Powicke 69, 73, 82, 99. – Vgl. Turner, Men Chap. 1.

[17] Zu den Reformen Heinrichs im Finanzwesen und in der Verwaltung vgl. Tout, Chapters I, Chap. 3; Boussard, Gouvernement 2. Partie; Jolliffe, Kingship Part 2; Richardson – Sayles, Governance 501 (Reg.); Lyon, History Chap. 16 f.; Chrimes, Introduction Chap. 3/§ 3; Kluxen, Verfassungsgeschichte Kap. 3/5; Warren, Governance Chap. 4 ff.; Turner, Men Chap. 1; Krieger, Geschichte Kap. 5/1; Amt, Accession Part 2; Mortimer, England 260 (Reg.); White, Restoration Chap. 5, 243 (Reg.); Bartlett, England 728 (Reg.); Berg, Anjou-Plantagenets 29 ff.; Aurell, Empire 58 ff.

[18] Grundlegend hierzu immer noch Clanchy, Memory (passim).

[19] Richard von Ely, Dialogus, bes. Introduction.

[20] Zu den folgenden politischen Entwicklungen vgl. Norgate, England I, Chap. 9; Ramsay, Empire Chap. 1; Poole, Domesday book Chap. 10; Warren, Henry Chap. 3; Krieger, Geschichte Kap. 5/1 ff.; Amt, Accession 21 ff.; Mortimer, England Chap. 2; Bartlett, England Chap. 1/1 f.; Berg, Anjou-Plantagenets 29 ff.; Favier, Plantagenêts Chap. 8.

[21] Gervasius von Canterbury 161 f.

[22] Peter von Blois, Opera 197 ff., nr. 66. Vgl. allgemein zum Hofstaat unter Heinrich II. die Hinweise bei Richard von Ely, Dialogus 129–135.

[23] Nachweise bei Eyton 5 ff. – Vgl. Powicke 416, 431; Amt, Accession 24 ff.

[24] So verstarben bis 1155 Balduin de Redvers, Earl von Devon († 4. Juni 1155), Roger de Beaumont, Earl von Warwick († 12. Juni 1153), Simon de St. Liz II, Earl von Northampton († August 1153) usw. – Powicke 425, 440, 453; Amt, Accession 24.

[25] Robert von Torigni 186; Radulf von Diceto I, 300 f.; Gerald von Wales, Expug. 56 ff., 142 ff.; Roger von Wendover I, 11 f.

[26] Zur kontroversen Forschungsdiskussion um die Urkunde sei hier nur verwiesen auf die Literatur-Hinweise bei Martin, Diarmait 57 f. Anm. 2.

[27] Ziel der geplanten Invasion sollte nach Angaben Hadrians sein, „die Grenzen der Kirche zu erweitern, den Lauf der Laster aufzuhalten, die Sitten zu verbessern, Tugend einzuimpfen und die christliche Religion zu fördern" (Textrekonstruktion bei Eggers, Urkunde 12–16; Übersetzungszitat ebd. 17).

[28] Vgl. ähnlich bereits Warren, Henry 195 ff.

[29] Powicke 32, 69.

[30] Eyton 16.

[31] Nach Chronistenangaben berief sich Gottfried auf angebliche Zusagen seines sterbenden Vaters, wonach dieser ihm nicht nur den Besitz von mindestens drei Burgen (Chinon, Loudun, Mirebeau), sondern sogar von Anjou und Maine zugesagt hatte (Robert von Torigni 186 f.; Wilhelm von Newburgh I, 112 f.).

[32] [Henricus] „homagium fecit Lodovico regi Francorum de Normannia, et Aquitannia, et Andegavia, et Cenomannia, et Turonica, et de omnibus earum pertinentiis" (Roger von Howden I, 215; vgl. Robert von Torigni 186).

[33] Zum Begriff Lemariginier, Recherches 1 ff. Vgl. auch Lot, Fidèles 212 ff.

[34] Vgl. Berg, England Kap. 3/5; Van Eickels, Konsens Kap. 5/4; Ders., Konflikt 101 ff.

[35] Delisle, Recueil II, 21, nr. 468. – Vgl. Boussard, Gouvernement 386.

[36] Vgl. zum Folgenden ausführlicher Richard, Histoire II, Chap. 16 ff.; Boussard, Gouvernement Chap. 4; Kienast, Herzogstitel Kap. 5; Higounet, Histoire 176 ff.; Dunbabin, France 340 ff.; Turner-Heiser, Reign Chap. 11.

[37] Richard, Histoire II, Chap. 16; Kienast, Herzogstitel 229 ff., 238 ff.; Dunbabin, France 178 f.

[38] Kienast, Herzogstitel 229 ff.; Favier, Frankreich 110; Turner-Heiser, Reign 38.

[39] W. Kienast würdigte die Entscheidung Herzog Wilhelms X., seine Erbtochter der Fürsorge des französischen Königs anzuvertrauen, als „die wichtigste Tat seines Lebens" (Herzogstitel 239).

[40] Zum Todesdatum vgl. Kienast, Herzogstitel 239 mit Anm. 430. – Das angebliche „Testament" Wilhelms X. stellt eine neuzeitliche Fälschung dar (vgl. ebd. 239 Anm. 431).

[41] Pacaut, Louis 31 f.; Sassier, Louis 60 f.

[42] Sassier, Louis 65.

[43] „[...] illa [Alienor] maxime moribus regiis offensa, et causante se monacho non regi nupsisse" (Wilhelm von Newburgh I, 93).

[44] Gervasius von Canterbury 149; Gervasius von Canterbury, Gesta 75.

[45] Vgl. die Stammtafel bei Warren, Henry 43. – Als Gründe für die Heirat benannte E. A. R. Brown: „Physical attraction and the thirst for power drew Eleanor and Henry together [...]" (Eleanor 15).

[46] So beschuldigte man Eleonore vielfachen Ehebruchs und der Blutschande – u. a. mit ihrem Onkel Raimund von Poitiers, Fürst von Antiochia, und mit Graf Gottfried V. von Anjou, dem Vater ihres Gatten Heinrich (Richard von Devizes 25 f.; Map, De nugis 474 ff.). – Zu dieser *légende noire* über die Monarchin vgl. Aurell, Historiens 43 ff.; Ders., Aliénor 10 ff.

[47] Boussard, Gouvernement Chap. 4; Higounet, Histoire 179 ff.; Turner-Heiser, Reign Chap. 11; Favier, Plantagenêts Chap. 8.

[48] Vgl. Boussard, Gouvernement 376.

[49] Eyton 17.

[50] Robert von Torigni 189 f.; Wilhelm von Newburgh I, 113 f. – Ramsay, Empire 9.

[51] Powicke 445.

[52] Robert von Torigni 189 f.; Wilhelm von Newburgh I, 112 ff. – Vgl. allgemein Boussard, Gouvernement Chap. 3; Kienast, Herzogstitel 154 ff.; Warren, Henry 65 f.; Dunbabin, France 330 ff.; Everard, Brittany 32 f.; Turner-Heiser, Reign 282 (Reg.); Aurell, Empire 389 (Reg.).

[53] Zum Todesdatum Boussard, Gouvernement 415 mit Anm. 2 (mit Quellennachweisen).

[54] Everard, Brittany 32 f., 238 (Reg.).

[55] Powicke 32 f.; Weir, Families 59 f.

[56] Eyton 18 – Brown, Eleanor 11 f.; Owen, Eleanor 45 f.; Flori, Aliénor 103 f.

[57] Vgl. ausführlicher Richard, Histoire II, 576 (Reg.); Holtzmann, Verfassungsgeschichte 88 ff.; Boussard, Gouvernement Chap. 4; Lot-Fawtier, Histoire I, 163 ff.; Kienast, Herzogstitel 229 ff.; Higounet, Histoire 176 ff.; Devailly, Berry Partie 2/5; Hallam, France Chap. 2.4.2; Dunbabin, France 177 ff.; Turner-Heiser, Reign Chap. 11; Aurell, Empire 206 ff.

[58] Richard, Histoire I, Chap. 14 f.; Boissonnade, Relations (passim); Defourneaux, Français Chap. 3; Boussard, Gouvernement 626 (Reg.); Lacarra, Historia Cap. 4–6; Kienast, Herzogstitel 229 ff., 238 ff.; Guillot, Comte I, 392 (Reg.); Bisson; Crown 15 ff.; Reilly, Spains Chap. 4; Vones, Geschichte 88 ff.; Arié, España Cap. 1/4–6; Valdeón, León Cap. 1/1; Salrach, Corona Cap. 1/2; Zabalo, Navarra Cap. 1/1–2; U. Vones-Liebenstein. In: LMA 9, 140 f.; González Mínguez, Multiplicación (passim).

[59] Ubieto Arteta, Historia 201 ff.; Bisson, Crown 15 ff.; Reilly, Spains 105 ff.; Ubieto Arteta, Orígenes 195 ff.; Vones, Geschichte 88 ff.; Ders. In: LMA 7, 426 f.; U. Vones-Liebenstein. In: LMA 9, 140.

[60] Defourneaux, Français Chap. 3; Cabestany, Alfons 55ff.; Ventura, Alfons Cap. 16; Devailly, Berry Partie 2/4f.; Ubieto Arteta, Historia VII, Cap. 3; Dunbabin, France 340f.; Bisson, Crown 16ff.; Ochoa Brun, Historia II, 25ff.; Reilly, Spains 108ff.; Vones, Geschichte 107ff.; Barraqué, Béarn 79ff.; Marzal García-Quismondo, Pacto 317ff.

[61] Gervasius von Canterbury 162.

[62] Eyton 20.

[63] Norgate, England I, 451f.; Boussard, Comté 74.

[64] Eyton 24.

[65] Powicke 32, 439, 451.

[66] Powicke 55.

[67] Powicke 55.

[68] Zum Folgenden vgl. Ramsay, Empire 12f.; Ritchie, Normans § 27; Barrow, Acts Malcolm, Introd. Chap. 1; Stones, Relations XVf.; Barrow, Kingdom Part 1/4; Duncan, Scotland 222ff.; Barrow, Era 221 (Reg.); Ders., Kingship Chap. 2; Barrell, Scotland 72ff.; Davies, Empire 73ff.; Bartlett, England 83ff.; Barrow, Century 587ff.

[69] Chron. Melrose 35; Robert von Torigni 192; Wilhelm von Newburgh I, 105f.

[70] Ritchie, Normans § 27f.; Barrow, Kingdom Part 1/5; Ders., Kingship Chap. 2f.

[71] Zum Folgenden vgl. Ramsay, Empire 13f.; Lloyd, History 496ff.; Poole, Domesday book 292ff.; Davies, Age 50ff.; Walker, Wales 47ff.; Davies, Empire 72f.; Barrow, Century 598ff.

[72] Zum Feldzugsverlauf Ann. Cambriae 46f.; Brut (H) 134ff.; Brut (P) 59f. – Robert von Torigni 195; Wilhelm von Newburgh I, 106ff.; Gervasius von Canterbury 165f.; Gerald von Wales, Itin. 130f., 137f.

[73] Ann. Waverley 238; Robert von Torigni 195; Radulf von Diceto 302; Roger von Wendover I, 16; Matthaeus Paris II, 214 mit Geburtsdatum Richards – Eyton 30.

[74] Der frühere Vice-Provost von Worcester College, Alan Brown, ließ einen Erinnerungsstein mit dem Wortlaut errichten: „Near to this site stood the King's houses later known as Beaumont Palace. King Richard I was born here in 1157 and King John in 1167". Nachdem die letzten Reste des Palastes, der ca. 1130 von König Heinrich I. erbaut worden war, nach 1820 im Rahmen einer neuen Straßenführung in Oxford beseitigt worden waren, entschloß sich die Leitung des Worcester College 2004, den beschädigten Gedächtnisstein in 24 Beaumont Street in Oxford neu zu errichten.

[75] PR 2RI, 118; PR 3–4 RI, 118, 281.

[76] Zu den Grundlagen zeitgenössischer Adelserziehung und zu den „septem probitates" vgl. Galbraith, Literacy; Thompson, Literacy; Orme, Schools 21ff.; Clanchy, Memory Part 2/10, 323 (Reg.); Boehm, Erziehungs- und Bildungswesen 158ff.; Orme, Childhood 11ff.; Fried, Schulen, bes. 17ff.; L. Boehm. In: LMA 3, 2199f.; Fleckenstein, Curialitas, bes. 315ff., 329ff.

[77] Radulf von Coggeshall 59f.; vgl. Gerald von Wales, Invec. 100f.

[78] Eigene deutsche Übersetzung nach der Edition von W. D. Paden – Bertran de Born 338ff., nr. 30.

III. Die Jugend Richards und das angevinische Reich bis zum Frieden von Montmirail (1169)

[1] Vgl. zum Folgenden ausführlicher Trautz, Könige 63ff.; Berg, Imperium 23ff.; Georgi, Friedrich 36ff.; Berg, Deutschland 5f., 60ff.; Arnold, Germany 44ff.; Huffman, Politics Chap. 2; Berg, Anjou-Plantagenets 34ff.

[2] Ann. Herbip. 9.

[3] Wibaldi epistolae 594, nr. 461.

[4] Otto von Freising, Gesta 407.

[5] Zu den Gesandten Huffman, Politics 59 mit Anm. 8.

[6] Otto von Freising, Gesta 406.

[7] Zur Diskussion um das Barbarossa-Schreiben sei nur verwiesen auf Trautz, Könige 64ff.; Berg, Imperium 23ff.; Georgi, Friedrich 38f.; Berg, Deutschland 5f., 60ff.; Huffman, Politics 59ff.

[8] Robert von Torigni 196; Torigni Cont. 318f.; Ann. Osney 30f. – Eyton 41.

[9] Zur Schlüsselrolle des Vexin im politischen Handeln der englischen Könige seit Heinrich II. vgl. jetzt Kessler 29ff.; Van Eickels, Konsens 92ff., Kap. 1g–h.

[10] Sassier, Louis 279.

[11] Robert von Torigni 196. – Zum Todesdatum vgl. Everard, Brittany 39 mit Anm. 13.

[12] Robert von Torigni 197; Wilhelm von Newburgh I, 114; Gervasius von Canterbury 166.

[13] Zur strittigen Chronologie der folgenden Auseinandersetzungen vgl. abweichend von Eyton (45ff.) Richard (Histoire II, 127ff.) und Boussard (Gouvernement 419ff.).

[14] Zur Gesamtentwicklung vgl. Devic-Vaissète, Histoire III, Liv. 16; Richard, Histoire II, 127ff.; Boussard, Gouvernement 419ff.; Hallam, France 171f.; Dunbabin, France 299ff.; Sassier, Louis 282ff.; Aurell, Empire 26ff.; Favier, Plantagenêts 243ff.

[15] Vgl. allgemein Devic-Vaissète, Histoire III, Liv. 16, 913 (Reg.); Richard, Histoire I, 466ff.; II, 182ff.; Lacarra, Historia Cap. 8; Fried, Friedrich, bes. 352f.; Bisson, Crown 16ff.; Baratier, Histoire 137ff.; Vones, Geschichte 110ff., 313f. (Lit.).

[16] Bisson, Crown 28ff., 31ff.

[17] Zur Kaiseridee von Alfons VII. vgl. Ubieto Arteta, Navarra-Aragón (passim); Recuero Astray, Alfonso Cuarta Parte/2.

[18] Recuero Astray, Alfonso 281ff.

[19] Vgl. zum Folgenden ausführlicher Lacarra, Historia Cap. 8; O'Callaghan, History 234ff.; González, Reino I, Cap. 5/1–2; Ubieto Arteta, Historia I, Cap. 3; Reilly, Spains 111ff.; Vones, Geschichte Kap. III/1; Recuero Astray, Alfonso Sexta Parte/3.

[20] González, Reino II, 79ff., nr. 44. – Vgl. O'Callaghan, History 235ff.; González, Reino I, 667ff.; Vones, Geschichte 94f., 99f.; Ders. In: LMA 7, 1259.

[21] Devic-Vaissète, Histoire III, 723ff. und Liv. 17.

[22] Pacaut, Louis 36f., 181f.; Sassier, Louis 253ff.; Favier, Plantagenêts 236ff.

[23] Georgi, Friedrich 36; Opll, Friedrich 74f. – Vones, Geschichte 111f.

[24] Vgl. ausführlicher Cabestany, Alfons Cap. 3; Ventura, Alfons Segonda Part/6ff.; Fried, Friedrich 352ff.

[25] Eyton 45.

[26] Robert von Torigni 200f.; Wilhelm von Newburgh I, 121ff.

[27] Vgl. zum Folgenden Robert von Torigni 201ff.; Torigni Cont. 323; Wilhelm von Newburgh I, 121ff.; Radulf von Diceto I, 303. – Zur Rolle Beckets bei dem Unternehmen vgl. Wilhelm Fitz Stephen 33ff.; Herbert von Bosham 175f.

[28] Pacaut, Louis 185ff.; Sassier, Louis 294ff.; Warren; Henry 82ff.; Favier, Plantagenêts 243ff.

[29] Eyton 50. – Warren, Henry 87f.; Sassier, Louis 287f.; Favier, Plantagenêts 243ff. – Zur Beurteilung des Toulouse-Feldzuges als Beginn eines jahrzehntelangen englisch-französischen Krieges vgl. Wilhelm von Newburgh II, 491.

[30] Quellennachweise bei Eyton 49ff.

[31] Powicke 33.

[32] Eyton 50ff. – Brown, Eleanor 11ff.; Hivergneaux, Queen 65ff.

[33] Vgl. zum Folgenden ausführlicher Opll, Friedrich Kap. I/3–8; Georgi, Friedrich Kap. I/2; Laudage, Alexander Kap. II; Görich, Ehre Kap. III/4–5.

[34] Zu dieser Strategie vgl. Berg, Imperium 23ff.; Ders., Deutschland 5ff.

[35] Eyton 50.

[36] Zur Haltung König Heinrichs bezüglich des Schismas ca. 1160 vgl. die Quellen bei CS 835ff., nr. 154.

[37] Robert von Torigni 208f.; Radulf von Diceto I, 303f.; Roger von Howden I, 218. – Vgl. Hodgson, Heinrich 4f.

[38] Ehlers, Könige 139.
[39] Ehlers, Könige 139, 155.
[40] Powicke 33; Weir, Families 61 ff.
[41] Robert von Torigni 210 f.; Radulf von Diceto I, 304 f. – Eyton 54 f.
[42] Vgl. ausführlicher Berg, Imperium 21 ff.; Ders., Deutschland 5 f., 61 f.; Ders., Anjou-Plantagenets 34 f.
[43] Chron. reg. 107; Johannes von Salisbury I, 207 ff., nr. 124.
[44] Vgl. hierzu zuletzt Huffman, Politics Chap. 2., bes. 58 ff.
[45] Johannes von Salisbury I, 206, nr. 124; dt. Übersetzung zit. nach Haller, Papsttum III, 120.
[46] Vgl. ausführlicher Laudage, Alexander 119 ff.
[47] CS 840 f., nr. 154/3.
[48] Berg, Imperium 22 ff.
[49] Georgi, Friedrich 64 ff.; Laudage, Alexander 129 ff.; Huffman, Politics 68 ff.
[50] Eyton 57. – Laudage, Alexander 143.
[51] Die wichtigsten Quellen finden sich bei CS 841 ff., nr. 155 f.
[52] Diese Entwicklung wird besonders im Briefwerk des Erzbischofs deutlich (Becket, Materials V–VII).
[53] Vgl. ausführlicher zum Konflikt mit König Heinrich Cheney, Becket 95 ff.; Foreville, Église Liv. 3 f.; Knowles, Becket 100 ff.; Warren, Henry 690 f. (Reg.); Barlow, Becket 332 (Reg.); Aubé, Becket 403 (Reg.); Mortimer, England 112 ff.; Bartlett, England 755 (Reg.); Butler, Quest Chap. 1; Duggan, Becket Chap. 2 f.
[54] Ann. Cambriae 49; Brut (H) 144 ff.; Brut (P) 62 f.; Robert von Torigni 218; Radulf von Diceto 311; Gerald von Wales, Expug. 216 ff.; Gerald von Wales, Itin. 62 f., 81 f., 138. – Vgl. Lloyd, History 512 f. mit Anm. 95; Turvey, Princes 77 ff.
[55] Edition der Konstitutionen bei CS 877–883, nr. 159.
[56] Zur Exilierung Beckets vgl. die Quellennachweise bei CS 914 ff., nr. 161; Duggan, Becket Chap. 4.
[57] Vgl. Berg, Imperium 22 ff.; Ders., Deutschland 64 f.; Huffman, Politics 73 ff.; Berg, Anjou-Plantagenets 34 ff.
[58] Zum Folgenden ausführlicher Ahlers, Welfen 44 ff.; Georgi, Friedrich 119 ff.; Laudage, Alexander 155 ff.; Huffman, Politics 75 ff.
[59] Robert von Torigni 224; Radulf von Diceto 318; Becket, Materials VI, 80, nr. 255.
[60] Zu den Quellen des Würzburger Hoftages vgl. die Hinweise bei Ahlers, Welfen 44 ff.; Opll, Friedrich 90 ff.; Georgi, Friedrich Kap. III/2; Laudage, Alexander Kap. III/1; Huffman, Politics 79 ff.; Görich, Ehre 144 ff.
[61] Vgl. die kaiserliche Darstellung in MGH DF I, nr. 480–483.
[62] Vgl. Becket, Materials VI, 79 f., nr. 255; Johannes von Salisbury II, 354, nr. 214.
[63] Vgl. die Hinweise bei Herbert von Bosham Ende 1165 über den „insignis ille schismaticus qui singularem quaerit in mundo principatum", der sich von Heinrich II. betrogen fühlte (Becket, Materials V, 285, nr. 156).
[64] Huffman, Politics Chap. 3.
[65] Kienast, Untertaneneid 194 ff.; Kluxen, Verfassungsgeschichte 232 (Reg.); Warren, Governance Chap. 5.
[66] MGH DF I, nr. 502.
[67] MGH DF I, nr. 502. – Vgl. hierzu ausführlicher Petersohn, Saint Denis (passim); Engels, Gründer (passim); Laudage, Alexander 169 f.; Huffman, Politics 85 ff.
[68] Zur folgenden Ereignisgeschichte vgl. CS 914 ff., nr. 161 und Cheney, Becket 94 ff.; Foreville, Église Liv. 3, Chap. 1; Warren, Henry Chap. 13; Barlow, Becket Chap. 7 f.; Aubé, Becket Kap. 2/5 f.; Bartlett, England 404 f.; Duggan, Becket Chap. 5 f.
[69] Vgl. die Klage des Monarchen, „quod idem Cantuariensis ei corpus et animam pariter auferret" (referiert durch Johannes von Salisbury, in: – Becket, Materials V, 381, nr. 194).

[70] Zum Folgenden vgl. Ramsay, Empire 72ff.; Lloyd, History 514ff.; Poole, Domesday book 293ff.; Davies, Age 52ff.; Walker, Wales 48ff.; Davies, Empire 73ff.; Barrow, Century 599f.

[71] Ann. Cambriae 49f.; Brut (H) 144ff.; Brut (P) 63f.; Gerald von Wales, Itin. 138, 143f.

[72] So z. B. Lloyd, History Chap. 13.

[73] Ann. Waverley 238f.; Brut (H) 146f.; Brut (P) 63f. – Vgl. Lloyd, History 517.

[74] Lloyd, History 522.

[75] Vgl. den Text der Assise von Clarendon, in: Stubbs, Charters 170ff.

[76] Zu den Geschehnissen vgl. Robert von Torigni 228; Wilhelm von Newburgh I, 146f. – Vgl. allgemein Everard, Brittany Chap. 2.

[77] Eyton 122.

[78] Vgl. Trautz, Könige 71ff.; Ahlers, Welfen 55ff.; Georgi, Friedrich 251ff.; Laudage, Alexander 187ff.; Huffman, Politics 92ff.

[79] Zu diesen Bündnisaktivitäten Heinrichs vgl. Robert von Torigni 224, 229f.; Becket, Materials VI, 68, nr. 252; 73f., nr. 253 sowie weitere Belege bei Eyton 100ff.

[80] Devic-Vaissète, Histoire III, 808ff. und Liv. 18; Favier, Plantagenêts 243ff.

[81] Vgl. Ventura, Alfons 64ff.; Bisson, Crown 35ff.; Álvarez Palenzuela-Suárez Fernández, Historia VI, 12ff.; Reilly, Spains 133ff.; Vones, Geschichte 111ff.; Martínez Díez, Alfonso 25ff.

[82] Martínez Díez, Alfonso 27ff.

[83] Devic-Vaissète, Histoire VI, 23ff.; Ventura, Alfons Tercera Part; Lacarra, Historia 209ff.; Bisson, Crown 35ff.; Vones, Geschichte 112ff.; Martínez Díez, Alfonso 314 (Reg.).

[84] Devic-Vaissète, Histoire VI, 22f.

[85] Vgl. ausführlicher Richard, Histoire II, 127ff.; Boussard, Institutions 44ff.; Renouard, Institutions 165ff.; Boissonnade, Administrateurs; Turner-Heiser, Reign Chap. 11; Hivergneaux, Queen (passim); Aurell, Empire 388 (Reg.).

[86] Powicke 33; Weir, Families 62.

[87] M. Hivergneaux sprach von „le silence des chartes en Aquitaine" (Aliénor 68; vgl. Dies., Queen 63ff.).

[88] Powicke 33; Weir, Families 63. – Vgl. jetzt auch Lewis, Birth 159ff.

[89] Zur Entmachtung Eleonores durch Heinrich vgl. Hivergneaux, Queen 65ff.

[90] So unterstellte z. B. M. Hivergneaux Heinrich das Streben nach „centralizing policies [...] creating a single homogeneous domain" (Queen 66). – Zurückhaltender das Urteil von Warren, Henry (103).

[91] Vgl. etwa die diesbezügliche Kritik der Barone, die später u. a. Patrick, Earl von Salisbury, töteten und vom König abfielen, „ob quasdam libertates sibi recisas" (Gervasius von Canterbury 205).

[92] Zu seiner Person vgl. ausführlicher Delisle, Recueil I, 416.

[93] Everard, Brittany 46ff.

[94] Zu den folgenden Feldzügen vgl. Stephan von Rouen 684ff.; Robert von Torigni 229ff.; Gervasius von Canterbury 205; Becket, Materials VI, 456ff., nr. 434; Radulf von Diceto I, 330f.; Roger von Howden I, 241. – Warren, Henry 105ff.

[95] Eyton 103; Hodgson, Heinrich 7. – Zu dem jungen Heinrich vgl. jetzt Smith, Henry (passim).

[96] Zu den Auseinandersetzungen vgl. Stephan von Rouen 684ff.; Robert von Torigni 229ff.; Radulf von Diceto I, 330f. – Eyton 105ff.

[97] Robert von Torigni 232. – Eyton 107.

[98] Hivergneaux, Queen 67.

[99] Nachweise bei Hivergneaux, Queen 67.

[100] Radulf von Diceto I, 331. – Zur Person Patricks vgl. Delisle, Recueil I, 411f.

[101] Robert von Torigni 235f.; Gervasius von Canterbury 205; Radulf von Diceto I, 331.

[102] Crouch, Marshal 35f.

[103] K. Norgate bezeichnete König Ludwig als „champion of all Henry's disaffected vassals, Breton, Poitevin, Scottish and Welsh, as well as of the exiled archbishop" (England II, 59).

[104] Robert von Torigni 237ff.; vgl. Herbert von Bosham 417f.

[105] Eyton 115ff.

[106] Ahlers, Welfen 55f.; Georgi, Friedrich 258ff.; Laudage, Alexander 187ff.; Huffman, Politics 92ff.; Görich, Ehre 156ff.

[107] Stephan von Rouen 719ff.

[108] Vgl. Berg, England 299ff.

[109] Zu den Vereinbarungen vgl. Robert von Torigni 238ff.; Herbert von Bosham 417ff.; Gervasius von Canterbury 207f.; Radulf von Diceto I, 336f.; Johannes von Salisbury II, 636ff., nr. 288.

[110] Robert von Torigni 240; Gervasius von Canterbury 208. – Zur lehnsrechtlichen und politischen Würdigung der Vereinbarungen vgl. Warren, Henry 108ff.; Ahlers, Welfen 62f.; Georgi, Friedrich 269f., 605 (Reg.); Van Eickels, Konsens 91f., 324f.; Favier, Plantagenêts 247ff.

[111] Warren, Henry 560.

[112] So die Interpretation der Handlungsmotive König Heinrichs bei W. L. Warren (Henry 108).

IV. Richard als Graf von Poitou unter der Führung Eleonores von Aquitanien

[1] Barlow, Becket Chap. 9; Aubé, Becket Kap. 2/8; Laudage, Alexander 187ff.; Duggan, Becket Chap. 7.

[2] Gervasius von Canterbury 207.

[3] Becket, Materials VII, 26ff., nr. 538ff. – Poole, Domesday book 329ff.; Georgi, Friedrich 257.

[4] Sassier, Louis Chap. 24; Laudage, Alexander 191f.; Huffman, Politics 99f.

[5] Robert von Torigni 247f.; Gesta I, 6f.

[6] Everard, Brittany 47.

[7] Vgl. etwa Lafitte-Houssat, Troubadours (passim).

[8] Zu methodischen Fragen für den Nachweis von Patronage-Tätigkeit eines Monarchen vgl. Tyson, Patronage (passim); Flori, Aliénor 400ff.

[9] Vgl. allgemein Grant, Patronage 73ff.; Flori, Aliénor 398ff.

[10] Vgl. hierzu ausführlicher unten Kap. XIV.

[11] Aus der kaum mehr überschaubaren Literatur seien hier lediglich die Studien genannt von Broich, Heinrich 212 (Reg.); Bezzola, Origines III (passim); Kelly, Love 3ff.; Brown, Eleanor 11ff.; Lazar, Cupid 35ff.; Tyson, Patronage 180ff.; Gouttebroze, Henri 91ff.; Rigg, History 69; Broadhurst, Henry 53ff.; Mc Cash, Patronage 6ff.; M.-R. Jung. In: LMA 3, 1807f.; Aurell, Culture Chap. 2; Flori, Aliénor 400ff.

[12] Vgl. ausführlicher Gouiran, Bertran 141.

[13] Detaillierte Quellennachweise bei Alvar, Poesia 34ff.; Snow, Peninsula 271ff.

[14] Devic-Vaissète, Histoire VI, 38; Eyton 131.

[15] Gottfried von Vigeois 318f.; Gervasius von Canterbury 208. – Zur strittigen Datierung der Übertragung vgl. Warren, Henry 110 mit Anm. 6; Flori, Richard 40; dagegen Gillingham 40 mit Anm. 52.

[16] Gottfried von Vigeois 318f. – Warren, Henry 110f.; Gillingham 40; Flori, Richard 40.

[17] Robert von Torigni 241f.; Herbert von Bosham 438f.; Gesta I, 3f.; Roger von Howden II, 3; Gervasius von Canterbury 211.

[18] „[…] quod rex Angliae omnes conventiones illas quas cum Pictavis et Britonibus, ipso rege Francorum mediante, in supradicto colloquio apud Montem Mirabilem fecerat, jam in tantillo temporis spatio confregisset“ (Gervasius von Canterbury 211).

[19] González, Reino I, 791; Lacarra, Historia Cap. 8.

[20] Text in González, Reino II, 250ff., nr. 147. – Vgl. Martínez Díez, Alfonso 43f.

[21] González, Reino I, 792f.; Lacarra, Historia Cap. 8.

[22] Liste der Territorien bei Martínez Díez, Alfonso 44f.

[23] Bisson, Crown 36; Martínez Díez, Alfonso 44.

[24] So spricht auch V. Á. Álvarez Palenzuela bezüglich der iberischen *regna* in dieser Zeit von „Equilibrio de reinos: una nueva fórmula política" (Historia 365). – Insofern ist die vielfach in der Forschung geäußerte Behauptung unzutreffend, die Konzeption von einem politischen „Gleichgewicht der Kräfte" zwischen den verschiedenen Reichen im Abendland sei ein rein neuzeitliches Phänomen.

[25] Ahlers, Welfen 304 (Reg.); Georgi, Friedrich 275f.; Martínez Díez, Alfonso 43f.

[26] Zu den Exkommunikationen vgl. Foreville, Église Liv. 3, Chap. 3/§ 3; Barlow, Becket 179ff.; Duggan, Becket Chap. 8f.

[27] Quellen in CS 926ff., nr. 163.

[28] Zu den Titeln Heinrichs (III.) vgl. Hudgson, Heinrich 12; Powicke 33.

[29] Belege bei Hudgson, Heinrich 12.

[30] Zur drohenden Exkommunikation Heinrichs bzw. zum erwarteten Interdikt vgl. Foreville, Église Liv. 3, Chap. 3/§ 3; Barlow, Becket 185ff.; Warren, Henry 498ff.

[31] Becket, Materials VII, 316ff., nr. 676; Robert von Torigni 245ff.; Gesta I, 5ff.; Roger von Howden II, 4f.; Gervasius von Canterbury 220f. – Zum Verhalten König Ludwigs vgl. Sassier, Louis 397f.

[32] Eyton 149.

[33] Zu den umstrittenen Äußerungen des Königs vgl. die Hinweise bei Wilhelm von Canterbury 121ff.; Wilhelm Fitz Stephen 127ff.; Herbert von Bosham 487; Becket, Materials V, 381, nr. 194.

[34] Zur Biographie der Mörder vgl. die Angaben bei Barlow, Becket 316 Anm. 16.

[35] Zum Verlauf des Mordes vgl. Wilhelm von Canterbury 132ff.; Wilhelm Fitz Stephen 138ff.; Herbert von Bosham 491ff.; Eduard Grim 435ff.; Johannes von Salisbury II, 734f., nr. 305. – Weitere Quellen bei Barlow, Becket 247ff., 317 mit Anm. 29; Duggan, Becket Chap. 10.

[36] Berg, Imperium 22ff.; Ders., Anjou-Plantagenets 37ff.

[37] Eyton 153f.

[38] Ramsay, Empire 137; Delisle, Recueil I, 503.

[39] Zu dieser Ehekrise vgl. jetzt Flori, Aliénor 119ff., 541 (Reg.).

[40] Zu den verschiedenen Rosamund-Legenden vgl. Owen, Eleanor 114–148.

[41] Hivergneaux, Queen 68ff.

[42] Brown, Eleanor 12f.; Hivergneaux, Queen 66ff.

[43] Barlow, Becket 268f. – Zum Heiligenkult und zum Schicksal der Reliquien Beckets vgl. Butler, Quest Chap. 2ff.; Duggan, Becket Chap. 11.

[44] Everard, Brittany 48f.

[45] Eyton 154ff. – Über Bußleistungen Heinrichs im Zusammenhang mit dem Becket-Mord vgl. ausführlicher Duggan, Diplomacy 266ff.

[46] Vgl. oben Kap. III.

[47] Zur folgenden Ereignisgeschichte vgl. ausführlicher Orpen, Ireland I, 141ff.; Otway-Ruthven, History 49ff.; Martin, Díarmait 62ff.; Ders., Allies 88ff.; Elvert, Geschichte 94ff.; Richter, Irland 137ff.

[48] Gerald von Wales, Expug. Chap. 5ff.

[49] Ausführlicher Flanagan, Strongbow 62ff.

[50] Nach Gervasius von Canterbury hatten die Iren angeblich den englischen König selbst um Intervention gebeten (235).

[51] Robert von Torigni 252; Gesta I, 24ff.; Roger von Howden II, 29; Radulf von Diceto I, 348ff.; Gervasius von Canterbury 234. – Zur Tätigkeit der päpstlichen Legaten vgl. ausführlicher Tillmann, Legaten 68ff.

[52] Zum Verlauf des Heerzuges vgl. Robert von Torigni 252ff.; Gesta I, 24ff.; Roger von

Howden II, 29; Gervasius von Canterbury 234ff.; Radulf von Diceto I, 348ff.; Gerald von Wales, Expug. Chap. 13ff. – Weitere Quellennachweise bei Norgate, England II, 81ff.

[53] Vgl. zum Folgenden Orpen, Ireland I, 141ff.; Otway-Ruthven, History 49ff.; Martin, Allies 88ff.; Elvert, Geschichte 94ff.; Richter, Irland 137ff.

[54] Zu den widersprüchlichen Quellenaussagen über ein angebliches *homagium* der irischen Könige vgl. Warren, Henry 201 Anm. 2; Martin, Allies 91ff.

[55] Powicke 148.

[56] So z. B. die Interpretation von F. X. Martin (Díarmait 44ff.; vgl. auch 67, 98). Vgl. auch seine Kritik an irischen nationalistischen Deutungen der Intervention König Heinrichs: „The Irish nationalist theory about the Anglo-Normans recounts a harrowing story of Irish tribulations, beginning with the vikings in the ninth century, continuing with the Anglo-Normans in the eleventh and twelfth centuries, followed by a steady stream of grasping English officials in the late medieval times, by waves of adventurers during the reigns of Henry VIII, Mary, Elizabeth, James I, and Charles I, culmilating in the Cromwellian and Williamite confiscations, and finalised in the eighteenth century with the rule of the Anglo-Irish ‚protestant nation'" (Martin, Díarmait 43).

[57] Materialien zur Vereinbarung von Avranches bei CS 942ff., nr. 166.

[58] CS 943ff., nr. 166.

[59] CS 949f., nr. 166.

[60] Foreville, Église Liv. 4, Chap. 1, bes. 339f.

[61] Ann. Winchester 60; Gesta I, 31. – Hodgson, Heinrich 18f.

[62] Robert von Torigni 255; Gesta I, 34.

[63] Gesta I, 34.

[64] Richard, Histoire II, 161; Hivergneaux, Queen 68f.

[65] Delisle, Recueil II, 1ff., nr. 455; vgl. Gesta I, 36ff.

[66] Georgi, Friedrich 285ff.

[67] Vgl. die Kritik von Berg, Imperium 23f.; Georgi, Friedrich 269ff.

[68] Robert von Torigni 255; Gesta I, 35ff.; Roger von Howden II, 41ff.; Radulf von Diceto I, 353.

[69] Quellennachweise bei Georgi, Friedrich 286f.

[70] Devic-Vaissète, Histoire VI, 52f.; Richard, Histoire II, 165ff.; Lacarra, Historia 219ff.; Bisson, Crown 37; Martínez Díez, Alfonso 222ff., 237ff.

[71] Robert von Torigni 255; Radulf von Diceto I, 353; Gesta I, 35f. – Devic-Vaissète, Histoire VI, 52f.; Richard, Histoire II, 165ff.

[72] Hivergneaux, Queen 68f.

[73] Eine ähnliche Interpretation gaben bereits Kessler 10f.; Gillingham 40ff.; Martindale, Eleanor 33.

[74] Quellennachweise bei Warren, Henry 118 mit Anm. 1.

[75] Robert von Torigni 255f.; Gesta I, 41; Roger von Howden II, 41ff., 45ff.; Wilhelm von Newburgh I, 169f.; Gervasius von Canterbury 242f.

[76] Eyton 171; Hodgson, Heinrich 21f.; Sassier, Louis 450f.

[77] So Wilhelm von Newburgh (I, 171), während die Gesta von einer Initiative Eleonores berichten (I, 42).

[78] Peter von Blois, Opera 448f., nr. 154.

[79] Gesta I, 42f.; Wilhelm von Newburgh I, 170f.

[80] Gesta I, 44; Roger von Howden II, 46f.

[81] Gesta I, 44f.; Roger von Howden II, 46f. – Hodgson, Heinrich 23f.

[82] Gesta I, 44; Roger von Howden II, 46f.

[83] Ahlers, Welfen 76; Georgi, Friedrich 290f.; Huffman, Politics 102f.

[84] Eigene deutsche Übersetzung nach Roger von Howden II, 47.

[85] Boussard, Gouvernement 477ff. – Eine Übersichtskarte für die geographische Verteilung der Rebellionszentren bei Norgate, England II, 148f.

[86] Namenslisten der Opponenten in Gesta I, 45ff.; Radulf von Diceto I, 371ff.

[87] Zu den kirchenpolitischen Entwicklungen vgl. Ramsay, Empire 166ff.; Brooke, Church 216ff.; Foreville, Église 373ff.; CS 956ff., nr. 167; Warren, Henry 536ff.; Favier, Plantagenêts 278ff.

[88] Eine Liste der königstreuen Gefolgsleute bei Boussard, Gouvernement 479f.

[89] Nicholas, Flanders 72.

[90] Zu den folgenden Kämpfen vgl. Robert von Torigni 257ff.; Gesta I, 45ff.; Roger von Howden II, 61ff.; Wilhelm von Newburgh I, 171ff.; Gervasius von Canterbury 245ff.; Radulf von Diceto I, 373ff.

[91] Everard, Brittany 49.

[92] Norgate, England II, 144ff.; Ramsay, Empire 169f.; Boussard, Gouvernement 479f.

[93] Norgate, England II, 144ff.; Ramsay, Empire 169; Boussard, Gouvernement 477f. mit Anm. 4–5.

[94] Vgl. die Karte bei Warren, Henry 130 nr. VIIId.

[95] Robert von Torigni 260ff.; Gesta I, 63f.; Roger von Howden II, 54ff., 61ff.; Wilhelm von Newburgh I, 177ff.; Gervasius von Canterbury 247ff.; Radulf von Diceto I, 376ff.

[96] Eyton 176.

[97] Robert von Torigni 263; Gesta I, 63f.; Roger von Howden II, 55f.; Wilhelm von Newburgh I, 180f.; Gervasius von Canterbury 248f.; Radulf von Diceto I, 380f.

[98] Eyton 177; Sassier, Louis 451ff.

[99] Gesta I, 42, 72; Gervasius von Canterbury 242f.; Gerald von Wales, Expug. 122ff.; vgl. auch Peter von Blois, Opera 448, nr. 154. – Zur herrschaftssymbolischen Interpretation der Inhaftierung Eleonores vgl. jetzt Flori, Aliénor Chap. 5.

[100] Robert von Torigni 264f.; Gesta I, 76f.; Roger von Howden II, 66ff.; Wilhelm von Newburgh I, 196f.; Gervasius von Canterbury 250f.; Radulf von Diceto I, 394f. – J. H. Ramsay beschrieb die Geschehnisse knapp: „Richard hunted down by Henry" (Empire 182; vgl. 550 Reg.).

[101] Eyton 179.

[102] Eyton 180f. – Zu den schottischen Entwicklungen vgl. Ritchie, Normans 350 mit Anm. 1; Barrow, Kingdom 256f.; Duncan, Scotland 228ff.; Barrow, Kingship 53f.; Barrell, Scotland 73f.; Bartlett, England 83f. – Zu Recht wies G. W. S. Barrow auf die unterschiedliche Haltung schottischer Adliger während der Revolte gegen König Heinrich II. hin: „[...] when for example the Northumbrian Odinel de Umfraville and the Cumbrian Robert de Vaux took the English king's side while the Northumbrian Thomas de Muschamp and the Cumbrian Hugh II de Morville, lord of Westmorland, supported the king of Scots" (Era 18).

[103] Robert von Torigni 265; Gesta I, 76f.; Roger von Howden II, 66f.; Wilhelm von Newburgh I, 196f.; Gervasius von Canterbury 250f.; Radulf von Diceto I, 394f.

[104] Text der Vereinbarung bei Gesta I, 77ff.; Rymer 30; Delisle, Recueil II, 19ff., nr. 468.

V. Die selbständige Herrschaft Richards als Graf von Poitou bis zum Tode Herzog Gottfrieds von der Bretagne (1186)

[1] Eyton 190f.

[2] Hodgson, Heinrich 49ff.

[3] Eyton 190ff. – Vgl. ausführlicher Norgate, England II, 144ff.

[4] Vgl. Robert von Torigni 267; Gesta I, 93ff.; Roger von Howden II, 78f.; Gervasius von Canterbury 267; Radulf von Diceto I, 402.

[5] Text der Assise von Northampton bei Stubbs, Charters 179ff.

[6] Jolliffe, History 211ff.; Kluxen, Verfassungsgeschichte 30f.; Warren, Governance 110f.

[7] Stones, Relations 1ff., nr. 1. – Gesta I, 94ff.; Roger von Howden II, 79f.

[8] Foreville, Église Liv. 5/Chap. 3–2.

[9] Rymer 31f. – Vgl. Gesta I, 101ff.; Roger von Howden II, 83ff.

[10] Dennoch betonte Warren, daß Rory „did not become a fief-holding vassal of the king of England" (Henry 202 Anm. 1).

[11] Wenig wahrscheinlich ist die Behauptung Roger von Howdens: [Henricus] „Perquisierat enim ab Alexandro summo pontifice quod liceret ei filium suum quem vellet coronare et regem facere de Hibernia" (I, 161). Vgl. auch Gerald von Wales, Expug. 142ff. und die Erläuterungen ebd. 322ff.

[12] Diese Verlobung war erst nach dem Tode der früheren Braut Johanns, Alice von Maurienne, möglich geworden. – Gesta I, 124; Roger von Howden II, 100; Radulf von Diceto I, 415.

[13] Roger von Howden II, 134. – Vgl. Poole, Domesday book 312; Martin, Overlord 112.

[14] Zum Begriff Davies, Age 54.

[15] Ann. Cambriae 54f.; Brut (H) 162ff.; Brut (P) 69ff.; Gesta I, 74; Radulf von Diceto I, 384. – Vgl. auch Lloyd, History Chap. 14; Poole, Domesday book 294ff.; Davies, Age 54f., 526 (Reg.); Walker, Wales 49ff.; Turvey, Princes 81ff.

[16] Gesta I, 162; Roger von Howden II, 133f.

[17] Gesta I, 162.

[18] Gesta I, 101ff.; Roger von Howden II, 72ff., 81ff.

[19] Ehnert, Möglichkeiten Kap. 2.1; Gouiran, Amour VIIff.; Paden, in: Bertran de Born 15ff.

[20] Boussard, Gouvernement 516.

[21] Folgende Begrifflichkeit nach Boussard, Gouvernement 515ff.

[22] Elvert, Geschichte 96f.; Martin, Overlord 111f.

[23] Hodgson, Heinrich 49ff.

[24] Gesta I, 101ff.; Roger von Howden II, 72.

[25] Ramsay, Empire 192.

[26] Gesta I, 114f.

[27] Wichtigste Quelle für die Heerzüge Richards sind die Gesta, die wahrscheinlich auf Berichten des Herzogs an den väterlichen Hof beruhten (I, 120ff.).

[28] Zum Verlauf der militärischen Unternehmungen vgl. Gesta I, 121; Roger von Howden II, 83ff., 93ff.

[29] Richard ließ durch Boten seinen Vater von „pacificatis universis provinciis" unterrichten (Gesta I, 132).

[30] Norgate, Richard 28ff.; Gillingham 63ff.

[31] Eyton 208f. – Zu den auswärtigen Beziehungen Heinrichs vgl. auch Magdalino, Empire (Reg.); Schlichte, König (Reg.).

[32] Rymer 32. – Gesta I, 115ff.- Zu den vorangegangenen engen Beziehungen König Wilhelms zum angevinischen Hof vgl. Ramsay, Empire 193 mit Anm. 4.

[33] Rymer 32, 35f. – Robert von Torigni 278f.; Gesta I, 120, 127, 157f., 169ff.; Roger von Howden II, 94f.; Gervasius von Canterbury 260, 263ff.; Radulf von Diceto I, 408, 413ff., 416ff.

[34] Devic-Vaissète, Histoire VI, 68ff.; Richard, Histoire II, 187ff.; Miret y Sans, Itinerario 389f., 396f.; Boussard, Comté 83f.; Ventura, Alfons 167ff.; Martínez Díez, Alfonso 123f.

[35] González, Reino I, 802ff.; Lacarra, Historia Cap. 8; Martínez Díez, Alfonso 123f.; Rodríguez-Picavea Matilla, Consolidación (passim).

[36] Rymer 32ff. – Gesta I, 139–154; Roger von Howden II, 120–131. – Vgl. ausführlicher Büschgens, Verträge 86ff.

[37] González, Reino I, Cap. 5/3, 6/3; Bisson, Crown 38; Büschgens, Verträge 86ff.; Martínez Díez, Alfonso 318 (Reg.).

[38] Tucoo-Chala, Vicomté (passim).

[39] González, Reino I, Cap. 5/3, 6/3; S. Claramunt – O. Engels. In: LMA 1, 392f.; Bisson, Crown 38; Büschgens, Verträge 86ff.; Martínez Díez, Alfonso 318 (Reg.).

[40] Texteditionen in González, Reino II, 473f., nr. 288; 528ff., nr. 319–320. – Regesten der Verträge bei Büschgens, Verträge 367ff., nr. 9f. – Vgl. auch Miret y Sans, Itinerario 401, 408.

[41] Dennoch wird man dem Verdikt von W. L. Warren widersprechen müssen, der behauptete: „Nor can any grand design be traced in the marriages of Henry's daughters. [...] Henry was really doing no more than marrying off his daughters as suited their station in life" (221f.).

[42] So z.B. Pacaut, Louis 213ff.; Warren, Henry 143ff.; Sassier, Louis 462ff.

[43] Gesta I, 180f.; Roger von Howden II, 143; Potthast 12737. – Norgate, Richard 24f.; Boussard, Gouvernement 524f.

[44] Gesta I, 127. – Devailly, Berry 409.

[45] Gesta I, 132. – Hodgson, Heinrich 56.

[46] Devailly, Berry 411.

[47] Robert von Torigni 274f. – Devailly, Berry 411.

[48] Eyton 211.

[49] Gesta I, 168f.; Roger von Howden II, 143. – Devailly, Berry 410ff.

[50] Eyton 218.

[51] Rymer 35; Delisle, Recueil II, 60ff., nr. 506.

[52] Gesta I, 196ff.; Radulf von Diceto I, 427. – Eyton 221.

[53] Eyton 222.

[54] Gesta I, 212f. – Miret y Sans, Itinerario zu 1178, 404ff.; González, Reino I, Cap. 5/3, 6/3.

[55] Zur geopolitischen Bedeutung der Krönung vgl. Fried, Friedrich (passim); vgl. Locatelli, Frédéric 184ff.; Opll, Friedrich 123.

[56] S. Claramunt – O. Engels. In: LMA 1, 393; Bisson, Crown 37ff.; González, Reino I, 110ff. und Cap. 5/3, 6/3; Martínez Díez, Alfonso Cap. 4.

[57] Gesta I, 213; Radulf von Diceto I, 431f.

[58] Gillingham 61.

[59] Chauvenet, Entourage 148.

[60] Nachweise bei Chauvenet, Entourage 149.

[61] Richard, Histoire II, 576 (Reg.); Boussard, Gouvernement 354f. mit Anm. 5.

[62] Boussard, Gouvernement 356f.

[63] Boussard, Gouvernement 312.

[64] Norgate, Richard Chap. 2; Gillingham 64.

[65] Cartellieri I, 42; Baldwin, Government 6ff.; Bradbury, Philip 40ff.

[66] Vgl. ausführlicher zu den Machtkämpfen Cartellieri I, 29–91; Pacaut, Louis Chap. 8/2; Sassier, Louis Chap. 27f.; Ehlers, Könige 155ff.

[67] Eyton 231f.

[68] Delisle, Catalogue 4, nr. 11; Rymer 36; Delisle, Recueil II, 128ff., nr. 550.

[69] So die Formulierung von Bradbury, Philip 61.

[70] So z.B. die Angaben Gottfried von Viterbos (Gesta Friderici 332ff.) und bei Sigebert (Cont. Aquicinctina 419).

[71] Baldwin, Government 35ff.; Bradbury, Philip 47ff.

[72] Gesta II, 277; Roger von Howden II, 260ff.; Radulf von Diceto II, 7ff.

[73] Stubbs, Charters 183f.; Rymer 37.

[74] Gislebert von Mons 147f.; Gesta II, 285f.; Roger von Howden II, 267; Radulf von Diceto II, 9f. – Eine ausführliche Interpretation des Vertrages bei Cartellieri I, 125ff.

[75] Gottfried von Vigeois 326ff.

[76] Zu den folgenden Konflikten vgl. Gottfried von Vigeois 326ff.; Gervasius von Canterbury 300ff. – Norgate, Richard 39ff. – W. L. Warren charakterisierte das Verhalten Richards als „certainly contrary to the law as well as unwise" (576).

[77] Eyton 247f.

[78] Hauptkritik an Richard in den Gesta (I, 292), bei Gervasius von Canterbury (I, 303f.), Radulf von Diceto (II, 18f.) und besonders bei Gerald von Wales (Princ. 246f.).

[79] Gerald von Wales, Princ. 246f. – Auch Gervasius von Canterbury bezeichnete die Herrschaft Richards als Tyrannei („Ricardus suae confidens tirannidi") (I, 303).

[80] Gesta I, 292.

[81] Gottfried von Vigeois 330f.

[82] Gesta I, 292; Gervasius von Canterbury 303f.; Gottfried von Vigeois 332f.; Bertran de Born Chap. 1–2.

[83] Bertran de Born 180ff., nr. 10.

[84] „[...] e demandem li tro que dreich nos fassa/dels homenes qe.ns a traitz d'entre. ls mans" (Bertran de Born 183, nr. 10).

[85] Robert von Torigni 302; Gesta I, 294f.; Radulf von Diceto II, 18f. Vgl. auch Wilhelm von Newburgh I, 233.

[86] Hodgson, Heinrich 63ff.

[87] Roger von Howden nahm an, daß das Vorgehen des jungen Königs „per consilium Philippi regis Franciae" geschah (II, 266).

[88] Gesta I, 294. – Roger von Howden bemerkte zum Verhalten des jungen Heinrich: „[...] mala omnia quae potuit machinabatur in perniciem regis patris sui, contra fidem et sacramenta quae illi saepius fecerat de fidelitate servanda" (II, 266).

[89] Gesta I, 291f.; Roger von Howden II, 273f.; Radulf von Diceto II, 18f.

[90] „[...] ut ad edomandam Ricardi superbiam rex filius totus insurgeret instanter indixit" (Radulf von Diceto II, 19).

[91] Vgl. die Verherrlichung des jungen Heinrich bei Gerald von Wales, der den König bezeichnete als „Militiae splendor, gloria, lumen, apex" (Princ. 174). – Richard, Histoire II, 216ff.; Norgate, England II, 220f.; Hodgson, Heinrich 63ff.; Boussard, Gouvernement 542ff.; Paden, in: Bertran de Born 9f.; Flori, Richard 60ff.

[92] Zum Folgenden vgl. Gottfried von Vigeois 334ff.; Robert von Torigni 305f.; Gesta I, 292ff.; Roger von Howden II, 274ff.; Gervasius von Canterbury 303ff.; Marshal I, 231ff.

[93] Erneut betonten die Chronisten die große Brutalität der Kriegführung, die Richard – im Gegensatz zu seinem Vater – im Kampf gegen die „Rebellen" an den Tag legte – vgl. Gottfried von Vigeois 334f.; Gesta I, 293.

[94] Gesta I, 294.

[95] Gottfried von Vigeois 336ff. – Cartellieri I, 216f.

[96] Gesta I, 303. – Bertran de Born 266; Ventura, Alfons Cap. 29.

[97] Vgl. sein Sirventes „Ieu chan, que l reys m' en a preguat" – Bertran de Born 206ff., nr. 14.

[98] Gottfried von Vigeois 338; Gesta I, 300f.; Roger von Howden II, 278f.; Radulf von Diceto II, 19f.; Marshal I, 248ff.; Gerald von Wales, Princ. 173ff.

[99] Vgl. sein Sirventes „Mon chan fenis ab dol et ab maltraire" (Bertran de Born 218ff., nr. 15). – Der Herausgeber hob hervor, „that the Young King represented the specific values of the new chivalric culture of his time" (Paden, in: Bertran de Born 9).

[100] Gottfried von Vigeois 337f.; Robert von Torigni 305f.; Gesta I, 302ff.; Roger von Howden II, 279f. – Zur Charakterisierung des Verhalten Gottfrieds vgl. Gerald von Wales, Princ. 177ff.

[101] Gesta I, 308.

[102] Gesta I, 308.

[103] Eyton 253. – Der Verfasser der Gesta betonte die Novität dieses Vorgangs: „In quo colloquio Henricus, rex Angliae, fecit homagium et ligantiam de omnibus tenementis transmarinis Philippo regi Franciae, cui nunquam antea homagium facere voluit" (Gesta I, 306).

[104] Gesta I, 306.

[105] Gesta I, 304ff., 308; Roger von Howden II, 280ff.; Rigord 92f. – Vgl. ausführlicher Warren, Henry 595ff.; Gillingham 77f.

[106] Gesta I, 311.

[107] Gottfried von Vigeois 342; Gesta I, 311ff.; Roger von Howden II, 282ff. – Zur Bedeutung Mercadiers vgl. Powicke, Loss 394 (Reg.); Bradbury, Philip 369 (Reg.); Gillingham 375 (Reg.); P. Contamine. In: LMA 6, 533; Flori, Richard 593 (Reg.); Favier, Plantagenêts 943 (Reg.).

108 Gesta I, 311 f.; Roger von Howden II, 288 ff.; Gislebert von Mons 187 ff. – Cartellieri I, 146 ff., 174 ff., 188 f.; Baldwin, Government 16 ff., 25 f.; Bradbury, Philip 59 f.; Favier, Plantagenêts 522.

109 So insbesondere Engels, Entmachtung 56 ff. – Vgl. auch die Kritik von Ahlers, Welfen 121 ff.

110 Gesta I, 318 f.; Roger von Howden II, 288. – Vgl. Knipping, Regesten II, 238 f., nr. 1232. – Zur Diskussion um die Identität der Kaisertochter vgl. Kessler 33 ff.

111 Jordan, Heinrich 216 f.; Ahlers, Welfen 124 ff.; Schneidmüller, Welfen 235 f.

112 Eyton 256.

113 Stubbs, Charters 186 ff.

114 Gesta I, 311 f., 319; Gerald von Wales, Expug. 194 ff.

115 Gesta I, 320 f.; Roger von Howden II, 288.

116 Gesta I, 320 f., 334.

117 Gesta I, 339; Roger von Howden II, 304 f.; Gerald von Wales, Princ. 221, 385 (Reg.); Gerald von Wales, Expug. 224 ff. – Otway-Ruthven, History 67 ff.; Elvert, Geschichte 97 f.; Martin, John 127 ff.

118 Eyton 264. – Gesta I, 337 f.; Roger von Howden II, 304. – Brown, Parent 19 f.; Owen, Eleanor 75 ff.; Flori, Aliénor 182 ff.

119 Vgl. hierzu allgemein Benjamin, War 276 ff.

120 Richard, Histoire II, 235 f.; Devic-Vaissète, Histoire VI, 110 f.; Miret y Sans, Itinerario 420 f.; Ventura, Alfons Cap. 31; Vones, Geschichte 114.

121 Gesta I, 345. – Richard, Histoire II, 236 ff.; Devic-Vaissète, Histoire VI, 114, 117; Miret y Sans, Itinerario 421 ff.; Ventura, Alfons Cap. 31; González, Reino I, 822.

122 Texteditionen bei González, Reino II, 770 f., nr. 449; 786 ff., nr. 460. Vertragsregesten bei Büschgens, Verträge 369 f., nr. 11 f. – Zur Interpretation vgl. Miret y Sans, Itinerario 438 f.; Ventura, Alfons 221 ff.; González, Reino I, 823 ff.; Büschgens, Verträge 141 ff.

123 González, Reino I, 825.

124 Bertran de Born 381, nr. 35.

125 Devic-Vaissète, Histoire VI, 117; Benjamin, War 277 ff.

126 Eyton 267.

127 Delisle, Catalogue 30, nr. 124; 496 ff.; Delisle, Recueil II, 275 ff., nr. 660. – Gesta I, 343 f.; Radulf von Diceto II, 40; Gislebert von Mons 193. – Zur Interpretation vgl. jetzt Kessler 36 ff.

128 Rigord 68 f. – Gesta I, 350; Roger von Howden II, 309; Wilhelm von Newburgh I, 234 f.; Gervasius von Canterbury 336; Radulf von Diceto II, 41; Radulf von Coggeshall 20. – Nach Angaben Geralds von Wales war der französische König vom Tode Gottfrieds in solchem Maße erschüttert, daß er sich bei der Beisetzung in das offene Grab stürzen wollte und nur von seiner Begleitung hieran gehindert wurde (Princ. 176).

129 Vgl. besonders das Werk „A totz dic qe ja mais non voil“ Bertrans, in dem Gottfried mit den Heroen des Kreises von Roncevaux – wie „Rolantz, Oliviers, Etsols, Naimes, n'Oristain“- in Verbindung gesetzt wird (Bertran de Born 348 ff., nr. 31).

130 Gesta I, 297.

VI. Richards Kampf um die Thronfolge in England bis zum Tode König Heinrichs II. (1189)

1 Dies die Formulierung von Kessler (35).

2 Eyton 274. – Gesta I, 353; Roger von Howden II, 314 f.; Radulf von Diceto II, 43 f.

3 Dies erklärte Richard offiziell bei den Verhandlungen mit Philipp in Messina 1191 nach Angaben der Gesta (II, 160 f.). – Vgl. ausführlicher Kessler 39 ff.

4 Vgl. hierzu ausführlicher unten Kap. XIV.

[5] Nur eine chronikalische Erwähnung der amicitia erfolgte in Ann. Magdeb. 195; Gesta Trever. Cont. III, 387. – Der Wortlaut des Vertragstextes ist nicht erhalten. – Vgl. Trautz, Könige 78f.; Kienast, Deutschland I, 236f.; Ahlers, Welfen 132f.; Huffman, Politics 124ff.

[6] Zu den folgenden Auseinandersetzungen vgl. Gesta II, 6f.; Roger von Howden II, 317f.; Gervasius von Canterbury 369ff.; Radulf von Diceto II, 49; Gislebert von Mons 197ff. – Rigord 78f.; Brito, Gesta 186; Brito, Philippidos 60ff.

[7] Bertran de Born 364ff., nr. 33.

[8] Devailly, Berry 411f.

[9] Gerald von Wales, Princ. 232f.

[10] Vgl. ausführlicher Kessler 37f.

[11] Dieses Verhalten Heinrichs prägte nach Angaben Geralds von Wales das weitere Verhältnis Richards zu seinem Vater: „Quibus auditis, tanta comes motus est indignatione, tantumque res illa odii fomitem ministravit, quod ex illa patrem hora, tanquam exhaeredationem suam propter minorem natu filium machinari volentem, suspectum semper habuit et exosum" (Princ. 233).

[12] „Et dilexit eum rex Franciae quasi animam suam; et in tantum se mutuo diligebant, quod propter vehementem dilectionem quae inter illos erat, dominus rex Angliae nimio stupore arreptus admirabatur quid hoc esset" (Gesta II, 7). – Zu alttestamentarischen Vorbildern für diese Darstellung einer Freundschaft, insbesondere zum Rekurs auf David und Jonathan, vgl. die Hinweise bei Van Eickels, Konsens 363f. mit Anm. 242f.

[13] Gesta II, 7; Roger von Howden II, 318. – Van Eickels interpretierte die Unterwerfung Richards „in einem homagium-ähnlichen Akt" in Paris 1187 vor allem als „die Inszenierung eines Friedens unter (nahezu) Gleichrangigen" (Konflikt 101). – Ders. ähnlich in: Konsens 365ff.

[14] Vgl. hierzu ausführlicher Van Eickels, Konsens Kap. V/5b; dagegen jetzt Burgwinkle, Sodomy Part I/2, bes. 77ff.

[15] Gesta II, 7ff.; Roger von Howden II, 318; Gerald von Wales, Princ. 233.

[16] Aus der Vielzahl an Darstellungen zum Leben Saladins seien hier nur genannt Lane-Poole, Saladin 284ff. (Reg.); Runciman, Geschichte III, 596 (Reg.); Painter, Crusade Chap. 2, 861 (Reg.); Ehrenkreutz, Saladin 286f. (Reg.); Möhring, Kreuzzug Kap. 1ff.; Newby, Saladin 209f. (Reg.); Lyons-Jackson, Saladin Chap. 1ff.; Mayer, Geschichte 404 (Reg.); Regan, Saladin; Ders., Lionhearts Chap. 3ff.; Richard, Crusades 514 (Reg.); Reston, Warriors Chap. 1ff.; Lilie, Byzanz 125ff.; Weinfurter, Saladin 9ff.; Möhring, Saladin Kap. 3; Ders. Toleranz 157ff.; Ders., Saladinbild 459.

[17] Vgl. Lyons-Jackson, Saladin 222ff.; Köhler, Allianzen Kap. III/4; Möhring, Saladin 115ff.; Ders., Toleranz 158ff.

[18] Köhler, Allianzen Kap. III/2.

[19] Zur Schlacht bei Ḥiṭṭīn vgl. Herde, Kämpfe 97ff.; Möhring, Kreuzzug 20ff.; Prawer, Battle 484ff.; Kedar, Horns; Lyons-Jackson, Saladin 255ff.; Richter-Bernburg, Eroberung 86ff.; Richard, Crusades 205ff.; Van Eickels, Schlacht 101ff.; Möhring, Saladin 77ff.; Weinfurter, Saladin 12ff.

[20] Zum frühen Bild Saladins bei den christlichen Gegnern vgl. Möhring, Heide 160ff.; Ders., Toleranz 158ff.; Ders., Sultan Kap. 7 (Beiträge z.T. wörtlich identisch).

[21] Zur religiösen Bedeutung Jerusalems für Christen und Moslems vgl. Gaube, Bedeutung 294.

[22] Röhricht, Geschichte 544ff.; Lane-Poole, Saladin Chap. 14f.; Runciman, Geschichte II, Buch 5, Kap. 2; Mayer, Geschichte 166ff.; Möhring, Saladin 78ff.

[23] Gesta I, 335f.; Roger von Howden II, 299ff.; Gervasius von Canterbury 325f.; Radulf von Diceto II, 32f.

[24] Gesta II, 29; Roger von Howden II, 325; Wilhelm von Newburgh I, 271f.; Radulf von Diceto II, 50; Gerald von Wales, Princ. 239ff. – Rigord 83f.; Brito, Philippidos 66; Ambroise 3.

[25] Vgl. Kessler 56ff.

[26] Eyton 283.

[27] Gesta II, 29f.; Roger von Howden II, 334f.; Gervasius von Canterbury 406; Radulf von Diceto II, 51; Gerald von Wales, Princ. 244f. – Rigord 83f.; Brito, Philippidos 66f.

[28] Eyton 283.

[29] Zu den Steuererhebungen Heinrichs vgl. ausführlicher Ramsay, Revenues I, 178ff.

[30] Gerald von Wales, Princ. 244f.

[31] „[...] a patre filius, corpore simul et corde, discessit" (Gerald von Wales, Princ. 245). – Im Kontext der gesamten Auseinandersetzungen zwischen Heinrich und Richard ist das Urteil von Warren nicht zwingend: „The details of Gerald's gossip are unworthy of credence" (Henry 617 Anm. 3).

[32] Eyton 288.

[33] Zu den Auseinandersetzungen vgl. Gesta II, 35ff.; Roger von Howden II, 343f.; Gervasius von Canterbury 434f.; Radulf von Diceto II, 55f.; Gerald von Wales, Princ. 245f., 253f. – Rigord 90f.; Brito, Gesta 187f.; Brito, Philippidos 66f.

[34] Devic-Vaissète, Histoire VI, 127ff.; Richard, Histoire II, 243ff.; Norgate, Richard 250ff.; Cartellieri I, 270ff.

[35] Text des *pactum matrimoniale* bei Rassow, Prinzgemahl 1ff. – Vgl. auch Meyer, Kastilien 49ff., Kap. 3.

[36] Zu den zahlreichen folgenden Heerzügen vgl. Gesta II, 34ff.; Roger von Howden II, 339f.; Gervasius von Canterbury 432f.; Radulf von Diceto II, 55f.; Gerald von Wales, Princ. 245f.

[37] Devic-Vaissète, Histoire VI, 128ff.; Richard, Histoire II, 245ff.; Cartellieri I, 278ff.; Devailly, Berry 412f.

[38] Eyton 289.

[39] Eyton 289; Cartellieri I, 282f.

[40] „[...] que bataille fu prise entre le conte Phelippe de Flandres, qui devers le rois de France estoit, et le conte Richart de Poitiers, por cele querele qui entre les II rois estoit; et devoit estre chascuns soi tierç de chevaliers. [...] mais ains li rois d'Engleterre n'i laissa aler son fil" (Anon. Béthune 756). – Vgl. Marshal I, 267f.

[41] Gesta II, 46ff.; Roger von Howden II, 343ff.; Gervasius von Canterbury 433ff.; Radulf von Diceto II, 55; Marshal I, 280ff. – Rigord 91ff.; Brito, Gesta 188f.; Brito, Philippidos 81ff.

[42] Eyton 292. – Schon zu diesem Zeitpunkt glaubte U. Kessler für Philipp und Richard feststellen zu müssen, daß „am Konfliktpunkt Toulouse das Doppelspiel des einen oder beider Freund-Feinde evident geworden" sei (58).

[43] Gesta II, 49; Roger von Howden II, 345f.

[44] Gesta II, 49; Roger von Howden II, 345f.; Gerald von Wales, Princ. 245. – Gervasius von Canterbury betonte, daß Richard das Verhalten des Vaters später als „Betrug" empfand: „[Henricus] de successione regni sibi voluisse fraudem facere [...]." (435).

[45] Eyton 292f.

[46] Kessler 58ff.

[47] „Jam nunc", inquit, „videtur verisimile quod ante mihi extitit incre/dibile" (Gervasius von Canterbury 435f.). – Vgl. ferner zum Treffen in Bonsmoulins Gesta II, 50; Roger von Howden II, 354f.; Wilhelm von Newburgh I, 276f.; Radulf von Diceto II, 57f.; Marshal I, 293ff.; Gerald von Wales, Princ. 254 – Rigord 92f.; Brito, Gesta 189; Brito, Philippidos 89f.

[48] Eyton 293.

[49] Eyton 293.

[50] Gesta II, 61ff.; Roger von Howden II, 362ff.; Wilhelm von Newburgh I, 277f.; Gervasius von Canterbury 436ff.; Radulf von Diceto II, 62ff.; Marshal I, 296ff.; Gerald von Wales, Princ. 255ff. – Rigord 92ff.; Brito, Gesta 189f.; Brito, Philippidos 89ff.

[51] Marshal I, 300f. – Zur wachsenden Bedeutung Wilhelm Marshals in dem Konflikt vgl. ausführlicher Crouch, Marshal 55ff.

[52] Eyton 295.

[53] Gesta II, 67 ff.; Roger von Howden II, 363 ff.; Wilhelm von Newburgh I, 277 f.; Gervasius von Canterbury 439 ff.; Radulf von Diceto II, 63 f.; Marshal I, 320 ff.; Gerald von Wales, Princ. 259 ff. – Rigord 94 ff.; Brito, Gesta 189 f.; Brito, Philippidos 92 f.

[54] Crouch, Marshal 57 f.

[55] Gesta II, 68 ff.; Roger von Howden II, 364 ff.; Wilhelm von Newburgh I, 277 f.; Gervasius von Canterbury 447 ff.; Radulf von Diceto II, 63 ff.; Marshal I, 326 ff.; Gerald von Wales, Princ. 282 ff. – Rigord 94 ff.; Brito, Gesta 189 f.; Brito, Philippidos 92 f. – Detaillierte Interpretation der Vertragsbedingungen bei Cartellieri I, 312 ff.

[56] Angeblich klagte der König: „‚Verumne est,' inquit, ‚quod Johannes, cor meum, quem prae filiis omnibus magis dilexi cujusque promotionis causa haec omnia mala sustinui, a me discessit?'" (Gerald von Wales, Princ. 295). – Vgl. auch Marshal I, 326 ff.

[57] „[Henricus] quoniam ex / abundantia cordis os loqui solet, ‚Proh pudor de rege victo! proh pudor!' in extremis laboravit" (Gerald von Wales, Princ. 296 f.). – Vgl. ferner Gesta II, 70 f.; Roger von Howden II, 365 ff.; Wilhelm von Newburgh I, 278 f.; Gervasius von Canterbury 448 ff.; Radulf von Diceto II, 64; Marshal I, 327 ff.; Gerald von Wales, Princ. 304. – Rigord 96 f.; Brito, Gesta 190; Brito, Philippidos 93 f. – Gerald von Wales bezeichnete die Rebellionen der Königssöhne gegen Heinrich II. als göttliche Strafe für die tyrannische Herrschaft des Angevinen (Princ. 302 f.), während Radulf von Diceto das Schicksal Heinrichs als Erfüllung von – u. a. von Gottfried von Monmouth überlieferten – Prophezeiungen Merlins betrachtete (II, 64 f.).

[58] Eyton 297.

[59] Roger von Howden II, 367; Gerald von Wales, Princ. 305.

[60] Gesta II, 71; Roger von Howden II, 367; Wilhelm von Newburgh I, 278 f.; Gervasius von Canterbury 449 f.; Radulf von Diceto II, 64 ff.; Marshal I, 332 ff.; Gerald von Wales, Princ. 304 f. – Rigord 96 f.; Brito, Gesta 190; Brito, Philippidos 92 f.

[61] So etwa Warren (Henry 623).

VII. König Richard als Erbe Heinrichs II. und die Vorbereitung des Dritten Kreuzzuges

[1] Erinnert sei an den Hinweis des Verfassers der *Gesta* auf eine mögliche Verantwortlichkeit Richards am Tode des Vaters, dessen Leiche beim Eintritt des Sohnes in die Aufbahrungskirche zu bluten begann (Gesta II, 71).

[2] Zum Folgenden vgl. ausführlicher Duby, Guillaume 160 ff.; Crouch, Marshal 59 ff.

[3] Gesta II, 71 ff.; Roger von Howden III, 3 ff.; Marshal I, 333 ff.

[4] Kelly, Eleanor Chap. 23; Brown, Eleanor 20 ff.; Owen, Eleanor 79 ff.; Brown, Parent 14 ff.; Turner, Eleanor 77 ff.; Flori, Aliénor Chap. 7; Aurell, Aliénor 14 ff.

[5] Powicke 69.

[6] Vgl. etwa die kritischen Hinweise bei Wilhelm von Newburgh (Lib. 3, Cap. 26, bes. I, 281 ff.) und Gerald von Wales (Princ. Dist. 3, Cap. 27 f. – 298 ff.).

[7] Vgl. etwa die kritischen Anmerkungen bei Radulf von Diceto II, 67 f. – Besonders M. Mitchell betonte den angeblich verderblichen Einfluß von „Richard's mother-fixation" auf dessen Beziehungen zu Berengaria, die nur nach dem Tode der Schwiegermutter Befreiung von der ständigen „frustration" durch Eleonore erhoffen konnte (Berengaria Chap. 5, bes. 49 f., 97). Weniger kritisch Turner, Children 321 ff.; Trindade, Berengaria, bes. Chap. 1.

[8] Gesta II, 71 f.

[9] Gesta II, 71 f.

[10] Crouch, Marshal 60 f.

[11] Landon 2 f. – Zu diesen Ansätzen einer eigenen Patronage-Politik bei Richard vgl. Keefe, Assessments 288 (Reg.); Turner, Men Chap. 1, 3 und 211 (Reg.); Turner-Heiser, Reign 79 ff. – Zu den familiares Richards vgl. Heiser, Familiares 39 f.

[12] Foreville, Église 484ff., 593 (Reg.).

[13] Gesta II, 72f., 78, 99; Roger von Howden III, 6; Wilhelm von Newburgh I, 301f.

[14] Dennoch sprach N. Barratt vom „establishment of an unofficial second power base in England“ (Revenue 640).

[15] Turner, John 42f.

[16] So bezeichnete Wilhelm von Newburgh die überreiche Dotierung Johanns als Ursache für die späteren Konflikte mit Richard: „Verum haec ejus in fratrem immoderata atque improvida largitas, multa et gravia mala sequenti tempore peperit, et profusum largitorem profunda poenitudine castigavit“ (I, 302).

[17] Vgl. Barratt, Revenue 646ff.

[18] Insbesondere die ältere englische Forschung kritisierte die Haltung Richards und bezeichnete diesen als „liberal to the extent of folly“ (Poole, Domesday book 348) bzw. sein Verhalten als „beyond the limits of worldly wisdom and sound policy“ (Norgate, Richard 105). – Vgl. jetzt auch R. R. Heisers Studie über „the Extent of the Lionheart's Folly“ (Extent 79ff.) und dagegen die positive Würdigung der Maßnahmen Richards bei Turner-Heiser (Reign 75ff.).

[19] Landon 2.

[20] Kessler 61ff.

[21] Zu der Vereinbarung vgl. Gesta II, 73f.; Roger von Howden III, 3f.; Gervasius von Canterbury 450f.; Gislebert von Mons 247. – Rigord 96; Brito, Philippidos 95f. – Landon 2.

[22] Landon 2.

[23] Vgl. zum Folgenden das Schaubild bei Ramsay, Empire 267 und Schramm, Königtum 297 (Reg.).

[24] Gesta II, 80ff.; Roger von Howden III, 9ff.; Wilhelm von Newburgh I, 293f.; Gervasius von Canterbury 457f.; Radulf von Diceto II, 68; Radulf von Coggeshall 26f. – Vgl. auch Legg, Records 47ff.; Schramm, Königtum 234. – Zu den Kosten des Krönungsmahls vgl. PR1RI, 21, 30, 216.

[25] Vor allem bei der Geistlichkeit erfolgte die Sitzordnung an der Festtafel „secundum ordinem et dignitatem suam“ (Gesta II, 83; vgl. auch Roger von Howden III, 11f.). – Schramm, Königtum 69.

[26] Zur legendarischen Tradition, wonach gemäß den Angaben Gottfrieds von Monmouth bereits 973 beim Krönungsmahl König Edgars nach trojanischem Vorbild Männer und Frauen getrennt speisten, vgl. ausführlicher Schramm, Königtum 65ff., 233f. – Völlig abwegig ist der mitunter unternommene Versuch, den Ausschluß von Frauen vom Krönungsmahl als Zeichen für die angebliche Homosexualität des Monarchen zu deuten.

[27] Gesta II, 107ff.; Roger von Howden III, 33ff.; Wilhelm von Newburgh I, 308ff.; Radulf von Diceto 69, 75f. – Vgl. ausführlicher Roth, History 19ff.; Greive, Juden 76ff.; Battenberg, Zeitalter I, 75ff.; Richardson, Jewry 164f.; Skinner, Jews (passim).

[28] Lloyd, History 573ff.; Davies, Age 223f.; Walker, Wales 50ff., 231 (Reg.); Turvey, Princes 82f.

[29] Gesta II, 97; Ann. Cambriae 57; Brut (H) 170ff.; Brut (P) 72ff.; Gerald von Wales, Itin. 80ff.

[30] Poole, Domesday book 297. – Zudem wurde Lord Rhys als Fürst gefeiert, „[...] who by his unceasing efforts and fine sense of patriotism kept alive the tradition of Welsh independence and nationality“ (Poole, Domesday book 297).

[31] Landon 21. – Vgl. auch Ritchie, Normans 385f.; Duncan, Scotland 235ff.; Barrow, Kingship 55f.; Barrell, Scotland 73ff.; Davies, Empire 64ff.; Barrow, Century 588f.

[32] Vertragstext bei Stones, Relations 12ff., nr. 2.

[33] So z.B. Gesta II, 98; Roger von Howden III, 25f.

[34] So das Urteil von Dickinson, Scotland 78. Vgl. auch Duncan, Scotland 235ff.; Barrell, Scotland 73f.

[35] Vgl. allgemein Poole, Welfen 129ff.; Trautz, Könige 80ff.; Jordan, Heinrich 208ff.; Berg, Imperium 25ff.; Ahlers, Welfen 138ff.; Schneidmüller, Welfen 236ff.; Huffman, Politics 128ff.

[36] Vgl. Ahlers, Welfen 133ff.; Schneidmüller, Welfen 234.

[37] Poole, Welfen 133, 144f.

[38] Roger von Howden III, 86. – Vgl. Hucker, Otto 9f.; Hucker, Kaiser 28f.

[39] Gesta II, 73; Roger von Howden III, 3.

[40] Vgl. Ahlers, Welfen 143ff.; Huffman, Politics 129ff.

[41] Zum „Kulturexport" aus den angevinischen Stammlanden ins Reich vgl. die exemplarischen Studien von Nilgen, Heinrich 329ff.; Müller, Welfen 377ff.

[42] Quellennachweise bei Opll, Itinerar 229.

[43] So auch Eickhoff, Friedrich 34f. Vgl. Cartellieri II, 73f.; Trautz, Könige 76ff.; Kienast, Deutschland I, 236ff.; Ahlers, Welfen 132f.; Huffman, Politics 124ff.

[44] HP 126; Ann. Marb. 178.

[45] Chron. reg. 142f. – Opll, Itinerar 99ff.

[46] Vgl. ausführlicher Eickhoff, Friedrich 44ff.

[47] Vgl. zum Folgenden ausführlicher Cartellieri, Zeitalter Buch 9, Kap. 2; Runciman, Geschichte III, Buch 1, Kap. 1f.; Oldenbourg, Kreuzzüge 382ff.; Johnson, Crusades 89ff.; Eickhoff, Friedrich Einl. Kap. 3; Mayer, Geschichte 173ff.; Opll, Itinerar Kap. I/15; Ders., Friedrich 163ff.; Richard, Crusades Chap. 7; Riley-Smith, Kreuzzüge 60ff.; Lilie, Kreuzzüge Kap. 5.

[48] Zum Itinerar Friedrichs vgl. Opll, Itinerar 101ff.

[49] Vgl. Dölger-Wirth, Regesten 299, nr. 1591; 300, nr. 1594. – Vgl. Lilie, Byzanz 137ff.

[50] Dölger-Wirth, Regesten 301, nr. 1595.

[51] Ansbert 40ff.; MGH DF I, nr. 1009. – Zur politischen Lage Heinrichs VI. vgl. Csendes, Heinrich Kap. 10.

[52] Ansbert 57f., 60f.; HP 149f.; Gesta Fed. 84; Gislebert von Mons 236. – Vgl. ausführlicher Eickhoff, Friedrich 74ff.

[53] Powicke 223, 239, 251, 258.

[54] Gesta II, 85f.; Roger von Howden III, 15f.; Radulf von Diceto 75. – Powicke 264.

[55] Gesta II, 100; Roger von Howden III, 27f. – Dennoch konnte Gottfried die ihm auferlegte Summe von 3000 Pfund bis zum Ende der Regierungszeit Richards nicht vollständig bezahlen. – Über das Verhältnis des Elekten zum Kapitel vgl. ausführlicher Douie, Archbishop (passim).

[56] Gesta II, 85f. – Landon 7.

[57] Gervasius von Canterbury 460f. – Landon 11.

[58] Gervasius von Canterbury 474ff.; Epist. Cant. 308ff., nr. 324ff.

[59] Gesta II, 101; Richard von Devizes 7; Roger von Howden III, 16; Radulf von Diceto 83; Marshal I, 349f.

[60] Gesta II, 99.

[61] Brown, Eleanor 14ff.; Turner, Eleanor 78ff.; Flori, Aliénor 201ff.; Gillingham, Mère 28ff.

[62] Zu den Widerständen gegen die frühere Saladin-Steuer im englischen Klerus vgl. die Materialien in CS 1022ff., nr. 173.

[63] „Et omnia erant ei venalia, scilicet potestates, dominationes, comitatus, vicecomitatus, castella, villae, praedia, et caetera iis similia" (Gesta II, 90). Vgl. Roger von Howden III, 13.

[64] Vgl. besonders die scharfe Kritik von Stubbs, Introductions 208ff.; Appleby, England 36.

[65] Angeblich befand sich nach Roger von Howden die enorme Summe von 100000 Mark bei Herrschaftsantritt Richards im Staatsschatz (III, 7f.); der Verfasser der Gesta nennt dagegen „plusquam nongenta millia librarum in auro et argento" (77).

[66] Vgl. Barratt, Revenues 638ff. mit Table 2–3.

[67] Alle Nachweise bei Powicke 69f., 73, 82, 99.

[68] Nachweise bei Powicke 420, 424f., 427, 431, 435, 444f., 447, 451, 453.

[69] Powicke 429, 433, 439ff.

[70] PR2RI, 177 (Reg.), 220 (Reg.).

[71] Stubbs, Introductions 207 mit Anm. 4–5.

[72] Vgl. hierzu ausführlicher Heiser, Sheriffs 109ff. (mit Einzelnachweisen).

[73] PR2RI, 175 (Reg.), 195f. (Reg.). Vgl. Appleby, England 15, 20; Heiser, Sheriffs 109ff.

[74] PR2RI, 195f. (Reg.). Vgl. Appleby, England 20f.

[75] Einzelnachweise bei Turner-Heiser, Reign 101ff.

[76] Vgl. zum Folgenden ausführlicher Barratt, Revenue 640ff.

[77] Barratt, Revenue 644f., Table 4–5.

[78] Barratt, Revenue 640ff.

[79] Roger von Howden III, 17; vgl. auch Richard von Devizes 5ff.

[80] Radulf von Coggeshall 93.

[81] Vgl. etwa Stubbs, Introductions 207ff.

[82] Zu den folgenden Überlegungen vgl. außer den Arbeiten von Landon, Holt/Mortimer (Acta) und Chauvenet (Entourage) besonders Heiser (Familiares), dessen methodische und statistische Studien grundlegend sind.

[83] Powicke 210, 220, 233, 251, 258.

[84] Powicke 427, 444. – Heiser, Familiares 39.

[85] Landon 7ff.

[86] Heiser, Familiares 40.

[87] Heiser, Familiares 34ff.

[88] Vgl. die ausführliche Kostenzusammenstellung „COMPOTUS EMPTIONIS NAVIUM QUI ABIERUNT JHEROLSOLIM' […]" in PR2RI, 8f.; ferner Richard von Devizes 28. – Zur Bedeutung des Kreuzzuges als logistisches und transporttechnisches Problem vgl. Tyerman, England 64ff.; Jankrift, Aufbruch 187ff.

[89] PR2RI, 8f., 53, 104, 112f.

[90] Ehrenkreutz, Saladin 81ff. – Das Problem des Aufbaus und der Entwicklung eigener Flotteneinheiten auf muslimischer und christlicher Seite blieb in der bisherigen Forschung weitgehend unbeachtet. Vgl. etwa France, Warfare 325 (Reg.), 326 (Reg.); Nicolle, Kriegstechnologie 97ff.; Jaspert, Kreuzzüge 175 (Reg.).

[91] Landon 24, 27. – Rymer 50f.

[92] Landon 27. – Vgl. Gesta II, 104f.; Roger von Howden III, 30f.; IP (S) 145f.; Gervasius von Canterbury 485; Radulf von Diceto II, 77.

[93] Cartellieri II, 96; Baldwin, Government 26, 82; Bradbury, Philipp 77, 367 (Reg.).

[94] Landon 24, 254 (Reg.). – Zur Bedeutung der Normannen in der Gefolgschaft Richards vgl. jetzt Billoré, Noblesse 151ff.

[95] Landon 240 (Reg.)

[96] Landon 270f. (Reg.). – Vgl. ausführlicher Turner-Heiser, Reign 85f. und Chap. 11.

[97] Landon 26.

[98] Powicke 70.

[99] Gesta II, 101; Roger von Howden III, 28f. – Landon 26.

[100] Vgl. JL 16505. – CS 1029, nr. 174.

[101] Vgl. etwa die Charakterisierungen Longchamps in den Gesta (II, 106) und bei Wilhelm von Newburgh (II, 489f.) mit stereotyper Kritik an dem „Ausländer" und „typischem Franzosen", der hochmütig englische Sitten mißachtete. Vgl. ausführlicher Tyerman, Who 259ff.; Kessler 87f.

[102] Gesta II, 106; Roger von Howden III, 32.

[103] Roger von Howden III, 32f.

[104] Gesta II, 106; Roger von Howden III, 32. – Kessler 86ff., 96ff.

[105] Landon 26f.

[106] Richard von Devizes 11; Roger von Howden III, 35f.

[107] Vgl. zum Folgenden ausführlicher Schirrmacher, Geschichte IV, 240ff.; Lacarra, Historia 224ff.; González, Alfonso IX, I, Cap. 1; O'Callaghan, History 241ff.; Bisson, Crown 36ff.; Vones,

Geschichte 98ff., 113ff, 118ff.; Martínez Díez, Alfonso Cap. VIII; Büschgens, Verträge Kap. III, 3ff.

[108] Die wichtigsten Documentos Régios nach der Herrschaftsübernahme Sanchos bei Azevedo, Documentos 5ff., nr. 5ff.

[109] González, Alfonso IX, I, 70ff.

[110] Vgl. ausführlicher Serrão, História 107ff.; Mattoso, História 79ff.; Marques, História 83ff.

[111] Martínez Díez, Alfonso 70f., 132ff.

[112] González, Reino II, 786ff., nr. 460. – Vertragsregest bei Büschgens, Verträge 370, nr. 12.

[113] Schirrmacher, Geschichte IV, 243; González, Reino I, Cap. 7/2–3; Martínez Díez, Alfonso 134ff.

[114] Schirrmacher, Geschichte IV, 248; González, Reino I, 947ff.; Martínez Díez, Alfonso 134ff.

[115] Textedition bei Büschgens, Verträge 381ff. Anhang 2.

[116] González, Reino I, 828ff.; Martínez Díez, Alfonso 135f.

[117] Lacarra, Historia 225.

[118] Vgl. ausführlicher Serrão, História 109ff.; Mattoso, História 85ff.; Marques, História 83ff.

[119] Nur Roger von Howden spricht von der Reise Richards in die Grafschaft Bigorre und von den Strafmaßnahmen gegen Wilhelm de Chisi (III, 35).

[120] Vgl. am ausführlichsten zu dem Heiratsprojekt immer noch Gillingham, Berengaria (passim).

[121] Kessler 63ff., 362 (Reg.).

[122] Vgl. Ybarra, Matrimonio Libro 1.

[123] Lacarra, Historia 224ff.

[124] Vgl. hierzu die entsprechenden *maritagium*-Regelungen Richards, in: Martène-Durand, Collectio I, 995ff.

[125] Vgl. ähnlich Gillingham, Berengaria 125ff.; Trindade, Berengaria 74ff.

[126] Text bei Rigord 100ff. – Vgl. auch Cartellieri II, 100ff.

[127] Gesta II, 111; Roger von Howden III, 36f.; Gervasius von Canterbury 485; IP (S) 146f. – Ambroise 8f.; Rigord 98f. – Vgl. ausführlicher Cartellieri II, 106ff.

[128] Gesta II, 110f.; Roger von Howden III, 36.

[129] Landon 34f.

[130] Roger von Howden III, 36f.

VIII. König Richards Reise ins Heilige Land

[1] Vgl. zum Folgenden Lane-Poole, Saladin Kap. 15ff.; Runciman, Geschichte III, Buch I, Kap. 1ff.; Prawer, Histoire II, Chap. 1; Oldenbourg, Kreuzzüge Kap. 9; Painter, Crusade 45ff.; Möhring, Kreuzzug Kap. 1; Lyons-Jackson, Saladin Chap. 18ff.; Mayer, Geschichte 176ff., 404 (Reg.); Gillingham 148ff.; Kessler 154ff.; Richard, Crusades 205ff.; Reston, Warriors 118ff.; Grousset, Épopée Kap. 11ff.; Jaspert, Kreuzzüge 47ff.; Thorau, Kreuzzüge Kap. 5/2; Möhring, Saladin Kap. 5.

[2] Vgl. Möhring, Saladin 97f., 118ff.

[3] IP (S) 18ff.; IP (M) 261ff.; Bahā' al-Dīn 143f.; Ibn al-Athīr 3ff.

[4] IP (S) 25f.; IP (M) 268f., 304f.; Ernoul 256f.; Bahā' al-Dīn 143f. – Das Verhalten Guidos, der sich bald nach der Freilassung durch einen willfährigen Kleriker von seinem Eid entbinden ließ, bestimmte nachhaltig das Bild Saladins bzw. seiner Gefolgsleute von der Treulosigkeit und Unehrenhaftigkeit der christlichen Gegner.

[5] Konrad „replied to the king: ‚I am only the lieutenant of the kings beyond the seas, and they have not authorized me to give the city up to you'" (Bahā' al-Dīn 144). Vgl. Ernoul 256.

[6] Ausführlicher Möhring, Kreuzzug Kap. 2; Mayer, Geschichte 176ff. – Über die großzügigen wirtschaftlichen Privilegien für französische und italienische Städte vgl. ausführlicher Prawer, Crusaders 568 (Reg.); Favreau-Lilie, Seestädte 193ff.

[7] Zu Recht wies Möhring auf die schwierige Lage Saladins hin, der bereits bei den Kämpfen um Tyrus schmerzlich die Abhängigkeit von der Unterstützung durch seine Emire erfuhr und mit diesen die strukturellen Schwächen des Iqtac-Systems hinnehmen mußte (Kreuzzug 62). Vgl. auch schon Ehrenkreutz, Saladin 213ff.

[8] Bahā' al-Dīn 153ff. – Weitere muslimische Quellenzeugnisse bei Möhring, Kreuzzug 162ff.; Lyons-Jackson, Saladin Chap. 19.

[9] Vgl. Gesta II, 93ff.; Roger von Howden III, 20ff.; Ambroise 75ff.; Bahā' al-Dīn Chap. 56ff.; 'Imād al-Dīn Chap. 197ff.; Ibn al-Athīr 3ff., Kap 1.

[10] Vgl. zum Folgenden ausführlicher Cartellieri, Zeitalter 706ff.; Runciman, Geschichte III, 13ff.; Prawer, Histoire II, 45ff.; Johnson, Crusades 98ff.; Eickhoff, Friedrich Kap. 1ff.; Mayer, Geschichte 173f.; Opll, Itinerar 104ff., 234ff.; Ders., Friedrich 167ff.; Richard, Crusades 221f.; Jaspert, Kreuzzüge 47f.; Thorau, Kreuzzüge 95f.

[11] Quellenbelege bei Eickhoff, Friedrich 110ff.; Opll, Itinerar 106ff.

[12] Die genauen Todesumstände Barbarossas sind unklar. – Vgl. Ansbert 91; Epist. de morte 177f.; Chron. reg. 151; Epist. de expeditione 382. – Ausführlicher Eickhoff, Friedrich 158ff. und Annex II, 180ff.; Opll, Itinerar 108f.; Ders., Friedrich 169.

[13] Zum weiteren Verlauf des Kreuzzuges vgl. Ansbert 91ff.; Jakob von Acqui 97f.; Epist. de morte 177f.; Chron. reg. 151f.; Ann. Marb. 182ff.; Eracles 139ff.; Gesta II, 88f.; Roger von Howden II, 358f.; IP (S) 55f.; IP (M) 300ff. – Ausführlicher Eickhoff, Friedrich 161ff.; Opll, Itinerar 108f.; Ders., Friedrich 169f.

[14] Vgl. ausführlicher Eickhoff, Friedrich 168; Opll, Itinerar 109.

[15] Gesta II, 111; IP (S) 149ff.; Ambroise 10ff. – Landon 36.

[16] Text in Imperiale de Sant' Angelo, Codice II, 366ff., nr. 192.

[17] Vgl. ausführlicher zu den logistischen und finanziellen Problemen Tyerman, Crusades 81f.

[18] So sollten zur Aufrechterhaltung der Disziplin unter den Kreuzfahrern Mörder zu Lande lebendig begraben bzw. zur See gefesselt im Meer ertränkt werden. – Gesta II, 110f.; Roger von Howden III, 36.

[19] Bereits im Jahre 1147 hatte eine Kreuzfahrertruppe aus dem Deutschen Reich und England König Alfons I. von Portugal bei der Eroberung Lissabons unterstützt; vgl. ausführlicher Osbernus CXLIVff.

[20] Vgl. die ausführlichen Schilderungen in Narr. itin. 182ff.; Radulf von Diceto II, 65f.; IP (S) 64f.; IP (M) 308f. mit Anm. 4–5.

[21] Vgl. ausführlicher Marques, História 83ff.; Mattoso, História 83ff.; Serrão, História 107ff. (mit Quellennachweisen).

[22] Gesta II, 118ff.; Roger von Howden III, 42ff.

[23] Gesta II, 115; Roger von Howden III, 42.

[24] Zum Reiseverlauf vgl. Gesta II, 112ff.; Roger von Howden III, 53ff.; Wilhelm von Newburgh I, 324ff.; Gervasius von Canterbury 489ff.; Radulf von Diceto 83ff.; IP (S) 153ff.; Ambroise 14ff.; Brito, Gesta 191f.; Brito, Philippidos 98ff.; Rigord 105ff.

[25] Zum weiteren Reiseverlauf Richards vgl. Landon 39ff.

[26] Vgl. ausführlicher Cartellieri II, 126ff.; Runciman, Geschichte III, 37ff.; Reisinger, Tankred Kap. B/5; Matthew, Kingdom Chap. 10; Gillingham 130ff.; Kessler 107ff.; Csendes, Heinrich Kap. 10; Schlichte, König 319ff.

[27] Toeche, Heinrich 140ff.; Reisinger, Tankred 73ff.; Csendes, Heinrich 77ff.

[28] Reisinger, Tankred 134ff.; Csendes, Heinrich 77ff.

[29] Ahlers, Welfen 145f.; Schneidmüller, Welfen 236f.

[30] Toeche, Heinrich 167; Reisinger, Tankred 138ff.

[31] Die Wittumsverfügungen Wilhelms sind u. a. überliefert bei Gesta I, 169ff.; Roger von Howden II, 95. – Vgl. Cartellieri II, 132.

[32] Reisinger, Tankred 138; Bradbury, Philipp 81ff.

[33] Zu den folgenden Entwicklungen vgl. Gesta II, 127ff.; Richard von Devizes 16ff.; Roger von Howden III, 55ff.; Radulf von Diceto 85f.; IP (S) 153ff.; Ambroise 14ff. – Landon 40.

[34] Richard, Philippe 411ff.; Reisinger, Tankred 137ff.; Kessler 113ff.; Gillingham 132ff. – Zu folgenden Gesprächen Richards mit Joachim von Fiore – möglicherweise zur geschichtstheologischen Bedeutung des Kreuzzugsunternehmens – vgl. Gillingham 138f.

[35] Rymer 52f. – Gesta II, 133ff.; Richard von Devizes 16f.; Roger von Howden III, 61ff.

[36] Toeche, Heinrich 646; Csendes, Heinrich Kap. 11.

[37] Vgl. Jamison, Kingdom 180ff. – Grundsätzlich mit zu berücksichtigen ist eine potentielle Ausrichtung der Vereinbarung gegen Saladin und andere muslimische Gegner.

[38] Ahlers, Welfen 145ff.

[39] RI IV/3, 51, nr. 116.

[40] „[Imperator], qui eum odio habuit, propter auxilium regi Tancredo factum [...]" Roger von Howden III, 186. Vgl. Radulf von Coggeshall 59; Brito, Philippidos 112f.

[41] Vgl. Appleby, Johann 47ff.; Warren, John 41ff.; Turner, John 41ff.

[42] Dies betonte etwa Radulf Niger (Chronica I, 98).

[43] Gillingham, Berengaria 127ff.; Mitchell, Berengaria Chap. 5; Trindade, Berengaria Chap. 3.

[44] Kessler 39ff.

[45] J. Gillingham nahm sogar eine persönliche Affinität Richards zu Berengaria an: „A romantic attachment is not impossible, but it would inevitably have been secondary to the requirements of diplomacy" (Berengaria 130).

[46] Gesta II, 159; Roger von Howden III, 97.

[47] Gesta II, 160f.; Roger von Howden III, 99f.; Wilhelm von Newburgh I, 346f.; Radulf von Diceto 86f.; Rigord 107f.; Brito, Gesta 191; Brito, Philippidos 100ff.

[48] Favier, Plantagenêts 567f.

[49] Rymer 54; Chaplais, Documents 14f., nr. 5. – Vgl. zur lehnsrechtlichen Bedeutung jetzt Van Eickels, Konsens 393f.

[50] Landon 47f.

[51] Delisle, Catalogue 81f., nr. 337ff.; Landon 48. – Bradbury, Philipp 87ff.; Flori, Richard 128; Favier, Plantagenêts 577ff.

[52] Vgl. Wilhelm von Newburgh I, 346f.; Ambroise 31f., 532 (Reg.). Nur Richard von Devizes bezeichnete der Braut als „puella prudentiore quam pulcra" (25). Dennoch fällt sein Lob im Vergleich zur Würdigung von Königin Eleonore eher dürftig aus; diese verherrlichte der Chronist als „femina incomparabilis, pulcra et pudica, potens et modesta, humilis et diserta [...] que non minus annosa quam que duos reges maritos habuerat et duos reges filios, ad omnes adhuc indeffessa labores [...]." (25). – Zur Person Berengarias und zu ihrer Mitgift vgl. Gillingham, Berengaria 127ff.; Mitchell, Berengaria 47ff. mit Anm. 4; Trindade, Berengaria 90ff.

[53] Landon 48.

[54] Zum Italienzug Heinrichs vgl. ausführlicher Toeche, Heinrich Buch 1, Kap. 5; Buch 2, Kap. 1; Ahlers, Welfen 154ff.; Csendes, Heinrich Kap. 11ff.; Schneidmüller, Welfen 236ff.

[55] Zu dieser veralteten These vgl. jetzt Ahlers, Welfen 146f.; Huffman, Politics 134f. mit Anm. 7.

[56] Ahlers, Welfen, 146ff.; Huffman, Politics 134ff.; Schneidmüller, Welfen 236ff.

[57] JL 16505. – CS 1029ff., nr. 174.

[58] Vgl. insbesondere die Charakteristik Wilhelms durch Gerald von Wales, der ihn als Ausbund an Häßlichkeit, Verworfenheit und Hinterlist darstellte (Vita Galfr. 423f.).

[59] Powicke 70.

[60] Gesta II, 106ff., 143ff., 158ff.; Richard von Devizes 11ff.; Roger von Howden III, 35ff., 38ff.; Wilhelm von Newburgh I, 331ff.

[61] Wilhelm von Newburgh I, 335f.

[62] Welch weitergehende Ambitionen Johann zu dieser Zeit bereits zu pflegen schien, verdeutlicht der Hinweis Richards von Devizes: „[Iohannes] nec proibebat (uel coibebat) suos se regis nominantes heredem" (30).

[63] Richard von Devizes 29; Wilhelm von Newburgh I, 336f.

[64] CS 1035ff., nr. 177f.; Powicke 210.

[65] Gesta II, 207; Richard von Devizes 30ff.; Roger von Howden III, 134; Wilhelm von Newburgh I, 337ff.; Radulf von Diceto II, 90ff.

[66] Vgl. ausführlicher Appleby, England Chap. 2f.; Gillingham 121f., 374 (Reg.); Turner-Heiser, Reign 110ff.

[67] Landon 48.

[68] Vgl. zum Folgenden Ambroise 33ff.; Gesta II, 163ff.; Richard von Devizes 35ff.; Roger von Howden III, 105ff.; Wilhelm von Newburgh I, 350ff.; IP (S) 180ff.; Gervasius von Canterbury 489; Radulf von Diceto II, 91ff.; Cont. Guillaume de Tyr 113ff.; Rigord 109ff.; Brito, Gesta 192; Brito, Philippidos 104ff.; Ernoul 270ff.; Eracles 163ff.; Arnold von Lübeck 144f.

[69] Lilie, Byzanz 143f.

[70] Über ein angebliches Bündnis Isaaks mit Saladin vgl. Möhring, Kreuzzug Kap. 5/6; Kessler 134ff., 141ff.

[71] Zur Person Isaaks vgl. Rudt de Collenberg, Empereur 127ff.

[72] Ambroise 56ff.; Gesta II, 165ff.; Roger von Howden III, 108ff.

[73] Ambroise 56f.; Gesta II, 166f.; Roger von Howden III, 108ff.

[74] Vgl. ausführlicher Runciman, Geschichte III, 29ff.; Johnson, Crusades 63ff.; Lyons-Jackson, Saladin 446 (Reg.); Mayer, Geschichte 177ff.; Kessler 135ff., 363 (Reg.); Richard, Crusades 225ff.; Gillingham 149ff.

[75] Richard, Philippe (passim); Sivéry, Philippe 112ff.; Bradbury, Philip 87ff.; Flori, Richard Chap. 6; Favier, Plantagenêts 577ff.

[76] Ambroise 46ff.; Gesta II, 166ff.; Roger von Howden III, 110ff.

[77] Zur Geschichte Zyperns vgl. Mas-Latrie, Histoire II, 7ff.; Röhricht, Jerusalem 619; Runciman, Geschichte III, 68ff.; Furber, Kingdom 602ff.; Edbury, Kingdom 7ff.; Kessler 127ff.; Gillingham 196f., 371 (Reg.); Hauser, Lehnspolitik 253ff.; Lilie, Byzanz 143ff.

[78] Martène-Durand, Collectio I, 995ff.

[79] Turner, John 124.

[80] Landon 50.

IX. König Richards Kreuzzug im Heiligen Land

[1] Vgl. den Bericht von Erzbischof Balduin und seines Kaplans in Epist. Cant. 328f., nr. 345f. – Ferner Gesta II, 115; Radulf von Diceto II, 84; IP (S) 93; IP (M) 333; Roger von Howden III, 42.

[2] Gesta II, 161; Radulf von Diceto II, 92; Roger von Howden III, 100. – Ambroise 121f.; Rigord 108f.; Brito, Gesta 191; Brito, Philippidos 102f.; Eracles 156ff. – Bahā' al-Dīn 240; 'Imād al-Dīn 289f.; Ibn al-Athīr 41.

[3] Zur folgenden Ereignisgeschichte vgl. ausführlicher Lane-Poole, Saladin Chap. 17; Cartellieri II, 180ff.; Runciman, Geschichte III, 33ff.; Painter, Crusade 67ff.; Möhring, Kreuzzug 162ff.; Newby, Saladin Chap. 9; Lyons-Jackson, Saladin Chap. 19; Mayer, Geschichte 177ff.; Kessler 151ff.; Richard, Crusade 223ff.; Gillingham Chap. 10; Riley-Smith, Kreuzzüge 60ff.; Miller, Richard Chap. 4.

[4] Alberich von Trois-Fontaines 867; Brito, Philippidos 104f. – vgl. ausführlicher Kessler 149, 191ff.

[5] Landon 50.

[6] Zur Rolle der Königin vgl. Geldsetzer, Frauen 72ff., 300 (Reg.).

[7] Zur Größe des Schiffskonvoys, von dem nur ein Teil zugleich mit Richard in Akkon landete, vgl. Ambroise 126f.; IP (S) 210ff.; Bahā' al-Dīn 248f.; 'Imād al-Dīn 297.

[8] So klagte Gervasius von Canterbury zu Recht über die beiden Monarchen: „Verum, quia dissensio inter eos facta est quis eorum videretur esse major, nichil vel parum prosperitatis eis accidit" (I, 490).

[9] Quellennachweise bei Cartellieri II, 202f.

[10] Zu den Verhandlungen und ihren vorläufigen Ergebnissen vgl. außer den Briefen Richards in Epist. Cant. 347, nr. 375 und Rymer 54f. auch Gesta II, 178f.; IP (S) 229ff.; Wilhelm von Newburgh I, 356f.; Roger von Howden III, 120f.; Radulf von Diceto II, 94; Radulf von Coggeshall 32f.; Arnold von Lübeck 144f. – Ambroise 136ff.; Rigord 115ff.; Brito, Gesta 192f.; Brito, Philippidos 105f. – Bahā' al-Dīn 261ff.; 'Imād al-Dīn 318ff.

[11] Vgl. ausführlicher Lane-Poole, Saladin Chap. 18; Ehrenkreutz, Saldin Chap. 10, bes. 215ff.; Möhring, Kreuzzug Kap. 5/7f.; Lyons, Saladin Chap. 20.

[12] Ausführliche Interpretation der Kapitulationsvereinbarungen bei Cartellieri II, 218ff.

[13] Welch große Kompromißbereitschaft den christlichen Königen bei den Verhandlungen mit dem Sultan von den Zeitgenossen zugetraut wurde, verdeutlicht die umstrittene Nachricht über ein angebliches Angebot Saladins: Hiernach war er bereit, Jerusalem sowie weitere Eroberungen und die Kreuzesreliquie seinen christlichen Gegnern zu überlassen, wenn – außer Gebietsabtretungen jenseits des Jordans – Richard und Philipp persönlich ein Jahr gegen seine Feinde am Euphrat kämpften bzw. hierfür beachtliche Ritterkontingente zur Verfügung stellten; vgl. Gesta II, 175f.; Roger von Howden III, 114f. – Obwohl das Angebot Saladins in der überlieferten Form wahrscheinlich nicht ergangen ist, so wird man dennoch die allgemeine Feststellung treffen dürfen, daß der Sultan durchaus bereit war, „Kreuzfahrer in Dienst zu nehmen und fränkische Staatswesen (unter aiyubidischer Oberhoheit) zu respektieren" (Köhler, Allianzen 345).

[14] Vgl. oben S. 327 Anm. 10.

[15] Opll, Friedrich 169f.

[16] Kessler 167.

[17] Die entsprechenden Quellennachrichten sind zumeist parteiisch und widersprüchlich; die wichtigsten Berichte finden sich bei Richard von Devizes 46f.; Roger von Howden III, 215f.; Wilhelm von Newburgh I, 383; Gervasius von Canterbury 514; Radulf von Coggeshall 59. – Rigord 118; Brito, Philippidos 110f. – Ansbert 100f.; Chron. reg. 154; Otto von St. Blasien 184ff. – Weitere Quellenbelege bei Toeche, Heinrich 558ff., Beil. 7; Cartellieri II, 224 mit Anm. 6.

[18] „[...] Richardus rex suspectam semper habens virtutem Alamannorum, signum ducis Austriae Lupoldi in culminee cuiusdam turris erectum in terram precipitari precepit." – Chron. reg. 154.

[19] Vgl. ausführlicher Fichtenau, Akkon 243ff.

[20] Ambroise 135f.; Gesta II, 183f.; Richard von Devizes 47f.; IP (S) 235f.; Roger von Howden III, 124f.; Radulf von Coggeshall 33. – Zu den urkundlichen Zeugnissen der Vereinbarung vgl. die Nachweise bei Cartellieri II, 234f. mit Anm. 2.

[21] Ambroise 142f.; Gesta II, 184; Richard von Devizes 47f.; Roger von Howden III, 125; Wilhelm von Newburgh I, 357f.; IP (S) 238; Radulf von Coggeshall 33f. – Zu den Krankheiten der beiden Monarchen vgl. Herde, Pestilentia 50f.

[22] Gesta II, 184; Roger von Howden III, 125. – Rigord 115f.; Brito, Gesta 193f.; Brito, Philippidos 106f.

[23] Nicholas, Flanders 73ff.; vgl. T. de Hemptinne. In: LMA 6, 2072.

[24] Warren, John 40ff.; Turner, John 43f.

[25] Zum Reiseverlauf vgl. Cartellieri II, 238ff., 246ff.; Baldwin, Government 88f.; Sivéry, Philippe 116ff.

[26] Vgl. Quellennachweise bei Cartellieri II, 238f.

[27] Vgl. ausführlicher Kessler 191ff.

[28] Roger von Howden III, 167. – Cartellieri II, 254ff.; Toeche, Heinrich 255f.; Trautz, Könige 82f.; Kienast, Deutschland I, 238ff.; Ahlers, Welfen 156f.; Csendes, Heinrich 122.

[29] Roger von Howden III, 167. – Ahlers, Welfen 156.

[30] Richard von Devizes 80f. – Ahlers, Welfen 156.

[31] Die wichtigsten Nachrichten zu dem Massaker finden sich bei Ambroise 146f.; Gesta II, 189f.; Richard von Devizes 47; Roger von Howden III, 131; Wilhelm von Newburgh I, 356ff.; IP (S) 240ff.; Radulf von Diceto II, 94f.; Rigord 117f.; Brito, Gesta 192f.; Brito, Philippidos 105; Eracles 178; Ernoul 276; Bahā' al-Dīn 272ff.; 'Imād al-Dīn 330ff.

[32] So nahm etwa S. Painter als Ursache des Massakers nach den Verzögerungen durch Saladin an: „[...] Richard lost his temper" und „He wanted to clear up the business so he could start his campaign" (Crusade 72).

[33] J. Gillingham betonte zutreffend: „[...] the prisoners had become an embarrassment rather than an asset [...]" (170).

[34] Gillingham 261.

[35] Painter, Crusade 72.

[36] Landon 53.

[37] Zu Strategie und Taktik der Gegner sowie zur verwendeten Waffentechnik vgl. Contamine, War 368 (Reg.), 381 (Reg.); Marshall, Warfare 283 (Reg.); Smail, Warfare 270 (Reg.); Verbruggen, Art 384 (Reg.); France, Warfare 325 (Reg.); Miller, Richard Chap. 5; Nicolle, Kriegstechnologie 101ff. sowie die encyklopädischen Werke für die Bewaffnung der Christen von Nicolle, Arms (passim); Ders., Companion (passim) und der Moslems von Elgood, Arms (passim).

[38] Zum Marschverlauf vgl. Miller, Richard 164f.

[39] Zur Schlacht vgl. Ambroise 164ff.; Gesta II, 191f.; Roger von Howden III, 131; Wilhelm von Newburgh I, 361; IP (S) 262ff.; Radulf von Diceto II, 95f.; Eracles 183ff.; Bahā' al-Dīn 289ff.; 'Imād al-Dīn 340ff.; Ibn al-Athīr 49.

[40] Landon 54f.

[41] Imperiale di Sant' Angelo, Codice III, 19ff., nr. 7. – Zur Interpretation vgl. Kessler 187; Gillingham 182f.

[42] Zur Diskussion um die Ägypten-Pläne Richards vgl. jetzt Gillingham 371 (Reg.).

[43] Bahā' al-Dīn 302f., 317f., 323ff.

[44] Bahā' al-Dīn 256f., 322f.; 'Imād al-Dīn 349ff.

[45] Bahā' al-Dīn 324ff.; 'Imād al-Dīn 349ff.; Ibn al-Athīr 53. – Vgl. Landon 56f.

[46] Vgl. Bahā' al-Dīn 324ff.; 'Imād al-Dīn 349ff. – Landon 56f.

[47] Zum Begriff vgl. Köhler, Allianzen Kap. 4/3.

[48] Köhler, Allianzen 353f. – Vgl. ausführlicher Powell, Muslims; Ellenblum, Settlement.

[49] Landon 57.

[50] Zum Verlauf des ersten Zuges auf Jerusalem vgl. Ambroise 205ff.; Gesta II, 230f.; Richard von Devizes 81ff.; Roger von Howden III, 174f.; IP (S) 303ff.; Radulf von Diceto II, 104f. – Eracles 186; Ernoul 278f. – Bahā' al-Dīn 326f.; 'Imād al-Dīn 354f.; Ibn al-Athīr 55f.

[51] Landon 60. – Englische Chronisten – wie Roger von Howden – behaupteten später, der Sturm auf Jerusalem sei von Richard gewollt, jedoch vom burgundischen Herzog auf Weisung des französischen Königs verhindert worden (III, 175, 183).

[52] Zur folgenden Ereignisgeschichte vgl. Lane-Poole, Saladin Chap. 20f.; Runciman, Geschichte III, 63ff.; Painter, Crusade 78ff.; Möhring, Kreuzzug 188ff.; Lyons-Jackson, Saladin 346ff.; Regan, Lionhearts 195ff.; Richard, Crusades 229ff.; Mayer, Geschichte 181ff.; Miller, Richard Chap. 8.

[53] Zu den innenpolitischen Entwicklungen vgl. ausführlicher Norgate, John 37ff.; Ramsay, Empire 312ff.; Poole, Domesday book 355ff.; Appleby, England 88ff.; Warren, John 43ff.; Turner, John 43ff.; Mortimer, England 70f.; Berg, Anjou-Plantagenets 77ff.

[54] Pernoud, Abenteurer 197f.

[55] Bartlett, England 34f., 761 (Reg.).

[56] Ehlers, Kapetinger 141; Nicholas, Flanders 74f.

[57] Gesta II, 235ff.; Richard von Devizes 60f.; Roger von Howden III, 187.

[58] Warren, John 43f.; Turner, John 44f.; Sivéry, Philippe 122f.

[59] Vgl. ausführlicher Devic-Vaissète, Histoire VI, 144f.; Richard, Histoire II, 263f.

[60] Richard von Devizes 59; Roger von Howden III, 194. – Richard, Histoire II, 263f.; Lacarra, Historia 226f.

[61] Ambroise 230f.; IP (S) 334f.

[62] Von den zahlreichen Nachrichten über den Mord seien hier lediglich erwähnt Ambroise 235ff.; Gesta II, 150; Richard von Devizes 80; Roger von Howden III, 181; Wilhelm von Newburgh I, 363ff.; IP (S) 338ff.; Radulf von Coggeshall 35. – Rigord 120f.; Brito, Gesta 194; Ernoul 290 – Bahā' al-Dīn 332f.; 'Imād al-Dīn 376ff.; Ibn al-Athīr 59. – Weitere Quellennachweise bei Cartellieri III, 24 mit Anm. 2.

[63] Zur Geschichte der Assassinen und zur angeblichen „Tradition des religiösen Mordes" vgl. Hodgson, Order (passim); Burman, Assassins (passim); Lewis, Assassinen (passim); Bartlett, Assassins, bes. 142ff. – Zur theologischen Bedeutung der Ismailiten vgl. Daftary, Isma'ili (passim).

[64] Bahā' al-Dīn 333.

[65] Kessler 191ff.; Gillingham 198ff.

[66] Wilhelm von Newburgh I, 364f.; II, 457f.; IP (S) 444f.; Radulf von Diceto II, 127f.

[67] Mayer, Geschichte 182f.

[68] Zum weiteren Verlauf des Heerzuges vgl. Ambroise 245ff.; Roger von Howden III, 180ff.; Wilhelm von Newburgh I, 374ff.; IP (S) 352ff.; Radulf von Diceto II, 104f.; Radulf von Coggeshall 37ff. – Bahā' al-Dīn 337; 'Imād al-Dīn 378.

[69] Pernoud, Abenteurer 186.

[70] Ambroise 271ff.; Bahā' al-Dīn 341f.; 'Imād al-Dīn 379ff.

[71] Landon 66f.

[72] Ambroise 293ff.; Bahā' al-Dīn 380ff.; 'Imād al-Dīn 384ff.

[73] Aus der Vielzahl an verherrlichenden Darstellungen Richards und seiner ritterlichen Taten seien hier nur genannt Ambroise189ff.; Radulf von Coggeshall 89ff. Geradezu legendarische Züge besitzen die Angaben im Itinerarium, wonach Richard u.a. einem Emir im Kampf mit einem Schlage Haupt, Schulter und Arm abgetrennt haben soll (423). – Weitere Belege bei Gillingham 378 (Reg.).

[74] Zum Waffenstillstand vgl. Ambroise 314ff.; Richard von Devizes 83f.; Roger von Howden III, 184f.; Wilhelm von Newburgh I, 377ff.; IP (S) 429; Radulf von Diceto II, 105; Radulf von Coggeshall 51f. – Bahā' al-Dīn 384ff.; 'Imād al-Dīn 388ff.

[75] Landon 69. – Über angebliche Rückkehrpläne Richards vgl. u.a. Wilhelm von Newburgh I, 378f.; IP (S) 429f. – Auch für Saladin sind Pläne für eine Wiederaufnahme der Kämpfe nach Ablauf des Waffenstillstandes anzunehmen; vgl. Köhler, Allianzen 355 mit Anm. 520.

[76] Möhring, Saladin 105ff.

X. Die Gefangenschaft König Richards und ihre politische Bedeutung im Abendland

[1] Zur möglichen Planung der Reise Richards und deren Verlauf vgl. Richard von Devizes 84; Roger von Howden III, 184ff.; Gervasius von Canterbury, Gesta 89f.; Radulf von Diceto II, 106; Wilhelm von Newburgh I, 382f.; Radulf von Coggeshall 51ff. – Ambroise 329f.; Rigord 121f.; Brito, Gesta 195; Brito, Philippidos 109f.; IP (S) 441ff. – Ansbert 101f.; Ann. Marb. 186; Magnus von Reichersberg 518ff.; Sigebert Cont. Aquic. 430f.; Sicard von Cremona 174f. – Weitere Quellennachweise bei Cartellieri III, 28f. mit Anm. 1.

[2] Landon 69f. – Zur Diskussion um den Namen des Schiffes („Frankenef"), mit dem Richard zurückreiste („Ghost Ship"), vgl. jetzt Mayer, Ship 134ff.

[3] Nach Radulf von Coggeshall ließ sich der König gegenüber Fremden nicht als Templer, sondern als „Hugo mercator" von seinem Boten ausgeben (54). – Vgl. auch H.-F. Delaborde, in: Œuvres de Rigord II, 109 mit Anm. 8.

[4] So Radulf von Coggeshall aufgrund des Berichtes des Kaplans Anselm (54f.).

[5] Csendes, Heinrich 123.

[6] Hoensch, Geschichte 76f.

[7] Der Graf war – wie Herzog Leopold – ein Verwandter Konrads von Montferrat, dessen Ermordung Löwenherz zur Last gelegt wurde.

[8] Dworschak, König 17f.

[9] Vgl. ausführlicher Bullinger, Richard 34ff.; Pernoud, Abenteurer 212f.; Toeche, Heinrich 562. – Heute erinnert eine Gedenktafel im dritten Wiener Gemeindebezirk im Haus Erdbergerstr. 41 an die Gefangennahme Richards im dortigen ehemaligen Jägerhaus (frdl. Mitteilung des Wiener Stadt- und Landesarchivs).

[10] Zur Familie der Kuenringer vgl. Kuenringer (passim), bes. den Beitrag von Brunner 37ff.; Dopsch, Geschichte 155ff., 227ff., 603 (Reg.).

[11] Dworschak, König 18f.

[12] Dies behaupteten englische Chronisten wie Roger von Howden (III, 194f.) und Richard von Devizes (81); jeder Zuwiderhandelnde sollte als „publicus hostis imperii" bestraft werden (ebd.). – Vgl. auch Dopsch, Geschichte 155ff.; Csendes, Heinrich 123ff.

[13] Vgl. ausführlicher Kessler 253ff.; Gillingham 226ff.

[14] Roger von Howden III, 195.

[15] U. Kessler bezeichnete Leopold als „Handlanger dieser [deutsch-französischen] Allianz und der ‚Christenheit' […]" (253). – Vgl. Lechner, Babenberger 186ff.

[16] Ansbert 105f. (mit unvollständigem Text). – Vgl. auch Kindt, Gründe 13ff.; Kneller, Richard Kap. 3.

[17] Roger von Howden III, 217. – Zur Schnelligkeit der Nachrichtenübermittlung vgl. die Hinweise bei Cartellieri III, 36 mit Anm. 1; Gillingham 236.

[18] Warren, John 44ff.; Turner, John 45f.; Bradbury, Philip 110ff.; Flori, Richard 188ff.; Favier, Plantagenêts 595ff.

[19] Gislebert von Mons 281f.; Ann. Marb. 182; Cron. Reinhard. 550ff.; Burchard von Ursberg 71. – Roger von Howden III, 214; Wilhelm von Newburgh I, 396ff. – Vgl. ausführlicher Toeche, Heinrich 232ff.; Jordan; Heinrich 229; Ahlers, Welfen 158ff.; Csendes, Heinrich 139ff.; Schneidmüller, Welfen 238f.; Haverkamp, Jahrhundert 160ff.

[20] Quellen bei Cartellieri III, 35 Anm. 1.

[21] Ansbert 103ff. – hiernach MGH Const. I, 502ff., nr. 354; RI IV/3 114f., nr. 280.

[22] Ausführlicher Nachweis bei Bullinger, Richard 49.

[23] Powicke 205.

[24] Roger von Howden III, 198.

[25] Ansbert 103f.; Roger von Howden III, 198f.; Wilhelm von Newburgh I, 387f.; Gervasius von Canterbury 513ff.; Radulf von Diceto II, 106f.; Radulf von Coggeshall 58ff.; Gislebert von Mons 284ff.; Ann. Marb. 186; Arnold von Lübeck 146f.; Magnus von Reichersberg 519f. – Rigord 121f.; Brito, Gesta 195; Brito, Philippidos 109ff. – Sicard von Cremona 174. – Weitere Quellennachweise bei Bloch, Forschungen 50ff.; Cartellieri III, 37f. mit Anm. 4; Bullinger, Richard 62ff.; Gillingham 237f.

[26] Hauser, Lehnspolitik 231.

[27] Kindt, Gründe 15ff.; Kneller, Richard 41ff.; Bullinger, Richard 53f.

[28] „Et tunc quasi pro mercede rex Angliae centum millia marcarum, mediante duce Austriae, pro sua liberatione promisit imperatori" (Roger von Howden III, 199).

[29] Roger von Howden III, 199.

[30] Kessler 263; Gillingham 238ff.

[31] Vgl. etwa die Spekulationen von Cartellieri (III, 40f.) und Kessler, die vom Wormser Vertrag annahm, daß er „zweifellos die geheime Klausel von Richards künftiger Lehensbindung miteinschloß" (276).

[32] Richard schmeichelte den Mönchen intensiv im Streben nach deren finanzieller Unterstützung und titulierte diese als „caput totius regni nostri" (Epist. Cant. 362, nr. 398).

[33] Kindt, Gründe 17f.; Kneller, Richard 55ff.; Bullinger, Richard 60ff.

[34] Vgl. z.B. Wilhelm von Newburgh I, 398; Radulf von Diceto 107; Peter von Blois, Epist. 428ff., nr. 143. – Gleichzeitig betrachteten Autoren wie Radulf von Diceto das Schicksal Richards als Strafe für sein ungehorsames Verhalten gegenüber seinem Vater König Heinrich II. (107).

[35] Berg, England 638 (Reg.).

[36] Roger von Howden III, 204ff.; Wilhelm von Newburgh I, 389f.; Ann. S. Albini 26.

[37] Vgl. die verschiedenen diesbezüglichen brieflichen Interventionen des Königs in Epist. Cant. 362ff., nr. 399ff. – Landon 74ff.; Powicke 210. – Zu den Aktivitäten Walters vgl. ausführlicher Cheney, Hubert 37ff.

[38] Zur Milderung des Schadens stellte der König eine spätere finanzielle Kompensation in Aussicht, die dann 1195 sogar erfolgte – IP (S) 449f.

[39] Roger von Howden III, 208ff.; vgl. Epist. Cant. 361f., nr. 398.

[40] Barrat, Revenue 637 mit Table 1.

[41] Zum Folgenden vgl. ausführlicher Kelly, Eleanor Chap. 28f.; Brown, Parent 21f.; Owen, Eleanor 86ff.; Brown, Eleanor 15f.; Flori, Richard 200ff.; Ders., Aliénor 229ff.; Aurell, Aliénor 15f.

[42] Richardson, Letters 200ff.

[43] Zur Echtheit der Briefe Eleonores vgl. jetzt Mitchell, Berengaria 80ff.; Turner, Eleanor 84f.; Flori, Aliénor 231ff.

[44] Roger von Howden III, 208 – JL 16970–16971.

[45] UB Babenberger IV/1, 225, nr. 927; 231, nr. 935; 231f., nr. 937. – Vgl. ausführlicher Lechner, Babenberger 187ff.

[46] Vgl. auch Mitchell, Berengaria 81ff.; Gillingham, Berengaria 130ff.; Trindade, Berengaria 110ff.; Flori, Aliénor 227ff.

[47] Zur vermutlichen Reiseroute der Fürstinnen vgl. Roger von Howden III, 228.

[48] Roger von Howden III, 228; Round, Calendar 94f.; Landon 243 (Reg.). – Vgl. allgemein Mitchell, Berengaria Chap. 10f.; Gillingham, Berengaria 132ff.; Owen, Eleanor 84ff., 245 (Reg.); Trindade, Berengaria 112ff.; Flori, Aliénor 244ff., 536 (Reg.).

[49] Mitchell, Berengaria 85ff.; Trindade, Berengaria 114.

[50] Vgl. ausführlicher Cartellieri III, 30ff.; Norgate, John 45ff.; Bullinger, Richard 65ff.; Warren, John 44ff.; Baldwin, Government 88ff.; Turner, John 45ff.; Bradbury, Philip 111ff.; Flori, Richard 192ff.; Favier, Plantagenêts 596ff.

[51] Roger von Howden III, 204; Radulf von Diceto II, 106; Ann. Waverley 248f.; Chron. Laudun. 56. – Rymer 57.

[52] Chron. Melrose 48. – Duncan, Scotland 238f.; Barrow, Neighbours 82; Barrell, Scotland 73f.

[53] Roger von Howden III, 206f.; Wilhelm von Newburgh I, 384ff.; Gervasius von Canterbury 514ff.; Radulf von Coggeshall 61f.; Chron. Laudun. 56f. – Vgl. Landon 74.

[54] Norgate, John 46f.

[55] Zu den folgenden Auseinandersetzungen vgl. Roger von Howden III, 206f.; Wilhelm von Newburgh I, 389ff.; Gervasius von Canterbury 515f.; Radulf von Coggeshall 61f.; Gislebert von Mons 283ff. – Rigord 123; Brito, Gesta 195; Brito, Philippidos 112ff. – Weitere Quellennachweise bei Cartellieri III, 45ff. Vgl. Richard, Histoire II, 281ff.; Powicke, Loss 95ff.; Bullinger, Richard 67ff.; Baldwin, Government 89ff.; Kessler 277ff.; Bradbury, Philip 111ff.; Gillingham 241ff.

[56] Roger von Howden III, 208ff. – Zur kontroversen Bewertung der Vereinbarung vgl. Kessler 264ff.; Huffman, Politics 141ff.

[57] Roger von Howden III, 211; RI IV/3 119, nr. 293.

[58] Roger von Howden III, 212. – Als ranghohen Gesandten schickte Heinrich VI. Erzbischof Wilhelm von Reims zur Vorbereitung der Verhandlungen (Cartellieri III, 52). Zur vertragstechnischen Würdigung der folgenden Vereinbarungen vgl. jetzt Chaplais, Practice 70f.

[59] Ähnliche Befürchtungen schon bei Wilhelm von Newburgh I, 396ff.

[60] Gislebert von Mons 287; Chron. reg. 156; Wilhelm von Newburgh I, 397f. – Weitere Quellennachweise bei Ahlers, Welfen 162 mit Anm. 797.

[61] Schon P. Csendes betonte, daß für den Staufer „die Gefangenschaft König Richards in erster Linie ein Faustpfand gegen die Fürstenopposition gewesen" sei (Heinrich 127).

[62] Roger von Howden III, 217ff. – Rymer 61.

[63] Roger von Howden III, 215ff.; Rymer 61. – RI IV/3 124f., nr. 305.

[64] Bullinger, Richard 83ff.; Gillingham 244ff.; Ahlers, Welfen 163; Kessler 266ff.; Csendes, Heinrich 127; Huffman, Politics 143ff.

[65] Vgl. etwa die Warnung Philipps an Johann bezüglich der bevorstehenden Freilassung Richards: „[...] rex Franciae [...] statim mandavit comiti Johanni, ut ipse sibi caveret, quia diabolus jam / solutus erat" (Roger von Howden III, 216f.).

[66] Toeche, Heinrich 291ff., 301ff.; Ahlers, Welfen 164f.; Csendes, Heinrich 112.

[67] Roger von Howden III, 224; Wilhelm von Newburgh I, 368ff.; Gervasius von Canterbury 529; Rigord 124f.; Brito, Gesta 195; Sigebert Cont. Aquic. 430f.; Matthaeus Paris II, 402; Arnold von Lübeck 110f.

[68] Cartellieri III, 65f.; Powicke, Loss 91f.; Baldwin, Government 82ff.; Bradbury, Philip 173ff.; Favier Plantagenêts 633f., 938 (Reg.).

[69] Ehlers, Könige 161.

[70] Vgl. die Schilderungen bei Radulf von Coggeshall 58.

[71] Zur Liedform, die Richard für seine Klagelieder verwendete und in der er „nicht die bei den Troubadours übliche Canzonenform des sirventés/serventois, sondern die archaisierende Form der rotrouenge" wählte, vgl. F. Wolfzettel. In: LMA 8, 1059.

[72] Deutsche Übersetzung von „Ja nus hons pris" nach Jerger, Gestalt 37f.; neuere deutsche Prosafassung bei Fischer, Richard 295f. – Originalfassung in Provenzalisch (Mahn, Werke I, 129) und in Französisch (Lincy, Recueil I, 56). – Zum zweiten, für Richard überlieferten Lied „Dalfin, jeus voill déresnier" an zwei Fürsten der Auvergne vgl. Fischer, Richard 297ff. (mit deutscher Prosafassung).

[73] Vgl. ausführlicher Krohn, Löwenherz 146ff. und jetzt Boyle, Blondel 166ff., 354 (Reg.). – Zur Interpretation der Beziehungen Richards zu Blondel als homosexuelles Liebesverhältnis vgl. unten Kap. 14.

[74] Roger von Howden III, 226ff.; Wilhelm von Newburgh I, 402.

[75] Roger von Howden III, 227.

[76] Fournier, Royaume 82ff.; Cartellieri III, 41f.; Bullinger, Richard 110ff.; Trautz, Könige 87f.; Kessler 283ff.; Hauser, Lehnspolitik 211ff.; Gillingham 245f.; Csendes, Heinrich 127f.

[77] Roger von Howden III, 227. – Zum Begriff *regnum Provenciae* und zum geographischen Umfang des Reiches vgl. Bullinger, Richard 100ff.

[78] Bereits Roger von Howden gab eine realistische Einschätzung der politischen Situation in diesen Territorien: „Et est sciendum, quod supradictus imperator nunquam praedictis terris et hominibus dominari potuit; neque ipsi aliquem dominum ad praesentationem imperatoris recipere voluerunt" (III, 226).

[79] Ähnlich Kessler 286.

[80] Roger von Howden III, 224f.; Wilhelm von Newburgh I, 385; Ann. Stederburg. 227; Arnold von Lübeck 183f. – Weitere Quellennachweise bei Ahlers, Welfen 164ff. mit Anm. 813ff.

[81] Vgl. allgemein Norgate, John 47ff.; Cartellieri III, 73f.; Warren, John 45f.; Baldwin, Government 89; Turner, John 46f.; Bradbury, Philip 112f.; Flori, Richard 202f.; Favier, Plantagenêts 599f.

[82] Rymer 57 (zu 1193). – Zur strittigen Datierung vgl. Powicke, Loss 97 mit Anm. 15; Kessler 357 mit Anm. 667.

[83] Roger von Howden III, 228ff.; Wilhelm von Newburgh I, 402f.; Radulf von Diceto 112f.

[84] Roger von Howden III, 231f.; Wilhelm von Newburgh I, 402f.

[85] Roger von Howden III, 232f.; Wilhelm von Newburgh I, 402f.; Radulf von Diceto 112f.; Roger von Wendover 231f. – Wichtige deutsche Quellennachrichten nachgewiesen bei Hauser, Lehnspolitik 240 mit Anm. 957f.

[86] Zur lehnsrechtlichen Problematik vgl. Kienast, Deutschland I, 243ff.; Trautz, Könige 89; Ahlers, Welfen 166 mit Anm. 829; Kessler 293ff.; Huffman, Politics 145ff., Hauser, Lehnspolitik 241f.

[87] Roger von Howden III, 233f. – RI IV/3 136, nr. 333.

[88] Landon 85.

XI. Die Herrschaftsrestauration König Richards in England (1194)

[1] Mayer, Ship 139f.

[2] Zur Bedeutung von Geld- bzw. Renten-Lehen als Instrument auswärtiger Politik vgl. Berg, England Kap. 3.5; Ders., Deutschland 54f.; K.-H. Spieß. In: LMA 7, 738.

[3] Gislebert von Mons 285f.; Roger von Howden III, 234. Vgl. Ann. Burton 191.

[4] Poole, Richard 96ff.; Toeche, Heinrich 295f.; Bullinger, Richard 151ff.; Trautz, Könige 87ff.; Kienast, Deutschland I, 241ff.; Ahlers, Welfen 167f.; Berg, Imperium 27f.; Hauser, Lehnspolitik 241f.; Huffman, Politics 147ff.

[5] So betonte etwa J.P. Huffman: „The English king, however, had smartly parlayed this arrangement of the rebellion into a coalition scheme against Capetian France“ (Politics 147).

[6] Vgl. die Kritik am Zahlungsverhalten Richards bei Gislebert von Mons 285; Roger von Howden IV, 38.

[7] Nachweise bei Poole, Richard 87f.; Kienast, Fürsten I, 140ff.; Trautz, Könige 90; Huffman, Politics 148ff.

[8] Zur Beurteilung vgl. Poole, Richard 92ff.; Kienast, Fürsten I, 140ff.; Trautz, Könige 90f.; Ahlers, Welfen 166f.; Kessler 303ff. – Sicherlich zu panegyrisch im Blick auf die Rentenlehen-Politik der früheren englischen Könige fällt das Urteil von J. P. Huffman aus, der Richard in diesem Zusammenhang als „remarkably creative diplomat“ feiert (Politics 154).

[9] Knipping, Regesten II, 295f., nr. 1471f.

[10] Roger von Howden III, 235; Wilhelm von Newburgh I, 405f.; Gervasius von Canterbury 523f.; Radulf von Diceto II, 114; Marshal I, 361f.; Radulf von Coggeshall 62f. – Landon 85.

[11] Roger von Howden III, 236ff.; Wilhelm von Newburgh II, 415f.; Marshal II, 1ff.; Radulf von Coggeshall 63f.

[12] Grundlegend Holt, Robin; Dobson-Taylor, Rymes. – Vgl. hierzu auch unten Kap. 14.

[13] Roger von Howden III, 241f.; Wilhelm von Newburgh II, 415f.; Gervasius von Canterbury 524f.; Radulf von Diceto II, 114f.; Radulf von Coggeshall 63f.

[14] Norgate, John 50ff.; Cartellieri III, 84ff.; Warren, John 46ff.; Turner, John 46ff.

[15] Vgl. Barratt, Revenue 644f., Tables 4–5.

[16] „Robertus Brito a rege captus; jussit ut fame in carcere interiret“ (Radulf von Coggeshall 63).

[17] Vgl. ausführlicher Heiser, Appointments 4ff.

[18] Zum gleichzeitigen Funktionswandel des sheriff-Amtes, dessen Inhaber zunehmend „the crown's chief fiscal officer in the localities“ wurde, vgl. ausführlicher Turner-Heiser, Reign 151.

[19] Heiser, Appointments (passim).

[20] Roger von Howden III, 241 ff.; Wilhelm von Newburgh II, 416f.

[21] Vgl. Barratt, Revenue 641, 644f., Tables 4–5.

[22] Roger von Howden III, 243f. – Duncan, Scotland 239; Barrow, Neighbours 82f.; Barrell, Scotland 73f.

[23] Gervasius von Canterbury 524f.; vgl. Wilhelm von Newburgh I, 408.

[24] Vgl. Stubbs, History I, 504f.; Schramm, Königtum 59f.; Trautz, Könige 90f.; Gillingham 271f.

[25] Schramm, Königtum 234.

[26] Roger von Howden III, 247f.; Wilhelm von Newburgh I, 408; Gervasius von Canterbury 524f.; Radulf von Diceto II, 114; Radulf von Coggeshall 64.

[27] Vgl. ausführlicher Appleby, England Chap. 6.

[28] Landon 93.

[29] Vgl. ausführlicher Cheney, Hubert Chap. 5.

[30] Roger von Howden III, 290. – JL 17202; CS 1037ff., nr. 178; Powicke 70, 82.

[31] Vgl. ausführlicher Stubbs, History I, 505f.; III, 629 (Reg.); Cheney, Hubert 90ff.; Hunnisett, Coroner (passim); Warren, Governance 135ff.; Kluxen, Verfassungsgeschichte 225 (Reg.); Turner-Heiser, Reign 153f.

[32] Zu dem *Eyre*-Themenkatalog vgl. die paradigmatischen Ausführungen von Roger von Howden III, 262ff.; IV, 61f.; Stubbs, Charters 252ff.

[33] Zur Entwicklung der *General Eyres* vgl. Jolliffe, History 508 (Reg.); Lyon, History 283f.; Warren, Governance 137ff., 234 (Reg.); Kluxen, Verfassungsgeschichte 226 (Reg.).

[34] Text bei Roger von Howden III, 299; Stubbs, Charters 257f.

[35] Kluxen, Verfassungsgeschichte 46f.

[36] Berg, Anjou-Plantagenets 85f.; Bartlett, England 200.

[37] Barratt, Philip 86.

[38] Barratt, Revenue 644f., Tables 4–5.

[39] Vgl. hierzu jetzt Barrett, Revenue 655f.; Ders., Philip 85ff. in Auseinandersetzung insbesondere mit älteren Thesen von J. C. Holt.

[40] Roger von Howden IV, 66; Radulf von Coggeshall 93; Ann. Waverley 251. – Vgl. auch Ramsay, Empire 358.

[41] Roger von Howden IV, 46, 66. – Vgl. Mitchell, Taxation 91ff.; Harriss, King 14ff.; Keefe, Assessments 282, 288 (Reg.); Warren, Governance 233 (Reg.); Kluxen, Verfassungsgeschichte 224 (Reg.).

[42] Alle Angaben nach Barratt, Revenue 644f., Tables 4–5.

[43] Vgl. allgemein Roth, History 27ff.; Richardson, Jewry 164ff.; Greive, Juden 76f.; Battenberg, Zeitalter I, 75f.; Mundill, Solution 5f.; Skinner, Jews 3f., 32ff.

[44] Stubbs, Charters 256.

[45] Vgl. Gross, Exchequer (passim); Roth, History 29ff.; Richardson, Jewry 117ff., 311 (Reg.); Greive, Juden 77; Battenberg, Zeitalter I, 76ff.; Mundill, Solution 5f.; Skinner, Jews 3f.; R.B. Dobson. In: LMA 4, 159f.

[46] Turner-Heiser, Reign 142f.

[47] Powicke, Loss 233 Anm. 144.

[48] Roger von Howden IV, 12f.

[49] Bolton, Economy 32f.

[50] Vgl. zum Folgenden ausführlicher Kessler 300ff.

[51] Der Herzog drohte nach Angaben Rogers von Howden mit der Tötung der Geiseln (III, 275).

[52] Magnus von Reichersberg 522f. – Vgl. Dworschak, König 29ff. (jedoch mit überhöhten Lösegeldangaben); Fichtenau, Akkon 257f.

[53] Kessler 301f.

[54] So behauptetete P. D. A. Harvey: „It is now time for 1180–1220 to take its place beside the sixteenth and the twentieth centuries as one of the three great inflationary periods of recorded English history" (Inflation 30).

[55] Harvey, Inflation 26ff.; Bolton, Economy 27ff.; Latimer, Prices 41ff.

[56] Vgl. die statistischen Übersichten von Farmer (Price 37ff., bes. Fig. 1–2) und Latimer (Prices 69ff., Fig. 1ff.).

[57] Roger von Howden III, 264ff.; Stubbs, Charters 254f.

[58] Powicke, Loss 194, 234.

[59] Barratt, Philip 86.

XII. Der englisch-französische Machtkampf (seit 1194) bis zum Tode König Richards

[1] Vgl. etwa den entsprechenden Protest des Bischofs Hugo von Lincoln 1197 gegen eine Lehnspflicht außerhalb Englands; vgl. hierzu ausführlicher S. 248ff.

[2] Cheney, Hubert 90ff., 103ff., 115ff.

[3] Duby, Guillaume 182ff.; Crouch, Marshal 72ff.

[4] Powicke 70.

[5] Die folgenden Überlegungen beruhen auf dem statistischen Material, das R. Heiser aufgrund umfangreicher Studien von Urkunden König Richards zusammengestellt hat (Familiares, bes. 45ff.).

[6] Die Reihenfolge der Mitglieder der Entourage Richards erfolgt gemäß der Häufigkeit der Nennung der jeweiligen Person als urkundlicher Zeuge. Sämtliche Nachweise bei Heiser, Familiares 46ff. Vgl. auch die materialreichen prosopographischen Angaben bei Powicke, Loss Appendix II und Reg.

[7] Zur Rolle der Normannen in der Entourage Richards vgl. ausführlicher Billoré, Noblesse 151ff.

[8] Vgl. dagegen Chauvenet, Entourage 141ff.

[9] Vgl. Heiser, Familiares 46ff.

[10] Heiser, Familiares 34. – Vgl. auch Turner, Households 59ff.

[11] Roger von Howden III, 251f.; Marshal II, 11f. – Landon 92f.

[12] Roger von Howden III, 252; Wilhelm von Newburgh II, 423f.; Radulf von Diceto II, 114; Marshal II, 9f.

[13] Roger von Howden III, 286. Vgl. ausführlicher Warren, John 46f.; Turner, John 46ff.

[14] Rymer 57 (mit falscher Datierung auf Januar 1193).

[15] Vgl. zum Folgenden Cartellieri III, 87ff.; Powicke, Loss 96ff.; Baldwin, Government 89ff.; Warren, John 47f.; Turner, John 46ff.; Bradbury, Philip 113ff.; Gillingham Chap. 16; Turner-Heiser, Reign 230ff.

[16] Vgl. Übersichtskarte bei Gillingham 351.

[17] Cartellieri III, 75 mit Anm. 7–8.

[18] Rigord 127; Brito, Gesta 196f.; Brito, Philippidos 116f. – Roger von Howden III, 251f.; Radulf von Diceto II, 116f.; Marshal II, 12ff.

[19] Rigord 129f.; Brito, Gesta 197; Brito, Philippidos 117. – Roger von Howden III, 252ff.; Radulf von Diceto II, 117f.; Marshal II, 14ff.

[20] Ausführliche Quellennachweise zum folgenden Heerzug Richards bei Cartellieri III, 94ff.

[21] Roger von Howden III, 256f.; Wilhelm von Newburgh II, 420f.; Gervasius von Canterbury 527; Radulf von Diceto II, 120.

[22] Roger von Howden III, 257ff.; Wilhelm von Newburgh II, 420; Radulf von Diceto II, 120. – Vgl. Landon 96f. (mit ausführlicher Inhaltsangabe).

[23] Hieraus erklärt sich auch das angebliche Angebot Philipps, angesichts der finanziellen Erschöpfung der Untertanen beider Länder den Konflikt durch Zweikampf zu entscheiden – ein Vorschlag, der aber nicht realisiert wurde (Radulf von Diceto II, 121).

[24] Stubbs, Charters 261 f. – Vgl. allgemein Tait, Borough 177 ff.; Reynolds, Introduction 104 ff.

[25] Rymer 65. – Vgl. Wilhelm von Newburgh II, 422 f.

[26] Vgl. allgemein Borst, Rittertum; Fleckenstein, Turnier; Contamine, War 216 f., 385 (Reg.); Barker, Tournament 53 ff.; Bumke, Kultur 342 ff., 860 (Reg.); Duby, Guillaume Kap. 2; Keen, Rittertum Kap. 5; Kurras, Ritter; Paravicini, Kultur 11 ff., 136 (Reg.); P. Contamine u. a. In: LMA 8, 1113 ff.; Harper-Bill – Harvey, Ideals Iff.; Barber – Barker, Geschichte 37 ff.; Ehlers, Ritter 83 ff.

[27] Roger von Howden IV, 33 f., 172. – Vgl. auch Lipson, History 298 f., 446 f.

[28] Lloyd, Wool Trade 8; Gillingham 277.

[29] Roger von Howden III, 283. – Zuvor hatte sich König Philipp angeblich durch Mordanschläge bedroht gefühlt, die Richard durch Assassinen auszuführen geplant haben soll (Bradbury, Philip 94 f.).

[30] Ausführliche Quellennachweise zum folgenden Heerzug Richards bei Cartellieri III, 109 ff.

[31] Rigord 131 ff.; Brito, Gesta 197 f. – Roger von Howden III, 301; Wilhelm von Newburgh II, 455 ff.; Marshal II, 14 f.

[32] Roger von Howden III, 302 f. Delisle, Catalogue 108, nr. 453. – Kessler 74 f.

[33] Rigord 120 f.; Wilhelm von Newburgh II, 457 ff.

[34] Zur Fälschungsproblematik vgl. Gillingham 200 f.

[35] Vgl. ausführlicher Devailly, Berry 423 ff.

[36] Rigord 131 f.; Brito, Gesta 198f. – Roger von Howden III, 305; Wilhelm von Newburgh II, 460 f.

[37] Zu den Geiseln, die sich bei der Freilassung Richards noch in Haft befanden, gehörten nach Angaben Rogers von Howden u. a. der englische Kanzler, Wilhelm Longchamp, der Erzbischof von Rouen, Walter von Coutances, der Bischof von Bath, Savaric Fitz Geldewin, der Sohn des Königs von Navarra, Ferdinand, die Welfenprinzen Otto und Wilhelm, sowie die Vertrauten Richards Balduin Wake, Robert von Thornham und ein Sohn Rogers de Tosny (Roger von Howden III, 303 f.; vgl. Gillingham 248 mit Anm. 94).

[38] Radulf von Diceto II, 115.

[39] Zur möglichen Gesamtsumme der Zahlungen an Herzog Leopold vgl. die Berechnungen von Kessler 260 ff.

[40] Roger von Howden III, 275. – Gleichzeitig wies der Chronist auf die himmlischen Strafen und Heimsuchungen hin, die der Herzog wegen seines Vergehens gegenüber Richard zu ertragen hätte (III, 274 f.).

[41] Roger von Howden III, 275.

[42] Vgl. zum Folgenden Lechner, Babenberger 187 ff.; Dopsch, Geschichte 157 f.; Ahlers, Welfen 169 mit Anm. 847; Kessler 293 ff., 364 (Reg.); Hucker, Otto 368; Ders., Kaiser 30 f.

[43] Magnus von Reichersberg 522 f.; UB Babenberger IV/1, 232 ff., nr. 939– 945. – Zur angeblichen Freilassung der Geiseln durch den Sohn Leopolds V., Friedrich I., vgl. Ahlers, Welfen 169 mit Anm. 847.

[44] Vgl. Hauser, Lehnspolitik 241 ff.

[45] Vgl. ausführlicher zum Folgenden Toeche, Heinrich Buch 2, Kap. 8; Naumann, Kreuzzug 73 ff.; Reisinger, Tankred Kap. D/II; Baaken, Ius 29 ff.; Csendes, Heinrich Kap. 16 ff.

[46] Vgl. O. Engels. In: LMA 3, 2117.

[47] Naumann, Kreuzzug 75 ff.

[48] Vgl. Roger von Howden III, 303 f.

[49] Roger von Howden III, 300 f. – Vgl. auch Landon 103; Bullinger, Richard 141 ff., 178 ff.; Cartellieri III, 106 f.; Trautz, Könige 91; Kienast, Deutschland I, 245; Berg, Imperium 26 f.; Kessler 298 f.; Gillingham 292, 295; Hauser, Lehnspolitik 242 f.

[50] Roger von Howden III, 302ff. – Vgl. auch Landon 103f.; Bullinger, Richard 162ff.; Cartellieri III, 116ff.; Trautz, Könige 91; Kienast, Deutschland I, 245; Berg, Imperium 26f.; Kessler 298f.; Gillingham 295; Hauser, Lehnspolitik 242f.; Huffman, Politics 157f.

[51] Zu den Feldzügen vgl. Cartellieri III, 116ff.

[52] Rymer 66. – Rigord 133f.; Brito, Gesta 199; Brito, Philippidos 126f. – Roger von Howden IV, 1ff.; Wilhelm von Newburgh II, 462f.; Gervasius von Canterbury 532; Radulf von Diceto II, 135f. – Delisle, Catalogue 110, nr. 463f.

[53] Vgl. eine Liste der wichtigsten Festungsanlagen Richards bei Cartellieri III, 123f.

[54] Über die zusätzlichen Kosten der fortifikatorischen Maßnahmen im Poitou vgl. Baudry, Poitou 27ff.

[55] Brito, Gesta 207f.; Brito, Philippidos 127f., 177f. – Roger von Howden IV, 14; Wilhelm von Newburgh II, 499f.; Gervasius von Canterbury 544; Radulf von Diceto II, 148f.; Radulf von Coggeshall 70.

[56] Norgate, England II, 375ff.; Powicke, Loss 192ff.; A. Erlande-Brandenburg. In: LMA 2, 1768; Pitte, Château; Baudry, Fortifications; Ders., Poitou, bes. 367ff. (Lit.) sowie die Zeitschrift Château-Gaillard I ff., 1964ff.

[57] Roger von Howden IV, 16ff.; Radulf von Diceto II, 148ff.

[58] Scaccarium Normanniae II, 309f. – Vgl. ausführlicher die Berechnungen von Powicke (Loss 194ff., 204ff.); deutlich niedrigere Kostenrechnungen bei Gillingham (303ff.).

[59] Powicke 420, 445. – Planiol, Histoire III, 27.

[60] Rigord 146; Brito, Philippidos 130f. – Roger von Howden IV, 7; Wilhelm von Newburgh II, 463f.; Gervasius von Canterbury 532; Ann. Tewkesbury 55. – Vgl. ausführlicher Everard, Brittany 160ff.

[61] Zur Datierung Everard, Brittany 164ff.

[62] Schon Baldwin konstatierte, daß Philipps Verhalten gegenüber Ingeborg „anything but normal" war und sich aus der – zumindest zeitweiligen – Impotenz des Monarchen erklärte (Government 357).

[63] Roger von Howden III, 306f.; Rigord 124f., 135; Brito, Gesta 195, 199.

[64] Rigord 124. Vgl. Brito, Gesta 195.

[65] Spindler, Handbuch II, 1112 (Reg.); Lechner, Babenberger 363; Dopsch, Geschichte 592 (Reg.).

[66] Cartellieri III, 147ff.; Falmagne, Baudouin; Baldwin, Government 593 (Reg.); Bradbury, Philip 360 (Reg.); Nicholas, Flanders 74f.

[67] Rigord 135f.; Brito, Gesta 199f.; Brito, Philippidos 129ff. – Roger von Howden IV, 4ff.; Wilhelm von Newburgh II, 483f.; Gervasius von Canterbury 532. – Vgl. Landon 113ff.

[68] Vgl. zum Folgenden ausführlicher Norgate, England II, 350ff.; Ramsay, Empire 374f.; Williams, Introduction 42ff.; Lloyd, History 574ff.; Powicke, Domesday book 297; Appleby, England 197ff.; Rees, Atlas 33f.; Davies, Age 222ff.; Walker, Wales 48ff.; Gillingham 279ff.; Mortimer, England 265 (Reg.); Bartlett, England 757 (Reg.); Barrow, Century 599f.

[69] Williams bezeichnete das Verhalten der englischen Krone als „either helpless or indifferent" (Introduction 43).

[70] Zu den zahlreichen Kämpfen vgl. Ann. Cambriae 60f.; Brut (H) 170ff.; Brut (P) 73ff.; Roger von Howden IV, 21; Gervasius von Canterbury 543.

[71] Ann. Cambriae 57ff.; Brut (H) 178ff.; Brut (P) 77ff.; Roger von Howden IV, 21.

[72] Insbesondere J. E. Lloyd feierte Rhys als Verfechter der „idea of Welsh nationality and independence" und als „firm and immovable patriot" (History 582).

[73] Rees, Atlas 33f. und Plate 36, 38; Davies, Age 524 (Reg.).

[74] Appleby, England 197f.

[75] Brut (H) 176ff.; Brut (P) 76ff.; Roger von Howden IV, 21; Gervasius von Canterbury 543. – Vgl. Appleby, England 198.

[76] Brut (H) 178ff. – Vgl. Brut (P) 79f.; Ann. Cambriae 60f.; Roger von Howden IV, 53; Radulf von Diceto II, 163.

[77] Brut (H) 179. – Vgl. Brut (P) 77f.

[78] Roger von Howden III, 289. – Landon 101.

[79] Vgl. zum Folgenden ausführlicher Devic-Vaissète, Histoire VI, 168ff.; González, Alfonso IX, I, Cap. 2/1; Lacarra, Historia 224ff.; Campo, Sancho Cap. 1; González, Reino I, Cap. 2/1; Lacarra, Casto 120; O'Callaghan, History 235ff.; Fried, Schutz Kap. 3/2; Martínez Díez, Alfonso 134ff.; Bisson, Crown 38ff.; Ubieto Arteta, Creación; Ders., Formación; Leroy, Navarre Chap. 2; Vones, Geschichte 358f., 367 (Reg.); Reilly, Spains 133ff.; Tuñón de Lara, Historia IV, 457, 464 (Reg.); Serrão, Historia 430 (Reg.); Cruz Coelho, Portugal 844 (Reg.); Rodríguez-Picavea Matilla, Consolidación Cap. 1–3; Álvarez Palenzuela, Historia Cap. 19ff.

[80] González, Alfonso IX, II, 116ff., nr. 79. – Martínez Díez, Alfonso 72f.

[81] Vgl. ausführlicher González, Reino I, 846ff.

[82] González, Reclamaciones; Lacarra, Historia 224ff.; González, Reino I, 848ff.; Campo, Sancho Cap. 2.

[83] González, Reino I, 854ff.

[84] González, Reino I, 854ff.; Baldwin, Government 97; Bradbury, Philip 361 (Reg.); Martínez Díez, Alfonso 52.

[85] Miret y Sans, Itinerario 471ff.; Devic-Vaissète, Histoire VI, 160ff.

[86] Devic-Vaissète, Histoire VI, 168ff.

[87] Devic-Vaissète, Histoire VI, 190f.

[88] Kehr, Papsttum; Ders., Aragón; Fried, Schutz 215ff.

[89] Teulet, Layettes II, 570, nr. 3356; RI V/1, 51f., nr. 185f.

[90] Roger von Howden III, 86, 298f., 308; IV, 7; Radulf von Coggeshall 70.– Vgl. Poole, Domesday book 280f.; Duncan, Scotland 239f.; Ahlers, Welfen 170ff.; Hucker, Kaiser 12f.; Huffman, Politics 157f.; Favreau, Otto 370ff.; Hucker, Otto 33ff.

[91] Vgl. dagegen Hucker, Kaiser 13.

[92] Roger von Howden IV, 7, 116; Hist. ducs 89; Anon. Béthune 759; Ernoul 335; Radulf von Coggeshall 70. – Zahlreiche deutsche Quellenzeugnisse bei Ahlers, Welfen 171f. Anm. 863.

[93] Zu den Urkunden Ottos als Graf von Poitou vgl. Richard, Histoire II, Chap. 17 h.

[94] Hist. ducs 89f.; Teulet, Layettes II, 570, nr. 3356. Vgl. Richard, Histoire II, 300ff.

[95] Vgl. ein Schreiben Philipps an Papst Innocenz III., 1208 in: Martène-Durand, Collectio I, 1079f.

[96] Vgl. Rymer 67f.; Chaplais, Documents 18ff., nr. 7.

[97] Nachfolgepläne Richards für das „anglonormannische Reich" nahmen u.a. Richard (Histoire II, 300) und Hucker (Kaiser 16ff.) an; vgl. dagegen die Kritik von Ahlers (Welfen 177ff.). – Allgemein Murray, Richard 5ff.; Huffman, Politics 156ff.

[98] Favreau, Otto 372.

[99] Hucker, Kaiser 22ff.

[100] Devic-Vaissète, Histoire VI, 173ff.; VII, 24. – Landon 115.

[101] Vgl. allgemein Benjamin, War 281ff.

[102] Roger von Howden IV, 19; Radulf von Diceto II, 152; Wilhelm von Newburgh II, 492ff.

[103] Baldwin, Government 24ff., 92; Nicholas, Flanders 73f.

[104] Cartellieri III, 150; Gillingham 307f.

[105] Vgl. allgemein Lloyd, Wool Trade 8f.; Berg, Deutschland 57f.

[106] Roger von Howden IV, 16 (mit falscher Datierung); Wilhelm von Newburgh II, 493; Gervasius von Canterbury 544; Radulf von Diceto II, 152; Marshal II, 41. – Vgl. Landon 117.

[107] Landon 118; vgl. Crouch, Marshal 75f.

[108] Roger von Howden IV, 20; vgl. Marshal II, 20f.

[109] Rigord 137f.; Brito, Gesta 200; Brito, Philippidos 121; Anon. Béthune 759; Radulf von Diceto II, 152f. – Rymer 67f.; Chaplais, Documents 18ff., nr. 7. – Landon 118f.

[110] Roger von Howden IV, 54.

[111] „Rex Richardus contra regem Francie varios habens conflictus, terram Normannie de

die in diem recuperabat ex parte, et tam in muneribus, quam in promissis omnes fere proceres Gallie sibi obligans, omne robur militie regi Philippo substraxit“ (Alberich von Trois-Fontaines 873).

112 Roger von Howden IV, 20; Wilhelm von Newburgh II, 495f.; Radulf von Coggeshall 77ff.; Marshal II, 20f. – Rigord 137f.; Brito, Gesta 200; Brito, Philippidos 121.

113 Roger von Howden IV, 20; Wilhelm von Newburgh II, 495f.; Gervasius von Canterbury 544.

114 Vgl. Round, Calendar 495, nr. 1361f. – Landon 122.

115 So das Urteil von Ramsay, Empire 358.

116 Roger von Howden IV, 5f.; Wilhelm von Newburgh II, 466ff.; Gervasius von Canterbury 532ff.; Radulf von Diceto II, 143f.

117 Landon 124.

118 Roger von Howden IV, 40; Gerald von Wales, Life Chap. 8; Vita Hugonis II, 98f.

119 Vita Hugonis II, 98f. – Zur Person Hugos und zu seinem Verhalten in Oxford 1197 vgl. Farmer, Hugh; Leyser, Kings 61f.

120 Dieser Aspekt wurde in der bisherigen Forschung betont, u.a. Ramsay, Empire 355f.; Round, Debate 399ff.; Richardson-Sayles, Governance 83f.; Leyser, Kings 61ff.; Gillingham 280f.; Bradbury, Philip 128f.; Turner-Heiser, Reign 158. – Lediglich W. Stubbs würdigte den Widerspruch des Bischofs nach der Opposition Beckets als erneutes Zeichen für „a constitutional opposition to a royal demand for money“ (History I, 510).

121 Powicke 70.

122 Zum Folgenden vgl. außer RI V, 55, nr. 198a auch Toeche, Heinrich Kap. III/5–6; Winkelmann, Philipp I, Kap. 1/3; Kienast, Deutschland III, Kap. 3/2; Trautz, Könige 91ff.; Engels, Staufer Kap. 10; Stehkämper, England 233ff.; Ders., Erzbischof 46ff.; Erkens, Erzbischof 24ff.; Ahlers, Welfen Kap. E/II; Hucker, Kaiser Kap. B/I; Ders., Otto 47ff.; Schneidmüller, Welfen Kap. 7; Huffman, Politics 159ff.; Csendes, Philipp 69ff.

123 Vgl. Kienast, Deutschland I, 247ff.; Hucker, Otto 40f.; Csendes, Philipp 197ff.

124 Vgl. ausführlicher Naumann, Kreuzzug Kap. A 2/2.1; Csendes, Heinrich Kap. 20.

125 Zum Folgenden vgl. ausführlicher Runciman, Geschichte III, 112f.; Mayer, Geschichte 184f.; Johnson, Crusades 119ff.; Naumann, Kreuzzug Kap. B 2/1ff.; Csendes, Heinrich Kap. 22.; Richard, Crusades 231ff.; Hucker, Otto 38f.

126 Csendes, Heinrich Kap. 21. Vgl. Herde, Katastrophe 91ff.

127 Roger von Howden III, 202f.; IV, 30f. – Anderweitige urkundliche Zeugnisse oder eine diesbezügliche Verfügung des Kaisers in seinem Testament fehlen hingegen (vgl. MGH Const. I, 530f., nr. 379; RI IV/3, 248f., nr. 614).

128 Roger von Howden IV, 37. – Zur Interpretation vgl. Bullinger, Richard 171f.; Trautz, Könige 88; Stehkämper, England 233ff.; Kienast, Deutschland I, 242; Hauser, Lehnspolitik 243ff.; Huffman, Politics 162ff.

129 Vgl. Trautz, Könige 88f.; Hauser, Lehnspolitik 245f.

130 Zur Ereignisgeschichte vgl. Winkelmann, Philipp I, Kap. 1/2; Neumann, Parteibildungen Kap. II; Engels, Staufer Kap. 10; Abulafia, Herrscher Kap. 3; Stürner, Friedrich I, Kap. 2; Csendes, Philipp 61ff.; Haverkamp, Jahrhundert Kap. E/§ 13.

131 Vgl. ausführlicher Kempf, Regestum 1ff., nr. 1ff.; Ders., Papsttum Kap. 1; Tillmann, Papst 83ff. (fälschlich 38); Laufs, Politik Kap. 1; Neumann, Parteibildungen 18ff.; Sayers, Innocent 217 (Reg.).

132 Stehkämper, England 233ff.; Ders., Erzbischof Kap. 5; Erkens, Erzbischof Kap. 1/1.

133 Vgl. zum Folgenden Winkelmann, Philipp I, 71ff. (mit ausführlichen Quellennachweisen deutscher Provenienz); ferner Roger von Howden IV, 38ff.; Gervasius von Canterbury 545; Radulf von Diceto II, 163. – Rigord 143; Brito, Gesta 203. – Zu einer möglichen Wahl Richards zum deutschen König vgl. Hist. ducs 90; Gervasius von Canterbury 545; Radulf von Coggeshall 88.

[134] Winkelmann, Philipp I, 68ff.; Csendes, Philipp 69ff.

[135] Hucker, Kaiser Kap. B/1; Csendes, Philipp 76ff.; Hucker, Otto 48f.

[136] Nach Angaben Arnold von Lübecks soll Otto angeblich 150 000 Mark vom englischen König erhalten haben (Arnold von Lübeck 287) – eine Geldsumme, die aufgrund ihrer Höhe völlig unrealistisch erscheint und identisch ist mit der Lösegeldsumme für Richard; vgl. Ahlers, Welfen 184; Hucker, Kaiser 22f.; Ders., Otto 54, 579 Anm. 137.

[137] Diese Erwartung deutete schon Roger von Wendover an (I, 290).

[138] Über die „Kölner Königsmacher" vgl. ausführlicher Hucker, Otto 48ff. – Zur Diskussion über den Einfluß Kölner Bürger auf die Wahl vgl. Stehkämper, Erzbischof 47ff.; Ahlers, Welfen 181ff.; Erkens, Erzbischof 35ff.; Hucker, Kaiser 22ff.

[139] Hierbei handelte es sich um „confederationem propter bonum pacis et publicam utilitatem" – MGH Const. II, 1, nr. 1. – Rymer 70.

[140] Winkelmann, Philipp I, Kap. 2/1.

[141] Kempf, Regestum 13ff., nr. 4; Roger von Wendover I, 281f. – Vgl. ausführlicher Kempf, Papsttum Kap. 1/2; Tillmann, Papst 103ff.; Cheney, Pope 275f.; Laufs, Politik Kap. II–III; Sayers, Innocent 217 (Reg.).

[142] Cartellieri III, 174ff.; Ahlers, Welfen 188f. – Zu den Ehekonflikten Philipps vgl. Brugière, Mariage (passim); Baldwin, Government 601 (Reg.); Bradbury, Philipp 366 (Reg.); Sayers, Innocent 218 (Reg.).

[143] Zu den verschiedenen Heerzügen vgl. Cartellieri III, 188ff.

[144] Roger von Howden IV, 80f.– Die päpstliche Bestätigung für den fünf jährigen Waffenstillstand in Rymer 73.

[145] Zur Ereignisgeschichte Roger von Howden IV, 82ff.; Radulf von Coggeshall 89–98; Roger von Wendover I, 282ff. – Landon 144f.

[146] Cartellieri III, 188.

[147] Diesen Nachweis führte Gillingham erfolgreich (324ff.; Death 155ff.). – Zu den Vorgängen in Chalus-Chabrol vgl. Roger von Howden IV, 82f.; Gervasius von Canterbury 592f.; Radulf von Diceto II, 166; Marshal II, 58f.; Radulf von Coggeshall 94ff.; Vita Hugonis II, 130f.; Roger von Wendover I, 282ff. – Rigord 144f.; Brito, Gesta 204; Brito, Philippidos 148f.

[148] Landon 145.

XIII. Die Bedeutung der Herrschaft König Richards für seinen Nachfolger und für den Niedergang des angevinischen Reiches (1216)

[1] Gervasius von Canterbury 593f.; Roger von Howden IV, 84f.; Ann. Winchester 71; Ann. Waverley 251; Radulf von Coggeshall 89ff., 95f.; Vita Hugonis II, 134ff. – Rigord 144f.; Brito, Gesta 204; Brito, Philippidos 148f. – Zu den Gisants in Fontevraud vgl. Erlande-Brandenburg, Cimetière 482ff.; Ders., Gisants 20ff.; Nolan, Choice 377ff.; Fagnen, Tombeaux 23ff.

[2] Roger von Howden IV, 97. – Ramsay, Empire 376; Gillingham 324ff.

[3] Chardon, Histoire 460ff.; Trindade, Berengaria 184ff.; Cloulas, Douaire 93f. – Ihre Gebeine bettete man 1821 in die Kathedrale von Le Mans um (Weir, Families 65).

[4] Roger von Howden IV, 86ff.; Marshal II, 60ff.; Radulf von Coggeshall 99ff.; Vita Hugonis II, 137ff. – Rigord 144f.; Brito, Gesta 205; Brito, Philippidos 149, 151f. – Vgl. Powicke, Loss 129ff.; Warren, John 48ff.; Turner, John 48ff.

[5] Wie bei Richard tauchten unter den ca. 50 am häufigsten genannten Zeugen in königlichen Urkunden lediglich ca. zehn Earls auf, von denen sechs alten Adelsgeschlechtern angehörten. Hinzu kamen ca. zehn Bischöfe, die regelmäßig als Zeugen fungierten, während die übrigen ca. 30 Urkundenzeugen sämtlich zur Gruppe der *familiares* bzw. zu den berühmten

new men in der Verwaltung der angevinischen Herrscher gehörten. – Vgl. Turner, Men 17f.; Ders., John 73f.

[6] Vgl. ausführlicher Orme, Schools 167ff.; Baldwin, Studium 200ff.; Cobban, Universities Chap. 3; Rüegg, Geschichte 429 (Reg.). – R. V. Turner spricht sogar von „business schools" in Oxford und anderen englischen Städten seit dem ausgehenden 12. Jahrhundert (Men 12).

[7] Powicke, Loss 232ff.

[8] Schon König Richard hatte die Einnahmen im Laufe seiner Regierungszeit kontinuierlich erhöht, so daß sich die herrscherlichen Einkünfte im Jahre 1198 auf 143 747 bzw. 191 097 liv. angev. beliefen. Sein Bruder mußte hingegen seit der Thronbesteigung deutliche Einnahmensverluste hinnehmen, indem er von 1199 bis 1202 lediglich 127 723 liv. angev. und 1203 sogar nur 106 403 liv. angev. an Einkünften verzeichnen konnte. Dies bedeutete für die Zeit von 1199 bis 1202 in Relation zu den Einnahmen Richards im Jahre 1198 ein Einkünftevolumen von lediglich 45% für Johann, dessen Reich zudem unter wachsender Inflation zu leiden hatte. Erst nach dem Verlust der Normandie 1204 kam es zu einer kontinuierlichen Steigerung der Einnahmen der Krone, bis der König schließlich im Jahre 1211 die enorme Summe von 98 791 £, wenn nicht sogar von ca. 145 000 £ einzunehmen vermochte. Aufgrund dieser Entwicklungen ist nicht länger von einer gravierenden finanziellen Unterlegenheit des angevinischen Herrschers gegenüber seinem kapetingischen Konkurrenten auszugehen, dessen Erfolg im Kampf um die Normandie weniger auf überlegene finanzielle Potenz, sondern eher auf einen effizienteren Einsatz der verfügbaren Mittel in den jeweiligen Konflikträumen zurückzuführen ist. – Zum Teil widersprüchliche Einnahmeberechnungen bei Turner, John Chap. 4; Barratt, Revenue 637ff. mit Table 1; Ders., John 839ff. mit Table 1; Ders., Philip 85ff., 96ff. mit Table 8; Bolton, Economy 32ff.; Latimer, Inflation 5ff.; Moss, Exchequer 115f.

[9] Zu den irischen Entwicklungen vgl. Poole, Domesday book 312ff.; Davies, Domination 131 (Reg.); Crouch, Marshal 92ff.; Warren, John 344 (Reg.); Turner, John 300 (Reg.); Elvert, Geschichte 96ff.; Richter, Irland 150ff.; Martin, John 128ff.; Duffy, John 221ff.; Berg, Anjou-Plantagenets 105ff.; Carpenter, Kings 314ff.

[10] Zur politischen Ereignisgeschichte vgl. Lloyd, History Chap. XVII; Poole, Domesday book 297ff.; Warren, John 350 (Reg.); Davies, Age 292ff.; Ders., Domination 131 (Reg.); Crouch, Marshal 77ff.; Turner, John 305 (Reg.); Rowlands, King 273ff.; Berg, Anjou-Plantagenets 105ff.; Moore, Wars Chap. 5.

[11] Duncan, Scotland 240ff.; Barrow, Era 218 (Reg.); Ders., Kingship 55ff., 183 (Reg.); Barrell, Scotland 74ff.; Carpenter, Kings 319ff.

[12] Zu den Entwicklungen in Aquitanien vgl. Powicke, Loss Chap. V/4; Warren, John 339 (Reg.); Turner, John 51ff.; Turner-Heiser, Reign 197ff.; Martindale, Eleanor 137ff.; Carpenter, Kings 314ff.; Bartlett, England 733f. (Reg.); Chauvenet, Entourage 137ff.; Flori, Aliénor Chap. 1/9.

[13] Ann. Margan 27. – Powicke, Loss 363 (Reg.); Cartellieri IV, 136ff.; Turner, John 120ff.; Bradbury, Philip 139ff.; Ders., John 351ff.

[14] Powicke, Loss 98ff.; Holt, John 94ff.; Turner, John Chap. 4; Tyerman, Who 301ff.; Barratt, John 854f.; Ders., Revenues 85ff.; Turner, Justice 317ff.; Berg, Anjou-Plantagenets 101ff.

[15] Zur kontroversen Bewertung der Lehnsnahme, die insbesondere von nationalstaatlich geprägten Geschichtsschreibern des 19. Jahrhunderts in England als „ehrenrührig" betrachtet wurde, vgl. Cheney-Semple, Letters 242 (Reg.). – Brooke, Church Chap. 14; Lawrence, Church 253 (Reg.); Warren, John Chap. 5; Cheney, Pope Part 3/4; Turner, John Chap. 6; Sayers, Innocent 218 (Reg.); Carpenter, Kings 319ff.; Bartlett, England 754 (Reg.).

[16] Cartellieri IV, Buch 12; Kienast, Deutschland III, 569ff.; Verbruggen, Art 220ff.; Warren, John 223f.; Baldwin, Government 593 (Reg.); Ahlers, Welfen 303 (Reg.); Duby, Sonntag 41ff.; Hallam, France 132ff.; Turner, John 134f.; Bradbury, Philip 361 (Reg.); Berg, Anjou-Plantagenets 113ff.; Favier, Plantagenêts 927 (Reg.).

[17] Holt, Northerners 100. – Vgl. allgemein Holt, Magna Carta; Lyon, History 662 (Reg.);

Holt, Carta; Kluxen, Verfassungsgeschichte 228 (Reg.); Warren, Governance 235 (Reg.); Krieger, Geschichte 147ff.; Mortimer, England 262 (Reg.); Bartlett, England 738 (Reg.); Fryde, Why Chap. 10; Berg, Anjou-Plantagenets 115ff.; Carpenter, Kings 319ff.

[18] Rowlands, King 283.

[19] Ein vierter Aspekt – welches Bild die Zeitgenossen und die Nachwelt im Abendland von der Person Richards und seinem Königtum entwickelten – wird ausführlicher im folgenden Kapitel über das „Nachleben" des Monarchen behandelt.

[20] Sogar einen eigenen Namen und eine spezielle Begrifflichkeit für das *Angevin Empire* sucht man in den zeitgenössischen Quellen vergeblich; insofern war das Fehlen eines „Gemeinschaftsbewußtseins" im angevinischen Reich nicht verwunderlich – vgl. Turner, John 126f.; Berg, Anjou-Plantagenets 7ff.

[21] Vgl. Turner-Heiser, Reign 17, 28.

[22] Green, in: Norgate, England II, 470.

[23] Barratt, Philip 86.

[24] Barratt, Philip 86.

[25] Zwar waren zahlreiche Große des Herzogtums am Hofe Richards präsent, doch sahen sich diese zunehmend in ihren überkommenen Rechten beeinträchtigt und durch wachsende feudale Dienstleistungen unzumutbar belastet; vgl. ausführlicher Billoré, Noblesse 152ff.

[26] Deutlicher formulierte M. Markowski das diesbezügliche Urteil: „[...] as a crusade leader, Richard was a dismal failure" (Richard 363).

[27] Markowski, Richard 363.

[28] Coelestin, Epistolae 970ff., nr. 102; Markowski, Richard 363 Anm. 74.

[29] Markowski, Richard 364.

[30] Vgl. zum Folgenden außer Baldwin, Government 3ff., 259ff.; Bradbury, Philip 217ff. die grundlegenden Arbeiten von Ehlers, Elemente 217ff.; Ders., Kontinuität 288ff.; Ders., Deutschland; Ders. In: LMA 6, 1035ff. sowie Karpat, Geschichte 84ff.; Hoffmann, Krone 71ff.; Beumann, Beiträge; Schneidmüller, Nomen Kap. 5; Eichenberger, Patria 195ff.; Brühl-Schneidmüller, Beiträge; Moeglin, Nation 537ff.; Ders., Konstruktion 360ff.

[31] Aus der umfangreichen Literatur zur französischen Historiographie des 12. Jahrhunderts und insbesondere von Saint-Denis seien hier lediglich erwähnt Sayers, Beginnings; Boehm, Gedanken; Glaser, Suger 93ff.; Kantorowicz, Körper 560 (Reg.); Schramm, Frankreich I, 204ff.; Spiegel, Tradition; Dies., Cult 43ff.; Petersohn, Saint-Denis; Guenée, Histoire 438 (Reg.); Vernet, Littérature; Eichenberger, Patria 201ff.; Gerson, Abbot; Kersken, Geschichtsschreibung 953 (Reg.); Autrand-Gauvard-Moeglin, Saint-Denis.

[32] Lugge, Gallia; Ehlers, Elemente 233ff.; Schneidmüller, Nomen 117ff.

[33] Delisle, Catalogue LXIIIff.; Baldwin, Government 360ff.

[34] Ehlers, Elemente 233.

[35] Schramm, Frankreich I, 184f. – Sogar in England akzeptierten einzelne Historiographen die Sonderstellung des französischen Monarchen als *rex christianissimus*, wie etwa Gerald von Wales; vgl. Berges, Fürstenspiegel 75 mit Anm. 4.

[36] Schramm, Frankreich I, 148ff.; Bloch, Könige 116ff.; Baldwin, Government 374ff.

[37] Schramm, Frankreich I, 178ff.; Hibbard-Loomis, Oriflamme 469ff.; Kantorowicz, Körper 553 (Reg.); Baldwin, Government 367ff.; Ehlers, Aufsätze 614 (Reg.); Bloch, Könige 549 (Reg.); Bradbury, Philip 220ff.; Contamine, Oriflamme; Petersohn, Saint-Denis 420ff.; Lombard-Jourdan, Fleur; Jung, Légende.

[38] Becket, Materials V, 280, nr. 154. – Zitat-Übersetzung bei Schramm, Geschichte 121. Vgl. ausführlicher Berg, England 410ff.

[39] Edition des Schreibens von Papst Alexander III. vom 7. Februar 1161 bezüglich der Kanonisierung Eduards bei Barlow, Edward 323f. – Zur Kanonisierung Karls vgl. Petersohn, Saint Denis 420ff.; Opll, Friedrich 93ff.

[40] Schramm, Königtum 123ff.; Bloch, Könige 116ff.

41 Vgl. ausführlicher mit Quellennachweisen Berg, England 399ff.; Ders., Regnum 173ff.; Ders., Bild 77ff.

42 Vgl. ausführlicher Grünewald, Kaisertum 1. Hauptteil; Gransden, Writing 602 (Reg.); Berg, England Kap. 3.2.1; Ders., Bild 86ff.; Turner, Problem 95f.; Flori, Richard 470ff.

43 [...] rex Angliae dedit regi Tancredo gladium illum optimum quem Brittones Caliburne vocant, qui fuerat gladius Arturi, quondam nobilis regis Angliae" (Roger von Howden III, 97). – Vgl. Reisinger, Tankred 143f.; Fischer, Richard 127ff.

44 Powicke, Loss 328ff.; Warren, John 103ff.; Turner, John 126f.; Berg, Anjou-Plantagenets 99ff. – Baldige Verweigerungen englischer Barone bezüglich der Forderungen König Johanns nach militärischen Dienstleistungen auf dem Kontinent waren die logische Folge – so etwa im Jahre 1205 (Radulf von Coggeshall 152ff.).

45 Zumindest in der älteren englischen Forschung konnte man dieser Entwicklung sogar Positives abgewinnen: „[...] England began to be ruled more distinctly on national principles, for English purposes and by Englishmen" – W. Stubbs, in: Walter von Coventry II, XXXVII. Vgl. J. H. Ramsay: „England for the English" (Empire 403).

46 Markowski, Richard 364.

47 Powicke, Loss 125.

XIV. Nachleben

1 Vgl. allgemein Haskins, Henry 74ff.; Broich, Heinrich 32ff., 195ff.; Gransden, Writing 526f. (Übersicht); Warren, Henry 679f.; Gouttebroze, Henri 91ff. (Reg.); Cingolani, Filologia 815ff.; Damian-Grint, Historians; Aurell, Plantagenêt 27ff.; Flori, Richard 591 (Reg.); Berg, Anjou-Plantagenets 337 (Reg.); Aurell, Culture (bes. die Beiträge von Flori 173ff. und Chauou 269ff.); Chauou, Idéologie Chap. 2f.; Aurell, Empire 95ff.; Favier, Plantagenêts 457ff.; Aurell, Aliénor (bes. Beitrag von Milland-Bove 156ff.).

2 Zum „Propaganda"-Begriff vgl. Johanek, König 347 mit Anm. 5; Aurell, Empire 96ff.

3 Zur angeblichen „Arthur-/Artus-Lehnsmannschaft" Heinrichs vgl. Stephan von Rouen 696ff. – Grundlegend zur Bedeutung des Arthur-/Artus-Mythos für die Angevinen Johanek, König, hier 389 (mit älterer Literatur) und jetzt Chauou, Idéologie Chap. 1.

4 Vgl. zum Folgenden Needler, Richard; Jerger, Gestalt 39ff.; Broughton, Legends Chap. Iff.; Gillingham Chap. 1; Ders., Legends; Krohn, Richard 133ff.; Flori, Richard Chap. 20; Siberry, Crusaders 226 (Reg.); Chauou, Histoire 271ff.

5 Gransden, Writing 219ff.

6 Zum Begriff vgl. Flori, Richard 11ff.

7 Vgl. ausführlicher Gillingham 6ff.; Kessler, bes. 191ff.

8 Gerald von Wales, Princ. 301f. – Broughton, Legends 11f., 78ff.

9 Vgl. etwa das Werk Bertrans „S'ieu fos aissi segner ni poderos" mit scharfer Kritik an König Philipp (Bertran de Born 378ff.). – Zur Interpretation vgl. Ehnert, Möglichkeiten 132ff.

10 Bertran de Born 386f., 426f. – Zu den übrigen Troubadouren vgl. Needler, Richard 13ff.; Jerger, Gestalt 39f.; Krohn, Richard 138ff.

11 Das Herrscherlob bei Gerald von Wales (Top. Chap. 121f.; Princ. 246ff.) (über den Grafen von Poitou); das spätere vernichtende Urteil über das angevinische Haus bei Gerald von Wales, Princ. 308ff., 318ff. Das Willkommens-Poem Geralds für den kapetingischen Prinzen Ludwig (VIII.) ed. von Bartlett, Gerald 222ff. – Vgl. allgemein zu Gerald ebd. Part 1/3.

12 Radulf von Diceto II, 178. – Zur Bildung Richards vgl. Gerald von Wales, Invec. 100f.; Gerald von Wales, Princ. 246ff.; Radulf von Coggeshall 59f.

13 Markowski, Richard 364.

14 Vgl. Ambroise 559ff. (Reg.); IP (S) 388f., 416ff. – Zur Vergleichbarkeit Richards mit den antiken Helden IP (S) 143, 421, 447. – Broughton, Legends Chap. 2–4; Gransden, Writing 238ff.

[15] Spiegel, Tradition 56ff.; Baldwin, Government 394ff.; Bradbury, Philip 372 (Reg.); Kessler 191ff.; Gillingham 6ff.

[16] So verherrlichte der Anonymus im Itinerarium drei Haupttugenden Richards: „Rex Ricardus, quod rarissimum est in uno reperire, admirandarum tria gerebat insignia virtutum. Fuit quippe strenuissimus in armis, providus in consiliis, efficax in verbis" (IP (S) 447).

[17] Prosa-Übersetzung bei Obermeier, Richard 290f.; metrische Übersetzung bei Cartellieri III, 209. – Vgl. Gaucelm Faidit 415ff., nr. 50.

[18] Gottfried von Vinsauf, Poetria 28ff. – Roger von Howden IV, 62f.; Gerald von Wales, Princ. 326; Radulf von Coggeshall 91ff.

[19] Diese Tatsache wurde besonders von J. Gillingham betont (8ff.).

[20] Zum Krönungseid Richards vgl. Schramm, Königtum 234; Gillingham, Art 95f. – Zu den Kronrechten vgl. Karpat, Geschichte 108ff.; Hoffmann, Krone; Ders., Unveräußerlichkeit. – Zum *publicum commodum* vgl. Leges Henrici 100, Kap. 7,4; Johannes von Salisbury, Policraticus I, 232ff.; II, 345ff.; 358ff.; 364ff.; 372ff.; u. ö.

[21] Zum *commune bonum* und zur Kritik Geralds an den Angevinen vgl. ausführlicher Berges, Fürstenspiegel 143ff.; Struve, Entwicklung 342 (Reg.); Bartlett, Gerald Part I/3; Black, Thought 24ff.; Canning, History 112ff.; Bartlett, England 631f., 723f. (Reg.).

[22] Vgl. ausführlicher Gransden, Writing 592 (Reg.); Kersken, Geschichtsschreibung 304ff., 955 (Reg.); Hillingmeier, Untersuchung Kap. III; Gillingham 8ff.; Krohn, Richard 139ff.; Jones, Nation Introd.; Siberry, Crusaders 226 (Reg.).

[23] Vgl. Gillingham 8ff.; Krohn, Richard 145ff.

[24] Brunner, Versroman 358ff. – Welch hohe Glaubwürdigkeit dem angeblich siegreichen Duell Richards mit seinem muslimischen Gegner in der Folgezeit am englischen Hof beigemessen wurde, verdeutlicht die Tatsache, daß König Heinrich III. im Jahre 1251 den Palast in Clarendon mit einer bildlichen Darstellung des angeblichen Zweikampfes ausschmücken ließ. Vgl. ausführlicher Gillingham, Legends 182ff.

[25] Vgl. ausführlicher Hartmann, Persönlichkeit Kap. 2/1; Ehrenkreutz, Saladin Chap. 12; Schwinges, Kreuzzugsideologie Teil 3/Kap. 3; Gibb, Life Introd.; Lyons-Jackson, Saladin Chap. 22; Möhring, Krieg 439ff.; Regan, Lionhearts 250 (Reg.); Jubb, Legend; Reston, Warriors 362f. (Reg.); Möhring, Heide 160ff.; Ders., Saladin Kap. 7 (z. T. wortgleich mit ebengenanntem Titel).

[26] Quellenbelege bei Maher, Saladin 162ff.

[27] Zitat aus der Rede Wilhelms II. in Damaskus am 8. 11. 1898 bei Penzler, Reden 126f. – Der kaiserliche Bronzekranz wurde durch T. E. Lawrence (Lawrence von Arabien) im Zusammenhang mit dem Ersten Weltkrieg als Beute requiriert und befindet sich seither im Imperial War Museum in London. – Zur Rolle des Kaisers im Heiligen Land vgl. allgemein Roth, Gloria 216; Röhl, Wilhelm 1059.

[28] Möhring, Heide 170ff.; Ders., Saladin 121ff.

[29] Brunner, Versroman 100.

[30] Brunner, Versroman 126ff.; Broughton, Legends 66ff.

[31] Krohn, Richard 145. – Vgl. Brunner, Versroman 137f.; Jerger, Gestalt 44ff.; Siberry, Criticism 62ff.; Gillingham 8ff.; Siberry, Crusaders 226 (Reg.).

[32] Vgl. Wailly, Récits, bes. 41ff.; Wiese, Lieder XXIIff. – Der Text des Liedes, das Blondel angeblich mit Richard komponiert haben soll, lautet:

Deine Schönheit, edle Frau, / sieht niemand ohne Lust, / kein noch so kühnes Lied / erregt deine Leidenschaft. / Noch seh' ich's mit Geduld, / wie du mich und andere meidest.

Keine Nymphe kann mein Herz verwunden, / wenn ihre Gunst sie teilt / und allen ihr Lächeln schenkt, / weil sie sich nicht entscheiden kann. / Lieber würd' ich Haß ertragen, / als Liebe mit anderen zu teilen."

(nach Obermeier, Richard 219f.). Englische Fassung bei Broughton, Legends 70f.

[33] Vgl. ausführlicher Wailly, Récits XIIIff.; Wiese, Lieder XXIIff.; Broughton, Legends

126ff.; Jerger, Gestalt 39ff.; Gillingham 233f., 254f.; Ders., Legends 184ff.; Krohn, Richard 146ff.; Lepage, Œuvre; Bahat, Œuvre; Boyle, Blondel Chap. 7f. – Zur Rezeption der Löwenherz- bzw. Blondel-Motive in Opern vgl. Jerger, Gestalt 45f.; Krohn, Richard 146ff.

34 Zit. nach Gutenberg DE nr. 309.

35 Vgl. Lofts, Player; Rowse, Homosexuals Chap. 1; Gillingham 233, 254; Trindade, Berengaria 14, 235 (Reg.); Burgwinkle, Sodomy 296 (Reg.).

36 Zum Folgenden vgl. ausführlicher Holt, Robin Kap. 3–4; Gillingham 9ff.; Ders., Richard Coeur XIIIf.; Dobson-Taylor, Rymes 2ff.; Holt, Origins 27ff.; Krohn, Richard 145ff.; Blamires, Robin 443ff. – Zur Bedeutung Robin Hoods als „National Hero“ vgl. Knight, Emergence 45ff.

37 Texte bei Dobson-Taylor, Rymes 71–132.

38 Ausführlicher Holt, Robin Kap. 8; Blamires, Robin 442ff.

39 Holt, Robin Kap. 7; Blamires, Robin 448ff.

40 So wies man u. a. auf die „Vaterrolle“ Richards in den jeweiligen filmischen Konflikten hin: „[...] the king plays the paternal role to the disaffected siblings“ (Knight, Period II, 41).

41 Vgl. ausführlicher Morsberger-Morsberger, Robin 211ff.; Knight, Period II, 34ff.; Lexikon intern. Films III, 2578ff.

42 Morsberger-Morsberger, Robin 217.

43 Zumindest erwähnt seien Versuche, Robin und seine Gefährten als Gruppe von Homosexuellen darzustellen, die deshalb gesellschaftlich ausgeschlossen wurden und gewissermaßen eine „alternative“ Lebensform entwickelten. So wurde von Robin behauptet: „Robin Hood, the prince of thieves, may also have been the forest queen“. Und: „Little John, not Maid Marian, was his true love“ (Http://www.gayheroes.com/robin.htm).

44 Vgl. ausführlicher Lexikon intern. Films II, 1753, 1922; III, 3038.

45 Hier ging es vor allem um „demolition of the romantic notion of the crusades and the crusade leaders“ – Siberry, Crusaders 21.

46 Vgl. hierzu ausführlicher oben Kap. I.

47 Jerger, Gestalt 44f.; Gillingham 13f.; Krohn, Richard 146f.; Siberry, Crusaders 226f. (Reg.).

48 Aus der umfangreichen Literatur über W. Scott sei hier nur genannt Wagenknecht, Scott; Sutherland, Life; Siberry, Crusaders Chap. 7; Harvey Wood, Scott.

49 Nachweise bei Siberry, Crusaders 55ff. und Chap. 8.

50 Auf die intellektuellen und gesellschaftlichen Rahmenbedingungen (wie „Oxford Movement“ etc.), unter denen diese Mittelalter-Rezeption in England im Viktorianischen Zeitalter erfolgte, kann hier nicht näher eingegangen werden. Vgl. allgemein Wilson, Victorians, bes. Part 3.

51 Vgl. ausführlicher Ross, Houses, bes. 13ff.

52 Siberry, Crusades 164ff. – Ein Verzeichnis der Gemälde in den „Salles des Croisades“ in Versailles ebd. 208ff., App. C.

53 Abbildung bei Ross, Houses 239.

54 Vgl. allgemein Auerbach, Exhibition, bes. Part 2.

55 Zur Plazierung des Denkmals vgl. die Darstellung bei Gloag, Palace XV.

56 Carlo Marochetti, geboren im Januar 1805 in Turin, studierte in Paris und Rom; später fertigte er zahlreiche Statuen in Turin und Paris (u. a. für den Herzog von Orléans) an, mußte im Zusammenhang mit der Revolution 1848 Frankreich verlassen und nach England emigrieren, wo er bald die Förderung durch das Königspaar erfuhr. Außer dem Löwenherz-Denkmal in London schuf er in der Folgezeit zahlreiche andere Reiterstatuen, u. a. für Wellington. Schließlich übertrug man ihm auch die Gestaltung der Grabmäler für Viktoria und Albert in Frogmore House. Das Todesdatum ist strittig (29. 12. 1867 oder 3. 1. 1868). – Vgl. allgemein Calderini, Marochetti (passim).

57 The Illustrated London News, Supplement, 12. Januar 1861, 41.

58 The Times, 10. Juni 1853. – Vgl. auch Gillingham, Legends 188.

[59] „[…] after consultation with Sir Charles Barry the Architect and the Committee of Fine Arts connected with the New Palace of Westminster its present site was approved and the erection of the statue completed in October 1860. The cost of the pedestal (£ 1650) was defrayed by funds voted by Parliament, as also was the cost of the two bas-reliefs on the pedestal which was added in 1866–7 at an expense of £ 750 each" (The National Archives (Kew) – WORK 20/28).

[60] Vgl. etwa die Anfrage des Abgeordneten Hankey am 27. Februar 1860 im House of Commons, wann die Errichtung der Statue für Richard I. sowie der Löwen für die Nelson-Säule auf dem Trafalgar Square erfolgen würde (The National Archives [Kew] – ZHC 2/118, 1837 f.).

[61] Auf den beiden Bronzeplatten am Denkmalsockel wurden der Sieg Richards über die Sarazenen bei Askalon und Richard auf dem Sterbebett dargestellt (The National Archives (Kew) – WORK 20/28. – Abrechnungsbelege ebd. Nr. 715/1866; 3914/1866; A 1627/1866 u. ö.).

[62] Vgl. den zusammenfassenden Bericht von ca. 1972 über das Schicksal des Denkmals bis zu dessen Beschädigungen im Zusammenhang mit dem Zweiten Weltkrieg, in: The National Archives (Kew) – WORK 20/238 Files Nod. A.F. 2061/Parts 1,2.

[63] The Illustrated London News, Supplement, 12. Januar 1861, 41.

[64] Sämtliche Zitate Ebd. 41.

[65] The Illustrated London News, 23. Februar 1861, 176.

[66] Zur politischen Funktionalisierung der Figur von Löwenherz, aber auch der Kreuzzugsbewegung schlechthin im 19. und frühen 20. Jahrhundert vgl. ausführlicher Siberry, Crusades Chap. 4–5.

[67] So glaubte sich J. Harvey 1948 in seiner Geschichte der Plantagenêts unter Hinweis auf „Oscar Wilde and his fellow-sufferers" zu der Bemerkung veranlaßt: „It is easy to class unpopular and unsuccessful, such as Edward II and James I, as 'degenerates', but a change of heart may be induced by breaking the conspiracy of silence surrounding the popular hero Richard" (Plantagenets 66).

[68] Nachweise bei Gillingham, Berengaria 133 ff.

[69] Zum Folgenden vgl. ausführlicher Gillingham 264 ff.; Ders., Berengaria 133 ff.; Trindade, Berengaria 122 ff., 190 ff.; Van Eickels, Konsens 348 ff.

[70] Ähnliche Interpretationen bei Gillingham 264 ff., Van Eickels, Konsens 350 ff. – Lediglich eine Nachricht bei Richard von Howden zum Jahre 1195, in der ein Eremit den englischen König an das Schicksal Sodoms erinnerte und ihn aufforderte, „ab illicitis te abstine" (III, 288), könnte möglicherweise einen Hinweis auf – nach Eremiten-Ansicht – „sexuelles Fehlverhalten" Richards (welcher Art auch immer) enthalten.

[71] Eine Zusammenstellung der einschlägigen Quellenbelege bei Broughton, Legends 159 f. (Reg.); Gillingham 263 ff., 377 (Reg.); Ders., Berengaria 135 ff.; Trindade, Berengaria 239 (Reg.); Van Eickels, Konsens 351 ff. – M. Michell ergänzte die Spekulationen durch die Vermutung, daß Richard in engen Beziehungen zu dem Welfen Otto stand, „with whom it is not unlikely he may have formed an attachment" (Berengaria 88). – Zur Sterbeszene, über die u. a. der Chronist Walter von Guisborough berichtet, vgl. den Hinweis von A. Trindade auf die Wirksamkeit möglicher ritueller Vorstellungen vom Königtum und der „fertility of the monarch" (Berengaria 133 f.).

[72] Vgl. dagegen J. Gillingham, der eine Eheauflösung als „politically foolish" bezeichnete (Berengaria 137).

Archivalische Zeugnisse, Quellen, Literatur

Abkürzungen

AHR	American Historical Review
AM	Annales du Midi
ANS	Anglo-Norman Studies
BIHR	Bulletin of the Institute of Historical Research, London
BRA	Boletín de la Real Academia de Buenas Letras de Barcelona
BSAO	Bulletin de la Société des Antiquaires de l'Ouest et des Musées de Poitiers
CCM	Cahiers de Civilisation Médiévale
DA	Deutsches Archiv für Erforschung des Mittelalters
EHR	The English Historical Review
EconHR	Economic History Review
FS	Festschrift
HJb	Historisches Jahrbuch
IHS	Irish Historical Studies
JL	Regesta pontificum Romanorum (...), ed. P. Jaffé, S. Löwenfeld
JMH	Journal of Medieval History
LMA	Lexikon des Mittelalters
MAe	Medium Aevum
MGH	Monumenta Germaniae Historica
MGH Const.	– Constitutiones
MGH DF I	– Diplomata Friedrichs I.
MGH SS	– Scriptores
Migne, PL	Patrologiae cursus completus, series latina, ed. J. P. Migne
MIÖG	Mitteilungen des Instituts für österreichische Geschichtsforschung
NCMH	The New Cambridge Medieval History
PBA	Proceedings of the British Academy
PP	Past and Present
PR	Pipe Roll
RH	Revue Historique
RHC	Recueil des historiens des Croisades
RHC Occ.	– Historiens occidentaux
RHC Or.	– Historiens orientaux
RHG	Recueil des historiens des Gaules et de la France
RI	Regesta Imperii
RQ	Römische Quartalschrift für christliche Altertumskunde und Kirchengeschichte
StM	Studi Medievali

Archivalische Zeugnisse

Gottfried Wilhelm Leibniz Bibliothek – Niedersächsische Landesbibliothek (Hannover)

The Times
Jahrgänge 1850–1853; 1860–1863

Institut für Zeitungsforschung (Dortmund)

The Illustrated London News
Jahrgänge 12 (1848)-13 (1848); 18 (1851)-21 (1851); 23 (1853)-24 (1854); 25 (1855)-26 (1856); 28 (1856)-29 (1856); 31 (1857); 35 (1859); 37 (1860)-38 (1861); 40 (1862); 43 (1863)

The National Archives (Kew)

BT 22/18/6
BT 342
ED 24/45
HO 45/3623
HO 73
LC 5/259
PRO 30/22/11F
WO 32/5999
WORK 12/65/1
WORK 20/28
WORK 20/238
WORK 20/5/1
WORK 25/244
ZHC 2
ZHC 105 ff.

Quellen und Literatur

Abulafia, D., Herrscher zwischen den Kulturen. Friedrich II. von Hohenstaufen (Dt.) (Berlin 1991).
Ahlers, J., Die Welfen und die englischen Könige, 1165–1235 (Hildesheim 1987).
Akehurst, F. R. P. – Davis, J. M. (Ed.), A Handbook of the Troubadours (Berkeley u. a. 1995).
(Alberich von Trois-Fontaines =) Chronica Albrici monachi Trium Fontium a monacho Novi Monasterii Hoiensis interpolata. Ed. P. Scheffer-Boichorst. In: MGH SS 23 (Hannover 1874) 631–950.
Albert von Stade, Chronicon. Ed. J. M. Lappenberg. In: MGH SS 16 (Hannover 1859) 283–378.
Alvar, C., La poesía trovadoresca en España y Portugal (Madrid 1977).
Álvarez Palenzuela, V. Á. (Ed.), Historia de España de la Edad Media (Barcelona 2002).
Álvarez Palenzuela, V. Á. – Suárez Fernández, L. (Ed.), Historia de España de la Edad Media, Vols. 5–6 (Madrid 1988–1991).
(Ambroise =) Ambroise, L'Estoire de la Guerre Sainte. Ed. G. Paris (Paris 1897).
Amt, A., The Accession of Henry II in England (Woodbridge 1993).
(Ann. Burton =) Annales monasterii de Burton, 1004–1263. In: Ann. Monastici I, 181–510.
(Ann. Cambriae =) Annales Cambriae. Ed. J. Williams ab Ithel (London 1860).
(Ann. Herbip. =) Annales Herbipolenses. Ed. G. Pertz. In: MGH SS 16 (Hannover 1859) 1–12.

(Ann. Magdeb. =) Annales Magdeburgenses. Ed. G. H. Pertz. In: MGH SS 16 (Hannover 1859) 105–196.
(Ann. Marb. =) Annales Marbacenses. In: Schmale, Chronik 159–253.
(Ann. Margan =) Annales de Margan. In: Ann. Monastici I, 3–40.
(Ann. Monastici =) Annales Monastici. Ed. H. R. Luard, 5 Vols. (London 1864–1869).
(Ann. Osney =) Annales monasterii de Osneia. In: Ann. Monastici IV, 1–352.
(Ann. Salisburg. add. =) Annalium Salisburgensium additamentum. Ed. W. Wattenbach. In: MGH SS 13 (Hannover 1881) 236–280.
(Ann. S. Albini =) Annales Sancti Albini Andegavensis. In: Halphen, Recueil 1–49.
(Ann. Stederburg. =) Annales Stederburgenses auctore Gerhardo praeposito. Ed. G. H. Pertz. In: MGH SS 16 (Hannover 1859) 197–231.
(Ann. Tewkesbury =) Annales de Theokesberia. In: Ann. Monastici I, 43–180.
(Ann. Waverley =) Annales monasterii de Waverleia. In: Ann. Monastici II, 129–411.
(Ann. Winchester =) Annales monasterii de Wintonia. In: Ann. Monastici II, 3–125.
(Ann. Worcester =) Annales Prioratus de Wigornia. In: Ann. Monastici IV, 356–564.
(Anon. Béthune =) Extrait d'une chronique française des rois de France, par un anonyme de Béthune. Ed. L. Delisle. In: RHG 24/1 (Paris 1904) 750–775.
(Ansbert =) Historia de expeditione Friderici imperatoris. In: Chroust, Quellen 1–115.
Appleby, J. T., *England* without Richard, 1189–1199 (London 1965).
– *Henry* II (London 1962).
– *John*, King of England (Ithaca 1958).
Arié, R., España musulmana (siglos VIII–XV) (Barcelona [16]1994).
(Arnold von Lübeck =) Arnoldi chronica Slavorum. Ed. G. H. Pertz (Hannover 1868).
Arnold, B., England and Germany, 1050–1350. In: Jones – Vale, England 43–51.
Atrache, L., Die Politik der Ayyubiden. Die fränkisch-islamischen Beziehungen in der ersten Hälfte des 7. bis 13. Jahrhunderts unter besonderer Berücksichtigung des Feindbildes (Münster 1996).
Aubé, P., Thomas Becket (Paris 1988).
Auerbach, J. A., The Great Exhibition of 1851. A Nation on Display (New Haven 1999).
Aurell, M. (Ed.), *Aliénor* d'Aquitaine (Nantes 2004).
– Aliénor d'Aquitaine et ses *historiens*: la destruction d'un mythe? In: Guerre, pouvoir et noblesse au moyen âge. Mélanges P. Contamine. Ed. J. Paviot – J. Verger (Paris 2000) 43–49.
– (Ed.), La *cour* Plantagenêt (1154–1204) (Poitiers 2000).
– La *cour Plantagenêt* (1154–1204): entourage, savoir et civilité. In: Aurell, Cour 9–46.
– (Ed.), *Culture* politique des Plantagenêt (1154–1224) (Poitiers 2003).
– (Ed.), L'*empire* des Plantagenêt 1154–1224 (Paris 2003).
– (Ed.), *Noblesses* de l'espace Plantagenêt (1154–1224) (Poitiers 2000).
– *Révolte* nobiliaire et lutte dynastique dans l'empire angevin (1154–1224). In: ANS 24 (2001) 25–42.
Autrand, F. – Gauvard, C. – Moeglin, J.-M. (Ed.), Saint-Denis et la royauté – études offertes à B. Guenée (Paris 1999).
Azevedo, R. de et al. (Ed.), Documentos de D. Sancho I (1174–1211). Vol. 1 (Coimbra 1979).
Baaken, G., Ius imperii ad regnum. Königreich Sizilien, Imperium Romanum und Römisches Papsttum vom Tode Heinrichs VI. bis zu den Verzichtserklärungen Rudolfs von Habsburg (Köln u. a. 1993).
(Bahā' al-Dīn =) The Life of Saladin by Bahā' al-Dīn, transl. C. W. Wilson (London 1897).
(Bahat, Œuvre =) L'œuvre lyrique de Blondel de Nesle: Mélodies. Ed. A. Bahat (Paris 1996).
Baldwin, J. W., L'*entourage* de Philippe Auguste et la famille royale. In: Bautier, France 59–73.
– The *Government* of Philip Augustus (Berkeley 1986).
– „*Studium* et Regnum": The Penetration of University Personnel into French and English Ad-

ministration at the Turn of the Twelfth and Thirteenth Centuries. In: Revue des Études Islamiques 44 (1976) 199–211.

Baratier, É., Histoire de la Provence (Toulouse ^{2}1990).

Barber, R. – Barker, J., Die Geschichte des Turniers (Düsseldorf – Zürich 2001).

Barker, J., The *Tournament* in England, 1100–1400 (Woodbridge 1986).

– Tournaments, *Jousts*, Chivalry and Pageants in the Middle Ages (Woodbride 1989).

Barker, J. – Keen, M., The Medieval English Kings and Tournaments. In: Fleckenstein, Turnier 212–228.

Barlow, F., *Edward* the Confessor (New Haven-London ^{2}1997).

– The Feudal *Kingdom* of England, 1042–1216 (London ^{4}1988).

– Thomas *Becket* (London 1986).

Barraqué, J.-P., Béarn et Aragon aux XIème et XIIème siècles. In: Sénac, Aquitaine 175–188.

Barratt, N., The English *Revenue* of Richard I. In: EHR 116 (2001) 635–656.

– English Royal Revenue in the Early Thirteenth *Century* and its Wider Context, 1130–1330. In: Crises, Revolutions and Self-Sustained Growth. Ed. W. M. Ormrod – M. Bonney – R. Bonney (Stamford 1999) 59–96.

– The Revenue of King *John*. In: EHR 111 (1996) 835–855.

– The Revenues of John and *Philip* Augustus Revisited. In: Church, John 75–99.

Barrell, A. D. M., Medieval Scotland (Cambridge 2000).

(Barrow, Acts Malcolm =) The Acts of Malcolm IV, King of Scots, 1153–1165. Ed. G. W. S. Barrow (Edinburgh 1960).

(Barrow, Acts William =) The Acts of William I, King of Scots, 1165–1214. Ed. G. W. S. Barrow (Edinburgh 1971).

Barrow, G. W. S., The Anglo-Norman *Era* in Scottish History (Oxford 1980).

– The *Kingdom* of the Scots (Edinburgh ^{2}2003).

– *Kingship* and Unity: Scotland 1000–1306 (Edinburgh ^{2}2003).

– Scotland and Its *Neighbours* in the Middle Ages (London 1992).

– Scotland, Wales and Ireland in the Twelfth *Century*. In: NCMH IV/2, 581–610, 875–884.

Bartlett, R., *England* under the Norman and Angevin Kings, 1075–1225 (Oxford 2000).

– *Gerald* of Wales, 1146–1223 (Oxford 1982).

Bartlett, W. B., The Assassins (Phoenix Mill 2001).

Battenberg, F., Das europäische Zeitalter der Juden, Bd. 1 (Darmstadt 1990).

(Baudry, Fortifications =) Les fortifications dans les domaines Plantagenêt (XIIe–XIVe siècles). Ed. M.-P. Baudry (Poitiers 2000).

Baudry, M.-P., Les fortifications des Plantagenêts en Poitou (1154–1242) (Paris 2001).

Bautier, R.-H., *Conclusion*. Empire Plantagenêt ou espace Plantagenêt? Y eut-il une civilisation du monde Plantagenêt? In: CCM 1–2 (1986) 139–147.

– (Ed.), La *France* de Philippe Auguste, le temps des mutations (Paris 1982).

– *Philippe* Auguste: la personnalité du roi. In: Bautier, France 33–57.

(Becket, Materials =) Materials for the History of Thomas Becket. Ed. J. C. Robertson, 7 Vols. (London 1875–1885).

Beeler, J., Warfare in *England*, 1066–1200 (Ithaca 1966).

– Warfare in Medieval *Europe* (Ithaca 1971).

Benjamin, R., A Forty Years War. Toulouse and the Plantagenets, 1156–96. In: BIHR 61 (1988) 270–285.

Berg, D., Die *Anjou-Plantagenets*. Die englischen Könige im Europa des Mittelalters (Stuttgart 2003).

– Das *Bild* der englischen Monarchen und ihres Königtums in der anglonormannischen Historiographie des 11. und 12. Jahrhunderts. In: Ecclesia et regnum. Beiträge zur Geschichte von Kirche, Recht und Staat im Mittelalter. FS F.-J. Schmale, hrsg. v. D. Berg – H.-W. Goetz (Bochum 1989) 73–87.

Berg, D., *Deutschland* und seine Nachbarn 1200–1500 (München 1997).
– *England* und der Kontinent. Studien zur auswärtigen Politik der anglonormannischen Könige im 11. und 12. Jahrhundert (Bochum 1987).
– *Imperium* und regna. Beiträge zur Entwicklung der deutsch-englischen Beziehungen im Rahmen der auswärtigen Politik der römischen Kaiser und deutschen Könige im 12. und 13. Jahrhundert. In: P. Moraw (Hrsg.), „Bündnissysteme" und „Außenpolitik" im späteren Mittelalter (Berlin 1988) 13–37.
– *Regnum* Norm-Anglorum und englisches Königtum. Zur Entwicklung der anglonormannischen Herrschaftsideologie im 11. und 12. Jahrhundert. In: Historiographia mediaevalis. Studien zur Geschichtsschreibung und Quellenkunde des Mittelalters. FS F.-J. Schmale, hrsg. v. D. Berg – H.-W. Goetz (Darmstadt 1988) 168–180.
Berg, D. u. a. (Hrsg.), Auswärtige *Politik* und internationale Beziehungen im Mittelalter (13. bis 16. Jahrhundert) (Bochum 2002).
Berges, W., Die Fürstenspiegel des hohen und späten Mittelalters (Stuttgart 1938).
Bernart de Ventadorn, troubadour du XIIe siècle. Éd. trad. G. Gouiran (Aix-en-Provence 1985).
(Bertran de Born =) The Poems of the Troubadour Bertran de Born, ed. W. D. Paden et al. (Berkeley 1986).
Beumann, H. (Hrsg.), Beiträge zur Bildung der französischen Nation im Früh- und Hochmittelalter (Sigmaringen 1983).
Bezzola, R. R., Les origines et la formation de la littérature courtoise en occident (500–1200). Partie 3/1: La cour d'Angleterre comme centre littéraire sous les rois angevins (1154–1199) (Paris 1963).
Billoré, M., La noblesse normande dans l'entourage de Richard Ier. In: Aurell, Cour 151–166.
Bisson, T. N., The Medieval Crown of Aragon. A Short History (Oxford 1991).
Black, A., Political Thought in Europe, 1250–1450 (Cambridge 1992).
Blamires, D., Robin Hood. In: Müller – Wunderlich, Herrscher 437–450.
Bloch, H., Forschungen zur Politik Kaiser Heinrichs VI. in den Jahren 1191–1194 (Berlin 1892).
Bloch, M., Die wundertätigen Könige (München 1998).
Blondel de Nesle, Œuvres. Éd. P. Tarbé (Reims 1862).
Boehm, L., *Gedanken* zum Frankreich-Bewußtsein im frühen 12. Jahrhundert. In: HJb 74 (1955) 681–687.
– Das mittelalterliche *Erziehungs- und Bildungswesen*. In: Propyläen Geschichte der Literatur, Bd. 2 (Berlin 1982) 143–181.
Boissonnade, P., *Administrateurs* laïques et ecclésiastiques Anglo-Normands en Poitou à l'époque d'Henri II Plantagenêt (1152–1189). In: BSAO 3me sér. 5 (1919) 156–190.
– Les *comtes* d'Angoulême, les ligues féodales contre Richard Coeur de Lion et les poésies de Bertran de Born. In: AM 7 (1895) 275–295.
– Les *relations* des ducs d'Aquitaine, comtes de Poitiers, avec les états chrétiens d'Aragon et de Navarre (1014–1137). In: BSAO 3me sér. 10 (1934) 264–316.
Bolton, J. L., The English Economy in the Early Thirteenth Century. In: Church, John 27–40.
Borst, A. (Hrsg.), Das Rittertum im Mittelalter (Darmstadt 1976).
Bournazel, E., Le gouvernement capétien au XIIe siècle (1108–1180) (Paris 1975).
Boussard, J., Le *comté* d'Anjou sous Henri Plantagenêt et ses fils (Paris 1938).
– Le *gouvernement* d'Henri II Plantagenêt (Paris 1956).
– Les *institutions* de l'empire Plantagenêt. In: Lot-Fawtier, Histoire I, 35–69.
– *Philippe* Auguste et les Plantagenêts. In: Bautier, France 263–289.
Boutet, D., Charlemagne et Arthur, ou le roi imaginaire (Paris 1992).
Boyle, D., Blondel's Song. The Capture, Imprisonment and Ransom of Richard Lionheart (London 2005).
Bradbury, J., The Medieval *Siege* (Woodbridge 1992).
– Philip Augustus and King *John*: Personality and History. In: Church, John 347–361.
– *Philip* Augustus, King of France, 1180–1223 (London – New York 1998).

Bridge, A., Richard the Lionheart (London 1989).
Britnell, R., Britain and Ireland, 1050–1530. Economy and Society (Oxford 2004).
(Brito, Gesta =) Guillelmi Armorici Gesta Philippi Augusti. In: Œuvres Rigord I, 168–320.
(Brito, Philippidos =) Guillelmi Armorici Philippidos. In: Œuvres Rigord II, 1–385.
Broadhurst, K. M., Henry II of England and Eleanor of Aquitaine. Patrons of Literature in French? In: Viator 27 (1996) 53–84.
Broich, U., Heinrich II. als Patron der Literatur seiner Zeit. In: Schirmer, W. F. – Broich, U., Studien zum literarischen Patronat im England des 12. Jahrhunderts (Köln – Opladen 1962) 25–210.
Brooke, Z. N., The English Church and the Papacy (Cambridge u. a. 1931).
Brossard-Dandré, M., et al., Richard Cœur de Lion (Paris 1989).
Broughton, A., The Legends of King Richard I Cœur de Lion (The Hague 1966).
Brown, E. A. R., Eleanor of Aquitaine. *Parent*, Queen, and Duchess. In: Kibler, Eleanor 9–34.
– *Eleanor* of Aquitaine Reconsidered: The Woman and her Seasons. In: Wheeler-Parsons, Eleanor 1–54.
Brühl, C. – Schneidmüller, B. (Hrsg.), Beiträge zur mittelalterlichen Reichs- und Nationsbildung in Deutschland und Frankreich (München 1997).
Bruguière, M.-B., Le mariage de Philippe-Auguste et d'Isambour de Danemark: aspects canoniques et politiques. In: Mélanges offerts à J. Dauvillier (Toulouse 1979) 135–156.
Brundage, J. A., Richard Lionheart (New York 1974).
Brunner, K. (Hrsg.), Der mittelenglische Versroman über Richard Löwenherz (Wien 1913).
(Brut H =) Brut Y Tywysogyon or The Chronicle of the Princes. Red Book of Hergest Version. Ed. transl. T. Jones (Cardiff 1955).
(Brut P =) Brut Y Tywysogyon or The Chronicle of the Princes. Peniarth Ms. 20 Version. Transl. T. Jones (Cardiff 1952).
Büschgens, A., Die politischen Verträge Alfons' VIII. von Kastilien (1158–1214) mit Aragón-Katalonien und Navarra (Frankfurt u. a. 1995).
Bullinger, G., König Richard Löwenherz und Kaiser Heinrich VI., Diss.phil. (masch.) (Tübingen 1947).
Bumke, J., Höfische Kultur. Literatur und Gesellschaft im hohen Mittelalter. 2 Bde. (München [4]1987).
(Burchard von Ursberg =) Burchardi praepositi Urspergensis chronicon. Ed. O. Holder-Egger (Hannover [2]1915).
Burgwinkle, W. E., Sodomy, Masculinity and Law in Medieval Literature. France and England, 1050–1230 (Cambridge 2004).
Burman, E., The Assassins (Wellingborough 1987).
Burns, J. H. (Ed.), The Cambridge History of Medieval Political Thought, c. 350–c. 1450 (Cambridge 1988).
Butler, J., The Quest for Becket's Bones (New Haven – London 1995).
Cabestany, J.-F., Alfons El Cast. In: Schramm, Comtes-reis 53–99.
Calderini, M., Carlo Marochetti. Monogafia con ritratti, facsimile e riproduzioni di opere dell'artista (Torino 1928).
Campo, L. del, Sancho el Fuerte de Navarra (Pamplona 1960).
Canning, J., A History of Medieval Political Thought, 300–1450 (London – New York 1996).
Carpenter, D. A., The Plantagenet Kings. In: NCMH V, 314–357, 881–889.
Carpenter, K. (Hrsg.), Robin Hood. Die vielen Gesichter des edlen Räubers (Oldenburg 1995).
(Cartellieri =) Cartellieri, A., Philipp II. August König von Frankreich. 4 Bde. (Leipzig 1899–1921).
Cartellieri, A., Das Zeitalter Friedrich Barbarossas, 1150–1190 (Aalen 1972).
Carvana Gómez de Barreda, J., Itinerario de Alfonso II de Aragón. In: Estudios de Edad Media de la Corona de Aragón 7 (1962) 73–298.

Chaplais, P., (Ed.), Diplomatic *Documents*. Vol. 1 (London 1964).
– English Diplomatic *Practice* in the Middle Ages (London – New York 2003).
– *Essays* in Medieval Diplomacy and Administration (London 1981).
Chardon, H., Histoire de la reine Berengère, femme de Richard Cœur de Lion et dame douairière du Mans, d'après des documents inédits sur son séjour en France. In: Bulletin de la Société d'Agriculture, Sciences et Arts de la Sarthe, IIe serie, 10 (Le Mans 1865) 376–465.
Chartrou, J., L'Anjou de 1109 à 1151 (Paris 1928).
Chauou, A., L'idéologie Plantagenêt, royauté arthurienne et monarchie politique dans l'espace Plantagenêt (XIIe–XIIIe siècles) (Rennes 2001).
Chauvenet, F., L'entourage de Richard Cœur de Lion en Poitou et en Aquitaine. In: Aurell, Cour 137–149.
Cheney, C. R., From *Becket* to Langton. English Church Government 1170–1213 (Manchester 1956).
– *Hubert* Walter (London 1967).
– *Pope* Innocent III and England (Stuttgart 1976).
Cheney, C. R. – Semple, W. H. (Ed.), Selected Letters of Pope Innocent III concerning England 1198–1216 (London 1953).
Chibnall, M., Anglonorman England, 1066–1166 (Oxford u. a. 1986, Repr. 1996).
Choffel, J., Richard Coeur de Lion (Paris 1985).
Chrimes, S. B., An Introduction to the Administrative History of Medieval England (New York ^{3}1980).
(Chron. Abingdon =) Chronicon monasterii de Abingdon. Ed. J. Stevenson, 2 Vols. (London 1858).
(Chron. Laudun. =) Chronicon universale anonymi Laudunensis. Hrsg. v. A. Cartellieri, bearb. v. W. Stechele (Leipzig – Paris 1909).
(Chron. Melrose =) The Chronicle of Melrose (A.D. 735–1270). Ed. A. O. Anderson – M. O. Anderson (London 1936).
(Chron. reg. =) Chronica regia Coloniensis. Ed. G. Waitz (Hannover 1880).
(Chroust, Quellen =) Quellen zur Geschichte des Kreuzzuges Kaiser Friedrichs I., hrsg. v. A. Chroust (Berlin 1928).
Church, S. D. (Ed.), King John. New Interpretations (Woodbridge 1999).
Churchill, W. S., A History of the English-Speaking Peoples. Vol. 1 (London ^{11}1968).
Cingolani, S. M., Filologia e miti storiografici. Enrico II, la corte plantageneta e la letteratura. In: StM 32 (1991) 815–832.
Clanchy, M. T., *England* and its Rulers 1066–1272 (Oxford ^{2}1998).
– From *Memory* to Written Record. England, 1066–1307 (London 1979, ^{2}1993).
Cloulas, I., Le douaire de Bérengère de Navarre, veuve de Richard Cœur de Lion, et sa retraite au Mans. In: Aurell, Cour 89–94.
Cobban, A. B., The Medieval English Universities Oxford and Cambridge to c. 1500 (Berkeley – Los Angeles 1988).
(Coelestin, Epistolae =) Coelestini III Pontificis Romani epistolae et privilegia. In: Migne, PL 206 (Paris 1855) 867–1248.
Contamine, P., L'*oriflamme* de Saint-Denis aux XIVe et XVe siècles (Nancy 1975).
– *War* in the Middle Ages (Oxford 1996).
(Cont. Guillaume de Tyr =) La continuation de Guillaume de Tyr (1184–1197). Ed. M. R. Morgan (Paris 1982).
Cosgrove, A. (Ed.), Medieval Ireland, 1169–1534 (Oxford 1983).
(Cron. Reinhard. =) Cronica Reinhardsbrunnensis. Ed. O. Holder-Egger. In: MGH SS 30/1 (Hannover 1896) 490–656.
Crosland, J., William the Marshal (London 1962).
Crouch, D., William Marshal (London 1990, ^{2}2002).

Cruz Coelho, M. H. da et al. (Ed.), Portugal em definição de fronteiras (1096–1325) (Lisboa 1996).
(CS =) Councils and Synods, with other Documents Relating to the English Church, Vol. 1/2. Ed. D. Whitelock – M. Brett – C. N. L. Brooke (Oxford 1981).
Csendes, P., *Heinrich* VI. (Darmstadt 1993).
– *Philipp* von Schwaben (Darmstadt 2003).
Daftary, F., Medieval Isma'ili History and Thought (Cambridge 1996).
Damian-Grint, P., The New Historians of the Twelfth-Century Renaissance. Inventing Vernacular Authority (Woodbridge 1999).
Davies, R. R., The *Age* of Conquest. Wales 1063–1415 (Oxford – New York 1987).
– *Domination* and Conquest. The Experience of Ireland, Scotland and Wales (Cambridge 1990).
– The First English *Empire*. Power and Identities in the British Isles, 1093–1343 (Oxford 2000).
Davis, H. W. C., England under the Normans and Angevins, 1066–1272 (London 1905).
Deabes, M., Richard Cœur de Lion et la troisième croisade, d'après les sources arabes. In: Aurell, Culture 189–221.
Defourneaux, M., Les français en Espagne aux XIe et XIIe siècles (Paris 1949).
Delaborde, H. F. et al. (Ed.), Recueil des actes de Philippe Auguste, 2 Vols. (Paris 1916–1943).
Delisle, L., Catalogue des actes de Philippe-Auguste (Paris 1856).
Delisle, L., et al. (Ed.), Recueil des actes de Henri II [...]. 3 Vols. (Paris 1916–1927).
Delorme, P., Aliénor d'Aquitaine (Paris 2001).
Devailly, G., Le Berry du Xe siècle au milieu du XIIIe (Paris 1973).
(Devic-Vaissète, Histoire =) Devic, C. – Vaissète, J., Histoire générale de Languedoc, Vol. 1–8 (Toulouse 1872–1879).
Dickinson, W. C., Scotland from the Earliest Times to 1603 (Oxford ^{3}1977).
Dobson, R. B. – Taylor, J. (Ed.), Rymes of Robyn Hood. An Introduction to the English Outlaw (Gloucestershire ^{2}1997).
(Dölger-Wirth, Regesten =) Regesten der Kaiserurkunden des oströmischen Reiches von 565–1453, bearb. v. F. Dölger. 2. Teil: Regesten von 1025–1204, 2. Aufl. bearb. v. P. Wirth (München 1995).
Dopsch, H.-Brunner, K.-Weltin, M., Österreichische Geschichte, 1122–1278 (Wien 1999).
Douie, D. L., Archbishop Geoffrey Plantagenet and the Chapter at York (York 1960).
Duby, G., *Guillaume* le Maréchal oder der Beste aller Ritter (Dt.) (Frankfurt 1986).
– Der *Sonntag* von Bouvines, 27. Juli 1214 (Dt.) (Berlin 1988).
– Les trois *ordres* ou l'imaginaire du féodalisme (Paris 1980).
(Dürnstein =) König Richard I. Löwenherz von England (1189–1199). Dürnstein. Hrsg. v. der Stadt Dürnstein (Wachau) (Dürnstein 1966).
Duffy, S., *John* and Ireland. The Origins of England's Irish Problem. In: Church, John 221–245.
– *King* John's Expedition to Ireland, 1210. The Evidence Reconsidered. In: IHS 30/17 (1996) 1–24.
Duggan, A. J., *Diplomacy*, Status, and Conscience: Henry II's Penance for Becket's Murder. In: FS P. Herde, Bd. 1 (Stuttgart 1998) 265–290.
– Thomas *Becket* (London 2004).
Dunbabin, J., France in the Making, 843–1180 (Oxford ^{2}2000).
Duncan, A. A. M., *John* King of England and the Kings of Scotland. In: Church, John 247–271.
– *Scotland*. The Making of the Kingdom (Edinburgh 1975).
Dworschak, F., König Richard I. Löwenherz und der dritte Kreuzzug. In: Dürnstein 9–35.
Edbury, P. W. (Ed.), The *Conquest* of Jerusalem and the Third Crusade. Sources in Translation (Aldershot 1998).
– The *Kingdom* of Cyprus and the Crusades, 1191–1374 (Cambridge 1991).

(Eduard Grim =) Vita Sancti Thomae, Cantuariensis archiepiscopi at martyris, auctore Edwardo Grim. In: Becket, Materials II, 353–450.
Edwards, C., The Magnanimous Sex-Object: Richard the Lionheart in the Medieval German Lyric. In: Courtly Literature. Culture and Context. Ed. K. Busby – E. Kooper (Amsterdam–Philadelphia 1990) 159–177.
Eggers, A., Die Urkunde Papst Hadrians IV. für König Heinrich II. von England über die Besetzung Irlands (Berlin 1922).
Ehlers, J., Ausgewählte *Aufsätze*, hrsg. v. M. Kintzinger – B. Schneidmüller (Berlin 1996).
– *Deutschland* und der Westen Europas im Mittelalter (Stuttgart 2002).
– *Elemente* mittelalterlicher Nationsbildung in Frankreich (10.–13. Jahrhundert). In: Ehlers, Aufsätze 217–236.
– *Geschichte* Frankreichs im Mittelalter (Stuttgart 1987).
– Die *Kapetinger* (Stuttgart 2000).
– *Kontinuität* und Tradition als Grundlage mittelalterlicher Nationsbildung in Frankreich. In: Ehlers, Aufsätze 288–324.
– Die *Ritter*. Geschichte und Kultur (München 2006).
Ehlers, J. et al. (Hrsg.) Die französischen *Könige* des Mittelalters (München 1996).
Ehnert, R., Möglichkeiten politischer Lyrik im Hochmittelalter. Bertran de Born und Walther von der Vogelweide (Frankfurt 1976).
Ehrenkreutz, A. S., Saladin (Albany 1972).
Eichenberger, T., Patria. Studien zur Bedeutung des Wortes im Mittelalter (6.–12. Jahrhundert) (Sigmaringen 1991).
Eickhoff, E., Friedrich Barbarossa im Orient. Kreuzzug und Tod Friedrichs I. (Tübingen 1977).
Elgood, R. (Ed.), Islamic Arms and Armour (London 1979).
Elizari Huarte, J. F., Sancho VI el Sabio, rey de Navarra (Iruña – Pamplona ²2003).
Ellenblum, R., Frankish Rural Settlement in the Latin Kingdom of Jerusalem (Cambridge 1998).
Elvert, J., Geschichte Irlands (München ²1996).
Engels, O., *Reconquista* und Landesherrschaft. Studien zur Rechts- und Verfassungsgeschichte Spaniens im Mittelalter (Paderborn 1989).
– Des Reiches heiliger *Gründer*: Die Kanonisation Karls des Großen und ihre Beweggründe. In: H. Müllejans (Hrsg.), Karl der Große und sein Schrein in Aachen (Aachen u. a. 1988) 37–46.
– Die *Staufer* (Stuttgart u. a. ⁸2005).
– *Stauferstudien*. Beiträge zur Geschichte der Staufer im 12. Jahrhundert. Hrsg. v. E. Meuthen – S. Weinfurter (Sigmaringen ²1996).
– Zur *Entmachtung* Heinrichs des Löwen. In: FS A. Kraus (Kallmünz 1984) 44–59 (= Stauferstudien Kap. 1/3).
(Epist. Cant. =) Epistolae Cantuarienses. In: Stubbs, Chronicles II, 1–538.
(Epist. de expeditione =) Epistola de Frederici imperatoris expeditione sacra. In: Italienische Quellen über die Taten Kaiser Friedrichs I. in Italien und der Brief über den Kreuzzug Kaiser Friedrichs I. Übers. v. F.-J. Schmale (Darmstadt 1986) 372–382.
(Epist. de morte =) Epistola de morte Friderici imperatoris. In: Chroust, Quellen 173–178.
(Eracles =) L'Estoire de Eracles. In: RHC Occ. 2 (Paris 1859) 100–200.
Erkens, F.-R., Der Erzbischof von Köln und die deutsche Königswahl (Siegburg 1987).
Erlande-Brandenburg, A., Le ‚*cimetière* des rois' à Fontevraud. In: Congrès archéologique de France 122 (1964) 481–492.
– Les *gisants* de Fontevraud. In: 303. La Revue des Pays de la Loire 18 (1988) 20–33.
(Ernoul =) Chronique d'Ernoul et de Bernard le Trésorier. Ed. L. de Mas-Latrie (Paris 1871).
Everard, J. A., Brittany and the Angevins (Cambridge 2000).
(Eyton =) Eyton, R. W., Court, Household and Itinerary of Henry II (London 1878).
Fagnen, C., Les trois tombeaux du roi Richard. In: Fontevraud. Histoire Archéologique 1 (1992) 23–32.

Falmagne, J., Baudouin V, comte de Hainaut 1150–1195 (Montréal 1966).
Farmer, D. H., Saint Hugh of Lincoln (Kalamazoo 1985).
Farmer, D. L., Some Price Fluctuations in Angevin England. In: Econ HR 2nd ser., 9 (1956–57) 34–43.
Favier, J., *Frankreich* im Zeitalter der Lehnsherrschaft, 1000–1515 (Dt.) (Stuttgart 1989).
– Les *Plantagenêts*. Origines et destin d'un empire XIe–XIVe siècles (Paris 2004).
Favreau, R., Otto von Braunschweig und Aquitanien. In: Luckhardt – Niehoff, Heinrich 369–376.
Favreau-Lilie, M.-L., Die italienischen Seestädte und die Kreuzzüge. In: Kotzur, Kreuzzüge 193–203.
Fichtenau, H., Akkon, Zypern und das Lösegeld für Richard Löwenherz. In: Beiträge zur Mediävistik, Bd. 1 (Stuttgart 1975) 239–258.
Finucane, R. C., Soldiers of the Faith. Crusaders and Moslems at War (London 1983).
Fischer, R.-T., Richard I. Löwenherz 1157–1199. Mythos und Realität (Köln-Wien 2006).
Flanagan, M.-T., Strongbow, Henry II and Anglo-Norman Intervention in Ireland. In: Gillingham-Holt, War 62–77.
Fleckenstein, J. (Hrsg.), *Curialitas*. Studien zu den Grundfragen der höfisch-ritterlichen Kultur (Göttingen 1990).
– (Hrsg.), Das ritterliche *Turnier* im Mittelalter (Göttingen 1985).
Flori, J., *Aliénor* d'Aquitaine. La reine insoumise (Paris 2004).
– *Croisade* et chevalerie (Brüssel 1998).
– L'*essor* de la chevalerie, XIe–XIIe siècles (Genf 1986).
– *Richard* Cœur de Lion (Paris 1999).
Foreville, R., L'*église* et la royauté en Angleterre sous Henri II Plantagenêt (Paris 1943).
– Le *pape* Innocent III et la France (Stuttgart 1992).
– (Ed.), Thomas *Becket* (Paris 1975).
Fournier, G., Le royaume d'Arles et de Vienne (1138–1378) (Paris 1891).
(Fragment Angevine =) Fragment de chronique angevine (1151–1223). In: Halphen-Poupardin, Chroniques 251–254.
France, J., *Crusades* and their Sources (Aldershot 1998).
– Western *Warfare* in the Age of the Crusades, 1000–1300 (Ithaca/NY 1999).
Fried, J., *Friedrich* Barbarossas Krönung in Arles (1178). In: HJb 103 (1983) 347–371.
– Der päpstliche *Schutz* für Laienfürsten. Die politische Geschichte des päpstlichen Schutzprivilegs für Laien (11.–13. Jh.) (Heidelberg 1980).
– (Hrsg.), *Schulen* und Studium im sozialen Wandel des hohen und späten Mittelalters (Sigmaringen 1986).
Fryde, N., King *John* and the Empire. In: Church, John 335–346.
– *Why* Magna Carta? Angevin England Revisited (Münster 2001).
Furber, E. C., The Kingdom of Cyprus. In: Setton, History II, 599–629.
Galbraith, V. H., The Literacy of the Medieval English Kings. In: PBA 21 (1935) 201–238.
Gaube, H., Die religiöse Bedeutung von Jerusalem für Christen, Muslime und Juden. In: Wieczorek-Fansa-Meller, Saladin 284.
(Gaube-Schneidmüller-Weinfurter, Konfrontation =) Gaube, H. – Schneidmüller, B. – Weinfurter, S. (Hrsg.), Konfrontation der Kulturen? Saladin und die Kreuzfahrer (Mainz 2005).
(Gaucelm Faidit =) Les poèmes de Gaucelm Faidit. Ed. J. Mouzat (Paris 1965).
Geldsetzer, S., Frauen auf Kreuzzügen, 1096–1291 (Darmstadt 2003).
Georgi, W., Friedrich Barbarossa und die auswärtigen Mächte. Studien zur Außenpolitik 1159–1180 (Frankfurt u. a. 1990).
(Gerald von Wales, Descrip. =) Gerald von Wales, Descriptio Kambriae. In: Opera VI, 155–227.
(Gerald von Wales, Expug. =) Expugnatio Hibernica. The Conquest of Ireland by Giraldus Cambrensis. Ed. transl. A. B. Scott – F. X. Martin (Dublin 1978).

(Gerald von Wales, Invec. =) Davies, W. S., Giraldus Cambrensis, De Invectionibus. In: Y Commrodor 30 (1920) 1–238.
(Gerald von Wales, Itin. =) Gerald von Wales, Itinerarium Kambriae. In: Opera VI, 3–152.
(Gerald von Wales, Life =) Gerald of Wales. The Life of St Hugh of Avalon, Bishop of Lincoln 1186–1200. Ed. transl. R. M. Loomis (New York 1985).
(Gerald von Wales, Opera =) Giraldi Cambrensis opera. Ed. J. S. Brewer – J. F. Dimock – G. F. Warner, 8 Vols. (London 1861–1891).
(Gerald von Wales, Princ. =) Gerald von Wales, De principis instructione liber. In: Opera VIII, 1–329.
(Gerald von Wales, Top. =) Gerald von Wales, Topographia Hibernica. In: Opera V, 3–204.
(Gerald von Wales, Vita Galfr. =) Gerald von Wales, Vita Galfridi archiepiscopi Eboracensis. In: Opera IV, 357–431.
Gerson, P. L. (Ed.), Abbot Suger and St-Denis (New York [2]1987).
(Gervasius von Canterbury =) Gervasius von Canterbury, Chronica. In: Gervasius von Canterbury, Opera I, 1–594.
(Gervasius von Canterbury, Gesta =) Gervasius von Canterbury, Gesta regum. In: Gervasius von Canterbury, Opera II, 3–105, cont. 106–324.
(Gervasius von Canterbury, Opera =) Gervasius von Canterbury, Opera Historica. Ed. W. Stubbs, 2 Vols. (London 1879–1880).
(Gesta =) Gesta regis Henrici Secundi Benedicti Abbatis. Ed. W. Stubbs, 2 Vols. (London 1867).
(Gesta Fed. =) Gesta Federici I. Imperatoris in expeditione sacra. In: Holder-Egger, Gesta 74–96.
(Gesta Trever. Cont. =) Gesta Treverorum continuata. Ed. G. Waitz. In: MGH SS 24 (Hannover 1879) 368–404.
Gibb, H., The Life of Saladin. From the Works of Imad ad-Din and Baha ad-Din (Oxford 1973).
(Gillingham =) Gillingham, J., Richard I (New Haven – London 1999).
Gillingham, J., The Angevin *Empire* (London [2]2001).
– The *Art* of Kingship: Richard I, 1189–99. In: Gillingham, Richard Cœur 95–103.
– Conquering *Kings*: Some Twelfth-Century Reflections on Henry II and Richard I. In: Gillingham, Richard Cœur 105–118.
– The English in the Twelfth *Century* (Woodbridge 2000).
– The *Life* and Times of Richard I (London 1973).
– *Richard Cœur* de Lion. Kingship, Chivalry and War in the Twelfth Century (London – Rio Grande 1994).
– Richard I and *Berengaria* of Navarra. In: Gillingham, Richard Cœur 119–139.
– Richard I and the *Science* of War in the Middle Ages. In: Gillingham, Richard Cœur 211–226.
– Roger of *Howden* on Crusade. In: Gillingham, Richard Cœur 141–153.
– Royal *Newsletters*, Forgeries and English Historians. Some Links between Court and History in the Reign of Richard I. In: Aurell, Cour 171–186.
– Some *Legends* of Richard the Lionheart: Their Development and Influence. In: Gillingham, Richard Cœur 181–192.
– Telle *mère*, tel fils: Aliénor et Richard. In: Aurell, Aliénor 26–34.
– The Unromantic *Death* of Richard I. In: Gillingham, Richard Cœur 155–180.
– *War* and Chivalry in the „History of William the Marshal". In: Gillingham, Richard Cœur 227–241.
Gillingham, J. – Holt, J. (Ed.), War and Government in the Middle Ages (Woodbridge 1984).
(Gislebert von Mons =) La chronique de Gislebert de Mons. Ed. L. Vanderkindere (Brüssel 1904).
Glaser, H., Sugers Vorstellung von der geordneten Welt. In: HJb 80 (1961) 93–125.
(Gloag, Palace =) The Crystal Palace Exhibition. Illustrated Catalogue London (1851). With a New Introduction by J. Gloag (New York 1970).

(Görgens-Röhricht, Quellenbeiträge =) Görgens, E. P. – Röhricht, R. (Übers.), Arabische Quellenbeiträge zur Geschichte der Kreuzzüge (Berlin 1879).
Görich, K., Die *Ehre* Friedrich Barbarossas. Kommunikation, Konflikt und politisches Handeln im 12. Jahrhundert (Darmstadt 2001).
– Verletzte Ehre. König *Richard* Löwenherz als Gefangener Kaiser Heinrichs VI. In: HJb 123 (2003) 65–91.
González, J., *Alfonso IX*, 2 Vols. (Madrid 1944).
– *Reclamaciones* de Alfonso VIII a Sancho el Fuerte y tratado de reparto de Navarra en 1198. In: Hispania 3 (1943) 545–568.
– Reinado y diplomas de *Fernando* III, 3 Vols. (Córdoba 1980–1986).
– El *Reino* de Castilla en la época de Alfonso VIII, 3 Vols. (Madrid 1960).
González Mínguez, C., La multiplicación de los reinos (1035–1072). In: Álvarez-Palenzuela, Historia 257–276.
Goodman, A., England and Iberia in the Middle Ages. In: Jones-Vale, England 73–96.
Gottfried von Vigeois, Chronica. In: Novae Bibliothecae Manuscriptorum Librorum. Ed. P. Labbé, Vol. 2 (Paris 1657) 279–342.
(Gottfried von Vinsauf, Poetria =) Poetria nova of Geoffrey of Vinsauf, transl. M. F. Nims (Toronto 1967).
(Gottfried von Viterbo =) Gesta Friderici Gotifredi Viterbiensis. Ed. G. Waitz. In: MGH SS 22 (Hannover 1872) 307–334.
Gouiran, G., L'*amour* et la guerre. L'œuvre de Bertran de Born (Aix en Provence-Marseille 1985).
– *Bertran* de Born: un maître pour les princes Plantagenêt? In: Aurell, Culture 129–141.
Gouttebroze, J.-G., Henri II Plantagenêt, patron des historiographes anglo-normands en langue d'oïl. In: La littérature angevine médiévale (Angers 1981) 91–109.
Gransden, A., Historical Writing in England, c. 550–c. 1307 (London – New York 1974).
Grant, L., Le patronage architectural d'Henri II et de son entourage. In: CCM 37 (1994) 73–84.
Green, J., Anglo-Scottish *Relations*, 1066–1174. In: Jones-Vale, England 53–72.
– The *Lords* of the Norman Vexin. In: Gillingham-Holt, War 47–61.
Greive, H., Die Juden (Darmstadt 1980).
Gross, C., The Exchequer of the Jews of England in the Middle Ages (London 1887).
Grousset, R., L'épopée des croisades (Paris 2002).
Grünewald, W. L., Das fränkisch-deutsche Kaisertum des Mittelalters in der Auffassung englischer Geschichtsschreiber (800–1273) (Diss. Frankfurt 1961).
Guenée, B., Histoire et culture historique dans l'Occident médiéval (Paris 1980).
Guillot, O., Le comte d'Anjou et son entourage au XIe siècle, 2 Vols. (Paris 1972).
Hallam, E. H., Capetian France, 987–1328 (London 1980).
Haller, J., Das Papsttum. Idee und Wirklichkeit, Bd. 3 (Reinbek 1965).
(Halphen, Recueil =) Recueil d'annales angevines et vendômoises. Ed. L. Halphen (Paris 1903).
(Halphen-Poupardin, Chroniques =) Chroniques des comtes d'Anjou et des seigneurs d'Amboise. Ed. L. Halphen – R. Poupardin (Paris 1913).
Harper-Bill, C., John and the Church of Rome. In: Church, John 289–315.
Harper-Bill, C. – Harvey, R. (Ed.), The Ideals and Practice of Medieval Knighthood, Vol. 1 ff. (Woodbridge 1986 ff.).
Harriss, G. L., King, Parliament, and Public Finance in Medieval England to 1369 (Oxford 1975).
Hartmann, J., Die Persönlichkeit des Sultans Saladin im Urteil der abendländischen Quellen (Berlin 1933).
Harvey, J., The Plantagenets (Glasgow ^{17}1981).
Harvey, P. D. A., The English Inflation of 1180–1220. In: PP 61 (1973) 3–30.
Harvey Wood, H., Sir Walter Scott (Tavistock 2006).

Haskins, C. H., *Henry* II as a Patron of Literature. In: Essays in Medieval History Presented to T. F. Tout. Dir. A. G. Little – F. M. Powicke (Manchester 1925) 71–77.
– Norman *Institutions* (Cambridge/Mass. 1918).
Hauser, S., Staufische Lehnspolitik am Ende des 12. Jahrhunderts, 1180–1197 (Frankfurt u. a. 1998).
Haverkamp, A. (Hrsg.), *Friedrich* Barbarossa (Sigmaringen 1992).
– Zwölftes *Jahrhundert*, 1125–1198 (Stuttgart 2003).
Hechberger, W., Die Vorstellung vom staufisch-welfischen Gegensatz im 12. Jahrhundert. Zur Analyse und Kritik einer Deutung. In: Heinrich der Löwe. Herrschaft und Repräsentation, hrsg. v. J. Fried – O. G. Oexle (Ostfildern 2003) 381–425.
(Heinrich von Huntingdon =) Henry, Archdeacon of Huntingdon, Historia Anglorum. The History of the English People. Ed. transl. D. Greenway (Oxford 1996).
Heiser, R. R., The *Extent* of the Lionheart's Folly: Richard I's Arrangement for Count John and Archbishop Geoffrey Prior to the Third Crusade. In: Nottingham Medieval Studies 43 (1999) 78–89.
– The *Households* of the Justiciars of Richard I. In: Haskins Society Journal 2 (1990) 223–236.
– Richard I and His *Appointments* to English Shrievalties. In: EHR 112 (1997) 1–19.
– The Royal „*Familiares*" of King Richard I. In: Medieval Prosopography 10 (1989) 25–50.
– The *Sheriffs* of Richard I. In: Haskins Society Journal 4 (1992) 109–122.
Henderson, P., Richard Cœur de Lion (London 1958).
Herbers, K., Geschichte Spaniens im Mittelalter (Stuttgart 2006).
(Herbert von Bosham =) Vita Sancti Thomae, archiepiscopi et martyris, auctore Herberto de Boseham. In: Becket, Materials III, 155–534.
Herde, P., Gesammelte *Abhandlungen* und Aufsätze, Bd. 2/1 (Stuttgart 2002).
– Die *Kämpfe* bei den Hörnern von Hittin und der Untergang des Kreuzfahrerheeres (3. und 4. Juli 1187). In: RQ 61 (1966) 1–50 (= Abhandlungen 2/1, 97–152).
– Die *Katastrophe* vor Rom im August 1167. In: Sitzungsberichte Wiss. Gesell. Univ. Frankfurt 27/4 (Stuttgart 1991) 133–166 (= Abhandlungen 2/1, 69–95).
– Mortalis *pestilentia*. Some Observations on Epidemics. In: Abhandlungen 2/1, 39–54.
Hermano, J. (Ed.), História de Portugal (Saraiva 1993).
Hibbard-Loomis, L., L'oriflamme de France et le cri „Monjoie" au XIIe siècle. In: Le Hoyen Âge 65 (1959) 469–499.
Higounet, C., Histoire de l'Aquitaine (Toulouse 1971).
Hillaby, J., Jewish Colonisation in the Twelfth Century. In: Skinner, Jews 15–40.
Hillenbrand, C., The Crusades. Islamic Perspectives (Edinburgh 1999).
Hillingmeier, L., Untersuchung zur Genese des englischen Nationalbewußtseins im Mittelalter von 1066 bis 1453 (Berlin 1996).
(Hist. ducs =) Histoire des ducs de Normandie et des rois d'Angleterre. Ed. F. Michel (Paris 1840).
Historia de expeditione Friderici imperatoris. In: Chroust, Quellen 1–115.
Hivergneaux, M., *Aliénor* d'Aquitaine: le pouvoir d'une femme à la lumière de ses chartes (1152–1204). In: Aurell, Cour 63–87.
– *Queen* Eleanor and Aquitaine, 1137–1189. In: Wheeler-Parsons, Eleanor 55–76.
Hodgson, C. E., Jung Heinrich, König von England, Sohn König Heinrichs II. 1155–1183 (Diss. phil. Jena 1906).
Hodgson, M. G. S., The Order of Assassins (The Hague 1955).
Hoensch, J. K., Geschichte Böhmens (München ^{2}1992).
Hoffmann, H., Die *Krone* im hochmittelalterlichen Staatsdenken. In: FS H. Keller (Darmstadt 1963) 71–85.
– Die *Unveräußerlichkeit* der Kronrechte im Mittelalter. In: DA 20 (1964) 389–474.

(Holder-Egger, Gesta =) Gesta Federici I. Imperatoris in Lombardia auct. Cive Mediolanensi, hrsg. v. O. Holder-Egger (Hannover 1892).
(Holt, Carta =) Holt, J. C., Magna Carta (Cambridge [2]1992).
Holt, J. C., *Aliénor* d'Aquitaine, Jean sans Terre et la succession de 1199. In: CCM 29 (1986) 95–100.
- The *Casus* Regis: The Law and Politics of Succession in the Plantagenet Dominions, 1185–1247. In: Ders., England 307–326.
- Colonial *England*, 1066–1215 (London – Rio Grande 1997).
- The *End* of the Anglo-Norman Realm. In: Ders., Magna Carta 23–65.
- King *John*. In: Ders., Magna Carta 85–109.
- The *Loss* of Normandy and Royal Finance. In: Gillingham-Holt, War 92–105.
- *Magna Carta* and Medieval Government (London – Ronceverte 1985).
- The *Northerners* (Oxford 1961).
- *Ricardus* Rex Anglorum et Dux Normannorum. In: Ders., Magna Carta 67–83.
- *Robin* Hood (Dt.) (Düsseldorf u. a. 1991).
- Robin Hood. The *Origins* of the Legend. In: Carpenter, Robin 27–34.
Holt, J. C. – Mortimer, R. (Ed.), Acta of Henry II and Richard I. (London 1986).
Holtzmann, R., Französische Verfassungsgeschichte von der Mitte des neunten Jahrhunderts bis zur Revolution (München – Berlin 1910).
(Howlett, Chronicles =) Chronicles of the Reigns of Stephen, Henry II, and Richard I. Ed. R. Howlett, 4 Vols. (London 1884–1889).
(HP =) Historia peregrinorum. In: Chroust, Quellen 116–172.
Hucker, B. U., Kaiser *Otto* IV. (Hannover 1990).
- Otto IV., der kaiserliche *Sohn* Heinrichs des Löwen. In: Luckhardt – Niehoff, Heinrich 355–367.
- Otto IV. Der wiederentdeckte *Kaiser* (Frankfurt – Leipzig 2003).
Hüffer, H. J., Die mittelalterliche spanische *Kaiseridee* und ihre Probleme. In: Saeculum 3 (1952) 425–443.
- Zum *Ende* der mittelalterlichen spanischen Kaiseridee. In: Schweizer Beiträge zur Allgemeinen Geschichte 11 (1953) 199–208.
Huffman, J. P., The Social Politics of Medieval Diplomacy. Anglo-German Relations (1066–1307) (Ann Arbor 2000).
Hunnisett, R. F., The Medieval Coroner (Cambridge 1961).
(Ibn al Athīr =) Ibn al Athīr, El-Kamil. In: RHC Or. 2/1 (Paris 1887) 1–180.
('Imād-al-Dīn =) Imād-ad-Dīn al-Katīb al-Isfahāni, Conquête de la Syrie et de la Palestine par Saladin, trad. H. Massé (Paris 1972).
(Imperiale di Sant' Angelo, Codice =) Codice diplomatico della repubblica di Genova. Ed. C. Imperiale di Sant' Angelo, 3 Vols. (Genova 1936–1942).
(IP (M) =) Itinerarium Peregrinorum, hrsg. v. H. E. Mayer (Stuttgart 1962).
(IP (S) =) Itinerarium Peregrinorum et Gesta Regis Ricardi. In: Stubbs, Chronicles I, 1–450.
(Jakob von Acqui =) Ex Iacobi Aquensis Cronica ymaginis mundi. In: Holder-Egger, Gesta 79–98.
Jamison, E., The Sicilian Norman Kingdom in the Mind of Anglo-Norman Contemporaries. In: D. Clementi et al. (Ed.), Studies on the History of Medieval Sicily and South Italy (Aalen 1992) 159–207.
Jankrift, K. P., Aufbruch ins Ungewisse. Die Kreuzzüge als logistische, transporttechnische und kommunikative Herausforderung. In: Kotzur, Kreuzzüge 187–191.
Jaspert, N., Die *Kreuzzüge* (Darmstadt 2003).
- Von *Karl* dem Großen bis zu Kaiser Wilhelm. Die Erinnerung an vermeintliche und tatsächliche Kreuzzüge in Mittelalter und Moderne. In: Gaube – Schneidmüller – Weinfurter, Konfrontation 136–159.

Jaspert, N., Zwei unbekannte *Hilfeersuchen* des Patriarchen Eraclius vor dem Fall Jerusalems (1187). In: DA 60 (2004) 483–516.
Jerger, V. W., Die Gestalt Richards I. Löwenherz von England in Dichtung und Musik. In: Dürnstein 36–52.
Johanek, P., König Arthur und die Plantagenets. Über den Zusammenhang von Historiographie und höfischer Epik in mittelalterlicher Propaganda. In: Frühmittelalterliche Studien 21 (1987) 346–389.
(Johannes von Hexham =) Historia Johannis Prioris Hagustaldensis. Ed. T. Arnold. In: Symeon von Durham II, 284–332.
(Johannes von Salisbury =) The Letters of John of Salisbury. Ed. W. J. Millor – H. E. Butler – C. N. L. Brooke, 2 Vols. (London 1955–1979).
(Johannes von Salisbury, Metalogicon =) Ioannis Saresberiensis Episcopi Carnotensis Metalogicon. Ed. C. C. J. Webb (Oxford 1929).
(Johannes von Salisbury, Policraticus =) Ioannis Saresberiensis Episcopi Carnotensis Policratici sive de nugis curialium et vestigiis philosophorum libri VIII. Ed. C. C. J. Webb, 2 Vols. (London 1909).
Johnson, E. N., The Crusades of Frederick Barbarossa and Henry VI. In: Setton, History II, 87–123.
(Johnston, Crusade =) Crusade and Death of Richard I. Ed. R. C. Johnston (Oxford 1961).
Jolliffe, J. E. A., Angevin *Kingship* (London ²1963).
– Constitutional *History* of Medieval England (London ⁴1961).
Jones, E., The English Nation. The Great Myth (Phoenix Mill u. a. 1998).
Jones, M., Richard the Lionheart in German Literature of the Middle Ages. In: Nelson, Richard 70–116.
(Jones-Vale, England =) England and Her Neighbours 1066–1453. Ed. M. Jones – M. Vale (London 1989).
Jordan, K., Heinrich der Löwe (München 1979).
Jubb, M., The Legend of Saladin in Western Literature and Historiography (Lewiston u. a. 2000).
Jung, M.-R., La légende de Troie en France au Moyen Âge (Basel 1996).
Kantorowicz, E. H., Die zwei Körper des Königs (München 1990).
Karpat, J., Zur Geschichte des Begriffes Corona Regni in Frankreich und England. In: Corona Regni [...] hrsg. v. M. Hellmann (Darmstadt 1961) 70–155.
Karras, R. M., Sexuality in Medieval Europe (New York 2005).
Kedar, B. Z., *Crusade* and Mission. European Approaches Towards the Muslims (Princeton 1984).
Kedar, B. Z. (Ed.), The *Horns* of Hattin (London 1992).
Keefe, T. K., *Counting* Those Who Count. A Computer-Assisted Analysis of Charter Witness-Lists and the Itinerant Court in the First Year of the Reign of King Richard I. In: Haskins Society Journal 1 (1989) 135–145.
– *England* and the Angevin Dominions, 1137–1204. In: NCMH IV/2, 549–580, 863–875.
– Feudal *Assessments* and the Political Community Under Henry II and His Sons (Berkeley 1983).
Keen, M., Das Rittertum (Düsseldorf – Zürich ²1999).
Kehr, P., Das *Papsttum* und die Königreiche Navarra und Aragón bis zur Mitte des 12. Jahrhunderts (Berlin 1928).
– Wie und wann wurde das Reich *Aragón* ein Lehen der römischen Kirche? (Berlin 1928).
Kelly, A., Eleanor of Aquitaine and her *Courts* of Love. In: Speculum 12 (1937) 3–19.
– *Eleanor* of Aquitaine and the Four Kings (Cambridge/Mass. ¹²1966).
Kelly, D., Courtly Love in Perspective. The Hierarchy of Love in Andreas Capellanus. In: Traditio 24 (1968) 119–147.
Kempf, F., Papsttum und Kaisertum bei Innocenz III. (Rom 1954).

(Kempf, Regestum =) Regestum Innocentii III papae super negotio Romani imperii. Ed. F. Kempf (Roma 1947).
Kersken, N., Geschichtsschreibung im Europa der ‚nationes' (Köln u. a. 1995).
(Kessler =) Kessler, U., Richard I. Löwenherz (Graz 1995).
Kibler, W. W. (Ed.), Eleanor of Aquitaine (Austin/T. 1976).
Kienast, W., Die deutschen *Fürsten* im Dienste der Westmächte bis zum Tode Philipps des Schönen von Frankreich, Bd. 1 (Utrecht 1924).
– *Deutschland* und Frankreich in der Kaiserzeit, 3 Bde. (Stuttgart 1974).
– Der *Herzogstitel* in Frankreich und Deutschland (9. bis 12. Jahrhundert) (München – Wien 1968).
– *Untertaneneid* und Treuvorbehalt in England und Frankreich (Weimar 1952).
Kindt, A. R., Gründe der Gefangenschaft Richards I. von England nebst Anmerkungen zu einigen englischen Quellenschriften des Mittelalters (Diss. phil. Halle 1892).
Kluxen, K., Englische Verfassungsgeschichte. Mittelalter (Darmstadt 1987).
Kneller, K. A., Des Richard Löwenherz deutsche Gefangenschaft (1192–1194) (Freiburg 1893).
Knight, S., The *Emergence* of Robin Hood as a National Hero. In: Carpenter, Robin 45–52.
– The Medieval *Period* in Film, Part II – A Garland of Robin Hood Films. In: Film and History 29/3–4 (1999) 34–44.
Knipping, R., (Hrsg.), Die Regesten der Erzbischöfe von Köln im Mittelalter, Bd. 2, 3/1 (Bonn 1901–1909).
Knowles, D., Thomas Becket (London 1970).
Köhler, M. A., Allianzen und Verträge zwischen fränkischen und islamischen Herrschern im Vorderen Orient. Eine Studie über das zwischenstaatliche Zusammenleben vom 12. bis ins 13. Jahrhundert (Berlin – New York 1991).
Kotzur, H. J. (Hrsg.), Die Kreuzzüge. Kein Krieg ist heilig (Mainz 2004).
Krieger, K.-F., Geschichte Englands von den Anfängen bis zum 15. Jahrhundert (München 1990).
Krohn, R., Richard Löwenherz. „Rîchardes lob gemêret wart mit hôher werdekeit". Der Löwenherzmythos in Mittelalter und Neuzeit. In: Müller-Wunderlich, Herrscher 133–153.
Die Kuenringer. Das Werden des Landes Niederösterreich. Niederösterreichische Landesausstellung. Hrsg. vom Amt der Niederösterreichischen Landesregierung (Wien [2]1981).
Kurras, L., Ritter und Turniere. Ein höfisches Fest in Buchillustrationen des Mittelalters und der frühen Neuzeit (Stuttgart 1992).
Labande, E.-R., Pour une image véridique d'Aliénor d'Aquitaine. In: BSAO 4me sér. 2 (1952) 175–234.
Laborderie, O. de, Richard the Lionheart and the Birth of a National Cult of St George in England: Origins and Development of a Legend. In: Nottingham Medieval Studies 39 (1995) 37–53.
Lacarra, J. M., Alfonso II el *Casto*, rey de Aragón y conde de Barcelona. In: VII Congreso de Historia de la Corona de Aragón, Ponencias (Barcelona 1962) 95–120.
– *Historia* del reino de Navarra en la Edad Media (Navarra 1976).
– Historia política del *reino* de Navarra. Desde sus origines hasta su incorporacíon a Castilla. Vols. 1–3 (Pamplona 1972–1973).
– *Vida* de Alfonso el Batallador (Zaragoza 1971).
Lafitte-Houssat, J., Troubadours et cours d'amour (Paris [3]1966).
(Landon =) Landon, L., The Itinerary of King Richard I […] (London 1935).
Lane-Poole, S., Saladin and the Fall of Jerusalem. With a New Introduction by D. Nicolle (London – Pennsylvania 2002).
Latimer, P., Early Thirteenth-Century *Prices*. In: Church, John 41–73.
– The English *Inflation* of 1180–1220 Reconsidered. In: PP 171 (2001) 3–29.
Laudage, J., Alexander III. und Friedrich Barbarossa (Köln u. a. 1997).

Laufs, M., Politik und Recht bei Innozenz III. (Köln u. a. 1980).
Lawrence, C. H. (Ed.), The English Church and the Papacy in the Middle Ages (Stroud ^{2}1999).
Lazar, M., Cupid, the Lady, and the Poet. Modes of Love at Eleanor of Aquitaine's Court. In: Kibler, Eleanor 35–59.
Lechner, K., Die Babenberger. Markgrafen und Herzöge von Österreich 976–1246 (Wien u. a. ^{6}1996).
Lefèvre, Y., L'image de Philippe Auguste chez les poètes. In: Bautier, France 133–144.
Leges Henrici Primi. Ed. transl. L. J. Downer (Oxford 1972).
Legg, L. G. W., English Coronation Records (London 1901).
Legge, M. D., Anglo-Norman Literature and Its Background (Oxford 1963).
Lejeune, R., Rôle littéraire de la famille d'Aliénor d'Aquitaine. In: CCM 1 (1958) 319–336.
Lemarignier, J. F., Recherches sur l'hommage en marche et les frontières féodales (Lille 1945).
Lepage, Y. G., L'œuvre lyrique de Blondel de Nesle (Paris 1994).
Le Patourel, J., Feudal Empires Norman and Plantagenet (London 1984).
Leroux de Lincy, A. J. V. (Ed.), Recueil de chants historiques français depuis le XIIème jusqu'au XVIIème siècle, Première Série, Vol. 1 (Paris 1841).
Leroy, B., La Navarre au Moyen Age (Paris 1984).
Lewis, A. W., The Birth and Childhood of King John: Some Revisions. In: Wheeler-Parsons, Eleanor 159–175.
Lewis, B., Die Assassinen (Frankfurt 1989).
Leyser, K. J., The Angevin Kings and the Holy Man. In: H. Mayr-Harting (Ed.), Saint Hugh of Lincoln (Oxford 1987) 49–73.
Lilie, R.-J., Byzanz und die Kreuzzüge (Stuttgart 2004).
Lipson, E., The Economic History of England. Vol. 1 (London ^{10}1949).
Lloyd, J. E. A., A History of Wales from the Earliest Times to the Edwardian Conquest. 2 Vols. (London ^{3}1967).
Lloyd, T. H., The English Wool Trade in the Middle Ages (Cambridge 1977).
Locatelli, R., Frédéric Ier et le royaume de Bourgogne. In: Haverkamp, Friedrich 169–197.
Lofts, N., The Lute Player (London 1967).
Lombard-Jourdan, A., Fleur de lis et Oriflamme. Signes célestes du royaume de France (Paris 1991).
Lomenec'h, G., Aliénor d'Aquitaine et les troubadours (Luçon 1997).
Loomis, R. S. (Ed.), Arthurian Literature in the Middle Ages (Oxford 1959).
Lot, F., Fidèles ou vassaux? Essai sur la nature juridique du lien qui unissait des grands vassaux à la royauté depuis le milieu du IXe jusqu'à la fin du XIIe siècle (Paris 1904).
(Lot-Fawtier, Histoire =) Histoire des institutions françaises au moyen âge. Ed. F. Lot – R. Fawtier, 3 Vols. (Paris 1957–1963).
Luckhardt, J. – Niehoff, F. (Hrsg.), Heinrich der Löwe und seine Zeit. Bd. 2: Essays (München 1995).
(Luders, Statutes =) Statutes of the Realm. Ed. A. Luders et al., Vol. 1 (London 1810).
Lüders, A., Die Kreuzzüge im Urteil syrischer und armenischer Quellen (Berlin 1964).
Lugge, M., „Gallia" und „Francia" im Mittelalter. Untersuchungen über den Zusammenhang zwischen geographisch-historischer Terminologie und politischem Denken vom 6.–15. Jahrhundert (Bonn 1960).
Lyon, B., A Constitutional and Legal History of Medieval England (New York ^{2}1980).
Lyons, M. C. – Jackson, D. E. P., Saladin. The Politics of the Holy War (Cambridge 1982).
McCash, J. H., The Cultural Patronage of Medieval Women. An Overview. In: The Cultural Patronage of Medieval Women. Ed. J. H. McCash (Athens/G. 1996) 1–49.
McNeill, P. et al. (Ed.), An Atlas of Scottish History to 1707 (Edinburgh ^{2}1996).
Magdalino, P., The Empire of Manuel I Komnenos, 1143–1180 (Cambridge 1993).

(Magnus von Reichersberg =) Chronica collecta a Magno presbytero (–1195). Ed. W. Wattenbach. In: MGH SS 17 (Hannover 1861) 476–523.
Maher, M., Saladin – Salaheddin, in: Müller-Wunderlich, Herrscher 157–172.
Mahn, C. A. F., Die Werke der Troubadours in Provenzalischer Sprache, Bd. 1 (Berlin 1846).
(Map, De nugis =) Walter Map, De nugis curialium: Courtiers' Trifles. Ed. transl. M. R. James, rev. by C. N. L. Brooke – R. A. B. Mynors (Oxford 1983).
Markale, J., Aliénor d'Aquitaine. La vie, la légende, l'influence d'Aliénor, comtesse de Poitou, duchesse d'Aquitaine, reine de France, puis d'Angleterre, dame des troubadours et des bardes bretons (Paris 1979).
Markowski, M., Richard Lionheart: Bad King, Bad Crusader? In: JMH 23 (1997) 351–365.
Marques, A. H. de O., História de Portugal, Vol. 1 (Lisboa 1997).
(Marshal =) Histoire de Guillaume le Maréchal. Ed. P. Meyer, 3 Vols. (Paris 1891–1901).
Marshall, C., Warfare in the Latin East, 1192–1291 (Cambridge 1992).
(Martène-Durand, Collectio =) Veterum scriptorum et monumentorum historicorum, dogmaticorum, moralium amplissima collectio. Ed. E. Martène – U. Durand, Vol. 1–2 (Paris 1724).
Martin, F. X., *Allies* and an Overlord, 1169–72. In: Cosgrove, Ireland 67–97.
– *Díarmait* Mac Murchada and the Coming of the Anglo-Normans. In: Cosgrove, Ireland 43–66.
– *John*, Lord of Ireland, 1185–1216. In: Cosgrove, Ireland 127–155.
– *Overlord* becomes Feudal Lord, 1172–85. In: Cosgrove, Ireland 98–126.
Martindale, J., *Eleanor* of Aquitaine. In: Nelson, Richard 17–50.
– Eleanor of Aquitaine. The Last *Years*. In: Church, John 137–164.
Martínez Díez, G., Alfonso VIII, 1158–1214 (Burgos 1995).
Marzal García-Quismondo, M. A., El „Pacto de Unión". In: Álvarez Palenzuela, Historia 317–341.
Mas-Latrie, L., Histoire de l'île de Chypre sous le règne des princes de la maison Lusignan, Vol. 2–3 (Paris 1852–1861).
Mason, E., The Hero's Invincible Weapon. An Aspect of Angevin Propaganda. In: Harper-Bill, Ideals III, 121–137.
(Matthaeus Paris =) Matthaeus Parisiensis, Chronica majora. Ed. H. R. Luard, 7 Vols. (London 1872–1883).
Matthew, D., The Norman Kingdom of Sicily (Cambridge 1992).
Matthews, J., Richard Lionheart. The Crusader King (Poole 1988).
Mattoso, J. (Ed.), História de Portugal, Vol. 2 (Lisboa 1993).
Mayer, H. E., *Geschichte* der Kreuzzüge (Stuttgart ^{10}2005).
– A Ghost *Ship* Called Frankenef: King Richard I's German Itinerary. In: EHR 115 (2000) 134–144.
– Die *Kanzlei* Richards I. von England auf dem Dritten Kreuzzug. In: MIÖG 85 (1977) 22–35.
Meyer, B. B., Kastilien, die Staufer und das Imperium. Ein Jahrhundert politischer Kontakte im Zeichen des Kaisertums (Husum 2002).
(MGH Const. =) Constitutiones et acta publica imperatorum et regum. Ed. L. Weiland, Vol. 1–2 (Hannover 1893–1896).
(MGH DFI =) Die Urkunden Friedrichs I. Bearb. v. H. Appelt u. a., Bd. 1–5 (Hannover 1975–1990).
Miller, D., Richard the Lionheart. The Mighty Crusader (London 2003).
Minella, A.-G., Aliénor d'Aquitaine (Paris 2004).
Miret y Sans, J., Itinerario del rey Alfonso I de Cataluña, II en Aragón. In: BRA 2–3 (1903–1904) 257–278, 389–423, 437–474.
Mitchell, M., Berengaria (Burwash 1986).
Mitchell, S. K., Taxation in Medieval England (New Haven 1951).

Moeglin, J.-M., Die historiographische *Konstruktion* der Nation – „französische Nation“ und „deutsche Nation“ im Vergleich. In: Ehlers, Deutschland 353–377.
– *Nation* et nationalisme du Moyen Age à l'époque moderne (France/Allemagne). In: RH 301 (1999) 537–553.
Möhring, H., Heiliger *Krieg* und politische Pragmatik: Salahadinus Tyrannus. In: DA 39 (1983) 439–466.
– *Saladin*. Der Sultan und seine Zeit 1138–1193 (München 2005).
– Saladin, der edle *Heide* – Mythisierung und Realität. In: Gaube – Schneidmüller – Weinfurter, Konfrontation 160–175.
– Saladin und der dritte *Kreuzzug* (Wiesbaden 1980).
– Saladin und die Frage der religiösen *Toleranz*. In: Wieczorek-Fansa-Meller, Saladin 157–161.
– Das *Saladinbild* von Christen und Muslimen. In: Wieczorek-Fansa-Meller, Saladin 459.
– Sultan Saladin und *Kaiser* Friedrich Barbarossa. In: Wieczorek-Fansa-Meller, Saladin 151–155.
Moore, D., The Welsh Wars of Independence, c. 410–c. 1415 (Stroud 2005).
Morsberger, K. M. – Morsberger, R. E., Robin Hood on Film: Can we ever again „Make them like they used to“? In: Potter, Playing 205–231.
Mortimer, R., Angevin England, 1154–1258 (Oxford 1994).
Moss, V. D., The *Defence* of Normandy, 1193–8. In: ANS 24 (2001) 145–161.
– The Norman *Exchequer* Rolls of King John. In: Church, John 101–116.
– The Norman Fiscal *Revolution* 1191–1198. In: Crises, Revolutions and Self-Sustained Growth (...). Ed. W. M. Ormrod et al. (Stamford 1999) 41–61.
Müller, M., Die Welfen und Formen höfischer Repräsentation im anglonormannischen Reich. In: Luckhardt-Niehoff, Heinrich 377–386.
(Müller-Wunderlich, Herrscher =) Herrscher, Helden, Heilige, hrsg. v. U. Müller – W. Wunderlich (St. Gallen 1996).
Mundill, R. R., England's Jewish Solution. Experiment and Expulsion, 1262–1290 (Cambridge 1998).
Murray, A. V., Richard the Lionheart, Otto of Brunswick and the Earldom of York: Northern England and the Angevin Succession, 1190–91. In: Medieval Yorkshire 23 (1994) 5–12.
Mutafian, C., Les Lusignans et l'Outre-Mer (Poitiers 1995).
(Narr. itin. =) Narratio itineris navalis ad Terram Sanctam. In: Chroust, Quellen 179–196.
Naumann, C., Der Kreuzzug Kaiser Heinrichs VI. (Frankfurt 1994).
(NCMH IV–V =) The New Cambridge Medieval History. Vol. 4/1–2. Ed. D. Luscombe – J. Riley-Smith (Cambridge 2004); Vol. 5. Ed. D. Abulafia (Cambridge 1999).
Needler, G. H., Richard Coeur de Lion in Literature (Leipzig 1890).
Nelson, J. L. (Ed.), Richard Coeur de Lion in History and Myth (London 1992).
Nelson, M. A., The Robin Hood Tradition in the English Renaissance (Salzburg 1973).
Neumann, R., Parteibildungen im Königreich Sizilien während der Unmündigkeit Friedrichs II. (1198–1208) (Frankfurt 1986).
Newby, P. H., Saladin in his Time (London 1983).
Nicholas, C., Medieval Flanders (London 1992).
Nicholson, H.; Following the Path of the Lionheart: The „De Ortu Walwanii“ and the „Itinerarium Peregrinorum et Gesta Regis Ricardi“. In: MAe 69 (2000) 21–33.
Nicolle, D., *Arms* and Armour of the Crusading Era, 1050–1350, 2 Vols. (London 1999).
– A *Companion* to Medieval Arms and Armour (Woodbridge 2002).
– *Kriegstechnologie* und Waffenherstellung, 1050–1350 n. Chr. In: Kotzur, Kreuzzüge 97–115.
– Medieval *Warfare*. Source Book, 2 Vols. (London 1995–1996).
– The Third *Crusade* 1191. Richard the Lionheart and the Battle for Jerusalem (Oxford 2005).
Nilgen, U., Heinrich der Löwe und England. In: Luckhardt-Niehoff, Heinrich 329–342.
Nolan, K., The Queen's Choice: Eleanor of Aquitaine and the Tombs at Fontevraud. In: Wheeler-Parsons, Eleanor 377–405.

Norgate, K., *England* under the Angevin Kings, 2 Vols. (London 1887).
– *John* Lackland (New York 1902).
– *Richard* the Lion Heart (London 1924).
Obermeier, S., Richard Löwenherz (München [2]2003).
O'Callaghan, J. F., A History of Medieval Spain (Ithaca 1975).
Ochoa Brun, M. A., Historia de la diplomacia española, Vols. 1–3 (Madrid [2]1990–1995).
(Œuvres Rigord =) Œuvres de Rigord et de Guillaume le Breton, 2 Vols. Ed. H. F. Delaborde (Paris 1882–1885).
Oldenbourg, Z., Die Kreuzzüge. Traum und Wirklichkeit eines Jahrhunderts (Dt.) (Frankfurt 1967).
Opll, F., *Friedrich* Barbarossa (Darmstadt 1990).
– Das *Itinerar* Kaiser Friedrich Barbarossas (1152–1190) (Wien u.a. 1978).
Orme, N., English *Schools* in the Middle Ages (London 1973).
– From *Childhood* to Chivalry. The Education of the English Kings and Aristocracy, 1066–1530 (London 1984).
Orpen, G. H., Ireland under the Normans, 1169–1216, Vol. 1 (Oxford 1911).
(Osbernus =) Osbernus, De expugnatione Lyxbonensi. In: Stubbs, Chronicles I, CXLII–CLXXXII.
(Otto von Freising, Gesta =) Bischof Otto von Freising und Rahewin, Die Taten Friedrichs oder richtiger Cronica. Übers. A. Schmidt. Hrsg. v. F.-J. Schmale (Darmstadt 1974).
(Otto von St. Blasien =) Ottonis de Sancto Blasio chronica. In: Schmale, Chronik 15–157.
Otway-Ruthven, A. J., A History of Medieval Ireland (London 1968).
Owen, D. D. R., *Eleanor* of Aquitaine. Queen and Legend (Oxford 1993).
– *William* the Lion, 1143–1214 (East Linton 1997).
Pacaut, M., Louis VII et son royaume (Paris 1964).
Painter, S., The *Reign* of King John (Baltimore [2]1970).
– The Third *Crusade*: Richard the Lionhearted and Philip Augustus. In: Setton, History II, 45–86.
Paravicini, W., Die ritterlich-höfische Kultur des Mittelalters (München 1994).
Paterson, L. M., The World of the Troubadours. Medieval Occitan Society, c. 1100–c. 1300 (Cambridge 1993).
Penzler, J. (Hrsg.), Die Reden Kaiser Wilhelms II. Teil 2: 1896–1900 (Leipzig 1904).
Pernoud, R., Der *Abenteurer* auf dem Thron: Richard Löwenherz, König von England (Dt.) (München 1994).
– *Königin* der Troubadoure. Eleonore von Aquitanien (Dt.) (München [10]1992).
(Peter von Blois, Opera =) Petri Blesensis epistolae. In: Petrus Blesensis, Opera omnia – Migne, PL 207 (Paris 1904) 1–560.
Petersohn, J., Saint-Denis – Westminster – Aachen. Die Karls-Tradition und ihre Vorbilder. In: DA 31 (1975) 420–454.
Petit-Dutaillis, C., Étude sur la vie et le règne de Louis VIII (1187–1226) (Paris 1894).
Pitte, D., Château-Gaillard (Vernon 1996).
Planiol, M., Histoire des institutions de la Bretagne, 3 Vols. (Mayenne 1981).
Poole, A. L., From *Domesday Book* to Magna Carta, 1087–1216 (Oxford [2]1955).
– Livestock *Prices* in the Twelfth Century. In: EHR 55 (1940) 284–295.
– *Richard* the First's Alliances with the German Princes in 1194. In: Studies in Medieval History Presented to F. M. Powicke (Oxford 1948) 90–99.
– Die *Welfen* in der Verbannung. In: DA 2 (1938) 129–148.
Potter, L. (Ed.), Playing Robin Hood. The Legend as Performance in Five Centuries (Newark–London 1998).
Powell, J. M., Innocent III (Washington [2]1994).
Powell, J. M. (Ed.), Muslims under Latin Rule, 1100–1300 (Princeton 1990).

Power, D., The Norman Frontier in the Twelfth and Early Thirteenth Centuries (Cambridge 2004).
(Powicke =) Handbook of British Chronology. Ed. F. M. Powicke et al. (London ²1961, ³1986).
Powicke, F. M., The *Loss* of Normandy. Studies in the History of the Angevin Empire (Manchester ²1961).
– The Thirteenth *Century* (Oxford ²1970).
(PR 1–10RI =) Great Roll of the Pipe: First Year of the Reign of Richard I. Ed. J. Hunter (London 1844); 2nd–7th and 9th–10th Year. Ed. D. M. Stenton (London 1925–1932).
Prawer, J., The *Battle* of Hattin. In: Ders., Institutions 484–500.
– Crusader *Institutions* (Oxford 1998).
– The *Crusaders'* Kingdom. European Colonialism in the Middle Ages (London 2001).
– *Histoire* du royaume latin de Jérusalem, Vols. 1–2 (Paris ²1973).
Prestwich, J. O., Military *Intelligence* under the Norman and Angevin Kings. In: G. Garnett – J. Hudson (Ed.), Law and Government in Medieval England and Normandy (Cambridge 1994) 1–30.
– *Richard* Coeur de Lion: „Rex Bellicosus". In: Nelson, Richard 1–16.
(Radulf Niger =) Radulphi Nigri Chronica. The Chronicles of Ralph Niger. Ed. R. Anstruther (London 1851) (Chronicon I, 1–104; Chronicon II, 105–191).
(Radulf von Coggeshall =) Radulfi de Coggeshall Chronicon Anglicanum. Ed. J. Stephenson (London 1875).
(Radulf von Diceto =) Radulfi de Diceto Ymagines historiarum. In: Radulf von Diceto, Opera I, 291–440; II, 3–174.
(Radulf von Diceto, Opera =) Radulfi de Diceto Decani Londoniensis Opera Historica. Ed. W. Stubbs, 2 Vols. (London 1876).
Ramsay, J. H., The Angevin *Empire* or the Three Reigns of Henry II, Richard I, and John (A.D. 1154–1216) (London 1903).
– A History of the *Revenues* of the Kings of England, 1066–1399, 2 Vols. (Oxford 1925).
Rassow, P., Der Prinzgemahl. Ein Pactum Matrimoniale aus dem Jahre 1188 (Weimar 1950).
Recuero Astray, M., Alfonso VII, 1126–1157 (Burgos 2003).
Rees, W., An Historical Atlas of Wales from Early to Modern Times (London ²1972).
Regan, G., *Lionhearts*: Saladin and Richard I (London 1998).
– *Saladin* and the Fall of Jerusalem (London 1987).
Reilly, B. F., The Medieval Spains (Cambridge 1993).
Reisinger, B., Tankred von Lecce (Köln 1992).
Renouard, Y., Les institutions du duché d'Aquitaine (des origines à 1453). In: Lot-Fawtier, Histoire I, 157–183.
Reston, J., Warriors of God. Richard the Lionheart and Saladin in the Third Crusade (New York – London 2001).
Reynolds, S., An Introduction to the History of English Medieval Towns (Oxford 1977).
(RI IV/3 =) Die Regesten des Kaiserreiches unter Heinrich VI. 1165 (1190) – 1197. Nach J. F. Böhmer neubearbeitet v. G. Baaken, 2 Bde. (Köln – Wien 1972–1979).
(RI V =) Die Regesten des Kaiserreiches unter Philipp, Otto IV., Friedrich II., Heinrich (VII.), Conrad IV., Heinrich Raspe, Wilhelm und Richard, 1198–1272, nach der Neubearb. und dem Nachlasse J. F. Böhmers neu hrsg. und ergänzt von J. Ficker, 3 Bde. (Innsbruck 1881–1901).
(Richard von Devizes =) The Chronicle of Richard of Devizes of the Time of King Richard the First. Ed. transl. J. T. Appleby (London u. a. 1963).
(Richard von Ely, Dialogus =) Dialogus de Scaccario. The Course of the Exchequer by Richard Fitz Nigel, and Constitutio Domus Regis. The Establishment of the Royal Household. Ed. transl. C. Johnson, corr. F. E. L. Carter – D. E. Greenway (Oxford 1983).
(Richard von Hexham =) Ricardus Hagustaldensis, De gestis regis Stephani et de bello Standardii. In: Howlett, Chronicles III, 139–178.

Richard, A., Histoire des comtes de Poitou, 778–1204, 2 Vols. (Paris 1903).
Richard, J., The *Crusades*, c. 1071–1291 (Cambridge 1999).
– *Philippe* Auguste, la croisade et le royaume. In: Bautier, France 411–424.
Richardson, H. G., The English *Jewry* under Angevin Kings (London 1960).
– The English *Parliament* in the Middle Ages (London 1981).
– The *Letters* and Charters of Eleanor of Aquitaine. In: EHR 74 (1959) 193–213.
Richardson, H. G., et al., The Administration of Ireland, 1172–1377 (Dublin 1963).
(Richardson-Sayles, Governance =) Richardson, H. G. – Sayles, G. O., The Governance of Medieval England from the Conquest to Magna Carta (Edinburgh 1974).
Richter, M., Irland im Mittelalter (München 1996).
Richter-Bernburg, L., Eroberung und Verlust des Heiligen Landes aus islamischer Sicht (1099–1291) In: Kotzur, Kreuzzüge 77–95.
Rigg, A. G., History of Anglo-Latin Literature, 1066–1422 (Cambridge 1992).
(Rigord =) Rigordi Gesta Philippi II Augusti regis Francorum. In: Œuvres Rigord I, 1–167.
Riley-Smith, J., The *Crusades*, 1095–1198. In: NCMH IV/1, 534–563, 847–849.
– (Hrsg.), Großer *Bildatlas* der Kreuzzüge (Freiburg u. a. 1992).
– Die *Kreuzzüge*. Kriege im Namen Gottes (Freiburg u. a. 1999).
Ritchie, R. L. G., The Normans in Scotland (Edinburgh 1954).
(Robert von Torigni =) Roberti de Torigneio Chronica. In: Howlett, Chronicles IV, 81–315 (Contin. Beccensis 317–327).
Rodríguez-Picavea Matilla, E., Consolidación de los cinco reinos y apogeo del Imperio. In: Álvarez Palenzuela, Historia 389–409.
Röhl, J. C. G., Wilhelm II. Der Aufbau der persönlichen Monarchie: 1888–1900 (München 2001).
Röhricht, R., Geschichte des Königreichs Jerusalem. 1100–1291 (Innsbruck 1898).
(Roger von Howden =) Rogerus de Houdene, Chronica. Ed. W. Stubbs, 4 Vols. (London 1868–1871).
(Roger von Wendover =) Rogeri de Wendover liber qui dicitur Flores Historiarum […]. Ed. H. G. Hewlett, 3 Vols. (London 1886–1889).
(Ross, Houses =) The Houses of Parliament: History, Art, Architecture. Ed. I. Ross (London 2000).
Roth, C., A History of the Jews in England (Oxford ³1964).
Roth, E., Preußens Gloria im Heiligen Land (München 1973).
Round, J. H. (Ed.), *Calendar* of Documents Preserved in France Illustrative of the History of Great Britain and Ireland, Vol. 1 (London 1899).
– The Oxford *Debate* on Foreign Service (1197). In: Ders., Feudal England (London ⁴1964) 398–405.
Rowlands, I. W., King John and Wales. In: Church, John 273–287.
Rowse, A. L., Homosexuals in History. A Study of Ambivalence in Society, Literature and the Arts (London 1977).
Rudt de Collenberg, W. H., L'empereur Isaac de Chypre et sa fille (1155–1207). In: Byzantion 38 (1968) 123–177.
Rüegg, W. (Hrsg.), Geschichte der Universität in Europa, Bd. 1 (München 1993).
Runciman, S., Geschichte der Kreuzzüge, 3 Bde. (München 1957–1960).
(Rymer =) Foedera, conventiones, litterae et cujuscumque generis acta publica inter reges Angliae et alios quosvis imperatores etc. Ed. T. Rymer (Rec. Comm.), Vol. 1 (London 1816).
Salrach, J. M., La corona de Aragón. In: Tuñón de Lara, Historia IV, 203–374.
Saraiva, J. H. (Ed.), História de Portugal (Mem Martins ⁵1998).
Sarnowsky, J., England im Mittelalter (Darmstadt 2002).
Sassier, Y., Louis VII (Paris 1991).
Saul, N. (Ed.), *England* in Europe, 1066–1453 (London 1994).
– The Three *Richards*. Richard I, Richard II and Richard III (London-New York 2005).

Sayers, J., Innocent III, Leader of Europe 1198–1216 (London – New York [2]1995).
Sayers, W. J. S., The Beginnings and Early Development of the Old French Historiography (1100–1274) (Ann Arbor 1967).
(Scaccarium Normanniae =) Magni Rotuli Scaccarii Normanniae sub regibus Angliae. Ed. T. Stapleton, 2 Vols. (London 1840–1844).
Schirrmacher, F. W., Geschichte von Spanien, Bd. 4 (Gotha 1881).
Schlichte, A., Der „gute" König: Wilhelm II. von Sizilien (1166–1189) (Tübingen 2005).
(Schmale, Chronik =) Die Chronik Ottos von St. Blasien und die Marbacher Annalen, hrsg. u. übers. v. F.-J. Schmale (Darmstadt 1998).
Schneidmüller, B., *Nomen* Patriae. Die Entstehung Frankreichs in der politisch-geographischen Terminologie (10.–13. Jahrhundert) (Sigmaringen 1987).
– Die *Welfen*. Herrschaft und Erinnerung (Stuttgart u. a. 2000).
Schramm, P. E., Geschichte des englischen *Königtums* im Lichte der Krönung (Weimar 1937, ND Köln [2]1970).
– Das kastilische König- und Kaisertum während der *Reconquista*. In: FS G. Ritter (Tübingen 1950) 87–139.
– Der König von *Frankreich*, 2 Bde. (Darmstadt [2]1960).
– *Ramon* Berenguer IV. In: Schramm, Comtes-reis 7–51.
(Schramm, Comtes-reis =) Schramm, P. E. – Bagué, E. – Cabestany, J. F., Els primers comtes-reis (Barcelona [2]1980).
Schröder, S., Macht und Gabe. Materielle Kultur am Hofe Heinrichs II. von England (Husum 2004).
Schwerin, U., Die Aufrufe der Päpste zur Befreiung des Heiligen Landes von den Anfängen bis zum Ausgang Innozenz IV. (Berlin 1937).
Schwinges, R. C., Kreuzzugsideologie und Toleranz. Studien zu Wilhelm von Tyrus (Stuttgart 1977).
Sénac, P. (Ed.), Aquitaine – Espagne (VIIIe–XIIIe siècle) (Poitiers 2001).
Serrão, J. V., História de Portugal, Vol. 1 (Lisboa [6]2001).
Setton, K. M. (Ed.), A History of the Crusades, 6 Vols. (Philadelphia 1955–1989).
Siberry, E., *Criticism* of Crusading, 1095–1274 (Oxford 1985).
– The New *Crusaders*. Images of the Crusades in the Nineteenth and Early Twentieth Centuries (Aldershot u. a. 2000).
(Sicard von Cremona =) Sicardi episcopi Cremonensis chronica. Ed. O. Holder-Egger. In: MGH SS 31 (Hannover 1903) 22–181.
(Sigebert Cont. Aquic. =) Sigeberti Gemblacensis, Chronica, Continuatio Aquicinctina a. 1149–1237. Ed. D. L. C. Bethmann. In: MGH SS 6 (Hannover 1844) 405–438.
Sivan, E., L'Islam et la Croisade. Idéologie et propagande dans les réactions musulmanes aux croisades (Paris 1968).
Sivéry, G., *Louis* VIII, le Lion (Paris 1995).
– *Philippe* Auguste (Paris 1993).
Skinner, P., *Introduction*: Jews in Medieval Britain and Europe. In: Skinner, Jews 1–11.
– (Ed.), The *Jews* in Medieval Britain. Historical, Literary and Archaeological Perspectives (Woodbridge 2003).
Smail, R. C., Crusading Warfare, 1097–1193 (Cambridge 1956).
Smith, R. J., Henry II's Heir. The Acta and Seal of Henry the Young King, 1170–83. In: EHR 116 (2001) 297–326.
Snow, J. T., The Iberian Peninsula. In: Akehurst – Davis, Handbook 271–278.
Spiegel, G. M., The Chronicle *Tradition* of Saint-Denis. A Survey (Brookline/M.-Leyden 1978).
– The *Cult* of Saint Denis and Capetian Kingship. In: JMH 1 (1975) 43–69.
Spindler, M., (Hrsg.), Handbuch der bayerischen Geschichte, Bd. 1–2 (München 1967–1969).

Srebnik, W., The Medieval Period in Film, Part I – Re-presenting History: „Ivanhoe" on the Screen. In: Film and History 29/1–2 (1999) 46–54.
Stehkämper, H., *England* und die Stadt Köln als Wahlmacher König Ottos IV. (1198). In: Köln, das Reich und Europa (Köln 1971) 213–244.
– Der Kölner *Erzbischof* Adolf von Altena und die deutsche Königswahl (1195–1205). In: Beiträge zur Geschichte des mittelalterlichen deutschen Königtums, hrsg. v. T. Schieder (München 1973) 5–83.
(Stephan von Rouen =) Stephani Rothomagensis, monachi Beccensis, poema, cui titulus „Draco Normannicus". In: Howlett, Chronicles II, 585–762; app. 763–781.
Stones, E. L. G., Anglo-Scottish Relations (1174–1328) (London 1970).
Strickland, M., War and Chivalry. The Conduct and Perception of War in England and Normandy, 1066–1217 (Cambridge 1996).
Struve, T., Die Entwicklung der organologischen Staatsauffassung im Mittelalter (Stuttgart 1978).
(Stubbs, Charters =) Select Charters and Other Illustrations of English Constitutional History [...]. Ed. W. Stubbs. New Ed. H.W.C. Davis (Oxford ^{9}1913).
(Stubbs, Chronicles =) Chronicles and Memorials of the Reign of Richard I. Ed. W. Stubbs, 2 Vols. (London 1864–1865).
Stubbs, W., The Constitutional *History* of England (to 1485), 3 Vols. (Oxford 1874–1878; Vol. 1, 3 5th ed. 1891, 1898; Vol. 2 4th ed. 1896).
– Historical *Introductions* to the Rolls Series. Collected and edited by A. Hassall (London 1902).
Stürner, W., Friedrich II., 2 Bde. (Darmstadt 1992–2000).
Suppe, F. C., Military Institutions on the Welsh Marches: Shropshire, A.D. 1066–1300 (Woodbridge 1994).
Sutherland, J., The Life of Walter Scott (Oxford 1997).
(Symeon von Durham =) Symeon of Durham, Historical Works. Ed. T. Arnold, 2 Vols. (London 1882–1885).
Tait, A., The Medieval English Borough (Manchester 1936).
(Teulet, Layettes =) Layettes du Trésor des Chartes. Ed. A. Teulet, Vol. 1–2 (Paris 1863–1866).
Thompson, J. W., The Literacy of the Laity in the Middle Ages (New York 1963).
Thorau, P., Die *Kreuzzüge* (München 2004).
– *Unterschiede* und Gemeinsamkeiten in der Kriegführung zwischen Kreuzfahrern und Muslimen. In: R. Marti (Hrsg.), Grenzkultur – Mischkultur? (Saarbrücken 2000) 167–187.
Tillmann, H., Die päpstlichen *Legaten* in England bis zur Beendigung der Legation Gualas, 1218 (Bonn 1926).
– *Papst* Innocenz III. (Bonn 1954).
Toeche, T., Kaiser Heinrich VI. (Leipzig 1867).
Tout, T. F., Chapters in the Administrative History of Medieval England, 6 Vols. (Manchester 1920–1933).
Trautz, F., Die Könige von England und das Reich 1272–1377 (Heidelberg 1961).
Trindade, A., Berengaria. In Search of Richard the Lionheart's Queen (Dublin 1999).
Tucoo-Chala, P., La vicomté de Béarn et le problème de sa souveraineté, des origines à 1620 (Bordeaux 1961).
(Tuñón de Lara, Historia =) Historia de España. Ed. M. Tuñón de Lara, Vol. 3–4 (Barcelona 1994).
Turner, R. V., Eleanor of Aquitaine and Her *Children*. An Inquiry into Medieval Family Attachment. In: JMH 14 (1988) 321–335.
– *Eleanor* of Aquitaine in the Governments of Her Sons Richard and John. In: Wheeler-Parsons, Eleanor 77–95.

Turner, R. V., The *Households* of the Sons of Henry II. In: Aurell, Cour 49–62.
- John and *Justice*. In: Church, John 317–333.
- King *John* (London 1994).
- *Men* Raised from the Dust: Administrative Service and Upward Mobility in Angevin England (Philadelphia 1988).
- The *Problem* of Survival for the Angevin „Empire": Henry II's and his Sons' Vision Versus Late Twelfth-Century Realities. In: AHR 100 (1995) 78–96.
- Richard Lionheart and English Episcopal *Elections*. In: Albion 29 (1997) 1–13.
- Richard Lionheart and the *Episcopate* in his French Domains. In: French Historical Studies 21 (1998) 518–542.

Turner, R. V. – Heiser, R. R., The Reign of Richard Lionheart (Harlow 2000).

Turvey, R., The Welsh Princes. The Native Rulers of Wales, 1063–1283 (London u. a. 2002).

Tyerman, B., *England* and the Crusades, 1095–1588 (Chicago 1988).
- The *Invention* of the Crusades (Basingstoke 1998).
- Who's *Who* in Early Medieval England (London 1996).

Tyson, D. B., Patronage of French Vernacular History Writers in the Twelfth and Thirteenth Centuries. In: Romania 100 (1979) 180–222.

(UB Babenberger =) Urkundenbuch zur Geschichte der Babenberger in Österreich, hrsg. v. O. Freiherr von Mitis – H. Fichtenau – E. Zöllner, Bd. 1–4/1 (Wien 1950–1968).

Ubieto Arteta, A., *Historia* de Aragón:
Vol. 1: La *formación* territorial (Zaragoza 1981).
Vol. 7: *Creación* y desarrollo de la corona de Aragón (Zaragoza 1987).
- *Navarra-Aragón* y la idea imperial de Alfonso VII de Castilla. In: Estudios de Edad Media de la Corona de Aragón 6 (1956) 41–82.
- Los *orígines* de los Reinos de Castilla y Aragón (Zaragoza [2]1991).

Valdeón, J., León y Castilla. In: Tuñón de Lara, Historia IV, 11–201.

Van Eickels, K., Die *Schlacht* von Hattin und der Fall Jerusalems 1187. In: Wieczorek-Fansa-Meller, Saladin 101–113.
- Tradierte *Konzepte* in neuen Ordnungen. Personale Beziehungen im 12. und 13. Jahrhundert. In: B. Schneidmüller – S. Weinfurter (Hrsg.), Ordnungskonfigurationen im Hohen Mittelalter (Ostfildern 2006) 93–125.
- Vom freundschaftlichen Konsens zum lehenrechtlichen *Konflikt*. Die englisch-französischen Beziehungen und ihre Wahrnehmung im Wandel an der Wende vom Hoch- zum Spätmittelalter. In: Berg, Politik 87–111.
- Vom inszenierten *Konsens* zum systematisierten Konflikt. Die englisch-französischen Beziehungen und ihre Wahrnehmung an der Wende vom Hoch- zum Spätmittelalter (Stuttgart 2002).

Ventura, J. Alfons „El Cast" el primer comte-rei (Barcelona 1961).

Verbruggen, J. F., The Art of Warfare in Western Europe During the Middle Ages (Woodbridge [2]1998).

Vernet, A., La littérature latine au temps de Philippe Auguste. In: Bautier, France 793–813.

Vincent, N., King Henry II and the Poitevins. In: Aurell, Cour 103–135.

(Vita Hugonis =) Adam von Eynsham, Magna vita Sancti Hugonis. Ed. D. L. Douie – H. Farmer, 2 Vols. (London 1961–1962).

Vones, L., Geschichte der Iberischen Halbinsel im Mittelalter 711–1480 (Sigmaringen 1993).

Vones-Liebenstein, U., Eleonore von Aquitanien (Göttingen 2000).

Wagenknecht, E., Sir Walter Scott (New York 1991).

(Wailly, Récits =) Récits d'un ménestrel de Reims au treizième siècle. Ed. N. de Wailly (Paris 1876).

Walker, D., Medieval Wales (Cambridge 1994).

(Walter von Coventry =) Memoriale Fratris Walteri de Coventria. Ed. W. Stubbs, 2 Vols. (London 1872–1873).

Warren, W. L., The *Governance* of Norman und Angevin England 1086–1272 (London 1987).
– *Henry* II (London 1973).
– King *John* (Berkeley 1961).
Webster, B., Medieval *Scotland* (Basingstoke 1997).
– Scotland from the Eleventh *Century* to 1603 (London 1975).
Weinfurter, S., Saladin und die Kreuzfahrer. Begegnung oder Konfrontation der Kulturen? In: Gaube-Schneidmüller-Weinfurter, Konfrontation 9–19.
Weir, A., Britain's Royal *Families*. The Complete Genealogy (London ²1996).
– *Eleanor* of Aquitaine. By the Wrath of God, Queen of England (London 1999).
Westphal, W., Richard Löwenherz und Saladin. Der Dritte Kreuzzug (Ostfildern 2006).
(Wheeler-Parsons, Eleanor =) Eleanor of Aquitaine, Lord and Lady. Ed. B. Wheeler – J. C. Parsons (London 2002).
White, H. G. J., Restoration and Reform, 1153–1165 (Cambridge 2000).
Wibaldi epistolae. In: Monumenta Corbeiensia. Ed. P. Jaffé (Berlin 1864) 76–616.
(Wieczorek-Fansa-Meller, Saladin =) Saladin und die Kreuzfahrer, hrsg. v. A. Wieczorek – M. Fansa – H. Meller (Mainz 2005).
(Wiese, Lieder =) Die Lieder des Blondel de Nesle, hrsg. v. L. Wiese (Dresden 1904).
(Wilhelm Fitz Stephen =) Vita Sancti Thomae, Cantuariensis archiepiscopi et martyris, auctore Willelmo filio Stephani. In: Becket, Materials III, 1–154.
(Wilhelm von Canterbury =) Vita, passio, et miracula S. Thomae Cantuariensis archiepiscopi, auctore Willelmo, monacho Cantuariensi. In: Becket, Materials I, 1–546.
(Wilhelm von Newburgh =) William of Newburgh, Historia rerum Anglicarum, I–II. Ed. R. Howlett. In: Howlett, Chronicles I, 1–408; II, 415–583.
Willard, S. – Southern, S. C. M., The Art of Warfare in Western Europe during the Middle Ages, from the Eighth Century to 1340 (New York 1997).
Williams, A. H., An Introduction to the History of Wales, Vol. 2 (Cardiff 1940).
Wilson, A. N., The Victorians (London 2002).
Winkelmann, E., Philipp von Schwaben und Otto IV. von Braunschweig, 2 Bde. (Leipzig 1873–1878).
Wood, C. T., Fontevraud, Dynasticism, and Eleanor of Aquitaine. In: Wheeler-Parsons, Eleanor 407–422.
Wood, D., Medieval Economic Thought (Cambridge 2002).
Wright, T., (Ed.), Anglo-Latin Satirical Poets and Epigrammists of the Twelfth Century, 2 Vols. (London 1872).
Ybarra, F. de, Matrimonios reales hispano-británicos en el medioevo, Vol. 1 (Salamanca 1999).
Zabalo, J., Navarra. In: Tuñón de Lara, Historia IV, 375–432.

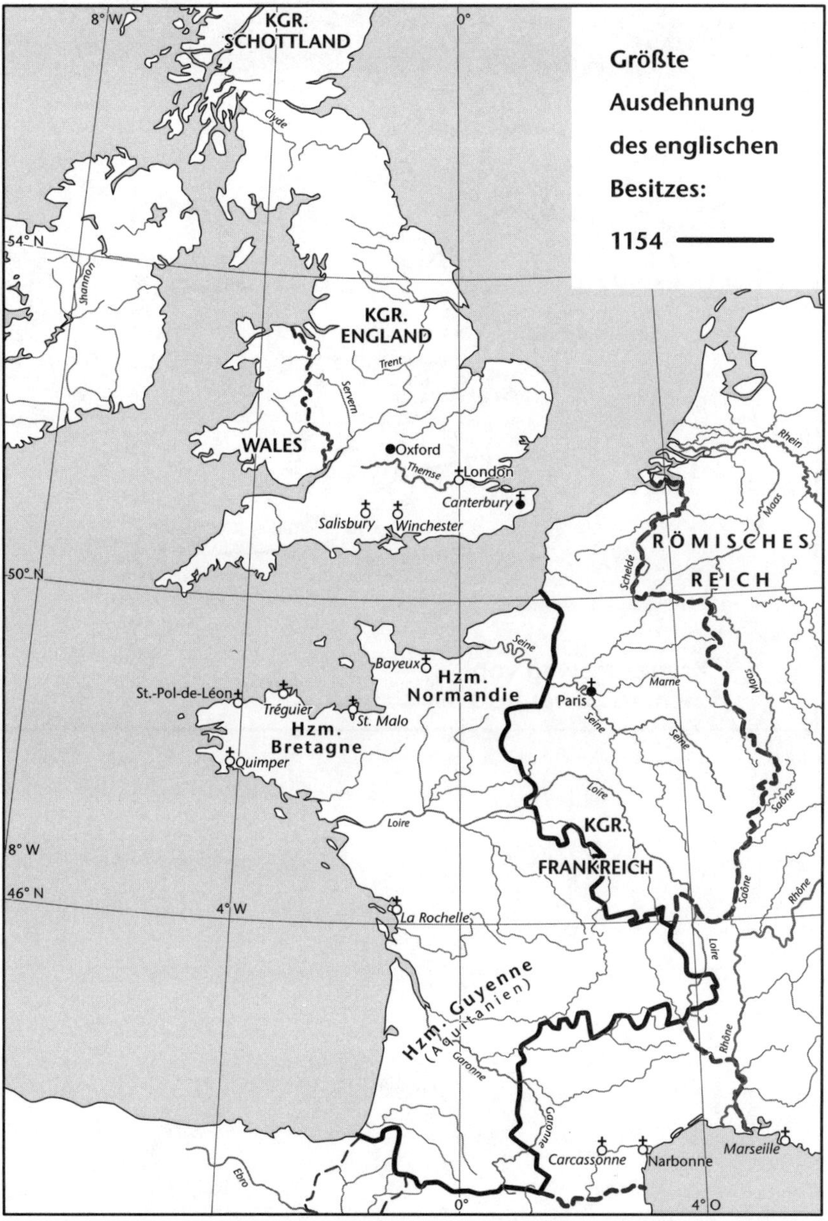
Größte
Ausdehnung
des englischen
Besitzes:
1154
KGR. SCHOTTLAND
KGR. ENGLAND
WALES
Clyde
Shannon
Trent
Servern
Oxford
Themse
London
Canterbury
Salisbury
Winchester
RÖMISCHES REICH
Rhein
Maas
Schelde
Seine
Hzm. Normandie
Bayeux
Paris
Marne
St.-Pol-de-Léon
Tréguier
St. Malo
Hzm. Bretagne
Quimper
Loire
Saône
KGR. FRANKREICH
La Rochelle
Rhône
Hzm. Guyenne (Aquitanien)
Garonne
Carcassonne
Narbonne
Marseille
Ebro
8° W
0°
54° N
50° N
46° N
4° W
4° O

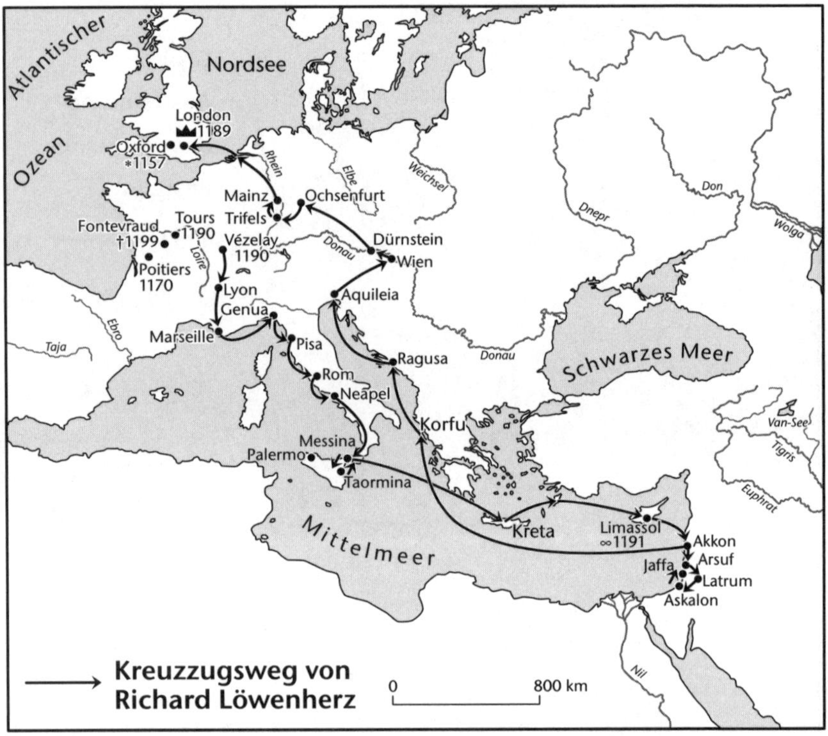
Atlantischer Ozean
Nordsee
London
1189
Oxford
*1157
Rhein
Elbe
Weichsel
Mainz
Ochsenfurt
Tours
Trifels
Fontevraud
†1199
1190
Vézelay
1190
Loire
Poitiers
1170
Donau
Dürnstein
Wien
Lyon
Genua
Aquileia
Ebro
Taja
Marseille
Pisa
Ragusa
Donau
Schwarzes Meer
Rom
Neapel
Korfu
Messina
Palermo
Taormina
Kreta
Limassol
∞1191
Akkon
Arsuf
Jaffa
Latrum
Askalon
Mittelmeer
Don
Dnepr
Wolga
Van-See
Tigris
Euphrat
Nil
Kreuzzugsweg von
Richard Löwenherz
0
800 km

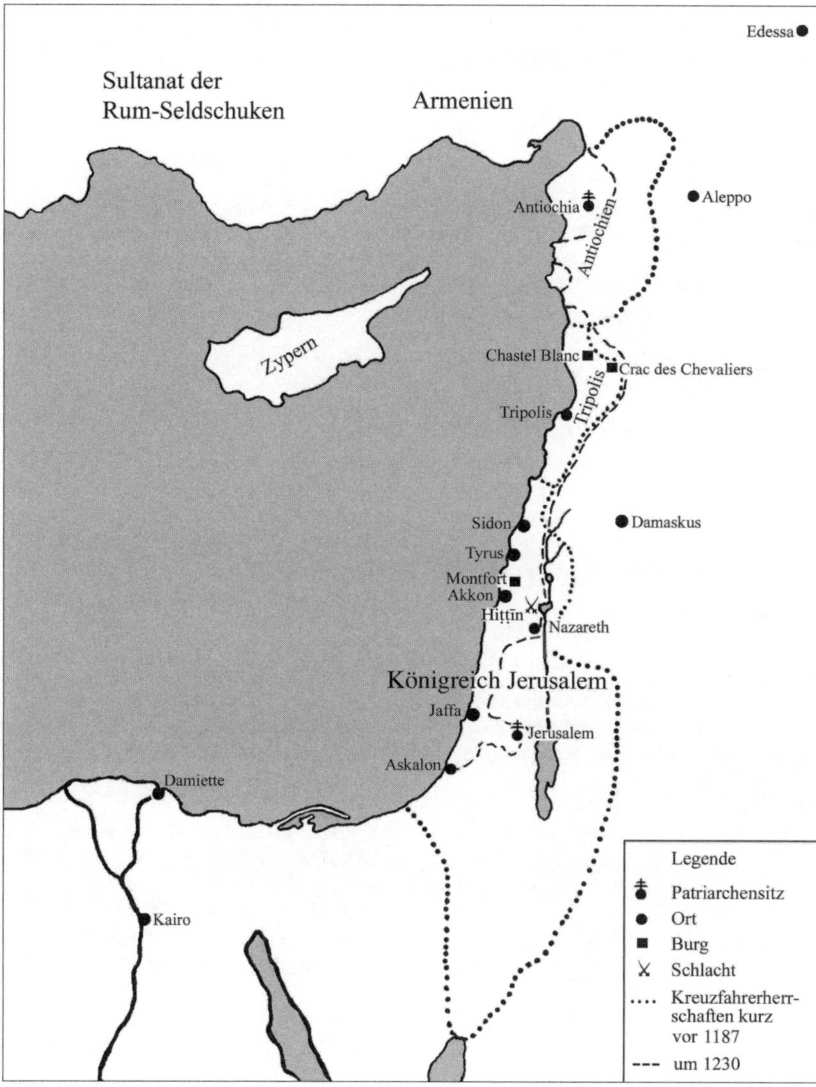
Edessa
Sultanat der
Rum-Seldschuken
Armenien
Antiochia
Aleppo
Antiochien
Zypern
Chastel Blanc
Crac des Chevaliers
Tripolis
Tripolis
Sidon
Damaskus
Tyrus
Montfort
Akkon
Hiṭṭīn
Nazareth
Königreich Jerusalem
Jaffa
Jerusalem
Askalon
Damiette
Kairo
Legende
Patriarchensitz
Ort
Burg
Schlacht
Kreuzfahrerherr-
schaften kurz
vor 1187
um 1230

Register

Abkürzungen: B. = Bruder; Bf. = Bischof; E. = Earl; Ebf. = Erzbischof; Fst. = Fürst; G. = Gemahl/Gemahlin; Gf. = Graf; Gfn. = Gräfin; Hg. = Herzog; Hgn. = Herzogin; Hl. = Heilige/Heiliger; Kg. = König; Kgn. = Königin; Ks. = Kaiser; Ksn. = Kaiserin; L. – Lord; Lgf. = Landgraf; M. = Mutter; Mkgf. = Markgraf; Pfgf. = Pfalzgraf; Pp. = Papst; Ppl. = Päpstlich; S. = Sohn; Sn. = Seigneur; T. = Tochter; V. = Vater; Vgf. = Vizegraf